DROEMER

Jens Förster

# WARUM WIR TUN, WAS WIR TUN

Wie die Psychologie unseren Alltag bestimmt

DROEMER

**Besuchen Sie uns im Internet:**
**www.droemer.de**




Ein Imprint der Verlagsgruppe
Droemer Knaur GmbH & Co. KG, München

Redaktion: Sabine Wünsch, München
Covergestaltung: Rothfos & Gabler, Hamburg
Satz: Adobe InDesign im Verlag
Druck und Bindung: CPI books GmbH, Leck
ISBN 978-3-426-27741-6

2 4 5 3 1

*Für Manfred*
*Weil Du tust, was Du tust*

# Inhalt

**Teil III**
**Alltagspsychologie –**
**Themen, Bereiche und Problemfelder**
**133**

# Einleitung – Ins pralle Leben

Alles ist Psychologie. Jede Minute unseres Alltags, selbst wenn sie unspektakulär verläuft, wimmelt von psychologischen Prozessen, die beim näheren Hinschauen plötzlich rätselhaft, irritierend, spannend und rührend erscheinen.

»Jaja«, werden Sie sagen, »was soll er denn schon anderes sagen, der Herr Psychologe?«

Stimmt, ich liebe meinen Beruf. Meinen Beruf als Therapeut genauso wie den als Wissenschaftler. Ich kann gar nicht genug davon haben und bin ständig auf der Suche nach Hypothesen, Erklärungen und Theorien, warum Menschen so oder so handeln, warum sie sich gut oder schlecht fühlen und warum sie in einer bestimmten Weise denken oder entscheiden. Jeder Händedruck, jede Kaufentscheidung, jede noch so langweilige Politikdebatte wird zum Labor, ebenso wie ein Theaterstück, ein Blumenstrauß, ein Zoobesuch oder ein Puzzlespiel, sobald man es psychologisch betrachtet.

Vielleicht gelingt es mir ja, Ihnen diesen psychologischen Blick auf das Alltagsleben an einem Beispiel zu verdeutlichen.

Jeden Tag pendle ich zwischen meinem Wohnort Köln und meinem Arbeitsplatz in Bochum. Ich stehe zwischen vier und fünf Uhr auf, damit ich pünktlich um acht in Bochum sein kann. Manchmal wundert es mich, wie ich das schaffe – wurde ich doch in meiner Familie der »Langschläfer« genannt. Doch ich liebe den Wind, der mir vom Rhein her um die Nase weht, und genieße die Bewegung, wenn ich mit dem Fahrrad zum Bahnhof fahre. Ich bin gut drauf.

Der Zug fährt leicht verspätet gerade ein, als ich, die Haare nass vom Nieselregen, mit einem Coffee to go in der Hand die Rolltreppe hochhaste. Mit mir hasten andere. Ich erkenne die professionellen Pendler, die wissen, wo die Türen sein werden, wenn der Zug zum

Stehen kommt, und an diesen Stellen Trauben bilden. Der Zug ist voll, spuckt gefühlt Hunderte von Fahrgästen aus. Einer tritt mir auf den Fuß und murmelt: »Erst mal aussteigen lassen, was?«[1] Ich rolle die Augen, remple mich an ihm vorbei und setze mich in einer Vierersitzgruppe ans Fenster. Nur da gibt es Abstellflächen für Kaffeebecher und genügend Armfreiheit für meine Arbeit am Laptop. Sobald ich sitze, schreibe ich.

Der Zug füllt sich, in Köln Messe/Deutz steigen Massen dazu und quetschen sich in die Gänge. Mir fällt eine ältere Dame auf. Ich biete ihr meinen Platz an, worauf sie mich anfährt: »Junger Mann, also so alt bin ich nun auch wieder nicht. Machen Sie mal schön Ihre Schularbeiten!« Ich ärgere mich zunächst über sie, schließlich wollte ich nur nett sein und Benehmen zeigen. Auf der anderen Seite frage ich mich gerade, wie ich reagiere, wenn mir das erste Mal ein Platz angeboten würde. Passiert Männern sicher seltener, oder? Einem älteren Mann hätte ich vermutlich nicht meinen Platz angeboten. Ist das schon sexistisch?

Die Zugverspätung nimmt von Bahnhof zu Bahnhof zu, und zwei Passagiere meckern über die Deutsche Bahn. »Erst Menschen im Gleis, dann Stellwerkschaden und jetzt Weichenstörung, dass ich nicht lache.« Sie nicken mir beim Jammern zu, aber ich ignoriere sie. Ja, die Züge sind häufig zu spät, aber darüber zu meckern erscheint mir so unvernünftig, wie sich über das Wetter zu beschweren. Ist eben nun mal so. Ja, haltet mich für arrogant, aber lasst mir meine Ruhe und starrt auf eure Schuhe.

Von wegen Ruhe. In Düsseldorf steigt eine Frau mit zwei Kindern ein, und die drei setzen sich zu mir in den Vierer. Die Kinder sind süß, denke ich für eine Minute, bis das eine, geschätzte sechs Jahre alt, nach meinem Laptop grapscht und fragt: »Was machst du da?« Die Mutter ignoriert das Kind vollkommen, das Kind wiederholt die Frage roboterartig. Ich sage: »Arbeiten. Könntest du bitte die Finger da wegnehmen?« In dem Moment springt die Mutter auf und brüllt: »Jacqueline, wie blöd bist du denn? Lass den Mann zufrieden, sonst gibt es heute keine Pommes.« Sie fasst das Kind am Arm, wohl etwas grob, denn es schreit ohrenbetäubend los und wirft sich zu Boden. Die Mutter ist überfordert und lässt es einfach toben. Jacqueline haut ihren Kopf immer wieder auf den Boden, bis die drei dann Gott sei Dank in Duisburg aussteigen. Ich erwäge mehrere Male, der Mutter ins Gewissen zu reden (erziehen wir denn Kinder heute noch so?), entscheide mich dann aber, Zeitung im Internet zu lesen. Arbeiten kann ich bei dem Geschrei eh nicht – meine Kopfhörer habe ich blöderweise am Kaffeestand liegen gelassen. Gut, dass die freundliche junge Frau dort sie für mich aufheben wird – ist nicht das erste Mal, dass mir das passiert. Sei gnädig mit dir, denke ich, es ist ja noch früh, und du bist auch nur ein Mensch.

Was meine schlechte Konzentration nicht schafft, schafft die Zeitung. Donald Trump verkündet, von einem Plüschsessel aus, der auch in einem Puff stehen könnte, sein Vorhaben, einen Kohlemagnaten zum Umweltminister zu machen. Ich könnte kotzen! Da haben mein Mann und ich unser Leben umgestellt, essen nur noch biologisch, haben ein winziges Auto und eine kleine Wohnung. Da hat Barack Obama ein Umdenken in den USA erreicht und sich dem Klimavertrag angeschlossen, und nun reißt so ein Horrorclown alles wieder ein. Ich habe jetzt richtig schlechte Laune und lenke meine Aufmerksamkeit zurück zu meiner Arbeit.

Ich setze mich an den Vorschlag eines Studenten für ein Experiment. Mann, ist der gut. Ich denke mich in die Studie hinein. Es geht darum, wie sich materialistische Ziele wie ein Auto oder einen Computer kaufen wollen auf die Kreativität auswirken. Ich vergesse die Zeit. Der Zug hält in Essen, wo zwei Studentinnen einsteigen und mir kurz zulächeln – vermutlich sind sie in meiner Vorlesung, aber ich erkenne sie nicht, der Hörsaal ist riesig, und es kommen jedes Jahr etwa 200 neue Leute. Als sie wegschauen, werfe ich verstohlen meinen Kaffeebecher in den Abfalleimer. Das passt absolut nicht zu meinem Öko-Ich, denke ich, und in den letzten Vorlesungen habe ich ausführlich über ethisches Verhalten doziert. Ich fühle mich irgendwie blöd und schuldig.

Nun spricht mich die eine Studentin an und bedankt sich für die Vorlesungen. Sie strahlt mich dabei an, und ich werde wohl etwas rot. Mein Gegenüber, ein in Mülheim an der Ruhr zugestiegener

Herr mittleren Alters, lacht: »Na, das passiert einem doch nicht alle Tage, und vor allem nicht in Deutschland – positives Feedback von Studenten! Gratuliere! Ich bin Juraprofessor, und so etwas hat mir noch niemand gesagt.« Wir reden über Universitäten, Karrieren, Work-Family-Konflikte ... Irgendwie neugierig geworden, fragt er mich dann noch: »Und was unterrichten Sie? Lassen Sie mich raten: Design? Irgendwas mit Medien? Und wer ist denn Ihr Chef?« Ich kläre ihn auf, dass ich seit siebzehn Jahren Psychologieprofessor bin. Er entschuldigt sich lachend. »Na, nehmen Sie es als Kompliment, Sie sehen so jung aus und überhaupt nicht wie ein Psychologe.« Ich schaue an mir runter. Stimmt, ich habe einen leuchtend blauen Anzug im *skinny look* an, dazu bunte Sneakers und eine pinkfarbene Krawatte über dem Hemd. Alles ist ökologisch, aus Fair Trade und mit Freunden geteilt. Und schick. Nach einem 53-Jährigen sieht das nicht aus. Der Kollege hat wohl einiges überhört, was ihm hätte sagen müssen, dass ich älter bin und Professor. Vorlesungen zum Beispiel geben nur Professoren, und ich meine sogar, ich hätte von »meinem Lehrstuhl« gesprochen.

Ich steige aus, und die Sonne scheint. Die Morgenluft riecht gut. Da erreicht mich eine SMS. Mein Mann wünscht mir einen schönen Tag und erinnert mich an ein Lebensmotto, das ich während einer Fortbildung entwickelt hatte: »Du wirst heute Rosenhecken streifen.« Wie kitschig, denke ich. Wie schön. Wie schön, dass er an mich denkt. Ich fühle mich gut. Und aus heiterem Himmel kommt mir eine Idee, wie ich mein neues Buch beginne!

# Teil I
# Psychologie – Was ist das eigentlich?

# »Mein Job? Versuchen, Menschen zu verstehen.«

Ich vermute einmal, dass vielen, wenn sie an Psychologie denken, als Erstes eine Couch einfällt. Auf der liegt ein Patient, und davor sitzt ein bärtiger Mann mit Notizblock und erzählt ihm, was seine Träume bedeuten und was er im Leben alles besser machen soll. Tatsächlich gibt es so etwas noch vereinzelt, es ist aber eher die Ausnahme. Wenn Sie zu mir in die Praxis kommen, dann schaue ich Ihnen in die Augen, Sie dürfen sich einen Stuhl aussuchen, der Ihnen bequem ist, Sie bekommen einen guten Kaffee, und ich versuche, mit Ihnen zusammen herauszufinden, was Ihnen helfen könnte. Sie sind mein Klient, kein Patient, Sie sind der Souverän, und Sie haben auch in meinen Augen keine Störung, sondern ein Anliegen, das wir zusammen bearbeiten. Ich würde Ihnen niemals etwas vorschreiben, was Sie tun müssen, sondern schauen, welche Stärken und Talente Sie persönlich nützen könnten, damit es Ihnen besser geht. Psychologie kann aber noch mehr als heilen – sie kann uns auch helfen, menschliches Verhalten besser zu verstehen. Diese Seite der Psychologie ist nur wenigen bekannt und spielt sich in den Elfenbeintürmen der Universitäten ab. Dort erforschen Wissenschaftler, was sich zwischen unseren Ohren abspielt. Sie versuchen zu erklären, warum wir in einer bestimmten Weise denken und fühlen und warum wir uns so und nicht anders verhalten. Meine Vorgehensweise als Wissenschaftler ist dabei stets, den ganz normalen Alltag zu beobachten und dabei nichts für selbstverständlich zu erachten. Es ist ja nicht selbstverständlich, dass ich jeden Morgen pünktlich am Bahnsteig stehe. Es ist auch nicht selbstverständlich, dass ich mich schuldig fühle, wenn ich einen Coffee to go kaufe, oder dass ich auf die Idee komme, einer älteren Frau zu helfen.

# 1
# Versuchen, Sinn zu machen

Diese Stunde in der Bahn scheint wie ein Tropfen Wasser zu sein: langweilig und klar – erst bei einer Betrachtung unter dem Mikroskop erkennt man, was sich darin alles tut. In dieser Stunde Alltagsleben verbergen sich tatsächlich Hundertschaften von psychologischen Phänomenen und Effekten! Zu sämtlichen Beobachtungen gibt es in der Psychologie Erklärungsmodelle, Theorien und Hypothesen, die ich Ihnen in diesem Buch nacheinander schildern werde. Wie würden Psychologen auf diese Pendelstunde schauen? Was beobachten sie? Lassen Sie mich einige wenige ansprechen, die mir aufgefallen sind.

Psychologisch ist, dass diese Geschichte eine Aufzählung von Ereignissen ist, wie ich sie subjektiv wahrgenommen habe. Jemand anderes hätte dieselbe Situation höchstwahrscheinlich ganz anders geschildert. Er hätte vielleicht die Reaktion der älteren Dame überhört oder vergessen, und er hätte sich dafür daran erinnert, dass mein Kaffee überschwappte, als ich mich in den Platz drängelte. Vielleicht hätte er auch bemerkt, dass die Mutter dem Kind einen Kuss gegeben hat und dass der Juraprofessor eine unglaublich teure Rolex trug.

Ich habe zudem, wie jeder andere Mensch das auch getan hätte, »Sinn« aus einer Folge von Begebenheiten erschaffen. Ich habe kraft meines Verstandes, meines Wissens und meiner Intuition Dinge bewertet, interpretiert und eingeordnet – dies jedoch aus einer mir eigenen subjektiven Perspektive, die sicher nicht von allen geteilt wird.

Zum Beispiel habe ich geschätzt, dass die beiden zugestiegenen jungen Frauen Studentinnen waren. Das hat sogar gestimmt, hätte aber nicht zutreffen müssen. Ich habe Anhaltspunkte wie »jung«, »steigen in Essen ein in Richtung Bochum«, »große Tasche für den

Laptop«, ihr nonverbales Verhalten und das Lächeln als einzige Informationsquellen gehabt, habe sie in Beziehung zueinander gesetzt und geschlussfolgert: »Das sind Studentinnen.« Ich habe sie darüber hinaus aus irgendeinem Grund für intelligent gehalten und im Inneren gedacht: »Schön, dass du so sozial kompetente Menschen ausbilden darfst.« Ich habe sie gemocht, während ich Jacquelines Mutter blöd fand. Das alles hat meine Psyche für mich geleistet, ohne dass ich mich allzu sehr dafür hätte anstrengen müssen.

Personenwahrnehmung ist eine Leistung, die wir immer dann erbringen, wenn wir mit anderen Menschen zusammentreffen. Natürlich kann sie manchmal auch zu Urteilsfehlern oder Verzerrungen führen. Der Kollege Juraprofessor hat zum Beispiel Sinn aus meinem Verhalten konstruiert. Für ihn war ich so angezogen und habe mich wohl so verhalten wie ein wissenschaftlicher Mitarbeiter, der »irgendwas mit Medien« macht. Das ist verständlich, denn in der Tat bemühe ich mich, bloß nicht so auszusehen wie viele meiner Kollegen, die sich entweder zu lässig oder zu konservativ anziehen. Ich habe dem Prototyp eines Psychologieprofessors nicht entsprochen, während die jungen Frauen dem Prototyp der Psychologiestudentin voll entsprochen haben.

Ich behaupte, dass auch Sie sich gerade aus wenigen Informationen Sinn »machen« (müssen). Haben Sie sich etwa nicht die aggressive Mutter als ungebildete Frau aus einem Mietblock vorgestellt? Jedenfalls passt dieses Erziehungsverhalten eher zu einer Person mit niedrigem sozialen Status als zu einer Ärztin. Außerdem klingt der Name Jacqueline eher nach sozialem Wohnungsbau als nach Villengegend, und in Ersterem isst man wohl auch eher Pommes.

Unsere Forschung beschäftigt sich damit, wie Wahrnehmungen entstehen, die ja häufig durch Vorurteile oder Stereotype geprägt sind. Letztendlich können solche Schubladen im Kopf Diskriminierung erklären, wie wir später noch sehen werden. Tatsächlich, so unsere Forschung, finden wir in allen Bildungsschichten Gewalt, ungünstige Erziehungsmethoden und schlechte Ernährung – zudem weiß ich ja auch kaum etwas über die Familie. Häufig scheinen wir mit unseren Interpretationen zu schnell vorzupreschen. Psychologische Forschung hilft also nicht nur bei der Erklärung des Verhaltens, sondern belehrt uns bisweilen sogar eines Besseren. Diskriminierungen laufen nicht immer bewusst ab; viele Schlussfolgerungen geschehen unbewusst. Was wiederum bedeutet, dass wir nicht unbedingt schlechte Menschen sind, wenn wir Jacquelines Mutter für doof halten. Das Unbewusste spielt in diesem Buch immer wieder eine Rolle.

Aber nicht nur die Art und Weise, wie wir Personen wahrnehmen, ist Psychologie, sondern auch andere Aspekte des Verhaltens zeigen, wie die Psyche arbeitet. Ich habe mich im Zug mehrere Male zurückgenommen. Auf das für mich quälend gewalttätige Verhalten der Mutter habe ich nicht äußerlich reagiert. Ich habe mich zurückgehalten, obwohl ich tatsächlich so etwas gedacht habe wie: »Blöde Kuh, lass das Kind in Ruhe.« Wir können uns selbst kontrollieren, und dies ist tatsächlich ein kleines Wunder – angeblich ist der Mensch das einzige Tier, das seine Impulse kontrollieren kann. Natürlich nicht immer: Ein Versagen meiner Selbstregulation wird zum Beispiel beim Coffee to go sichtbar, denn eigentlich ist eines meiner Lebensziele ein nachhaltiges und ökologisch korrektes Verhalten, das an diesem frühen Morgen aber meinem recht egoistischen Verlangen nach Genuss zum Opfer gefallen ist. Das Setzen (und auch die Verletzung) von Lebenszielen kann man inzwischen psychologisch erklären, und an diesem Beispiel zeigt sich schon, wie die Gesellschaft, in der wir leben, unser Verhalten mit prägt. In anderen Teilen der Welt scheint nämlich ein ökologisches Gewissen weniger ausgeprägt zu sein, dort haben die Menschen andere Lebensziele, die auch andere Verhaltensweisen mit sich bringen.

Lebensziele sind globale, abstrakte Vorstellungen vom Leben, die dazu dienen, unser allgemeinstes Ziel zu erreichen: Glück. Oder bescheidener ausgedrückt: dass es uns gut geht. Lebensziele haben mit *Werten* und *sozialen Normen* zu tun, ungeschriebenen Gesetzen, die unser Verhalten prägen. Sie sind nicht in Stein gemeißelt und verändern sich stets, wie das Beispiel mit der älteren Dame zeigt. Während es in meinen Kindertagen noch die soziale Norm war, vor allem älteren Frauen (die man Damen nannte) Hilfe anzubieten, ihnen die Koffer zu tragen und den Platz anzubieten, kann das heute als beleidigend aufgefasst werden, ja als *schlechtes* Benehmen. Und ebenso hat sich die Kleidungsnorm für Professoren geändert: Statussymbole und fragwürdige Anzugkombinationen in Beige und Grau sind weiterhin möglich, aber outdated. Mein Lebensmotto haben Sie gehört: »Du wirst Rosenhecken streifen.« Dieses Motto hatte mit einem gestiegenen Interesse an Achtsamkeit zu tun, beobachtete ich doch kürzlich an mir, dass ich für so etwas wie Rosenhecken in der Hetze des Alltags gar keine Zeit hatte – dass ich nichts Schönes mehr um mich herum wahrnahm. Achtsamkeit ist ebenfalls ein Trend auf dem bunten Psychomarkt – und auch in der Forschung, wie wir noch sehen werden. Achtsames Handeln scheint demnach unsere Stimmung zu verbessern, die, wie in der Beschreibung der Zugfahrt deutlich wurde, ständig schwankt. Da schmeckt uns der Kaffee, und wir fühlen uns behaglich; da nervt ein Kind, und wir regen uns auf; da lesen wir Zeitung und werden wütend; da macht uns einer ein Kompliment, und wir sind stolz; da beurteilt uns jemand falsch, und wir sind irritiert; und da scheint die Sonne, und wir fühlen uns richtig gut. Es ist nicht gleichgültig, welche Stimmung und wie intensiv wir sie erleben. Es hätte gut sein können, dass ich die Mutter an einem anderen Morgen gar nicht bemerkt hätte, oder dass sie mich im Gegenteil richtig aggressiv gemacht hätte. Und auch die Mutter ist natürlich nicht frei von Emotionen.

Kinder nerven manchmal, ohne Frage. Die Emotionen von Kindern nicht ernst zu nehmen oder Kinder schlecht zu behandeln ist allerdings nichts, was man einfach so hinnehmen sollte. Die *Entwicklungspsychologie* zu Bindungsstilen zeigt nämlich, wie gravierend eine wertschätzende Erziehung ist und welche verheerenden Folgen körperliche Strafen und die Verletzung des Selbstwerts (»Jacqueline, wie blöd bist du denn?«) haben können. Mich selbst regen solche Szenen auf, die man, wenn man häufig Bus und Bahn fährt, nicht selten erlebt, und ich bin tatsächlich schon ein paar Mal dazwischengegangen, weil ich der Überzeugung bin, dass man bei Gewalt, auch von Eltern gegenüber ihren eigenen Kindern, einschreiten sollte.

Das Beispiel macht auch deutlich, wie wichtig eine angemessene *Kommunikation* ist. Neuere Erziehungsmethoden, wie die »neue Autorität« von Haim Omer und Arist von Schlippe, erinnern nachdrücklich daran, dass unsoziales Verhalten wie das Stören eines anderen Reisenden zur Sprache kommen sollte. Dabei ist das Wie entscheidend. Statt mit verbaler Gewalt wäre ein »Jacqueline, in unserer Familie schreien wir nicht so rum. Und schau, der Mann möchte gern arbeiten« nicht nur moralisch angemessener, sondern auch pädagogisch wirksamer gewesen.

Es ist dabei bemerkenswert, wie häufig wir nichts sagen und trotzdem kommunizieren. Ich habe die Meckerei über die Deutsche Bahn ignoriert, obwohl ich als 30-Jähriger sogar einmal ein Theaterstück – »Zug um Zug« – zu diesem Thema geschrieben habe. Allerdings hatte ich mir zum Ziel gemacht, mit 50 ein Minimum an Weisheit erreicht zu haben, die es mir gebietet, mich über unkontrollierbare Ereignisse wie das Wetter, die Bahn oder einen Stau nicht mehr aufzuregen. Aber selbst meine Nicht-Kommunikation hatte eine Wirkung und hat somit paradoxerweise etwas kommuniziert – die Meckernden sahen irritiert aus, gerade weil ich mich ihrem Gejammer nicht anschloss. »Man kann nicht nicht kommunizieren«, sagte schon Paul Watzlawick, und mein Beispiel und zahlreiche andere, über die ich noch berichten werde, illustrieren dieses Axiom.

Manche Psychologen würden ein Einmischen in die harsche Mutter-Tochter-Interaktion auch als *Zivilcourage* begreifen, und erforschen, wann Menschen den Mut haben, andere vor Gewalt zu schützen. Menschen sind prosoziale Säugetiere und helfen selbst dann, wenn sie dafür nicht belohnt werden. Manchmal selbst dann, wenn sie negative Folgen zu erwarten haben. Woher kommt das? Warum sind wir empathisch, warum helfen wir, warum spenden wir, warum betätigen sich manche von uns im Ehrenamt? Wir hören sogar immer wieder davon, dass Menschen gar ihr eigenes Leben einsetzen, um andere zu retten. Manchmal helfen wir jedoch auch nicht. Mein Nicht-Eingreifen würden viele Kollegen wohl damit erklären, dass es zu viele Beobachter der Szene gab – Forschung zeigt, dass Menschen eher helfen, wenn es wenige andere Beobachter gibt, weil sie sich dann eher verantwortlich fühlen. Zudem zeigen Studien der Sozialpsychologen Bibb Latané und John Darley, dass wir weniger helfen, wenn wir befürchten, dass uns dies die gute Laune verhagelt. Vermutlich hätte mich die Frau, die ja nicht auf den Mund gefallen war, in einen Streit verwickelt. Da überlegt man sich, ob man sich das um sechs Uhr morgens antun möchte.

Menschen können allerdings auch unglaublich böse sein, und hier zeigt Jacquelines Mutter, verglichen mit der Brutalität in den Krisengebieten der Erde, nur eine milde Variante von Aggression. Die *Sozialpsychologie*, die nach dem Dritten Reich nachzuvollziehen versuchte, wie Nazischergen überhaupt dazu in der Lage waren, ihre unbeschreiblichen Grausamkeiten zur Routine zu machen, erkannte schnell, dass die Täter auf geradezu erschreckende Weise »normal« waren. Es folgten Experimente, die belegten, wie wenig es braucht, um harmlose Studierende zu unglaublich aggressivem Verhalten zu verführen. Demnach scheint ein aggressives Potenzial in uns allen zu schlummern. Sozialpsychologische Forschung untersucht, wann es an die Oberfläche kommt und wie wir es im Zaum halten können.

Die Psychologie kann auch erklären, warum mir in Bochum die Idee kam, einen Pendelmorgen zum Beginn des Buches zu machen. Man könnte diesen Einfall kreativ nennen, denn ich hatte mich davor einige Wochen damit herumgeschlagen, wie ich ein Buch zur Alltagspsychologie gut einleiten könnte. Sollte ich, wie die meisten Lehrbücher zur Sozialpsychologie, mit der Geschichte der Sozialpsychologie beginnen? Oder Sie durch die Methoden der Sozialpsychologie scheuchen? Sie haben Glück gehabt, dass ich aufgrund meiner Kreativität, einer Gabe, die ich mit allen Menschen teile, die Idee hatte, das Ganze mit Alltagserfahrungen zu beginnen!

Die kognitive oder *Denkpsychologie*, die Problemlöseprozesse erforscht, zeigt, dass kreative Einfälle häufig in Phasen emporschießen, in denen wir gar nicht an das Problem denken, das wir gerade lösen wollen. Man nennt es *Heureka-Moment* oder *Aha-Erlebnis*, wenn einem plötzlich, scheinbar ohne Grund, eine neue Idee oder

Lösung einfällt. Studien unter anderem von Ron Friedman und mir zeigen auch, dass besonders eine gute Stimmung und ein positives Körperempfinden neue Ideen oder Problemlösungen zutage fördern – so wie an diesem Morgen, als die Sonne strahlte und ich in Gedanken Rosenhecken streifte.

Neben den Emotionen spielen im Alltag die *Kognitionen,* also unser *Gedächtnis,* unsere *Wahrnehmung* und unser *Denken* eine große Rolle. Dabei stehen sowohl die Leistungen als auch die Fehler im Fokus der Forschung. Eine Frage zum Beispiel wäre, ob ich nicht doch Teile der Gesichter der Studentinnen erkannt habe? Das wäre dann ein unbewusster Erkennungsprozess gewesen, da ich mich ja bewusst partout nicht daran erinnern konnte, woher ich sie kannte. Unbewusste Gedächtniseffekte sind nicht selten. In vielen Multiple-Choice-Tests steht auf der ersten Seite: »Wenn Ihnen keine der Lösungen bekannt vorkommt, dann kreuzen Sie diejenige an, die Ihnen spontan als Erstes richtig erschienen ist.« Hier macht man sich Studienergebnisse zunutze, die zeigen, dass manchmal ein »Gefühl« für die korrekte Lösung vorhanden ist.

Dieses *feeling of knowing,* wie es der Gedächtnispsychologe Ascher Koriat nennt, entsteht, weil letztendlich ja die gelernten Informationen irgendwo im Hinterstübchen gespeichert sind. Sicherlich habe ich alle Studierenden in meinem Gedächtnis gespeichert – ich nehme sie ja wahr, auch wenn sie zig Meter von mir entfernt im Dunkeln sitzen, und speichere sie selbst dann ab, wenn sie nur selten kommen. Das mündet zwar nicht in einer expliziten Erinnerung, aber das *feeling of knowing* ermöglicht mir unter anderem, höflich nachzufragen, woher wir uns denn kennen. Allerdings würde dieses Gefühl bei Weitem nicht ausreichen, um beispielsweise als Zeuge jemanden einwandfrei identifizieren zu können. Im Gegenteil könnte einen das vage Gefühl zu Konstruktionen verleiten, die durch Vorurteile bestimmt werden: »Ja, den kenne ich irgendwoher, der sieht türkisch aus, vermutlich war der an dem Dönerstand und nicht in der Mathe-Vorlesung …« Forschung zeigt, dass unser Gedächtnis trotz erstaunlicher Leistungen bemerkenswert oft Ereignisse konstruiert, falsch zusammensetzt oder in einen anderen Zusammenhang bettet. Anders als ein Computer, bei dem herauskommt, was man eingibt, geht es dynamisch mit Informationen um.

Menschen sind im Allgemeinen erstaunlich flexible Wesen, sie können sich an fast alle Umgebungen anpassen und lernen manchmal dazu, ohne es zu merken. Mir wurde beim Schreiben noch einmal deutlich, wie schnell ich eine Expertise entwickelt habe, beim Pendeln einen Platz zu ergattern. Mir hat niemand gesagt: »Du positionierst dich auf jeden Fall ganz vorn am Bahnsteig, sodass keiner an dir vorbeikommt, und stellst dich unter das Schild, weil da, wenn der Zug zum Stehen kommt, gewöhnlich eine Tür ist. Dann drückst du dich möglichst an die linke Seite der Tür, denn da versiegt der Strom der Aussteigenden eher, da diese Seite die Leute aus der oberen Ebene nehmen, wo deutlich weniger sitzen wollen als unten. Dann gehst du rein, auch wenn auf der rechten Seite noch Leute aus der Tür strömen, und schnappst dir den ersten Fensterplatz im Vierer. Wenn dich jemand anmuffelt, mach dir nichts draus, denn wenn du deine Ellbogen nicht gebrauchst, stehst du eine Stunde lang im Gang.« Ich habe das, denke ich, unbewusst gelernt und fühle mich gerade ein wenig asozial – vermutlich habe ich das aber morgen beim Einsteigen wieder vergessen, was mir erlaubt, den Kampf um den Platz ohne schlechtes Gewissen wieder aufzunehmen.

Wenn Vergessen nicht gelingt, helfen uns Rechtfertigungen, unethisches Verhalten zu erklären, wie die *Sozialpsychologie* lange untersucht hat. Meine Entschuldigung für morgendliches Rempeln haben Sie eben gehört: Ich will nicht im Gang stehen. Hinzu kommt: Wenn ich stehe, verliere ich eine Stunde Arbeitszeit, weil ich dann nicht schreiben kann. Die Konstruktion von Rechtfertigungen nimmt Tausende Formen an und geht uns sehr schnell von der Hand – manche nennen die Sozialpsychologie deshalb auch die »Psychologie der Entschuldigungen«. Unser psychisches Immunsystem scheint Rechtfertigungen zu kreieren, damit wir uns gut fühlen. So wird sich Jacquelines Mutter ihre vermeintliche Gewalt vermutlich damit erklären, dass ihre Tochter aber auch wirklich unerträglich ist oder dass sie selbst zu viel Stress hat. Wenn meine

Studentinnen mich irgendwann nicht mehr anlächeln, weil sie eine Vier in der Klausur geschrieben haben, dann sind sicher nicht sie schuld an der schlechten Note, sondern der »blöde Förster«. Dies ist selbstwertdienlich und damit ein Zeichen eines gut funktionierenden psychologischen Immunsystems.

Nun habe ich Ihnen also eine Stunde Pendeln unter dem Mikroskop eines Psychologen erläutert und könnte noch stundenlang so weitermachen. Allerdings sollte ich vorab einmal beschreiben, was ich auf den letzten Seiten getan habe. Um Ihre Aufmerksamkeit zu wecken, habe ich in eine harmlose Pendelstunde viele Probleme hineininterpretiert – das ging von Vorurteilen, Diskriminierung zu Aggression; ich habe von Bindungsstörungen, Urteilsfehlern und Gedächtnisverzerrungen gesprochen. Tatsächlich bin ich damit der Regel »Only bad news is good news« gefolgt. Zudem aber habe ich damit die methodische Herangehensweise vieler wissenschaftlicher Kolleginnen und Kollegen beschrieben: »Finde etwas, was verheerend, schädlich, in seinen negativen Folgen unterschätzt wird, oder am besten gleich eine neue Störung oder gar Krankheit, und schon ist deine Karriere gesichert.« Diese Methodik trifft das menschliche Wesen nur zu einem Teil, daher hat sich die moderne Sozialpsychologie neu erfunden und auf die Suche nach dem Guten im Menschen gemacht.

# 2
# Psychologie im Wandel

Mord und Totschlag, elterliche Gewalt, Gedächtnisfehler – ein Fokus auf das Schlechte im Menschen herrschte lange Zeit in der Psychologie vor. Auch die Sozialpsychologie, die das alltägliche Leben von Menschen ohne nennenswerte psychische Probleme erforscht, erhielt Aufwind durch die Erforschung des Bösen, Asozialen oder Unmoralischen. Tatsächlich erhielt sie die erste große Aufmerksamkeit durch die Forschung zum Dritten Reich. Nach dem Zweiten Weltkrieg wollte man das Unfassbare erklären: den blinden Gehorsam genauso wie die Entstehung von Intergruppenkonflikten, Brutalität und das massenhafte Töten. Die Themen wechselten zwar im Lauf der Jahre zu weniger grausamen Alltagsphänomenen wie Personengedächtnis, Entscheidungskonflikten oder Selbstregulation, aber der Fokus auf Fehlern, Problemen und Verzerrungen blieb. Woran liegt das?

Die Forschung von Ap Dijksterhuis und Henk Aarts legt nahe, dass Menschen Negatives im Allgemeinen eher erkennen als Positives. Offensichtlich interessiert es uns auch mehr. Das reicht bis in die Gremien hinein, die unsere Forschung finanzieren – nicht umsonst hat der großartige Daniel Kahneman[1] einen Nobelpreis für seine Untersuchungen zu Urteils*fehlern* erhalten, und zwar nicht nur zu solchen im wirtschaftlichen Umfeld. Das Fehlerhafte, das Unfaire, das Böse sind faszinierend, vor allem, wenn sie uns selbst nicht betreffen, sondern uns lediglich einen Schauer über den Rücken jagen. Ich werde auch hier immer wieder über scheinbar unerklärliche, unmoralische oder unsoziale Handlungen reden, denn die Forschung ist voll davon, und natürlich wollen wir wissen, wie so etwas zustande kommt, und natürlich ist das bedeutsam und auch unterhaltsam.

Allerdings befanden Kollegen in den 90er-Jahren unter den mächtigen Wortführern Martin Seligman und Mihaly Csikszentmihalyi, dass 50 Jahre Fokus auf dem Schlechten im Menschen genug wären. Sie schufen eine Richtung, die sie *Positive Psychologie* nannten. Hier interessierte, wie Menschen ihre Ziele normalerweise gut erreichen, warum sie sich Tag um Tag so gut motivieren können, wie sie in einen Flow geraten, wenn sie neue Ideen entwickeln, warum sie fair und gerecht sind, warum sie biologische und Fair-Trade-Produkte kaufen, welchen Sinn sie im Leben sehen und wie sie Arbeitskontexte so gestalten, dass sich alle Mitarbeiter wohlfühlen. Themen wie die menschliche Kreativität, Neugierde, Zivilcourage und die Gesundheitspsychologie kamen auf und vervollständigten das Bild vom Menschen, das bis dahin ins Negative verzerrt war.

Nachvollziehbar wird diese historische Entwicklung, wenn man berücksichtigt, dass die *Klinische Psychologie* und die *Therapieforschung*, also das Kerngeschäft der Psychologie, vor allem auf sogenannten menschlichen Störungen fokussieren und es sich zur Aufgabe gemacht haben, pathologisches Verhalten zu mindern. Klinische Psychologen wollen leidenden Menschen, die zum Beispiel »Depressionen« oder »Angststörungen« entwickelt haben, schlichtweg helfen und verhindern, dass sozial desorientierte Menschen anderen schaden. Dieser Blick auf Störungen, Symptome und unerwünschtes Verhalten färbte schließlich auch auf diejenigen Subdisziplinen ab, die die psychischen Prozesse von »normalen« Menschen verstehen wollen, von Menschen, die ihr Leben im Großen und Ganzen bewältigen.

Der Ausdruck »normaler« Mensch ist an sich problematisch, und ich werde ihn in diesem Buch höchst selten verwenden. Er dient hier der Abgrenzung zu den Forschungsgebieten der Klinischen Psychologie, die sich mit Stichproben von Menschen beschäftigen, die die Kriterien einer klinischen Diagnose erfüllen und längere Zeit unter schweren psychischen Störungen leiden. Dabei versuche ich, »normal« nicht nur aus Gründen der Political Correctness zu vermeiden, sondern weil der Begriff auf verschiedenen Verständnisebenen in die Irre führt. »Normal« könnte zunächst einmal »statistisch normal« bedeuten. Wir wissen zum Beispiel, dass eine »schwere Depression« nur bei ca. einem Prozent der Bevölkerung zu finden ist, genauso wie etwa ein Prozent »schizophren« ist. In diesem Sinne könnte man »unnormal« also als eine Abweichung von der Norm verstehen, vom gedachten Mittelwert einer Verteilung, die von *höchst dysfunktional* bis *höchst funktional* reicht. Allerdings hat diese Betrachtung einen Haken, denn zwischen diesen Polen gibt es vielfältige Schattierungen.

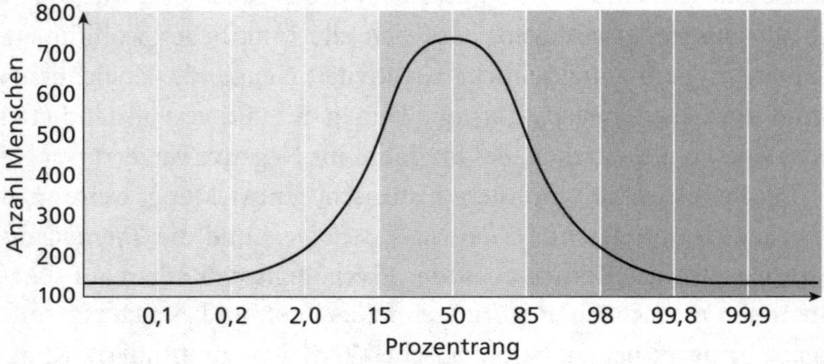


**Abb. 1 Normalverteilung. Hier wird »normal« statistisch als das definiert, was die Mehrheit der Menschen ausmacht. Hier z. B. sind es wenige Menschen, die »immer gesund« oder »sehr krank« sind – die meisten sind gesund, aber ab und zu mal krank.**

Normal, so könnte man auch meinen, wäre jemand, der noch nie psychologische Hilfe in Anspruch genommen hat. Das aber wäre eine mühsam zu verteidigende Definition, denn mittlerweile, so zeigt Forschung, nutzen ca. 50 Prozent aller Deutschen irgendwann einmal in ihrem Leben psychotherapeutische Beratungen im weiteren Sinne. Eine kürzlich erschienene Langzeitstudie von Jonathan Schaefer und einem internationalen Team aus Dunedin kommt sogar auf 83 Prozent, die in ihrer ersten Lebenshälfte eine »psychische Störung« hatten. Viele von uns haben irgendwann mal einen Durchhänger – bei manchen ist eine Trennung die Ursache, ein Todesfall, eine berufliche Krise, bei anderen eine »depressive Verstimmung«, »Burn-out«, Alkoholmissbrauch, Selbstwertprobleme oder plötzlich auftretende »Angststörungen«. Es scheint also »normal« zu sein, einmal in eine Krise zu geraten. Zudem, so ist meine Erfahrung als Therapeut, sind es gerade diejenigen Menschen, die sich gut um sich kümmern, die unsere Hilfe in Anspruch nehmen und so leidvolle Störungen präventiv verhindern. Es ist so wie bei einer Krebserkrankung: Je früher man die Sache mit einem Experten angeht, umso weniger schlimm wird es. Zum Therapeuten zu gehen heißt für mich nicht: »Ich bin verrückt«, sondern: »Ich habe eine gute Selbstregulation.« Normalsein ist also relativ.

Natürlich würde ich dieses Wort sowieso *nie als Wertung gebrauchen,* also in dem Sinne von: »Manche spinnen, und manche kommen gut durchs Leben.« Tatsächlich schwingt das aber ständig mit, wenn wir es verwenden. Der Begriff Normalität impliziert eine Teilung in Gut und Verrückt, und ich werde Ihnen zeigen, wozu wir »normalen« Menschen so alles fähig sind – im Guten wie im Bösen. Um Ihre Neugierde kurz zu befriedigen: Die Beobachtung der politischen Philosophin Hannah Arendt, dass die KZ-Wärter erschreckend normal waren, wird durch unsere Forschung bestätigt: Es braucht nicht viel, um aus einem »normalen« Menschen einen Folterer werden zu lassen.

Ich habe es mir grundsätzlich abgewöhnt, als Wissenschaftler und Therapeut Verhalten einseitig zu bewerten. Mein Ansatz basiert nicht nur auf der Perspektivenverschiebung durch die Positive Psychologie, sondern auch aus meiner Beschäftigung mit der menschlichen Selbstregulation und dem systemischen Denken. Sie erlaubt es mir, fast jedes Verhalten als funktional in seiner Situation zu interpretieren. Anders formuliert: Fast alle Verhaltensweisen haben eine Funktion – Menschen machen Gebrauch von bestimmten Strategien, um zu einem Ziel zu kommen oder das System, in dem sie leben, aufrechtzuerhalten. So wird mancher durch diszipliniertes Lernen einen guten Beruf ergreifen können. Lernen ist also funktional. Ein anderer wird durch liebevolles Verhalten ein Kind erziehen, das später ebenfalls glücklich ist. Liebevolles Verhalten ist also funktional.

Jedoch erreichen Menschen nicht selten auch durch unmoralische Mittel ihre Ziele. Die grausamen Enthauptungen von Journalisten durch den sogenannten Islamischen Staat haben uns entsetzt und panisch werden lassen – das war jedoch, wenn man es nüchtern betrachtet, genau das, was die Mörder beabsichtigten. Und ein Student, der sich dazu entschließt, lieber in einem Flüchtlingsheim zu arbeiten, als sich Vorlesungen anzuhören, die ihm langweilig vorkommen, und der aufgrund dessen mit 30 immer noch keinen Berufsabschluss hat, entspricht zwar nicht unseren Vorstellungen von einem erfolgreichen Leben, aber er kann sich natürlich trotzdem wohl in seiner Haut fühlen – und es ist davon auszugehen, dass seine Arbeit sehr nützlich war.

Gut und Böse sind also abhängig vom Betrachter. Selbst ein Verhalten, das wir gesellschaftlich für nützlich halten, kann einem einzelnen Individuum schaden. Ich habe nicht nur eine Studentin in meinen Beratungen erlebt, die nicht zu wenig, sondern zu viel gelernt hat. Ich habe Manager als Klienten gehabt, die überarbeitet waren, und Väter, die ihre Kinder so »gut« beschützt hatten, dass sie deren Autonomie behindert haben. Ich habe Mütter erlebt, die ihren Kindern so sehr bei den Hausaufgaben geholfen haben, dass diese unmotiviert verdummten. Wir können es also auch zu gut meinen – selbst Verhaltensweisen wie lernen, helfen, lieben müssen nicht immer zielführend sein. Damit verschwimmen die Grenzen von Gut und Böse, von Normal und Verrückt, und daher stelle ich mir lieber die Frage: »Welches Verhalten war in der Situation, in der es passierte, nützlich?« Und, genauso wichtig: »Für wen ist was nützlich?« Jeder von uns braucht etwas anderes, und jeder von uns braucht etwas anderes in verschiedenen Situationen.

Eine etwas ältere Dame, nennen wir sie Frau Müller, besuchte mich einmal. Ihr Mann war drei Jahre zuvor verstorben. Sie hatte immer sehr gesund gelebt, aber nach dem Tod des Mannes wieder mit dem Rauchen angefangen. Jetzt wollte sie von mir wissen, wie sie es sich wieder abgewöhnen könnte: »Herr Förster, ich will doch nicht mit so einem Scheiß meine Gesundheit gefährden. Wie konnte ich mit so einem Scheiß überhaupt anfangen? Das ist doch pubertär. Das ist doch nicht normal?« Die Selbstregulationslogik im Kopf, ging ich erst einmal auf die Funktionalität des Rauchens während des Trauerns ein: »Frau Müller, ich verstehe, dass Sie sich das Rauchen abgewöhnen wollen. Aber es nützt nichts, wenn Sie es verteufeln, das ist ja nur ein Teil der Geschichte. Das Rauchen hat Ihnen vermutlich geholfen?«

»Ja, klar, das können Sie sich doch denken. Das war so eine Krücke. Es entspannt mich halt irgendwie.«

»Okay, dann können wir das doch einmal kurz würdigen. Wenn es Ihnen geholfen hat, dann hat es doch einen Zweck gehabt. Sie hätten sich ja auch totsaufen können. Die paar Zigaretten werden Sie nicht umbringen. Außerdem können wir das nicht mehr ändern.«

»Wollen Sie damit sagen, ich soll weiterrauchen und schließlich an Krebs verrecken?«

»Nein, Sie wollen ja aufhören.«

»Also?«

»Die Frage ist doch: Das Rauchen hat Ihnen geholfen. Gut so. Aber passt es noch in die Jetztzeit?«

»Ja, da haben Sie recht. Es hat geholfen, wenn ich mir in meinem Schmerz einfach eine reingepfiffen habe. Aber das war damals. Das war mein damaliges Leben. Aber jetzt ist damit Schluss.«

Frau Müller illustriert hier eine Einsicht, die sich auch in der Psychologie verbreitet hat: Was verrückt, ungesund, schlecht in der einen Situation ist, erscheint hilfreich in der anderen. In den systemischen Therapieschulen werden Auszubildende daher auch in Wertneutralität geschult. Sie versuchen, Menschen wertschätzend und ihr Verhalten zunächst einmal wertneutral zu betrachten, um ihre Probleme besser verstehen zu können und letztlich hilfreich zu sein.

Für Frau Müller war es förderlich, zu erkennen, dass ein Teil von ihr das Rauchen brauchte. Dieser Teil stand jetzt, nach drei Jahren Trauern, aber nicht mehr im Vordergrund. Sie wollte wieder nach vorn schauen, und dies mit 100 Prozent ihrer Energie, für die sie ihre Gesundheit brauchte. Hätte sie ihr unliebsames Verhalten weiterhin verteufelt und sich darüber geärgert, dass sie diesen »Scheiß« macht, hätte sie sich immer wieder aufs Neue mit dem Vergangenen beschäftigt und keine Ressourcen für einen Neuanfang gehabt. Wenn man aber mit einem liebevollen Danke Adieu sagt, fällt es leichter, die Zukunft in die Hand zu nehmen. Ohne den »Scheiß« weiterhin im Kopf zu haben, begann sie nun, einem neuen Teil in sich Raum zu verschaffen, der in der letzten Zeit zu sehr geschwächt worden war und nun wieder aufgebaut werden konnte.

Dies ist also ein Buch über die 95 Prozent der Menschen, die ab und zu, so wie Frau Müller, schlimme Phasen oder Krisen erleben, aber nicht wegen einer chronischen Störung ständig betreut werden müssen.[2] Mit Letzteren beschäftigt sich die Psychiatrie oder die Klinische Psychologie, und solche und ähnliche Extremfälle menschlichen Erlebens kommen in diesem Buch nur dann vor, wenn es zum Verständnis des Alltagslebens beiträgt.

Die Psychologie des Alltagslebens untersucht das, *was Menschen normalerweise tun.* Natürlich ist jeder Mensch etwas Besonderes und Einzigartiges, aber dennoch verbinden uns Menschen bestimmte psychologische Gemeinsamkeiten. Von der Psychologie *allgemeinpsychologischer* Prozesse soll die Rede sein, davon, welche psychologischen Faktoren unser alltägliches Leben bestimmen. Ab und zu werde ich aber auch Einzelfälle aus meiner Praxis berichten, denn Menschen sind komplexer, als Forschung je sein kann. Und ich habe Ihnen ja bereits anhand der Negativsicht der Kollegen gezeigt, dass unsere Forschung bei Weitem nicht frei ist von Trends und persönlichen Vorlieben und dass sie manchmal, so ist das bei normalen Menschen, die wir Psychologen ja sind, auch von mangelndem Selbstwert, Eitelkeiten sowie Grenzen der Intelligenz und Kreativität mitbestimmt wird. Ich werde mich bemühen, die besonders spannenden Erkenntnisse aus der Masse der Forschungsdaten herauszufiltern. Dabei hilft die Unterscheidung von Teildisziplinen der Psychologie, die ich in diesem Buch unter dem Sammelbegriff »Alltagspsychologie« zusammenfasse.

# 3
# Alltagspsychologie und ihre Disziplinen

Die Psychologie beansprucht für sich wie keine andere Disziplin, menschliches Verhalten in einer bestimmten Situation vorherzusagen. Kein anderes Fach weiß so viel darüber, wie Menschen die Umwelt in ihrem mentalen System verarbeiten. Dabei gibt es zahlreiche Subdisziplinen, für die mittlerweile eine eigene Ausbildung nötig ist, um sie voll und ganz erfassen und würdigen zu können.

Die *Kognitionspsychologie* untersucht das Denken und das Gedächtnis des Menschen und Lernprozesse. Die *Entwicklungspsychologie* beschäftigt sich mit Veränderungen über die Lebensspanne, das heißt, wie sich Denken, Fühlen und Verhalten vom Baby bis zum Greis entwickeln. Die *Motivationspsychologie* widmet sich den allgemeinen Gesetzmäßigkeiten der menschlichen Antriebe: Was trauen wir uns zu und warum, und warum schreiten wir manchmal sofort zur Tat und kommen ein anderes Mal nicht in die Gänge? Die *Emotionspsychologie* konzentriert sich auf die Entstehung von Emotionen und wie sie sich auf Verhalten und Denken auswirken. In der *Persönlichkeits-* und der *Differentiellen Psychologie* geht es um den eher »stabilen Teil« oder »den Kern der Psyche« des Menschen und welche Möglichkeiten es gibt, bestimmte Persönlichkeitseigenschaften festzustellen. Diese Disziplin entwirft zum Beispiel Fragebögen, um eruieren zu können, wie chronisch ängstlich, extravertiert, integer oder politisch interessiert eine Person ist.

Auch die *Physiologie* und die *Neurowissenschaften* spielen eine Rolle. In diesen Teilgebieten der Psychologie wird die Frage erörtert, wo in unserem Hirn etwas passiert und welche körperlichen und stofflichen Reaktionen psychische Veränderungen begleiten oder hervorrufen.

Die Ergebnisse dieser psychologischen Disziplinen werden weiterhin in der *Wirtschaftspsychologie*, der *Arbeits- und Organisationspsychologie* und der *Konsumenten-* und der *Medienpsychologie* genutzt. Auch aus diesen Disziplinen werde ich schöpfen, wobei man mir verzeihen mag, wenn ich mich auf meine Hausdisziplin konzentriere: die *Sozialpsychologie,* die all diese Aspekte des alltäglichen Lebens und Erlebens in einem gesellschaftlichen, kulturellen oder Gruppenkontext untersucht. In dieser Disziplin entwerfen wir ebenfalls Emotions-, Motivations- und Gedächtnistheorien, jedoch setzen wir sie immer in Beziehung zur Umwelt oder zu anderen Menschen.

Hier ein Beispiel: Stehen Menschen gemeinsam an einem Busbahnhof und warten, dann speichern sie die Szene nicht eins zu eins ab, als wäre das Gedächtnis eine Kopiermaschine, oder als gäbe es keinen Kontext: Wenn es geregnet hat, »erinnern« sich Menschen eher an Regenmäntel, die die Wartenden angeblich anhatten. Und jeder Wartende wird Unterschiedliches erinnern: Während der eine einen Blick für die handgearbeiteten Schuhe des Mannes neben ihm hat, nimmt die andere den kleinen nassen Hund der alten Dame wahr. Objektive Wirklichkeit gibt es in der Sozialpsychologie nicht – die Umwelt oder der Kontext verändert unser Denken, Fühlen und Verhalten und relativiert alles. Daher nennen wir Gedächtnisinhalte *Repräsentationen:* Das, was unser Gedächtnis abspeichert, ist nicht das Objekt, das wir wahrnehmen – es repräsentiert das Objekt nur in einer individuellen Weise.

Die Psychologie profitiert zudem von den vielen Nachbardisziplinen. Wir lernen immer wieder von der Philosophie, zum Beispiel in der Theorienbildung. Wir übernehmen Konzepte aus der Soziologie, den Wirtschaftswissenschaften, den Politikwissenschaften und der Kulturanthropologie. Auch die Biologie und die Gesundheitswissenschaften wie Medizin und Pädagogik liefern uns wertvolle Erkenntnisse.

Unser Fokus auf das Individuum und sein Denken, Fühlen und Verhalten in seinem sozialen Kontext ist jedoch speziell uns Psychologen überlassen. In unseren Studien untersuchen wir eine einzelne

Person oder eine Gruppe und versuchen zu ermitteln, wie sie sich in bestimmten Situationen fühlt, was sie denkt, was sie letztendlich tut und was sie antreibt. Zentral ist die Erforschung der sozialen Informationsverarbeitung: Wie verarbeiten wir die Umwelt in unserem mentalen System? Eine recht strittige Frage ist dabei, ob Repräsentationen eher von »innen« – vom Kern unserer Persönlichkeit – beeinflusst werden oder eher von »außen«, also vom Kontext, von anderen Menschen, der Gesellschaft oder der Umwelt.

# 4
# Was treibt uns Menschen an?

Um eine jahrzehntelange Debatte[3] in einem Satz abzukürzen: Menschliches Denken und Verhalten gehen auf eine Kombination von *Persönlichkeit* und *Umwelt* zurück:

**V = (P,U)**
**Das heißt übersetzt: Verhalten ist eine Funktion von Persönlichkeit und Umwelt.**

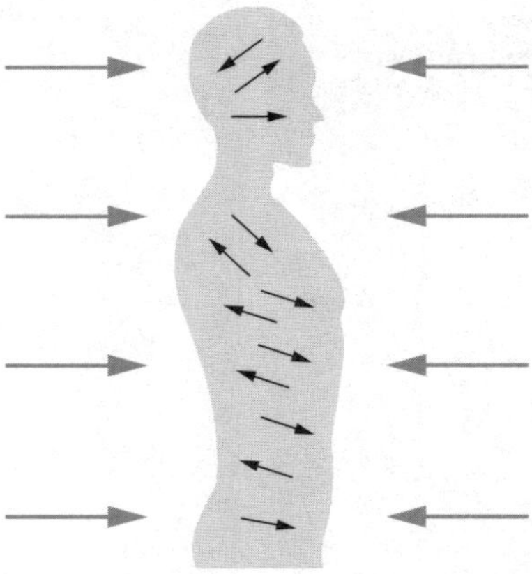

Kurt Lewin (1929): V = (P,U)

**Abb. 2 Verhalten ist eine Funktion von Person und Umwelt**

Diese Formel geht auf Kurt Lewin zurück, einen der größten Pioniere der Psychologie, der kurz vor dem Krieg noch vor den Nazis nach Amerika fliehen konnte und dort mit seiner *Feldtheorie* weltberühmt wurde. Kurt Lewin interessierte die Gesamtgestalt eines Menschen in der Umwelt, dem *Feld*, in dem er lebt.[4] Der Mensch wird demnach genauso von der Umwelt beeinflusst, wie er sie beeinflusst. Mehr noch: Beide, Person wie Umwelt, sind in einem ständigen, lebendigen Austausch miteinander, womit sich die Gesamtgestalt fortwährend verändert und somit auch die Persönlichkeit und die Umwelt. Diese simple, aber brisante Formel fand ihre Bestätigung in den fast 100 Jahren intensiver Forschung, die folgten. Vor allem der Gedanke, dass menschliches Verhalten nicht allein auf der Basis der Persönlichkeit, der Biologie oder der Genetik zu verstehen ist, setzte sich immer mehr durch. Wir haben es beim Menschen mit einem höchst dynamischen System zu tun, und Persönlichkeit ist stets die Wirkung von persönlichen Eigenschaften, Talenten und Fähigkeiten *in einem bestimmten Kontext*. Und der Kontext ist das von der Persönlichkeit Wahrgenommene. Dabei bezweifeln die meisten von uns nicht, dass es da draußen in der Welt etwas gibt. Wir bilden uns die Welt nicht ein. Allerdings wird alles, was wir wahrnehmen, von unserem Wahrnehmungsapparat verzerrt und unseren psychischen Bedürfnissen angepasst. Wir nennen das *Konstruktionen*.

Nehmen wir als Beispiel die Wirtschafts- und Finanzkrise 2007, die als Umweltfaktor einen starken Einfluss auf die Bevölkerung hatte. Dieses Ereignis wurde von vielen als negativ erfahren, und so mancher hatte kurzzeitig das Gefühl, die Kontrolle über seine finanzielle Sicherheit verloren zu haben. Einige machten sich Sorgen um ihre Rente, manche um ihre Firma, um ihre Aktien oder Ersparnisse, und andere erlitten in der Tat schwere Verluste. Grundsätzlich löst ein derartiges Ereignis bei vielen Beunruhigung aus. Jedoch ist zu vermuten, dass nicht jeder sich durch so eine Krise in gleicher Weise beeinflussen lässt. Einige Menschen wird sie kaltlassen, während andere, die speziell um ihre Finanzen fürchten oder sich vielleicht auch in anderen Situationen eher ängstigen, stärker oder nachhaltiger in ihrem Verhalten beeinflusst werden. Es gibt unter uns ängstliche und weniger ängstliche Personen. Wir sprechen psychologisch von *dispositioneller* oder *generalisierter* Ängstlichkeit.

Aber auch die Umwelt wirkt auf uns ein. Neben eigenen, subjektiven Schwellen (der eine flippt schon beim ersten Auftauchen des Wortes Krise aus, beim anderen muss eine Krise deutlich spürbar sein) gibt es auch Einflüsse, die (fast) jeden tief treffen. Natürlich bringt ein Brand in der Küche jeden von uns dazu zu erschrecken, und hätten wir vermutlich alle Angst bekommen, hätte man uns in der Wirtschaftskrise von heute auf morgen enteignet oder unsere Konten genullt. Kontextfaktoren beeinflussen uns, aber natürlich sind sie häufig nicht so objektiv und eindeutig einzuschätzen wie ein Brand. Es ist hoch wahrscheinlich, dass wir Menschen aufgrund des Klimawandels in 20 Jahren viel weniger zu essen haben werden – viele wissenschaftliche Befunde sprechen dafür. Es wird zu Flüchtlingswellen kommen, es wird Unruhen geben, es wird neue Krankheiten geben. Doch weil der Klimawandel für viele noch nicht stark genug spürbar ist, handeln viele so, als hätte die Klimaerwärmung nichts mit ihnen zu tun, und verschwenden weiterhin Energien (indem sie sich teure Autos kaufen, zu viel Plastik verwenden oder zu häufig fliegen). Aus der Kombination des Kontextfaktors (zum Beispiel: Wie stark ist die Bedrohung?) und der Disposition (etwa: Wie verängstigt bin ich persönlich?) könnte man Vorhersagen entwickeln, wie stark Menschen in einer bestimmten Situation der Unsicherheit reagieren.

Jedoch ist die Formel von Lewin viel aufregender, als man bis hierhin vermuten mag, denn sie besagt, dass sich unsere Persönlichkeit, unsere Urteile und unser Verhalten unmittelbar in der Situation verändern, dass wir keine feste Persönlichkeit haben, dass wir kein Computer sind, aus dem man mühelos abrufen kann, was wir in der nächsten Minute tun werden – ganz im Gegenteil. Wir verändern unsere Gedanken, Einstellungen und Urteile unbemerkt und fortwährend aufgrund von internen Abläufen und von Umweltfaktoren. Um die Computermetapher zu gebrauchen: Wir machen permanent Updates.

Nehmen wir als Beispiel ein Experiment aus der Forschung. Die Psychologen Norbert Schwarz und Jerry Clore riefen Unbekannte an, die nach dem Zufallsprinzip aus Telefonbüchern von ganz Amerika zusammengesucht wurden, und befragten sie nach ihrer Lebenszufriedenheit. Die Frage war deutlich gestellt: »Wie zufrieden sind Sie mit Ihrem Leben im Allgemeinen?« Jemand, der argumentiert, dass wir eine feste Persönlichkeit haben, sollte annehmen, dass wir irgendwo abgespeichert haben, wie wir im Leben klarkommen. Dass irgendwo die Summe der positiven und negativen Erfahrungen zusammengerechnet würde und dann ein Wert herauskäme, den wir immer wieder aus dem Gedächtnis abrufen könnten. So funktioniert Homo sapiens aber wohl nicht. Die Situation, in der die Frage gestellt wurde, spielte nämlich eine große Rolle und verfärbte das Urteil.

Schwarz und Clore schauten bei ihren Anrufen nach, wie das Wetter in der jeweiligen Region war, und stellten fest, dass Personen, die sie bei schönem Wetter interviewten, eine höhere Lebenszufriedenheit angaben als jene, die sie an einem regnerischen Tag befragten. Es spricht viel dafür, dass diese Effekte unbewusst auftraten. Diese und zahlreiche andere Studien, von denen ich noch berichten werde, zeigen, wie sehr wir mit der Umwelt verbunden sind, wie stark sie uns bewusst oder unbewusst beeinflusst und wie unstabil und konstruiert unsere Einstellungen manchmal scheinen.

Auch die Frage, warum manche Menschen über verschiedene Situationen hinweg ängstlicher sind als andere, ist wiederum durch Umwelt- wie Persönlichkeitsfaktoren zu erklären. Häufig denken Laien, dass die Gene uns bestimmen würden, doch Sozialisations- oder Erziehungsprozesse spielen eine ebenso wichtige Rolle: Viele Studien belegen den Einfluss der Erziehung, der gesellschaftlichen und der kulturellen Prägung, der Familie, Lehrer, Freunde usw. Das, was uns widerfährt, setzt sich in unserem Gedächtnis fest und bestimmt letztendlich unsere Werte, unsere Ziele und somit unsere Persönlichkeit.

Um beim Thema Angst noch etwas zu verharren: Angst auslösende oder gar traumatische Ereignisse können sich im Gedächtnis festsetzen und chronisch das Leben bestimmen. Jemand, dessen Kindheit durch finanzielle Nöte gekennzeichnet war, könnte bei einer Krise im Erwachsenenalter mehr Angst empfinden. Und lebt ein Individuum in einer Gesellschaft, in der viele ängstliche Menschen leben und vorsichtiges sowie wachsames Verhalten belohnt wird, kann sich dies ansteckend auswirken. Die Niederländer und die Amerikaner glauben zum Beispiel, dass wir Deutschen ängstlicher seien als andere Nationen; sie haben sogar einen eigenen Begriff dafür: »German Angst«. Als Beleg wird unter anderem angeführt, dass wir Deutschen gern überversichert seien, und es werden Beispiele zitiert, in denen wir verglichen mit anderen Völkern, angeblich überreagiert haben: bei BSE (dem Rinderwahn), der Vogelgrippe oder angeblich beim Atom-GAU in Fukushima.[5]

Auch andere Verhaltensweisen werden durch gesellschaftliche Strukturen und kulturelle Standards entscheidend mitbestimmt. So wird der Fokus auf Leistung durch gesellschaftliche Werte vermittelt, und wenn die direkten und indirekten Belohnungen wie ein »anständiges« Gehalt, Prestige, Status und gesellschaftliche Anerkennung in Krisenzeiten nicht verfügbar sind, kann das Panik verursachen. Ich hatte den Eindruck, dass aus diesem Grund die Niederländer ein viel größeres Problem mit der Wirtschaftskrise hatten – materieller Besitz ist in der calvinistisch geprägten Gesellschaft dieses Landes ein recht deutliches Lebensziel, das nun plötzlich unerreichbar schien. Ich lebte damals in Amsterdam und konnte durch meine leicht andere Prägung den fast panischen Verarmungswahn nicht nachvollziehen, jedenfalls nicht in der Intensität. Keiner der allesamt gut verdienenden Kollegen ist wirklich komplett ruiniert worden, aber zu jener Zeit gab es kaum ein anderes Thema an der Universität.

Das Drama spielte sich vor allem in den Köpfen ab. Ein Kollege beklagte sich allen Ernstes, dass man »zum Leben« doch monatlich 8000 netto brauche und wie er denn mit weniger überleben solle. Natürlich ist auch ein solcher Standard, den er vermutlich irgendwann einmal von anderen übernommen hatte, eine Konstruktion. Er hatte ihn wohl so verinnerlicht, dass er darüber vergaß, wie gut es sich auch mit weniger leben lässt. Und machte sich damit das Leben schwer, denn natürlich kann man sich ein Shampoo für zehn Euro durchaus auch dann noch leisten, wenn man die Hälfte verdient, und natürlich muss man in einer Wohnung, die kleiner ist als 180 Quadratmeter, nicht dahinvegetieren.

Verzerrte Konstruktionen können manchmal zu großen Problemen führen. Viele Opfer von Burn-out geben an, dass sie so viel arbeiten *mussten,* weil *andere* es von ihnen verlangten oder weil es die *moderne Zeit* von uns fordert, oder weil ihr Partner einen hohen Lebensstandard hätte. Das mag bei manchen so sein, vielleicht ist unsere westliche Welt arbeitswütig und werden die Arbeitsbedingungen tatsächlich immer unmenschlicher bei sinkenden Löhnen, jedoch spielen sich in vielen Fällen Anforderungen, die das Verhalten der Betroffenen leiten, allein zwischen den Ohren ab und entbehren einer Faktenbasis. Paradoxerweise haben gerade Burn-out-Opfer in den letzten Phasen vor dem Zusammenbruch häufig kaum noch Kontakt zu anderen. Dies bedeutet aber, dass sie sich die Anforderungen möglicherweise nur einbilden – denn wenn sie niemanden mehr um sich herum haben, kann ihnen auch niemand Anforderungen kommunizieren. Frage ich als Therapeut zum Beispiel nach: »Wer hat Ihnen denn konkret gesagt, dass Sie Ihr Büro nicht vor 22 Uhr verlassen können?«, oder: »Fordert Ihr Partner wirklich, dass Sie so viel verdienen?«, haben manche erschöpften Klienten keine Antwort. Ihr Zusammenbruch beruht – nicht immer, aber häufig – auf einer *Konstruktion* der Realität. Die Systemiker, wie zum Beispiel Niklas Luhmann, nennen das auch *Erwartungs-Erwartungen:* Ich denke, die anderen wollen etwas von mir, was diese tatsächlich nie als Erwartungen formuliert haben.

In meinen Coachings habe ich gemerkt, dass es manchen besser geht, wenn sie die hohen Standards (»Ich brauche viiiiiel Platz, Herr Förster!« oder »Von einem Shampoo unter 40 Euro, da fallen einem doch die Haare aus.«) einmal hinterfragen. Kann man wirklich nicht einen Level herunterschalten? Vieles muss man einfach einmal ausprobieren, weil sich die eigenen Vorstellungen nicht immer zu 100 Prozent mit dem tatsächlichen Erleben überschneiden. Manche meiner Klienten fühlten sich nach dem Umzug in eine kleinere Wohnung viel wohler und weniger gestresst.

Natürlich hat jeder auch einen festen Kern der Persönlichkeit, der weitgehend unveränderlich ist. Ich kann mir zum Beispiel nicht vorstellen, dass ich mich einmal den Nazis anschließe oder rohe Schnecken esse. Das ist entscheidend für meine Identität, doch gibt es viel mehr Teile in mir, die durch Sozialisationsprozesse verändert werden. Sozialisation ist kein Prozess, der irgendwann stoppt. Auch späte Erfahrungen können Menschen nachhaltig beeinflussen – und aus einem ängstlichen Menschen einen mutigen machen. Mir ist es mithilfe eines systemischen Coachings gelungen, meine Ängste vor Höhe und Spinnen zu überwinden. Auch der umgekehrte Fall ist möglich: So ist aus der Psychologie von Paarbeziehungen bekannt, dass unter Umständen eine als traumatisch erfahrene Zurückweisung in einer Beziehung ausreicht, dass ein Mensch fortan hochsensibel für weitere Ablehnungen wird, Ängste entwickelt und manchmal sogar aggressiv reagiert, wenn er auch nur die leisesten Verdachtsmomente für einen Vertrauensbruch wittert. Ebenso können andere Faktoren, wie das Altern des Hirns oder ein vorübergehender Missbrauch von Drogen wie Alkohol, Panikzustände auslösen und die dispositionale Ängstlichkeit erhöhen. Diese Wechselspiele von Persönlichkeit und Umwelt belegen Kurt Lewins Modell vom Verhalten als Funktion von Persönlichkeit und Umwelt.

Der stärkste Umgebungsfaktor für den Menschen sind freilich andere Menschen. Das Unsicherheitsgefühl bei einer Wirtschaftskrise wird ja nicht dadurch verursacht, dass wir auf die Aktienkurse schauen und unmittelbar entsetzt sind. Ich hatte am Anfang der Krise zunächst gar keine Idee, wie ich die Ereignisse einordnen sollte. Sie ließ mich kalt – was ging es mich an, dass an der Wall Street ein Sack Geld umfiel? Allerdings wurde ich zunehmend besorgter, als ich hörte, wie Experten, Politiker, Journalisten und nicht zuletzt mein Umfeld darauf reagierten. Meine Kollegen an der Universität Amsterdam hatten fast alle Wirtschaft als Schulfach gehabt und steckten mich mit ihren Sorgen irgendwann an. Außerdem war täglich von großen Einschnitten an den Universitäten die Rede und davon, dass womöglich ganze Abteilungen geschlossen werden könnten. Das Entsetzen der Kollegen, ihre Sorgen, ihre Horrorszenarien machten mich tatsächlich ängstlich. Natürlich sind soziale Einflüsse nicht immer negativ – sensibilisiert mich mein Nachbar für das Thema Altersversorgung, ist das durchaus hilfreich. Zudem ist es im Prinzip nützlich, wenn mir Mitglieder einer anderen Kultur erzählen, wie man sich bei ihnen verhält.

Menschen beeinflussen uns selbst dann, wenn wir uns ihre Reaktionen nur vorstellen. Unter Umgebungsfaktoren verstehen wir Psychologen auch diese *rein vorgestellte Umgebung*. Das heißt, tatsächlich sind wir niemals allein. So kann ich mir vorstellen, wie cool es meine Freunde fänden, wenn ich im Urlaub zum Grand Canyon führe. Genauso kann ich mir vorstellen, wie sie sich schämen würden, wenn ich mich in einer Karaokebar blamierte – und schon unterlasse ich meinen Auftritt. Diese Vorstellung kann ebenfalls falsch sein, eine reine Erwartungs-Erwartung, trotzdem beeinflusst sie mich.

Um noch einmal auf Wirtschaftskrisen zurückzukommen: Die Vorstellung, dass es sich um eine von anderen mitempfundene Katastrophe handelt, schafft schnell Realitäten. In der Tat konsumierten die Europäer – obwohl der Einzelne häufig gar nicht betroffen war! – 2007 deutlich weniger, was die Wirtschaft weiter schwächte. Eine sich *selbst erfüllende Prophezeiung* setzte ein und wurde vor allem durch politische Maßnahmen gestoppt (zum Beispiel die Bankenrettung durch den Steuerzahler oder die Abwrackprämie), deren Auswirkungen wir vermutlich erst noch spüren werden.

Manche Einflüsse von anderen Menschen sind uns gar nicht bewusst. Imitation ist häufig ein solch unbewusster Vorgang. Ich werde später zeigen, wie nützlich Imitationslernen ist – so könnten wir Ballett sicher nicht lernen, wenn uns jede Bewegung erklärt werden müsste, und könnten wir keine fremde Sprache lernen, wenn wir nicht die Aussprache der Muttersprachler schlichtweg nachmachen würden. Wir würden es auch kaum merken, wenn die German Angst auf uns übergesprungen wäre, sondern würden uns vermutlich einfach ängstlich fühlen, ohne zu wissen, woran das liegt. Das heißt nicht, dass wir keine Erklärungen für unser Verhalten parat hätten: einen strengen Vater, schlechte Erfahrungen in der Schule oder genetische Einflüsse (schon Opa Erwin war ein Angsthase …) – alles plausible Erklärungsmuster, aber vielleicht nicht der eigentliche Auslöser. Unser Hirn versucht ständig, Sinn zu machen, und stellt uns mit eigens konstruierten Theorien oft zufrieden. Tatsächlich aber ist es uns meist unmöglich, den wahren Grund, zum Beispiel die Gesellschaft, als Ursache unserer Angst zu ermitteln. Introspektion hat ihre Grenzen. Hier brauchen wir clevere Studien, um diese Einflüsse zweifelsohne nachzuweisen.

Zur Illustration ein ganz simples Experiment: In einer Untersuchung von Robert Cialdini und Team warfen eigens dafür engagierte Schauspieler Müll auf einen Supermarktplatz. Die Forscher fanden heraus, dass andere Kunden dieses asoziale Verhalten überzufällig häufig nachahmten – und es ihnen selten bewusst war. Oft sahen sie den Schauspieler nur aus dem Augenwinkel. Manche konnten sich, wenn befragt, gar nicht an jemanden erinnern, der etwas weggeworfen hatte. Trotzdem konnten die Forscher aufgrund der Beobachtung schließen, dass Menschen im Allgemeinen durch die Umwelt beeinflussbar sind – wenn auch vielleicht nicht alle. Typischerweise beantworten solchermaßen beeinflusste Probanden die Frage danach, warum sie denn das Verhalten gezeigt hätten, mit einiger Sicherheit. Sie sagen: »Och, ich war grad so in Eile, sorry.« Oder: »Oh, ich komme aus einer Familie, die auf so etwas nicht so viel Wert legt.« Das bedeutet, sie konstruieren sich Erklärungen für nicht salonfähiges Verhalten, weil sie nicht wissen, wodurch es tatsächlich beeinflusst wurde. Um derartige selbstwertdienliche Erklärungen sind Menschen nicht verlegen, wie wir noch häufiger sehen werden.

# 5
# Die wissenschaftliche Methodik der Psychologie

Wir Psychologen des Alltagslebens erforschen menschliches Verhalten. Wir untersuchen, wie sich Menschen fühlen und wie sie denken und welche Bedeutung dies für ihr Verhalten hat. Wir sammeln objektiv erhobene Daten und ziehen aufgrund der kritischen Auseinandersetzung mit diesen Fakten Schlussfolgerungen.

Als wissenschaftliche Methoden kommen sowohl Untersuchungen am einzelnen Individuum in seiner natürlichen Umgebung (sogenannte Feldstudien) infrage als auch Beobachtungen an Gruppen. Vor allem aber spielt die Datenerhebung in wissenschaftlichen Untersuchungsräumen oder »Labors« eine Rolle. Dorthin werden Probanden eingeladen, die dann beispielsweise Entscheidungen fällen, andere Menschen bewerten, sich an Gelerntes erinnern oder eine bestimmte Leistung erbringen sollen, und dabei beobachtet.

Die Datenerhebung erfolgt so, dass der Wissenschaftler selbst die Daten weder bewusst noch unbewusst beeinflussen kann. Auch Versuchsleiter wissen nicht, welcher Einfluss bei einer bestimmten Versuchsperson gerade getestet wird. Schließlich werden die daraus resultierenden Daten statistisch analysiert.

Um zu erklären, warum sich Menschen in der ein oder anderen Weise verhalten, fokussiert sich die Forschung auf *mentale Prozesse* wie das Wahrnehmen, Urteilen, Denken, Schlussfolgern, Fantasieren, Analysieren, das Entwickeln neuer Gedanken und Ideen sowie das Planen. Dies sind allesamt *kognitive* Operationen, die eine gemeinsame Grundlage haben: *unser Gedächtnis.* Hier haben wir alles abgespeichert, was wir erleben, fühlen, was wir planen, wünschen und erfahren und wie wir Dinge angehen.

Neben kognitiven Prozessen sind Emotion und Motivation

Grundpfeiler des Verhaltens. Wie sich eine Person in einer bestimmten Situation fühlt, wird ebenso untersucht wie die Wünsche, Ziele und Motivatoren (zum Beispiel Belohnungen oder Bestrafungen für eine Leistung oder Handlung), die sie antreiben.

Denken, Fühlen und Verhalten gehen häufig in dieselbe Richtung. Jemand mag denken: »Ich bin schüchtern«, und fühlt sich gleichzeitig ängstlich, wenn er andere Menschen trifft, und verhält sich demgemäß, indem er soziale Situationen meidet. In manchen Situationen können Denken, Fühlen und Verhalten jedoch auch in unterschiedliche Richtungen gehen. Viele von uns denken, dass sie tolerante Menschen wären und dass sie keine Vorurteile hätten, trotzdem fühlen sie sich irritiert, wenn sie ein homosexueller Bekannter umarmt. Hier steht das Denken im Widerspruch zu den Gefühlen. Besonders bei der Personenbeurteilung passt das Verhalten häufig nicht mit dem zusammen, was man möchte. Fälle der sogenannten »unbewussten Diskriminierung« werden deutlich, wenn Firmenchefs verlauten lassen, Frauen seien genauso gute Führungskräfte wie Männer, die führenden Positionen aber fast ausschließlich von Männern besetzt sind.

Bei der Selbstkontrolle driften Wille und Handeln oft auseinander. Wir mögen den wöchentlichen Besuch im Fitnesscenter für sehr wichtig halten, was uns aber nicht unbedingt motiviert, das wohlig warme Sofa zu verlassen, um stattdessen auf der Laufmaschine zu keuchen.

Für wissenschaftlich orientierte Psychologen ist häufig das Experiment die Methode der Wahl. Was ist das konkret? Ein Beispiel zur Verdeutlichung aus meiner eigenen Forschung: Ron Friedman – ein Sozialpsychologe, den ich während meiner Zeit an der Columbia University in New York kennenlernte – und mich interessierte die Frage, ob Unsicherheit generell und unbewusst Kreativität behindert. Diese Hypothese ist nicht so trivial, denn wir haben mitunter gehört, dass »Not erfinderisch« mache. Zudem besteht der Mythos, dass Künstler leiden müssten, um schöpferisch zu sein. Nach diesen Laientheorien sollte Unsicherheit Kreativität befördern.

Aufgrund von evolutionspsychologischen und Emotionstheorien

nahmen wir dagegen an, dass Menschen in unsicheren Situationen eher Fehler vermeiden wollen. Dies aber behindert kreatives Denken, statt es zu fördern, denn innovative Lösungen benötigen eine gewisse Risikobereitschaft – wenn ein Künstler etwas Neues entwirft, dann weiß er im Vorhinein nie, wie dieses Unerprobte ankommt. Der umgekehrte Fall: »Wenn du in einer sicheren Umgebung bist, dann exploriere, sei kreativ und trau dich was«, ist vermutlich gelernt und wird in einer entsprechenden Situation automatisch abgerufen. Zur Überprüfung der Annahmen experimentierten wir mit zwei Gruppen: einer, die verunsichert wurde, und einer anderen, die sich sicher fühlte. Danach testeten wir die Kreativität der Teilnehmer.

Man muss bei solchen Experimenten darauf achten, dass die Versuchspersonen den Untersuchungszweck nicht durchschauen, sonst spielen andere psychologische Prozesse als der fokussierte Faktor, hier »Unsicherheit«, eine Rolle. Probanden könnten trotzig das Gegenteil dessen tun, was von ihnen erwartet wird (»Die wollen mich hier verunsichern und wollen dann sehen, dass ich weniger kreativ werde – na, denen zeig ich's«). Das wäre zwar auch ein interessanter Effekt, aber nicht der, der getestet werden soll. Psychologen versuchen in ihren Forschungsexperimenten daher häufig, das eigentliche Ziel der Untersuchung mithilfe von *Cover Stories* zu verdecken. Dieses Verfahren findet in vielen Untersuchungen Anwendung und gehört zum Methodeninstrumentarium der Psychologie.

In der Studie baten Ron Friedman und ich einen Teil der Versuchspersonen, ein Rätsel zu lösen: Sie sollten eine Maus vor einer Eule aus einem Labyrinth retten. Das ist eine Situation der Unsicherheit, allerdings eine sehr milde, wenig offensichtliche. Wir gingen daher davon aus, dass sie besonders geeignet wäre, das Unbewusste des Prozesses zu untersuchen. Die Aufgabe war so subtil, dass sie keine intensiven Stimmungen oder Emotionen auslöste. Fragten wir zum Beispiel *davor* und *danach,* wie die Versuchspersonen sich fühlten oder wie ängstlich sie gerade waren, stellte sich heraus, dass sich ihre Gefühle nicht veränderten. Zusammengefasst war diese Manipulation nichts mehr als eine sehr schwache Erinne-

**Abb. 3 Eulen-Labyrinth: Versetzt Probanden in einen Präventionsfokus**

rung an Situationen der Unsicherheit. Auf keiner Ebene war den Probanden klar, dass es in dieser Studie um Unsicherheit oder um sie selbst ging! Sie glaubten vielmehr, dass es darum ging, zu erfassen, wie man Rätsel löst.

Die anderen Versuchspersonen bearbeiteten dasselbe Labyrinth, allerdings mit einer kleinen Änderung: Sie sollten die Maus zu einem Stück Käse führen. Diese Situation ist eher positiv, hat keinen Unsicherheitsaspekt, und auch diese Version löste keine bewussten Stimmungsveränderungen aus. Danach baten wir die Versuchspersonen, eine Aufgabe zu lösen, die anzeigt, wie kreativ sie sind: Sie sollten innerhalb von zwei Minuten tunlichst viele kreative Verwendungsmöglichkeiten für einen Ziegelstein finden.

Nach Auswertung der Lösungen fanden wir tatsächlich Hinweise für unsere Theorie. Die Versuchsteilnehmer, die die Maus zum Käse geführt hatten, waren kreativer als jene, die die Maus von der Eule weggeführt hatten. Fragten wir die Probanden, ob sie einen Einfluss des Labyrinthrätsels auf die Ziegelstein-Aufgabe wahrgenommen hätten, verneinten sie das; einen solchen Befund würden wir deshalb als unwillentlichen, automatischen oder *unbewussten* Effekt

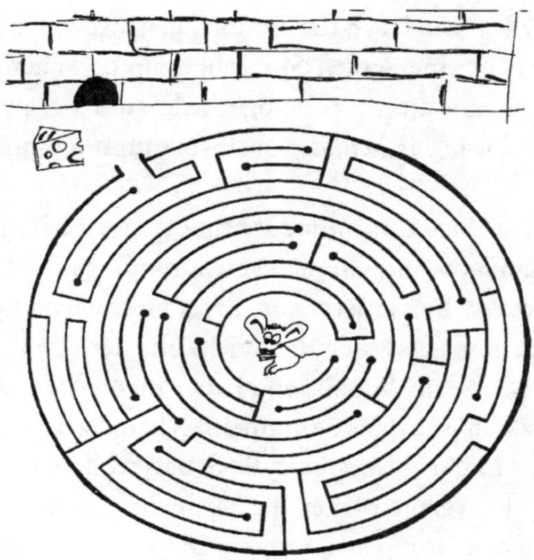

**Abb. 4 Käse-Labyrinth: Versetzt Probanden in einen Promotionsfokus**

bezeichnen (mehr dazu später). Die Studien zeigen einen Effekt einer subtilen Erinnerung an Unsicherheit oder Sicherheit auf kreative Denkprozesse.

Möchte ich das Verhalten erklären, muss ich allerdings über die bloße Beobachtung hinausgehen. Ich will ja zum Beispiel nicht etwa sagen, dass Mäusecomics mit Käse kreativ machen, sondern mit einer solchen Manipulation zeigen, dass Unsicherheit – selbst unwillentliche und unbewusste – einen Einfluss auf unser Denken hat. Ich muss von diesem einzigen Experiment also abstrahieren, um die Regelhaftigkeit von Verhalten zu entdecken.

Ein Qualitätsmerkmal einer Theorie ist es, wie weitreichend sie ist, das heißt, inwiefern die Annahme auf möglichst viele Kontexte zutrifft – und nicht im Speziellen auf Comics – oder auf diese *eine* Kreativitätsaufgabe oder die besondere Versuchsanordnung zurückzuführen ist. Im Fall unserer Theorie ist das so: Andere Forschung ergab, dass gruselige Filme weniger kreativ machen, also auch bewusst empfundene Unsicherheit ähnliche Effekte befördert. Bei Menschen, die im Experiment durch gute oder nervtötende Musik entweder in eine stark positive oder sehr negative Stimmung gebracht werden, zeigt sich der Einfluss genauso wie bei Personen, die chronisch in einer guten Stimmung sind. Zudem finden Arbeits- und Organisationspsychologen wie zum Beispiel M. Davis mehr Kreativität in Firmen, die positive Stimmung und Sicherheit ausstrahlen.

Es muss also eine Betrachtung stattfinden, ob sich einzelne Experimente mit anderen Induktionen von Stimmung oder Unsicherheit und mit anderen Messungen von Kreativität wiederholen lassen. Mit der Evidenz wächst auch die Reichweite der theoretischen Annahme, denn einzelne Befunde von Experimenten können auch immer einmal zufällig zustande kommen. Es kann ja durchaus manchmal sein, dass in der Käsegruppe die fantasievolleren Leute landen, selbst wenn die Versuchsleiter die Versuchspersonen nach einem Losverfahren den Gruppen zuordnen. Daher ist es in unserer Disziplin mittlerweile verpönt, eine einzige Studie zu veröffentlichen; in wissenschaftlichen Zeitschriften von hoher Güte finden Sie immer Artikel mit einer abwechslungsreichen Serie an Studien.[6] Gern gesehen werden auch Meta-Analysen, in denen zahlreiche Studien zu einer Hypothese zusammengefasst werden. Mathijs Baas und Team führten eine solche Analyse durch und bestätigten die Stabilität unserer Theorie – die Ergebnisse ließen sich gut in anderen Labors replizieren.

Zudem sollte eine Theorie *falsifizierbar* sein, es sollte also die Möglichkeit gegeben sein, dass ein potenzielles Ergebnis die Theorie widerlegt. In unserem Fall ist das glasklar: Zeigt jemand, dass schlechte Stimmung Personen kreativer werden lässt, müssen wir die Theorie verändern. Das ist deshalb zentral, weil wir letztendlich eine Theorie niemals wirklich »beweisen« können. Wer sagt denn, dass unsere Ergebnisse tatsächlich durch Unsicherheit zustande kamen und nicht etwa durch eine hormonelle Veränderung, die unsere Manipulationen auslösen, oder durch etwas ganz anderes, wovon wir erst in 20 Jahren wissen?

Wir würden dann, wenn wir realisieren, wie wichtig ein Faktor ist, versuchen herauszufinden, welche weiteren Effekte (subtiler) Unsicherheit unser Verhalten beeinflussen. Ron Friedman und ich nahmen zum Beispiel an, dass Unsicherheit zu langsamem und sehr genauem Arbeiten führt und dass wir in diesem Zustand besonders akribisch Fehler vermeiden. In unsicheren Situationen funktioniert ein Mensch ja immer noch sehr gut. Das ist es vielleicht, was unsere Eltern meinten, als sie sagten: »Not macht erfinderisch.« In weiteren eigenen Studien sollten die Versuchsteilnehmer »Malen nach Zahlen«-Bilder bearbeiten und dabei schnell *und* genau sein: Sie sollten akkurat durch die Punkte gehen und in einer vorgegebenen Zeit möglichst weit kommen. Es stellte sich heraus, dass diejenigen, die vorher durch die Eule im Labyrinth an Unsicherheit erinnert worden waren, nicht so weit kamen, dafür aber genauer waren als die Probanden, die zuvor das »Käselabyrinth« bearbeitet hatten.

Dieser Befund zeigt einmal mehr, dass Vorsicht, ausgelöst durch subtiles Reizen der Unsicherheit, einen starken Einfluss auf die verschiedensten Fähigkeiten hat, wie Kreativität, Geschwindigkeit sowie Genauigkeit bei der Aufgabenbearbeitung und dergleichen mehr. Diese Forschung zeigt auch, dass Unsicherheit weder gut noch schlecht ist: Man wird in unsicheren Situationen genauer! Das spräche für eine wichtige Funktion dieser unbewussten Effekte! Ohne nachzudenken, passen wir uns an unsichere Umgebungen an: Wir gehen weniger Risiken ein; das macht uns zwar weniger kreativ und verlangsamt unser Verhalten, dafür passen wir aber besser auf.

Möglich gewesen wäre auch, mit einem Fragebogen die allgemeine Unsicherheit der Probanden zu erfassen und dann zu überprüfen, wie kreativ sie sind. Warum machen wir dann ein Experiment? Im Idealfall sind psychologische Vorhersagen *kausal*. Das heißt, ich nehme an, dass nicht nur ein *Zusammenhang* zwischen Unsicherheit und Kreativität besteht, sondern dass Unsicherheit direkt zu einem Absinken von Kreativität führt. Das ist in unserem Experiment zwangsläufig der Fall: Wir haben die Verunsicherung *vor* der Kreativitätsmessung durchgeführt, wir haben also allein durch die Reihenfolge der Anordnung einen *Einfluss* auf die Kreativität sichergestellt. Hätten wir mit einem Fragebogen gearbeitet, wäre diese Richtung nicht klar – es hätte dann auch sein können, dass geringe Kreativität Menschen verunsichert.

Für die Testung von Kausalvorhersagen (wenn, dann) wählen wir das Experiment, selbst wenn es Kritikern dieser Methode sehr künstlich erscheinen mag. Die Kritiker haben aber häufig nicht verstanden, dass es sich in der wissenschaftlichen Psychologie immer um die Überprüfung *einer Theorie* und *niemals um die Überprüfung der Wirklichkeit handelt.* Jede Messung, jedes Experiment ist in gewisser Weise künstlich. Selbst wenn ich Käufer in einem Supermarkt im Sinne einer Feldstudie manipuliere, indem ich beispielsweise die Einkaufswagengriffe vorheize, ist das ein künstlicher Eingriff und hat mit Wirklichkeit, wenn es die denn überhaupt gibt, wenig zu tun. Auch jeder Anruf bei Ihnen zu Hause, während dessen Sie Fragen wie »Was halten Sie vom Islam?« beantworten sollen, ist ein unnatürlicher Eingriff. Und am Telefon kann Ihre Antwort durchaus anders ausfallen (»Dem zeige ich, wie blöd wir Deutschen sind« oder »Ich bin genervt, dass der mich stört, und deshalb auch genervt vom Islam«), als wenn Sie sich mit der Bäckereiverkäuferin oder Ihrer Tochter über das Thema unterhalten. Wir sammeln also Studie für Studie, Experiment für Experiment Evidenz für unsere Theorien und versuchen dabei, mögliche Störfaktoren in den Griff zu bekommen. Die Theorien werden schließlich wiederum an der Realität angelehnt in dem Sinne: Höchstwahrscheinlich erhöhen Situationen von Sicherheit Kreativität; Unsicherheit dagegen führt zu genauem, vorsichtigem Arbeiten.

Psychologen versuchen, eine Antwort auf die Frage zu bekommen, welche wichtigen Faktoren unser Verhalten bestimmen, wie sie wirken (zum Beispiel bewusst oder unbewusst) und worauf sie wirken (vorsichtiges Verhalten, Schnelligkeit, Kreativität etc.). Das Methodenspektrum ist dabei nahezu unendlich. Für unsere Forschungsfrage reichten Kreativitätstests aus. Manchmal werden jedoch auch Reaktionszeiten am Computer gemessen, es werden Videoaufnahmen gemacht, Blickbewegungen registriert und konkrete Leistungen wie Laufen, Mathematik, Gedächtnis oder Wissen erfasst. Die Hirnforschung mit ihren Methoden, wie EEG und fMRT, um nur einige zu nennen, bietet außerdem verschiedene Möglichkeiten, zu untersuchen, wo und wie wir im Gehirn etwas verarbeiten.

Was bezwecken Psychologen damit? Sie wollen Verhalten zunächst erklären. Sie wollen wissen, ob ihre Theorien zutreffen. Letztendlich wollen sie Verhalten jedoch auch vorhersagen können und Tipps geben, wie man Leistungen verbessern kann. Aufgrund unserer Befunde sollten wir prognostizieren können, dass Menschen in einer Reihe von alltäglichen Situationen weniger kreativ oder kreativer sind. So sollte zum Beispiel in Betrieben, in denen durch drohende Arbeitslosigkeit oder durch eine auf Strafen ausgerichtete Unternehmenskultur Unsicherheit herrscht, die Kreativität sinken. Menschen sollten beim Arztbesuch, wo viele unsicher sind, oder in der Schule, falls sie Angst auslöst, weniger kreativ sein. Sie sollten auf dem Friedhof weniger kreativ sein als im Klub. Ihre Kreativität sollte nachlassen, wenn sie von ihrem Partner durch eine Affäre verunsichert werden. Wir übertragen also unsere Theorie auf ähnliche Alltagssituationen.

Die Forschung kann allerdings lediglich eine Wahrscheinlichkeit angeben, mit der eine bestimmte Verhaltensweise eintritt, wenn gewisse Faktoren gegeben sind. Wie in der Medizin machen wir Vorhersagen über eine Gesamtpopulation – das Verhalten eines einzelnen Individuums können wir nicht mit letzter Sicherheit voraussagen. Das ist wie mit einem Medikament, das ja auch nicht bei jedem dieselbe Wirkung hat. Trotzdem aber ist es auf dem Markt, weil es *meistens* hilft.

Ähnlich ist es mit Untersuchungen der psychologischen Forschung: Es ist höchst wahrscheinlich, dass Unsicherheit zu Vorsicht führt – und Ausnahmen bestätigen nur die Regel. Sie werden deshalb bei einigen Experimenten, die ich Ihnen vorstelle, vielleicht denken: »Ich hätte auf jeden Fall anders reagiert«, »Von so etwas hätte ich mich nie im Leben beeinflussen lassen!« oder »Durch so eine Eule im Labyrinth wäre meine Kreativität nicht gesunken!«. Als Naturwissenschaftler würde ich Ihnen antworten: »Das ist möglich. Aber unwahrscheinlich.«

Alles in allem wollen wir als Psychologen natürlich die Möglichkeit haben, Verhalten positiv zu beeinflussen. Im Fachjargon sprechen wir von *Interventionen.* Wir wollen die Aggression auf den

Schulhöfen reduzieren, Kreativität in den Organisationen befördern, wollen, dass Menschen glücklich werden, ihre Ziele und Wünsche verfolgen können. Wir wollen die Motivation und die Selbstregulation erhöhen, Menschen dabei helfen, sich das Rauchen und/oder das Trinken abzugewöhnen, und Möglichkeiten finden, wie Menschen besser mit Schwierigkeiten zurechtkommen. Und das wird uns auch zugetraut – viele Institutionen und Firmen wollen von uns wissen, wie sie ihre Situation verbessern können. Psychologische Forschung wird also nicht nur durch wissenschaftliche Neugierde getrieben, sondern sie ist gut für uns.

Als Therapeut muss ich wiederholen, dass solche Forschungsergebnisse der Psychologie lediglich eine Orientierung geben. Mit einem Fußballer, der in eine höhere Liga aufsteigen wollte, habe ich positives Denken eingeübt, weil er Stürmer war und ich weiß, dass man bei dieser Position kreativ sein muss. Das hat auch funktioniert. Allerdings sind dem Grenzen gesetzt, ist »positives Denken« keine Allheilmethode. Sagen Sie einmal jemandem, der in einer tiefen Krise steckt, dem möglicherweise das Kind gestorben ist: »So, Frau Meier, dann wollen wir jetzt mal an was richtig Schönes denken!« Das funktioniert glattweg nicht. Man sollte also eine Methode, die vielleicht aus unserer Forschung resultiert, keinesfalls mechanisch aus der Schublade ziehen und auf alles anwenden. Manchmal passt sie nicht auf eine bestimmte Person in einem bestimmten Kontext.

Die Befunde, von denen ich Ihnen berichte, sind Mosaiksteine im Bezug auf den ganzen Menschen, zusammensetzen muss man sie später schon selbst, damit daraus eine Gesamtgestalt entsteht. Diese Fähigkeit erlernen Psychologen leider nicht an der Universität, sondern in einer aufwendigen Therapieausbildung nach dem Studium.

Ich nutze die Forschung in meinen Coachings und für mein alltägliches Leben. Sie ist wie ein riesiger Werkzeugkoffer. Man muss ja nicht alles verwenden, was sich darin befindet. Das Wissen in Verbindung mit einer gesunden Portion Intuition ist für mich der Schlüssel zu Erfolg und Zufriedenheit.

Nach diesen allgemeinen Ausführungen möchte ich Sie zu einer Reise zum Wesen des Menschen einladen.

# Teil II
# Die Grundpfeiler der Psychologie: Denken, Fühlen, Verhalten

# Das ABC der Psyche

Wenn ich um zwei Uhr nachts aus einem New Yorker Kino in einer nicht so ganz sicheren Gegend komme und dann die Straßenseite wechsle, weil mir ein zwei Meter großer Mann in Kapuzenpulli und Jogginghose entgegenkommt, sind damit bestimmte Gefühle, Denk- und Verhaltensweisen verbunden. Menschliches Erleben lässt sich grob in genau diese Kategorien unterteilen. Als ich vor englischsprachigen Studierenden lehrte, konnte ich ihnen immer die Eselsbrücke »ABC« nahelegen:

**Affect (= Emotionen)**
**Behavior (= Verhalten)**
**Cognition(= Wahrnehmung, Denken)**

| | |
|---|---|
| **A**ffect: Emotion, Stimmung, Affekt | Wie fühle ich mich? Was fühle ich? |
| **B**ehavior: Verhalten | Was tue ich gerade? Wie motiviert bin ich? |
| **C**ognition: Erinnern, Denken, Urteilen | Was denke ich und wie? |

**Das ABC der Psychologie**

A, B und C wirken im alltäglichen Leben immer zeitgleich auf den Menschen, lassen sich aber in Untersuchungen durchaus voneinander unterscheiden. Dies ist hilfreich, um zum Beispiel zu klären, wann Emotionen und Kognitionen auseinanderklaffen (ich denke, ich sollte den Kuchen nicht essen, und – schwups! – ist er weg, weil er so verdammt lecker ist) und welche von beiden im Wesentlichen menschliches Verhalten beeinflussen. Ist nicht alles zuallererst Gefühl? Nachts in New York auf einen großen Hoody-Träger zulaufend wäre das:

1. Ich fühle (A): Ich habe Angst.
2. Ich denke (C): Ich sollte die Straßenseite wechseln, weil er gefährlich sein könnte.
3. Ich verhalte mich (B): Ich gehe über die Straße.

Die Reihenfolge wäre also ACB. So eine Sequenz ist nachvollziehbar – aber ist es die einzige Möglichkeit, um vorherzusagen, warum ich die Straßenseite wechsle? Nein, denn irgendwann muss der Emotion (A) eine Kognition (C) vorangegangen sein, die mir gesagt hat: Menschen mit Hoody sind potenziell gefährlich. Ich hätte nämlich vermutlich nicht die Straßenseite gewechselt, wenn mir eine 1,50 Meter große, zarte Chinesin entgegengekommen wäre. Das spräche für

1. Ich denke (C): Leute mit Hoody könnten gefährlich sein, ich sollte die Straßenseite wechseln.
2. Ich fühle (A): Ich habe Angst.
3. Ich verhalte mich (B): Ich gehe über die Straße.

Das ergibt CAB. Verrückterweise gibt es aber durchaus auch Psychologen, die behaupten würden, dass ich gerade in Situationen der Gefahr den Autopiloten anschalte und mich zunächst verhalte – das wäre sinnvoll, weil Nachdenken und Fühlen zu viel Zeit kosten würden.

1884 kam der amerikanische Psychologe William James auf diese Idee. Kurioserweise veröffentlichte der ihm unbekannte dänische Physiologe Carl Lange 1885 einen sehr ähnlichen Ansatz: Demnach bewirken Umweltereignisse eine autonome physiologische Reaktion, einschließlich einer Vermeidungs- oder Annäherungstendenz, aus der erst später eine Emotion wird. Demnach entscheidet sich mein Organismus kurz nach Auftreten des Hoody-Trägers spontan zu flüchten. Ich bin erregt, weiß aber noch nicht genau, warum, schaue auf den Mann, der mir gefährlich vorkommt. Daniel Schacter nahm in den 60er-Jahren einen zusätzlichen Interpretationsprozess an, der die Emotion bestimmt. Weil ich weiß, dass ein großer

Mann um diese Zeit in dieser Stadt Gefahr bedeuten könnte, *deute* ich meine Erregung als Angst:

1. Ich verhalte mich (B): Ich laufe vor dem Mann weg, was dazu führt, dass ich über die Straße gehe.
2. Ich denke (C): Leute mit Hoodys könnten ja gefährlich sein.
3. Ich fühle (A): Also habe ich Angst.

Nach der James/Lange-Theorie wären wir bei BA, dem Schacter ein C in die Mitte stellt. Natürlich ist diese Sequenz provozierend – aber funktioniert das so? Und wie ist es mit der vorigen Sequenz: Können wir tatsächlich durch unsere Gedanken unsere Emotionen beeinflussen? Ja, würden systemische Therapeuten sagen, denn sie nutzen diese Möglichkeit in der Beratung. Nicht nur einmal habe ich es in der Praxis erlebt, dass eine depressive Person, die ich frage: »Wann haben Sie sich denn dazu entschieden, depressiv zu werden?«, erst wütend wird und dann zu überlegen beginnt, ob sie nicht doch ihre Denkweise oder ihr Handeln so ändern könnte, dass sich als Folge davon ihre Stimmung verändert. Ich habe einige Erfolge gesehen, wenn man Klienten nahelegt: Miese Gefühle sind nicht einfach da und wahr, sondern sind manchmal die Folge eines wenig hilfreichen Denkens.

Kommen wir zu den grundlegenden *Prinzipien* von Kognition, Emotion und Motivation. Unter Prinzipien verstehe ich *allgemeine Gesetzmäßigkeiten,* also so etwas wie: Wann und wie lernen wir etwas? Was speichern wir im Gedächtnis? Warum vergessen wir? Wann fühlen wir eine bestimmte Emotion? Gibt es kulturübergreifende Emotionen, oder sind sie gesellschaftlich bedingt? Wann hat ein Ziel einen bestimmten Wert für uns, und wann steigt die Erfolgserwartung, ein Ziel zu erreichen? Dieses Grundlagenwissen wird in den nächsten Schritten vorgestellt.[1]

# 6
# Wie wir lernen, erinnern und vergessen – Kognition und Gedächtnis

Es ist schwierig, sich ein Leben ohne Gedächtnis vorzustellen. Nicht nur, dass wir dann nicht wüssten, was wir alles erlebt haben, wo wir etwas finden und wie wir etwas anpacken könnten, dass wir nicht kommunizieren und keine sozialen Gefüge aufbauen könnten, dass wir nichts planen könnten, denn worauf sollte eine solche Planung basieren? Nein, auch unser Selbst würde sich auflösen, wenn wir uns an nichts mehr erinnern könnten, nicht an unsere Erlebnisse, unsere Einstellungen oder Ziele. Wir sind – neben einigen genetischen Vorgegebenheiten – die Summe unserer Erfahrungen, wir sind die Summe dessen, was wir gelernt haben. Das Verständnis von Gedächtnis- und Lernprozessen ist deshalb fundamental für das Verständnis der menschlichen Psyche.

Unser Gedächtnis ist faszinierend und im Großen und Ganzen ungeheuer gut. Es kann bis zu 100 Billionen Informationseinheiten speichern, und diese Speicherung scheint so geordnet vonstattenzugehen, dass ich in Sekundenschnelle das im Gedächtnis finde, was ich gerade in einer Situation brauche. Es handelt sich also um einen *geordneten* Speicher, und nicht selten wurde in der letzten Zeit der Vergleich zu einem hocheffizienten Computer gezogen, der Informationen in geeigneten Ordnern ablegt und mithilfe von Suchmaschinen gezielt nach Informationen suchen kann.

Im Gegensatz zum Computer vergessen wir jedoch auch Informationen. Das haben wir alle schon einmal leidvoll erfahren, als uns in einer Prüfung eine bestimmte Antwort partout nicht einfiel oder wir etwas beim Einkaufen vergessen haben. Zudem ist das Gedächtnis lebendig: Erinnerungen verändern sich mit uns. Manche Repräsentationen verändern sich über die Zeit hinweg als Folge bestimmter Motive, wie beispielsweise des hedonistischen Motivs, gut über sich (nach-) zu denken. Zudem ist unsere »Suchmaschine« nicht völlig unvoreingenommen, sondern sucht häufig in nur eine Richtung, sodass uns etwa vor allem negative Ereignisse zu einem Partner einfallen, der uns kürzlich verlassen hat.

Sprechen wir vom Gedächtnis, so sprechen wir von der *Speicherung* und dem *Abruf von Informationen.* Speicherung wie Abruf sind uns entweder bewusst, wir reden dann von *expliziten* Gedächtnisprozessen: Explizite Speicherung würde bedeuten, dass ich bewusst versuche, mir eine Telefonnummer zu merken, und expliziter Abruf, dass ich mir vornehme, sie zu erinnern. Oder sie gehen ganz automatisch vonstatten; das nennen wir dann *implizite Gedächtnisprozesse.* Implizite Gedächtnisprozesse sind unglaublich effizient. Vieles merken wir uns, ohne es uns vorzunehmen, und häufig rufen wir unwillentlich bestimmte Informationen ab. Selbst wenn wir bestimmte Zeitungen nicht ausstehen können, die auf ihren Titelseiten Schlagzeilen wie »Sozialhilfeempfänger lässt es in Florida krachen« drucken, bleibt eine solche Information, wenn sie nur häufig genug geboten wurde, ohne unseren Willen in unserem Gedächtnis hängen. So einen Humbug willentlich zu vergessen ist fast unmöglich, und wir werden sehen, dass derartige automatisch entstandene Repräsentationen zu unbewusster Diskriminierung führen können.

Grundsätzlich ist implizites Lernen sehr praktisch, denn so nehmen wir viele Informationen einfach mit, ohne uns anstrengen zu müssen. Implizites Erinnern ist ebenfalls nützlich, wie sollte man sich sonst die Produktion von Sprache vorstellen, wo doch ein Wort das andere ergibt? Oder wie sollte das Erkennen und Bewerten von Objekten vonstattengehen, wenn ich mich, vor einem Haus stehend, zunächst fragen müsste: »Was ist denn das?«, erst dann ein Bewusstsein entstünde: »Dies ist ein Haus!«, und ich erst Sekunden später sagen könnte: »Oh, das ist ein schönes Haus!« Man kann sich diesen Prozess ohne Vorwissen gar nicht vorstellen, denn wie sollte ich überhaupt in der Lage sein, ein Haus als solches zu erkennen, wenn ich nicht schon vorher wüsste, wie Häuser typischerweise aussehen? Und wie sollte ich wissen, dass mir *dieses* Haus besonders schön vorkommt, wenn ich keine Vorstellung, also keinen Vergleich zu vielen anderen Häusern, im Kopf hätte?

Dabei wächst unsere Wissensbasis ständig. Bleiben wir bei den Häusern: Fahre ich in den Urlaub nach Spanien und sehe andalusische Baukunst, kann es sein, dass sich mein Wissensschatz erweitert, und es kann passieren, dass mir die deutsche postmoderne Architektur plötzlich nicht mehr so schön vorkommt. Menschen lernen ständig, sie sind dadurch veränderbar. Dies wird als *Plastizität* bezeichnet. Lernen bietet einen klaren Überlebensvorteil, weil sich der Homo sapiens damit an wechselnde Umgebungen und neue soziale Regeln anpassen kann. Wir Menschen leben im ewigen Eis, in Wüsten, im Schlamm, auf dem Wasser, in Demokratien, Monarchien und Diktaturen und sind enorm anpassungsfähig – da kommen selbst Ratten, Kakerlaken und Spatzen kaum mit. Und auch an verschiedene Normen, Kulturen, Gesellschaften passen wir uns an. So mancher Migrant weiß das: Es ist mühsam, sich mit anderen Kulturen anzufreunden, aber möglich.

Die Behavioristen wie Burrhus Frederic Skinner und Iwan Pawlow betonten die Rolle von Umwelteinflüssen auf das Lernen. Sie glaubten, dass menschliches Verhalten am besten durch eine Untersuchung der Umweltfaktoren und der dadurch ausgelösten Verhaltensweisen zu erforschen sei, und lehnten eine Analyse der Gedanken oder Emotionen, wie sie zum Beispiel Sigmund Freud praktiziert hatte, als innerpsychische Zustände ab.

Pawlow entdeckte die klassische Konditionierung an Hunden. Er beobachtete, dass Hunde auf Futter mit einem Reflex, dem Speichelfluss, reagieren. Paart man die Futtergabe mit einem anderen Reiz, etwa einem bestimmten Ton – Pawlow verwendete eine Glocke –, fängt der Hund bereits nach einigen Lerneinheiten bei diesem Ton zu sabbern an. Er lernt, dass der Ton ein Hinweisreiz auf Fressen ist, auch wenn der Ton für den Hund vorher keine Bedeutung hatte. Er wird durch die Paarung mit Fressen von einem natürlichen zum *konditionierten Reiz.* In weiteren Experimenten konnten die Behavioristen sogenannte *Lerngesetze* entdecken, die eine Konditionierung erleichtern oder behindern.

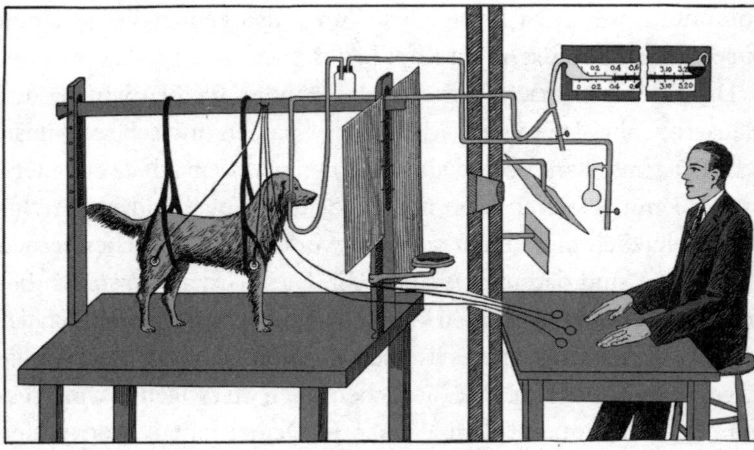

**Abb. 5 Pawlowscher Hund in einer typischen Darstellung der Originalapparatur, mit der es möglich war, den Speichelfluss des Hundes zu messen, wenn der Ton erklang, der das Signal für das Futter war.**

Es konnte gezeigt werden, dass die beiden Reize dicht aufeinander folgen müssen, um einen Lernprozess in Gang zu setzen. Die besten Erfolge werden erzielt, wenn kurz vor dem *unkonditionierten Reiz* (hier dem Futter) der konditionierte Reiz (der Ton) erklingt. Es kann durchaus eine kleine Unterbrechung stattfinden, auch dann wird gelernt. Allerdings sind lange Abstände zwischen den Ereignissen eher hinderlich. Auch ist die Reihenfolge der Darbietung wichtig. So findet keine Konditionierung statt, wenn der Ton nach dem Futter präsentiert wird oder genau zur selben Zeit. Weiterhin hängen die Lernerfolge von der Intensität der Reize ab. Laute Töne konditionieren besser. Verlernt wird, wenn irgendwann der konditionierte Reiz kein Signal mehr für das Auftreten des unkonditionierten Reizes ist, wenn dem Ton also kein Futter mehr folgt. Man spricht dann auch von *Löschung.*

Interessanterweise fällt in dem Fall, in dem einmal Gelerntes vergessen wurde, das Wiedererlernen leichter.[2] Konditioniert der Versuchsleiter zu einem späteren Zeitpunkt wieder, paart also wiederum Ton und Futter, werden schneller Lernerfolge erzielt. Das kennen Sie vielleicht, wenn Sie ein Instrument oder eine Sprache in

Ihrer Kindheit gelernt und dann lange nicht praktiziert haben. Wenn Sie Ihr Wissen wieder auffrischen wollen, ist es vielleicht zunächst etwas lästig, aber es geht viel schneller, als wenn Sie komplett bei null beginnen würden. Wir haben also ein Vorwissen, das wirksam wieder geweckt werden kann.

Die pawlowschen Hunde sabberten auch bei Tönen, die höher oder tiefer waren. Dies illustriert ein weiteres Gesetz, die *Generalisierung*. Es muss nicht haargenau derselbe konditionierte Reiz sein, der eine Reaktion auslöst. Auch dies hat Entsprechungen im Alltag: Menschen, die schlechte Erfahrungen mit Klempnern gemacht haben, könnten eine Aversion gegen alle möglichen Handwerker entwickeln. Neben dieser Generalisierung gibt es auch die *Spezialisierung:* Mit abnehmender Ähnlichkeit zum konditionierten Reiz wird die Reaktion schwächer. Wenn ein einmal von einem großen Hund gebissenes Kind zwar nun auch vor kleinen Hunden, aber nicht vor Ziegen und Katzen wegläuft, entspräche das einer Spezialisierung. Das Kind lernt schnell die Unterschiede, dass Katzen nicht bellen und dass bei Annäherung nichts passiert, während es bei Hunden, seien sie klein oder groß, schon einmal ein Zuschnappen, Knurren oder Bellen erlebt.

Ein optimales Lernen ergibt sich, wenn man sowohl spezialisiert ist als auch in einem gewissen Maß generalisieren kann. So sollte ich, Jens Förster, in der Lage sein, in einem amerikanischen Restaurant am Eingang zu warten und mir vom Kellner einen Tisch zuweisen zu lassen, weil der sonst sehr unangenehm werden kann. Anderseits sollte ich begriffen haben, dass in Köln dieses Verhaltensmuster nur bei bestimmten Restaurants angesagt ist – ansonsten suche ich mir einfach einen Platz.

Das Restaurantbeispiel taugt auch, um eine weitere Erkenntnis zu verdeutlichen. Ein Kind, das heutzutage in Deutschland aufwächst und viel in Restaurants geht, wird vermutlich lernen, dass Gäste in einigen Restaurants platziert werden, in anderen nicht. Es lernt also eine recht *uneindeutige Kontingenz.* In diesem Fall findet auch kein wirksamer Lernprozess statt, der in einen impliziten Abruf mündet. Verhalten läuft in solchen Situationen nicht mehr automatisch und reibungslos ab, sondern es steht eine bewusste Entscheidung an.

Ich habe es schon einige Male erlebt, dass ein Kellner uns unsanft hat wissen lassen, dass er einem »natürlich einen Platz besorge«, während andere verständnislos auf einen herunterblicken, wenn man darauf wartet, an einen Tisch geleitet zu werden (»Na, setzen Sie sich doch, wo Sie wollen, wir sind hier ja nicht in der DDR«). In dieserart komplexen und mehrdeutigen Situationen ist es schwierig, effiziente Verhaltensmuster zu erlernen und wirksam abzurufen. Im Gegensatz zu eindeutigen Lernprozessen führen uneindeutige also häufig zu Konflikten und zu Entscheidungsstress. So einleuchtend diese Lernprinzipien sind, so wenig werden sie beachtet. Es wäre ein Leichtes, Restaurantkunden den Stress durch Unsicherheit zu ersparen, indem man Schilder aufstellt, wie man sie in New York und anderen amerikanischen Touristenstädten häufig sieht: »Wait to be seated«. Barrieren am Eingang, Tische mit einem Reservierungsbuch und andere Signale werden vom Gast ebenfalls erkannt.

Während Konditionierung üblicherweise auf mehreren Übungseinheiten beruht, können stark angstbesetzte Assoziationen durch eine einzige »Übungseinheit« erlernt werden. So zeigen Menschen, die einen schweren Autounfall erlebt haben, manchmal heftige emotionale Reaktionen, sobald sie in ein Auto steigen. Manche Erlebnisse, in denen Angst keine Rolle spielt, sind auf physiologischer Ebene intensiv. Haben Sie sich bei einem Weißwurstessen den Magen verdorben, werden Sie Weißwurst fortan meiden.

Auch intensive positive Reaktionen können konditioniert werden. Wenn Sie als Kind im Krankenhaus vor allem von einer Japanerin nett gepflegt wurden, kann sich eine Vorliebe für Japanerinnen daraus entwickeln. Selbst in die Kunst hinein wirken Konditionierungsprozesse. Joseph Beuys Vorliebe für Filz ist wohl darauf zurückzuführen, dass er nach einem Flugzeugabsturz über dem winterlichen Russland von freundlichen Menschen in Filzdecken gehüllt wurde.

Spannend werden die Konditionierungstheorien auch dann, wenn sie Placeboeffekte erklären – so nennt man den Effekt, wenn ein pharmakologisch unwirksames Präparat dieselbe Wirkung erzielt wie eine »echte« Medizin. So wurde zum Beispiel festgestellt, dass allein die Einnahme eines Placebos statt eines blutdrucksenkenden Mittels einen konditionierten Reiz darstellt, der die gewünschte Reaktion hervorrufen kann – das vor allem dann, wenn das Medikament vorher tatsächlich die gewünschte Wirkung hatte. Das Einnehmen allein ist also ein Verhalten, das weitere Prozesse auslösen kann, so wie allein die Glocke bei den pawlowschen Hunden den Speichelfluss begünstigte. Mittlerweile sind Forscher sogar so weit, mithilfe von Placebos Immunreaktionen zu stärken. Zu guter Letzt sei erwähnt, dass Aktionen bessere Verstärker sind als Geld oder Geschenke: Einem Kind zu erlauben, dass es eine halbe Stunde lang am PC zocken darf, sobald es die Hausaufgaben erledigt hat, hat sich als effektiver erwiesen, als ihm ein höheres Taschengeld in Aussicht zu stellen.

Burrhus Skinner untersuchte eine andere Form von Konditionierung, die *operante Konditionierung*. Hier wird auf die Konsequenzen von Verhaltensweisen fokussiert. Operant bedeutet hier: Beeinflussung der Umwelt durch das Individuum. Operante Verhaltensweisen werden nicht durch einen Reiz ausgelöst, sondern treten einfach auf. So brabbeln Babys, schmeicheln wir einem Kollegen, und so sage ich zu meinen neuen Nachbarn »Guten Tag«. Diese Verhaltensweisen, die »einfach so« auftreten, werden jedoch in Zukunft vor allem dann wiederholt, wenn eine positive Konsequenz folgt: wenn der Nachbar freundlich zurückgrüßt, wenn die Eltern beim Brabbeln auf das Baby reagieren und wenn der Kollege auf das Schmeicheln vor Freude strahlt. Wenn eine solche positive Reaktion ausbleibt, wird das Verhalten künftig eher zurückgefahren. Die zugrunde liegende Idee ist eine »*Trial and Error*«-Methode. Sie beinhaltet, dass wir erst einmal agieren und dann sehen, was funktioniert und was nicht. Wenn ein Kind vom Kindergarten nach Hause kommt und andauernd »Ameisenscheiße« sagt, um auszuprobieren, wie das ankommt, ist die Reaktion der Eltern also entscheidend.

Bei der operanten Konditionierung können Verstärker negativ und positiv sein, doch beide Male fördern sie gewisse Verhaltensweisen. Eine *positive Verstärkung* liegt vor, wenn Sie lachen, wenn Ihr Kind »Ameisenscheiße« sagt, oder wenn Sie Ihrer Ehefrau etwas Leckeres kochen, weil sie Ihnen einen Wäschetrockner geschenkt hat. Eine *negative Verstärkung* ist eine Entfernung eines unangenehmen Reizes: Eine Mütze, die Sie vor Ohrenschmerzen bewahrt, hat zur Folge, dass Sie im Winter nicht »oben ohne« aus dem Haus gehen.[3]

Demgegenüber stehen die *Bestrafungen*, die die Wahrscheinlichkeit von Verhaltensweisen senken. Sagen Sie zu Ihrer Ehefrau: »Wenn du noch einmal meine Zeitungen wegschmeißt, kriegen wir Streit«, ist das eine *Bestrafung 1. Art* oder *positive Bestrafung.* Bei dieser Art der Bestrafung wird etwas Aversives hinzugefügt, ein Streit steht ins Haus. Die *Bestrafung 2. Art* oder *negative Bestrafung* betrifft den Entzug von etwas Positivem, um ein Verhalten zu reduzieren. Darunter fällt zum Beispiel der Liebesentzug oder die Nichtbeachtung. Sollen diese Konditionierungsprozesse wirksam sein, müssen sie spezifisch sein. Menschen sollten lernen, dass auf ein spezifisches Verhalten eine bestimmte Reaktion folgt, und diese sollte situationsangemessen sein. Zudem kann ich eine jahrelang andauernde Diskussion hier abkürzen: Generell motivieren Belohnungen nachhaltiger als Bestrafungen. Letztere haben zwar unmittelbar einen intensiven Effekt, aber ihre Wirkung lässt nach einiger Zeit deutlich nach.

## Lernen durch Beobachten

Als sehr soziale Tiere können wir auch mittelbar durch Beobachtung lernen: Wir schließen, dass auch wir belohnt würden, wenn wir uns ähnlich verhielten. Viele Jugendliche wollen Popstars werden, nicht weil sie erlebt haben, wie man sich in so einer Situation fühlt, sondern weil ihnen durch Castingshows und Musikclips gezeigt (oder vorgegaukelt) wird, wie unglaublich cool das ist. Sehen wir, dass jemand anderes durch etwas verstärkt wird, findet *soziales Lernen* statt. *Beobachtungslernen* bietet einen unglaublichen Vorteil gegenüber dem Trial-and-Error-Lernen, das in der operanten Konditionierung die Hauptrolle spielt, da durch Beobachtung *Erwartungen* aufgebaut werden, die weiteres Verhalten leiten. Aus diesem Grund lernen wir auch, bestimmte Handlungen zu unterlassen, ohne sie selbst ausprobiert zu haben. Ich erwarte zum Beispiel, dass es mir unendlich peinlich wäre, wenn ich beim Schwarzfahren ertappt werden würde – so wie der Frau, die ich einmal dabei beobachten konnte –, und deshalb kaufe ich brav mein Ticket.

Albert Bandura hat in Experimenten zur Aggression Beobachtungslernen bei Kindern untersucht. Er ließ Vierjährige einen Film sehen, in dem ein Erwachsener namens Rocky eine Clownpuppe, genannt Bobo, verprügelte. Bis hierhin sahen alle Kinder den Film. Für einige (die Kontrollgruppe[4]) war der Film damit zu Ende. Ein Drittel sah danach, dass Rocky dafür belohnt wurde, und der Rest beobachtete, dass er bestraft wurde. Die Kinder wurden danach in einen Raum gelassen, in dem sie spielen durften. Unter den vielen Spielsachen war auch eine Bobo-Puppe. Die Kinder, die im Film gesehen hatten, dass Rocky für sein aggressives Verhalten belohnt wurde, imitierten es. Diejenigen, die gesehen hatten, wie Rocky bestraft wurde, ahmten sein Verhalten weniger nach. Folgeuntersuchungen konnten zeigen, dass Kinder die Erwachsenenmodelle besonders dann imitierten, wenn sie die Erwachsenen mochten, wenn sie sich als ähnlich zum Modell empfanden und wenn kein alternatives Modellverhalten gezeigt wurde. Zu Aggression kommen wir später noch im entsprechenden Kapitel, Tatsache aber ist, dass eine gehäufte Verfügbarkeit aggressiver Rollenmodelle aggressives Verhalten bei Kindern begünstigt. Lernen am Modell stellt also eine dritte Art des Lernens neben der klassischen und der operanten Konditionierung dar.

Die *Erwartungen,* die dabei entstehen, müssen wir im Gedächtnis abspeichern, damit sie später wirksam werden und unser Verhalten verändern können. Somit sind sie Teil unserer Kognitionen, jener Erklärungsebene, von der die Behavioristen lieber die Finger lassen wollten. Sie bezeichneten alles, was sich zwischen Reiz und Reaktion abspielte, also das Denken, als Blackbox, über die man nur spekulieren könne, nicht aber naturwissenschaftlich forschen. Sie beschränkten sich lieber auf das, was reinkommt (der Reiz), und das, was rausgeht (das Verhalten). Ihre Skepsis hatte unter anderem damit zu tun, dass sie die Interpretationen Freuds für reine Hirngespinste hielten. Penisneid, Ödipuskomplex und anale Phasen – all das entzieht sich wissenschaftlicher Testung und klingt, als könne man sich jedwede noch so abstruse Geschichte ausdenken, um menschliches Verhalten zu erklären. Tatsächlich gehören viele Aspekte der Psychoanalyse Freuds in die Mottenkiste der Psychologie. Die Rolle der Erwartungen erwies sich aber mehr und mehr als zentral beim Lernen und wurde daher auch immer häufiger erforscht. Als ginge es um Guillotine und Abschaffung von Glaubenssätzen, bezeichneten das die neuen Stürmer und Dränger als *kognitive Revolution.*

## Als Denken en vogue kam

Heutzutage sind kognitive Modelle Standard, denn die sehr nüchterne Phase, in der Behavioristen gern am Tiermodell menschliches Verhalten erklären wollten, lieferte nach Meinung vieler dann doch ein eher reduziertes Modell vom Menschen. Mit der kognitiven Revolution rückten die Behavioristen in den Hintergrund, wenngleich ihre Erkenntnisse noch stets nützlich sind. Stattdessen verlegten Psychologen das Interesse von Reiz und Reaktion auf den Aufbau und die Prozesse des menschlichen Gedächtnisses.

Die äußere Welt wird in unserem Gedächtnis abgebildet. Unsere Gedächtnisrepräsentationen beinhalten, was wir unter einem »Professor« verstehen, unter einer »Tür« oder einer »Ameise«. Wir nennen den ersten Schritt, in dem ein äußeres Ereignis in unser psychisches System eintritt, *Enkodierung.* Danach wird das Ereignis für eine bestimmte Zeit *gespeichert,* bis es schließlich irgendwann *abgerufen* wird.

Diese drei Prozesse – Enkodierung, Speicherung und Abruf – beschreiben eher einen Kreislauf als eine Sequenz: Sie erkennen eine

Ameise nur dann, wenn Sie schon eine Vorstellung von einer Ameise im Kopf haben, also die Repräsentation in dem Moment abrufen können, in dem Sie die Ameise sehen. Dennoch ist es sinnvoll, diese drei Schritte unabhängig voneinander zu untersuchen, denn Stärken wie Schwächen des Gedächtnisses können an verschiedenen Stellen auftauchen. So kann es sein, dass ein Wanderer sich schlecht an einen Ort im Wald erinnert, wo ein Ameisenhaufen stand, weil er ihn sich nicht besonders gut eingeprägt hat (weil er ihm nicht viel Beachtung geschenkt hat oder weil er Insekten nicht schön findet und deshalb schnell weiterlief). Dass wir uns schlecht erinnern, kann aber auch durch eine ungünstige Abrufphase zustande kommen. Wenn ich zum Beispiel müde, betrunken oder abgelenkt bin, gelingt mir der Abruf schlechter, obwohl der Haufen vielleicht gut in meinem Langzeitgedächtnis gespeichert ist.

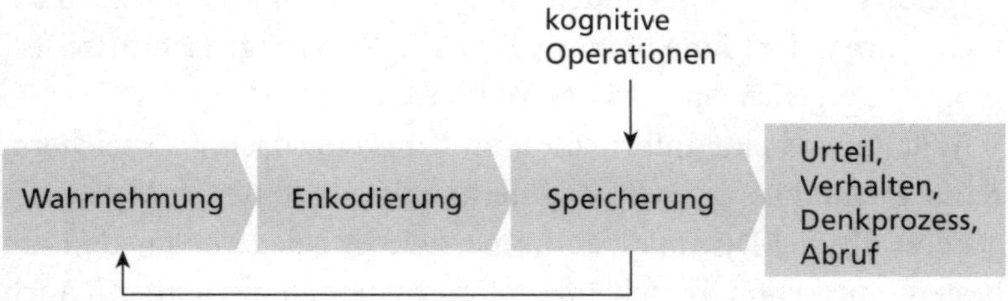


**Abb. 6 Die Informationsverarbeitungssequenz**

In der Gedächtnispsychologie hat es sich weiterhin eingebürgert, von *Systemen* zu sprechen, die verschiedene Aufgaben haben. De facto werden in einem frühen Gedächtnisprozess viel mehr Informationen für eine kurze Zeit abgespeichert, als letztendlich weiterverarbeitet werden – diese Prozesse vermuten Gedächtnispsychologen wie John Anderson in einem *sensorischen Gedächtnissystem* (Ultrakurzzeitgedächtnis). Es wird uns kaum bewusst, wie schnell am Beginn der Enkodierung Eindrücke verfliegen.

Das *Kurzzeitgedächtnis* übernimmt die Aufgabe, Informationen für eine Spanne von einigen Sekunden bereitzuhalten und vieles davon dann zu vergessen. Es hilft uns zum Beispiel, eine E-Mail-Adresse gerade so lange zu behalten, dass wir sie niederschreiben können, ohne ein zweites Mal auf den Computer schauen zu müssen, oder auf dem Weg zur Küche nicht zu vergessen, dass wir Zucker für den Besuch holen wollen. Nach solchen Aktionen vergessen wir diese Ereignisse meist wieder. Würden viele von uns Vergessen als Gedächtnisfehler bezeichnen, so zeigt sich hier sein Vorteil: Es wäre nicht besonders effizient, wenn wir die Gesamtheit aller Erinnerungen – wie Zucker holen für Tante Elli – aktiv im Langzeitgedächtnis bewahren würden. Das Gedächtnis würde damit ja nur unnötig überfrachtet. Die Gedächtnisspanne des Kurzzeitgedächtnisses ist daher begrenzt. So kann es sich in der Regel nur fünf bis neun Einheiten merken, man spricht von der »7 plus/minus 2«-Regel. Manche Forscher gehen sogar von einer noch kleineren Spanne aus. Forschung zeigt, dass viele Versuchspersonen eine Buchstabenfolge von drei Buchstaben, so wie »VRF«, schon nach drei Sekunden vergessen, nach 15 Sekunden ist die Erinnerung geradezu nicht mehr vorhanden. Eine breite Spanne des Kurzzeitgedächtnisses ermöglicht zugleich ein gewisses Multitasking[5].

Will jemand eine Information im Langzeitgedächtnis speichern, muss er ihr häufig mehr Aufmerksamkeit widmen und richtiggehend üben. Man muss sie immer wieder wiederholen und am besten mit schon bestehenden Informationen verbinden. Auch bildliche Vorstellungen erleichtern die Erinnerung. Ein weiterer Trick ist, Information zu größeren Einheiten zu formen. So kann man aus der Zahlenreihe 2 0 0 1 1 8 5 7 leicht 2001 und 1857 machen und muss sich nach einer solchen Umstrukturierung mithin nur noch zwei statt acht Einheiten merken. Auch kann man den Zahlen einen Sinn geben: 2001 = Twin-Towers-Angriff, 1857 = Wirtschaftskrise. Die meisten Gedächtnis-»Genies« bedienen sich solcher Tricks.

Manchmal, und je nachdem, welches Gedächtnismodell ein Forscher vertritt, wird das Kurzzeitgedächtnis seit Alan Baddelys Arbeiten auch *Arbeitsgedächtnis* genannt, weil ein schnelles Fokussieren und Vergessen uns bei der Arbeit an einem bestimmten Problem hilft, zum Beispiel beim Sprachverstehen, wo wir im Fluss einer Kommunikation unser Gedächtnis immer wieder updaten, Irrelevantes am besten vergessen, etwaige Ablenkungen ausblenden und gleichzeitig unsere eigene Antwort vorbereiten.

Dem Arbeitsgedächtnis wird auch eine kontrollierende, *exekutive Funktion* zugesprochen. Es hilft Ihnen, Ihre Ziele zu verfolgen und sich auf Entscheidendes zu fokussieren – und leidet als Erstes, wenn wir älter werden. Ich bin häufig geneigt, diese Gedächtnisfunktion auch *Konzentration* zu nennen; das hilft bei der Veranschaulichung. Älter werdend, kommen wir uns manchmal unkonzentriert oder »schusselig« vor, wenn wir in ein anderes Zimmer gehen und feststellen, dass wir vergessen haben, was wir dort eigentlich wollten.

Das Arbeitsgedächtnis steht in direktem Kontakt zum *Langzeitgedächtnis,* dem System, das all unser Wissen beinhaltet und für eine lange Zeit abspeichert. Das Problem ist häufig die Zugänglichkeit. Manchmal erinnern wir spontan Dinge aus lange zurückliegenden Zeiten, und manchmal ist der Zugang zu etwas blockiert, das wir erst vorige Woche erlebt haben, obwohl wir wissen, dass es uns irgendwann einfallen wird. Interessanterweise haben wir ein *Metagedächtnis,* ein Gefühl, dass wir auf etwas kommen werden – ich habe es oben bereits als *feeling of knowing* eingeführt. Hätten wir das nicht, würden wir gar nicht erst auf die Suche nach bestimmten Informationen gehen. Untersuchungen zeigen, dass Menschen, die denken, ihnen liege die Antwort auf der Zunge, tatsächlich irgendwann die Information im Gedächtnis finden – wir wissen, dass wir etwas wissen.[6]

Das Metagedächtnis spiegelt Wissen über unser Gedächtnis wider. Es hilft uns zu entscheiden, ob es sich lohnt, im Gedächtnis zu suchen. Ich würde bei *Wer wird Millionär* bei der Frage nach einem Torschützen bei der Fußballweltmeisterschaft 1974 gar nicht erst anfangen nachzudenken, sondern gleich meinen Bruder als Telefonjoker ziehen, weil ich mich nicht für Fußball interessiere und daher gar nichts darüber wissen kann. Aber auch das Metagedächtnis ist nicht unfehlbar. Es könnte ja sein, dass ich mich an diesen speziellen Torschützen erinnert hätte, wenn ich mein Gedächtnis durchsucht hätte, weil er vielleicht aufgrund einer anderen Tatsache aufgefallen war. Mario Götze als Torschützen im Jahr 2014 erinnere ich zum Beispiel, weil ich es lustig finde, dass ein Mann, der kaum größer ist als ich und nicht besonders gemocht wird, »uns« zum Weltmeister machte. Ein bekannter Feind des Metagedächtnisses ist auch ein zu großes Selbstbewusstsein, denn manchmal bildet man sich nur ein, etwas zu wissen – und sucht dann umsonst in seinem Speicher.

Blockiert wird so manche Erinnerung, wenn wir ein Ereignis in einem anderen Kontext sehen: Gut möglich, dass Sie Ihren Bäcker nicht erkennen, wenn er neben Ihnen in der Oper sitzt (»Wer ist das denn noch, den kenne ich doch irgendwoher?«). Dieses Phänomen wird vom Gedächtnispsychologen Endel Tulving als *Enkodierspezifizität* bezeichnet. Sie liegt auch vor, wenn Empfindungen oder Verhaltensweisen eine Lernphase begleiten und dann, wenn sie bei Abruf des Wissens präsent sind, die Erinnerung stärken: Ein Geruch etwa, der beim Lernen als auch beim Abrufen des Wissens gegenwärtig ist, erleichtert die Erinnerung.[7] Da man selten die Gelegenheit hat, in Prüfungsräumen zu lernen, ist die einzige Möglichkeit, den Effekt auszutricksen, an möglichst vielen Orten zu lernen.

Auch die Struktur von etwas Erlerntem beeinflusst unser Gedächtnis. Zum Beispiel behalten wir die ersten und die letzten Informationen von Ereignissen am besten (*Primacy*- und *Recency-Effekt*); die in der Mitte vergessen wir am ehesten. Diesem Phänomen kann man nur begegnen, indem man der Mitte einer Lernliste mehr Aufmerksamkeit schenkt als dem Anfang und dem Ende oder das Lernmaterial immer mal wieder in eine andere Reihenfolge bringt.

Bei der Frage, was im Gedächtnis abgespeichert wird, unterscheiden Gedächtnispsychologen wie Richard Atkinson und Endel Tulving zwischen *episodischen, semantischen* und *prozeduralen* Gedächtnisinhalten. Im episodischen Gedächtnis lagern autobiografische Erlebnisse und ihre Kontexte, das Wo und Wann und Wer eines Ereignisses. Also so etwas wie: »Weißt du noch, wie mir Weihnachten nach dem fettigen Fleischsalat bei Tante Elli schlecht wurde?«

Interessanterweise werden Teile episodischer Erinnerungen recht schnell vergessen, und dies führt zu ungewünschten Effekten. Nehmen wir an, Sie hätten irgendwo gelesen: »Flüchtlinge gefährden unsere Wirtschaft«, dann kommt es natürlich darauf an, ob es in der *ZEIT* gestanden hat oder auf dem Flugblatt einer neofaschistischen Partei. Information über die Informationsquelle wird aber schneller vergessen als die Information selbst. Das kann fatal sein: Wenn Sie nämlich irgendwann nicht mehr wissen, woher die Information stammt, sind Sie eher geneigt, sie für wahr zu halten, selbst wenn die Quelle fragwürdig war. Dieser *Sleeper-Effekt*, wie sein Entdecker Carl Hovland ihn nannte, kann Vorurteile fördern und ist also durchaus gefährlich. Und wir können diesem Effekt nicht vollkommen entkommen, hören wir doch tagaus, tagein von den Medien oder von Menschen um uns herum viele Unwahrheiten.

Frederik Bartlett untersuchte in seinem berühmten Buch *Remembering* die Veränderung episodischer Inhalte in einer Geschichte über die Zeit hinweg. Er gab seinen Versuchsteilnehmern eine recht mystische Wildwest-Geschichte vor, den »War of Ghosts«, in der Indianer und ihr Kampf gegen Geister eine Rolle spielten. Später sollten sie ihre Erinnerungen aufschreiben. Er bemerkte interessante Prozesse: Zunächst einmal vereinfachten die meisten Versuchsteilnehmer die Geschichte, wobei sie sie im Groben gut behielten. Allerdings wurden wirre Erzählstränge geglättet und Kompliziertes weggelassen oder vergessen. Zudem wurde die Geschichte immer stärker in westliche Verständnisrahmen eingepasst, das heißt der Krieg zwischen Indianern und Geistern wurde immer mehr zu einem Kampf zwischen Menschen, und die Charaktere wurden den stereotypen Vorstellungen der weißen Versuchsteilnehmer angepasst. Zum Beispiel stirbt ein Indianer nach der Begegnung mit den Geistern ohne sonstige Fremdeinwirkung, wobei ihm etwas Schwarzes aus dem Mund entfährt. In den Augen der westlichen Leser wurde daraus häufig eine Pfeilwunde, die zum Tod des Mannes führte. Episodische Informationen, die nicht ins Weltbild eines Menschen passen, werden also vergessen.

Auf der anderen Seite kann das Hinzufügen von episodischer Information Gedächtnisleistungen verbessern. Eine Mnemotechnik, die wohl in der Antike entdeckt wurde und von Gedächtniskünstlern genutzt wird, ist die *Methode der Orte*. Wollen Sie Ihre Einkaufsliste gut behalten, sollten Sie sich ein Bild von einem Weg machen, den Sie gut kennen, zum Beispiel den Weg zur Arbeit, und dort die Dinge nacheinander »platzieren«. Dies steigert die Erinnerung enorm.

Das semantische Gedächtnis ist besser als das episodische. Es ist zeitlos und umfasst das gesamte Fakten- oder Allgemeinwissen, das sich ein Mensch im Lauf seines Lebens aneignet. Es heißt semantisch, weil dort auch die Bedeutung von Wörtern abgelegt ist. Wir wissen, dass Fleischsalat fettig ist, und haben eine gewisse Vorstellung davon, was ein Kindergarten ist oder ein Friseur. Es handelt sich dabei häufig nicht um objektiv richtiges Wissen, sondern um eines, mit dem wir gut durchs Leben kommen. Richtig ist Wissen sowieso selten, weil wir es aus einer begrenzten menschlichen Perspektive schöpfen. Damit meine ich nicht nur unsere Intelligenz, sondern auch den Fakt, dass wir einen beschränkten Wahrnehmungsapparat haben. Die Welt ist nicht so farbig, wie wir sie sehen, und sie ist nicht unbedingt dreidimensional, nur weil wir sie so wahrnehmen. Auch Alltagswissen ist oftmals falsch. Viele denken, Löwen seien die gefährlichsten Tiere Afrikas – in Wahrheit ist es das Nilpferd. Viele denken, man müsse Nudeln mit kaltem Wasser abschrecken – das ist ebenfalls falsch. Viele denken, die Jugend sei frecher als »wir früher« – das hat aber auch schon Platon über die damalige Jugend gesagt. Obwohl sicher der ein oder andere Unwissende von einem Nilpferd überrannt wird oder ein Leben lang Nudeln isst, an denen keine Soße haften bleibt, kommen wir im Großen und Ganzen mit unserem Halbwissen – oder *Pseudowissen* – durch.

Zum Problem wird es vor allem, wenn es um andere Personengruppen geht. Was wissen wir denn über sie? Sind dicke Menschen faul und lustig? Können Frauen nicht führen? Haben es Hochbegabte besser im Leben? Sind Flüchtlinge gierig und nehmen uns unseren Wohlstand? Oftmals beantworten wir solche Fragen mit Pseudowissen bzw. »vermeintlichem« Wissen über diese sozialen Gruppen, und meist halten diese Konstruktionen über die Realität einem Test nicht stand. Der Eindruck, dass Frauen nicht führen können, basiert oftmals auf einer einzigen, somit nicht repräsentativen schlechten

Erfahrung. Trotzdem findet dieses Wissen Anwendung im Alltag und führt nicht selten zu Diskriminierung. Zu guter Letzt ist unser Wissen über Einzelpersonen immer begrenzt. Selbst unser eigenes Kind verstehen wir nicht immer. Wissen ist, psychologisch gesehen, meist nur eine Wahrscheinlichkeit, dass etwas so sein könnte.

Neben einem episodischen und einem semantischen Gedächtnis haben wir ein *prozedurales.* Dort sind Aktivitäten und Strategien abgespeichert: etwa Handlungsabfolgen beim Autofahren (kuppeln, bremsen …) oder spezielle Verhaltensweisen wie »vorsichtig formulieren, wenn der Chef im Raum ist«. Auch Denkstile, wie die Art und Weise, zu kreativen Lösungen zu kommen oder eine Mathematikaufgabe zu lösen, werden dort abgelegt. Manchmal können wir diese Prozesse nicht verbalisieren – das weiß jeder Kreativitätstrainer, wenn er jemandem klarmachen will, wie er denken soll, um neue Ideen zu entwickeln. Kreative Ideen fliegen uns »einfach so zu«, und wir haben keine Chance, den Prozess der »Ideewerdung« bewusst zu erleben. Trotzdem zeigt Forschung, dass abstrakte Denkprozesse und eine globale Wahrnehmung kreatives Denken fördern können. Information, egal ob episodisch, semantisch oder prozedural, kann explizit abgerufen werden oder implizit. Wir nennen die implizite Aktivierung *Priming,* was mit »Vorheizen« oder »Anbahnen« übersetzt werden kann. Dem zugrunde liegt die unter anderem von Robert Wyer vertretene Annahme, dass Information im Gedächtnis gebündelt ist, Erfahrungen, die ähnlich sind, demnach zusammen gespeichert werden, beispielsweise in Form eines riesigen assoziativen Netzwerks, das in kleinere Netzwerke aufgeteilt ist. Ich habe zu diesem Thema eingehend mit der israelischen Sozialpsychologin Nira Liberman und mit Tory Higgins, dem Entdecker des Primings, geforscht und nenne die assoziativen Bündel »Schubladen«.

Nehmen wir »Flüchtling«. Alles, was im Gedächtnis »Flüchtlinge« repräsentiert, liegt in derselben Schublade. Dort finden wir – sicherlich auch in Ihrem Gedächtnis – Flucht, Tod, Meer, Trauma, Asyl, Armut, aber auch solche Dinge wie sozial, familiär, Mitleid, Willkommenskultur und Ehrenamt. Implizite Gedächtniseffekte

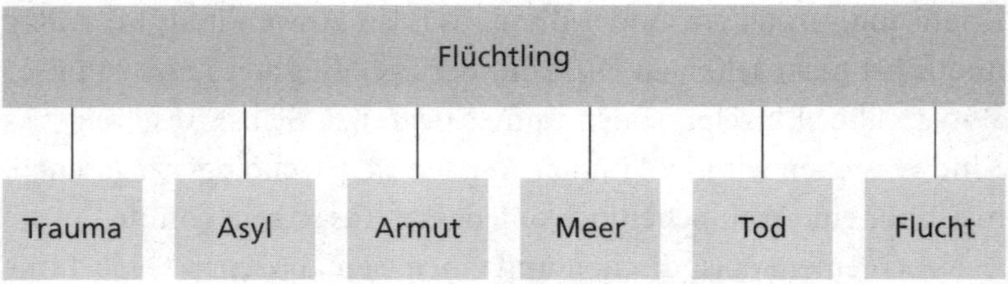


**Abb. 7 Stereotype Gedächtnisrepräsentation des Konzepts »Flüchtling«**

können nun getestet werden, indem ich Sie kurz an »Flüchtling« denken lasse und Sie dann bitte, Wörter zu lesen, die mit »Flüchtling« zu tun haben, etwa »familiär« oder »Trauma«, und dann einige, die nichts damit zu tun haben, wie »Hose« oder »Reifen«. Die Aktivierung der Gedächtnisspur »Flüchtling« führt dazu, dass naheliegende Information vorgeheizt – oder *aktiviert* – wird. Die Schublade »Flüchtling« wird geöffnet, und Sie finden all das, was darin lagert, schneller. Dies zeigt sich darin, dass Sie Wörter wie »familiär« und »Trauma« nun schneller lesen als »Hose« und »Reifen«. Die Unterschiede liegen im Millisekundenbereich, aber man kann sie trotzdem nachweisen, indem man die Lesegeschwindigkeit mit hochsensibler Sprach-Tracking-Software misst.

Derartige *Priming-Effekte* verfliegen häufig sehr schnell. Wenn »Flüchtling« nur ein flüchtiger Gedanke ist, wird auch benachbarten Assoziationen die Aktivierung entzogen, und man kann sich anderen Inhalten widmen. Die Schublade »Flüchtling« ist also wieder geschlossen, und wir haben eine andere geöffnet, zum Beispiel »Abendessen«. Kurzlebig oder nicht: Interessant sind diese Effekte dann, wenn wir ungewünschte Dinge in der Schublade vorfinden. Hier hinkt der Vergleich: Während wir normalerweise die »Herrschaft« über unsere Kommoden haben, können wir nicht immer verhindern, dass Assoziationen in unseren Netzwerken landen, die wir gar nicht dort haben wollen. So kann es sein, dass auch im Netzwerk eines toleranten, mitfühlenden Menschen »Flüchtling« mit »Schmarotzer«, »faul« oder »gefährlich« assoziiert ist. Dies liegt an den impliziten Lernprozessen. Sehen wir eine solche Verbindung beispielsweise in der Presse, wird sie gespeichert, und wenn später das Netzwerk »Flüchtling« aktiviert wird, beispielsweise weil wir einen Flüchtling sehen, dann werden auch diese unappetitlichen Assoziationen aktiviert.

In Experimenten mit Ron Friedman und Kai Sassenberg konnten wir mit Begriffen auch das prozedurale Gedächtnis vorzünden. Wir aktivierten bei Versuchsteilnehmern das Konzept »Punk«, indem sie sich in die Rolle eines Punks versetzen sollten, und konnten hinterher eine gesteigerte Leistung bei Kreativitätsaufgaben beobachten. Wie ist das zu erklären? Unsere Vermutung basierte darauf, dass unsere Probanden – allesamt Studierende – »Punks« mit Unabhängigkeit, Nonkonformität und Freiheitsliebe assoziierten. Solcherart Gedanken sollten der kreativen Ideengenerierung zuarbeiten. Unsere Studie zeigt, dass sich an ungewöhnliche Menschen zu erinnern ausreicht, um nonkonforme Denkprozesse zu aktivieren, die Kreativität fördern. Diese Art von Priming nennt man *prozedurales Priming*. Dieselbe Logik nutzend, zeigten Henk Aarts und Ap Dijksterhuis, dass das Schild »Bibliothek« Versuchsteilnehmer implizit daran erinnert, ruhig zu sein, sodass sie beim bloßen Lesen des Wortes die Stimme senkten.

Solche Assoziationsnetze sind hilfreich, führen jedoch auch regelmäßig zu Fehlern, da sie manchmal Gedächtnislücken auffüllen. Kathleen McDermott präsentierte Versuchsteilnehmern z. B. Wörter wie »Bett«, »Decke«, »Kopfkissen« und »Traum«. Das Wort »Schlaf« wurde nicht präsentiert, und trotzdem »erinnerten« sich die Versuchspersonen daran. Bei Zeugenaussagen kann dieses Phänomen der unbewussten Gedächtnisveränderung zu verheerenden Fehlern führen. Nehmen wir an, Sie müssten sich an einen Schwarzen erinnern, der gestern vor Ihnen an der Kasse im Supermarkt bezahlt hat. Nehmen wir an, Sie würden gefragt, ob er eine Baseballkappe getragen hat. In diesem Fall wäre es nicht erstaunlich, wenn Sie die Kappe »erinnern«, weil sie zum Stereotyp »Schwarzer« passt, selbst wenn der Kunde eine Wollmütze getragen hätte.

Die Gedächtnispsychologin Elizabeth Loftus hat sich auf Zeugenaussagen spezialisiert. Sie hat Erinnerungen im Labor umfangreich erforscht und zeigte immer wieder, dass die Art der Fragestellung zu Verzerrungen bei der Aktivierung von Gedanken führt. Fragt man: »Wie schnell sind die Autos zusammengekracht?« statt: »Wie schnell touchierten sie?«, »erinnerten« Augenzeugen beim heftigen Wort »zusammenkrachen« ein schnelleres Tempo als bei »touchieren« – eine Folge unterschiedlicher assoziativer Netze, die durch die Frage vorgeglüht wurden.

Die Forschergruppe um Loftus konnte auch zeigen, dass man Menschen Erinnerungen förmlich einflößen kann. In einem berühmten Experiment zeigte sie amerikanischen Versuchspersonen manipulierte Werbung von Disney World, auf der Bugs Bunny Besuchern die Hand schüttelte. Später sollten die Versuchsteilnehmer angeben, ob sie bei einem Disneyland-Besuch schon einmal Bugs Bunny getroffen hätten. Bei Amerikanern ist ein Disneyland-Besuch fast ein Muss, sehr wahrscheinlich war also jeder Proband schon einmal da. Interessant war, dass sich 25 bis 35 Prozent der Versuchsteilnehmer daran erinnerten, dort Bugs Bunny getroffen zu haben. Warum ist das so spektakulär? Na, weil in keiner Disney World der Welt eine Figur vom Konkurrenzunternehmen Warner Bros. auftreten würde! Wir sehen also, dass Gedächtnisspuren zu Recht als *Repräsentationen* bezeichnet werden, also keinesfalls Spiegelbilder der Welt sind, und dass unsere Psyche sie ständig verändert und sich dabei beeinflussen lässt.

Innerpsychische Prozesse führen durchaus zu kuriosen Effekten, wie Higham und Carment in einer klassischen Studie zeigten, in der Versuchsteilnehmer die Körpergröße von Menschen überschätzten, wenn sie erfuhren, wie mächtig diese Personen waren. Hier können wir sprichwörtlich sehen, wie das Gedächtnis Menschen in unserem Kopf wachsen lässt, allein aufgrund einer Assoziation zwischen Macht und Größe.

Jetzt möchte ich meine Ausführungen über den Kopf zunächst ruhen und das Herz zu Wort kommen lassen.

# 7
# Was wir fühlen und warum – Stimmung und Emotionen

Eine Scheidung wirft uns aus der Bahn, der ständige Stress am Arbeitsplatz macht uns wahnsinnig. Wir hassen uns, wenn wir auf die leere Packung Schokoladenriegel sehen, und wir beginnen zu weinen, nachdem wir eine Reportage über Kindersoldaten gesehen haben. Emotionen, Stimmungen und Gefühle bestimmen unser Leben mehr, als wir gemeinhin denken.

Aber was sind Emotionen? Woher kommen sie? Und warum haben wir sie? Warum regiert manchmal das Herz oder der Bauch über den Kopf?

Emotionen motivieren uns, das ist eine ihrer Funktionen. Im Wort Emotion steckt das lateinische Wort *movere* (bewegen). Emotionen bewegen uns, bestimmte Dinge zu tun und unsere Ziele zu erreichen, wie zum Beispiel etwas nicht zu essen, weil es eklig aussieht, oder unserem Liebsten einen Gefallen zu tun, um ihn zum Lächeln zu bringen, oder von einem Kollegen, der uns verärgert, Abstand zu halten. Gleichzeitig geben uns Emotionen die Energie, etwas anzupacken. Liebe, Hass, Wut, Schuld, Ekel, Schrecken, Angst – all dies sind emotionale Zustände, die uns in Wallung bringen, die uns mobilisieren, etwas zu tun. Ohne sie wären wir antriebsschwach, könnten uns nur schwer zu etwas aufraffen. Erregung ist Bestandteil der meisten Emotionen – nur Trauer und Schockstarre machen uns bewegungslos.

Emotionen haben zudem eine soziale Funktion. Wir lachen und weinen mit unseren Freunden über dieselben Ereignisse, was bedeutet, dass Emotionen uns anzeigen, wer wir sind und zu wem wir gehören. Ebenso erleichtert das Erkennen der Emotionen anderer, was diese benötigen. Ist jemand traurig, quatschen wir ihn nicht zu, sondern nehmen ihn in den Arm. Schreit jemand laut »Vorsicht!«, schrecken wir zusammen und suchen die Quelle der Gefahr. Sieht jemand nach einem Bissen vom Buffet angewidert drein, fragen wir nach, was er gegessen hat. Emotionen kommunizieren unmittelbar, was wir zu tun oder zu lassen haben. Die Tatsache, dass wir sie erkennen und dass sie uns »bewegen«, ist ein entscheidender Überlebensvorteil, gerade für das Rudeltier Mensch, denn es gilt allein als recht schutzlos und muss sich nach anderen ausrichten, um in der Gruppe zu überleben und Erfolg zu haben.

Zudem zeigen uns Emotionen an, wo wir auf der sozialen Rangliste stehen. Der Emotionspsychologe Gerben van Kleef und sein Team zeigen zum Beispiel, dass man aus unfreundlichem Verhalten einer anderen Person schließt, dass sie mächtiger ist als man selbst, während freundliches Verhalten oft als Zeichen für Unterlegenheit gewertet wird. Besonders deutlich wird die soziale Funktion, wenn man Menschen betrachtet, die an Alexythimie leiden – der Unfähigkeit zu fühlen. Sie stehen häufig im sozialen Abseits und werden von Beziehungsstörungen geplagt. Wer möchte denn schon einen Partner, der nicht mitweinen oder sich mit einem freuen kann?

Beginnen wir systematisch mit einer Ordnung von Gefühlszuständen. Nehmen wir an, Sie stehen morgens mit dem linken Bein auf. Sie haben das Gefühl, dass Sie schlecht drauf sind, könnten aber nicht sagen, ob Sie traurig, zornig oder unmotiviert sind. Das geht den ganzen Morgen so. Dies bezeichnen wir als *Stimmung*. Stimmungen können positiv und negativ sein, und oft wissen wir ihre Ursache nicht. Stimmungen halten relativ lang an, und sie sind im Gegensatz zu Emotionen nicht besonders intensiv.

Zudem sprechen wir in der Psychologie von *Affekt*, und zwar dann, wenn ein Ereignis oder ein Objekt als positiv oder negativ empfunden wird. Für viele wird der Anblick eines Hundewelpen ein Reiz von positiv affektiver Qualität sein, während eine Hundeleiche eine negativ affektive Qualität hat. Affektive Ereignisse können Stimmungen oder Emotionen auslösen.

Stellen wir uns nun eine andere Situation vor. Sie sitzen am Schreibtisch, öffnen eine E-Mail und sehen, dass ein Kollege Sie übervorteilt hat. Er hat hinter Ihrem Rücken jemanden eingestellt, den Sie auf den Tod nicht ausstehen können. Sie sind wütend. *Emotionen* sind wie Stimmungen entweder negativ, so wie Wut, Trauer oder Zorn, oder positiv, so wie Freude und Stolz. Sie haben jedoch typischerweise eine Ursache, die uns auch häufig bewusst ist, sind intensiver als Stimmungen, dafür aber meist nicht so lang anhaltend.

Emotionen sind komplexe Ereignisse, die auf vielen Ebenen des Körpers erlebt werden. So bewirken sie physiologische Veränderungen zum Beispiel des Blutdrucks oder der Hautleitfähigkeit, und sie führen zur Ausschüttung unterschiedlicher Hormone. Emotionen werden zudem von bestimmten Gedanken begleitet. Sie informieren uns darüber, ob wir uns über etwas freuen dürfen oder warum wir uns schämen sollten. Gleichzeitig bringen Emotionen eine bestimmte Handlungstendenz mit sich: Wenn wir Angst haben, möchten wir wegrennen oder uns verstecken, und wenn wir uns freuen, möchten wir anderen nah sein und die Freude mit ihnen teilen. Grob gesagt, führen Emotionen unmittelbar entweder zu Annäherungs- oder zu Vermeidungsverhalten. In positiven Situationen, wenn wir uns gut fühlen, bewegen wir uns gern auf etwas zu, in negativen suchen wir gewöhnlich Distanz.

Unsere Emotionen werden jedoch vor allem in Veränderungen unseres Gesichts deutlich. Dort spiegelt sich das wider, was wir gerade fühlen. Wenn wir einem fremden Menschen auf der Straße begegnen, der uns anlächelt, wissen wir: Dem geht es gut, der findet mich nett. Und: Ich habe nichts zu befürchten.[8] Wenn Emotionen also auch eine gewisse universale Schutzfunktion haben, bedeutet das vielleicht, dass sie angeboren sind, das heißt kulturübergreifend, und zu unserer genetischen Grundausstattung gehören?

Der Emotionspsychologe Paul Ekman untersuchte systematisch, ob Fotos von emotionalen Gesichtsausdrücken in unterschiedlichen Kulturen richtig erkannt werden. Er nahm an, dass die Emotionen Ekel, Ärger, Freude, Trauer, Überraschung und Furcht so universell seien, dass sie jeder Mensch erlebe und auch bei anderen erkennen könne. In aufwendigen Studien baten er und andere, die an seine Idee der *Basisemotionen* glaubten, Menschen aus anderen Kulturen,

**Abb. 8 Basic Emotions – von links oben nach rechts unten: Wut, Ekel, Furcht, Überraschung, Freude, Trauer**

Gesichtsausdrücke zu deuten. Die Befunde: Basisemotionen werden überall in der Welt erkannt. Selbst sogenannte Naturvölker auf Neuguinea, die selten mit anderen Kulturen in Kontakt treten, konnten Emotionen auf den Gesichtern von Amerikanern richtig benennen. Und wenn man sie bat, Emotionen darzustellen, und sie dabei fotografierte, konnten umgekehrt Amerikaner diese Gesichtsausdrücke richtig interpretieren. Diese Befunde weisen auf erstaunliche Universalitäten hin.

Bei Emotionen spielen unterschiedliche Hirnareale sowie das autonome Nervensystem eine wichtige Rolle, was sie relativ schwer steuerbar macht. Furcht oder Ärger mobilisiert den Körper, sich auf eine potenzielle oder tatsächliche Gefahr vorzubereiten. Wenn ich mich grusele, weil ich einen dieser neuen Zombiefilme schaue, wird mein sogenanntes sympathisches Nervensystem aktiviert, das Erregungszustände begleitet und den Körper auf schnelles Handeln wie etwa Kämpfen oder Flüchten vorbereitet. Es wird Adrenalin in mein Blut ausgeschüttet, der Blutdruck steigt, und mein Atem wird schneller. Meine Pupillen erweitern sich, sodass mehr Licht in meine Augen fallen kann und ich mehr von der Umgebung wahrnehme. Ich schwitze, und mein Verdauungsapparat macht Pause – die Energie wird woanders gebraucht. Vor dem Fernseher ist diese mächtige Aktivierung natürlich etwas sinnentleert, und ich werde die Energie vermutlich anderweitig abbauen, indem ich vom Sofa aufstehe, hin und her laufe, Nägel kaue oder mir die Hand vor die Augen halte, damit ich nicht mit ansehen muss, wie ein Zombie gerade seinem Opfer die Leber aus dem Rücken beißt. Ist die Gefahr gebannt, »fährt das System wieder runter«.

Vom autonomen Nervensystem geht es dann zum Zentralnervensystem, genauer gesagt, zum Hypothalamus und zum limbischen System, den Kontrollsystemen für Emotionen. Die Amygdala, wo Erregungen verarbeitet werden, ist von besonderer Bedeutung. Besonders ihre rechte Hälfte ist empfindlich für Angst. Durch PET-Scanning[9] des Kortex, in dem unsere Assoziationen, Gedanken und Interpretationsmuster liegen, sieht man, dass als Folge von Freude oder Trauer völlig unterschiedliche Hirnbereiche aktiviert werden.

Doch ist die Reihenfolge der Ereignisse tatsächlich wie soeben geschildert? Folgt ein Verhalten immer auf eine Emotion? Die bereits erwähnten Forscher James und Lange behaupten provokativ, dass erst eine Reaktion auf der Verhaltensebene stattfindet, die auf einer blitzschnellen und automatischen Aktivierung des autonomen Nervensystems beruht, und sich dann entsprechende Emotionen einstellen. Sehen wir eine Schlange im Gras, fangen wir an zu schwitzen, laufen weg und empfinden erst später Angst. Unser Körper reagiert also unmittelbar auf affektive Reize, und erst danach entsteht eine Emotion.

Diese Theorie hat viele andere inspiriert und auch Kritik hervorgerufen. Vor allem die Annahme, dass das autonome Nervensystem vorrangig sei, wurde infrage gestellt, denn – so die Argumentation – es dürfte zu langsam sein, um schnelles Reagieren zu ermöglichen.

Außerdem würden kognitive Prozesse zu einem viel früheren Zeitpunkt das Erleben einer Emotion beeinflussen.

Dies ist die Hauptannahme von »Theorien der kognitiven Interpretation«, wie sie von Stanley Schacter, Richard Lazarus und anderen vertreten werden. Demzufolge wird durch ein Ereignis, oder einen äußeren Reiz, eine physiologische Reaktion hervorgerufen, eine mehr oder weniger starke Erregung. Erregung ist jedoch etwas, was nicht klar zu interpretieren ist, denn sowohl bei Freude und Liebe als auch bei Ärger und Angst sind wir erregt. Der unspezifischen Erregung muss also eine Bedeutung beigemessen werden. Dies tun wir mithilfe unseres Wissens über Emotionen und indem wir die Umwelt analysieren. Liegt eine Schlange vor mir, und bin ich erregt, schließe ich daraus, dass ich Angst habe, weil ich gelernt habe, dass Schlangen gefährlich sein könnten. Bin ich dagegen erregt, während ich ein Geschenk auspacke, bedeutet die Erregung etwas Positives.

Solche Interpretationsprozesse müssen nicht vollkommen bewusst ablaufen und sind abhängig vom Betrachter und veränderbar. So wird bei manchen eine gebräunte Haut noch eine positive Reaktion hervorrufen, weil sie sich denken: »Der war im Urlaub, und das war sicher schön.« Vor allem jüngere Menschen haben aber schon in der Schule gelernt, dass gebräunte Haut eher ein ungesundes Verhalten anzeigt, das zu Hautkrebs führen kann, und würden somit eher mit Besorgnis oder gar Ablehnung reagieren. Schacters Theorie deckt sich mit der Erkenntnis, dass die Amygdala schneller reagiert als der präfrontale Kortex, wo wir zu interpretieren beginnen.

In einem berühmten Versuch ließen die Sozialpsychologen Donald Dutton und Arthur Aaron männliche Versuchspersonen über eine wacklige und eine zweite Gruppe über eine stabile Brücke gehen. Am anderen Ende erwartete die attraktive weibliche Versuchsleiterin die Männer, bat sie, eine kreative Geschichte aufzuschreiben, und gab ihnen für etwaige Rückfragen ihre Telefonnummer. Nun passierte Folgendes: Männer, die über die wacklige Brücke gegangen waren, riefen die Versuchsleiterin viermal so häufig an und schrieben außerdem mehr Geschichten mit sexuellem Inhalt. Die

Erregung, die nach dem Überschreiten der wackligen Brücke wohl noch etwas angehalten hatte, wurde von ihnen offensichtlich nicht als Angst gedeutet, sondern auf die Versuchsleiterin bezogen und weckte erotische Gelüste.

In diesem und in anderen Experimenten konnte also gezeigt werden, dass Erregung, die durch ein negatives Ereignis ausgelöst wird, anders interpretiert werden kann, wenn sie in einer positiven Situation wahrgenommen wird. Vorsicht also im Fitnessstudio: Es kann gut sein, dass Sie Ihre durch Training ausgelöste Erregung auf andere Trainierende beziehen. Diese Theorie kann auch erklären, warum sich viele von uns während eines Besuchs in einem Klub verlieben, wo wir durch das Tanzen, die Musik und die Hitze erregt sind. Insgesamt zeigen die Befunde, dass die Situation, in der die Erregung erfahren wird, die affektive Richtung angibt – ob ich mich gut oder schlecht fühle – und dass eine Emotion durch gedankliche Prozesse moduliert wird oder gar entsteht.

Diesen Experimenten, die die Wechselwirkung von Stimmung und Gedanken reflektieren, kann man eine berühmte Studie entgegensetzen, die gedankliche Interpretationen bei Gefühlen völlig ausschließen kann. Es handelt sich um die *Pen-Study* des Sozialpsychologen Fritz Strack und seiner Kollegen Lenny Martin und Sabine Stepper. In ihren Experimenten baten sie Versuchspersonen, einen Stift entweder mit den Zähnen oder mit den Lippen zu halten. Ersteres führt automatisch zur Aktivierung der Lächelmuskeln, während Letzteres sie hemmt. Den Versuchspersonen war dies allerdings nicht bewusst, denn sie glaubten, es ginge darum, zu erforschen, wie Menschen mit Körperbehinderung Fragebogen ausfüllten – dazu sollten sie mit einem Stift im Mund Bewertungen von Cartoons ankreuzen. Den Stift zu halten war für sie also ein rein technischer Vorgang. Die Cover-Story sollte zudem mögliche Schlussfolgerungen verhindern: »Ich lächle, also muss ich das wohl witzig finden.« Die Forscher fanden, dass Versuchsteilnehmende, bei denen unbewusst die Lächelmuskulatur aktiviert war (die den Stift also zwischen den Zähnen hatten), amüsierter waren als diejenigen, bei denen das Lächeln unterbunden wurde.

Die Studie widerlegt nicht die vorigen, in denen Kognitionen klar die Entstehung von Emotionen belegten; sie zeigt nur einen zweiten Weg, einen, der ohne Denkprozesse auskommt. Zudem wird deutlich, dass Motorik und Körperhaltungen eng mit Emotionen verknüpft sind, sodass körperliche Vorgänge – hier der angenommene Gesichtsausdruck – direkt und unbewusst zu einer Emotion oder einer Stimmung führen können. Den Einfluss des Körpers auf Kognitionen und Emotionen nennen Psychologen *Embodiment.* Ich beschäftigte mich bereits in meiner Dissertation mit Embodiment. Für meine Doktorarbeit wurde den Probanden als Cover-Story erzählt, dass sie an einem Produkttest teilnähmen, bei dem getestet würde, ob ein Kopfhörer beim Tanzen und Joggen verrutsche. Dazu sollten sie einige standardisierte Bewegungen ausführen, während sie vom Band Wörter hörten. Einige Versuchspersonen sollten den Kopf gleichmäßig von vorn nach hinten, die anderen von einer Seite zur anderen drehen. Dies sollte subtil die Bewegungsmuskulatur aktivieren, die man üblicherweise zum Nicken oder zum Kopfschütteln braucht. Über den Kopfhörer wurden positive Wörter wie »Liebe« und »Urlaub« oder negative wie »Tod« und »Krieg« eingespielt, und nachdem einige Zeit verstrichen war, wurden die Versuchsteilnehmer gefragt, welche Wörter sie noch erinnern konnten. Es zeigte sich, dass diejenigen, die den Kopf von vorn nach hinten bewegt hatten, sich besser positive Wörter merken konnten, während bei den anderen das Gegenteil der Fall war: Sie merkten sich eher negative Wörter. Damit wurde die Embodiment-Hypothese bestätigt: Es besteht ein viel engerer Zusammenhang zwischen dem Körper und Urteils- und Gedächtnisprozessen, als man bisher angenommen hat.

In diesem Zusammenhang wurden auch Armbewegungen eingesetzt, und zwar insbesondere die Aktivierung des *Armbeugers* und des *Armstreckers.* Armbeugen ist konditioniert mit Annäherung: Wir bewegen diesen Muskel, wenn wir Nahrung zu uns nehmen oder Menschen umarmen. Armstrecken ist dagegen gekoppelt mit Vermeidung: Wir schieben Menschen oder Objekte von uns weg. Fritz Strack und ich fanden, dass Menschen positivere Erinnerun-

Armbeugung Armstreckung

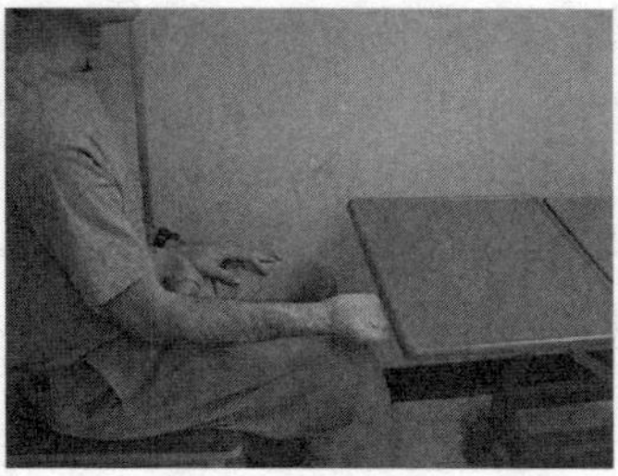

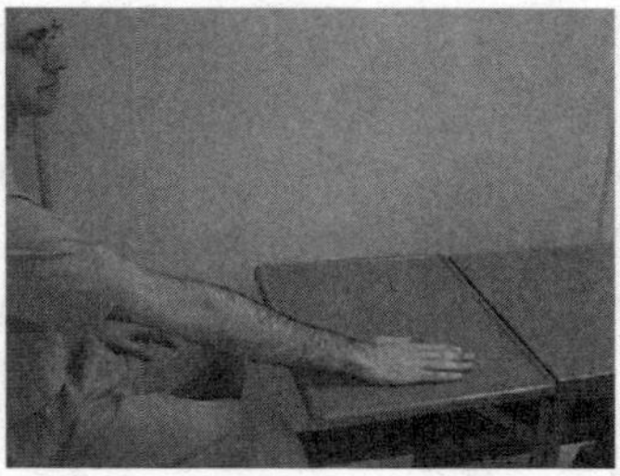

**Abb. 9 Armpositionen wie in Friedman & Förster (2000)**

gen hatten, wenn sie den Handteller von unten gegen die Tischplatte drückten, also den Armbeuger aktivierten, und negativere, wenn sie die Handflächen auf die Tischplatte pressten, also von sich streckten. Als Cover-Story erzählten wir zum Beispiel, dass auf diese Weise eine bestimmte Gehirnhälfte aktiviert würde, was die Versuchsteilnehmer auch nicht weiter hinterfragten. Die Bewegungen waren zudem so subtil, dass es schwer war, auf den eigentlichen Untersuchungszweck zu schließen – was belegt, dass Embodiment-Prozesse unbewusst ablaufen können.

Mittlerweile finden diese Studien zahlreiche Anwendungsmöglichkeiten. So konnten Van den Bergh und Team zeigen, dass Menschen mit Einkaufskörben mehr Produkte kaufen, weil sie automatisch den »positiven Muskel« aktiviert haben, als wenn sie einen Einkaufswagen benutzen und damit auf ganz natürliche Weise den Strecker anspannten.

Selbst für die Schönheitsindustrie hat diese Forschung Anwendungswert. Kürzlich zeigte David Neal mit Kollegen, dass Botox, das Gift, das sich immer mehr Menschen gegen Falten spritzen lassen, nicht nur dazu führt, dass man sein Gesicht nicht mehr bewegen kann, sondern auch die Empfindung von Emotionen sowie die Wahrnehmung von Gefühlen anderer drosselt und somit Mitgefühl vermindert. Dies könnte negative Folgen für das soziale Miteinander haben – wer will schon eine Freundin mit schöner glatter Stirn, die nicht kapiert, dass es mir gerade nicht gut geht. Allerdings zeigen neuere Studien, dass das Lahmlegen bestimmter Muskeln auch eine positive Wirkung haben kann. So kann eine Botoxspritze in die Stirnrunzelmuskulatur die Therapie von Depressiven unterstützen – vermutlich, weil man weniger Situationen als negativ oder bedenklich empfindet, wenn man die Stirn weniger runzeln kann. In nachfolgender Tabelle sehen Sie einige Beispiele, die teils kurios erscheinen, aber einen Eindruck davon geben, wie weitreichend Embodiment ist.

| Körper | Folgen |
|---|---|
| Hände in Gebetshaltung … | … führen zu besserer Selbstkontrolle. |
| Hände »waschen« … | … lindert das Schuldgefühl ob unethischen Verhaltens.<br>… führt dazu, dass man sich für moralischer hält als andere, die sich gerade unethisch verhalten. |
| Sich in Machtposition bringen (gerade aufrichten und expansiv) … | … erhöht die Risikoneigung.<br>… erhöht Testosteron und erniedrigt Cortisol. |
| Fischgeruch … | … lässt einen misstrauisch werden. |
| Den Stinkefinger ausstrecken … | … führt zu einer verstärkten Wahrnehmung von aggressivem Verhalten bei anderen. |

Unsere Ausdrucksmuster und unsere Motorik sind also stark mit unseren Emotionen verknüpft. Emotionen lösen motorische Vorgänge aus, aber ein körperlicher Ausdruck kann auch Emotionen verändern, er kann sie verstärken oder abmildern.

Das Phänomen, dass uns in guter Stimmung eher positive und in negativer Stimmung eher negative Ereignisse einfallen, bezeichnet man als *Stimmungskongruenzeffekte:* Ist man gut drauf, erinnert man eher Erfolge statt Misserfolge und tendiert im Allgemeinen dazu, die Dinge durch eine rosarote Brille zu sehen. Norbert Schwarz und Jerry Clore haben sich Gedanken darüber gemacht, warum das so ist, und konnten in ihrer Forschung zeigen, dass Stimmung als Information dienen kann. So könnten Sie auf die Frage, wie zufrieden Sie mit der jetzigen Regierung sind, Ihre momentane Stimmung zurate ziehen – »Ja, wie geht es mir denn so im Moment?« – und diese als Information für eine Antwort verwenden (zum Beispiel: »Wenn es mir gut geht, muss wohl alles gut sein und auch die Regierung gut arbeiten«).

Die eigene Stimmung zu befragen ist an sich keine schlechte Strategie. Wir spüren sie unmittelbar, und oft wird sie ja auch durch äußere Ereignisse ausgelöst. Sie jedoch unkritisch als Information zu nutzen führt zu Urteilsfehlern, besonders dann, wenn sie durch etwas ausgelöst wurde, was nichts mit der Regierung zu tun hat. Hat mein Sohn gerade einen tollen Song komponiert, und ich verwende diese gute Stimmung als Information für die Beurteilung der Bundesregierung, handle ich gegen alle Regeln der Vernunft.

Trotzdem, so zeigt Forschung, laufen solche Prozesse tatsächlich ab. Wird in Experimenten fröhliche Musik gespielt, positives Feedback gegeben oder eine Erfolgserwartung ausgelöst, wirkt sich dies normalerweise positiv auf die Stimmung der Probanden aus, und sie bewerten danach alles Mögliche wohlwollender, etwa Konsumgegenstände, politische Parteien, Partner, Räume etc., obwohl diese gar nicht die Auslöser ihrer gegenwärtigen Stimmungen waren. Wenn man nicht genau weiß, woher eine gute Stimmung kommt, denkt man schnell, dass sie vom Urteilsgegenstand verursacht wurde, um den es in der Situation gerade geht. In einer Studie konnte zum Beispiel gezeigt werden, dass Kopfhörer positiver beurteilt wurden, wenn sie angenehme Musik spielten. Zudem war interessant zu beobachten, dass dem nicht mehr so war, wenn die Versuchsteilnehmer darauf hingewiesen wurden, dass sie die Musik in angenehme Stimmung versetzen kann. In diesem Fall waren sie sich des möglichen Fehlers bewusst und konnten sich sagen: »Okay, ich bin gut drauf, aber das hat ja nichts mit dem Kopfhörer zu tun« – und schon blieb ein Stimmungseinfluss auf Bewertungen aus.

Generell sind Menschen auch risikobereiter, wenn sie in einer positiven Stimmung sind. Da positive Stimmung normalerweise ein Resultat einer sicheren und unproblematischen Umgebung ist, trauen sich Menschen dann mehr zu, werden neugierig und kreativ. Barbara Fredrickson nimmt in ihrer *Broaden-and-Build-Theorie* eine Aufwärtsspirale an: Ich bin guter Stimmung, mir kommen deshalb tolle Ideen, das stimmt mich noch besser, mir fällt noch mehr ein, etc.

Schlechte Stimmung dagegen ist ein Signal für Umgebungen, in denen Gefahr lauert – hier werden wir automatisch vorsichtig. Dies ist zunächst einmal funktional, heißt, es passt zu dieser Situation, denn in Gefahrensituationen sollte man tatsächlich nicht experimentieren und vor allem Fehler vermeiden. Wenn man jedoch zu wenig vom Einfluss der Stimmung auf das eigene Verhalten versteht, kann es sein, dass man sich zu stark von ihr leiten lässt und sie zu einer Abwärtsspirale führt. Erfordert ein Job Risikofreude, die man in einer miesen Stimmung aber schwerlich empfinden kann, kann das zu einer Misserfolgserwartung führen, diese wiederum zu übervorsichtigen Verhaltensweisen, diese zu Misserfolg, dieser wiederum zu noch schlechterer Stimmung … – eine Negativspirale des Fehlverhaltens.

Im vorigen Kapitel habe ich das Priming vorgestellt, das aufgrund eines assoziativen Netzwerks im Gedächtnis zu einer Voraktivierung von Gedanken führt. Russ Fazio und seine Kollegen konnten zeigen, dass Priming mit negativen Bildern – etwa von einer Kakerlake oder einer Schlange – dazu führte, dass völlig fremde Personen, von denen danach Porträtfotos gezeigt wurden, schlechter beurteilt wurden. Dies funktionierte selbst dann, wenn das Tierbild subliminal präsentiert wurde, also für so kurze Zeit (zum Beispiel 50 Millisekunden, oftmals noch kürzer), dass die Versuchsteilnehmer lediglich einen Blitz wahrnehmen, aber keine Chance haben, das Wort zu lesen. Fazio nannte dies *affektives Priming,* in Abgrenzung zum oben beschriebenen *semantischen Priming,* da das Porträt eines Fremden keine semantische Beziehung zu einer Küchenschabe oder einer Schlange hat. Das, was hier wirkt, ist die *Valenz*, die Wertigkeit, also, ob es sich um einen positiven oder negativen Reiz gehandelt hat. Das Ganze kann auch nicht als Stimmungseffekt interpretiert werden, da Priming-Effekte nicht lange anhalten und die Versuchspersonen, nach dem subliminalen Einblitzen nach ihrer Stimmung befragt, keine Veränderung festgestellt haben.

Interessant sind auch Studien zu »neutralen« Gefühlen, also solchen, die weder positiv noch negativ sind. Damit ist zum Beispiel die Leichtigkeit des Abrufs von Informationen gemeint, die wir empfinden, also wie schnell uns etwas einfällt. Diese Leichtigkeit kann aber wiederum eine Information sein. Norbert Schwarz und Kollegen haben unter anderem gezeigt, dass Menschen eher für sich die Gefahr eines Herzinfarkts kommen sehen, wenn ihnen Gründe dafür leicht einfallen. Das hört sich vernünftig an, denn wenn mir spontan so etwas einfällt wie »ich rauche«, »ich trinke manchmal« oder »ich habe manchmal ein Druckgefühl im Brustbereich«, dann vermutlich deshalb, weil dies häufig passiert. Manchmal jedoch fallen uns einfach Dinge ein, weil wir spontan dran gedacht haben. Vielleicht war ich auch nur gerade in dem Zimmer, in dem ich immer rauche, oder das Rauchen wurde gerade zufällig im Fernsehen thematisiert. Wir werden später sehen, dass solche neutralen Gefühle so manche Verzerrung in der Wahrnehmung bewirken.

# 8
# Warum wir planen, handeln und bewerten – Motivation

Nehmen Sie einmal für einen Moment an, Sie hätten einen Partner, den Sie motivieren möchten, dieses Buch zu lesen, obwohl er alles andere im Sinn hat als Psychologie. Was müssten Sie tun, damit er sich mit Psychologie beschäftigt?

Motivationstrainer ist ein beliebter Beruf – kein großer Betrieb kann es ernsthaft ohne Motivationsworkshops schaffen, und auch in Fitnessstudios, Schulen oder Diätklubs sind sie gefragt. Schließlich wissen wir ja alle, wie schwer es manchmal ist, Ziele zu erreichen.

An erster Stelle jedes Motivationsgeschehens steht immer ein Wunsch, ein Bedürfnis, ein Motiv oder ein Ziel. Sie wollen einen Film sehen, Sie würden gern mehr Zeit mit Ihren Kindern verbringen, Sie brauchen eine Zwei in einer Klausur, um einen Studienplatz zu bekommen, oder Sie haben ein Faible für die Oper. Hier handelt es sich, allgemein gesprochen, um *gewünschte Zielzustände* – ihnen wollen wir uns normalerweise annähern; man spricht von *Annäherungsmotivation.* Es gibt aber auch ungewünschte Zielzustände, die uns motivieren, auf Distanz zu bleiben oder Abstand zu gewinnen. Hier spricht man von *Vermeidungsmotivation:* nicht mehr rauchen, nicht so spät ins Bett gehen, dem Chef aus dem Weg gehen.

Haben wir Ziele vor Augen, heißt das noch lange nicht, dass wir sie tatsächlich angehen. Wie viele von uns nehmen sich vor, mehr Sport zu treiben, abzunehmen oder mehr zu lernen – und dabei bleibt es dann schon. Die Frage, wann wir vom Willen zur Tat schreiten, ist also entscheidend. Der deutsche Motivationspsychologe Peter Gollwitzer spricht vom Rubikon[10], einem reißenden Fluss, den man überschreiten müsse: Zunächst geht es um das Abwägen von verschiedenen Zielen. Diese *prädezisionale Phase,* wie Gollwitzer sie

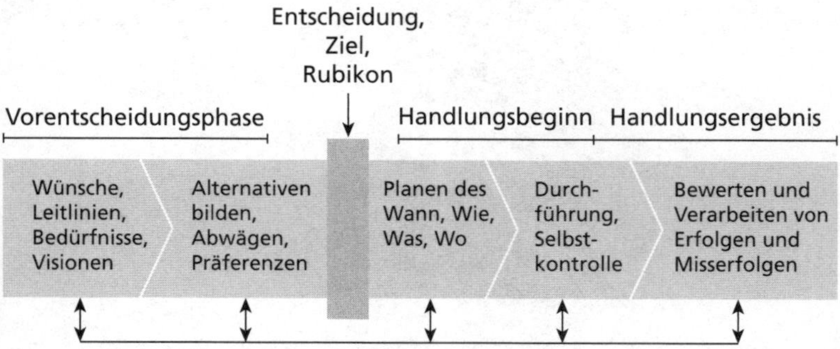


**Abb. 10 Handlungsphasen nach Heckhausens und Gollwitzers »Rubikon«-Modell (1987)**

nennt, endet mit einer Entscheidung: Soll man das Ziel verfolgen oder lieber nicht? Danach kommt die Planung der Handlung (die *postdezisionale oder präaktionale Phase*), gefolgt von Handlungsbeginn und Durchführung (die *aktionale Phase).* In der *postaktionalen Phase* schließlich bewerten wir die Handlungsergebnisse.

## Die prädezisionale Phase – Welches Ziel hätten Sie denn gern?

Zunächst müssen wir uns für ein bestimmtes Ziel entscheiden. Nehmen wir an, wir wollen einmal etwas für uns tun, etwas Schönes. Dann stellt sich die Frage: Was interessiert mich am meisten? Für welche Ziele im Supermarkt der Optionen entscheide ich mich? Will ich mit Ballett anfangen, einen Sprachkurs machen, einen Yogakurs? Oder sollte ich mich nicht lieber vor allem auf die Arbeit konzentrieren und vielleicht einen hilfreichen Software-Kurs belegen? Oder einfach einmal nichts tun?

Natürlich sind einige Motive physiologisch bedingt. So haben wir *Bedürfnisse*, die wir mit anderen Lebewesen teilen: Wir müssen essen und trinken, wir müssen zur Toilette, wir haben ein Bedürfnis nach Sex. Unter *Motiven* verstehen wir dagegen Bedürfnisse, die sozial, weniger dringlich und stark von der Persönlichkeit abhängig

**Abb. 11 Maslows Bedürfnispyramide**

sind. Die Motivationsforschung entdeckte eine ganze Reihe davon, wobei sich drei als besonders wichtig herauskristallisierten: Leistung, Macht und Anschluss (das Bedürfnis, zu einer Gemeinschaft zu gehören). Diese Motive treiben viele Menschen mehr oder weniger an, und es gibt eine große Palette an Tests, mit denen man messen kann, inwieweit ein Motiv bei einem Menschen ausgeprägt ist.

Abraham Maslow ordnete in seiner berühmten Bedürfnispyramide menschliche Beweggründe und konstatierte, dass zunächst Grundbedürfnisse wie Essen, Schlaf und Sicherheit befriedigt sein müssten, damit sich Menschen für anspruchsvollere Motive wie kreatives Denken, Selbstverwirklichung oder moralisches Handeln interessieren.

Eine Kategorisierung in physiologische und sozial bedingte Bedürfnisse ist jedoch recht ungenau, will man menschliches Verhalten verstehen. Wäre Essen ein rein körperliches Bedürfnis, würden hungrige Menschen alles essen, was ihnen aufgetischt wird. Dem ist aber nicht immer so. Selbst wenn man sehr hungrig ist, zieht man eine saftige Pizza einem Stück trockenem Brot vor. Ratten zeigen übrigens ein ähnliches Verhalten; sie sind selbst dann noch wählerisch, wenn sie fast verhungert sind. Mit einem rein physiologischen Mechanismus lässt sich dies kaum erklären – es kommen in jedem Fall soziale und individuelle Motive dazu, unser Wohlbefinden zu optimieren.

Andere Bedürfnisse wiederum, wie Sex, beeinflussen sicherlich unser Handeln, aber es ist nicht so, dass man es mit einem Hungergefühl vergleichen kann, das notwendigerweise befriedigt werden muss: Wir bespringen keine Leute in der Fußgängerzone, wenn wir ein paar Wochen keinen Sex hatten. Ebenso wenig können wir menschliches Verhalten allein auf Instinkte reduzieren, also auf vorprogrammierte Verhaltenstendenzen, wie man sie bei Tieren findet.

Was aber führt dazu, dass wir manche Ziele für attraktiver halten als andere? Wie wir gesehen haben, werden bestimmte Aktivitäten von unserem Umfeld verstärkt, wodurch sich ein Wert für bestimmte Handlungen entwickelt, der im Gedächtnis gespeichert wird. Der Wert einer Handlung entsteht also im sozialen Kontext, doch ist uns dieser Einfluss häufig nicht bewusst. So ist es beispielsweise schwierig, zu bestimmen, ob unsere Wahl, Medizin zu studieren, darauf beruht, dass wir anderen helfen wollen, oder ob vielleicht unsere Eltern der Grund sind, die selbst Ärzte sind und uns gern im weißen Kittel sehen würden. Zudem spielt der kulturelle Kontext eine Rolle. In unserer Gesellschaft, in der Prestige, Leistung und Reichtum eine Rolle spielen, ist ein Medizinstudium mit der Aussicht auf Ansehen und guten Verdienst vermutlich attraktiver als in Ländern, in denen die Arzttätigkeit als ganz normale Arbeit betrachtet wird.

Insgesamt aber steigt durch viele positive Aspekte der Wert von Handlungen. Und auch wenn unsere Werte, Interessen und Ziele von außen *(extrinsisch)* beeinflusst sind, empfinden wir das häufig nicht so. Sie haben sich dann so in uns eingegraben, dass wir uns oft gar keine anderen mehr vorstellen können. Tatsächlich *intrinsische* Motivation hingegen – wenn wir das Gefühl haben, wir brauchen gar keine Belohnung mehr, um etwas zu tun – ist normalerweise ein viel stärkerer Antrieb. Wer, um beim obigen Beispiel zu bleiben,

Medizin studiert, weil es ihm Spaß macht oder weil er Menschen gern helfen will, ist motivierter als jemand, der es allein des Geldes oder Prestiges wegen tut.

Diese Aussage aus der *Selbstbestimmungstheorie* der Motivationspsychologen Edward Deci und Richard Ryan wurde in zig Studien bewiesen. Deci und Ryan können sogar nachweisen, dass manchmal die Motivation sinkt, wenn man Schülern oder Mitarbeitern für eine Aufgabe, an der sie intrinsisch interessiert sind, eine Belohnung in Aussicht stellt. Ist man hingegen begeistert von einer Aufgabe, und passt sie zu den eigenen Fähigkeiten, kann ein *Flow* entstehen, ein als beglückend empfundener Zustand tiefer Konzentration, der uns alles um uns herum vergessen lässt. Wobei Produkte, die im Flow entstehen, häufig auch andere durch ihre Qualität überzeugen. Flow ist zudem Stress reduzierend, wie Corinna Peifer in ihren Arbeiten zeigt, und damit sogar gesund.

Manchmal, wenn Aufgaben als schrecklich langweilig empfunden werden, werten Menschen sie durch irgendetwas auf, das ihnen intrinsische Motivation verleiht. Die Motivationspsychologin Carol Sansone beobachtete bei Beschäftigten einer Chipsfabrik, die Kartoffelchips sortieren mussten, dass sie sich diese monotone Aufgabe bewusst spannender machten: Sie erfanden allerlei Zusatzaufgaben, wie zum Beispiel während der Arbeit Reime zu dichten, oder brachen die Monotonie auf, indem sie das Fließband mal langsamer, mal schneller laufen ließen. Und sie schrieben einen Wettbewerb aus: »Wer findet den Chip, der am ehesten wie Elvis Presley aussieht?« Diese lustige Idee wird mittlerweile in vielen Fabriken der Welt nachgeahmt, und tatsächlich kann man die besten Elvis-Chips manchmal bei eBay finden, wo sie bis zu fünfstellige Summen einfahren!

Spannend ist, dass Menschen es sich im Gegensatz zu vielen Säugern nicht gern zu einfach machen. Sie hassen Unterforderung und Langeweile genauso wie Überforderung. Vielleicht ist das ja der Grund, warum Sie nie bei Fernsehgewinnspielen mitmachen, bei denen Sie beantworten sollen, ob Musik in a) Plattenstudios oder b) Kochstudios aufgenommen wird? Und vielleicht ist das der Grund, warum Sie stundenlang für Theaterkarten anstehen? Motivationsforscher finden, dass Aufgaben, die uns leicht überfordern, außerordentlich motivierend sind. Dementsprechend findet Nicola Baumann, dass Menschen eher Flow erleben, wenn sie leicht überfordert sind. Als Sänger kann ich das nur unterschreiben – ich nehme mir niemals zu leichte Arien vor, ich versuche mich an denen, die mir etwas zu hoch (im doppelten Sinne) sind.

Der Wert einer Handlung wird allerdings nicht nur durch den Spaßfaktor bestimmt, sondern auch durch ihre *Wichtigkeit*. Nicht immer finden wir es spaßig, unserem dementen Onkel im Altenheim einen Besuch abzustatten, aber wir tun es, weil wir es wichtig finden. Nach der *Theorie des regulatorischen Fokus* von Tory Higgins entwickeln sich auf der Basis der Grundbedürfnisse unterschiedliche Ziele. Ziele mit einem Fokus auf Sicherheit, Schutz und Unversehrtheit – Higgins nennt ihn *Präventionsfokus* – enthalten eher Verpflichtungen und Verantwortlichkeiten, während Ziele mit einem Fokus auf Wachstum *(Promotionsfokus)* eher Ideale und Selbstverwirklichungstendenzen beinhalten. Diese beiden Fokusse kann man als Persönlichkeitseigenschaften oder relativ stabile Charaktermerkmale begreifen. Sie entwickeln sich während der Erziehung, können sich aber im späteren Leben sowohl grundsätzlich als auch situationsbedingt verändern.

Ich habe es schon angesprochen: Menschen können positiv verstärkt oder durch Entzug von etwas Positivem bestraft werden. Zum Beispiel kann man ein Kind motivieren, indem man ihm Aufmerksamkeit schenkt, wenn es beispielsweise ein schönes Gedicht geschrieben hat. Und man kann ihm Aufmerksamkeit entziehen und es ignorieren, wenn es etwas Unerwünschtes tut, etwa ein Nachbarskind verprügelt. Wenn dies den typischen Erziehungsstil der Eltern in einer Familie widerspiegelt, richtet sich das Kind chronisch auf die Anwesenheit und die Abwesenheit von Positivem aus. Higgins sieht das als Basis für eine Entwicklung hin zu Idealen und Selbstverwirklichung. Es entsteht ein chronischer Promotionsfokus.

Ein anderer Erziehungsstil fokussiert auf die An- und Abwesenheit von Negativem. Manche Eltern erziehen ihre Kinder, indem sie

sie bestrafen, wenn sie etwas Unerwünschtes tun, und eine Strafe unterlassen, wenn das Kind etwas Erwünschtes tut. In meiner Jugend wurden Kinder noch geschlagen, und das Ausbleiben von Prügeln war für manches Kind schon ein erwünschter Zielzustand. Wenn das Ausbleiben von Strafe das Positivste ist, was ein Kind erwarten kann, wird es einen starken Präventionsfokus entwickeln, indem es bestrebt ist, möglichst nichts falsch zu machen und Sicherheit herzustellen. Als Erwachsener wird es von Verantwortungsbewusstsein und Pflichterfüllung angetrieben, denn diese Ziele haben genau den Charakter, den die Erziehungsstruktur aufwies: Kommt man pünktlich zu einer Sitzung – was ja eher eine Pflicht als ein Ideal ist –, wird man dafür zwar nicht belohnt, aber man wird auch nicht gerügt. Beim Erreichen von Idealen im Promotionsfokus jedoch, wie z. B. dem Ziel, einen Marathon in vier Stunden zu schaffen, liegt der Fokus auf dem Erfolg, schafft man es nicht (Wegfall von etwas Positivem), dann ist das ein Misserfolg.

Menschen im Promotionsfokus sind folglich eher für Aktivitäten zu motivieren, bei denen sie sich selbst verwirklichen oder etwas gewinnen können, während Menschen im Präventionsfokus eher Aufgaben mögen, die auf Verantwortung abzielen und bei denen sie Sicherheit herstellen müssen.

| **Promotionsfokus** | **Präventionsfokus** |
|---|---|
| **Ziele** | |
| Ideale, Hoffnungen, Wünsche | Pflicht, Verpflichtung, Verantwortung |
| **Bedürfnisse** | |
| Wachstum | Sicherheit, Schutz |

Wenn wir die Persönlichkeit eines Menschen kennen, können wir die Theorie des regulatorischen Fokus zur Motivierung nutzen. Nehmen wir das Beispiel Sport und gesunde Ernährung. Forschung um Scott Spiegel und Tory Higgins zeigt, dass ein Mensch im Präventionsfokus am besten motiviert wird, indem man ihm aufzeigt, wie krank er durch seine ungesunde Lebensführung werden könnte. Menschen im Promotionsfokus sind mit solchen negativen Szenarien dagegen kaum zu motivieren. Sie würden einen ungesunden Lebenswandel erst dann ändern, wenn man ihnen aufzeigte, dass sie dadurch ein besseres oder gesünderes Aussehen gewinnen könnten, oder wenn man ihnen erzählt, dass man beim Sport nette Leute trifft.

Der Wert eines Ziels kann auch unbewusst konditioniert werden. Wir haben bereits gehört, dass bestimmte Objekte oder auch Wörter einen affektiven Wert besitzen. Kopple ich einen positiven affektiven Wert an eine Aktivität, wird diese interessanter. Henk Aarts und Kollegen zeigten, dass Aktivitäten wie »Umzug« oder »Aufräumen« spontan interessanter wurden, wenn man gemeinsam mit diesen Aktivitäten positive Wörter wie »Liebe«, »Sonne« oder »Urlaub« am Computer präsentierte. Solche Experimente verdeutlichen recht eindrücklich, wie unsere persönlichen Werte unbewusst verändert werden können.

Ähnlich unbewusst kann ein Wandel gesellschaftlicher Einstellungen stattfinden und eine motivationale Wirkung entwickeln. Ich erinnere mich noch, dass alle rauchten, als ich mit meinem Psychologiestudium anfing. Es gehörte so zu unserem Leben, dass wir in manchen Seminaren bei geschlossenem Fenster pafften und auf den Boden aschten. Irgendwann hörten die Ersten damit auf, weil sie erkannt hatten, dass es die Gesundheit gefährdete oder weil das Rauchen immer teurer wurde. Jahr um Jahr sah man immer weniger Raucher, und auch die »coolen« Leute und Freunde wurden zunehmend gesundheitsbewusster. Zusammenhänge wie »coole Menschen rauchen nicht« können irgendwann so fest abgespeichert werden, dass man dem Rauchen keinen positiven Wert mehr zuschreibt. Solch ein Wertewandel muss einem nicht bewusst werden, er ist oft schleichend und latent. Mit Festsetzung der Assoziation im Gedächtnis steigt jedoch die eigene Motivation, nicht mehr zu rauchen. Man fragt sich irgendwann: »Passt das eigentlich noch zu mir?«, und schaut im Gedächtnis nach, wo man die Antwort schon vorfindet: »Eigentlich nicht – ist doch uncool.«

Neben dem Wert spielt die *Erfolgserwartung* eine wichtige Rolle bei der Motivation. Hat etwas einen hohen Wert, wie beispielsweise der Wunsch eines Zehnjährigen, später einmal ein Fußballstar zu werden, heißt das noch lange nicht, dass er mit einem eisenharten Training beginnt, um dieses Ziel zu erreichen. Die Mühe, die er sich macht, hängt ganz davon ab, wie sehr er an das Ziel glaubt, wie stark er seine Talente einschätzt und wie sehr ihm von außen mitgeteilt wird, dass er Erfolg haben könnte. Wenn unsere Erfolgserwartung gleich null ist, sind wir nicht motiviert, das Ziel anzugehen. Für klassische Motivationsmodelle sind Erwartung *und* Wert entscheidend. Demnach entscheidet man sich dann für eine Handlung, wenn man etwas attraktiv, wichtig oder interessant findet und *gleichzeitig* eine hohe Erfolgserwartung hat. Man stellt sich das als Multiplikation vor: Motivation ist ein Produkt aus Erwartung und Wert.

| | **Wert (Spaß, Wichtigkeit)** | | **Erwartung** | | **Motivation** |
|---|---|---|---|---|---|
| Person 1 | 70 | X | 100 | = | 7000 |
| Person 2 | 0 | X | 100 | = | 0 |
| Person 3 | 100 | X | 0 | = | 0 |

Ein Beispiel: Die Tatsache, dass Sie dieses Buch lesen, beruht unter anderem darauf, dass Sie das Thema interessant finden und dass Sie denken, Sie werden den Inhalt wohl auch verstehen. Nehmen wir an, Sie könnten auf einer Skala von »0 = nicht wertvoll« bis »100 = sehr wertvoll« bestimmen, wie wichtig, spaßig oder wertvoll Ihnen das Lesen erscheint. Nehmen wir weiter an, dieser Wert läge bei 70. Ihre Erfolgserwartung läge auf einer Skala von »0 = überhaupt keine Erfolgserwartung« bis »100 = hohe Erfolgserwartung« bei 100. Multiplizieren Sie 70 mit 100, ergibt sich ein Wert von 7000 – ein hoher Wert, wenn man bedenkt, dass 10.000 das Höchste auf dieser Bewertungsskala ist. Wenn Ihr Partner dieses Buch nicht lesen will, könnte das daran liegen, dass er ihm einen geringeren Wert zuschreibt als Sie und sich lieber etwas anderem widmet – also Wert gleich 5. Nehmen wir an, er ist genauso intelligent wie Sie und würde alles gut verstehen, dann hätte auch er eine Erwartung von 100.

Da 100 × 5 aber nur mickrige 500 ergibt, zeigt das exakt seine geringe Motivation, dieses Buch zu lesen. Wenn die Erwartung gleich null wäre, ergäbe sich in diesem multiplikativen Modell eine Nullmotivation: Die Tatsache, dass Sie nicht auf eine Schauspielschule gehen, obwohl Sie vielleicht manchmal insgeheim von einem Oscar träumen (hoher Wert), liegt also vermutlich daran, dass Sie realistisch abschätzen, dass Sie das Ziel niemals erreichen werden (null Erwartung). Ich brauche also beides, Wert und Erwartung, wenn ich andere oder mich zu etwas motivieren will.

In Erwartungen fließen objektive Wahrscheinlichkeiten mit ein, wie die Tatsache, dass nur einer von Millionen Menschen den Oscar in einem Jahr gewinnen kann. Aber Erwartungen sind natürlich auch häufig subjektiv, und sie haben eine persönliche Geschichte. Wenn Sie schon den dritten Autounfall verursacht haben, liegt die Vermutung nahe, dass Sie nicht gut Auto fahren können. Und wenn Ihnen von Ihrem Partner zusätzlich dauernd eingehämmert wird, wie grausig Sie fahren, kann sich daraus eine Misserfolgserwartung entwickeln. Letztendlich wird daraus wohl eine geringe Motivation resultieren, Auto zu fahren – Sie werden vermutlich den Beifahrersitz bevorzugen und dafür im Kartenlesen eine gewisse Kompetenz entwickeln. Haben Sie das Gefühl, Sie könnten etwas gut, dann resultiert daraus im Idealfall *Selbstwirksamkeit,* wie Albert Bandura es nannte. Das bedeutet, Sie haben eine hohe Erfolgserwartung in einem bestimmten Bereich, hier beim Kartenlesen, während Sie durch Übungsdefizite immer weniger selbstwirksam beim Autofahren werden.

Selbstwirksamkeit ist ein Wissen über uns selbst, aber – wie vieles andere Wissen – manchmal nur Pseudowissen. Als Kind wird einem häufig eingeredet oder durch Feedback-Systeme wie Schulnoten vermittelt, was man kann und was nicht. Die Gefahr besteht, dass man sich von bestimmten Bereichen »desidentifiziert«. Das geschieht häufig bei geschlechtsstereotypen Fächern wie Sprachen oder Mathematik. Die Forschung zeigt, dass Misserfolgserwartungen sich selbst erfüllende Prophezeiungen bewirken. Also: Wenn ein Junge denkt, dass er in Sprachen nicht gut sein kann (weil ihm von der Gesellschaft vermittelt wird, dass Jungen kein Talent dafür haben), gibt er sich auch keine Mühe (warum sollte er auch, wenn es ohnehin nichts bringt?) und wird folglich tatsächlich schlechter in diesem Bereich. Bei Mädchen spielt sich dieser Teufelskreis häufig im Bereich Mathematik oder Naturwissenschaften ab.

Als Trainer, Coach und Dozent habe ich immer wieder erlebt, wie wichtig die Einsicht ist, dass man Selbstwirksamkeit durch Ermutigung und gutes Training erhöhen kann. In Stein gemeißelte Sätze wie »Das kann ich eben nicht« kann man gemeinsam mit dem Klienten verflüssigen. Menschen Mut zu machen, Dinge zu versuchen, die sie sich selbst nicht zutrauen, ist eine wunderbare Aufgabe. Ich bin immer wieder erstaunt, wozu Menschen in der Lage sind, wenn sie ihre negative Sicht auf sich selbst ablegen.

## Die postdezisionale, die präaktionale und die aktionale Phase – Der Würfel ist geworfen, stör mich jetzt bloß nicht!

Wenn Erwartung und Wert eines Ziels hoch sind, entscheiden sich Menschen mit hoher Wahrscheinlichkeit dafür, das Ziel irgendwann einmal anzugehen. Aber setzen sie ihr Vorhaben dann auch tatsächlich immer um? Peter Gollwitzer zeigt in seinem Modell der Handlungsphasen Unterschiede in der Breite des Denkens auf. Beim Abwägen, welchem Ziel man sich verpflichten soll, berücksichtigen Menschen viele Aspekte und überlegen auch intensiv, was dagegenspricht. Oftmals kommt man gerade deswegen nicht zu Potte – Wahlfreiheit wird zu Wahlterror. Die weite Suche nach allen möglichen Pros und Kontras nimmt jedoch ein Ende, wenn man sich einmal entschieden hat oder, um Gollwitzers Begriffe zu verwenden – von der prädezisionalen in die postdezisionale Phase gewechselt hat. Jetzt hat man den Rubikon überschritten und kann zur Tat schreiten.

Im Idealfall setzt dann eine Planungsphase ein, die präaktionale Phase, die eine Aktion vorbereitet – eine sogenannte *Zielintention* wird gebildet. In diesem Moment ändert sich alles: Man hört unmittelbar auf, überall nach möglichen Hindernissen und anderen Zielen zu suchen, blendet alle ablenkenden Gedanken aus und konzentriert sich allein auf das gewählte Ziel. Das ist wichtig, denn wenn man noch stets an mögliche Alternativen denken würde, gegen die man sich gerade entschieden hat, oder sich immer noch vorstellte, was alles schiefgehen könnte, lenkt das ab und lähmt. In dieser Phase der Implementierung ist man für Kritiken nicht mehr offen, und Zweifel sind unerwünscht. Man wird zum Optimisten, was einem wiederum die Verfolgung des Ziels ohne Unterbrechungen ermöglicht.

Manche würden das als betriebsblind bezeichnen, aber jeder weiß, wie bremsend Nörgler und Zweifler sein können, wenn man gerade implementiert. Ich habe mir angewöhnt, deutlich zu sagen: »Wir implementieren«, wenn meine Mitarbeiter und ich uns nach langen Entscheidungsprozessen beispielsweise für eine bestimmte wissenschaftliche Studie entschieden haben und jemand noch stets argumentiert, ob man nicht doch lieber stattdessen das Experiment durchführen sollte, das man vor Wochen abgehakt hatte. »Wir implementieren« heißt dann: »Wir können das jetzt nicht mehr gebrauchen, wir müssen jetzt endlich in die Klötze kommen und diesen Plan umsetzen, auf den wir uns geeinigt haben.«

Damit ein Wunsch zum Vorsatz wird, so Gollwitzer, sollte man möglichst konkrete Pläne schmieden. Im Idealfall sollte bei der Planung berücksichtigt werden, *wann, wo* und *wie* man etwas angeht. Peter Gollwitzer und Veronika Brandstaetter zeigten in einer berühmten Studie, dass Versuchspersonen, die versprochen hatten, über Weihnachten ein Tagebuch zu führen und es an die Wissenschaftler zu schicken, dies eher wahr machten, wenn sie sich genau überlegt hatten, *wann, wie* und *wo* sie es verfassen würden. 71 Prozent derjenigen, die sich einen konkreten Plan überlegt hatten, schickten ein Tagebuch. Von denen, die zwar zugestimmt, aber nichts konkret geplant hatten, waren es nur 32 Prozent. Konkrete Pläne helfen folglich, Wünsche zu realisieren. Haben Sie sich entschieden, Sport im Studio zu machen? Wann, wo und wie genau gehen Sie Ihren Wunsch an? Denken Sie konkret nach, wann (morgen früh um acht?), wo (im Studio um die Ecke?) und wie (Sporttasche packen, Kalender für Trainingsstunden und Kreditkarte mitnehmen, etc.) Sie das machen!

Forschung von Gabriele Öttingen zeigt weiterhin, dass Menschen, die konkrete Pläne geschmiedet haben, eher an ihrem Ziel dranbleiben, wenn sie auf Widerstände stoßen. In ihrem Ansatz empfiehlt Öttingen zusätzlich die Technik des *mentalen Kontrastierens:* Hindernisse klar zu erkennen und ihnen konkrete Lösungen entgegenzusetzen. Habe ich wieder einmal eine Ausrede dafür parat, heute nicht joggen zu gehen, obwohl ich es mir vorgenommen habe, kann ich dieses Hindernis im Kopf mit dem Hinweis überwinden: »Okay, du läufst nicht gern bei Regen, das taugt immer als gute Ausrede. Also kauf dir Sportklamotten, die vor Regen schützen, und lauf einfach los. Hinterher nimmst du ein warmes Bad.«

Berühmtheit erlangte der Ansatz der SMART-Ziele von George Doran, der in der Wissenschaft allerdings eher Gary Latham und Edwin Locke zugeschrieben wird. SMART ist ein Akronym für **S**pecific **M**easurable **A**ccepted **R**ealistic **T**ime bound und fordert dazu auf, Ziele spezifisch, messbar, ansprechend, realisierbar und zeitlich festzulegen. Nehmen wir an, ich möchte weniger essen, dann sollte ich das so genau wie möglich definieren. Ich könnte zum Beispiel vier Wochen lang den Nachtisch weglassen. Das wäre leicht messbar. Ob es attraktiv ist, wäre individuell zu klären – ich persönlich fände es attraktiver, als Herzhaftes wegzulassen. Das macht für mich das Ganze realisierbar, denn auf Süßes zu verzichten wäre für mich persönlich machbar, und damit wäre das Ziel, weniger zu wiegen, auch erreichbar. Und zeitlich wäre diese Maßnahme ebenfalls gut definiert.

## Postaktionale Phase – Wie war ich?

Erreichen Menschen ihr Ziel, sollte man meinen, dass sie froh sind und eine gewisse Selbstwirksamkeit empfinden. Schließlich haben sie ja etwas geschafft. Haben sie? Erfolg und Misserfolg sind nicht 100-prozentig objektiv, sondern zum Teil Konstruktionen. Das liegt daran, dass man Erfolg und Misserfolg auf verschiedene Ursachen zurückführen kann. Ursachenzuschreibung nennen wir in der Psychologie *Attribution* – nach dem Motivationspionier Bernard Weiner.

Schreibe ich eine Eins in einer Klausur, kann ich mir sagen: »Das liegt an meiner Intelligenz« oder »Das liegt an der Arbeit, die ich hineingesteckt habe«. In beiden Fällen liegt der Grund für den Erfolg in mir; es handelt sich um *internale Attributionen.* Die beiden unterscheiden sich jedoch hinsichtlich der Kontrollierbarkeit. Schriebe ich den Erfolg meiner Intelligenz zu, hieße das, dass ich *unveränderlich* gut bin und im Prinzip nichts hinzufügen kann, während eine Attribution auf Fleiß bedeuten würde, dass ich die Ergebnisse von Klausuren *verändern* kann und es selbst in der Hand habe, gute Noten zu schreiben. Forschung zeigt, dass Attributionen von Kontrolle, Veränderbarkeit und Internalität hoch motivierend sind. »Ich kann das, und ich muss mich dafür anstrengen und dies und das tun, um gut zu sein« ist eine gute Weise, eigene Talente und Anstrengungen zu würdigen, ohne dabei in Müßiggang zu verfallen. Im Fall eines Misserfolgs wären Attributionen auf internale, stabile und unkontrollierbare Gründe dagegen fatal. Sätze wie »Ich bin doof«, »Ich kann das nicht und kann das auch nicht ändern« sind Motivationshemmer.

*Externale* Attributionen betreffen Ursachen, die nicht in mir liegen. Ich könnte mir zum Beispiel sagen, die Eins sei auf Glück zurückzuführen, oder der Dozent hätte die Aufgabe viel zu leicht gestaltet. Diese Attributionen sind wenig selbstwertdienlich, tatsächlich werte ich damit meinen Eigenanteil an der Eins ab. Bei Misserfolg ist es wiederum anders: Wenn ich Fehler auf die anderen oder schlechtes Karma schiebe, muss ich mich nicht dumm und elend fühlen: »Ich habe Pech gehabt« oder »Der blöde Dozent hat eine unfaire Klausur gegeben« sind gut für meinen Selbstwert. Besonders motivierend ist das allerdings nicht. Warum sollte ich mich anstrengen, wenn das Glück und die anderen gegen mich sind?

Selbstwirksamkeit und ein Vertrauen in die eigenen Fähigkeiten sind am wahrscheinlichsten, wenn ich mir sage: »Den Erfolg habe ich mir persönlich zuzuschreiben – ich bin eben gut und kann Ähnliches auch in der Zukunft erreichen.« Motivation und Kontrolle entstehen am ehesten, wenn internale und veränderbare Attributionsmuster vorliegen, denn viele komplexe Aufgaben sind in ihrer Lösung nicht allein von unserem Talent abhängig, sondern ebenso von dem Energieaufwand, den wir investieren. Wollen Sie also Ihr Kind nachhaltig motivieren und fördern, sagen Sie ihm nach einem Erfolg, dass es eine gute Leistung erbracht hat, weil es sich angestrengt hat und nicht nur, weil es »sowieso« klasse ist!

| | **Personenabhängigkeit** | |
|---|---|---|
| **Stabilität** | **internal** | **external** |
| **stabil** | **Fähigkeit**<br>»ich bin dumm« | **Aufgabenschwierigkeit**<br>»der Test war zu schwierig« |
| **variabel** | **Anstrengung**<br>»ich habe nicht genug getan« | **Zufall**<br>»Pech gehabt« |

**Naive Leistungstheorie nach Weiner (1972). Hier mögliche Attributionen eines Schülers, der eine 5 in Mathe geschrieben hat.**

Forschung um Martin Seligman konnte unter anderem zeigen, dass manche Menschen chronisch günstige oder ungünstige Attributionsmuster haben. So zeigen als depressiv beschriebene Menschen wenig hilfreiche Muster, indem sie Erfolge als external, veränderbar und unkontrollierbar interpretieren und Misserfolge als internal, stabil und unkontrollierbar. Solche Konstruktionen können, wen wundert's, in eine Hilflosigkeit führen, da man das Gefühl hat, die Kontrolle über sein Leben verloren zu haben.

»Gesunde« Attributionsstile finden wir dagegen bei Optimisten. Das sind nach Charles Carver und Michael Scheier Menschen, die sich generell und nicht nur in einem einzelnen Bereich viel zutrauen – man könnte von einer *generalisierten Selbstwirksamkeit* reden. Optimisten führen Erfolge eher auf stabile interne Fähigkeiten zurück. Erleben sie einen Misserfolg, denken sie, dass dieser von außen produziert wurde, wobei das ihren Glauben nicht erschüttert, dass die Lage durch einen weiteren Versuch und mehr Anstrengung wettgemacht werden kann. Forschung zu Optimisten zeigt erstaunlicherweise, dass sie sich nicht auf ihren Lorbeeren ausruhen; sie sind deshalb Optimisten, weil sie ihre Probleme häufig angehen und sich von Misserfolgen nicht entmutigen lassen. Sie *agieren,* während andere den Kopf in den Sand stecken und denken, sie könnten ohnehin nichts an ihrem Pech ändern. Letztendlich wirkt sich das positiv auf ihre Gesundheit aus. Optimisten stellen sich Herausforderungen, entwickeln hohe Selbstwirksamkeit auf vielen Gebieten und können daher Dinge tatsächlich besser. Sie haben in ihrer Kindheit häufig günstige Attributionsmuster erlernt: Wenn Probleme auftraten, wurden sie ermuntert, diese anzugehen. Ihre Erfolge wurden von den Eltern oder aus dem Umfeld auf sie selbst und ihre Talente zurückgeführt, vor allem aber auf die Fähigkeit, sich anstrengen zu können.

## Unbewusste Ziele: Unser Autopilot

In letzter Zeit stieß man auch auf die Wirkung unbewusster Ziele. Die Überlegung war, dass Ziele irgendwo im Gedächtnis gespeichert sein müssten – sonst könnte man sich nicht an sie erinnern. Es sollte also auch für sie Netzwerke geben, die Assoziationen enthalten, wie ich mich in bestimmten Situationen verhalten sollte, und sie sollten, genauso wie die semantischen oder affektiven Netzwerke, von denen oben die Rede war, relativ subtil aktivierbar sein.

Erinnern Sie sich an die Versuchsteilnehmer, die an eine Bibliothek erinnert wurden und daraufhin automatisch leiser sprachen? Solche Experimente sind bereits Hinweise darauf, dass wir unser Verhalten teils unbewusst auf die Situation einstellen, in der wir uns gerade befinden. Ein besonders aufschlussreiches Experiment zu solchen unbewussten Prozessen stammt von John Bargh und Kollegen. Bargh bat einige Probanden an der New York University, Rätsel zu lösen, in denen Worte vorkamen, die zum amerikanischen Altenstereotyp gehören, wie »besorgt«, »Florida«, »alt«, »einsam«, »grau«, »eigensinnig«, »vorsichtig«, »weise«, »hilflos« usw. Andere bearbeiteten eine andere Version des Rätsels mit Wörtern, die nicht mit alten Menschen zusammenhingen. Daraufhin wurden die Versuchspersonen entlassen und die Geschwindigkeit gemessen, mit der sie das Labor verließen. Diejenigen, die an das Altenstereotyp erinnert worden waren, gingen langsamer!

Weitere Experimente zeigten, dass Menschen aggressiver werden, wenn sie ein aggressives Wort gelesen haben, dass sie kooperativer werden, wenn sie kooperativen Primes ausgesetzt waren, oder kreativer, wenn sie an etwas Innovatives erinnert wurden. Alle diese Effekte waren den Versuchsteilnehmern nicht bewusst. Sie ahnten nicht einmal, dass ihr Verhalten von irgendetwas im Experiment beeinflusst wurde.[11]

Daraufhin argumentierten einige Kollegen, dass ein Großteil unseres Verhaltens vermutlich automatisch und quasi roboterhaft abliefe. Andererseits folgten Studien, die zeigten, dass persönliche Interessen oder der Wert der Handlung selbst bei der unbewussten Aktivierung von Verhaltensweisen eine wichtige Rolle spielen. Joe Cesario, Tory Higgins und Team nutzten den Versuchsaufbau von Bargh und Kollegen und maßen zudem, wie sehr die Teilnehmer alte Menschen mochten. Es stellte sich heraus, dass Versuchspersonen nach einer subtilen Erinnerung an alte Menschen nur dann langsamer gingen, wenn sie Senioren mochten. Bei Probanden, die nicht viel von alten Menschen hielten, zeigte sich ein interessanter unbewusster Kontrast-Effekt: Sie gingen *schneller* statt langsamer. Das entspricht in etwa dem, was man bewusst tun würde: Man würde sich von Menschen, die man nicht mag, schnell entfernen, damit man nichts mit ihnen zu tun haben muss. Wird eine Handlung unbewusst aktiviert, die mir nicht gefällt, tue ich also *automatisch* das Gegenteil.

Nicht nur Wörter können uns an Ziele erinnern, sondern auch Menschen. James Shah fragte sich, ob entsprechend geprimte Studierende besser in einer Prüfung abschneiden würden. Zwar ist das Leistungsmotiv, wie oben beschrieben, auch ein Persönlichkeitsmerkmal, also bei einigen grundsätzlich stärker ausgeprägt als bei anderen, jedoch sollten Leistungsorientierte einen zusätzlichen Push erhalten, wenn sie durch Priming an jemanden erinnert werden, der mit »Leistung« assoziiert ist.

In Experimenten präsentierte Shah den Studierenden Wörter wie »Mutter« oder »Vater« am Computer. Danach sollten sie Anagrammaufgaben lösen, also aus einer Buchstabenfolge wie beispielsweise EINEM so viele Wörter bilden wie möglich (meine, Miene etc.). Die Leistung wurde durch möglichst viele gute Lösungen definiert. Die Ergebnisse waren eindeutig: Wenn vor der Aufgabe Primes wie »Vater« oder »Mutter« geboten wurden, stieg die Leistung der Teilnehmer im Vergleich zu einer Versuchsgruppe, die mit Freundesnamen geprimt wurden, oder solchen, bei denen der Prime aus sinnlosen Buchstaben bestand.

Interessanterweise zeigte diese Studie, dass die unbewusste Wirkung auf die Motivation nur dann stattfindet, wenn Mutter oder Vater der Versuchsperson auch tatsächlich Leistung wertschätzte, also wenn im Langzeitgedächtnis Leistung mit Vater oder Mutter verknüpft war, und auch nur, wenn die Studierenden ein gutes Verhältnis zu den Eltern hatten. Bei Priming mit Freunden passierte das Gegenteil: Die Leistungen verschlechterten sich. Dies wohl, weil Freunde eher andere Ziele wie Party und Chillen aktivieren – was sich nicht leistungsförderlich auswirkt. Unser Autopilot, wie ich unser unbewusstes Zielsystem einmal genannt habe, ist also durchaus wählerisch!

## Ziel-Mittel-Relationen: Wenn der Autopilot uns ein Fahrrad zur Verfügung stellt

Unser Gedächtnis stellt uns auch automatisch Mittel zum Erreichen unserer Ziele zur Verfügung. Arie Kruglanski und seine Mitarbeiter nahmen in ihrer *Ziel-Systeme-Theorie* an, dass unser Zielgedächtnis hierarchisch angeordnet ist. Auf einer höheren Ebene stehen die Ziele und damit assoziiert auf einer unteren Ebene Mittel zur Zielerreichung. Habe ich zum Beispiel das Ziel »zur Uni fahren«, aktiviere ich im Gedächtnis automatisch damit assoziierte Mittel zur Zielerreichung wie »Fahrrad«, »Metro« oder »Taxi«.

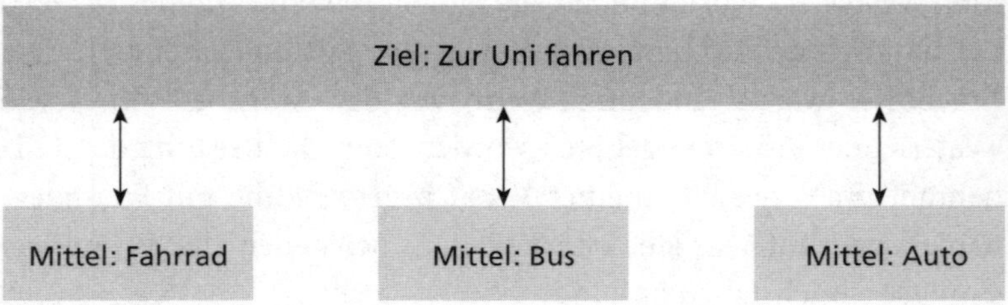


**Abb. 12 Theorie der Zielsysteme**

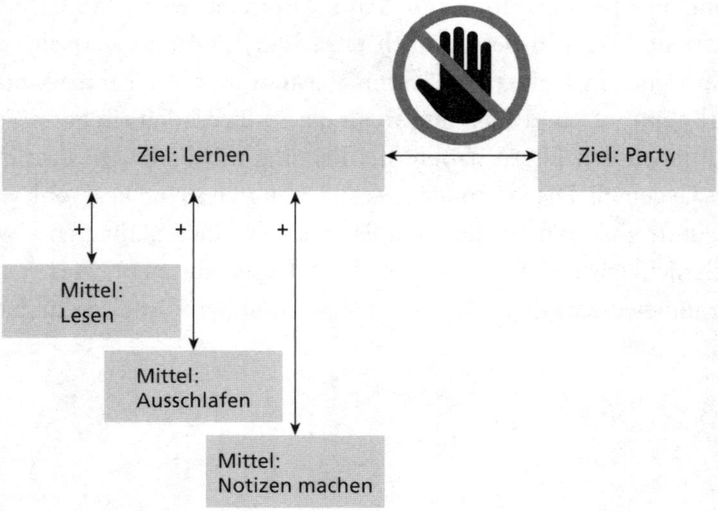


**Abb. 13 Theorie der Zielsysteme: Hemmung und Aktivierung nach Kruglanski et al. (2002)**

Damit ich das Ziel auch gut erreiche, verfügt unser Zielgedächtnis über einige Hemmungsmechanismen, die uns helfen, uns auf bestimmte Mittel zu konzentrieren. Haben wir uns für das Mittel Fahrrad entschieden, wird die Aktivierung anderer Gedächtnisspuren – wie Metro und Taxi – gehemmt. Dies wiederum hilft uns zu fokussieren, was, wie bereits beschrieben, ein wichtiger Motivationsfaktor während der postdezisionalen Phase ist. Wir aktivieren anschließend bestimmte Wege im Gedächtnis, die wir mit dem Fahrrad benutzen können, und blenden solche aus, die für das Auto reserviert sind. Wir denken spontan an unsere Regenhose, die wir im Fall des Taxis nicht mitnehmen müssten, und erhöhen automatisch unsere Sensibilität für alles, was mit unserem Fahrrad zu tun hat, wie Helm, Licht, Hosenklammern etc. Dies hilft uns, letztendlich unser Ziel zu erreichen. Da die Erforschung des Unbewussten weit über das Motivationsgeschehen hinausgeht und die psychologische Forschung der letzten Jahrzehnte stark geprägt hat, widme ich ihr ein ganzes Kapitel.

# 9
# Wenig schaurig, dafür schnell: Das Unbewusste

Um unsere Konsumbereitschaft zu befördern, lassen sich die großen Handelsketten einiges einfallen. So ist die Auswahl der Hintergrundmusik in Supermärkten keinesfalls zufällig, sondern bezüglich ihrer Wirkung genau erforscht und gezielt eingesetzt. Unter harmonischem Gedudel packen wir nämlich mehr in den Einkaufswagen. Und recht langsame Musik führt unmerklich zu einer Verlangsamung unserer Schritte und hält uns dadurch länger im Geschäft, womit gleichzeitig die Wahrscheinlichkeit steigt, dass wir bei den vielen bunten Sonderangeboten einmal mehr zugreifen. Außerdem platzieren Geschäfte Ladenhüter gern rechts auf Augenhöhe, denn die rechte Hand, so wurde uns anerzogen, ist das »schöne Händchen«, und ein Konditionierungsmechanismus verführt uns, das, was rechts ist, für schön zu halten.

Keine Frage: Es gibt viele Einflüsse auf unser Entscheidungsverhalten, die uns vollkommen unbewusst sind. Dies geschieht nicht nur beim Einkaufen, sondern auch wenn wir uns verlieben, wenn wir uns für einen Beruf entscheiden, ein Reiseziel oder ein Hobby wählen. Wissenschaftler wie John Bargh behaupten sogar, dass fast alle unserer Entscheidungen unbewusst seien und dass wir überwiegend beeinflusst und manipuliert würden. Manche gehen so weit zu behaupten, dass der freie Willen eine romantische Idee sei. Jedoch zeigt Forschung auch: Werden wir uns unbewusster Einflüsse bewusst, können wir uns ihrer erwehren, indem wir Dinge kaufen, die links hängen, oder einen mp3-Player mit schneller Musik mit zum Einkaufen nehmen.

Bewusstsein ermöglicht flexibles Handeln. Es ermöglicht mir, über das Hier und Jetzt hinauszudenken, es ermöglicht mir, nicht jedes Stückchen Wurst, das vor mir liegt, sofort zu essen, wenn ich hungrig bin, und nicht jeden attraktiven Menschen sofort zu küssen. Bewusstsein ermöglicht mir, in die Zukunft zu planen, in dem Sinne: Wenn ich diesen Menschen jetzt küsse, verprelle ich ihn und bekomme ihn niemals dazu, mich zu lieben. Bewusstsein ermöglicht mir Flexibilität: Ich kann ihn zum Essen einladen, ihm ein Buch schenken oder eine schöne Geschichte aus meinem Leben erzählen. Außerdem ermöglicht es mir, Gefahren zu vermeiden: »Auf Menschen mit blauen Augen und Grübchen bist du schon mehrere Male reingefallen, also geh die Sache mal langsam an.«

Bewusstsein ist ein Erkennen von inneren und äußeren Ereignissen und Einflüssen. Wir erkennen, dass eine bestimmte Musik läuft, und wir sehen, dass wir ein Paket Nudeln mehr kaufen, als wir eigentlich auf der Liste hatten. Auf einer höheren Ebene des Bewusstseins, der Ebene des Selbst-Bewusstseins, lösen wir uns sogar noch stärker vom Hier und Jetzt und können uns Dinge aus der Vergangenheit und in der Zukunft vorstellen. Wir wissen dann auch – oder glauben zu wissen –, wer wir sind, wo wir herkommen und wo wir hinwollen. Das kann man auch als Gefühl einer eigenen Persönlichkeit oder Identität beschreiben.

Natürlich sind solchen Erkenntnisprozessen Grenzen gesetzt. Ob wir uns in eine Person verliebt haben, weil sie uns an unseren Vater erinnert, weil wir ihre Stimme so schön finden, weil sie reich ist oder weil wir uns einsam fühlten und sie das erstbeste Exemplar war, das uns vor die Flinte lief – wer wüsste das schon immer genau zu sagen? Letztendlich sind viele unserer Erkenntnisse über uns selbst nichts als Konstruktionen, also Erklärungs*versuche,* und es ist letztendlich unmöglich, alle Gründe zu kennen, die uns zu einer Entscheidung bewogen haben.

Auch bei der Beurteilung anderer Menschen stoßen wir an Grenzen, selbst dann, wenn wir uns mancher Aspekte, die uns beeinflussen, durchaus bewusst sind. Ein Beispiel: Ich bin ein großer Fan der Sängerin Cecilia Bartoli. Mir ist bewusst, dass sie eine sehr schöne und noch dazu humorvolle Frau ist, und auch, dass dies mein Urteil über ihre gesanglichen Fähigkeiten beeinflussen könnte. Aber obwohl ich weiß, dass Schönheit und Humor mich verleiten könnten, habe ich doch keine Ahnung, ob ich ihre CDs deshalb kaufe. Würde ich sie auch kaufen, wenn die Bartoli unsympathisch und unattraktiv wäre? Wie sollte ich das wissen können?

Die Forschung von Michael Efrain und E.W.J. Patterson zeigt, dass selbst bei Wahlen attraktive Menschen vorgezogen werden – vielen Wählern ist dies jedoch nicht bewusst. Wäre ihnen dieser Einfluss klar, würden sie vermutlich versuchen, ihm entgegenzuwirken, denn wer braucht schon schöne, aber eventuell unfähige Politiker, die unsere Renten verscherbeln, unser gesellschaftliches Klima vergiften oder gar Kriege anzetteln? Wir würden, wie viele Kollegen auch, dieses Verhalten als »Urteilsfehler« bezeichnen.

Neben der Tatsache, dass wir uns unserer vielen Antriebe nicht bewusst sind, wird das Unbewusste häufig mit *mangelnder Kontrollmöglichkeit* gegenüber seinem tatsächlichen Einfluss auf unser Verhalten gleichgesetzt. Zu manchen menschlichen Prozessen haben wir tatsächlich keinen Zugang. Ich kann kaum willentlich die Funktion meiner Leber ändern, und meine Lunge tut ihre Arbeit ebenfalls ohne meinen bewussten Einsatz. Auch gelernte Handlungsabläufe sind häufig schwer zu kontrollieren; vor allem kann man sie, wenn ausgelöst, häufig nicht mehr unterbrechen. Autofahren etwa gelingt den meisten von uns so automatisch, dass wir nur Fehler machen würden und manchmal sogar sehr durcheinandergerieten, wenn wir uns all das bewusst machten, was wir dabei eigentlich tun.

Der Nachweis völlig unkontrollierbarer Prozesse gelang im Labor mithilfe des *subliminalen Primings*, also des Einblitzens von Wörtern am Computerbildschirm unter der Wahrnehmungsschwelle. Die Versuchspersonen sehen dabei nur einen Blitz am Computer; es ist ihnen also nicht bewusst, dass Wörter präsentiert wurden. Dabei entstehende Effekte, zum Beispiel, dass Versuchspersonen leistungsmotivierter werden, wenn das Wort »Mutter« eingeblitzt wird, entziehen sich jeder Kontrolle.

Andere Prozesse können uns jedoch durchaus bewusst werden und unterstehen dann unserer Kontrolle. Insbesondere Gedächtnisinhalte können aus einem vorbewussten Zustand in einen bewussten transportiert werden. Viele Gedanken laufen still im Hintergrund ab, werden mir aber in dem Moment bewusst und häufig auch kontrollierbar, wenn ich oder jemand anders Aufmerksamkeit auf sie richtet. So haben Sie sicherlich viel Wissen über Ihre Mutter in Ihrem Kopf, genauer im Langzeitgedächtnis, haben aber im Moment nicht bewusst an sie gedacht. Jetzt jedoch, wo ich Sie daran erinnert habe, ist aus dem Vorbewussten ein bewusster Gedanke geworden.

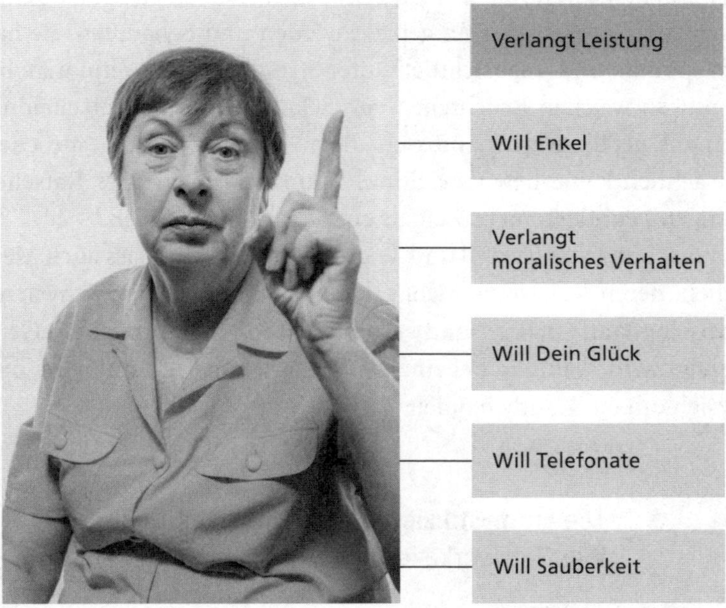


**Abb. 14 Gedächtnisrepräsentation für das Konzept »meine Mutter« bei New Yorker Probanden nach Shah (2003)**

Unbewusste Effekte produzieren Licht und Schatten. Sie können uns zur Leistung motivieren, und sie können Urteile über Personen systematisch verzerren. Sie können sogar diskriminierendes Verhalten auslösen: Homosexuellen werden gern zeitaufwendige Aufgaben zugeschustert, weil ihre Beziehungen unbewusst als nicht so wichtig angesehen werden wie die der Heterosexuellen, und Mathelehrer widmen im Unterricht eher Jungen ihre Aufmerksamkeit, während sie die hochgereckten Arme der Schülerinnen übersehen.

Sicher sind manche dieser Phänomene auch auf bewusste Entscheidungen und Vorurteile zurückzuführen. Aus meinen Erfahrungen mit Unternehmen weiß ich, dass es durchaus noch Manager gibt, die die Führungsqualitäten von Frauen anzweifeln und deshalb bewusst keine Frauen einstellen. Und natürlich gibt es Rassisten, die offen diskriminieren. Wir finden jedoch Diskriminierungen auch bei Menschen, die tolerant sein wollen, und wir wissen, dass viele Polizisten, die irrtümlich einen Schwarzen erschossen haben, zeitlebens von Gewissensbissen geplagt werden und behaupten, sie hätten spontan und unabsichtlich unter Stress reagiert. Wenn man bedenkt, in welchen Bruchteilen von Sekunden solche Entscheidungen oft gefällt werden müssen, liegt, psychologisch gesprochen, tatsächlich keine bewusste Entscheidung vor: Bewusste Entscheidungen benötigen mehr Zeit als ein paar Millisekunden.[12]

Forschung von Correll und Team zeigt jedenfalls, dass auch Menschen, deren Rassismus nicht erkennbar ist, bei einem Schwarzen eher eine Waffe in der Hand vermuten, wenn dieser in einem Getto gezeigt wird, während bei einem Weißen schnell erkannt wird, dass es sich um ein Handy handelt.

## Die Entmystifizierung des Unbewussten: Wie Netzwerke im Gedächtnis entstehen

Wir gehen davon aus, dass Assoziationen im Langzeitgedächtnis verfügbar sein müssen, um aktiviert werden und wirken zu können. Aber wie kommen sie dorthin? Assoziationen wie »Frauen sind gut in Französisch, können aber nicht führen« oder »Polen stehlen Autos« werden in einem gesellschaftlichen Kontext explizit oder implizit erlernt. Irgendwann wurden wir alle sicher einmal mit diesen Stereotypen konfrontiert, und oftmals wurden wir ihnen im Alltag (in den Medien, am Stammtisch etc.) sogar bewusst ausgesetzt. Assoziationen können ein Eigenleben führen, weil sie immer dann mit aktiviert werden, wenn wir an ein Mitglied der betreffenden Gruppe erinnert werden. Das ist so: Wenn wir Salz häufig im Zusammenhang mit Pfeffer sehen, fällt uns zu Salz als Erstes Pfeffer ein. Und wenn wir immer wieder hören, dass Berliner unfreundlich sind, setzt sich das fest, und wir denken bei der Erwähnung eines Berliners unmittelbar, dass »die« unfreundlich sind.

Solche Aktivierungen geschehen automatisch, und sie geschehen in Bruchteilen von Sekunden. Gerade dann, wenn man wenig Zeit zum Überlegen oder keine Lust zu längerem Nachdenken hat, helfen sie, schnelle Entscheidungen zu treffen. Jedoch sind solche Entscheidungen fehlerbehaftet, wenn die abgespeicherte Information auf einer Fehlannahme, einem Vorurteil oder einem falschen Zusammenhang beruht. Wenn es stimmt, also stimmen würde, dass Berliner eher unfreundlich sind, sollte ich einem Berliner vermutlich keine Stelle an meiner Hotelrezeption geben – in diesem Fall wäre meine unbewusst wirkende Assoziation schnell *und* richtig. Stimmt das Stereotyp aber nicht, habe ich aufgrund einer im Gedächtnis gespeicherten Information einen Fehler begangen. Mein Beispiel soll verdeutlichen, dass wir manchmal keine Kontrolle darüber haben, was in unserem Langzeitspeicher abgelegt wird und was nicht. Aber alles, was dort abgelegt wird, kann aktiviert werden.

Patricia Devine zeigte dies in ihren Untersuchungen zum Schwarzenstereotyp: Sie blitzte subliminal »Reggae«, »Negroe«, »lazy« und andere Wörter, die mit Afroamerikanern assoziiert sind, am Computer ein. Als Folge dieses Primings beurteilten die Probanden eine Person, die ihnen beschrieben wurde, als aggressiver als die Kontrollgruppe, die nicht geprimt worden war. Die Assoziation »schwarz = aggressiv« hatte sich also auf die nachfolgenden Urteile ausgewirkt.

Diese Effekte sind in zweierlei Hinsicht unbewusst: Erstens konnten die Probanden die eingeblitzten Wörter nicht bewusst sehen, und zweitens waren sie sich des Einflusses nicht bewusst, den solche Wörter haben können. Devines Studien waren eine Provokation, auch weil sie vorher die bewusste, generelle Einstellung der Versuchsteilnehmer gegenüber Schwarzen abgefragt hatte. Es fanden

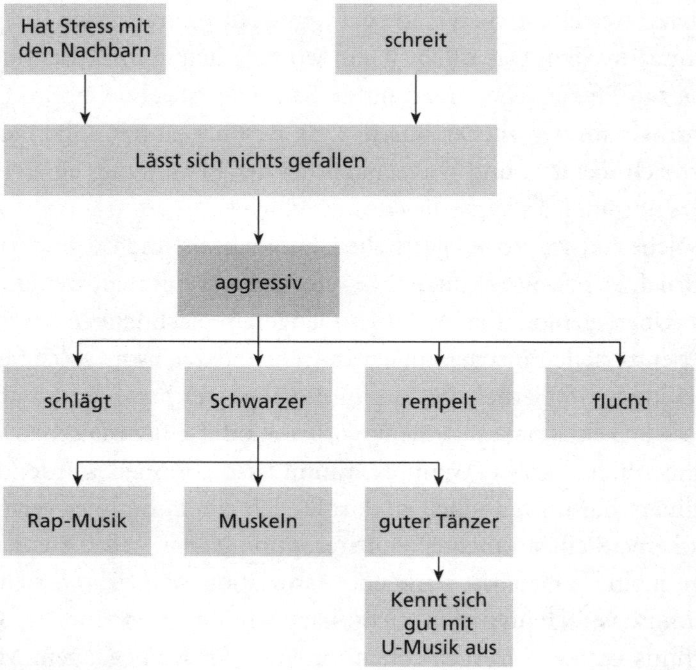


**Abb. 15 Gedächtnisrepräsentation für das Konzept »aggressiv« bei amerikanischen Probanden nach Devine (1989)**

sich in der Studie sowohl rassistische als auch nicht rassistische Versuchspersonen, und der Priming-Effekt zeigte sich sowohl bei den einen als auch bei den anderen. Auf unbewusste Prozesse wie diese könne man kaum Einfluss nehmen, hieß es danach lange in der Vorurteilsforschung, denn wie könne man wissen, durch was man gerade in einer bestimmten Situation geprimt wurde? Wenn Priming subliminal stattfinde, wie sollte man sich davor schützen können?

In manchen Priming-Experimenten werden Probanden Wörter auch so gezeigt, dass sie sie bewusst wahrnehmen. So sollen sie in klassischen Studien von Bob Wyer und Thomas Srull ein Kreuzworträtsel lösen, in dem Wörter wie »aggressiv« und »brutal« vorkommen. Auch in diesem Fall können die Wörter einen unbewussten Effekt haben, nämlich dann, wenn der Proband im Nachhinein eine Person beurteilen soll, deren Verhalten man als durchsetzungsfähig, aber auch durchaus als aggressiv bewerten könnte. Typischerweise wirkt eine solche Person auf die Versuchsteilnehmer gewalttätiger, wenn diese vorher aggressiven Wörtern ausgesetzt waren anstatt solchen, die im positiven Sinn mit Durchsetzungsfähigkeit verbunden sind.

Warum ist das so? Das bloße Lesen einer Information, also etwa des Wortes »aggressiv«, aktiviert im Gedächtnis die entsprechende Gedächtnisspur, die für eine Zeit lang aktiv bleibt. Man kann sich das wie eine Batterie vorstellen, die man gerade aufgeladen hat. Muss man danach eine Person beurteilen, die sich durchsetzungsfähig verhält, wirkt die aktivierte Gedächtnisspur »aggressiv« noch nach und beeinflusst das Urteil in eine negative Richtung. Dies ist aber nur dann der Fall, wenn die Versuchsperson nicht ahnt, dass zwischen dem Kreuzworträtsel und der Personenbeurteilung ein Zusammenhang besteht. Um dies zu gewährleisten, erzählt man ihr zum Beispiel, dass man aus wirtschaftlichen Gründen zwei verschiedene Forschungsprojekte zusammengefügt hat. Manchmal führt man sie nach dem Lösen des Kreuzworträtsels zudem in einen anderen Raum mit einem anderen Versuchsleiter, um diesen Eindruck noch zu festigen.

Das entspricht in etwa der Situation in einem Geschäft, in dem uns Musik berieselt. Auch da sehen wir keinen Zusammenhang zwischen der Musik und der Tatsache, dass wir drei statt einer Tafel Schokolade in den Einkaufswagen packen. Obwohl die Musik im Supermarkt und die Wörter im Experiment durchaus bewusst wahrgenommen werden, ist uns ihr *Einfluss* nicht bewusst. Wir können diesen Einfluss nur dann ausschalten, wenn wir über solche Phänomene Bescheid wissen. Zusätzlich müssen wir allerdings *in der Situation bemerken,* dass wir beeinflusst werden. (»Die wollen mich ja hier durch die Musik zum Kauf animieren, also kaufe ich erst recht weniger.« Oder: »Die Information, die ich im Kopf habe, stammt von dem Kreuzworträtsel und hat nichts mit der Person zu tun, die ich beurteilen soll.«) Das Bewusstsein hilft uns demnach, die verschiedenen Einflussgrößen flexibler in unsere Entscheidungen mit einzubeziehen.

Doch haben wir nicht immer eine Chance, Einflüssen auf die Spur zu kommen. So haben wir oben gesehen, wie nachhaltig uns Stimmungen und Emotionen beeinflussen, und wie schwer es uns fällt, zu unterscheiden, ob wir uns für etwas entscheiden, weil wir gerade in einer guten Stimmung sind oder weil wir es tatsächlich gern haben wollen. Der Fehler, der auf einen lauert, ist folgender: Bin ich in guter Stimmung, während ich die Jeans meines Partners beurteilen soll, weiß ich ja selten, ob die gute Stimmung auf die Jeans selbst, auf den Partner oder gar auf irgendetwas ganz anderes zurückzuführen ist.

Zudem braucht man für den Einsatz des Bewusstseins und die Korrektur solcher Einflüsse Zeit – und die haben wir nicht immer. Bewusstes Entscheiden ist oftmals anstrengend und zeitraubend. Da der Mensch versucht, möglichst wenig Energie für eine Handlung zu verbrauchen, wird er tendenziell nicht jede seiner unzähligen Entscheidungen erst nach einem so langwierigen Abwägungsprozess treffen. Automatische Prozesse haben daher einen Riesenvorteil gegenüber bewussten Entscheidungen: Sie sind schnell und erfordern wenig mentale Anstrengungen.

Oftmals ist es auch so, dass wir Informationen kaum beachten. Mal ehrlich, wissen Sie, welche Farbe der Buchdeckel hat? So ergeht es sicherlich auch vielen Konsumenten – sie werden gar nicht immer wissen, welche Farbe die Verpackung hatte. Doch solche Information wird häufig unbewusst verarbeitet. Untersuchungen um Andy Elliotts Team zeigen zum Beispiel, dass die Farbe Rot Menschen kritischer und vorsichtiger werden lässt – ein unbewusster Prozess, der auf die Verbindung »Rot = Gefahr« zurückgeführt wird. Ebenso nehmen wir die Musik im Supermarkt häufig nicht wahr; jedenfalls können die wenigsten Kunden nach dem Einkauf sagen, was gespielt wurde, selbst wenn sie die Musik kennen.

John Bargh beschreibt in seiner berühmten Theorie zu automatischen Prozessen vier Bestandteile der Automatizität, die ich versuche, hier möglichst einfach zu illustrieren:

| Vier Faktoren des automatischen Denkens und Verhaltens |
|---|
| 1. Bewusstheit: Ein Einfluss wird einem nicht bewusst |
| 2. Kontrollierbarkeit: Der ausgelöste Prozess kann nicht gestoppt werden |
| 3. Effizienz: Automatische Prozesse sind schnell und benötigen wenig Energie |
| 4. Intentionalität: Unbewusste Prozesse sind nicht beabsichtigt |

## Worin Freud recht hatte: Rosa Elefanten, Eisbären und Penisneid

Dieser Ansatz wirkt eher nüchtern. Manche Laien sind gar enttäuscht, wenn man ihnen diese Theorien des Neuen Unbewussten vorträgt, verbinden sie das Unbewusste doch häufig mit etwas ganz anderem – der *Psychoanalyse* Sigmund Freuds. Freud war einer der ersten prominenten Psychologen, der behauptete, dass uns unbewusste Prozesse antreiben, und dass es besondere Methoden erfordert, diese sichtbar zu machen und zu erforschen. So kann ein Mensch, der auf die Frage, ob er aggressiv sei, mit »Nein« antwortet, sehr wohl aggressive Motive in seinem Gedächtnis gespeichert haben, die ihm nur nicht bewusst sind, die aber letztendlich sein Verhalten bestimmen können, wenn die Situation brenzlig ist. Freuds Hypothese, dass Menschen nicht zu allen Motiven und Prozessen ihres Bewusstseins Zugang haben, wird heute niemand in der modernen Psychologie bestreiten. Es ist sein Verdienst, diese Erkenntnis herausgearbeitet und popularisiert zu haben.

Allerdings ist Freuds Einfluss auf andere Wissenschaften, wie beispielsweise die Geisteswissenschaften, heute fast größer als der auf die Psychologie. Die spannenden Geschichten von unterdrückten Trieben, Ödipuskomplex oder Penisneid, und seine Methode, Einzelfälle zu schildern, sind in den Literaturwissenschaften immer noch populär und werden vor allem gern von Regisseuren verwendet. Alfred Hitchcock war ein wahrer Freund Freuds und visualisierte freudsches Denken auf spektakuläre Weise. Denken wir an den Film *Psycho,* in dem ein Sohn mit Ödipuskomplex, der seine mumifizierte Mutter in einem Zimmer verwahrt und behandelt, als lebe sie noch, junge Frauen unter der Dusche seines Motels abschlachtet – in Frauenkleidern. Die Leichen versteckt er in den Autos der Frauen und versenkt sie in einem Sumpf. Für psychoanalytische Kritiker ist klar: Er wurde von der Mutter unterdrückt und als Ehemannersatz gehalten, durfte seine Sexualität nicht ausleben, woraufhin sich die sexuelle Energie des Verklemmten aufstaute und schließlich in einem Tötungsakt kulminiert – inklusive symbolischem Geschlechtsverkehr, wenn das harte Auto den weichen Schlamm penetriert.

Freuds Unterhaltungswert ist unbestritten, und nach Lektüre seiner Bücher »sieht« man überall freudsche Phänomene. Allerdings sind viele seiner Theorien mittlerweile eindeutig widerlegt – seine Entwicklungspsychologie einschließlich des Ödipuskomplexes und des Penisneids gehören genauso in die Kuriositätenecke der Psychologie wie seine Theorien zur Entstehung psychischer Störungen.

Ein anderes Problem war die mangelnde Überprüfbarkeit vieler seiner Annahmen. Nach Freud zeigen sich unterdrückte Impulse oder Gedanken vor allem in einer Abwehrhaltung. Hörte ein Freudianer, dass Sie noch nie einen Gedanken an Sex mit Ihrer Mutter verschwendet hätten (das würden tatsächlich die meisten Männer so behaupten), würde er erwidern: »Noch nie? Gerade das zeigt doch, wie sehr Sie in diesem Konflikt stecken.« Und hätte damit die Diskussion bestritten. Eine solche Theorie kann niemals widerlegt werden, und das ist wissenschaftstheoretisch gesprochen nicht akzeptabel.

Auch wenn seine Theorien an Einfluss verloren haben, so waren Freuds Beobachtungen doch häufig treffend, und in der Psychologie suchen wir noch heute nach Erklärungen für die von ihm entdeckten Phänomene. Es ist zum Beispiel tatsächlich schwierig, Gedanken zu unterdrücken. Freud beschrieb diesen Prozess vor allem in Zusammenhang mit traumatischen Erlebnissen oder tabuisierten Gedanken, jedoch ist er Teil unseres Alltags – auf so manchem Kindergeburtstag kann man beim Spielen erleben, wie schwer es ist, Gedanken an einen rosa Elefanten zu unterdrücken, sobald man dazu aufgefordert wird. Zudem haben einige von uns sicherlich erlebt, dass der Versuch, *nicht* an einen gemeinen Ex-Lover oder einen ungerechten Chef zu denken, zum Scheitern verurteilt ist.

Laborforschung belegt, dass die Unterdrückung von Gedanken unbewusst das gesamte Netzwerk des zu vermeidenden Gedankens aktiviert, weshalb man, solchermaßen geprimt, gar nicht verhindern kann, das Verbotene zu denken, erinnert einen doch dann jeder Gedanke daran. Dementsprechend dachten Versuchspersonen in Experimenten von Daniel Wegner häufiger an Eisbären, wenn ihnen dies verboten worden war.

Eisbären sind jedoch selten traumatische Erfahrungen, und so spiegelt diese Untersuchung auch den Stand derzeitiger Forschung zur Wirkung unbewusster Prozesse exemplarisch wider: Das sogenannte Unbewusste beschränkt sich nicht auf Traumata und sexuelle Tabus, sondern es beeinflusst auch relativ harmlose Alltagsentscheidungen wie den Einkauf, die Personenbewertung oder den eigenen Selbstwert.

Die Psychodynamik ist demnach eine andere als die von Freud beschriebene. Zudem ist das Unbewusste in den Augen moderner Wissenschaftler längst nicht mehr nur schädlich oder negativ besetzt. Es besteht heutzutage kein Zweifel daran, dass unbewusste Prozesse hilfreich sein können, ja gar lebensnotwendig sind. Die genannten automatisierten Prozesse beim Singen, Tanzen und Autofahren wären schon Beweis genug, wie nützlich es ist, manchmal den Autopiloten anzuschalten.

Noch deutlicher wird der Nutzen beim Sprechen oder beim Verstehen. Ein klassisches Beispiel: Gebe ich Ihnen den Satz »Er steht vor der Bank«, werden sich einige von Ihnen eine Parkbank vorstellen und andere ein Geldinstitut. Hätte ich vorher gesagt: »Ein Mann braucht Geld«, hätte ein schneller, effizienter und unbewusster Spracherkennungsprozess allen dazu verholfen, den zweiten Satz so zu verstehen, dass der Mann vor einem Geldinstitut steht. In natürlichen Situationen ist das praktisch, denn ich muss nicht erklären: »Aber nicht, dass du denkst, der steht vor einer Bank aus Holz oder ist in einem Biergarten.« Mit wenigen Mitteln können wir sprachliche Assoziationsräume eröffnen, die ein besseres Verständnis ohne unnötige Ausschweifungen möglich machen.

Unbewusste Motive und Erlebnisse spielen ebenfalls eine Rolle dabei, wie jemand »Er steht vor der Bank« begreift. So wird ein Banker unbewusst eher ein Geldinstitut vor sich sehen als ein Rentner, der gern im Park sitzt. Warum ist das so? Wir nehmen an, dass diese beiden Gruppen permanent je andere Gedächtnisinhalte aktivieren – John Bargh und Tory Higgins sprechen von *chronischer Aktivierung.* Eine ständige oder sehr häufige Aktivierung assoziativer Gedächtnisnetze hilft uns, unsere Ziele besser zu verfolgen, denn sie erleichtert in unserem Vorbewussten das Encodieren und Speichern wichtiger Informationen und so auch das Verständnis für bestimmte relevante Inhalte und deren bessere Erinnerung.

Da ein Banker sich viel mit Geld auseinandersetzt, hilft ihm sein Gedächtnissystem dabei, möglichst schnell und unbewusst mit Geld verbundene, also für ihn relevante Dinge in der Umgebung wahrzunehmen – alles, was mit Geld assoziiert ist, ist voraktiviert und wird schneller verarbeitet. Nüchtern betrachtet, ist dies sein *Expertennetzwerk:* Gedanken, die er häufig auf dem Schirm hat. Den Rentner mag seine körperliche Schwäche ab und zu nach einer Parkbank suchen lassen, und weil er deshalb das Konzept »Parkbank« voraktiviert hat, entdeckt er auch schneller eine als jemand, der sich sonst nie damit beschäftigt. Vielleicht hat Ihnen Ihr Opa schon einmal beim Spaziergang gesagt: »Schau doch mal nach einer Bank.« Während Sie selbst im Gespräch mit dem alten Herrn diese Bitte dauernd wieder vergessen, weil so ein Konzept in Ihrem Leben keine Rolle spielt, kann Ihr Großvater Ihnen zuhören und parallel nach einer Bank suchen – so hilft ihm die Aktivierung im Vorbewussten.

Das Vorbewusste, im Hintergrund Aktive erkennt für uns also bestimmte Dinge schnell und effizient – manchmal hilft es uns, manchmal führt es zu ungewünschten Effekten. Tatsache aber ist, dass dieses vormals mysteriöse Unbewusste auf recht unmysteriöse Gedächtnisphänomene zurückzuführen ist: Wir aktivieren Information, teilweise ohne die Quelle der Aktivierung zu kennen, und dies führt manchmal zu einem Verhalten, dessen wir uns nicht bewusst sind.

## Bewusstsein: Hilfe gegen Marshmallows und andere Fehlerquellen

Betrachten wir noch einmal das Bewusstsein. Wofür haben wir es eigentlich? Jesse Bering und Todd Shakelford, die menschliches Handeln auf Selektionsprozesse während der Evolution zurückführen, denken, dass es uns geholfen habe, zu überleben und darüber hinaus zur »Krone der Schöpfung« zu werden.

Dem Rudeltier Mensch, das früher nomadisch lebte und sich mit ständig neuen Umgebungen konfrontiert sah, helfe die Fähigkeit, gut planen zu können, enorm. Das Bewusstsein unterstütze es darin, mehrere Optionen nebeneinander zu betrachten und die Vor- und Nachteile von Entscheidungsalternativen abzuwägen. Zusätzlich begünstige eine gute Kommunikation untereinander, also die Entwicklung einer Sprache, das Gruppenleben und die Planungskompetenz, und auch diese werde durch das Bewusstsein erst ermöglicht.

Weiterhin sei es zur Zielerreichung wichtig, die Aufmerksamkeit auf Wichtiges zu fokussieren und Unwichtiges ausblenden zu können. Ohne diese Fähigkeit wären wir in einer Welt mit Tausenden Reizen, die alle gleichbedeutend wären, wenig handlungsfähig. Aufmerksamkeitsführung und die Fähigkeit, die Spreu vom Weizen trennen zu können, profitiert von bewussten Steuerungsfunktionen: Heute *will* ich an meinem Buch schreiben, darum schalte ich meine E-Mails auf stumm und fange auch keineswegs damit an, das Bad zu reinigen.

Darüber hinaus ermöglicht uns unser Bewusstsein vor allem, Dinge abzuspeichern, die für uns relevant und persönlich von Bedeutung sind. Zum Beispiel hätte ich den Tag im Zug komplett vergessen, so unspektakulär, wie er war, wenn ich nicht beim Aussteigen die Idee gehabt hätte, ihn festzuhalten und daraus ein erstes

Kapitel zu machen. Ich *wollte* die Ereignisse aufschreiben, habe mich gezwungen, alles so detailliert wie möglich zu erinnern, und habe mir dann bewusst zur Aufgabe gemacht, in vielem einen psychologischen Sinn zu suchen.

Ohne ein Bewusstsein könnten wir uns auch nicht mit der Zukunft auseinandersetzen und Planungsfolgen entwerfen. Wie sollten wir etwas so Kompliziertes wie ein Haus errichten können, wenn wir nicht wüssten, dass man zunächst mit dem Fundament beginnt und erst dann das Erdgeschoss baut. Zwar errichten auch manche Tiere erstaunliche Bauten, aber diese sind genetisch determiniert. Die besondere Leistung des Menschen ist es aber, flexibel zu denken, und umzudenken, und mögliche Hindernisse in die Zukunftsplanung mit aufzunehmen. Wir können also im Gegensatz zu den Tieren im Bedarfsfall auch von einmal erstellten Plänen abweichen, zum Beispiel mit dem Gießen des Betons noch warten, wenn das Wetter zu kalt ist, weil er sonst friert.

Das Planen in die Zukunft hinein hat noch einen weiteren enormen Vorteil, der als *Belohnungsaufschub* bezeichnet wird. Wir können nämlich begrenzte Ressourcen so aufteilen, dass sie länger zur Verfügung stehen und unser Überleben sichern. Unsere Vorfahren, die mit guten und schlechten Ernten und milden und harten Wintern rechnen mussten, wussten, dass sie das eingefahrene Korn nicht sofort verzehren durften. Sie teilten es bedachtsam über den Winter auf. Andere Tiere, wie unser Hund, täten das nicht – er würde fressen, bis ihm schlecht würde, und könnte nicht für schlechte Zeiten vorsorgen. Zwar gibt es Tiere, die Depots anlegen, aber sie tun dies wiederum aufgrund eines genetisch fixierten unflexiblen Programms. Und sie tun es immer. Wir aber haben Entscheidungsfreiheit: Wir können es tun oder es lassen.

Bewusstsein schafft Selbstkontrolle und ermöglicht zudem eine gewisse Kontrolle über die Umwelt. Ich muss nicht sterben, wenn ich dieses Jahr weniger Korn eingefahren habe und der Winter hart wird – ich weiß mir zu helfen. Manche behaupten sogar, dass sich unsere Intelligenz aus diesem Bewusstsein entwickelt hat. Erst wenn ich weiß, dass Äpfel verderben, fange ich an, mir zu überlegen, wie man sie haltbar machen kann. Das führte zu den unterschiedlichsten Erfindungen wie Trockenobst, Kompott und letztendlich auch zu Speicherkammern, Kühlschränken, Transportmitteln und -wegen. Man muss in die Zukunft denken, und man muss um die Unsicherheiten in der Zukunft wissen, um auf die Idee zu kommen, solche Hilfsmittel zu konstruieren.

Im modernen Leben beobachten wir Belohnungsaufschub beim Umgang mit Geld. Viele von uns geben ja nicht alles Geld aus, sondern legen es für die Zukunft an, weil sie wissen, dass sie es später gebrauchen können. Auch in anderen Situationen hilft uns Bewusstsein bei der Selbstkontrolle. Wissen wir, was das Stück Buttercremetorte für unseren Körper in der Zukunft bedeutet, haben wir wenigstens eine Chance, ihr zu widerstehen – oder wir erlauben uns *bewusst* zu schlemmen (und entscheiden uns dann zum Beispiel beim Abendessen für einen Salat). Auch dieses Beispiel zeigt, wie flexibel wir mit Umweltreizen umgehen können, weil wir ein Bewusstsein haben: Zwangsläufigkeit wird außer Kraft gesetzt – ich habe die Möglichkeit, mich zu entscheiden.

Das Bewusstsein ist auch die Grundlage dafür, ein Gefühl zu entwickeln, wer wir selbst sind: Ein *Selbstbewusstsein* – oder eine Wissensstruktur über uns selbst, die beinhaltet, was wir mögen und was nicht, was wir können und wie wir uns verhalten sollten, um unsere Ziele zu erreichen.

Diese Entwicklung eines Selbst, das über verschiedene Situationen hinweg relativ stabil ist, gestattet eine gewisse Vorhersagbarkeit – auch unseren Gruppenmitgliedern. Wenn sie ein Bild von mir haben, können sie besser einschätzen, was ich in einer bestimmten Situation tun würde, was ich gut finde und was nicht. Zudem ergibt sich ein Gefühl, die Welt gut zu verstehen, weil sich Interessen bei Mitgliedern einer Kultur relativ häufig in die gleiche Richtung entwickeln. Zum Beispiel haben derzeit viele von uns die Idee, dass der Fortbestand der Erde mithilfe erneuerbarer Energien gesichert werden könne. Solche Meinungen gehören zu meinem Selbstbild, werden aber auch von meinen Freunden und von der Gesellschaft im Großen und Ganzen geteilt.

Die Idee einer *sozialen Identität*, das heißt die Wahrnehmung von mir selbst nicht nur als ein Individuum, sondern auch als jemand, der einem größeren Verband angehört, vermindert zudem die Angst vor Unsicherheit.

Sie lindert sogar existenzielle Angst, also die Angst vor dem Tod. Eine Forschungsrichtung, die *Terror-Management-Forschung*, zeigt dies exemplarisch. In für die Theorie typischen Studien werden Versuchsteilnehmer an den Tod erinnert. Hierfür werden Priming-Techniken verwendet: Versuchsteilnehmer sollen sich zum Beispiel für eine Zeit lang ihren Tod vorstellen oder werden in einem Kreuzworträtsel, in dem Wörter wie »Tod«, »Beerdigung«, »Sense« etc. gehäuft vorkommen, mit ihrem Lebensende konfrontiert. Alternativ werden sie in Feldexperimenten in der Nähe eines Beerdigungsinstituts befragt – was ebenfalls existenzielle Konzepte im Gedächtnis aktiviert. Die Vergleichsgruppe soll sich einen Zahnarztbesuch vorstellen oder ein Kreuzworträtsel bearbeiten, dessen Lösungswörter ebenfalls Angst einflößen, aber nicht existenzbedrohend sind. Oder sie wird in Umgebungen getestet, in denen Tod und Verderben nicht so stark aktiviert werden (zum Beispiel einem Supermarkt). Der Vergleich findet folglich zwischen neutral (Supermarkt) oder bedrohlich-kurzzeitig (Zahnarzt) und bedrohlich-existenziell (Tod) statt.

Um es kurzzufassen, zeigt diese Forschung, dass Menschen sich einer beliebigen Gruppenmeinung stärker anpassen, wenn sie sich existenziell bedroht fühlen. Sobald Probanden an den Tod erinnert wurden, tendierten sie zur Gruppenmeinung oder fühlten sich eher als Gruppenmitglied und weniger als Individuum: Konservative Wähler wurden dann noch konservativer und liberale noch liberaler. In den USA fanden Forscher, dass besonders Normverstöße strenger geahndet werden, wenn man existenziell bedroht ist. So geben amerikanische Studierende höhere Strafmaße für das Verbrennen der Nationalflagge oder unerlaubte Prostitution an, wenn sie an den Tod erinnert werden – sie werden auch nationalistischer und diskriminieren Andersdenkende oder Nicht-Amerikaner eher. Die soziale Identität, hier das Bewusstsein, wessen Werte ich teile, scheint also eine wichtige Schutzinstanz vor der Todesangst zu sein – unter anderem auch deshalb, weil ich nach dem Ableben im Gedächtnis meiner Freunde weiterlebe und damit der Tod einen Teil des Schreckens verliert.

Das Bewusstsein ermöglicht zudem ethisches und prosoziales Verhalten. Wir werden noch darauf zurückkommen, aber der Kauf eines Bioprodukts oder eine Spende an eine wohltätige Organisation zur Unterstützung von Flüchtlingen erfordert ja häufig ein Zukunftsdenken (»Ohne nachhaltige Landwirtschaft wird der Klimawandel nur noch schlimmer.«) oder den Blick über den Tellerrand (»Wenn ich einmal in eine elende Lage komme, dann würde ich mich auch über Hilfe von anderen freuen.«). Ohne ein Bewusstsein, was alles passieren könnte, wenn man weiter nur auf sich bezogen lebte, wären prosoziale Verhaltensweisen kaum denkbar.

Entwicklungspsychologen interessieren sich dafür, wie der Mensch ein Bewusstsein überhaupt entwickelt. Dabei bedient sich die Wissenschaft zahlreicher Tests, wie dem »Nasentest« von Gordon Gallup und Beulha Amsterdam. Hierbei wird Kindern ein Punkt auf die Nase gemalt. Dann werden sie vor einen Spiegel gesetzt. Bis zu einem Alter von ungefähr 18 Monaten scheint den Kindern nichts aufzufallen, sie beschäftigen sich nicht mit dem Punkt auf ihrer Nase. Sie können demnach noch nicht denken: »Das bin ich, und was ist das da Komisches auf meiner Nase?« Erst ab 18 Monaten fangen sie an, sich über Veränderungen zu wundern, und entwickeln eine Vorstellung davon, wer sie selbst sind.

Zur Wahrnehmung eines Selbst gehört auch, dass ich mich als jemanden begreife, der in der Vergangenheit gelebt hat. Befestigte man einen Sticker in den Haaren von 30 und 42 Monate alten Kindern und zeigte ihnen ein Video von sich nach dreiminütiger Verzögerung, begriffen nur die älteren Kinder, dass sie auch jetzt noch einen Sticker im Haar haben müssten. Die jüngeren dagegen konnten das Komische an dem Sticker nur dann erfassen, wenn ihnen das Video live gezeigt wurde. Wir müssen erst lernen, dass wir eine Vergangenheit und eine Zukunft haben – die Idee einer Autobiografie wurde uns also nicht in die Wiege gelegt, und auch das Bewusstsein, wer wir selbst sind, entwickelt sich erst langsam während der Kindheit.

Wichtig ist dabei vor allem die Pubertät, die Phase, in der wir uns selbst finden wollen und mit Identitäten experimentieren. Eltern können schier verrückt darüber werden, dass ihre Laura heute Einhörner sammelt und kein Fleisch mehr essen will und morgen Heavy Metal aus sich herausschreit und Steaks zum Frühstück grillt. Ein solches Verhalten ist nicht bedenklich, auch wenn es Eltern schwerfällt, das so zu sehen: Pubertierende versuchen, Identitäten zu entwickeln, und das können sie am besten, indem sie Verhalten ausprobieren. Und da die Entwicklung des Gehirns in der Pubertät längst noch nicht abgeschlossen ist, können sie sich einmal hier und einmal dort verorten.

Aber auch später kann man sich noch verändern, wie wir in unserer modernen Gesellschaft immer wieder beobachten. Die Zahl der Seniorenstudierenden steigt ständig, Mittfünfziger steigen immer häufiger aus ihrer Karriere aus und beginnen manchmal völlig Neues, und Werte verändern sich über die Lebensspanne hinweg. Davon später mehr.

Zusammengefasst kann man das Bewusstsein als etwas begreifen, das uns Flexibilität und Selbstkontrolle ermöglicht. Das Bewusstsein, wer wir selbst sind, wie andere auf uns reagieren und uns beeinflussen und wie wir im Alltag normalerweise funktionieren, entwickelt sich erst im Lauf unseres Lebens. Die Möglichkeit, über uns selbst wie über einen Gegenstand nachzudenken, die Fähigkeiten, die Perspektive anderer zu übernehmen und mit anderen zu kommunizieren – all das müssen wir erst erlernen.

In den letzten zwei Jahrzehnten boomten in der Psychologie Modelle, die versuchten, bewusste und unbewusste Prozesse in Beziehung zueinander zu setzen. Sozialpsychologen haben in den letzten Jahren immer wieder auf zwei Systeme hingewiesen: einerseits das reflektierte, bewusste System, das mehr Zeit benötigt und den Einsatz mentaler Energien und Ressourcen erfordert, und andererseits das impulsive System, das rein assoziativ, schnell und automatisch arbeitet. Während das reflektierte, überlegene System flexibel mehrere Antwortalternativen zu gleicher Zeit berücksichtigen und sich auch sozialer Einflüsse erwehren kann, ist das impulsive System extrem effizient, schnell und erleichtert somit Entscheidungen. Das impulsive System basiert Entscheidungen jedoch auf naheliegenden Assoziationen wie »Rot ist gefährlich, also lauf weg«.

Wir Menschen haben beide Systeme nötig. Niemand will wie ein dressierter Pudel von irgendwelchen Reizen der Umgebung gesteuert werden. Andererseits sind wir in vielen Alltagssituationen nicht daran interessiert, viel Zeit für eine vernünftige Entscheidung aufzuwenden. Reflektierte Entscheidungen sollten wir Situationen überlassen, in denen es um viel geht. Außerdem sind spontane Entscheidungen oft gar nicht so schlecht, wie der größte Kritiker solcher Zwei-Prozess-Modelle, Gert Gigerenzer, betont. Aussagen wie »Billiger Wein ist nicht gut« seien ja nicht völlig aus der Luft gegriffen, reflektieren seiner Meinung nach sogar »Intelligenz« beim Weinkauf.

Bei der Wahl des Ehepartners, eines teuren Hauses oder eines kostspieligen Hobbys lohnt es sich hingegen, den Verstand einzuschalten, und die Forschung zeigt, dass Menschen dies in solchen Situationen auch eher tun als beim Kauf von Nudeln – doch garantiert das natürlich nicht die beste Wahl. Zudem fließen in komplexe Entscheidungen sowohl bewusste als auch spontane Prozesse mit ein. Jeder Makler weiß, dass schöne Armaturen oder eine pompöse Küche Käufer dazu verleiten, viel mehr zu bezahlen, als das Haus wert ist – und doch sind diese Dinge wohl selten wirklich kaufentscheidend, sondern eher das Zünglein an der Waage.

Außerdem ist das »Unbewusste« nicht so unflexibel, wie man lange Zeit angenommen hat. In der psychologischen Literatur spukt eine Untersuchung eines Journalisten namens Vikary herum, der angeblich Bilder von Colaflaschen in einem Kinofilm einblitzen ließ, so wie es beim subliminalen Priming passiert. Anschließend sollen die Zuschauer – so die Geschichte – aufgesprungen sein und sich vermehrt Cola gekauft haben. Dies aber ist eine Ente – das Experiment hat so wohl nie stattgefunden. Versucht man, es nachzustellen, funktioniert es nicht. Warum nicht? Folgeexperimente konnten zeigen, dass Primings nicht funktionieren, wenn die Versuchspersonen Ziele haben, die dem Prime widersprechen. So widerspricht ein Prime »Cola trinken« dem Ziel, den Film zu schauen und andere nicht durch Hin- und Herlaufen zu stören. Könnte man jedoch Priming-Effekte erzielen, wenn man solche gegenläufigen Ziele in der Studie ausschließt? Was, wenn Getränke in greifbarer Nähe sind? Johan Karremans und Wolfgang Stroebe luden durstige Versuchsteilnehmer zum Schauen von Zeichentrickfilmen ein. In den Filmen wurden Eisteedosen eingeblendet, und die Versuchsteilnehmer durften sich aus einem Kühlschrank bedienen, der in Reichweite stand. In dieser Situation griffen die geprimten Probanden tatsächlich eher zu den Getränken als solche, die keine Getränkedosen eingeblendet bekamen.

Dies bedeutet, dass unser Unbewusstes bestimmte Checks durchführt, ob ein Verhalten ausgelöst werden soll oder nicht. Widerspricht ein Prime wichtigen Zielen, oder hat ein Verhalten keinen besonders hohen Wert für uns, kommt es auch weniger zu unbewussten Einflüssen.

Zudem wissen wir durch Studien von Paul Herr und Kollegen, dass unbewusste Priming-Effekte auf die Personenbeurteilung nur dann wirken, wenn einem die zu beurteilende Person unbekannt ist oder wenn es sich dabei um einen nicht eindeutigen Fall handelt. Auf die Beurteilung einer eindeutig friedfertigen Person wie beispielsweise Mahatma Gandhi würde ein Priming mit aggressiven Wörtern keinen Einfluss haben. Man könnte auch niemanden durch Priming dazu bringen, etwas zu essen, was er absolut nicht mag, oder plötzlich Adolf Hitler für einen netten Kerl zu halten. Priming und auch andere Einflüsse, wie die der Stimmung oder die von Körperhaltungen, wirken vor allem dann auf Urteile, wenn wir noch keine feste Einstellung zu irgendwem oder irgendetwas gespeichert haben. Häufig haben wir allerdings keine klare Meinung zu Menschen und Produkten, und hier haben Priming, Stimmung und andere Manipulationen einen nicht zu unterschätzenden Einfluss.

Wir sehen an dieser Forschung, wie weit sie sich von Freuds Vorstellungen entfernt hat, der das Unbewusste vor allem auf Traumata und sexuelle Tabus bezog. Jedoch zeigen die modernen Befunde auch, wie wichtig die Untersuchung unbewusster Prozesse ist – und es ist Freuds Verdienst, diese in den Vordergrund der Analyse gerückt zu haben. Um menschliches Verhalten vorhersagen zu können, müssen wir das Unbewusste verstehen lernen.

Dabei sollte allerdings nicht vergessen werden, dass wir unser Leben in hellen Stunden bewusst gestalten können. Selbst, wenn es nur ein Prozent aller Prozesse wäre, die wir bewusst steuern, wäre mir dies persönlich ungeheuer viel wert, denn es ermöglicht mir Entscheidungsfreiheit. Ich kann mich umentscheiden, ich kann meine Vorurteile versuchen zu verändern, ich kann mich dummer Gewohnheiten entledigen, ich kann mich vom Saulus zum Paulus entwickeln.

Beides, unser Bewusstsein und unser Unbewusstes, haben Vor- und Nachteile.

# Teil III
# Alltagspsychologie – Themen, Bereiche und Problemfelder

# Was wir untersuchen

In den vorangegangenen Kapiteln habe ich allgemeine Prinzipien des Gedächtnisses, der Gefühle, der Motivation und der Bewusstheit besprochen. Aber was bedeutet das für die verschiedenen Situationen des Alltags? Wie entscheiden wir richtig, wie kommen wir zu unseren Einstellungen, warum mögen wir manche Personen und manche nicht? Und warum grenzen wir manche aus? Wie entstehen Gruppen, und was sind deren Vor- und Nachteile?

Die moderne Psychologie hat einen großen Wissensschatz zusammengetragen, wie sich Menschen selbst regulieren und wie sie ihre Ziele verfolgen. Wie erreichen wir unsere Wünsche und Lebensziele? Wie werden wir glücklich?

Menschen haben unglaubliche Ressourcen, wie ihre Kreativität und ihre Intelligenz, die ebenfalls gut erforscht sind. Wie kann ich diese Potenziale besser nutzen?

Zudem spielt ein Großteil unseres Lebens in Paarbeziehungen – was macht eine »gute« Beziehung aus? Wie kommunizieren wir gut miteinander? Wie gehen wir gut aufeinander ein, und wann helfen wir anderen? Und wie ist das mit unserer dunklen Seite: Warum und wann werden wir aggressiv?

# 10

# Alles Ratio, oder was? – Einstellungen, Urteilen und Entscheiden

Das Forscherpaar Birte Englich und Thomas Mussweiler bat in einer Studie Richter, bei einer psychologischen Untersuchung mitzuwirken, und legte ihnen allen denselben Fall vor: Ein Mann, der einer Frau angeboten hatte, sie von einer Party nach Hause zu fahren, fuhr sie stattdessen in einen Wald und vergewaltigte sie. Die eine Hälfte der Richter wurde gefragt, ob sie auf dieser Grundlage für eine Strafe von mehr oder weniger als zwölf Monaten plädieren würden, und die andere Hälfte sollte entscheiden, ob sie für ein höheres oder niedrigeres Strafmaß als 34 Monate stimmen würden. Danach sollten die Richter angeben, für wie viele Monate der Mann ins Gefängnis kommen sollte. Die Ergebnisse waren alles andere als trivial. Die erste Hälfte gab dem Täter im Durchschnitt 24 Monate, während die zweite im Mittel 36 Monate festsetzte. Urteile, so scheint es, werden selbst von Experten der Rechtsprechung durch relativ willkürlich gesetzte Vorgaben verändert. Spannend an dieser Untersuchung ist, dass die Richter sicherlich ihr Bewusstsein eingeschaltet hatten, denn wenn man als Richter bei einer solchen Studie mitmacht, will man sich nicht blamieren, und man will auch nicht, dass der Berufsstand in ein fadenscheiniges Licht gerückt wird. Offensichtlich fehlten ihnen aber Kontrollmöglichkeiten des vorgegebenen Werts auf ihr Urteil. Wie kann man sich das erklären?

Im vorherigen Kapitel ging es bereits um die Frage, wie häufig unbewusste Prozesse einen Einfluss auf unser Denken und Handeln haben. Dies widerspricht klar unserer Vorstellung vom Menschen als Vernunftwesen. Sind wir nicht in der Lage, immer vernünftig zu handeln? Haben wir nicht die Fähigkeit, stets logisch zu denken,

Informationen abzuwägen und letztendlich zu guten Entschlüssen zu kommen? Genau das erklärt doch den Erfolg unserer Art? Urteile, Entscheidungen und Einstellungen gehören zu den Kognitionen, den Denkprozessen. Schauen wir uns in diesem Kapitel einmal näher an, von welchen psychischen Prozessen sie beeinflusst werden und wie sie wiederum unser Verhalten beeinflussen.

Urteile sind mit einer *Valenz* verbunden, das heißt, sie sind entweder *negativ* oder *positiv.* Wir finden einen Orangensaft lecker oder nicht, einen Menschen sympathisch oder unsympathisch und halten eine politische Maßnahme für gut oder schlecht. Neben diesen valenten Urteilen gibt es moralische, die auf einer Achse von *richtig* bis *falsch* verortet sind. Oftmals entspricht dies dem Maße »gut – schlecht«, aber nicht immer. Vielleicht finden wir Fleisch ja lecker, aber entscheiden uns trotzdem dafür, es nicht jeden Tag zu essen, weil wir das nicht »richtig« finden. Oder es wäre bequemer, sich nicht in einen Familienstreit in der Bahn einzumischen, aber ich kann es als falsch empfinden, wenn ich es nicht tue.

Im Gegensatz zum Urteil beinhaltet die *Entscheidung* streng genommen einen Konflikt zwischen verschiedenen Antwortalternativen. Man findet Alternativen entweder gut oder schlecht, und Entscheidungsprobleme ergeben sich besonders dann, wenn die Entscheidung final ist, das heißt, wenn wir sie nicht rückgängig machen können, und die Antwortalternativen im Wert dicht beieinanderliegen. Nehmen wir an, wir möchten uns ein Rad und ein Surfbrett kaufen, haben aber nur für eines von beiden Geld – dann fällt uns die Entscheidung besonders schwer, wenn wir Surfen und Radeln gleich attraktiv finden.

Irgendwann entscheidet man sich für eine Alternative und handelt dementsprechend. Sagen wir, wir entscheiden uns für das Surfbrett, weil uns ein Bombensommer ins Haus steht und ein See nicht weit ist. Nachdem eine Entscheidung gefällt wurde, beurteilt man sie, und entweder stellt sich Freude ein (»Ich habe das Richtige gewählt!«) oder Bedauern (»Ach, hätte ich doch …!«).

Eine *Einstellung* wiederum ist ein Urteil, das wir bereits im Langzeitgedächtnis gespeichert haben, also so etwas wie: »Ich mag die

Grünen« oder »Ich lasse mir grundsätzlich nicht die Tasche nachtragen«. Einstellungen beziehen sich üblicherweise nicht nur auf spezifische Fragen, beispielsweise: »Ich finde den Flüchtling Ali nett«, sondern sind abstrakter und beinhalten weitergehende Urteile. Wenn man zum Beispiel sagt: »Ich finde, Flüchtlinge sollten nach Deutschland kommen«, dann beinhaltet das meist, dass man Einzelpersonen wie Ali auch nett findet und dass man Parteien unterstützt, die dasselbe wollen. Manchmal bedeutet es sogar, das nachzuahmen und gut zu finden, was Leute, die diese Einstellung teilen, noch so tun (zum Beispiel in Fair-Trade-Läden kaufen, $CO_2$-Verbrauch eindämmen, Bücher von Navid Kermani lesen).

## Urteile und Entscheidungen – Alles andere als rational oder wirtschaftlich

Beginnen wir beim Urteil. Ich habe ein positives Urteil, was die Richter-Studie des Eingangsbeispiels angeht. Ich bin davon überzeugt, dass die Studie klasse ist. Das wäre auch so gewesen, wenn ich mich gegen sie als Beispiel entschieden hätte. Beim Entscheiden liegen mindestens zwei Alternativen vor, zwischen denen man wählen muss, und so war es auch bei mir: Es hätte so viele andere interessante Studien zu diesem Thema gegeben, die ich Ihnen hätte vorstellen können! Darunter welche aus dem Konsumentenbereich oder solche, die allein deshalb berühmt sind, weil sie der Nobelpreisträger Daniel Kahneman durchgeführt hat. Wenn es viele ebenso gute Alternativen gibt, fallen Entscheidungen schwer, und dies kann zu Unsicherheit, zu schlechter Stimmung bis hin zu einer *Entscheidungsaversion* führen, wie Nira Liberman und ich zeigen konnten. Manchmal hat man so wenig Lust auf eine Entscheidung, dass man sie auf die lange Bank schiebt.

Entscheidungsaversion kann auch erklären, warum wir manchmal keine Lust auf Luxus haben. Die Psychologen Sheena Yengar und Mark Lepper konnten zeigen, dass Konsumenten eine Auswahl zwischen vielen Alternativen als schwierig wahrnehmen und sich dann eher einer Entscheidung entziehen. Für ihr Experiment stellten sie in einem Supermarkt entweder einen Tisch mit sechs oder einen mit 24 verschiedenen Marmeladensorten auf. Man sollte meinen, dass Menschen eine große Auswahl mögen, und wenn man den Menschen als Homo oeconomicus betrachtet, müsste das auch stimmen: mehr ist mehr – wirtschaftlich gesehen. So schien es zunächst auch. Für den Tisch mit 24 Marmeladen interessierten sich mehr Kunden als für den mit sechs Sorten. Das tatsächliche Kaufverhalten spiegelte die Anfangsbegeisterung aber nicht wider – im Gegenteil: Die Konsumenten kauften mehr, wenn sie sich nur mit sechs Marmeladen beschäftigen mussten. Es scheint so zu sein, dass wir aufwendige Entscheidungen scheuen: Yengar und Kollegen nannten dieses Phänomen *terror of choice* – Entscheidungsterror, im Deutschen als »Qual der Wahl« altbekannt.

Viele Entscheidungssituationen sind zusätzlich durch Unsicherheit geprägt. Wir können das Leben nicht voraussagen; das Leben ist unsicher, und damit sind es auch unsere Entscheidungen. So weiß ich nicht, welches Experiment Sie tatsächlich am besten gefunden hätten und welche Alternativen eventuell interessanter gewesen wären. Die Unsicherheit bei Entscheidungen kann durch suboptimale Bedingungen noch verstärkt werden. So hat man selten genügend Zeit, ausreichende Motivation oder die kognitiven Ressourcen zur Verfügung, um perfekt entscheiden zu können; und man hat nicht immer alle Informationen zur gleichen Zeit zur Hand. Diese Aspekte fassen Daniel Kahneman und Amos Tversky in ihrem weltberühmten Buch *Urteile unter Unsicherheit* zusammen. Alle diese Faktoren führen zu *Urteilsfehlern.*

Die Richter, die sich durch die hohen beziehungsweise niedrigen Ankerwerte verleiten ließen, waren solchen suboptimalen Bedingungen ausgesetzt, denn sie hatten sehr wenig Informationen. Und selbst wenn man ihnen eine hohe Motivation, gut zu urteilen, unterstellt, haben sie sich sicherlich nicht genauso viel Zeit genommen wie für einen »wirklichen« Fall. Somit ist auch nicht anzunehmen, dass bei realen Fällen vergleichbar hohe Fehlerraten zu erwarten sind.

Generell zeigt die Entscheidungsforschung, dass ich gerade dann, wenn ich wenig Zeit oder Motivation habe, mich um etwas zu kümmern, von allen möglichen Reizen beeinflusst werde – und dies scheint auch auf Experten zuzutreffen. Ich habe in den letzten Kapiteln solche Einflüsse, etwa Priming oder Stimmungen, bereits beschrieben. Wie ich gezeigt habe, nutzen wir das, was wir fühlen oder gerade im Kopf haben, als Information zur Beurteilung anderer.

## Urteilsheuristiken – Faustregeln quick and dirty

Kahneman und Tverskys Forschung identifizierte noch andere »Entscheidungshilfen« in Situationen der Unsicherheit: die *Urteilsheuristiken.* Urteilsheuristiken sind Faustregeln, die Komplexität reduzieren. Sie sind zeitsparend, können also auch unter Zeitdruck angewandt werden und führen – im Großen und Ganzen – zu relativ guten Entscheidungen. Manchmal jedoch können sie – weil sie recht unflexibel sind – zu Urteilsfehlern führen.

Eine sehr einfache Faustregel ist: »Was teuer ist, muss gut sein.« Wenn Sie keine Ahnung von Wein haben, aber Ihrem Onkel eine gute Flasche zum 70. schenken wollen, hilft Ihnen Ihre Heuristik, im Nullkommanix das passende Geschenk zu finden. An den Flaschen für unter fünf Euro gehen Sie vorbei und steuern direkt auf die Delikatessenecke zu. Eine solche Urteilsheuristik wird in vielen Fällen eine effiziente Einkaufshilfe sein, denn normalerweise hängen Qualität und Preis zusammen. Auf der anderen Seite wissen wir, dass Marketingexperten dies manchmal ausnutzen. So warnen Sommeliers immer wieder, dass Weine aus einigen Regionen wie dem Bordeaux überteuert seien und die Preise nicht dem entsprächen, was man letztlich bekommt. Zudem erfänden Winzergemeinschaften oftmals Medaillen und luxuriös wirkende Etiketten, die höhere Preise zu rechtfertigen scheinen, aber allein dazu geschaffen wurden, dem unwissenden Kunden das Geld aus der Tasche zu ziehen. Allerdings stimmen auch Experten der »Teuer ist gut«-Heuristik im Allgemeinen zu – ich kenne kaum einen seriösen Weinkenner, der einen Wein für unter fünf Euro empfehlen würde. Ähnliche Phänomene kennen wir aus der Kleidungsbranche: Ein Fünf-Euro-T-Shirt hängt nach dem fünften Waschen normalerweise wie ein Lappen an uns herunter, andererseits bietet auch ein 300-Euro-Designerfummel keine Gewähr für Qualität, doch auch hier steigt mit einem höheren Preis zumindest die Chance, dass wir ein höherwertiges Produkt erwerben.

Obwohl Urteilsheuristiken in vielen Fällen eine relativ gute Entscheidung ermöglichen, wurde ihre Wirkung vor allem in Studien nachgewiesen, in denen ihr Einsatz zu Fehlern führte. Nehmen wir an, Sie säßen in einem Restaurant und wären der Gastgeber des Abends, und nun kommt die Weinkarte. Sie wollen Ihrem Gegenüber etwas Gutes zukommen lassen und können sich auch etwas teurere Weine leisten, aber Sie kennen die Weine auf der Karte nicht. Außerdem sind Sie ein schüchterner Mensch, der nicht gern fragt. Es ist nun wahrscheinlich, dass Sie einen Wein aussuchen, über den Sie schon viel Gutes gehört haben, zum Beispiel einen Bordeaux. Wir haben in einem der vorigen Kapitel gesehen, dass bestimmte Glaubenssätze wie »Mädchen können nicht rechnen« oder »Löwen sind gefährlich« im Langzeitgedächtnis stark verfügbar sein können. Das führt dazu, dass man sie schnell abrufen kann. Wenn ich nach gutem Wein in meinem Gedächtnis suche, fällt mir mitunter schnell »Bordeaux« ein. Die Schnelligkeit bei der Erinnerung ist Bestandteil der *Verfügbarkeitsheuristik:* Wenn mir etwas schnell einfällt, muss es wahr sein.

Mit der Verfügbarkeitsheuristik kommt man in der Regel gut durchs Leben. Problematisch wird diese Faustregel jedoch dann, wenn die Informationen, die ich im Gedächtnis gespeichert habe, falsch sind oder mein Gedächtnis umgehend Erinnerungen produziert, die nichts mit dem Produkt zu tun haben. So kann es zum Beispiel sein, dass auch der gute Ruf des Bordeaux auf ein von Marketingexperten produziertes Vorurteil zurückgeht. Der Markt versucht ja nichts anderes, als bestimmte Produkte mit positiven Konzepten zu paaren, damit wir hinterher glauben, sie seien gut. Die Bordeaux-Region hat es tatsächlich geschafft, ihren Wein zum Inbegriff guten Weines hochzuloben. Ist der Kauf eines Bordeaux nun ein Fehler? Das hängt letztendlich vom Betrachter ab. Ich als Weintrinker würde sagen, man macht damit vermutlich keinen groben Fehler: Er wird schon schmecken. Es kann allerdings sein, dass andere Weine auf der Karte unterschätzt werden und tatsächlich qualitativ besser sind.

Die Leichtigkeit, mit der sich eine Erinnerung einstellt, wurde von dem deutschen Sozialpsychologen Norbert Schwarz und seinen Kollegen untersucht. Gehen wir einmal weg von Weinbewertung und Konsum und beleuchten den Prozess der Selbstbewertung. Wenn ich Sie zum Beispiel frage: »Wie selbstsicher sind Sie?«, dann nutzen Sie ähnliche Informationen wie auch bei der Beurteilung anderer. Was fällt Ihnen denn gerade bezüglich Ihrer Selbstsicherheit ein? Fallen Ihnen leicht Episoden ein, in denen Sie sich selbstsicher verhalten haben? Und was sagt Ihnen das?

In den Experimenten von Schwarz und seinem Team wurde die Leichtigkeit des Abrufs dadurch beeinflusst, dass einige Versuchspersonen sechs und andere zwölf Episoden erinnern sollten. Die Logik ist folgende: Jedem fällt es schwer, zwölf Episoden zu erinnern, in denen er selbstsicher war, während er weniger Mühe hat, sich deren sechs zu vergegenwärtigen. Nach dieser Erinnerungsaufgabe sollten die Probanden einschätzen, wie selbstsicher sie sind. Es zeigte sich, dass diejenigen, die mühsam zwölf Episoden erinnert hatten, sich für weniger selbstsicher hielten als jene, die sechs aufgeschrieben hatten.

Jetzt, wo Sie das Ergebnis wissen, werden Sie sagen: War ja klar, so hätte ich das auch vorhergesagt. Wirklich? Tatsächlich ist das Ergebnis erstaunlich, wenn man bedenkt, dass zwölf Episoden auch Evidenz dafür sein könnten, wie häufig man im Leben selbstsicher auftritt. Zwölf Episoden sind *mehr* als sechs und sind doch wohl eher ein Beweis dafür, wie selbstsicher man ist! Jedoch bestimmte in der Studie nicht die *Anzahl,* sondern die *Leichtigkeit,* mit der sich die Teilnehmer die Situationen vergegenwärtigten, ihr Urteil. Dieses Experiment ist ein Beleg für die Verfügbarkeitsheuristik.

Weitere Studien zeigten, wie weitreichend und allgegenwärtig diese Heuristik ist. So denken Schwangere, dass es mehr Schwangere in ihrem Land gibt, als es tatsächlich der Fall ist, weil ihnen häufiger Schwangere einfallen – schließlich sehen sie ja ständig welche: bei der Schwangerschaftsgymnastik, bei der Einführung ins Babyyoga oder in Geschäften mit Babybedarf. Und Zeitungsleser, die viel über Israel lesen, überschätzen dessen Bevölkerungszahl (und unterschätzen diejenige Schwedens, über das man selten etwas liest). Darüber hinaus zeigen Studien, dass Menschen, die viele Sendungen mit reichen Leuten anschauen, so wie *Dallas, Denver* oder *Downtown Abbey,* die Anzahl reicher Leute in ihrem Land überschätzen. Das, was einem schnell einfällt, *muss* also wahr sein *und* passiert häufig.

Für die Wahl eines Bordeaux zum Essen spricht auch noch eine andere Tatsache. Ein Bordeaux ist nämlich für Wein ein *Prototyp,* das heißt, er ist einer der typischsten Weine. Bei vielen Produkten gibt es Prototypen: bei Papiertaschentüchern fällt uns Tempo ein, bei Gummibären Haribo, bei koffeinhaltigem Getränk Coca-Cola und bei Brille, wie wir unter Würzburger Studierenden einmal herausgefunden haben, Fielmann.

Menschen bevorzugen Prototypen in unsicheren Situationen vor Alternativen, die mehr Risiken bergen, wie die *Repräsentativitätsheuristik* besagt. Sie beinhaltet im Detail: »Wenn eine Eigenschaft typisch für die Mitglieder einer bestimmten Kategorie ist, dann gehört sie zu dieser Kategorie – und sollte positiv beurteilt werden.« Dies ist ebenfalls eine Heuristik, die uns gut durchs Leben manövriert. Wenn wir unsicher sind, welche Blumen unsere Nachbarin wohl schön finden könnte, nehmen wir einen Strauß, der vermutlich den meisten gefallen würde, also vielleicht Rosen oder Tulpen. Wir haben damit das Gefühl, »nichts verkehrt machen zu können«. Man kocht für Kinder Spaghetti Bolognese, bucht das »wettersichere« Mallorca, wenn man sonnenhungrig ist, und kauft für die Großtante eher Schals in Beige und Dunkelblau als in Neongrün.

Natürlich können wir mit solchen Faustregeln Fehler begehen – mein Schwiegervater lacht sich immer tot, wenn ihm Verwandte oder Nachbarn Pralinen schenken: »Und das mir, mit meiner Diabetes.« Diese Schenker liegen wahrscheinlich in 90 Prozent der Fälle gar nicht falsch, denn Pralinen scheinen nach wie vor der Prototyp für »die kleine Aufmerksamkeit« zu sein (»Sag Danke mit Merci«) – nur bieten Heuristiken lediglich Annäherungen an »richtiges« Verhalten, keine Garantie.

Die Repräsentativitätsheuristik ist einer der Gründe, warum Menschen wie ich Lotto spielen. Ich verrate Ihnen auch meine Zahlen: 3, 7, 10, 33, 35, 37 und 42. Diese Zahlenfolge ähnelt jenen Ergebnissen, die man typischerweise bei den Lottoziehungen sieht. Irgendwelche Zahlen bunt durcheinander. Viele Menschen würden denken, das sei eine vernünftige, weil typische Zahlenfolge. Vor allem im Gegensatz zu der folgenden: 1, 2, 3, 4, 5, 6. »Welcher Schwachkopf würde denn so etwas tippen? So was kommt doch niemals!«, entfährt es einem. Tatsächlich aber ist diese Zahlenfolge nicht unwahrscheinlicher als die meine, die viel typischer *aussieht.* Dennoch halten sogar statistisch geschulte Psychologiestudierende meine Abfolge für wahrscheinlicher, als sie ist – selbst wenn ich es ihnen statistisch widerlege. Insgesamt spräche sogar einiges für 1, 2, 3, 4, 5, 6, denn diese Zahlenreihe ist nicht nur genauso wahrscheinlich wie jede andere, sondern verspricht auch mehr Gewinn, weil aus Gründen der Repräsentativitätsheuristik vermutlich nur wenige sie tippen.

Nehmen wir an, wir haben uns für den Bordeaux entschieden, weil er teuer ist (»Teuer ist gut«-Heuristik), weil er ein typischer Wein ist (Repräsentativitätsheuristik) und weil er uns schnell einfällt (Verfügbarkeitsheuristik). Warum aber bestellen wir ihn manchmal selbst dann, wenn er unser Budget oder das, was wir eigentlich für einen Wein ausgeben wollten, klar übersteigt? Hier verführt uns die vierte Faustregel: die *Ankerheuristik.* Haben Sie sich schon einmal darüber gewundert, dass auf Karten besserer Restaurants manchmal Weine für 490 Euro und mehr stehen? Kauft die überhaupt jemand? Vermutlich selten, aber die hohen Anker lassen die Preise der anderen Weine günstiger erscheinen! Im Vergleich zu diesem horrenden Preis sieht eine Flasche für 42 Euro doch wie ein Schnäppchen aus! Bei der Ankerheuristik liegt eine unzureichende

Anpassung nach oben oder unten vom Anfangswert vor, wenn man den wahrscheinlichen Wert eines Ereignisses abschätzt.

Also, wenn Sie einen fünf Jahre alten Golf verkaufen wollen und Ihr Angebot mit einem hohen Anker starten, sagen wir 15 000 Euro, sucht ein Interessent automatisch nach einem Grund, warum der Golf so teuer sein könnte. Und er wird einen finden, denn irgendetwas ist immer gut an einem Produkt. Vielleicht sind die Felgen noch super oder die Sitze noch einwandfrei. Starten Sie das Angebot jedoch mit 1000 Euro, sucht der Interessent danach, was alles schlecht ist, und auch da wird er bei einem älteren Auto fündig werden. Ist die Farbe nicht etwas altmodisch und das Radio etwas scheppernd im Klang und outdated?

Experimente zeigen, dass der geschätzte Wert eines Autos tatsächlich von solchen Ankern abhängt. Beginnt man mit einem hohen Angebot, steigt der Wert, wie Thomas Mussweiler und Team in einem Feldexperiment zeigen konnten, in dem sie ein und denselben Gebrauchtwagen mal für 2800 und mal für 5000 Mark anboten. Autohändler boten im Schnitt 700 Mark mehr, wenn die Verhandlungen mit dem hohen Anker begannen: 3350 Mark beim hohen und 2650 Mark beim niedrigen Anfangswert.

Ankereffekte findet man übrigens nicht nur beim Konsumentenverhalten. Auch Personalentscheidungen hängen vom Anker ab, also von dem Standard, der vorher gesetzt wurde. Ich erinnere mich, wie meine Supervisorin, eine Koryphäe auf dem Gebiet, mir einen ihrer schwierigen Klienten anbot: »Zu große Fußstapfen«, dachte ich sofort – und schon wurde mir mulmig, obwohl ich meine Sache seit Jahren gut machte.

Solche Prozesse sind relativ automatisch und wirken selbst dann, wenn die Anker willkürlich gesetzt und unplausibel oder absurd sind. Studien von Clayton Critcher und Thomas Gilovich zeigen, dass Versuchsteilnehmer mehr für ein Essen in einem Restaurant ausgeben würden, das Studio 97 heißt, als in einem mit dem Namen Studio 17; oder dass sie einem Athleten mit der Nummer 94 auf dem Trikot eine bessere Leistung zutrauen als einem mit der 54. Das Richter-Experiment zeigt zudem, dass sich selbst Experten unter

Bedingungen eingeschränkter Ressourcen an willkürlich präsentierten Ankern ausrichten.

Um es noch einmal zu wiederholen: Diese Heuristiken verwenden wir Menschen vor allem in Situationen der Unsicherheit, wozu auch Zeitmangel gehört oder eine geringe Motivation, alle Informationen anzufordern und zu prüfen. Sie sind Teil unseres prozeduralen Gedächtnisses, helfen uns, effizient zu handeln und durch unseren oftmals unsicheren Alltag zu kommen. Wissen wir um diese Urteilsheuristiken, können wir sie manchmal ausschalten. Ich kann mich zum Beispiel fragen, woher ich denn mein Wissen habe. Ist die Tatsache, dass ich Bordeaux für gut halte, auf Expertenmeinungen zurückzuführen, auf eine Werbestrategie oder einen Freund, der mir das einmal sagte, ohne etwas von Wein zu verstehen? Ist ein Produkt wirklich prototypischer, und sind Prototypen immer besser? Wer hat die Anker gesetzt, an denen ich mich orientiere? Wer hat das Angebot bei einer Auktion angesetzt, und ist es wirklich gerechtfertigt? Was spricht dafür, dass ein Auto 10 000 Euro kosten soll, und was dagegen? Gerade bei kostspieligen Objekten, die uns ein Verkäufer besonders schmackhaft machen möchte, lohnt es sich, eine Nacht darüber zu schlafen.

Ein »Gegengift« bei vielen dieser ungewünschten Einflüsse ist die *consider-the-opposite strategy* von Charles Lord und Team: Stell dir das Gegenteil vor! Wenn Ihnen ein Kleid für 800 Euro ins Auge fällt, Sie die Designerin bewundern und Ihnen die Art und Weise gefällt, wie der Kragen gearbeitet wurde, Sie das Gefühl haben, dieses Kleid haben zu *müssen,* könnten Sie sich bei knappem Geldbeutel überlegen, was dagegenspricht: Ist denn der Stoff wirklich von so hoher Qualität, wie man es bei diesem Preis erwarten sollte? Wie sieht es mit Nachhaltigkeit und Fair Trade aus? Das könnte man bei 800 Euro ebenfalls erwarten …

Die »*Consider the opposite*«-Strategie nutze ich besonders dann, wenn ich merke, dass ich Menschen spontan schlecht beurteile. Ich frage mich dann: Was spricht dagegen, dass dies ein schlechter Mensch ist? Und schon fallen mir positive Aspekte auf, und ich kann mein Urteil modellieren, wenn ich möchte. Zudem setze ich hohe Anker gern zur Motivation ein. Ziele, bei denen die Messlatte extrem hoch liegt – Cameron nannte sie *Everest-Ziele* –, können recht wirkungsvoll sein. Ein Freund, der 130 Kilo wog, nahm sich vor, in einem Jahr 40 Kilo abzunehmen. Nach einem halben Jahr hatte er immerhin 13 Kilo verloren und war zufrieden: »Ohne das Everest-Ziel hätte ich vermutlich nur fünf Kilo geschafft.« Wenn man ihre Wirkung versteht, kann man Heuristiken für sich nutzen.

## Mit falschen Entscheidungen leben – Leichter als gedacht

Was passiert, wenn die Entscheidung falsch war? Im Idealfall denken wir darüber nach, wie wir ähnliche Fehler in der Zukunft vermeiden können. Kai Epstude und Neal Roese haben in ihrer Forschung gezeigt, dass *kontrafaktisches Denken* – »Was wäre, wenn …« – zwei Funktionen haben kann. Wenn man nach einer schlechten Entscheidung denkt: »Wenn ich mich nur für das andere entschieden hätte«, wird aus dem Fehler eine Lernerfahrung, und man entwickelt mit einiger Wahrscheinlichkeit einen Plan, wie man sein Entscheidungsverhalten in der Zukunft verbessern kann. Wenn man sich allerdings sagt: »Na ja, immerhin entscheide ich mich ja nicht ständig falsch – war eine Ausnahme, Schwamm drüber«, beruhigt einen das eher, als dass es einen motiviert, seine Entscheidungen in der Zukunft besser zu überdenken. Epstudes Forschung zeigt zudem, dass man manchmal Fehler bagatellisiert, um schnell wieder in eine gute Stimmung zu kommen.

In vielen Fällen wird man eine schlechte Entscheidung jedoch kaum bemerken. Oder kennen Sie viele Leute, die den Kauf ihres Autos bereut haben oder sich eingestehen, dass sie das schlechteste Handy gekauft haben? Trotz eklatanter Fehlentscheidungen sind wir mit uns und unseren Entscheidungen meist zufrieden. Die Forschung zeigt, dass Menschen grundsätzlich davon überzeugt sind, gute Entscheidungen zu fällen. Das vorrangige Ziel unseres *psychischen Immunsystems,* wie Daniel Gilbert es nannte, sei, dass wir uns gut fühlen und gut über uns denken. Es hübscht unsere Urteile über uns selbst nicht selten auf und zieht seine Register auch im Angesicht von Fehlentscheidungen.

Diese Strategie wird, auf ihren Entdecker Leon Festinger zurückgehend, *kognitive Dissonanzreduktion* genannt und sieht folgendermaßen aus: Sobald wir eine Entscheidung gefällt haben, werten wir die gewählte Alternative auf (unser Handy ist super) und die abgewählten ab (die anderen Handys sind schlechter). Wir suchen förmlich nach Anhaltspunkten dafür, wie gut unsere Entscheidung war. Dies ist vor allem dann der Fall, wenn wir eine endgültige Entscheidung gefällt haben. Erinnern wir uns: Menschen mögen Entscheidungen nicht besonders, denn sie machen Arbeit und bringen Unsicherheit mit sich. Es besteht zuweilen sogar eine regelrechte Entscheidungsaversion. Und wenn sie sich endlich entschieden haben, haben sie überhaupt keine Lust, noch einmal in diesen unangenehmen Zustand der Unsicherheit zurückzukehren. Dies würde eine Dissonanz erzeugen, die gesunde Menschen zu reduzieren versuchen. Wenn man die abgewählte(n) Alternative(n) abwertet und so der Unterschied zur gewählten groß genug ist, braucht man Letztere auch nie mehr in Zweifel zu ziehen. Dann ist das Problem ein für alle Mal geklärt und die Dissonanz aufgelöst. Eine Untersuchung zeigt dementsprechend, dass man nach dem Autokauf bevorzugt die Werbung beachtet, in der es um den Wagen geht, den man selbst gekauft hat – auf Werbung abgewählter Alternativen hat man dagegen überhaupt keine Lust. So als müsse man sich einreden, dass man auch wirklich die beste Entscheidung gefällt hat.

Leon Festinger entdeckte diese Phänomene, als er in den 50er-Jahren in den USA eine Sekte untersuchte, in der sich Merkwürdiges abspielte. Ihre Führerin, Marian Keech, behauptete, sie hätte von der Außerirdischen »Sananda vom Planeten Clarion« die Nachricht empfangen, dass eine gewaltige Flut über die Erde hereinbrechen würde und nur diejenigen, die ihr folgten, mit Raumschiffen gerettet würden. Sie scharte in Wisconsin immer mehr Sektenmitglieder um sich, die ihren Vorhersagen glaubten und des Tages X harrten. Die Flut blieb aus. Und was machten die Sektenmitglieder? Hielten

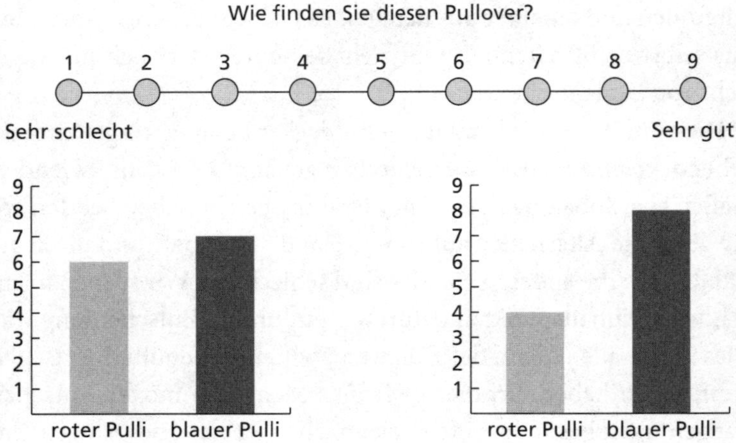


**Abb. 16 Dissonanzreduktion am Beispiel eines Pulloverkaufs; Bewertungen für gewählte und nicht gewählte Alternativen. Links: Vor der Entscheidung, die Kundin wählt den blauen Pulli. Rechts: Nach der Entscheidung.**

sie sich für dumm, hassten sie Marian, zogen sie vor Gericht, weil sie sie angelogen hatte? Mitnichten. Anstatt sich von ihrer Führerin abzuwenden, sahen sich die Anhänger in ihrem Glauben bestärkt: Waren es denn etwa nicht Marian und ihre gemeinsamen Gebete, die die Welt vor der Sintflut bewahrt hatten? Beseelt zogen die Sektenmitglieder los, noch mehr Menschen von der Richtigkeit ihres Glaubens zu überzeugen. Ein klarer Effekt von Dissonanz, so Festinger, denn wer gesteht sich schon eine solche Blödheit ein? Die menschliche Psyche baut sich die Wirklichkeit so, dass man auch angesichts eklatanter Fehler noch in den Spiegel schauen kann.

Dieses Phänomen der Selbstzufriedenheit nach einer Entscheidung finden wir vor allem dann, wenn Fehlentscheidungen nicht völlig offensichtlich oder eindeutig sind – und das sind sie selten, wie auch Alltagsbeispiele zeigen. Viele, vor allem komplexe Situationen haben positive wie auch negative Aspekte: So ist eine gähnend langweilig gewordene Ehe eventuell »beruhigend«, »gibt einem Wärme« oder »Vertrautheit« – man wird schon etwas finden, was einem an einer ungünstigen Partnerentscheidung dann doch gefällt. Und so loben wir das Essen in einem Hotel, von dem wir uns eigentlich mehr versprochen hatten. Jetzt sind wir schon mal hier, und der Service und der Wein sind gut, da kann es schon mal passieren, dass die überteuerten Steaks zu zäh sind – vermutlich ist es Biofleisch, da laufen die Viecher viel rum und haben kräftige Sehnen …

## Einstellungen – Stabil und brüchig zugleich

Irgendwann werden aus Urteilen Einstellungen, die wir häufig als stabile Meinungen über bestimmte Menschen, Situationen oder Objekte verstehen. So etwas wie »Atomkraft muss abgeschafft werden«, »Amsterdam ist eine dreckige Stadt« oder »Adele ist die beste Soulsängerin der Welt«.

Woher kommen solche Überzeugungen? Einige, besonders diejenigen, die größtenteils auf Emotionen basieren, sind durchaus genetisch bedingt. Überzeugend zeigen Studien, dass eineiige Zwillinge bei Musikpräferenzen oder in der Partnerwahl stärkere Übereinstimmungen als zweieiige aufweisen, und das selbst dann, wenn sie nach der Geburt getrennt wurden.

Neben genetischen Faktoren spielt die Konditionierung eine große Rolle. Werden ständig positive Erfahrungen an ein bestimmtes Ereignis gekoppelt, wird beides gemeinsam abgespeichert. Jemand, der häufig mit Pudding von Mami belohnt wurde, wird seine positive Einstellung gegenüber Pudding selten wieder los. Analog gilt das ebenso für negative Einstellungen. Jedoch sind solche Prozesse veränderbar: Wenn mein Popidol von einer bestimmten Zeitung ständig gelobt wird und ich diese Zeitung absolut nicht mag, kann der negative Wert der Zeitung auf meine Einstellung abfärben. Ein eher trauriges Beispiel aus der Medizin: Häufig raten Ärzte Krebspatienten, während der Chemotherapie auf ihre Lieblingsgerichte zu verzichten, weil sie diese sonst nach der oft unangenehmen Behandlung mit Schmerzen und Unwohlsein verbinden und dann nicht mehr mit Genuss essen können. Solche Konditionierungsprozesse greifen so massiv in bestehende Einstellungen ein, dass viele ernsthafte Wissenschaftler kaum noch an völlig stabile, das heißt ein Leben lang unverrückbare Einstellungen glauben.

Forschung zur *evaluativen Konditionierung* zeigt, wie schnell Einstellungen durch subtile, situative Manipulationen geändert werden können. Blitzt man kurz vor dem Beurteilen von Personen positive Wörter wie »Himmel« oder »Strand« unterhalb der Wahrnehmungsschwelle am Bildschirm ein, ändert sich die Einstellung der Probanden gegenüber den Personen zum Positiven. Eva Walter konnte sogar zeigen, dass sich solche Konditionierungseffekte ausweiten können. Wurde die Einstellung zu einer vormals neutralen Person durch einen negativen Reiz beeinflusst, sprang die soeben erworbene negative Einstellung auch auf Personen über, die mit Ersterer in Verbindung gebracht wurden, aber nicht direkt mit dem Reiz präsentiert worden waren. Im Alltag könnte das so aussehen, dass jemand gegen meinen Bruder einen Internet-Shitstorm initiiert und ich, der ich damit eventuell gar nichts zu tun habe, ebenfalls negativ bewertet werde.

Früher nannte man so etwas Sippenhaft, und die moderne Forschung zeigt, dass solche Prozesse auch unbewusst geschehen können. Man braucht zu Pauschalabwertungen also gar keine umständlichen Schlussfolgerungsprozesse in dem Sinne: »Na, wenn der Vater ein Gewaltverbrecher ist, wird das auch auf den Sohn abgefärbt haben«, sondern empfindet spontan die Kinder von Gewaltverbrechern als ungezogen und gewaltbereit.

Es ist bemerkenswert, wie schnell sich viele Einstellungen durch Kleinigkeiten verändern. Die mehrfach erwähnten Studien der Sozialpsychologen Norbert Schwarz und Jerry Clore, die zeigten, dass das Wetter einen Einfluss auf die Lebenszufriedenheit hat, ist ein Beispiel dafür. Wie kann man sich das konkret vorstellen? Vermutlich ändern Anfangsbedingungen wie das Wetter den Blick oder die Suchrichtung auf bekannte Einstellungsobjekte, die im Gedächtnis sowohl mit positiven als auch mit negativen Aspekten versehen sind. Nehmen wir als Beispiel einen BMW, der vielleicht mit Assoziationen wie »deutsches Qualitätsprodukt« und »Prestige« belegt ist, aber genauso auch mit »liegt im Winter unsicher auf der Straße« oder »Spritfresser«. Ist die Suchrichtung positiv gebahnt, beispielsweise durch ein Glas Sekt aus der Hand des Verkäufers, finden wir vornehmlich all die positiven Aspekte im Gedächtnis wieder; dann ist der BMW schick und qualitativ überragend, und alles Negative tritt in den Hintergrund. Ist die Suchrichtung negativ, weil etwa mein Kind quengelt, finden und aktivieren wir Gedanken wie »unsichere Straßenlage« oder »überteuert«, und schon wird die Einstellung zu dem Wagen negativer.

## Kognitive Dissonanz: Wenn Einstellungen und Verhalten sich nicht vertragen

Manchmal werden Einstellungen auch verändert, wenn sie als unstimmig zu anderen Einstellungen oder unserem Verhalten empfunden werden, also eine *kognitive Dissonanz* auslösen. Kognitive Dissonanz ist demnach nicht nur dann ein Phänomen, wenn man eine eventuell falsche Entscheidung gefällt hat *(post-decisional dissonance* genannt), sondern auch, wenn man etwas tut, das mit anderen Werten kollidiert. Ein solcher Zustand wird als unangenehm empfunden und motiviert Menschen, die Dissonanz zu reduzieren. Jemand, der raucht, aber Rauchen eigentlich für ungesund hält, empfindet eine solche Dissonanz, genau wie ich, der überzeugt ist, man müsse etwas gegen den Klimawandel tun, und sich dann – wie an jenem Morgen auf dem Weg zur Arbeit – einen Coffee to go holt. Kognitive Dissonanz ist eine wahrgenommene Diskrepanz zwischen einer Einstellung und einem Verhalten: Da passen zwei Gedanken (Rauchen und Gesundheit) schlichtweg nicht zusammen und versetzen das Individuum in eine unangenehme Spannung.

Die Dissonanz zwischen »Ich finde Rauchen ungesund« (Kognition 1) und »Ich rauche« (Kognition 2) können Sie natürlich verändern, indem Sie aufhören zu rauchen. Das wäre die Methode der *Verhaltensänderung:* Wenn Dissonanzen zu groß werden, wenn ich beispielsweise kaum noch eine Treppe hochkomme und mein Arzt mir zigmal erzählt hat, wie sehr ich mich durch Rauchen gefährde, höre ich letztendlich auf damit. Solche Verhaltensänderungen sind aber aufwendig, kosten Energie und sind deshalb nicht besonders beliebt. Wir beobachten, dass viele trotz der dissonanten Informationen, die nun auch noch auf den Zigarettenpackungen in Form von Horrorbildchen überdeutlich präsentiert werden, einfach weiterrauchen. Warum machen sie das, wenn es sich doch so schlecht anfühlt?

Die Forschung entdeckte einige kognitive Strategien zur Auflösung dieser Dissonanzen, die Menschen helfen, nicht dauernd über solche Widersprüche nachzudenken. Sie helfen ihnen, sich gut zu fühlen, ohne ihr Verhalten ändern zu müssen. Dazu gehören die Strategien des *Bagatellisierens*, des *Trivialisierens* oder *Rationalisierens.* Gehen wir diese einmal am Fall des Rauchens durch: Da es vielen schwerfällt, sich das Rauchen abzugewöhnen, könnten sie die Wahrnehmung verändern, sich zum Beispiel sagen: »Gesundheit ist ja nicht alles, man muss sich auch mal was gönnen.« Sie könnten sich auch spontan mit jemandem vergleichen, der viel mehr raucht: »Ich rauche ja nur zehn am Tag.« Alternativ könnten sie Rauchen mit Verhaltensweisen vergleichen, die noch schlimmer sind: »Ich rauche, nun gut, dafür kokse ich nicht« – all dies würde Dissonanz reduzieren, und sie könnten munter und sorgenfrei weiterrauchen. Darüber hinaus könnten sie auf die Suche nach positiven Aspekten gehen: »Wenn ich rauche, fühle ich mich entspannt«, oder: »Wenn ich nicht rauche, kann ich nicht aufs Klo.« Manche rationalisieren ihr Verhalten: »Wenn ich nicht rauchen würde, wäre ich viel dicker und außerdem viel schlechter drauf, und das wäre auch nicht gesund.« Zur Dissonanzreduktion werden auch gern wissenschaftliche Befunde angezweifelt: »Die finden doch sowieso nur das raus, was sie wollen«, oder sie werden durch (Schein-)Argumente ausgehebelt: »Helmut Schmidt hat geraucht wie ein Schlot und ist 96 geworden.«

Alle diese Möglichkeiten, die von Leon Festinger in den 60er-Jahren untersucht wurden, führen zu einer Einstellungsänderung, die die Dissonanz reduziert: Rauchen wirkt nach all diesen Konstruktionsprozessen plötzlich nicht mehr so schlimm. Und alle diese Strategien führen letztendlich dazu, dass das vormals ungewünschte

Verhalten beibehalten wird. Menschen sind unglaublich kreativ im Erfinden von Entschuldigungen und Rechtfertigungen. Das mag zunächst wie Selbstbetrug klingen und wirkt irgendwie dysfunktional, aber auf der anderen Seite sollte man bedenken, dass der Selbstwert eines Menschen, der eine wichtige Ressource für das psychische Immunsystem darstellt, durch solche Prozesse gestärkt wird.[1]

**Den Griff zur Zigarette, die man eigentlich nicht rauchen wollte, kann man rechtfertigen, indem**
**– Neue konsonante Kognitionen hinzugefügt werden: z. B. »Es beruhigt mich«**
**– Bestehende dissonante Kognitionen abgezogen werden (Ignorieren oder Verdrängen): z. B. »Viele sterben auch nicht daran!«**
**– Vorhandene Kognitionen durch andere Kognitionen ersetzt werden: z. B. »Ein Wissenschaftler behauptete im TV, dass es sich dabei nicht unbedingt um eine Sucht handelt«**
**– Auch durch Trivialisierungen und Rationalisierungen: z. B. »Es gibt Schlimmeres als Rauchen!«**
**– Verhalten geändert wird: »Ich höre mit Rauchen auf.«**

Allerdings, so habe ich festgestellt, sind wirkliche, echte Verhaltensänderungen wirksamer: Wenn wir tatsächlich mit dem Rauchen oder anderen ungewünschten Aktivitäten aufhören, sind wir einmal mehr stolz auf uns und steigt unser Selbstwert nachhaltig. Ich erzähle immer noch gern, wie ich heimlich zum Jahreswechsel 2000 in Wien mein Kettenrauchen beendete und wie gut ich mich seitdem fühle. Wenn man wirklich an einer Verhaltensänderung interessiert ist, sollte man versuchen, alle Dissonanz reduzierenden Strategien zu unterlassen. Probieren Sie einmal aus, sich eine Woche nicht zu entschuldigen – dann bleibt Ihnen gar nichts anderes übrig, als ungewünschtes Verhalten zu ändern. Sie werden aber bemerken, dass Sie es kaum schaffen, sich mit Entschuldigungen zurückzuhalten. Wir scheinen Dissonanzreduktion so prozeduralisiert zu haben, dass wir häufig spontan und automatisch mit Rechtfertigungen aufwarten.

Tatsächlich ist vieles, was wir tun, nicht im Einklang mit unseren

Einstellungen, und daher ist es nützlich, Rechtfertigungen immer parat zu haben. Das fängt mit der Plastiktüte an, die wir im Supermarkt mit schlechtem Gewissen kaufen, weil wir wieder mal die Stofftasche vergessen haben (»Es war ein stressiger Tag, sorry, und außerdem hält meine Stofftasche den Klimawandel eh nicht auf«). Das geht damit weiter, dass wir unser plärrendes Kind anmeckern, das sich im Einkaufswagen die Finger eingeklemmt hat (»Sorry, man ist ja auch nur ein Mensch!«), und hört damit, dass wir die E-Mail eines verzweifelten Kollegen ignorieren (»Sorry, aber ich habe keine Lust auf ein Burn-out«), noch lange nicht auf. Alles Teil des Alltags, alles unschön, aber durch kognitive Strategien reparabel und auszuhalten.

In meinen Beispielen habe ich zwei Arten der kognitiven Dissonanz beschrieben: Weiter oben berichtete ich über Dissonanzreduktion nach Entscheidungen, und gerade eben ging es allgemein um Dissonanzreduktion, wenn Einstellung und Verhalten sich widersprechen. Eine weitere Variante ergibt sich bei der *Anstrengungsrechtfertigung*. Nehmen wir an, Sie haben jahrelang für eine Reise nach Neuseeland gespart, um den Milford Track zu erwandern. Das Ganze ist irre teuer, es gab Turbulenzen bei einem der Flüge und Verspätungen, und als Sie endlich vor Ort ankamen, regnete es wie aus Kübeln. Teile des Tracks waren weggeschwemmt, Sie wanderten zwei Tage lang durch Matsch, irrten orientierungslos durch Wassermassen. Sandfliegen fügten Ihnen entzündliche Bisse zu, und in den Camps grassierte eine Magen-Darm-Grippe. Frustrierend und ätzend? Ein Horror? Im Gegenteil. Um diese Anstrengung, um die Opfer und die Entbehrungen für diese Reise vor sich und anderen zu rechtfertigen, werden Sie sie höchstwahrscheinlich für umso attraktiver halten. Sie werden erzählen, wie viel Spaß es machte, wie ein kleines Kind durch Schlamm zu stapfen, wie stolz Sie auf sich waren, als Sie sich in der Hütte mit klammen Klamotten einen Platz am Feuer erkämpft hatten, und wie wild und schön die Landschaft war – ist ja nun einmal ein *Regen*wald!

Festinger wies diesen Mechanismus in einem berühmten Experiment nach, in dem Versuchspersonen zu einer Studie eingeladen wurden, um an einer angeblich spannenden Diskussion über Sex teilzunehmen. Tatsächlich war die Diskussion öde und lang. Anschließend bat der Versuchsleiter die Probanden um eine Lüge: Sie sollten doch bitte anderen Wartenden erzählen, wie toll die Studie wäre. Als Belohnung erhielten einige einen Dollar, andere zwanzig. Dann sollten sie noch einmal angeben, wie gut sie die Untersuchung gefunden hatten. Es zeigte sich, dass diejenigen, die nur einen Dollar für die Lüge erhalten hatten, die Studie viel attraktiver fanden als vorher. Versuchspersonen, die zwanzig Dollar bekommen hatten, empfanden die Untersuchung weiterhin als langweilig. Dies ist durch folgende Prozesse zu erklären: Wenn man für wenig Gage an einer zeitaufwendigen Studie teilnimmt und dann noch lügen muss, was anstrengend ist und eigenen Einstellungen zur Ehrlichkeit widerspricht, kommt man am besten aus der empfundenen Dissonanz, wenn man das Experiment für besser hält, als es war: »Na, so schlimm war es nicht – ich lüge ja nicht mal, wenn ich das sage.« Wenn man dagegen eine fette Belohnung für die Lüge bekommt, dann ist das Rechtfertigung genug, und man muss das Experiment nicht aufwerten, um das unangenehme Gefühl zu bekämpfen.

Vermarkter und elitäre Gruppen spielen mit diesem Effekt, wenn sie den Zugang zu bestimmten Objekten, Plätzen oder Gruppen schwierig gestalten. Ein Golfklub, ein Tennisverein, eine Privatuni, eine Disko *muss* gut sein, wenn Mitgliedsbeiträge oder Eintrittspreise exorbitant hoch oder die Warteschlangen elendslang sind. Ein Wein für 120 Euro *muss* gut schmecken, eine Uhr für 5000 Euro *muss* cool sein – wie sonst könnte man sich erklären, dass man sich so etwas gekauft hat?

Die Wirkung von Initiationsriten kann ebenfalls durch solche Anstrengungsrechtfertigungen erklärt werden, wie die Autoren Elliot Aronson und Judson Mills gezeigt haben, denn typischerweise sind sie hart, aber trotzdem nicht abschreckend. In den USA (aber nicht nur da) sind teils schwierige oder eklige Aufgaben zu lösen, um von einem Collegesportteam akzeptiert zu werden. Das geht von eine ganze Leber schlucken über Erdnussbutter zwischen den verschwitzten Zehen der Spieler lecken bis hin zu lebensgefährlichen Aktionen, etwa über ein Starkstromkabel springen. Hat man sich selbst überwunden oder sogar das Leben riskiert, um in einer Gruppe angenommen zu werden, *muss* sie einfach gut sein – und schon verschwindet das Bauchgrummeln nach der Entscheidung.

Solche Effekte finden wir vor allem dann, wenn Menschen das Gefühl haben, frei entschieden zu haben. Zwingt man sie dazu, haben sie Rechtfertigung genug. Wenn ich von meinem Sportlehrer gezwungen werde, einen Marathon zu laufen, kann ich das ätzend finden und Lehrer hassen. Wenn der Lehrer mir aber die freie Wahl lässt, dann werde ich trotz Wadenkrämpfen und zwei Wochen Grippe danach das Ganze toll finden und den Lehrer super.

In Studien zur Dissonanzreduktion ging es vor allem um finale, also nicht zurücknehmbare Entscheidungen. Nira Liberman und ich haben jedoch auch den Fall der umkehrbaren Entscheidungen unter die Lupe genommen, die im Alltag nicht selten vorkommen. Was passiert, wenn wir einen Pullover, dessen Farbe uns nach dem Kauf nicht mehr gefällt, umtauschen können oder wenn wir uns für einen von zwei Bewerbern entschieden haben und dann eine zweite, ähnliche Stelle frei wird? In diesen Fällen, so zeigten unsere Studien, findet Dissonanzreduktion nicht statt. Könnten wir den blauen Pulli, den wir uns gekauft haben, umtauschen, werten wir ihn nicht auf, und den roten, der im Laden geblieben ist, nicht ab. Offensichtlich ist es so, dass wir den roten Pulli als Option im Gedächtnis behalten, und dies kommt uns dann nicht als besonders dissonant vor. Im Gegenteil, wenn wir mit dem blauen zufrieden sind – vielleicht sind wir das ja zusätzlich mit dem roten?

Können wir etwas umtauschen oder rückgängig machen, wird kein unangenehmes Gefühl ausgelöst, das man reduzieren müsste. Allerdings machen uns die nicht finalen Entscheidungen zu schaffen. In einer von mir betreuten Dissertation konnte Lottie Bullens zeigen, dass die Möglichkeit zum Umtausch auch einen Haken hat: Man wird nicht fertig mit Entscheiden und denkt immer noch weiter über die abgewählte Alternative nach. So gern wir es also haben, wenn wir etwas umtauschen können, es belastet unser Arbeitsgedächtnis. Manchmal ist es besser, sich zu entscheiden und basta.

# 11
# Ich weiß, wer du bist – Personenbeurteilung

Der Firmenchef will sich nicht belehren lassen: »Jaja, ich weiß, lieber Herr Professor Förster, dass in amerikanischen Bewerbungen kein Foto mitgeschickt werden darf. Aber wir sind hier in Deutschland, und zu einer guten Bewerbung gehört für mich ein tolles Porträt, und das können Sie mir glauben, Herr Professor, ich sehe einem Menschen eine Sekunde lang ins Gesicht und weiß, um wen es sich da handelt. Ich habe 3000 Mitarbeiter, wir machen Milliardengeschäfte, das müssen Sie mir schon glauben, dass ich Menschenkenntnis habe.«

Viele behaupten von sich, Gesichter quasi lesen zu können. Ist das wieder einmal eine dieser typischen Selbstüberschätzungen, oder ist etwas Wahres dran? Was sagt die Forschung zu diesem Thema?

Im vorigen Kapitel ging es bereits um Urteile, und ich habe des Öfteren Beispiele aus dem Personenbereich gebracht. Viele Urteilsprozesse, die wir bei der Bewertung von Objekten finden, treffen natürlich ebenso auf die Personenbewertung zu. Priming, Stimmungs- und Konditionierungseffekte finden wir auch hier. Die Konditionierungsexperimente von Eva Walter sind ein gutes Beispiel: Wird ein fremder Mensch auf einem Foto mit jemandem gezeigt, den man mag, kann das auf den Fremden abfärben. Das ist vermutlich der Grund, warum sich manche Menschen gern in der Gesellschaft von Prominenten aufhalten. Sie haben die Hoffnung, dass etwas vom Glanz der Statusfreunde auf sie abfärbt. Ebenso wirkt sich der Wert von Statusobjekten wie »mein Haus, mein Auto, mein Boot« auf die Bewertung von Personen aus – die gesamte Marken- und Luxusindustrie lebt von diesem Effekt.

Trotz allgemein wirkender Prozesse, die bei fast allen Urteilen eine Rolle spielen, haben sich einige Sozialpsychologen auf die Beurteilung von Personen spezialisiert, weil es sich bei Menschen um außerordentlich komplexe »Urteilsgegenstände« handelt und es spezielle Merkmale, wie die (sexuelle) Attraktivität, oder die wohlwollende oder abfällige Bewertung von Verhaltensweisen gibt, die bei Objekten keine Rolle spielen. In der letzten Zeit haben wir gesehen, dass es selbst für Fußballer nützlich ist, gut auszusehen. Definierte Sixpacks, gezupfte Augenbrauen, glänzendes, volles Haar sowie hippe Klamotten sind – auch außerhalb des Rasens – heute deutlich öfter zu sehen. Es macht auch etwas aus, wie sich unser Held verhält. Schlägt er einen anderen Spieler nieder, kann sich unsere vormals positive Meinung ihm gegenüber verschlechtern – oder, wie wir noch sehen werden, sogar verfestigen.

## Der erste Eindruck – Von unserer Menschenkenntnis

Treffen wir auf einen Fremden, haben wir in Millisekundenschnelle ein Urteil gefällt. Im Nu kommt uns jemand sympathisch oder unsympathisch vor. Manchmal »wissen« wir sofort, warum, manchmal nicht. Und viele sind, wie der Unternehmer im obigen Beispiel, davon überzeugt, dass sie »Menschenkenntnis« oder eine »gute Intuition« haben. »Ich habe doch schon immer gewusst, dass der ein Angeber ist« oder »Ich habe gleich gespürt, dass wir auf einer Wellenlänge schwimmen« sind typische Sätze, mit denen wir unsere ersten Urteile später bewerten, wenn sie sich bestätigen. Manchmal hat man gar ein Gefühl, weissagen zu können. So fragte mich eine Kollegin vor Kurzem, was ich von einem Kollegen halten würde – sie hätte ihn neulich bei einem Vortrag gesehen. Ich sagte ihr, dass ich überhaupt nichts von ihm hielte, denn eine Freundin hatte mir berichtet, dass er sie in ihrer Studienzeit darum gebeten hatte, ohne Unterwäsche zur mündlichen Prüfung zu erscheinen. Daraufhin die Kollegin: »Und das habe ich sofort gespürt. Der hatte so etwas unglaublich Schleimiges! Wie der schon die Moderatorin umarmt hat. Widerlich! Ich habe das *sofort* gesehen!«

In der modernen Psychologie würde man solche Wunder recht einfach und nüchtern erklären können. Menschen lassen sich durch bestimmte Merkmale beeinflussen und sind hinterher davon überzeugt, dass sie in ihrer Bewertung richtiggelegen haben, weil sie nach hypothesenkonformer Information suchen. Der Mann war ihr vermutlich tatsächlich unsympathisch, und im Lichte der von mir gestreuten Information erschien ihr die Umarmung der Moderatorin retrospektiv als »schleimig«.

Auf welche Merkmale achten Menschen? Natürlich sind viele Bewertungsprozesse motivgetrieben, was bedeutet, dass ich bestimmte Personen für bestimmte Aufgaben oder Kontexte suche. Wenn ich Zwölfjährige für eine Basketballmannschaft rekrutieren soll, eine Studentin für eine Doktorandenstelle oder eine Rezeptionsdame für ein neues hippes Hotel, achte ich zielgesteuert auf bestimmte relevante Eigenschaften, beim Basketballer auf Größe, Knochen, vorherige Verletzungen, bei der Doktorandin auf soziale, emotionale und kognitive Intelligenz und bei der Empfangsdame auf Freundlichkeit, Sprachgewandtheit, Charme und vielleicht auch das Äußere.

Diese Prozesse scheinen zunächst einmal nicht unvernünftig zu sein, obwohl ich dabei durchaus subjektive Faktoren mit einfließen lasse (zum Beispiel ist emotionale Kompetenz nicht für jeden meiner Kollegen eine Voraussetzung für Doktoranden, und nicht jeder Basketballtrainer sucht heute noch nach »langen« Jungs). Nichtsdestotrotz habe ich mir für mich relevante Kriterien vorher bewusst überlegt. Da Personenurteile aber in Sekundenschnelle getroffen werden, fließen immer auch unbewusste Aspekte mit ein.

Wie bei den Zwei-Prozess-Modellen in Kapitel 9 gibt es zwei grundverschiedene Situationen: Entweder habe ich die Zeit, die kognitiven Ressourcen und die Motivation, um ein faires Urteil zu fällen, oder ich habe sie nicht. In letzterem Fall sind unbewusste Einflüsse umso wahrscheinlicher. Zusätzlich macht es einen großen Unterschied, ob ich eine Person beurteilen muss, die ich seit Längerem kenne. Wenn ich mehr über einen Menschen weiß und ihm häufiger begegnet bin, habe ich auf jeden Fall mehr Informationen zur Beurteilung zur Verfügung. Ich habe die Person in verschiedenen Stimmungen, in leichten und schwierigen Situationen und einzeln oder mit mehreren erlebt. Ich habe ihre Schwankungen in der Tagesform wahrnehmen können und vieles mehr.

Da dies ein komplexeres Bild liefert, gibt es in vielen Firmen Assessment-Center, in denen Bewerber in verschiedenen Situationen über einen längeren Zeitraum hinweg beobachtet und bewertet werden. Dies zeigt, wie sehr man sich bei Personalentscheidungen von der Idee des angeblich aussagekräftigen »ersten Eindrucks« entfernt hat und dass viele Organisationen und Betriebe das kleine Zeitfenster eines halbstündigen Bewerbungsgesprächs, wie es früher üblich war, nicht mehr als ausreichend erachten. In tagelangen Beobachtungen kann man eher feststellen, dass dem gewinnenden, charmanten Regensburger die Luft ausgeht, während die zunächst schüchterne Kielerin Tag um Tag aufblüht und immer mehr Witz zeigt.

Zudem verbessern sich Urteile, wenn wir Meinungen anderer mit einbeziehen, die mit der Person schon Erfahrungen gemacht haben. Erweitere ich die Urteilsgrundlage, habe ich eher eine Chance, faire Urteile zu fällen. Konstruktivisten, mich eingeschlossen, würden nun behaupten, dass es sich auch bei diesen Urteilen nicht um »richtige« oder »falsche« handelt. Natürlich ist es so, dass man bei einer Person, die einem auf den ersten Blick sympathisch erscheint, automatisch eine positive Suchrichtung einschlägt: Da fallen dann der Fleck auf der Bluse und die abgebissenen Fingernägel nicht ins Gewicht, sondern man fokussiert auf das schöne Lachen oder die tolle Stimme. Jedoch hat eine Person bei einer längeren Beobachtungsphase wenigstens die Chance, ein anfangs vielleicht ungünstiges Verhalten zu korrigieren, und die Beurteiler können ihre Betriebsblindheit abstellen.

Letztlich sind Urteile niemals objektiv, sind sie immer eine Funktion von P(ersönlichkeit) und U(mwelt), also dem Beurteiler und dem Beurteilten, sowie vor allem ihrer Interaktion. Sobald ich mit leichter Zurückhaltung auf eine Bewerberin reagiere, weil sie mich vielleicht unbewusst an eine blöde Mitschülerin von früher erinnert, wird sie sich weniger sicher fühlen und sich eventuell ungünstiger verhalten als sonst. Und je ungünstiger sie sich verhält, umso weniger mag ich sie.

Aber was ist schon »ungünstig«? Oftmals ist es sinnvoll, auf die Passung oder den Match zwischen der eigenen Person und der Aufgabe, die der Bewerber übernehmen soll, zu bauen – die Frage wäre also nicht mehr: »Ist die mir sympathisch?«, sondern: »Passt die als Mitarbeiterin gut zu mir?«, oder: »Passt die gut in mein Team?« Das ist tatsächlich nicht immer dasselbe. Ich habe erst lernen müssen, dass Mitarbeiter, die super organisiert sind, gut zu mir passen, obwohl mir das Akribische an ihrem Verhalten spontan und privat meist nicht gefällt. Früher habe ich vor allem Leute eingestellt, mit denen ich mir vorstellen konnte, nachts auch in der Kneipe zu sitzen. Das ist heute kein Kriterium mehr, weil ich finde, bei der Arbeit geht die Rolle über die Person.

Personenurteile sind, wenn überhaupt, immer nur Annäherungen an andere Menschen. Mehr noch: In meinen Vorurteilstrainings weise ich häufig darauf hin, dass eine schlechte Bewertung eines anderen, wenn man diese Person noch nie vorher gesehen hat, immer mehr über einen selbst aussagt als über diesen anderen. Werte ich jemanden ab, bin das ich und niemals der andere. Es sei denn, er schlägt einem ins Gesicht oder äußert direkt Beleidigungen. Ansonsten – und ich bitte Sie, diesen Satz einmal auf sich selbst anzuwenden: Wenn Sie jemandem begegnen, den Sie spontan nicht mögen, sind es allein Sie, der diesen Menschen miesmacht. Er kann nichts dafür, dass er dick, dünn oder dunkelhäutig ist, alt oder ein Kind, und er kann nichts dafür, dass Sie gerade einen Furz quer haben oder er Sie an Ihre verhasste Chefin erinnert.

Selbstaussagen des Gegenübers wie »Ich bin diszipliniert« oder »Ich bin fleißig« sind eine weitere Quelle von Informationen. Als Psychologe habe ich mir aufgrund der Forschung allerdings angewöhnt, eher vergangenes *Verhalten* als Vorhersage für die Einschätzung zukünftigen Verhaltens zu nutzen. Wenn mir jemand, nachdem er das 30. Mal zu spät gekommen ist, versichert, er werde das sicher ändern, und eigentlich wäre er ein pünktlicher Mensch, dann messe ich dem Verhalten, also seinem Zuspätkommen, mehr Bedeutung bei als seiner Selbstaussage. Wir werden es in Kapitel 14 noch sehen: Selbstbeschreibungen spiegeln nicht selten Wunschdenken wider.

Wenn Sie sich auf die Meinung anderer verlassen möchten, etwa bei der Personalauswahl auf Referenzen, ist es häufig besser, nach spezifischen Verhaltensweisen zu fragen, als sich auf globale Urteile wie »zuverlässig« oder »kreativ« zu stützen. »Wann hat er das gezeigt?«, »Wie oft hat er das gezeigt?« und »Sehen das andere auch so?« sind nützliche Fragen, die man stellen sollte, und umgekehrt sollte man in Empfehlungen gute *Beispiele* für Verhaltensweisen statt globaler, wertender Urteile geben.

## Globale Urteile: Mit großer Sicherheit meistens fragwürdig

Interessanterweise aber ist genau das Wertende an Eigenschaften der Grund, weshalb wir sie gern zur Beurteilung nutzen, auch wenn wir eigentlich kaum etwas von dem anderen wissen. Menschen kommen uns vertrauenswürdig, freundlich, unfreundlich, schleimig oder nicht ganz geheuer vor, schon nachdem wir sie das erste Mal gesehen haben, wenn wir also keinerlei Informationen über ihr vergangenes Verhalten haben.

In Experimenten von Alexander Todorov und anderen wurden Versuchspersonen am Computer für eine sehr kurze Zeit Fotos von Fremden gezeigt. Danach hatten die Probanden gerade mal eine Sekunde Zeit, die Porträtierten zu charakterisieren: Per Tastendruck sollten sie entscheiden, wie aggressiv, kompetent oder glaubwürdig sie die Person finden oder wie sehr sie sie mögen. Todorov blendet bei seinen Studien Fotos nur für eine Zehntelsekunde ein – in dieser Zeit haben die Versuchsteilnehmer keine Chance, das Bild bewusst zu erfassen, und trotzdem kommen sie spontan zu einem Urteil. Todorov verglich diese Urteile mit solchen, die bei bewusst wahrnehmbarer Präsentation, also bei einer halben oder einer ganzen Sekunde Darbietung, gefällt wurden, und fand Erstaunliches: Es machte keinen Unterschied, wie lang die Fotos gezeigt wurden. Diese Studien belegen sehr eindringlich: Noch bevor wir ein Gesicht voll erkannt haben, haben wir schon ein Urteil gefällt. Und wir haben nicht nur eine Gut-Böse-Unterscheidung getroffen, was ja noch nachvollziehbar wäre, sondern dem Menschen bestimmte Eigenschaften zugeschrieben.

Todorov ging noch einen Schritt weiter. Er präsentierte US-amerikanischen Versuchsteilnehmern am Bildschirm für 100 Millisekunden Politiker, die die Probanden nicht kannten, und fragte, wie kompetent sie ihnen erschienen. Es wurden sowohl Gewinner amerikanischer Senatswahlen gezeigt als auch ihre Herausforderer. Die Urteile, die die Versuchspersonen innerhalb einer Sekunde fällten, entsprachen ziemlich genau den tatsächlichen Wahlergebnissen. Wurde also eine Person von den Probanden für kompetenter eingeschätzt, handelte es sich mit großer Wahrscheinlichkeit um den Wahlsieger. Dies könnte bedeuten, dass Menschen, die sich wochenlang mit den Kandidaten beschäftigt haben, im Grunde die gleiche Urteilsbasis für Wahlentscheidungen heranziehen wie Menschen, die spontan entscheiden. Die Experimente zeigten weiterhin, dass die Probanden auch bei ihrem Urteil blieben, wenn sie mehr Zeit zur Bewertung hatten.

Das Einzige, das sich tatsächlich über die Zeit veränderte, war die *Sicherheit* der Urteilenden. Das mag beruhigen, aber man könnte es auch so sehen: Mit zunehmender Zeit wurden die wenig vernünftigen Urteile mit einer größeren Überzeugung gegeben. Diese Befunde bedeuten nicht, dass wir uns immer und in jeder Situation von unbewussten Prozessen leiten lassen und absolut lernunfähig sind. Sie zeigen jedoch, dass es solche Prozesse gibt, und erschüttern – wie ich finde, auf heilsame Weise – das Menschenbild eines Vernunftwesens, das nur genug nachdenken müsse, um ein gerechtes Urteil zu fällen.

Zur Erinnerung: Menschen sind sehr komplexe Urteilsobjekte. Wer schon einmal längere Zeit mit Mördern oder Gewalttätern gesprochen hat, weiß, wovon ich rede: Auch hier schwindet das Schwarz-Weiß-Denken mit der Zeit, und eine Bewertung ihrer

Person mithilfe abstrakter Eigenschaften erscheint unangebracht. Wenn man dies berücksichtigt, kann man sich immer wieder fragen, ob ein Mensch wirklich so schlecht ist, wie man vielleicht gerade über ihn denkt.

Die schon vorgestellte Technik *consider-the-opposite* hilft ungemein, Urteile zu relativieren, um sich ungeliebten Menschen zu öffnen: Was wäre, wenn diese Person in Wahrheit nett wäre? Was spricht dafür?[2] Inwiefern sind ihre schlimmen Taten auf die Verhältnisse und nicht etwa den Charakter zurückzuführen? Zudem hilft Perspektivenwechsel: Hätte ich in der Situation vielleicht sogar ähnlich reagiert? Und ist es möglich, die Person von der Handlung zu trennen? Wenn ich als Therapeut mit einem Menschen spreche, der Schreckliches getan hat, hilft es mir ungemein, eine Unterscheidung zu treffen: Ich verurteile die *Handlung(en)* – nicht aber den *Menschen*. Anders könnte ich nicht mit ihm arbeiten. Um den Menschen zu verstehen, helfen mir die bereits in den vorigen Kapiteln angesprochenen Attributionen. Vielleicht ist sein schreckliches Verhalten ja nicht stabil, sondern einer speziellen Situation geschuldet? Vielleicht ist er im Kern gut und kann dazulernen?

## »Urteile nie nach dem Äußeren«

Personenurteile können das Leben von Menschen entscheidend beeinflussen. So manchem wird durch unfaire Urteile ein Berufsleben verbaut oder eine Paarbeziehung verwehrt. Verheerend sind Fehlurteile auch vor Gericht. Hier kann man sehen, dass genügend Zeit, um eine gute Entscheidung zu treffen, nicht notwendigerweise weiterhilft. Viele Forschungsprojekte haben ähnliche Vergehen miteinander verglichen und untersucht, inwieweit bestimmte äußerliche Merkmale, wie Gesichtszüge, Hautfarbe etc., das Strafmaß beeinflussten. In diesem Fall haben wir es also nicht mit Experimenten oder Fragebogenstudien zu tun, sondern mit tatsächlichen, aus dem wahren Leben stammenden Zahlen (zum Beispiel Monaten im Gefängnis), die somit in statistische Analysen überführbar sind.

Es zeigte sich, dass – bei gleichen oder vergleichbaren Vergehen – Menschen mit großen Augen und weichen Gesichtszügen, die dem *Kindchenschema* entsprechen, grundsätzlich besser wegkommen als erwachsen aussehende; dass Frauen, die nicht dem »weiblichen« Stereotyp entsprechen (Tattoos haben oder wechselnde Liebhaber), viel härter bestraft werden als der Hausfrauentyp; dass (zumindest in den USA) Menschen, deren Gesichtszüge afroamerikanisch erscheinen, höhere Strafen erhalten als Weiße und nicht so attraktive Menschen höher bestraft werden als attraktive.

Attraktivität ist ein Merkmal, das sich auf viele andere Dimensionen auswirkt. In fast allen Berufssparten haben attraktive Bewerber eine größere Chance auf einen Job, und dies selbst dann, wenn das Aussehen überhaupt keine Rolle spielt, wie bei der Rekrutierung von Orchestermusikern und Soldaten, die sowieso beide ihr Leben lang nur im Graben sitzen. Es grenzt an Zynismus, wenn in manchen Studien sogar versucht wird, solche Entscheidungen zu rechtfertigen, denn die Beurteiler liegen manchmal gar nicht so falsch: Schon im frühen Kindesalter werden attraktive Kinder von Erziehenden stärker gefördert, und dies kann zu positiven Effekten führen. Zwar gäbe es – so neuere Forschung – keinen substanziellen Zusammenhang zwischen Intelligenz und Attraktivität, aber attraktive Menschen sind trotzdem oft erfolgreicher im Leben und werden häufig als sozial kompetenter wahrgenommen.

Weiterhin beurteilen wir ähnliche und uns vertraute Menschen als sympathischer. Vermutlich gibt es einen evolutionären Hintergrund. Bei einer Person, die uns ähnlich sieht, handelt es sich vermutlich nicht um einen Feind, sondern um ein liebenswürdiges Familien- oder Stammesmitglied. Ähnlichkeit bezieht sich jedoch nicht allein auf körperliche Merkmale, sondern auch auf Wertevorstellungen und Ähnlichkeiten in der Biografie. Dieser Zusammenhang ist so automatisiert, dass Menschen sogar andere bevorzugen, wenn diese nur denselben Namen oder am selben Tag Geburtstag haben. Zu weiteren Merkmalen, die bei der Personenbeurteilung eine Rolle spielen, zählen Körpergröße und Macht: Wir bevorzugen normalerweise Menschen, die körperlich größer sind oder einen höheren Status haben (was sich zum Beispiel in entsprechender Kleidung wie Arztkittel oder Markenkleidung ausdrückt).

## Lächle, und die Welt gehört dir

Neben diesen meist unveränderlichen Faktoren spielen während der Interaktion zwischen dem Beurteiler und dem Beurteilten nonverbale Muster eine wichtige Rolle. Allen voran wird Lächeln von den meisten als sympathisch empfunden. Und eigene Studien an der Ruhr-Universität Bochum, in denen wir dieselben Gesichter mal lächelnd und mal nicht lächelnd präsentierten, zeigten, dass wir lächelnde Personen zudem als vertrauenswürdiger, intelligenter und weniger aggressiv einschätzen.

Wir testeten auch eine weniger triviale Hypothese: Evolutionsforscher behaupten, dass sich Frauen zwar für eine Langzeitbeziehung eher einen lieben Grinser wünschen, für ein sexuelles Abenteuer aber einen grimmig aussehenden Macho, einen »richtigen Mann«, vorziehen würden. Entgegen dieser Hypothese konnten sich unsere meist deutschen Studentinnen lächelnde Männer sowohl als Lebenspartner als auch als One-Night-Stand besser vorstellen. Zudem galt der Lächel-Effekt auch für Mitglieder anderer Ethnien, wie türkisch aussehende Menschen und Schwarze. In einer Studie fanden wir den größten Unterschied zwischen einem lächelnden und einem ernst schauenden Gesicht bei Türken – einer Gruppe, die in unserer Gesellschaft häufig für aggressiver gehalten wird. Lächelten sie, verschwand dieser negative Eindruck, und sie wurden viel lieber gemocht. Auch ein lebhafter Gesichtsausdruck und Blickkontakt werden als förderlich für eine gelungene Kommunikation empfunden.

Nicht immer aber liefert diese Forschung eindeutige Befunde. Weiter oben habe ich bereits eine niederländische Studie von van Kleef und Team geschildert, der gemäß ein Pokerface oder ein ärgerlicher Gesichtsausdruck als Signal für Macht oder höheren Status gewertet werden können. In verschiedenen Situationen, zum Beispiel Konkurrenzsituationen, kommt ein taffes Auftreten wohl besser an als ein Lächeln. Vielleicht gibt es auch kulturelle Unterschiede. In unseren Studien an der Ruhr-Universität Bochum fanden wir für einen solchen Effekt allerdings keine Evidenz – selbst für Führungspositionen bevorzugten unsere Teilnehmer lächelnde Gesichter. Letztlich sind die Reize, die in der einen Situation positiv wirken, in einer anderen oft weniger günstig – wobei jedoch, allgemein gesprochen, eine positive Ausstrahlung in vielen Situationen weiterhilft.

## Voreingenommenheiten – Filter bei der Wahrnehmung

Neben solchen einfachen Merkmalen und Signalen bestimmen *Voreinstellungen* unsere Wahrnehmung. Sie wirken wie ein Filter, durch den das, was wir sowieso schon annehmen, eher unser Gedächtnissystem erreicht und wir ihm auch mehr Aufmerksamkeit schenken als Informationen, die wir nicht erwarten. Zum Beispiel würden wir, wenn wir vorab gehört haben, dass eine Person linkisch ist, automatisch auf Verhaltensweisen achten, die auf eine solche Eigenschaft hinweisen. Wir nehmen dann eher wahr, dass sie Schwierigkeiten hat, einen Schlüssel ins Schloss zu stecken oder den richtigen Sender im Radio zu finden. Hätten wir dagegen die Voreinstellung gehabt, dass sie »musikalisch begabt ist«, würden wir die Ungeschicklichkeit beim Aufschließen vermutlich überhaupt nicht wahrnehmen und die längere Zeit, den Radiosender zu finden, als »wählerisch« interpretieren. Durch die *selektive Wahrnehmung* bestätigt man die Voreinstellung: »Hab ich's nicht gesagt: Die ist so linkisch, die kriegt nicht mal einen Schlüssel ins Schloss!«

Haben wir einen – wie auch immer gearteten – Eindruck von jemandem, ist es wahrscheinlich, dass dieser sich auf Beurteilungen von anderen Eigenschaften der Person auswirkt. Eine Freundin erscheint uns nicht nur sympathisch, sondern auch kompetent, intelligent und kreativ. Eine Person, die wir für dumm halten, wird in unseren Augen auch schnell hässlich, unordentlich und humorlos. Wir nennen dies den *Halo-Effekt* (vom englischen Wort für »Heiligenschein«): Man schließt von bekannten Eigenschaften auf unbekannte, und die affektive Tönung strahlt auf alle aus. Nehmen wir an, Sie kommen in die völlig überdekorierte Wohnung eines Kollegen: dort ein Osternest, da ein Blümchen, hier eine Totenmaske vom letzten Urlaub. Wenn Sie ihn für intelligent halten, wird Ihnen dieses Verhalten eher als niedlich, im besseren Sinne als verrückt oder familienorientiert vorkommen. Wäre es die Wohnung einer ungeliebten Nachbarin, die Sie für dumm halten, käme Ihnen das Ganze lediglich geschmacklos und chaotisch vor. Sie würden dann vermutlich auch annehmen, dass sie ein furchtbares Auto hat und dass sie, wenn sie einmal in die Oper geht (»Vermutlich geht die eher in die Operette!«), schrecklich aussieht.

In einem berühmten Experiment der Sozialpsychologen Richard Nisbett und Timothy Wilson wurde amerikanischen Versuchsteilnehmern ein neuer Dozent per Video vorgestellt, der einen starken belgischen Akzent hatte. In einem Video präsentierte er sich als freundlich und verständnisvoll, im anderen als kalt und streng. Wie vorhergesagt, beurteilten die Probanden, die die strenge Version gesehen hatten, den Dozenten negativer. Der Halo-Effekt zeigte sich in einem Einfluss der Videos auf völlig irrelevante Urteilsdimensionen: Der Akzent des »freundlichen« Dozenten wurde als charmant empfunden, derselbe Akzent des »strengen« Dozenten eher als enervierend. Auch fanden die Versuchsteilnehmer den »freundlichen« Dozenten attraktiver.

Vermutlich formen Menschen solche globalen, wenig differenzierten Urteile hauptsächlich aus einem Grund: Sie wollen auf schnellstem Weg ein Gesamtbild einer Person haben, um absehen zu können, wie sie sich in Zukunft verhalten wird. Das Erkennen potenziell gefährlicher oder nützlicher Menschen hat natürlich, wie schon beschrieben, auch evolutionär gesehen Vorteile. Es erlaubt mir, schnell auf möglicherweise riskante Situationen zu reagieren oder jemanden für mich zu gewinnen, der mich beim Erreichen meiner Ziele unterstützen kann.

Mithilfe von Priming-Studien kann man genauer untersuchen, wie der Halo-Effekt funktioniert.

## Donald – Weder eine Ente noch ein Präsident

In der klassischen Studie von Tory Higgins und Kollegen wurden Probanden Wörter in verschiedenen Farben präsentiert. Die eine Hälfte der Versuchspersonen sah Wörter, die mit Selbstvertrauen assoziiert sind (wie »selbstsicher«, »abenteuerlustig«, »unabhängig«, »ausdauernd« etc.), die andere Hälfte solche, die mit Übermut zu tun haben (»rücksichtslos«, »abgehoben«, »stur«, »eingebildet« etc.). Um den Untersuchungszweck zu verschleiern, wurden die Probanden instruiert, die verschiedenen Farben zu nennen, in denen die Wörter gezeigt wurden, und nach dieser Priming-Phase vermeintlich aus dem Experiment entlassen, jedoch gebeten, an einem weiteren Experiment eines Kollegen zur Personenbeurteilung teilzunehmen.

In diesem »zweiten« Experiment wurde ihnen eine Geschichte vorgelegt, in der eine Person namens Donald[3] beschrieben wurde, die sich gern auf Abenteuer einließ: Dieser Donald habe den schwer zu bezwingenden Mount McKinley bestiegen und sei auf dem Colorado Kanu gefahren. Er habe an Wettbewerben mit Jetbooten teilgenommen, ohne viel über diese Boote zu wissen, und habe nun vor, mit einem Segelboot den Atlantik zu überqueren. Liest man die Geschichte, könnte man Donald entweder als einen coolen Abenteurer oder als einen waghalsigen Idioten beschreiben. Die Bewertung der Versuchspersonen war, wie Sie sicherlich schon vermuten, stark davon abhängig, welche Wörter sie in der Priming-Phase gelesen hatten. Bei Probanden, die mit Wörtern rund um Selbstvertrauen geprimt worden waren, waren 80 Prozent der Beurteilungen positiv, bei den anderen nur 20 Prozent. Im Anschluss nach dem Untersuchungszweck befragt, glaubten die Versuchspersonen nicht, dass das »erste« Experiment, also die Priming-Phase, einen Einfluss auf die Beurteilung gehabt hatte.

Diese Befunde bedeuten, dass Informationen, die im Vorübergehen erhascht werden, ein assoziatives Netzwerk im Langzeitgedächtnis aktivieren, das dann zur Beurteilung auch Unbeteiligter genutzt wird. Allerdings gibt es, wie schon einmal angesprochen,

Grenzen: Priming-Effekte wirken am besten, wenn die Priming- und die Beurteilungsphase in zeitlicher Nähe zueinander liegen und das Priming massiv ist. Es macht also etwas aus, wie häufig man einer bestimmten Information ausgesetzt ist. Daher ist nicht zu vermuten, dass ich beispielsweise das Referat einer Studentin schlechter bewerten würde, wenn ich vorher eine Schlagzeile über dumme Menschen gelesen hätte. Jedoch wäre ein Einfluss wahrscheinlich, wenn ich mich den ganzen Morgen mit der Dummheit der Menschen beschäftigt hätte – in einem solchen Fall wäre es gut, mir bewusst zu machen, dass dieser Morgen nichts mit dem Referat zu tun hat.

Auch bei anderen Berufsgruppen kann man sich Verzerrungen durch Priming vorstellen. So könnten bei einem Arzt Diagnosefehler passieren, wenn er morgens drei Patientinnen mit Magersucht behandelt hatte und dann eine vierte kommt, die ein Magen-Darm-Problem hat und von Natur aus recht schlank ist.

Priming bei einer Bewertung funktioniert allerdings nur dann, wenn der Urteilsgegenstand eine gewisse Überschneidung mit dem voraktivierten Konzept hat. Eine stark übergewichtige Patientin würde natürlich nicht als magersüchtig klassifiziert werden, genauso wie eine besonders intelligente Studentin von mir nicht abgewertet würde, nur weil ich mich davor mit Dummheit beschäftigt hätte. Im Fall großer Unterschiede kann es sogar sogenannte *Kontrasteffekte* geben, das heißt, die Studentin wird im Vergleich zu einem sehr dummen Vergleichsstandard als noch intelligenter bewertet.

Früher dachte man, dass solche Kontrasteffekte vor allem dann auftreten, wenn man sich bewusst darüber wird, dass das aktivierte Wissen nichts mit dem Urteilsgegenstand zu tun hat. Und es ist tatsächlich so, dass Bewusstsein über die Effekte eher zu Kontrasteffekten führt. Wenn jemand merkt, dass er mit Selbstvertrauen assoziierte Wörter gelesen hat und dies einen Einfluss auf seine Bewertung von Donald haben könnte, kann er sich sagen: »Nicht mit mir! Ich lasse mich doch nicht manipulieren!« – und bewertet Donald nicht als cool, sondern als waghalsig. Jedoch wissen wir inzwischen, dass Kontrasteffekte auch automatisch auftauchen können, nämlich

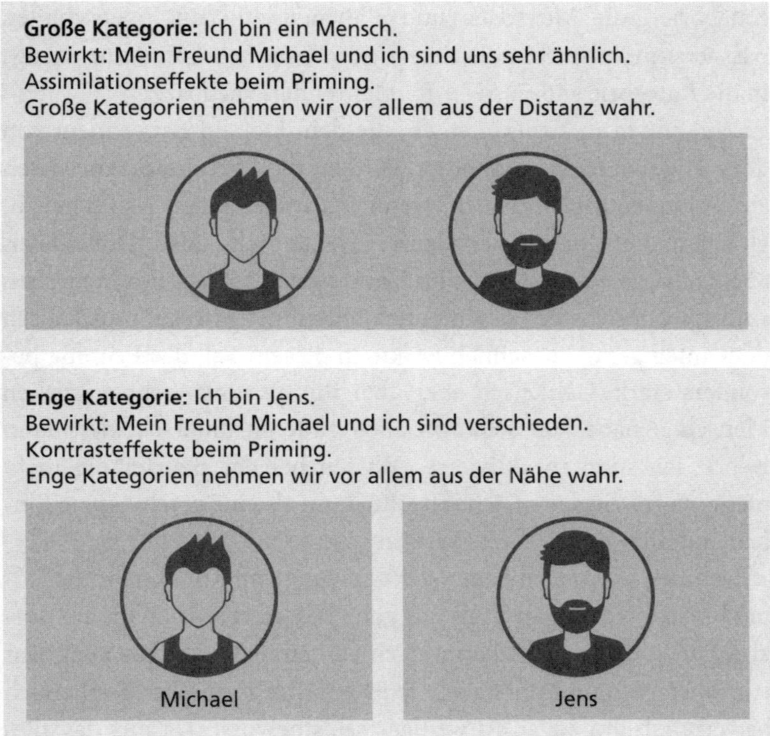


**Abb. 17 Glomo$^{SYS}$ nach Förster & Dannenberg (2010)**

dann, wenn man auf ein spezifisches Konzept im Gedächtnis fokussiert.

Zusammen mit Nira Liberman und Laura Dannenberg habe ich die GLOMO$^{sys}$-Theorie entwickelt. GLOMO steht für *GLObal versus LOcal processing MOdel,* ein Systemmodell globalen und lokalen Wahrnehmens und Denkens. Die Theorie besagt im Kern, dass ich über Dinge, Menschen und mich selbst in engen »lokalen« oder in breiten »globalen« Kategorien nachdenken kann. Ich kann über jemanden denken: »Das ist ein Mensch« – dies wäre eine breite, globale Kategorie. Oder ich kann über denselben Menschen spezifischer nachdenken, zum Beispiel: »Das ist mein 46-jähriger Nachbar, der mit dem Fahrrad zur Arbeit fährt.« Je globaler ich über Menschen nachdenke, umso mehr Eigenschaften passen in eine

Kategorie. Alle Menschen und alle menschlichen Eigenschaften passen zum Beispiel in die Kategorie »Menschen«, aber nur wenige in die Kategorie »46-jähriger Rad fahrender Nachbar«.

Wir finden in Experimenten, die dem Donald-Experiment von Tory Higgins nachempfunden wurden, dass geprimtes Vorwissen auf Personenurteile abfärbt, wenn man über einen Menschen in globalen Kategorien nachdenkt: Denke ich über Donald als »Mensch« nach, passt fast alles Vorwissen auf ihn, denn Menschen sind sowohl selbstbewusst als auch tollkühn, aggressiv, musikalisch oder intelligent. Tatsächlich wirkte in diesem Fall das Priming besonders stark. Denke ich aber über ihn als einen sehr speziellen Menschen nach, der sich von allen anderen unterscheidet, dann wende ich spontan aktiviertes Wissen bei der Beurteilung nicht mehr an. Im Gegenteil, ich sehe ihn dann als eine geschlossene Einheit, auf die wenig äußeres Wissen passt.

Nehmen wir an, ich habe »selbstbewusst« im Kopf und muss Donald beurteilen, der mir als ein ganz besonderes Individuum vorkommt. In diesem Fall komme ich zu dem Schluss, dass alles, was ich sonst noch im Kopf habe, nichts mit ihm zu tun hat. Schließlich bewerte ich ihn sogar als weniger selbstbewusst. Da mir das alles vollkommen unbewusst ist, haben wir es mit einer *automatischen Kontrastierung* zu tun. Dies kann man durchaus auf den Alltag übertragen. Kenne ich nämlich die Studentin ein bisschen besser und nehme sie dadurch als Individuum und nicht als »irgendeine Studentin« wahr, wirkt sich Priming weniger aus. Das ist wichtig zu wissen, wenn Bewertungen wie bei Studierenden, Lehrlingen oder Schülern starke Konsequenzen haben.

Auf der anderen Seite treffen und bewerten wir im Alltag so viele Menschen, dass wir sie nicht alle kennenlernen können – hier sind Priming-Effekte recht wahrscheinlich. Bei allen Zweifeln, die diese automatischen Einflüsse an der Urteilsfähigkeit des Menschen aufkommen lassen, sollten wir nicht vergessen, wie ungemein effizient solche Prozesse sind. Die Masse an Kontakten, die wir täglich erleben, erfordert schnelle Urteile, selbst wenn sie teilweise zu Verzerrungen und Fehlern führen.

Fassen wir also zusammen: Priming-Effekte finden wir vor allem, wenn Information häufig aktiviert wurde, wenn dies kürzlich geschah, wenn der Prime auf das Urteilsobjekt passt und wenn man global über eine Person nachdenkt, wie es ja bei Fremden, bei denen man keine Detailinformationen hat, häufig der Fall ist.

Was aber machen Menschen, wenn sie etwas mehr Zeit und die Motivation haben, sich mit anderen zu beschäftigen? Und was sollten Sie tun? Ich habe oben vorgeschlagen, Urteile über Personen auf deren Verhalten zu basieren. Doch auch wenn dieser Prozess des Zusammenfassens von Verhalten eine vielleicht fairere Charakterbeschreibung ermöglicht, so findet auch er häufig in Bruchteilen von Sekunden und damit teils automatisch statt. Natürlich haben wir im Gedächtnis bereits abgespeichert, wie wir bestimmte Verhaltensweisen interpretieren sollten. Jemand, der häufig auf andere einschlägt, wird von uns als »aggressiv« beschrieben, und jemand, der für die 94-jährige Nachbarin wöchentlich die Einkäufe erledigt, ist »hilfsbereit«.

Solche Schlussfolgerungen vom Verhalten auf die Eigenschaft können Menschen in Sekundenschnelle ziehen. Leider tun sie dies manchmal auch auf der Basis von nur einer einzigen Verhaltensweise – was wiederum nicht diagnostisch sein muss und den Zweck der fairen Bewertung verfehlt. Tatsächlich wäre eine einzige Beobachtung nicht repräsentativ für eine Schlussfolgerung und insofern unvernünftig, als dass es sich ja um eine Ausnahme handeln könnte. Die Mutter, die in meiner Pendelstory so gemein mit ihrem Kind umging, kann ansonsten nett und lieb sein – vielleicht war sie ja durch irgendein Ereignis an diesem Morgen überfordert. Ein Urteil aufgrund einer einzelnen Beobachtung ist häufig nicht gerecht.

## Ursachenzuschreibung: Wer ist schuld, und warum nicht ich?

Wenn man sich jedoch Zeit für ein Urteil nimmt und Beobachtungen sammelt, stellt sich ein zusätzliches Problem: Wie sind bestimmte Verhaltensweisen eigentlich zu erklären? Warum verhalten sich Menschen in einer bestimmten Weise? Wie erklären wir im Alltag bestimmte Verhaltensweisen? Hier kommen wir zu einem besonderen Bereich innerhalb der Sozialpsychologie, der *Attributionsforschung,* die sich mit Ursachenzuschreibungen beschäftigt. Ich habe bereits auf die Wirkung dieser Attributionen hingewiesen, wenn wir unser eigenes Verhalten interpretieren. Jedoch finden sie auch in der Personenwahrnehmung Verwendung, um aus dem Verhalten anderer Sinn zu »machen«.

Nehmen wir einmal an, eine Kollegin ist auffallend schlecht gekleidet: Jeden Tag hat sie dasselbe an, und es sieht einfach nur grausig aus. Um ihr Verhalten zu verstehen, ist es von Bedeutung, sich zu fragen, ob es durch die Person selbst begründet wird, also: Ist sie nachlässig, macht sie sich keine Gedanken? Das wäre eine *internale Attribution:* Der Grund liegt *in* der Person selbst. Es könnte natürlich auch sein, dass die Wahl der Kleider außerhalb ihrer Kontrolle liegt. Fehlt ihr das Geld, sich besser zu kleiden? Dies wäre eine *externale Attribution:* Der Grund sind *äußere Umstände.*

Fritz Heider, der Vater der Attributionsforschung, wies schon in den 60er-Jahren darauf hin, dass ein vernunftbegabter Mensch eine solche Analyse vornehmen sollte. Er glaubte zudem, dass Menschen sich die Frage nach internalen und externalen Ursachen tatsächlich im Alltag stellen und damit in der Lage sind, fair zu urteilen – so wie ein Richter, der sich bei der Bewertung von Straftaten ja auch fragen muss: »Hat der Täter das aus eigenem Antrieb heraus getan, oder wurde er durch irgendwen dazu verleitet?«

**3 Arten von Informationsquellen:**

**1. Konsensusinformation:** Verhalten sich andere Menschen ähnlich wie die zu beurteilende Person?

**2. Konsistenzinformation:** Verhält sich die zu beurteilende Person häufig so?

**3. Distinktheitsinformation:** Verhält sich die zu beurteilende Person über verschiedene Situationen unterschiedlich?

**Beispiel:** Tante Elli ist heute einsilbig bei der Familienfeier

**Konsensus:** Sind alle still?

**ja: external** – es liegt nicht an Tante Elli, irgendetwas anderes bringt die Leute zum Schweigen

**nein: internal** – es liegt an Tante Elli, sie ist die Einzige

**Konsistenz:** Verhält sie sich immer so?

**ja: internal** – es liegt an Tante Elli, das ist ihre Persönlichkeit

**nein: external** – es liegt nicht an Tante Elli, sondern irgendetwas stimmt heute nicht

**Distinktheit:** Macht sie das in den verschiedensten Situationen, also auch bei kleineren Festen oder beim Spazierengehen?

**ja: internal** – es liegt an Tante Elli, sie ist einfach einsilbig

**nein: external** – es liegt nicht an Tante Elli, sondern an der Situation

George Kelley nahm diese Gedanken auf und entwarf eine Theorie, die genauer beschreibt, wie man entscheiden kann, ob ein Verhalten internal oder external bedingt ist. Kelley identifizierte drei Merkmale: *Distinktheit, Konsistenz* und *Konsensus.* Nehmen wir ein anderes Beispiel: Eine neue Kollegin grüßt mich nicht, und ich frage mich, warum.

Der erste Check für eine gute Verhaltensanalyse wäre der nach *Distinktheit:* »Verhält sich die Person in anderen Situationen genauso oder anders?« Wenn man feststellt, dass sie nur mich nicht grüßt, andere aber wohl, hat es vermutlich nichts damit zu tun, dass *sie* unfreundlich ist, sondern es liegt ein spezielles Problem *mit mir* vor. Das wäre, auf die Kollegin bezogen, ein *externaler Grund.* Grüßt sie jedoch niemanden, was eine geringe Distinktheit bedeuten würde, wäre das Verhalten eher in ihr selbst begründet, also internal. Es läge nahe, sie als unfreundlich, schüchtern oder zumindest eigenartig zu beschreiben.

Der zweite Check ist der *Konsensus:* »Verhalten sich andere Personen in der gleichen Situation anders oder ähnlich?« Ist es so, dass in meiner Firma viele nicht grüßen? Dann wäre das Verhalten der Kollegin nicht als internal zu interpretieren, sondern als external: Es könnte sein, dass sich hier raue Sitten eingeschlichen haben und die neue Kollegin sie lediglich übernommen hat. Ist es jedoch so, dass sich jeder grüßt, nur sie nicht? Im Fall eines niedrigen Konsensus liegt es nahe, eine eher internale Attribution vorzunehmen.

Der dritte Check ist die *Konsistenz*: »Verhält sich die Person in der gleichen Situation meist anders oder ähnlich?« Grüßt sie mich manchmal doch, hat sie mich am Anfang immer gegrüßt? Ist es vielleicht sogar so, dass sie mich eigentlich nur heute nicht gegrüßt hat? Ist ein Verhalten konsistent, liegt eher eine internale Attribution nahe, ist es nicht konsistent, also wenn sie zum Beispiel seit ein paar Tagen nicht mehr grüßt, früher aber wohl, eher eine externale. Vielleicht habe ich ja unbemerkt etwas falsch gemacht, und sie ist deshalb sauer auf mich.

Aus der Kombination dieser drei Informationen kann man ziemlich gut ableiten, inwiefern Verhalten internal oder external verursacht wurde. Mit anderen Worten: Wenn die Kollegin niemanden grüßt (niedrige Distinktheit), andere Kollegen aber sehr wohl grüßen (niedriger Konsensus) und dieses Verhalten von der Kollegin konstant gezeigt wird (hohe Konsistenz), dann kann man mit ziemlicher Wahrscheinlichkeit davon ausgehen, dass sie selbst für ihr Verhalten verantwortlich ist. Grüßt sie jedoch alle, nur nicht mich (hohe Distinktheit), verhalten sich andere mir gegenüber auch komisch und grüßen kaum (hoher Konsensus), und grüßt sie mich nie (hohe Konsistenz), dann ist das ein Zeichen dafür, dass ich der Geisterfahrer bin – oder anders ausgedrückt, dass das Verhalten der Kollegin einen externalen Grund hat: nämlich mich.

Kelley wie Heider nahmen an, dass Menschen rationale Wesen seien und diese vernünftigen Attributionen standardmäßig ausführten. Sie bezeichneten Menschen als »naive Wissenschaftler«, die versuchten, andere fair und nach rationalen Kriterien zu beurteilen. Diese Sichtweise wird heutzutage nicht mehr geteilt. Die letzten 30 Jahre haben gezeigt, wie häufig Menschen Urteile auf wenig elaborierten, automatischen Prozessen basieren. Zudem stehen einem nicht immer alle Informationen zur Verfügung. Häufig weiß ich zum Beispiel nicht, wie sich eine Person anderen gegenüber verhält und wie oft sie etwas tut.

Unwidersprochen ist jedoch, dass Menschen rational denken *können* und diese drei Checks nach einem Training auch sinnvoll anwenden. Ich empfehle dieses Modell und die Checkliste häufig Führungskräften, die ein bestimmtes Verhalten bei Mitarbeitern vernünftig erklären möchten oder die wichtige Personalentscheidungen treffen müssen. Mit der Liste in der Hand kann man aktiv auf die Suche nach Informationen gehen und sich dann einen Reim darauf machen – immer noch besser, als einfach die »Intuition« walten zu lassen.

## Urteilsfehler: Wenn du gut bist, ist das Zufall

Auf ein paar typische Fehler muss man jedoch auch hier achten. Einer davon ist der *Korrespondenzfehler*. Dies ist die Tendenz, anderer Leute Verhalten als internal verursacht zu interpretieren. Häufig berücksichtigen Menschen nicht die vielen Kontextfaktoren, die ein Verhalten auslösen, und sehen die Persönlichkeit als einzigen Grund dafür. Ein Fußwippen beim Bewerbungsgespräch würde also als Zeichen für generelle Nervosität interpretiert werden, obwohl es sinnvoll wäre, die Situation dafür verantwortlich zu machen, die ein solches Verhalten auch bei einer relativ nervenstarken Person verursachen kann. Aus der Rechtspsychologie ist zudem bekannt, dass Mitglieder des Gerichts nervöses Verhalten oft als Zeichen interpretieren, dass der Befragte lügt – was umso erstaunlicher ist, weil man sich ja vermutlich gut in die Situation eines Angeklagten vor Gericht hineinversetzen kann. Sollte man sich nicht eher wundern, wenn dort jemand nicht nervös ist?

Auch im gewöhnlichen Alltag attribuieren wir Verhalten gern internal: Beobachten wir einen Lehrer, der vor einem PowerPoint-Vortrag Probleme mit dem Verkabeln von Projektor und Computer hat, denken wir automatisch, dass er ungeschickt ist, statt seine Schwierigkeiten auf die unverständliche und umständliche technische Vorrichtung zu schieben. Und die Nachbarin, die als Hausfrau keiner beruflichen Tätigkeit nachgeht, wird häufig als dumm oder faul angesehen, wobei man eventuell ihre gesellschaftliche Rolle, falsche gesellschaftliche Anreizstrukturen und überhaupt den Arbeitsmarkt zu vergessen scheint.

Für diesen *fundamentalen Attributionsfehler,* dass die Kraft der Situation unterschätzt und stattdessen die Persönlichkeit verantwortlich für ein Verhalten gemacht wird, sind viele Faktoren verantwortlich. Einer hat schlichtweg mit *Aufmerksamkeitslenkung* zu tun. Wenn wir jemanden beurteilen, schauen wir auf die *Person* und nehmen den *Kontext* nicht mehr wahr, in dem das Verhalten auftritt. In Experimenten kann man zeigen, dass internale Ursachenzuschreibungen wahrscheinlicher sind, wenn man beispielsweise Kameras allein auf die zu beurteilende Person richtet, wie es in manchen Ländern bei Gerichtsprozessen praktiziert wird. In diesem Fall gibt es kein Pardon: Die Person ist schuldig, und der Kontext wird nicht nur metaphorisch ausgeblendet – er wird bei der Interpretation schlichtweg nicht berücksichtigt. Schwenkt die Kamera ab und zu auch auf den Kontext, den Raum, dann werden externale Erklärungen wahrscheinlicher. Demnach entscheidet eine simple Änderung des Aufmerksamkeitsfokus darüber, ob jemand für sein Verhalten verantwortlich gemacht wird oder nicht.

Urteilsverzerrungen dieser Art kann man auch begegnen, indem man die Perspektive der anderen Person einnimmt. Menschen sind dazu durchaus in der Lage. Manfred Nußbaum und ich haben kürzlich die Teilnehmer eines Personenwahrnehmungstrainings gebeten, aus Pappe Fußstapfen für bestimmte Personen, zum Beispiel Flüchtlinge, auszuschneiden und sich daraufzustellen, um sich in die jeweilige Person hineinzuversetzen. Dies funktioniert wunderbar. Wenn Sie es einmal versuchen, werden Sie merken, wie stark Sie den Kontext wahrnehmen, in dem sich die Person befindet. Und schon werden Ihre Verhaltenszuschreibungen externaler, das heißt: Sie erklären dieselbe Handlungsweise als kontextbedingt. Da wird das Schweigen eines geflüchteten Syrers nicht mehr als Unfreundlichkeit ausgelegt, sondern als Reaktion auf eine kalte Umgebung.

Perspektivenübernahme ist unter anderem wichtig, wenn man als Therapeut Klienten betreut, die gewalttätig waren oder unmoralisch gehandelt haben. Um hilfreich zu sein, muss man seinem Klienten wertschätzend gegenübertreten. Tatsächlich erreicht man dies durch die Fußstapfenmethode, wie wir festgestellt haben. Sie erlaubt es einem, die äußeren Gründe und manchmal Zwänge für ein Verhalten zu sehen, die man aus den Augen verloren hatte oder die sich einem nicht erschließen, wenn man lediglich den Klienten betrachtet.

Die Aufmerksamkeitsrichtung ist auch eine Erklärung für das Phänomen, das wir oben schon einmal angesprochen haben: unser *eigenes* Fehlverhalten gern als *external* bedingt zu betrachten. Misslingt es, den Computer mit dem Projektor zu verbinden, halten sich die wenigsten für technisch unbegabt. Wir schieben es auf die unverständliche Bedienungsanleitung, den Hausmeister, die Computerindustrie oder andere verfügbare externale Ursachen. Das ist ja auch das, was wir von unserer Perspektive aus sehen: Kabelsalat, einen ratlosen Hausmeister und keine vernünftige Bedienungsanleitung. Genauso wird sich die Hausfrau typischerweise nicht für träge oder unqualifiziert halten, sondern ihre Situation auf externe Umstände zurückführen: Der Mann verdiene nun mal mehr, es gebe keine Krippenplätze, es machten ja alle so. Von der Regel, mein Verhalten als von außen bedingt und das der anderen als von ihnen verursacht zu sehen, gibt es eine wichtige Ausnahme, die ich bereits beschrieben habe: Eigene *Erfolge* werden gern als internal, als von mir verursacht gesehen.

Eigenes *Versagen* als external, aber das Versagen anderer als internal verursacht zu bewerten wird auch *Akteur-Beobachter-Effekt* genannt. Bemerkenswert sind an dieser Stelle Kulturunterschiede. Menschen aus kollektivistischen Kulturen begehen diesen Fehler seltener. Da ihr Leben generell im Kontext anderer Menschen stattfindet und sie die Gruppe über das Individuum stellen, spielt für sie die Macht der Situation bei Verhaltenszuschreibungen eher die Hauptrolle. Daher führen sie Erfolge wie Misserfolge anderer häufig auf gesellschaftliche Bedingungen, Rollenerwartungen, Zwänge oder andere externale Gründe zurück.

# 12
# Wir und »die« – Vorurteile und Diskriminierung

Die Hälfte der Menschheit, Frauen, haben in vielen Ländern immer noch Probleme, die Jobs zu bekommen, die sie eigentlich verdient haben. Vor allem in hoch qualifizierten Berufen werden Männer vorgezogen. Denkt man einmal rein wirtschaftlich, ist das ein Skandal: Es dürfte sich um Milliarden Verluste handeln, wenn man sich vorstellt, wie häufig ein weniger qualifizierter Mann einer besser ausgebildeten Frau vorgezogen wird.

Nehmen wir den Orchesterbetrieb als Beispiel. Frauen seien zu emotional und manchmal zu unkonzentriert, heißt es, und ihre Einstellung zur Musik sei häufig nicht ernsthaft genug. Ein Vorurteil, natürlich, wie man nicht erst seit heute weiß. Aufgrund von Antidiskriminierungsnormen in den USA führten einige Orchester *blind auditions* ein: Bewerber spielten für alle unsichtbar hinter einem Paravent vor und ohne dass die Orchesterleitung etwas über die Person wusste. Claudia Goldin und Cecilia Rouse beobachteten diesen Prozess: Tatsächlich erhöhte sich der Anteil von Frauen durch diese simple Maßnahme auf 50 Prozent. Auch asiatische Bewerber, eine in der Musik ebenfalls stark diskriminierte Gruppe, hatten dadurch viel bessere Chancen.

Zu ähnlichen Ergebnissen kam jüngst ein Pilotprojekt des Bundes in Nordrhein-Westfalen, das die Wirkung »blinder Bewerbungen« in Firmen testete. Wenn bei Bewerbungen nichts über Herkunft, Geschlecht, Alter und Aussehen bekannt war, wenn also einzig und allein die Leistungen zu begutachten waren, stieg die Chance von Frauen und Mitgliedern von Minderheiten, zu einem ersten Gespräch eingeladen zu werden, enorm. Trotz dieser Erkenntnisse gaben die Unternehmen kürzlich diese Blindverfahrensregel auf. So etwas wäre »Murks«, die Auswahl aufgrund bloßer Fakten ohne »persönliche Note« sei als ungewohnt empfunden worden und hätte nichts gebracht. Beweise für einen Misserfolg gibt es jedoch keine – im Gegenteil, die Befunde sprechen eine andere Sprache! –, und von der Bundesregierung unterstützte Forschung zeigt das Problem traditioneller Verfahren deutlich. Egal – in dieser Sache stellten die Bosse ihr Gefühl vor die Vernunft.

Diskriminierung hat weitere Kosten, zum Beispiel für unser Gesundheitssystem. Minderheiten erkranken in unserer Gesellschaft überdurchschnittlich häufig aufgrund von Mobbing und Isolation – Folgen sind alle möglichen Erkrankungen von Burn-out bis Angststörungen, Depressionen und Alkoholsucht. In den USA wird psychische Gewalt vor Arbeitsgerichten mittlerweile zunehmend wie körperliche Gewalt behandelt. Dies kommt nicht von ungefähr, denn Studien von Kip Williams belegen, dass Diskriminierung und daraus folgender sozialer Ausschluss im Gehirn dieselben Schmerzzentren anspricht, die beim Zahnarzt aktiviert werden, wenn die Narkose nicht funktioniert. Es tut weh, wenn man nicht dazugehören darf. Ungerechtigkeit aufgrund der Gruppenzugehörigkeit zu erfahren verursacht echte Schmerzen.

Diskriminierung gründet sich in der Regel auf Vorurteile: Doch wie entstehen verzerrte Ansichten über Menschen? Wie kommt jemand auf die Idee, Frauen oder Minderheiten auszugrenzen, und woher kommen solche abstrusen Gedanken wie der, dass Frauen nicht so gut Geige spielen könnten wie Männer? Wie unsinnig das ist, zeigten die Bewertungen bei blindem Vorspielen. Weiterhin kann man sich fragen, ob es sich bei Menschen, die diskriminieren, um besonders aggressive Menschen handelt oder um rücksichtslose Rassisten oder Sexisten.

Andere mögen sich fragen, welche Maßnahmen helfen, Vorurteile zu verringern. Schließlich scheint es ja selbst in den USA mit einem schwarzen Präsidenten an der Spitze nicht gelungen zu sein, den Rassismus auszumerzen oder auch nur zu reduzieren. Immer wieder haben wir während Obamas Amtszeit von Rassenunruhen gehört – oft, weil Polizisten teils ohne ersichtlichen Grund Schwarze erschossen. Und wie wirken sich eigentlich Vorurteile auf das Denken und das Handeln von Diskriminierungsopfern aus?

Ich versuche zunächst, die Begriffe zu definieren, damit klar wird, worüber wir reden. Denn der Sprachgebrauch von Vorurteil, Diskriminierung, Klischee und Stereotyp ist relativ variabel, nicht nur in der alltäglichen Kommunikation, sondern auch in der Wissenschaft. Ich sehe jedoch gewisse Übereinstimmungen in den Definitionsräumen, die auch ich für Forschung und Alltag für sinnvoll erachte.[4]

Unter einem *Vorurteil* verstehen viele Sozialpsychologen gemeinhin eine Abneigung oder Zuneigung gegenüber einer Person aufgrund ihrer Zugehörigkeit zu einer negativ oder positiv bewerteten Gruppe. Oben habe ich so etwas als affektiven Wert bezeichnet, der in diesem speziellen Fall von der Gruppenzugehörigkeit auf ein einzelnes Individuum übertragen wird. Ein Vorurteil beinhaltet eine Emotion. Häufig basieren Abneigungen auf dürftigem Wissen. Man fällt ein Urteil, obwohl man wenig über die Person und auch häufig wenig über die Gruppe weiß. »Hartz-IV-Empfänger wollen nicht arbeiten« oder »Studenten sind arrogant« sind solche Vorurteile, und auf Personen angewandt, wäre das so etwas wie: »Die neue Nachbarin ist eine Studentin – so 'ne hochnäsige Dünne. Vermutlich Veganerin!«

Im Gegensatz zum allgemeinen Sprachgebrauch gibt es auch positive Vorurteile: »Homosexuelle sind verständnisvoll«, »Italiener sind kinderlieb« oder »Ich mag Männer als Führungskräfte einfach lieber« gehören dazu. Auf ein Individuum bezogen, hieße das: »Hast du gehört, Irene? Der neue Nachbar ist schwul – ich fände es *sooo* toll, mal einen schwulen Freund zu haben. Die hören ja ganz anders zu! Und mit *denen* kannst du shoppen gehen!«

Als *Stereotype* bezeichnen wir mit einer sozialen Gruppe assoziierte Eigenschaften, die nicht unmittelbar eine starke Abneigung oder Zuneigung beinhalten. Das sind Pseudowissensstrukturen wie »Griechen essen Schafskäse«, »Schwarze können gut tanzen« oder »Frauen reden mehr als Männer«, also semantische Assoziationen im Langzeitgedächtnis, von denen schon öfter im Zusammenhang mit Priming die Rede war. Im Gegensatz zum Affekt, der bei Vorurteilen eine starke Rolle spielt, entsprechen sie rein gedanklichen Konstruktionen, bezeichnen also die *kognitive Komponente*.

Stereotype und Vorurteile sind üblicherweise in einem gesellschaftlichen Kontext entstanden und beinhalten sozial geteiltes Wissen oder Pseudowissen. Auch Sie kennen Stereotype wie »Alte sind vergesslich«, »Dicke haben Humor« oder »Männer sind emotional unterentwickelt« – dies bedeutet, dass ein solches Pseudowissen auch in Ihrem Gedächtnis gespeichert ist. Wichtig ist nun, ob Sie an ein Stereotyp glauben und es vertreten (in dem Sinne: »Ja, Alte sind wirklich vergesslich«) – dann wäre es ein Vorurteil. Wenn Sie es für sich ablehnen, ist es immer noch ein Stereotyp, aber kein Vorurteil.

Im Alltag würde man auch häufiger das Wort »Klischee« benutzen. Während allerdings das Klischee eindeutig unwahre oder übertriebene Vorstellungen beinhaltet, kann ein Stereotyp der »Wirklichkeit« entsprechen oder auch nicht. Natürlich müssen wir bei der Personenbewertung mit Begriffen wie Wahrheit und Wirklichkeit sehr vorsichtig sein, denn letztendlich ist unklar, wer eigentlich bestimmt, wann jemand dumm, attraktiv, aggressiv oder kreativ ist, um nur ein paar Beispiele zu nennen.

Im Grunde haben wir es immer mit Konstruktionen zu tun, können also lediglich sagen, »aus der Sicht von« Herrn X oder Frau Y ist Erwin dumm, attraktiv oder kreativ. Selbst wenn wir die psychologische Diagnostik hinzunehmen und Erwin in mehreren Tests einen IQ von unter 90 hat, heißt das nicht, dass er in bestimmten Situationen und aus der Sicht einer bestimmten Person nicht als clever bewertet werden kann. Häufig haben wir aber gar nicht so viele Informationen über Menschen zur Verfügung wie im Beispiel eines weitschichtigen IQ-Tests. Und doch kommen wir aufgrund bestimmter auffälliger Merkmale oder eines sichtbaren und nicht repräsentativen Verhaltens zu einem Urteil. Aber selbst dann, wenn es so wäre, dass ein Stereotyp zuträfe, wie zum Beispiel »Männer sind aggressiver als Frauen« (Forschung zeigt hier tatsächlich Geschlechtsunterschiede), heißt das nicht, dass Erwin notgedrungen aggressiv ist.

Die immerwährende Gefahr von Stereotypen ist die *Generalisierung*: Es gibt immer Ausnahmen von der Regel. Wenn Sie persönlich der Meinung sind, dass ein Stereotyp zutrifft, wird daraus leicht ein Vorurteil, weil Sie dann unmittelbar eine Abneigung oder eine Zuneigung entwickeln: Ich denke, Alte sind vergesslich – darum, finde ich, sollten sie nicht unbedingt in die Politik gehen. Ich denke, Dicke haben Humor – also sind sie sicher gute Komiker. Ich denke, Heteromänner sind nicht emotional – deshalb sind sie als Freunde unbrauchbar.

*Diskriminierung* wiederum bezeichnet ein unterschiedliches *Verhalten* gegenüber einer Person aufgrund ihrer Gruppenzugehörigkeit. Diskriminierung umfasst eine breite Skala von Verhalten, die von mild bis sehr schwerwiegend reicht: Wenn Sie sich – bewusst oder unbewusst – einen Platz weiter weg von einer Türkin im Bus setzen, hätten wir es demnach bereits mit Diskriminierung zu tun. Am Ende der Skala befindet sich extrem aggressives Verhalten gegenüber Menschen bestimmter Gruppierungen bis hin zum Völkermord.

Die drei Komponenten lassen sich gut in das ABC-Schema einordnen, das ich zu Beginn von Teil II dieses Buches beschrieben habe, wobei das Vorurteil die emotionale Ebene darstellt (Affect), Diskriminierung die Verhaltensebene (Behavior) und das Stereotyp die kognitive (Cognition).

Alle drei Faktoren beziehen sich immer auf die Gruppenzugehörigkeit eines Menschen. Wenn Ihnen Ihre Nachbarin auf die Nerven geht, weil sie um vier Uhr morgens Musik spielt, und Sie deshalb schlecht über sie reden, kann man Ihnen vermutlich kein Vorurteil vorwerfen, sondern hat Ihre Äußerung mit dem tatsächlichen Verhalten der Nachbarin – des *Individuums* – zu tun, das Ihnen missfällt. Mögen Sie sie allerdings nicht, weil sie Russin ist, also zu der *Gruppe* der Russen gehört, dann haben wir es mit einem klassischen Vorurteil zu tun. Wissenschaftlich gut untersucht sind Vorurteile gegen Männer und Frauen, soziale »Schichten« und Minderheiten, wie Schwarze, Ausländer, Homosexuelle oder Übergewichtige. Die drei Komponenten treten häufig gemeinsam auf und ergänzen sich.

Jemand, der denkt, Italiener machen die besten Nudeln (C), wird sich freuen (A), wenn er beim Italiener einen Teller Bolognese bestellt, und er wird Nudeln vor allem beim Italiener essen (B).

In manchen Situationen beobachtet man allerdings auch widersprüchliche Komponenten, also *ABC-Dissoziationen.* Ich habe Chefs getroffen, die mir sagten, sie glaubten tatsächlich, dass Frauen nicht führen könnten, stellten aber trotzdem Frauen ein, weil sie Normen der *Political Correctness* folgen wollten (zum Beispiel aus Imagegründen). Besonders lebendig werden Dissoziationen im Zusammenhang mit *unbewusster Diskriminierung* diskutiert. In vielen Studien findet man Diskriminierung auch seitens Menschen, die tolerant sind und Diskriminierung eigentlich verurteilen.

## Unbewusstes Erschießen

In Experimenten der Sozialpsychologen Joshua Correl und Kollegen wurden Versuchsteilnehmer gebeten, an einem Ballerspiel am Computer teilzunehmen – sie sollten einen Polizeioffizier spielen und richtig reagieren, wenn auf dem Bildschirm eine Person mit oder ohne Waffe in der Hand erschien. Sie hatten 850 Millisekunden Zeit, um entweder die A-Taste (»Schießen«) zu drücken, wenn jemand mit Waffe erschien, oder die B-Taste (»Nicht schießen«), wenn keine Waffe zu sehen war. Die Zeit zur Entscheidung war extra knapp gehalten, wie im richtigen Leben. Mehr als eine Sekunde bleibt Polizisten in solchen Situationen für die richtige Reaktion selten. Die am Bildschirm gezeigten Personen waren entweder Afroamerikaner oder Weiße. Das Ergebnis dieser Studien ist niederschmetternd: Die Versuchspersonen schossen öfter auf Schwarze und dies auch, wenn diese gar keine Waffe in den Händen hielten.

Die Versuchsanordnung wurde mittlerweile in anderen Labors mit leichten Veränderungen nachgestellt, und einige dieser Studien zeigen, dass dieses diskriminierende Verhalten auch bei Personen zu finden ist, die Wert darauf legen, dass sie schwarze und weiße Menschen für gleichwertig halten (gemessen mit Standard-Rassismus-Fragebögen). Der Effekt tritt sogar dann auf, wenn die Versuchspersonen aktiv dagegen angehen wollen. Schockierend ist zudem der Befund, dass selbst manche Schwarze diesen sogenannten *shooting bias* zeigen. Allein die Gedächtnisspur »Schwarzer = kriminell« führt also dazu, dass die Probanden Schwarze eher »erschießen«.

Die Befunde illustrieren, dass stereotypes Wissen (C) ohne die Beteiligung von bewussten Vorurteilen – mit anderen Worten ohne explizit geäußerte Abneigung (A) – zu Diskriminierungen führen kann. Selbst wenn man emotional auf der Seite der Schwarzen steht, macht man den Fehler aufgrund des abgespeicherten Stereotyps: »Schwarze sind kriminell«. Übertragen auf den Alltag, könnte es also durchaus passieren, dass Polizisten im Zweifelsfall häufiger Schwarze und »Ausländer« erschießen – nicht unbedingt, weil sie Rassisten wären, sondern weil wir in einer Gesellschaft leben, die bestimmte Stereotype produziert oder zulässt.

Nun könnte man argumentieren, dass dieses Stereotyp einen wahren Kern hat: Die *bad neighborhoods* – die Gegenden in amerikanischen Städten, in denen man Gefahr läuft, überfallen zu werden – haben häufig einen hohen Schwarzenanteil, und in den Gefängnissen der USA sitzen mehr Schwarze als Weiße ein. An dieser Stelle wäre es aber sinnvoll, die Attributionsmöglichkeiten zu bemühen, und solche Beobachtungen allein können natürlich nicht der Grund für eine (hier sogar tödliche) Diskriminierung eines einzelnen Individuums sein. Es ist wichtig, *wie* man die Unterschiede in der Aggression erklärt. Dabei ist es wissenschaftlich gesehen keine Frage, dass sich Weiße und Schwarze in ihrer Aggressionsneigung genetisch nicht voneinander unterscheiden. Dies gilt ebenso für andere Eigenschaften wie Intelligenz oder Motivation und für andere Hautfarben oder Ethnien.[5]

Daher sind die beobachteten Unterschiede auf Sozialisationsfaktoren und Aspekte der Förderung bestimmter sozialer Schichten zurückzuführen, und es ist unsere gesellschaftliche Aufgabe, diese Ursachen zu reduzieren. Wenn intelligente Kinder und Jugendliche nicht gefördert, sondern schon in der Schule benachteiligt und jahrelang beleidigt und diskriminiert werden, sind sie nicht allein dafür verantwortlich, wenn sie uns mit 20 die Tasche aus der Hand reißen – wie sollen sie denn sonst überleben und mit diesem Unrecht und dem eventuell aufgestauten Hass umgehen? Studien zeigen zudem, dass auch Weiße in Problemgettos eher kriminell werden – einmal mehr ein Beleg für die Wirkung der Umwelt (U) über die Persönlichkeit (P).

Unbewusste Diskriminierungen aufgrund gesellschaftlich vermittelter Stereotype gibt es auch in weniger extremen Situationen wie bei Personalentscheidungen, der Bewertung von Schülern, der Wohnungssuche sowie der Zuteilung von Belohnungen oder Bestrafungen. Häufig reicht eine Statistik eines Unternehmens, einer Schule oder einer Institution aus, um Diskrepanzen aufzudecken. Wenn beispielsweise 80 Prozent der Psychologie studierenden Frauen sind, sollte man 80 Prozent Professorinnen an Universitäten erwarten können – diese Zahl wird aber bei Weitem nicht erreicht: 2013 waren es ca. 20 Prozent. Auch hier sind die Prozesse häufig nicht absichtsvoll – über jede Professur wird ja einzeln entschieden, und so ist es möglich, dass sich während des Entscheidungsprozesses unbewusst Stereotype wie »Frauen können nicht führen« oder »für Frauen hat die Familie Priorität« bei der Beurteilung einschleichen.

Häufig wird es bei der Einschätzung der Leistung auch schwierig, Frauen und Männer miteinander zu vergleichen. Wenn Frauen Elternzeit in Anspruch nehmen, Männer aber nicht, ergeben sich notgedrungen Unterschiede in der Produktion (gemessen in der Anzahl wissenschaftlicher Artikel), die man demnach anders bewerten müsste. Ich habe es erlebt, dass Berufungskommissionen diese Problematik durchaus erkennen und ansprechen, dann aber doch an einem bestimmten Punkt herausstellen, dass die wissenschaftliche Produktivität zentral sei und man »einen Mann ja auch nicht dafür bestrafen kann, wenn er nun mal zehn Top-Papers mehr hat«. Schwups ist die Frau draußen, und der Grund ist nach außen sogar nachvollziehbar. Vergleiche zwischen Personen sind fast immer uneindeutig. Was mache ich mit einer Frau, die zehn Artikel veröffentlicht hat, aber nur 200 000 Euro Forschungsmittel einholte, während ein männlicher Bewerber auf nur fünf publizierte Artikel, aber zwei Millionen Euro Forschungsgelder kommt? Wie vergleiche ich das?

Das Gefährliche an uneindeutigen Entscheidungssituationen ist, dass jedes Ergebnis gerechtfertigt werden kann und somit Faktoren wie unbewusste Vorurteile und Stereotype mit einfließen können. Ich habe es erlebt, dass in einer Berufungskommission explizit nach einer Frau gesucht wurde, und es gab eine, die Millionen an Forschungsgeldern und auch recht viele Veröffentlichungen vorzuweisen hatte. Am Ende standen auf der Shortlist nur noch drei Bewerber, alle männlich. Man fand letztendlich das Forschungsthema der Bewerberin »zu eng«. Da ist man selbst als Konstruktivist erstaunt, wie schnell man sich eine Rechtfertigung für (unbewussten?) Sexismus zusammenzimmern kann.

Zudem ist es schwierig, gegen Diskriminierung anzugehen. Mir berichtete ein Mitglied einer Berufungskommission, in der es um mich ging, Jahre später, dass sie die Kommission mit Türenknallen verlassen hatte, weil man mich wegen meiner Homosexualität nicht einstellen wollte. Ihr Protest zeigte aber keinerlei Wirkung. Selbst wenn Diskriminierung explizit ausgedrückt wird, ist das für viele kein Grund, auf faires Verhalten umzusteigen.

## Illusorische Zusammenhänge

Die Forschung zeigt, dass Stereotype ein Eigenleben führen können, ohne dass man sich dessen bewusst ist. Man kann durch häufiges Zeitunglesen etwa den Eindruck gewinnen, dass Ausländer häufiger Verbrechen begehen, weil ein solcher Zusammenhang öfter dargeboten wird als die Assoziation zwischen Deutschen und Verbrechen. »Weißer, heterosexueller Arzt aus Hamburg erschießt seine Kinder« kommt in den Medien nicht vor, genauer gesagt: Die Assoziation wird gar nicht erst gebildet und deshalb auch nicht im Gedächtnis gespeichert. Dagegen aber kommt uns ein Satz wie »35-jähriger Türke erschießt seine Mutter« nicht fremd vor – manche Medien haben es sich angewöhnt, Straftaten von Ausländern auch besonders zu kennzeichnen, indem sie bei ihnen Nationalität, Hautfarbe und andere stereotype Aspekte hinzufügen.

Solche verzerrten Kopplungen von Verbrechen oder unmoralischen Handlungen und Gruppenmitgliedschaft illustrieren die *illusorische Korrelation,* die maßgebend von David Hamilton erforscht wurde. Wir haben den Eindruck eines Zusammenhangs, obwohl dieser gar nicht besteht, sondern geschaffen wird. Mit anderen Worten, wir lernen für eine Gruppe einen Zusammenhang (Pole = stiehlt), für eine andere aber nicht (Deutscher = stiehlt), obwohl die Korrelation bei beiden in gleicher Stärke auftritt. Aus der Gedächtnispsychologie wissen wir zudem, dass die Auftretenswahrscheinlichkeit zweier auffälliger Informationen überschätzt wird. Dies ist zum Beispiel der Grund, warum viele die Häufigkeit von Flugzeugabstürzen überschätzen, denn Flüge sind auffälliger als andere Transportweisen und Abstürze ebenso. Auf Diskriminierung bezogen, bedeutet dies: Minderheiten sind auffälliger, weil sie seltener vorkommen als Mehrheiten, und extrem negative Ereignisse wie Gewaltverbrechen sind ebenfalls auffällig. Beiden wird erhöhte Aufmerksamkeit gewidmet, der Zusammenhang wird im Gedächtnis gespeichert und ab dann schnell wieder abgerufen.

Der Vorurteilsforscher Uli Wagner hat aufgrund dieser Beobachtung in einem offenen Brief an Angela Merkel angemerkt, dass der Pressekodex des Presserats mit solchen Überlegungen übereinstimmt, indem er fordert, dass »die Zugehörigkeit der Verdächtigen oder Täter zu religiösen, ethnischen oder anderen Minderheiten nur dann erwähnt« werden soll, »wenn für das Verständnis des berichteten Vorgangs ein begründbarer Sachbezug besteht«[6]. Dieser Grundsatz, so Wagner, sei »im Zusammenhang mit den Ausschreitungen in Köln in der Silvesternacht 2015/16 heftig kritisiert worden. Gefordert wird, immer mit aller Offenheit die Herkunft von Tätern zu benennen. Eine solche Forderung missachtet die Tatsache, dass Menschen eben keine objektiven InformationsverarbeiterInnen sind und zur Übergeneralisierung neigen. Abwägung und Ausgewogenheit in unseren alltäglichen Äußerungen, in Veröffentlichungen von

Polizei, Politik und Medien sind daher nach wie vor angebracht. Und wenn Gruppenzugehörigkeiten aus o.g. Gründen genannt werden müssen, sollte das mit Vorsicht geschehen, wie beispielsweise wenn es um die Nennung von Gruppenmitgliedschaften in Schlagzeilen geht«[7]. Wir sehen hier, wie alltagsnah diese Forschung ist und wie wichtig es ist, sie als Orientierungshilfe zu nutzen. Es hat niemandem genutzt, dass eine Assoziation »Flüchtlinge = Vergewaltiger« geschaffen wurde. Weder dem Ansehen der Flüchtlinge noch den Kölner Frauen, die von da an nachts verunsichert waren, sobald ihnen ein Mann entgegenkam, der nicht ganz weiß war.

## Wenn Stereotype uns selbst behindern

Stereotype prägen unser Denken – selbst wenn wir Diskriminierung widerlich finden. Wenn wir etwas dagegen tun wollen, sollten wir gesellschaftliche Veränderungen bewirken, nur so kann man ihnen langfristig beikommen. Das hört sich nach einer gewaltigen Aufgabe an, die kaum zu bewältigen scheint (im Sinne von Kapitel 8 hätten wir es hier mit einem sehr abstrakten, das heißt wenig motivierenden Ziel zu tun).

Wie lohnenswert sie sein könnte, zeigen Untersuchungen zum Altenstereotyp von Becca Levy und Ellen Langer. Sie fanden, dass das Stereotyp »Alte = vergesslich« in asiatischen Gesellschaften gar nicht so präsent ist. Im Gegensatz zu westlichen Gesellschaften, in denen Altsein vor allem als Makel wahrgenommen wird, wird es in Asien mit »weise« und »erfahren« assoziiert. Dieser Unterschied hat neben dem *feelgood*-Effekt vor allem für uns Ältere recht konkrete Auswirkungen: Es zeigen sich in diesen Gesellschaften weniger Gedächtnisdefizite bei alten Menschen. Wirken sich Stereotype also auch auf stigmatisierte Menschen aus, auf jene, denen ein solches Stereotyp anhaftet?

Forschung zur *stereotypen Bedrohung* belegt solche *sich selbst erfüllenden Prophezeiungen* durch Stereotype. Becca Levy ließ in einem ihrer Experimente betagte Versuchsteilnehmer Wörter vorlesen, die sie an ein positives oder negatives Altersstereotyp erinnerten. Die einen erhielten Begriffe wie »vergesslich«, »Alzheimer«, »verwirrt«, »Demenz« und »abhängig«, die anderen bekamen »weise«, »erfahren«, »gebildet« etc. dargeboten. Danach sollten die Versuchspersonen Gedächtnisaufgaben lösen – und diejenigen, die dem negativen Altersstereotyp ausgesetzt worden waren, schnitten in Gedächtnisaufgaben in der Tat schlechter ab. Die Art und Weise, wie wir über uns selbst nachdenken, beeinflusst also unsere Leistung.

Ihren Ursprung fand die Forschung zur stereotypen Bedrohung in Studien des Sozialpsychologen Claude Steele an schwarzen Studierenden in den USA. Er befürchtete, dass die Erinnerung an die eigene Ethnie das gesamte assoziative Netz mit all den negativen Aspekten und Erwartungen aktivieren könne, etwa dass Schwarze weniger intelligent wären als Weiße, und dass sich dies bei IQ-Tests unbewusst leistungsmindernd auswirke. Um dies zu testen, sollten schwarze und weiße Probanden Teile von IQ-Tests lösen und manche von ihnen vorher auf einem demografischen Fragebogen ihre Ethnie angeben. Die Ergebnisse bestätigten die Hypothesen: Während schwarze Studenten, wenn sie nicht durch den Fragebogen an ihre Gruppenzugehörigkeit erinnert worden waren, genauso gut wie die weißen Kommilitonen abschnitten, versagten sie, wenn man sie subtil an das Stereotyp erinnert hatte.

Zahlreiche Experimente zeigen, dass diese stereotype Bedrohung auch bei Frauen zutrifft, wenn man sie daran erinnert, dass sie angeblich nicht rechnen oder nicht einparken können. Sie führt generell in vielen Bereichen und bei vielen unterschiedlichen Gruppen zu Leistungsminderungen, wenn man Probanden kurz vor der zu erledigenden Aufgabe daran erinnert, dass sie einer Gruppe angehören, die für diese Aufgabe nicht prädestiniert ist. Zu guter Letzt funktionieren diese Effekte auch bei weißen heterosexuellen Männern, denen man vermittelt, sie seien sprachlich minderbegabt und im Sport schwächer. Wenn man Weiße beim Springen daran erinnert, dass sie weiß sind, schneiden sie schlechter ab als Weiße, die nicht daran erinnert worden sind.

Stereotype über die Gruppe, der man angehört, scheinen also die eigene Leistung zu beeinflussen. Die Sozialpsychologin Tony Schmader erklärt diesen Effekt mit einem negativen Einfluss auf das Arbeitsgedächtnis, das uns ja bei der Konzentration auf das Wesentliche unterstützt. Negative Gedanken, Stress und Misserfolgserwartungen beeinflussen diese Steuerungsfunktion und haben im Endeffekt die beobachteten unerwünschten Folgen auf die Leistung.

Jedoch können Stereotype auch Leistung befördern. So hilft es, wenn man zu einer starken Gruppe gehört, sich daran zu erinnern. Sind Sie eine Frau, und haben Sie einen sprachlichen Leistungstest vor sich, dann nützt Ihnen die im Frauenstereotyp enthaltene Erfolgserwartung »Frauen sind gut in Sprachen«. Auch Stereotype, die mit bestimmten nützlichen Verhaltensweisen assoziiert sind, können einen motivieren. So zeigte der holländische Forscher Ap Dijksterhuis mit Kollegen in einer Studie, dass die Vorstellung, für zehn Minuten ein Professor zu sein, Leistungen in einem Wissensquiz beflügelt. Hatten sich Versuchspersonen jedoch stattdessen vorgestellt, ein Hooligan zu sein, also ein Mitglied einer Gruppe, die mit Leistungsverweigerung und »null Bock« assoziiert ist, versagten sie im Wissensquiz.

Wenn man dieser Forschung folgt, dann könnten sich selbst erfüllende Prophezeiungen letztendlich die gesamte Biografie von Minderheitsangehörigen beeinflussen. Zudem erscheinen Unterschiede zwischen Minderheiten und Mehrheiten nun als veränderbar. Um es noch einmal zu betonen: Bis zum Ende des letzten Jahrhunderts hatte man die starke Vermutung, dass bestimmte Leistungsunterschiede genetisch bedingt seien. Man nahm an, dass Unterschiede in Mathematikleistungen zwischen Frauen und Männern und Unterschiede in der Intelligenz zwischen schwarzen und weißen Amerikanern biologische Ursachen hätten. In den 90er-Jahren jedoch wurde überdeutlich, dass die Sozialisation dafür verantwortlich ist. So unterscheiden sich diese Gruppen im ersten Schuljahr überhaupt nicht voneinander; zu diesem Zeitpunkt ist das Gehirn, was Leistungsbereiche angeht, jedoch schon relativ weit entwickelt, und biologische Ursachen müssten sich bereits zeigen.

Umso erstaunlicher ist es, dass sich schon nach einem Schuljahr die ersten Unterschiede auftun, die im Lauf des Schullebens immer stärker werden. Solche Befunde sind leichter mithilfe von Sozialisationsfaktoren zu erklären.

Unterschiedliche Förderungen, Motivierungen und, wie eben gezeigt, sich selbst erfüllende Prophezeiungen können wahre Teufelskreise bewirken: »Man hält nichts von mir, und dies vermutlich zu Recht, denn ich versage ja auch ständig. Man hat auch allen Grund, nichts von mir zu halten. Schließlich trifft das auf alle zu, die aus meiner Gruppe stammen – daran ist also nichts zu ändern, egal wie sehr ich mich anstrenge.«

Lehrkräfte können diesen Teufelskreis durchaus durchbrechen und sind auch kräftig dabei. So schnitten Mädchen in den letzten PISA-Untersuchungen in einigen Ländern in Mathematik sogar besser ab als die Jungen (zum Beispiel in Island[8]), und immer mehr Afroamerikaner schaffen ein Universitätsstudium. Auch diese Ergebnisse spiegeln wiederum die Macht von Sozialisationsprozessen wider und zeigen, wie wichtig Forschung und Aufklärung zu dem Thema sind. Dies sind sie im Bereich stereotype Bedrohung auch deshalb, weil manchmal bereits das Wissen um dieses Phänomen genügt, um sich ihm zu widersetzen. So konnten Laura Kray und Team zeigen, dass Frauen besser und aggressiver verhandeln, wenn man ihnen erzählt, sie könnten dies nicht, gerade weil sie es den Männern zeigen wollen. Ein Wissen um die Misserfolgserwartungen macht sie modellierbar, und man kann sie angehen und sich sagen: »Jetzt erst recht!«

## Die unbewusste Messlatte

Sicherlich fragen Sie sich nun, welche ungewünschten Assoziationen Sie im Kopf haben könnten, von denen Sie vielleicht gar nichts wissen? In der Psychologie hat die Entwicklung *impliziter Vorurteilstests* große Fortschritte gemacht. Mit ihnen kann man Assoziationen und affektive Reaktionen auf Menschen messen, ohne dass die Testperson die Ergebnisse verfälschen kann, wie es bei Fragebögen häufig der Fall ist. Die typischen Fragebögen, die Sie vielleicht aus Umfragen kennen, in denen Sie gefragt werden, was Sie von Türken oder von Frauen in Führungspositionen halten, kann man ja durchaus so ausfüllen, dass man hinterher als toleranter Mensch erscheint. Solche Verzerrungen kann man recht häufig im Labor beobachten, zum Beispiel wenn eine Versuchsperson vor einem Versuchsleiter nicht als Rassist dastehen möchte. Aber auch unbewusst kann man Antworten verzerren. Viele von uns *wollen* gern tolerant sein, es bestehen *Normen der politischen Korrektheit,* und wenn die Frage lautet: »Haben Sie etwas gegen Türken in Ihrer Nachbarschaft?«, mag die Antwort »Überhaupt nicht« eher ein Wunschselbst widerspiegeln als das tatsächliche Denken, Fühlen oder Verhalten. Um schlummernde, unbewusste Vorurteile zu ermitteln, werden implizite Testverfahren eingesetzt.

Ein sehr prominenter Test ist der *implizite Assoziationstest* (IAT) von Tony Greenwald und Mahzarin Banaji. Er basiert auf der Logik von Assoziationen zwischen bestimmten Gruppen und deren Bewertungen. Bei dieser Versuchsanordnung werden Porträts oder Namen von Menschen bestimmter Personengruppen (die sich zum Beispiel Ethnie, Geschlecht oder Alter teilen) zusammen mit jeweils einem negativen oder einem positiven Wort am Computer dargeboten. Roland Neumann und sein Team verwendeten norddeutsche und süddeutsche Namen, etwa Imke, Sönke und Björn versus Sepp, Rosi und Alois, um herauszufinden, ob Norddeutsche implizite Vorurteile gegenüber Süddeutschen hätten und umgekehrt. Diese Namen wurden mit positiven Wörtern wie »attraktiv«, »wunderbar« oder »schön« und mit negativen wie »langweilig«, »schlecht« oder »eklig« durchmischt. Die Versuchspersonen sollten durch Tastendruck entscheiden, ob positive oder negative Begriffe und ob norddeutsche oder süddeutsche Namen auf dem Computer erschienen. Der Trick besteht darin, dass nur zwei Tasten auf der Tastatur zur Verfügung stehen, um dies zu entscheiden, und dass in einer Phase des Tests die eine Taste gemeinsam für norddeutsche Namen und positive Wörter reserviert ist und die andere für süddeutsche und negative, während es in einer anderen Phase genau umgekehrt ist.

<table>
<tr><th colspan="2">IAT-Effekt</th></tr>
<tr><td>Original-Kombination<br>Süden oder positives Wort: rechts<br>Norden oder negatives Wort: links</td><td rowspan="2">Reaktionszeiten aus der<br>Original-Kombination<br>MINUS<br>Reaktionszeiten aus der<br>umgekehrten Kombination</td></tr>
<tr><td>Umgekehrte Kombination<br>Süden oder negatives Wort: rechts<br>Norden oder positives Wort: links</td></tr>
</table>

**Die beiden kritischen Phasen des IAT: Original-Kombination und umgekehrte Kombination werden miteinander verglichen**

Für jemanden, der Süddeutsche lieber mag als Norddeutsche, müsste die Reaktionszeit kürzer sein, wenn die norddeutschen Namen zusammen mit den negativen Begriffen auf einer Taste liegen (Original-Kombination in der Tabelle oben), und die Entscheidung müsste mehr Zeit beanspruchen, wenn sich die norddeutschen Namen eine Taste mit den »guten« Begriffen teilen (umgekehrte Kombination in der Tabelle oben).

Je größer der Unterschied in den Reaktionszeiten, umso größer das implizite Vorurteil. Neumann findet dementsprechend implizite Vorurteile bei beiden Gruppen – Norddeutsche geben demnach spontan schnellere Bewertungen, wenn sich norddeutsche Namen und »positiv« eine Taste teilen, und bei Süddeutschen ist es umgekehrt. Als sie explizit danach gefragt wurden, hatten die Versuchspersonen allerdings angegeben, dass sie keine Vorurteile gegen die jeweils andere Gruppe hegten. Solche Diskrepanzen oder Dissoziationen von Ergebnissen bei expliziten und impliziten Verfahren sind nicht selten, und sie sprechen dafür, dass implizite Maße Unterschiede messen können, die den Probanden entweder nicht bewusst sind oder die sie aus irgendwelchen Gründen nicht zugeben wollen.

Sie können solch einen impliziten Test auch einmal selbst machen,[9] jedoch ist einige Vorsicht geboten. Sicher wird Ihr Testergeb-

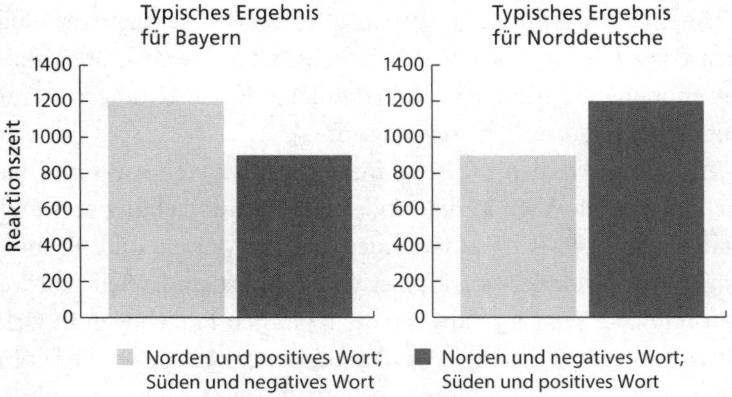


**Abb. 18 Typischer IAT-Effekt, nachgestellt nach Neumann et al. (1998)**

nis zeigen, dass Sie in vielen Bereichen Vorurteile haben, von denen Sie bisher noch gar nichts wussten. Das mag Sie erschrecken, zumal Forschung ja zeigt, dass schlummernde Vorurteile in Diskriminierung übergehen – hat man hohe Werte in einem IAT, steigt die Wahrscheinlichkeit, dass man unbewusst diskriminiert. Jedoch haben Kritiker wie der Heidelberger Psychologe Klaus Fiedler darauf hingewiesen, dass ein einzelnes Testergebnis nicht aussagekräftig für das Verhalten einer Person sein muss.

Mit etwas Geschick kann man auch die Ergebnisse in IATs zu seinen Gunsten verzerren. Aus den vorherigen Kapiteln wissen Sie, dass die Art und Weise, wie man kurz vorher über eine Minderheit nachgedacht hat, teilweise unbewusst zu einer Verzerrung führt. Hätten Sie also kurz vor dem Test zu Ihrem Vorurteil gegen Schwarze an positiv besetzte Afroamerikaner wie Oprah Winfrey, Martin Luther King oder Barack Obama gedacht, lässt Sie der Test vermutlich als toleranter erscheinen, als wenn Sie an aggressivere Vertreter wie Mike Tyson oder O. J. Simpson gedacht hätten.

Dies setzt den Testergebnissen Grenzen, und genau das wäre auch das große Problem, wenn Sie einen IAT zur Personalauswahl einsetzen wollten, um zu erfahren, welche Vorurteile ein Bewerber hat.[10] Viele Forscher beklagen zudem, dass bei einem IAT nicht klar wird, ob er schlichtweg stereotype Assoziationen misst oder tatsächlich Vorurteile. Zwar spielen affektive Werte klar eine Rolle, wenn positive und negative Wörter geboten werden, aber starke Emotionen oder gar starke diskriminierende Einstellungen werden mit einem IAT kaum zu messen sein.

Allerdings werden die Tests immer stärker verbessert und vielfach eingesetzt. Auch in der modernen Marktforschung verwendet man sie, um besser herauszufinden, welche Marken oder Produkte unbewusst besonders stark positiv konnotiert sind. Vielleicht werden implizite Tests irgendwann die typischen Fragebögen in vielen Bereichen ersetzen, jedoch werden die expliziten Maße, die ja ohne einen Computer auskommen, sicherlich weiter gebraucht werden, denn ohne Frage haben wir zu vielen unserer Einstellungen auch einen bewussten Zugang.

Man kann implizite Testergebnisse aber durchaus für sich selbst zur Selbsterfahrung nutzen, indem man für einen Moment den Gedanken zulässt, dass bestimmte Vorurteile in einem schlummern, und danach versucht, ihre Entstehung nachzuvollziehen und gegen sie anzugehen. Ein sehr persönliches Beispiel: 1996, bevor ich für zwei Jahre nach New York ging, hatte ich in einem entsprechenden IAT vor allem positive Vorurteile gegenüber Schwarzen. Nachdem ich jedoch zwei Monate in der Nähe von Harlem gewohnt hatte, wo überwiegend Schwarze leben, erhielt ich ein deutlich negatives Testergebnis. Was war in diesen Wochen geschehen?

Ich erklärte mir das nach einigem Nachdenken so: Bevor ich in die USA ging, bestand für mich die Gruppe der Schwarzen vor allem aus Sängerinnen, die ich bewunderte. Grace Bumbry, Aretha Franklin, Jessye Norman, Denyce Graves, um nur einige zu nennen, waren meine Heldinnen. Zwei Monate Nähe zum Schwarzengetto Harlem hatten jedoch ganz andere Assoziationen geschaffen: Ständig wurde man davor gewarnt, sich nicht zu lange in Harlem aufzuhalten, und wenn unsere Gäste dort nachts spazieren gingen, kutschierten Polizeistreifen sie nach Hause (»zu Ihrer Sicherheit« war die Begründung). Dauernd wurden im Frühstücksfernsehen Szenen von Verhaftungen Schwarzer gezeigt, die mit Handschellen in einen Polizeiwagen gestoßen wurden. Mein Gedächtnis hatte das offensichtlich ungefiltert aufgenommen, und obwohl ich die Medienberichte häufig als diskriminierend empfand, hatte alles zusammen nach und nach zu einer negativen Assoziation geführt, die der Test anzeigte – ich behaupte: vollkommen ohne meinen Willen.

Wenn man sich bewusst wird, dass man selbst Vorurteile gegenüber bestimmten Gruppen haben könnte, kann man beim Urteilen Vorsicht walten lassen und sich mehr Informationen beschaffen, die eine bessere Urteilsgrundlage ermöglichen. Für mich waren der IAT und mein schlechtes Ergebnis eine Möglichkeit, mir meiner Vorurteile bewusst zu werden und sie anzugehen.

Was kann man gegen Stereotype und Vorurteile tun?

## Stereotype: Zombies oder ausrottbar?

Politiker sind schnell dabei, Probleme mithilfe von Verboten einzudämmen. Antidiskriminierungsnormen und -gesetze wurden in vielen Ländern kürzlich in der Hoffnung eingeführt, dass Strafen ungerechtes Urteilen und Handeln reduzieren könnten. Diese auf Konditionierungstheorien basierende Methode funktioniert jedoch nicht immer. Wenn man plötzlich in einem Betrieb keine Blondinenwitze mehr machen darf und dauernd auf der Hut sein muss, nicht als Rassist oder Sexist angesehen zu werden, kann das auch zu Widerstand führen. Forschung von Ashby Plant und Patricia Devine zeigt, dass Versuchspersonen teils richtig verärgert sind, wenn man ihnen vorschreibt, bestimmte Minderheiten nicht zu diskriminieren. In manchen Fällen hemmt die Unsicherheit, »was man eigentlich noch sagen darf«, das Miteinander und, wie Forschung zeigen kann, auch die Kreativität, zum Beispiel wenn gemischtgeschlechtliche Gruppen gemeinsam brainstormen.

Interessant ist es auch, sich die psychologischen Prozesse genauer anzuschauen, die man bemühen muss, um politisch korrekt zu handeln. In den meisten Fällen wird das zu eigens auferlegten Gedankenverboten führen, das heißt, man versucht, Gedanken wie »Muslime sind gewalttätig« aus dem Kopf zu bekommen oder sie zu unterdrücken, in der Hoffnung, damit Diskriminierung zu verhindern. Gedankenunterdrückung werde ich später noch en détail besprechen, jedoch sei schon jetzt gesagt, dass Versuche, Gedanken oder Gefühle zu unterdrücken, häufig zum Gegenteil führen. Nira Liberman und ich haben in einer Reihe von Studien gezeigt, dass Versuchspersonen, die eine Geschichte über einen Türken schreiben sollten und dabei keine Stereotype verwenden durften, nach dieser Unterdrückungsphase negativer über Türken nachdachten als Probanden, die eine Geschichte ohne Gedankenverbote schreiben durften.

Ähnlich unbeliebt wie die PC-Normen sind Quotierungen. Zwar scheinen sie manchmal notwendig zu sein, weil sich sonst nichts ändert, aber auch sie werden als Einschränkung der Freiheit empfunden und als Angriff auf die Leistungsnorm, die *Meritokratie.* Zudem fühlen sich Menschen, die wegen Quotierungen eine Stelle erhalten haben, häufig nicht besonders wohl. Wenn in der Organisation alle wissen, dass sie die Stelle »nur« aufgrund von Quotierungsregeln bekommen haben, erleben die Auserwählten infolgedessen Abwertungen. Dies wird selten gesund für sie sein, und es steht zu vermuten, dass sie sich dann besonders anstrengen wollen, um das gefühlte Quotendefizit auszugleichen. Das kann als Motivator funktionieren, kann aber auch in Überforderungssituationen münden und in einen niedrigen Selbstwert.

Ich halte die Quote für eine wirksame Maßnahme in Fällen, in denen drastische Unterschiede bestehen – hier kann man auch besser kommunizieren, warum man die Quote für sinnvoll hält. Wenn sich also in Aufsichtsräten immer noch nur sechs bis 18 Prozent Frauen finden, obwohl das seit Jahrzehnten beklagt wird, kann wohl nur die Quote helfen, die krassen Unterschiede auszugleichen, zumal talentierte Frauen sich zunehmend unterbewertet und diskriminiert fühlen. In Österreich wird deshalb folgerichtig ab 2018 in börsennotierten Unternehmen sowie in Betrieben mit über 1000 Beschäftigten ein 30-Prozent-Frauenanteil in den Gremien verlangt.

Letztlich ist es wichtig, dass Minderheiten an gute Jobs kommen, denn sie wirken sich als Rollenvorbilder auf nachkommende Generationen aus. Wie Alice Schwarzer richtig prophezeite, träumen Mädchen heutzutage auch davon, Kanzlerin zu werden. Bevor Angela Merkel zur ersten Kanzlerin Deutschlands gewählt wurde, war dieser Traum vor allem Jungen vorbehalten gewesen. Rollenmodelle helfen, Assoziationen zu durchbrechen oder sie in kommenden Generationen gar nicht erst aufkommen zu lassen. Kinder beobachten die Welt und ziehen ihre Schlüsse: Implizites und explizites Lernen beruhen auf Beobachten.

Auch Drehbuchautoren sind sich häufig nicht darüber bewusst, wie sie stereotypisieren. In einer Diskussion mit den besten Drehbuchautorinnen Deutschlands in der Deutschen Filmakademie stellten wir fest, dass besonders Nebenrollen häufig stereotyp geschrieben werden. Da ist der Arzt im Krankenhaus ein deutscher weißer Mann, die Oma hat eine Häkeljacke an, und der Afrikaner ist der kleine Dealer. Das aber entspricht oft gar nicht mehr der Realität – Chirurgen in Deutschland sind selten noch deutsch oder männlich, Omas tragen auch in der Eifel kaum mehr Häkeljacken, und Dealer kommen aus allen Schichten. Dennoch fällt es schwer, solche Stereotype zu durchbrechen, denn die Zuschauer wollen ja nicht von der Hauptfigur abgelenkt werden. Käme da plötzlich eine Ärztin im Rollstuhl zur Visite hereingefahren, würden sie sich denken: Was meinen die denn jetzt damit?

Aber auch die Hauptrollen werden häufig stereotyp besetzt – oder kennen Sie einen Science-Fiction-Film, in dem der Held schwarz, klein und dick ist? Es ist der weiße, starke, große Mann, der alle Aliens plattmacht. Auf der Strecke bleiben häufig der chinesische Computerspezialist und der schwarze Streifenpolizist. Woraus ein Kind schnell den Schluss ziehen kann: Irgendwie sind die Weißen den Schwarzen überlegen. Aus diesem Grund hat die Freiwillige Selbstkontrolle Fernsehen, die TV-Sendungen aus jugendschutzrechtlicher Perspektive überprüft, nun auch Diskriminierung ins Visier genommen, um Erziehungsberechtigte vor Sendungen zu warnen, in denen versteckte Stereotype gezeigt werden.[11]

Stereotype Assoziationen sind im Prinzip verlernbar, wie die Sozialpsychologin Kerry Kawakami in einer Studie zeigte. Sie bat niederländische Versuchspersonen, vorherrschende Assoziationen mit Marokkanern wie »Marokkaner sind faul« durch positive zu ersetzen – also durch so etwas wie »Marokkaner sind fleißig«. Hatten die Probanden dies über 400-mal getan, konnte auch in impliziten Tests festgestellt werden, dass sie deutlich weniger diskriminierten. Die Befunde zeigen aber auch, wie aufwendig das Verlernen ist. Zudem ist nicht klar, wie lange solche Veränderungen wirken, da wir doch ständig mit Stereotypen konfrontiert werden. Als ich in den Niederlanden lebte, wurde ich immer wieder einmal vor Marokkanern gewarnt, die Pakete und Taschen klauen würden und ihren Frauen verböten, Fahrrad zu fahren. So etwas setzt sich natürlich im Gedächtnis fest.

Das Erlernen stereotypen Wissens geht hingegen recht schnell vonstatten. Wir brauchen manchmal nur eine Beobachtung einer uns unbekannten Gruppe, um Assoziationen zu speichern, die letztendlich falsch sind. Wenn man etwa noch nie etwas mit Bulgaren zu tun hatte und die erste Bulgarin, die man zufällig trifft, Vegetarierin ist, wird im Gedächtnis kurzerhand ein Stereotyp angelegt, dass Bulgaren Vegetarier sind. Eine solche wenig repräsentative Wissensbasis taugt natürlich nicht viel. Während ein Statistiker die Repräsentativität einer Stichprobe mit einbeziehen würde und uns ermahnen müsste, mehr Beobachtungen zu sammeln, um zu schauen, ob die Aussage zutrifft, sind wir normalen Menschen eher geneigt, schnell Wissen über andere zu generieren und zu speichern. Warum aber ist das so?

Eine wichtige Quelle für Vorurteile sind Gruppenprozesse, auf die ich im nächsten Kapitel noch genauer eingehen werde. Menschen sind Lebewesen, die sich gern in Gruppen aufhalten und dadurch ihre Identität definieren. Gruppen werden durch gemeinsame Interessen und Werte zusammengehalten. So denken Sie vielleicht, dass Sie eher zur Gruppe der intelligenten Menschen gehören, die eine gute Bildung wertschätzen und Bücher wie dieses hier lesen. Umgekehrt impliziert dies, dass es eine Gruppe gibt, die diese Werte nicht teilt. Das sind Leute, die Bildung für unwichtig halten und für die Leistung wenig zählt. Aufgrund solcher Gruppenbildung kommt es zu unterschiedlichem Kontakt mit Leuten der Fremdgruppe und denen der eigenen Gruppe. Wenn wir nur wenig Wissen zur Verfügung haben, nutzen wir die Informationsbasis, die uns zur Verfügung steht – und dies ist häufig das oberflächliche, stereotype Pseudowissen.

Zudem ist es für den eigenen Selbstwert wichtig, die eigene Gruppe für gut zu halten, eventuell sogar für besser als andere Gruppen. Dies ist der Nährboden für negative Vorurteile. Wenn wir die anderen, die Leute der Fremdgruppe, auch nicht mögen und uns von ihnen distanzieren, so müssen wir sie doch irgendwie verstehen, um uns vor ihnen schützen zu können. Dazu dienen uns Stereotype, also grobe Vorstellungen, als Orientierungshilfe.

Wie schon erwähnt, sind Stereotype zunächst einmal Pseudowissensstrukturen, die uns befähigen sollen, das Leben zu meistern. Es ist nicht nur sinnvoll, zu wissen, wer potenziell gefährlich ist, sondern auch eine Idee davon zu haben, mit wem ich meine Ziele am besten erreichen kann. Suche ich ein Rezept für ein Dessert und wende mich dabei an die Sekretärin statt an meinen Chef, kann das ein Fehler sein – vielleicht wüsste mein Chef ja ein viel besseres Rezept –, jedoch ermöglicht mir das Stereotyp eine schnelle Entscheidung. Auch bei der Kommunikation hilft mir das Stereotyp. Ein Partygespräch mit einem mir unbekannten Kollegen, den ich für heterosexuell halte, würde ich nicht mit der letzten Folge *Sex and the City* beginnen, weil mein Stereotyp mir sagt, dass der das gar nicht kennt oder sogar blöd findet. Dies kann im Einzelfall falsch sein, jedoch bringt mich eine gewisse Idee darüber, wie jemand ticken könnte, überhaupt erst einmal dazu, ein Gespräch zu beginnen.

Solche Assoziationen sind vor allem dann nützlich für eine Entscheidung, wenn ich schnell urteilen muss, wenn ich keine Motivation habe, eine Person besser kennenzulernen, wenn die Person zukünftig nicht weiter relevant für mich ist und wenn ich abgelenkt bin oder mir die kognitiven Ressourcen fehlen. Sie führen jedoch zu Fehlern, wenn die Stereotype selbst falsch sind, also lediglich Pseudowissen beinhalten, oder wenn sie auf die heutige Situation nicht mehr zutreffen. Wir beobachten ja immer wieder einmal, dass Mädchen beispielsweise in Mathematik und Jungen im Sprachunterricht aufholen, weil Lehrer die Befunde der PISA-Studien ernst nehmen.

Unser Wissen über die Modellierbarkeit von Leistungen (dass sie schichtbedingt sind, dass es kulturelle Unterschiede gibt) braucht ja nur von einer neuen Generation intelligenter Politiker umgesetzt zu werden – schon sieht die Welt ganz anders aus. Zu guter Letzt kann es natürlich immer sein, dass selbst wenn ein Stereotyp zutrifft, wie zum Beispiel, dass Mädchen mitfühlender sind als Jungen, dies auf eine einzelne Person nicht zutrifft. Die Generalisierung, das Über-einen-Kamm-Scheren, bleibt ein großes Problem, wenn wir Stereotype zur Personenbeurteilung gebrauchen.

Wir müssen also mehr über das Individuum in Erfahrung bringen, wenn wir fair sein wollen, immer in dem Bewusstsein, dass eine Persönlichkeit auch in sich widersprüchlich sein kann und aus mehreren Anteilen besteht, die sich in unterschiedlichen Situationen zeigen. Herr Meier, der sein Auto blitzblank hält, kann durchaus seine Akten schlampig anlegen, und der zehnjährige Torben kann der liebste Junge zu Hause, aber die schlimmste Nervensäge im Kunstunterricht sein. Wir brauchen viele Informationen, möglichst Informationen über das tatsächliche *Verhalten* von Menschen, um sie fair beurteilen zu können, und wir brauchen Zeit, um diese Informationen ausreichend zu verarbeiten.

Diese, wenn auch leicht nachvollziehbare Gedankenkette erklärt auch ein Phänomen, das bei Wahlen immer als merkwürdig bezeichnet wird: Gerade in Gegenden mit geringem Ausländeranteil, wie Limburg in den Niederlanden, Sachsen in Deutschland oder dem *Bible Belt* in den USA, finden sich Rassisten, die Parteien am rechten Rand wählen. Kein Wunder vor dem Hintergrund der Forschung, die ja zeigt, dass *gerade* bei mangelndem Kontakt mit Minderheiten und bestimmten Gruppen Stereotype die einzige Informationsquelle darstellen.

Lernt man mehrere Mitglieder einer Gruppe kennen, dann zeigt sich eine Vielfalt von Verhaltensweisen, die Generalisierungen und Diskriminierung ad absurdum führen. Eine Meta-Analyse von Tom

Pettigrew und Linda Tropp, in der über 500 Studien zu dieser *Kontakthypothese* analysiert wurden, zeigt, dass die Vertrautheit mit dem vormals Fremden nicht nur die Assoziationen ihm gegenüber verändert, sondern vor allem die Gefühle. Man hat weniger Angst vor Menschen, mit denen man schon einmal gesprochen hat, die man täglich sieht und die einem vertraut vorkommen. Integrative Wohnprojekte, Kindergärten und Schulen sind deshalb eine gute Idee. Sie haben es ja im Kapitel über das Lernen schon gelesen, dass ein gemeinsames Auftreten von positiven Reizen und Gefühlen und Gruppenmitgliedern seine Wirkung zeigt.

Als ich mir einen Bart wachsen ließ, hat mir tatsächlich jemand geraten, zum Bartschneiden »zum Türken« zu gehen, denn »der kann den viel besser stutzen als ein deutscher Friseur«. Und das stimmt wohl auch – meine deutsche Stammfriseurin sagte mir, Bartschneiden habe sie nie gelernt. Als dann »der Türke« mit einem wahrhaft beeindruckenden Messer den Bart an meiner Kehle trimmte, war mir etwas mulmig – das war eine Situation, die Bilder aus dem Film *Sweeney Todd* über einen mordenden Barbier triggerte. Nach einigen Wochen begann ich aber, gerade das zu genießen: Man begibt sich in die Hände einer immer vertrauter werdenden Person, man lernt ihre ernüchternd normalen Probleme kennen – und sieht hinterher so gut aus, dass jeder Schwiegermutter das Herz aufgeht.

Der Kontakt hatte also meine Angst verringert, mein Vertrauen erhöht und war mit einem sinnlichen Erfolgserlebnis gepaart. Meine israelischen Freunde hatten sicher Ähnliches im Sinn, als sie mich und ihre Kinder immer wieder in arabische Restaurants einluden – gutes Essen ist ein wunderbarer positiver Verstärker. Reisen, essen gehen in Restaurants mit fremdländischer Küche, Bücher internationaler Autoren lesen, einkaufen in Gettos – all das sind Möglichkeiten, sich eine bessere Informationsbasis zu verschaffen.

Gordon Allport entdeckte in den 50er-Jahren, dass Kontakt nicht immer wirkt. Zu der Zeit hatte man in den USA begonnen, die Rassentrennung in den Schulen aufzuheben. Dass schwarze und weiße Kinder nun zusammen lernen und auf dem Schulhof spielen durften, führte aber nicht immer zu Frieden und Freundschaften, sondern vereinzelt auch zu einem Zuwachs an Aggression: Wurden die Kinder aufeinander losgelassen, flogen die Fäuste.

Tom Pettigrews und Linda Tropps Meta-Analyse zeigt auch, wann Kontakt wirkt. Die Autoren stellen heraus, dass weltweit und in Hunderten von Studien Kontakt *allein* ausreichend ist, um Diskriminierung zu reduzieren. Die negativen Beispiele aus den frühen Integrationsversuchen an amerikanischen Schulen kann man wohl eher auf die Tatsache zurückführen, dass die Vorurteile damals extrem stark waren und für alle die Integrationsmaßnahmen überraschend kamen.

Allerdings entdeckte man damals durch das Misslingen von erstem Kontakt sogenannte *förderliche Bedingungen,* die die Wirkung von Kontakt unterstützen oder bekräftigen. Vier davon hat Allport in seiner Arbeit detailliert beschrieben: Unterstützt wird die Wirkung von Kontakt demnach durch das *Setzen gemeinsamer Ziele,* zu deren Erreichen man auch *kooperativ zusammenarbeitet.* Menschen sollten nicht nur nebeneinanderher leben, sondern *miteinander* Probleme lösen – und wenn es sich dabei nur um die Organisation eines Straßenfests handelt. Allport fand, dass bei Schulkindern Gruppenarbeiten bei gemischten Gruppen vor allem dann wirkten, wenn die Kinder durch die Aufgabenstellung dazu gezwungen waren, miteinander zu interagieren, und das Gruppenziel nur durch die Mithilfe jedes einzelnen Mitglieds erreicht werden konnte. Konkurrenz dagegen kann Vorurteile noch anstacheln.

Zudem ist es wichtig, dass *gesellschaftliche Normen das Verhalten unterstützen.* Kontakt wirkt also weniger, wenn wir Angst haben müssen, von unseren eigenen Leuten schief angesehen oder gar von der Regierung dafür bestraft zu werden. Förderlich ist auch ein *gleicher Status* derjenigen, die Kontakt miteinander aufnehmen wollen. Wenn man als »aufgeklärter Deutscher« der »bemitleidenswerten, unemanzipierten Flüchtlingsfrau« begegnet, fördert Kontakt weniger günstige Ergebnisse zutage, als wenn Begegnungen auf gleicher Augenhöhe stattfinden. Dies kann geschehen, indem sich »der Überlegene« klarmacht, dass er auch nichts anderes ist als ein

Mensch, den der Klapperstorch hier und nicht in einer Wüste Afrikas abgeworfen hat.

Spannend sind neuere Befunde unter anderem von Jerel Calzo und Monique Ward, die zeigen, dass auch virtueller Kontakt hilft, das heißt, wenn wir sehen, dass ein Fremdgruppenmitglied mit einem »unserer Leute« Kontakt aufnimmt, und schon können wir uns das ebenfalls vorstellen. Studien zeigen dies am Beispiel Homosexueller in amerikanischen Serien. Wenn dort Schwule und Heterosexuelle angstfrei miteinander verkehren, miteinander feiern, essen und arbeiten, sinken die Vorurteile bei den Zuschauern. Insofern ist es wirkungsvoll, wenn ein harter Rapper wie Macklemore plötzlich einen Song schreibt *(Same Love)*, in dem er liebevoll von seinen beiden schwulen Onkeln rappt und Schwulendiskriminierung offen anprangert, oder wenn ein heterosexueller Politiker einem homosexuellen Außenminister die Hand schüttelt. Dies sind übrigens alles Beispiele dafür, wie »die Medien« oder die Kunst einen positiven Einfluss auf unsere Toleranz haben können, und belegt einmal mehr die These der ersten Kapitel, dass alles gute und schlechte Seiten haben kann.

Pettigrew betont in seiner eigenen Forschung vor allem den Einfluss der *Freundschaft*. Das positive Gefühl der Freundschaft mit einem Mitglied einer Fremdgruppe kann Vorurteile im Nu verändern und beeinflusst dann sogar das Gefühl und die Einstellung gegenüber der gesamten Gruppe. Dies spräche für Friedenscamps, wie wir sie aus Israel kennen, oder für Studienaufenthalte im Ausland. Häufig entstehen dabei Freundschaften, die ein Schubladendenken nicht mehr zulassen.

# 13
# Ich und mein Rudel – Gruppen, Normen, Konformität

Menschen sind Rudeltiere. Sie spielen in Gruppen, arbeiten in Gruppen, halten häufig ein Leben lang Kontakt zu ihrer Familie. Sie schaffen Freundschaften, Cliquen, Arbeitsgemeinschaften, definieren sich als Interessengruppen, bilden Staaten und Staatengemeinschaften. Das ist nützlich, denn in den ersten (und oft ebenso in den letzten) Jahren des Lebens sind sie vollends auf die Unterstützung anderer angewiesen. Auch wenn wir uns völlig unabhängig vorkommen, sind wir doch nahezu ständig von Menschen umgeben; und selbst in der tiefsten Wildnis, wenn man denkt, man wäre allein, spuken einem die anderen im Kopf herum – und lassen einen nicht los. Nicht nur, dass uns das, was sie uns vermittelt haben, auch in der Wildnis zuweilen weiterhilft (sollte man sich nicht von Frischlingen fernhalten, weil irgendwo die Mutter sein muss und ungemütlich werden kann?): Ihre Werte und Normen und ihre Vorstellungen davon, wie wir uns verhalten sollen, beeinflussen uns auf Schritt und Tritt (ich sollte das Tier vor mir aus der Falle befreien, obwohl ich Angst davor habe).

Die anderen beeinflussen uns selbst dann, wenn wir denken, wir wären frei von allen Zwängen. So meinte ein Freund, er sei in den 50er-Jahren vollkommen unbeeinflusst von Moden und Trends gewesen. Ein kurzer Blick auf ein Foto strafte ihn Lügen: Wer würde sich heute noch so die Haare schneiden lassen? Und wer würde sich heute noch in einer derart steifen Körperhaltung abbilden lassen – noch dazu vor einem Auto[12]? Natürlich war er beeinflusst, so wie jeder von uns. Natürlich sieht er heute deutlich anders aus, nicht auffällig modisch vielleicht, aber gerade das ist es ja: Um nicht aufzufallen, *muss* man sich am Mainstream ausrichten. Ein Mensch, der immer vollkommen aus eigenen Stücken handelt und nicht von anderen beeinflusst wird, ist psychologisch gesprochen ein Unding. Um dies zu illustrieren: Wenn es keine Gruppeneinflüsse gäbe, würde man vermutlich mehr Männer in Röcken sehen, denn ich schätze mal, dass Röcke viel bequemer und luftiger sind als Hosen. Wir Männer ziehen uns aber lieber etwas an, das im Schritt kneift, als uns vor den anderen lächerlich zu machen.

Manchem mag die Idee des Gruppeneinflusses widerstreben, vor allem wir Deutschen haben gesehen, wie gefährlich Gruppendruck sein kann. Dies ändert aber nichts an der Tatsache, dass wir in Gruppen leben und daraus unsere Werte beziehen. Wie aber kommt das? Gruppen, so die Sozialpsychologin Marylin Brewer, befriedigen zwei gegensätzliche fundamentale Bedürfnisse. Jeder Mensch will auf der einen Seite ein wenig besonders sein, ein Individuum, aber auf der anderen Seite auch zu jemandem gehören, was bedeutet, sich mit ähnlichen Menschen zu umgeben, um gemeinsamen Interessen nachzugehen. Beide Bedürfnisse, so die Gruppenforschung, könnten am besten in relativ kleinen, übersichtlichen Gruppen befriedigt werden.

Nehmen wir an, Sie sind Herr Grün, ein eher aufgeklärter norddeutscher Akademiker um die 40, und Ihnen ist ein ökologisch korrektes Leben wichtig. Intoleranz ist Ihnen ein Graus, und Sie mögen keinen Sport, außer vielleicht Yoga. Sie essen wenig Fleisch und kaufen mehr und mehr vegane Kochbücher. Sie spenden hin und wieder etwas für soziale Hilfsprojekte, Sie machen nicht jeden Konsumquatsch mit und fahren ein sparsames Auto. Menschen, mit denen Sie sich identifizieren können und die Sie Ihre Freunde nennen, vertreten vermutlich ähnliche Werte. Natürlich verhalten sie sich alle etwas anders. Da mag der eine Ihrer Freunde ein dickes Auto fahren und ein anderer auch beim Discounter um die Ecke einkaufen, aber sicher haben Sie und Ihre Clique eine Schmerzgrenze, die niemand, der näher mit Ihnen zu tun hat, überschreiten sollte. Undenkbar wäre, dass sich in Ihrem Bekanntenkreis jemand befindet, der einer neofaschistischen Partei angehört oder der meint, Frauen gehörten in die Küche.

Menschen identifizieren sich mit Werten, die von Gruppenmitgliedern geteilt werden. Die Zugehörigkeit zu Gruppen beinhaltet Vorstellungen über das Leben. Gruppen sagen uns, was gut und richtig, was schlecht und falsch ist. Notwendigerweise kollidieren die Werte unterschiedlicher Gruppen miteinander, denn jede von ihnen definiert ihre Werte allein und aus dem Kontrast zu anderen Gruppen heraus. Daher führt Gruppenbildung unmittelbar zu einer Bevorzugung der Eigengruppe und häufig zu einer Abwertung der Außengruppe. Gruppenbildung bedingt in jedem Fall eine Diskriminierung, weil es sich ja um ein *Schaffen von Unterschieden* handelt.

Um dies anhand von Herrn Grün zu verdeutlichen: Herr Grün ist ein friedlicher Mensch, aber manchmal rutscht auch ihm ein »Scheiß Nazi« raus, wenn er hört, dass irgendjemand ein Flüchtlingsheim angezündet hat oder dass jemand »verdammte Moslems« in der Kneipe sagt. Ich nehme an, ich könnte mit Herrn Grün auch so richtig über die »asoziale« Mutter in der Bahn an meinem Pendeltag hetzen. Herr Grün ist mit seinen Ansichten nicht allein. Ich könnte mir vorstellen, dass ich ihm eines Tages in einem politischen Kabarett begegne, und dort lacht er dann mit seinen Freunden über Karikaturen all jener Leute, die seine Werte, wie er sagt, »mit Füßen treten«. Vielleicht werden wir dann Freunde. Haben wir uns einem Wertesystem angeschlossen, wird unser *Bedürfnis nach Zugehörigkeit* befriedigt.

Wenn es allein dieses Bedürfnis geben würde, könnten wir in unserer Gruppe eigentlich alle die gleiche Frisur und die gleiche Kleidung tragen und alle exakt dasselbe meinen. Das könnte vermutlich funktionieren. Wir sehen es ja in einigen Gruppen und sogar Staaten, in denen der Versuch unternommen wird, Menschen gleichzuschalten: Sie tragen uniformierte Kleidung und dürfen nur bestimmte Dinge sagen oder bestimmte Werte vertreten. Das würde uns, so Marylin Brewer, als Mensch aber nicht gerecht, denn *innerhalb unserer Gruppe* möchten wir gern unser *Bedürfnis nach Individualität* ausleben; wir wollen uns von den anderen Mitgliedern absetzen und uns als einzigartig erleben. So kommt es, dass wir unterschiedliche Haarschnitte, Kleidungsstile und Vorlieben haben – solange es innerhalb der Gruppennorm liegt, ist das in Ordnung. So wie bei dem Bekannten auf dem Foto: Klar hat er die extremen Frisuren seiner Zeit nicht getragen, dadurch war er etwas Besonderes – aber der Haarschnitt passte im Großen und Ganzen zu den Normen der 50er-Jahre, und damit sah er für die damaligen Verhältnisse nicht völlig anders aus. Wäre ihm alles egal gewesen, hätte er die Haare einfach wachsen lassen können – das war aber in jener Zeit genauso undenkbar, wie dass ein Vater einen Kinderwagen geschoben hätte oder ein Schwulenpaar Händchen haltend in der Bochumer Fußgängerzone aufgetaucht wäre. Auch wenn wir uns frei und unabhängig fühlen – extreme Normverletzungen begehen wir selten.

### Gruppendruck – Wie eine Herde Lemminge …

Gruppennormen bestimmen unser Verhalten dergestalt, dass sie vernünftigem Handeln im Weg stehen können. So waren es jahrelang die Franzosen, die die sichersten Wagen der Welt produzierten. Trotzdem kauften die meisten Deutschen, von denen wir ja schon gehört haben, dass sie sehr sicherheitsorientiert seien, keinen »Franzosen«, sondern eines der angesagten deutschen Modelle. Beim Autokauf geht es der Mehrheit der Käufer weniger um die vernünftigste Entscheidung als darum, der Norm zu entsprechen und eine Identität zu zeigen. Man will schlichtweg zur Clique gehören, sich entweder nicht lächerlich machen oder blöde Bemerkungen vermeiden. Oder man will beneidet werden – mit dem Prestigesymbol, das die Gruppe und nicht der Einzelne bestimmt.

In einer frühen, berühmten Untersuchung von Salomon Asch konnte gezeigt werden, dass Gruppeneinfluss manchmal selbst in sehr eindeutigen Situationen wirkt. Versuchspersonen in Gruppen zu je acht Leuten sollten sagen, welche von drei Linien genauso lang wäre wie eine Referenzlinie.

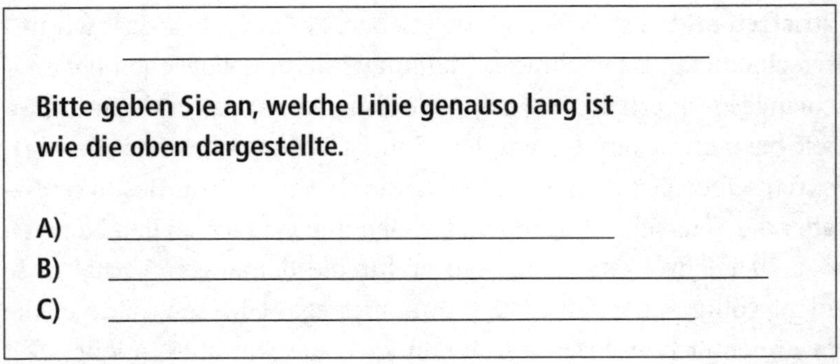


Tatsächlich gab es nur eine wirkliche Versuchsperson, die relativ spät mit ihrer Schätzung an die Reihe kam, alle anderen waren Schauspieler, die für das Experiment engagiert worden waren. Die Schauspieler gaben der Reihe nach einmütig falsche Einschätzungen ab: Sie behaupteten, dass eine deutlich kürzere Linie (in Abb. oben Linie A) genauso lang wäre wie die Vergleichslinie. Es gab mehrere dieser Aufgaben, und es zeigte sich, dass die »echten« Probanden zu 74 Prozent »mit dem Strom schwammen« – und damit eine Antwort gaben, die ihnen falsch erscheinen musste. Die Aufgaben waren so einfach, dass Versuchspersonen, die allein zur Schätzung gebeten wurden, insgesamt nur in fünf Prozent der Fälle Fehler machten.

Diese Experimente zeigen einen regelrechten *Gruppendruck* oder *Konformismus,* der meist motivational begründet ist: Man will vor den anderen nicht aussehen wie ein Depp und will sich nicht in die unbequeme Situation eines Konflikts bringen. Wurden in anderen Studien die Versuchsteilnehmer gebeten, ihr Urteil verdeckt aufzuschreiben, statt es laut zu verkünden, gaben sie viel häufiger die richtige, in diesem Fall non-konforme Lösung an.

Neben dem Bedürfnis nach Anschluss gibt es auch ein *Motiv, möglichst richtigzuliegen* und gute Entscheidungen zu fällen. Von dieser Warte aus sind viele einmütige Meinungen durchaus informativ: Wenn so viele etwas anderes sagen als ich und sie alle anders denken oder wahrnehmen, ist es wahrscheinlich, dass ich der Geisterfahrer bin und nicht sie. So viele können wohl nicht irren!

Nun mögen diese Experimente etwas künstlich erscheinen, zeigen sie doch Extremfälle von klaren Unstimmigkeiten zwischen dem, was wir sehen, und dem, was andere sagen; aber dasselbe Prinzip greift natürlich auch, wenn wir einen VW fahren, weil all unsere Freunde einen Wagen dieser Marke fahren oder er zumindest eine Option für ein Auto ist, die von den meisten akzeptiert wird. Wir werden uns dann unter anderem erzählen, dass es sich dabei um deutsche Wertarbeit mit geringer Abgasemission handelt und dass das Auto einfach schön ist und praktisch. Übertragen auf die Experimente von Asch, könnte man hinzufügen: Selbst wenn ich irgendwann Probleme mit dem Auto habe, würde ich meine Meinung gegenüber VW nicht ändern, um nicht gegen meine Freunde argumentieren zu müssen. Lieber würde ich meinen Eindruck relativieren. Mit anderen Worten: VW bleibt gut, ich habe lediglich Pech mit meinem Exemplar gehabt – vermutlich ein »Montagsprodukt«.

Solch eine Übernahme der mehrheitlichen Meinungen beobachtet man vor allem dann, wenn Mehrdeutigkeit vorliegt und unser Autofahrer sich selbst nicht vollends sicher sein kann. Jedes Auto hat in bestimmten Dimensionen Schwächen und Stärken, das heißt, man kann positive wie negative Urteile im Prinzip mühelos umkonstruieren oder an die eigene oder die Meinung anderer anpassen. Als der Abgasskandal immer präsenter wurde, konnte man sehen, wie Leute nach rechts und links schauten, um herauszufinden, ob die Marke immer noch angesagt blieb. Interessant war, wie fleißig Trivialisierungen und Rechtfertigungen konstruiert wurden, damit man möglichst nicht zugeben musste, dass man betrogen worden war. Man konnte Folgendes hören: »Na, die haben doch alle Dreck am Stecken, nicht nur VW!«, »Das ist ein amerikanisches Komplott« und »Die Politiker übertreiben doch sowieso mit der Umwelt«, um nur einige zu nennen. Tatsächlich hatte VW nicht die Einbußen im Verkauf zu verzeichnen, die man erwartet hätte.

Mehrdeutiger als Autos sind Menschen, und wir haben ja schon gesehen, wie man sich aus der Riesenmenge an Informationen, die ein anderer Mensch bietet, das herauspickt, was der Gruppenmeinung entspricht. Wenn alle Freunde sagen: »Dem Kachelmann traue ich eine Vergewaltigung schon zu!«, passt man sich der Meinung gern an, vor allem wenn sie in bestehende Überzeugungen hineinpasst. Ich muss zugeben, dass ich ihn zunächst auch für schuldig hielt und mein großes Idol Alice Schwarzer bis zum Letzten verteidigt habe. Erst als die Gegenevidenz zu stark wurde, schwenkte ich um – allerdings stand ich dann wiederum nicht allein auf weiter Flur, denn zu dem Zeitpunkt änderte sich auch die Meinung all meiner Freunde.

## Ungeschriebene Gesetze – Blinder Gehorsam?

In vielen Situationen des Lebens geben Gruppennormen Menschen Orientierung, und dies ist ihnen nicht immer bewusst. Aus Gruppennormen können wir erschließen, was andere Mitglieder der Gruppe in bestimmten Situationen tun würden – und dies selbst dann, wenn etwas Unerwartetes oder Neues passiert, das nicht explizit Inhalt der Normbeschreibung ist.

So kann man sich vorstellen, dass ökologisch denkende Menschen, die von der geplanten Verlängerung der staatlichen Förderung von Atomkraftwerken um zehn Jahre erfahren, diese Änderung spontan für schlecht halten und umgehend ihre Freunde per WhatsApp darüber informieren – inklusive wütendem Emoticon mit Schaum vor dem Mund. Wenn meine Gruppe in dieser Hinsicht politisch sehr aktiv ist, könnte ich auch anfangen, einen Brief an die Regierung zu verfassen, und könnte sicher sein, dass ihn alle unterzeichnen.

Die Normentheorie von Robert Cialdini würde sagen, dass ich dies täte, weil das von meiner Gruppe oder wichtigen Mitgliedern erwartet würde und weil ich dafür belohnt werden möchte. Es würde mich zudem weniger Energie kosten, mit einer konformen Meinung zu punkten, als wenn ich nonkonformes Verhalten zeigen oder differenziert an das Thema herangehen würde (»Ausstieg ist gut, aber man sollte auch schauen, wo man die Beschäftigten unterbringt und wie man den Übergang bewältigt.«). Da es sich um Erwartungen handelt, können diese durchaus falsch oder aber zu extrem sein, und manchmal schießen die Gruppenmitglieder auch über das Ziel hinaus.

Als ein Kollege erfuhr, dass seine Anstellung an der Universität nicht verlängert werden sollte, ging er von Büro zu Büro und fragte nach. Erstaunlicherweise berichtete ihm jeder einzelne Kollege, dass er ihn liebend gern als Kollegen behalten würde. Manche lobten ihn so überschwänglich, dass er rot wurde. Jedoch endeten die Gespräche bei allen damit, dass sie sich nicht gegen die gemeinsame Entscheidung stellen könnten – die Fakultät, vor allem die Gruppe der Professoren, hatte sich gegen ihn entschieden. Hier war offensichtlich von einer Gruppenmeinung die Rede, die es überhaupt nicht gab, jedenfalls nicht, wenn man die vielen positiven Einzelmeinungen zusammenaddierte. Die Gruppenmeinung war eine reine Konstruktion und wirkte dennoch – mit existenziellen Folgen für den Betroffenen.

Im Alltag hat dieses *Gruppenpolarisierung* genannte Phänomen teils drastische Konsequenzen: Manche Menschen werden »am Stammtisch« rassistischer und sexistischer, als sie es eigentlich sind. Auch hier kann es sein, dass die Erwartung, was der Stammtisch denkt, nicht dem entspricht, was man hören würde, stellte man ihn einmal zur Rede.[13] Ausgeburten des Konformismus finden wir schließlich in Diktaturen oder totalitären Regimes, in denen tatsächlich ein extrem konformistisches Verhalten gefordert wird.

Jedoch ist Konformismus auch nicht allumfassend – nicht jeder passt sich an, und nicht in jeder Situation passen wir uns an. Wenn jemand bereits eine starke Überzeugung hat und die anderen für dumm hält oder ihnen die Expertise abspricht, schwimmt er nicht mit dem Strom. Auch wenn ein Bewusstsein darüber besteht, dass man keine einmütige Meinung finden kann oder muss (wie bei »Geschmacksfragen« oder der Beurteilung von Kunst häufig der Fall), beobachtet man seltener Konformitätseffekte: Hier kann jeder denken, was er will, ohne Gefahr zu laufen, ausgeschlossen zu werden. Zudem sollte in Situationen wie der von Asch beschriebenen die Gruppenmeinung einmütig sein. In mehreren Folgestudien nannten einige Schauspieler die richtige Lösung, während die Mehrheit immer noch behauptete, die kürzere Linie sei gleich lang. Gab es mehrere Meinungen, so waren die Probanden eher bereit, ihren eigenen Standpunkt zu vertreten.

## »Normen raten« und Holzhammermethoden

Normen sind häufig recht explizit. Wir wissen, dass wir in Kirchen und Bibliotheken leise sein sollen, dass wir nicht jeden duzen können und dass wir uns bei Beerdigungen nicht betrinken sollen. Normen manifestieren sich auch in Gesetzen. Die Tatsache, dass wir sogar im heißesten Sommer unsere Blöße bedecken, hat nichts mit Vernunft zu tun, sondern mit sozialen Normen und Verboten: Wer nackt herumliefe, würde eine Festnahme riskieren und hätte es vermutlich auch schwer, Freunde zu finden. Normen können so stark verinnerlicht sein, dass sie letztendlich unbewusst wirken – dies erspart uns, wie wir in vorigen Kapiteln gesehen haben, viele Entscheidungen.

In vielen Situationen ist es jedoch hilfreich, an Normen zu erinnern, was sicherlich bereits intuitiv logisch erscheint, von der psychologischen Forschung inzwischen aber auch systematisch erforscht wurde. Robert Cialdini hat in vielen Untersuchungen gezeigt, dass Schilder wie »Bitte keinen Müll abladen« entsprechendes Verhalten unterstützen. In komplexen Situationen können sich nämlich verschiedene Normen zeigen. So kann eine vollgemüllte Wiese signalisieren, dass es sich hier um eine coole Partylocation handelt und man nicht wegen jeder beschmutzten Serviette zum Papierkorb rennen muss. Und ein Tourist, der sich auf diese Wiese setzt, könnte denken: »In Deutschland ist es offenbar nicht üblich, dass man seinen Müll selbst entsorgt.« In solchen Fällen ist eine Erinnerung an die eigentlich bestehende gesellschaftliche Norm der Sauberkeit durch Schilder tatsächlich hilfreich – obwohl man manchmal denkt: »Die Schilder hätten die sich auch sparen können.«

Normen widersprechen manchmal anderen Bedürfnissen, zum Beispiel dem Wunsch, unversehrt zu bleiben oder sich nicht zu sehr anzustrengen. Zivilcourage etwa erfordert manchmal den Einsatz des Lebens oder gefährdet die körperliche Unversehrtheit. In Kölner U-Bahnen hingen vor ein paar Jahren nach einigen Überfällen riesige Plakate, auf denen Kölner Prominente abgebildet waren, die Dinge sagten wie: »Wir Kölner helfen, wenn jemand in Not ist.« Ich komme später darauf zurück, aber Helfen hat Kosten und Nutzen, und wenn man prosoziales Verhalten hervorbringen will, sollte man dessen Nutzen stärker hervorheben. Glaubt man der Forschung, sollten solche Kampagnen tatsächlich funktionieren, und es ist folglich keine Geldverschwendung, Menschen ab und zu an selbstverständlich erscheinende Normen zu erinnern.

Manche Normen werden auch aus anderer Leute Verhalten erschlossen. Vor allem, wenn wir nicht wissen, »was angesagt ist«, beobachten wir andere, um es in Erfahrung zu bringen: »Kann man jetzt schon zum Buffet? Wenn die anderen schon hingehen, scheint es so zu sein.« – »Muss ich an dieser Arbeitsstelle pünktlich sein? Na, wenn der Chef selbst andauernd zu spät kommt, kann ich mir sicher auch die eine oder andere Freiheit nehmen.« Auch Medien setzen Normen: Werden in vielen Fernsehsendungen Konflikte mit Gewalt gelöst, wird unmittelbar daraus geschlossen, dass aggressives Verhalten in Ordnung ist. Und wird ein Schimpfwort häufig verwendet, wird es salonfähig. Dies ist durchaus nicht trivial. Wenn man diese Forschung ernst nimmt, könnten die vielen Serien im Stil von *The Walking Dead,* in denen Gewalt zur Kunstform erhoben wird, unsere Standards des Akzeptablen verschieben.[14]

## Gruppenidentität – Der erste Schritt zur Aggression?

Natürlich ist es häufig so, dass sich Menschen mit gemeinsamen Werten und Überzeugungen zusammenfinden und dadurch Gruppen entstehen. So haben sich vor ein paar Jahren Menschen zu einer Partei – den »Piraten« – zusammengefunden, die den vorherrschenden Politikstil kritisierten und denen die Nutzung von öffentlichen Ressourcen wie Internet und öffentlichem Nahverkehr am Herzen lag. Zu dieser Gruppe fanden sich Leute aus ganz Deutschland freiwillig zusammen, und sie schufen einen eigenen Wertekodex.

Häufig aber werden unterschiedliche Gruppen und mit ihnen unterschiedliche Normen und Identitäten schlichtweg geschaffen. Organisationen beobachten das häufig. Wir sehen dies an folgendem Fall: Ein junger Start-up-Gründer suchte verzweifelt bei mir Rat. Er erzählte aufgewühlt, dass er bei der Firmengründung noch eine kohärente tolle Gruppe von Mitarbeitern gehabt hätte, die ohne Konflikte kreativ und sozial zusammengearbeitet hätten. Dann habe er expandiert, sich gefreut, ein Stockwerk dazugekauft und die Mitarbeiter auf die beiden unterschiedlichen Stockwerke aufgeteilt. Bereits nach ein paar Wochen seien zwischen der zweiten und der dritten Etage Konflikte ausgebrochen.

Dies ist nicht ungewöhnlich. Meine erste Frage war, ob sich die Gruppen um bestimmte Ressourcen stritten. Er war ganz erstaunt, dass ich so direkt den Finger in die Wunde legen konnte: »Woher wissen Sie das? Ja, es ging die ganze Zeit um diesen blöden Kopierer, also in welchem Stockwerk er denn jetzt stehen sollte.« Ich bin kein Magier, der das Problem erspürt hat, sondern wir wissen aus der Intergruppenforschung, dass Ressourcenkonflikte Aggression zwischen willkürlich geschaffenen Gruppen schüren können.

Muzafer Sherif und Kollegen haben solche Phänomene schon in den 1950er-Jahren in Jugendcamps untersucht, in denen eine Ansammlung von Jungen willkürlich in zwei Gruppen unterteilt wurde. Im Nu entwickelten sich unterschiedliche Gruppenidentitäten. Die Forscher beobachteten auch, dass Gruppenkonflikte schnell entfacht werden konnten: Vor allem Ressourcenknappheit und Wettbewerb riefen Streitigkeiten und manchmal sogar gewalttätige Auseinandersetzungen hervor. Mussten beispielsweise die beiden Gruppen gegeneinander in Wettkämpfen antreten, kam es alsbald zu Anfeindungen, verbalen Aggressionen, zu Überfällen auf das »feindliche« Lager und in Extremfällen zum Vernichten von Gruppensymbolen – wie Fahnen und Preisen – der anderen.

Interessant an dieser Feldstudie war, dass die Gruppen ohne ein bestimmtes Kriterium zufällig zusammengewürfelt wurden und dass es sich dabei um Kinder handelte, die von Psychologen als »normal« und wenig aggressiv beschrieben wurden. Die beobachtenden Psychologen waren schockiert, wie schnell aus den lieben Jungs äußerst aggressive Jugendliche wurden, die verbissen einiges riskierten, um der anderen Gruppe zu schaden. Die Studie gilt für Sozialpsychologen als Beispiel für die Macht der Situation über die Persönlichkeit von jungen Menschen. Man braucht nicht viel, um Bestien zu produzieren. Und als positiver Psychologe füge ich hinzu: Man braucht auch nicht viel, um das Gute im Menschen zu wecken.

Was hat das Ganze mit der Realität zu tun? Wir können solche Phänomene immer wieder bei Fußballfanatikern beobachten. Im März 2012 etwa griff ein Trupp Fußballfans aus Mönchengladbach einen Bus mit Borussia-Dortmund-Fans an – es kam zu Festnahmen. Zwar haben Vereine jahrzehntelange Traditionen und sind somit nicht vergleichbar mit willkürlich zusammengesetzten Gruppen ohne jegliche Tradition der Gegnerschaft, jedoch kann man auch bei Vereinszugehörigkeit häufig von willkürlicher Gruppenbildung sprechen, denn üblicherweise ist man Fan des Vereins, der einem regional am nächsten liegt.[15] Das mag man selbst nicht so erkennen oder zugeben, ist aber jedenfalls statistisch so. Viele, die in eine andere Stadt ziehen, »wechseln« den Verein.

Räumliche Nähe, so zeigen schon frühe Untersuchungen von Leon Festinger und Team in Wohnprojekten, führt schnell zu einer Entwicklung gemeinsamer Werte. Festinger konnte beobachten, wie sich Meinungen immer stärker aneinander angleichen, wenn man Menschen (aus welchem Grund auch immer) zusammensteckt. Er beobachtete zum Beispiel die Entwicklung von Gruppen in Studentenwohnheimen, in denen junge Menschen bestimmten Gebäuden und Stockwerken zufällig zugewiesen wurden. Aus einem anfänglichen Wertechaos, in dem alle recht unterschiedliche Interessen und Vorlieben hatten, erwuchs über die Zeit hinweg eine immer stärker werdende Gemeinschaft – und über die Zeit glichen sich die Werte aneinander an, bis hinterher in vielen Wohnheimen oder Etagen »wirkliche« Gruppen mit geteilten Werten entstanden.

## Minimale Gruppe, maximale Diskriminierung?

Ist der Aufbau gemeinsamer Werte gleichbedeutend mit dem Aufkommen von Aggression gegen andere Gruppen? Wann beginnen Gruppen eigentlich, andere zu diskriminieren? Reicht eine einfache, willkürliche Gruppengründung aus, oder geschieht es nur, wenn Werte über einen längeren Zeitraum hinweg immer stärker auseinanderdriften und dadurch immer stärkere Abgrenzungen stattfinden?

Dieser Frage ging Henri Tajfel in seiner Forschung zur sozialen Identität nach. Er kreierte dazu die Versuchsanordnung der *minimalen Gruppe:* eine Gruppenbildung, die auf künstlichen, unwichtigen oder willkürlichen Merkmalen beruht. In einigen Experimenten ist man beispielsweise folgendermaßen vorgegangen: Die Versuchspersonen sitzen zunächst in einem Raum und bekommen Dias präsentiert, auf denen viele Punkte zu sehen sind. Ihre Aufgabe ist es, die Anzahl dieser Punkte zu nennen. In der vorgegebenen Zeit können sie die Punkte unmöglich zählen, und so müssen sie schätzen. In einer Kabine wird ihnen anschließend einzeln mitgeteilt, wie sie geschätzt haben – genauer gesagt, wie sie angeblich geschätzt haben, denn der einen Hälfte sagt man, dass sie chronische Überschätzer seien, der anderen, dass es sich bei ihnen um chronische Unterschätzer handle – wobei die Zuweisung rein zufällig erfolgt.

Da die Probanden überhaupt kein Gefühl dafür haben, wie sie geschätzt haben, nehmen sie die Gruppenzuschreibung an. Danach sollen sie sich einen Eindruck von den anderen machen, die jeweils durch einen Code und einen Gruppennamen als Über- oder als Unterschätzer gekennzeichnet sind, und Belohnungen an sie verteilen. Den Probanden wird zugesichert, dass ihre Entscheidungen völlig anonym bleiben und sie keinen Kontakt mit denjenigen haben werden, denen sie die Belohnungen zuteilen. Die Ergebnisse wurden in zahlreichen Experimenten in aller Welt bestätigt: Überschätzer geben Überschätzern höhere Belohnungen, und Unterschätzer bevorzugen die anderen Unterschätzer. Das heißt, die Versuchspersonen belohnen die Eigengruppe systematisch mehr als die Fremdgruppe, und das, obwohl die einzige Gemeinsamkeit, auf deren Basis die Gruppen gebildet wurden, einfach nur ausgedacht war!

Selbst eine willkürliche Gruppenbildung führt also zu einer Bevorzugung der eigenen Gruppe, selbst wenn die einzelnen Gruppen keine Vorgeschichte haben, keine abgespeicherten stereotypen Wissensstrukturen à la »Überschätzer sind selbstbewusster« oder »Unterschätzer sind dumm« vorliegen, die Gruppen sich überhaupt nicht kennen oder kennenlernen und der Einzelne keinen Nutzen davon hat – weil er wie im obigen Fall die Belohnung ja nicht selbst erhält und er die anderen, die ihn loben könnten, nicht treffen wird.

»Wir wollen es besser haben als ihr« ist die Devise – egal, aus welchen Beweggründen die Gruppen gebildet wurden. Systematisch zusammengefasst, besteht Tajfels Behauptung darin, dass wir Menschen nicht nur eine persönliche Identität haben (»ich bin ich«), sondern auch eine Identität als Gruppenmitglied (»ich gehöre zu euch«). Aus dieser Identität beziehen wir einen Großteil unseres Selbstwerts, und gleichzeitig tun wir alles, um ihn zu erhöhen. Dies tun wir durch übertrieben positive Bewertung der eigenen Gruppe und, wie wir in den vorigen Experimenten gesehen haben, durch positive Diskriminierung, also die Bevorzugung der eigenen Gruppe. Wir tun dies nicht unbedingt uneigennützig, sondern heben den Gruppenselbstwert, damit sich unser eigener erhöht.

Man kann das als MiniMax-Strategie verstehen, denn wir erreichen so mit minimalem Aufwand eine maximale Selbstwertsteigerung. Lass doch die Gruppe für dich arbeiten – häng dich einfach dran. Mit den berühmten Schlagzeilen »Wir sind Papst« nach der Papstwahl 2005 und »Schwarz-Rot-Geil« zur WM 2006 zeigte die *Bild*-Zeitung, wie selbstwertsteigernd die Aufwertung der eigenen Nation sein kann – ohne dass der einzelne Leser etwas dafür tun müsste, außer vielleicht mitbrüllen, wenn »wir« Siege einfahren oder »unser Papst« uns einmal in Köln besucht.

Von außen betrachtet, kann einem diese Strategie der Statuserhöhung höchst merkwürdig vorkommen, denn Gruppenmitglieder verlieren dadurch manchmal das Maß für die tatsächlich hilfreichen Maßnahmen. Schauen wir uns das Phänomen Krieg einmal an: Wir wissen, dass kein Krieg vernünftig ist, selbst für die Sieger letztendlich nicht. Und doch wird da um nichts anderes gekämpft als um einen Unterschied im Status, egal wie viele Menschen sterben, hungern, leiden. Gruppenmitgliedern ist es auch im friedlichen Alltag im Zweifelsfall wichtiger, dass sich ihre Eigengruppe gegenüber anderen positiv abhebt, als dass es ihr absolut gesehen gut geht oder sie einen hohen Gewinn einfährt.

Tajfel ließ Versuchspersonen in einigen Experimenten die Wahl zwischen zwei Punkteverteilungen: Sie konnten entweder elf Gewinnpunkte der eigenen und sieben der anderen Gruppe zuteilen oder an beide Gruppen je siebzehn Gewinnpunkte vergeben. Dabei ging es laut den Anweisungen nicht darum, mehr Punkte als die andere Gruppe zu erlangen, sondern primär darum, selbst möglichst viele Punkte zu erhalten. Es ist glasklar, dass die eigene Gruppe von der letzten Möglichkeit, siebzehn Punkte zu bekommen, mehr profitieren würde als von einem Gewinn von elf Punkten. Die meisten Versuchspersonen wählten jedoch die erste Verteilung, 11:7, die einen Unterschied zwischen den Gruppen entstehen lässt. Tajfel spricht von *positiver Distinktheit* – was nichts anderes bedeutet, als dass Gruppen sich gern anderen Gruppen gegenüber überlegen fühlen wollen, selbst wenn sie das etwas kostet. Beim Aushandeln des Gruppenstatus wirken die Gesetze der Psychologie stärker als die der Wirtschaftlichkeit.

Haben wir eine Einteilung in Eigen- und Fremdgruppe vorgenommen, führt dies auch deshalb zur Diskriminierung, weil man von diesem Moment an weniger mit »denen« der Fremdgruppe zu tun haben will. Man lernt sie automatisch weniger kennen und übersieht die Unterschiede zwischen den eigenen Gruppenmitgliedern. Alle kommen einem gleich vor. Stereotypisierung ist die

Folge, wie wir im vorigen Kapitel gesehen haben. Wir scheren »die anderen« über einen Kamm. Alle Schweden sind blond und alle Briten hochnäsig. Alle Chinesen sind gleich und ziehen ihre Kinder gleich auf. Die anderen sehen für uns sogar alle gleich aus, während unsere eigene Gruppe, die der Deutschen, natürlich aus ganz unterschiedlichen Individuen besteht.

Das führt zu interessanten Gedächtniseffekten. Es ist für viele Deutsche in einer Gegenüberstellung schwierig, individuelle Chinesen, Schwarze oder Türken zu identifizieren. So kommt es, dass Zeugen fatale Fehler begehen: Haben sie einen Türken bei einem Banküberfall gesehen, halten sie bei einer Gegenüberstellung manchmal einen anderen Türken für den Täter. Das muss kein böser Wille sein; durch mangelnden Kontakt mit Türken sehen für sie schlichtweg alle Türken gleich aus. Polizisten wissen dies natürlich und würden in diesem Fall bei einer Gegenüberstellung andere türkische Personen zusammen mit dem möglichen Täter präsentieren.

Interessanterweise fällt es auch Chinesen schwer, Europäer auseinanderzuhalten, wenn sie wenig mit ihnen zu tun haben. Das mögen wir kaum glauben und mag uns sauer aufstoßen, haben wir doch, unserer Meinung nach, gegenüber anderen Ethnien so viele unterscheidende Merkmale, etwa Haarfarbe und Nasenform. Dies ist allerdings nichts als eine Konstruktion, denn bei der Gesichtswiedererkennung kommt es nicht nur darauf an, wie ein anderer aussieht, sondern vielmehr darauf, wie er wahrgenommen wird oder worauf der Betrachter achtet. Schwarze beispielsweise achten automatisch auf unterscheidende Merkmale in Gesichtern von anderen Schwarzen; eine Sichtweise, die Weiße erst erlernen müssen, wenn sie vorher wenig Kontakt mit Schwarzen hatten. Genauso müssen Chinesen erst erlernen, dass die »europäischen Langnasen« nicht alle gleich lang sind – erst dann sehen sie Unterschiede. Der Effekt, dass Mitglieder der Fremdgruppe gleich aussehen, findet sich also bei allen Gruppen wieder.

Die deutsche Sozialpsychologin Amélie Mummendey argumentierte, dass eine Bevorzugung der eigenen Gruppe nicht notwendigerweise auch zu Gewalt gegen die Fremdgruppe führen müsse. Sie zeigte in einigen Studien, dass es zum Aufbau eines Selbstwerts nicht zwingend nötig ist, die anderen schlecht zu behandeln; eine Aufwertung der eigenen Gruppe reiche dazu aus. Das ist, auf den Alltag bezogen, sogar eine wahrscheinlichere Variante, denn – um ehrlich zu sein – habe ich mich bei der zu Beginn des Buches geschilderten Zugfahrt der Mutter von Jacqueline überlegen gefühlt. Ich habe sie jedoch nicht schlecht behandelt, habe sie ja letztendlich nicht einmal kritisiert. So etwas geschieht, denke ich, häufiger, als dass jemand aggressiv oder beleidigend wird.

Zusammen mit Sabine Otten zeigte Amélie Mummendey, dass Bestrafungen von Fremdgruppenmitgliedern selten auf eine minimale, willkürliche Zuteilung von Gruppenmitgliedern folgen. In ihren Experimenten teilten die Versuchspersonen lieber Belohnungen an die eigene Gruppe aus als Bestrafungen (wie etwa schmerzhafte Luftstöße ins Ohr) an die Fremdgruppe. Damit aus Gruppenunterschieden Gewalt resultiert, müssen zusätzliche, *erschwerende Faktoren* hinzukommen. Erschwerend sind nach Mummendey Merkmale, die die Bedeutung der Gruppe für den Einzelnen und damit das Zusammengehörigkeitsgefühl erhöhen. Mitglieder *kleiner Gruppen* etwa haben ein höheres Zugehörigkeitsgefühl und sind stolzer, wenn ihre Gruppe Erfolge einfährt. Wenn Erzgebirge Aue gewinnt, steigt der Selbstwert der Fans stärker als bei Bayern-Fans, wenn der FC Bayern gewinnt.

Auch Mitglieder unterlegener Gruppen, also diejenigen, die häufig Misserfolge haben oder von einer anderen Mehrheitsgruppe abhängig sind, identifizieren sich stärker mit ihrer Gruppe; sie sind schließlich besonders daran interessiert, ihren Selbstwert zu heben, und daher auch eher geneigt, die Schwelle zur Aggression zu überschreiten. Und zu guter Letzt können, wie wir schon aus Sherifs Forschung zu Jugendcamps wissen, Wettbewerb und Ressourcenkonflikte die Motivation verstärken, es der Fremdgruppe heimzuzahlen.

Zusammengefasst, reicht eine minimale Gruppe nicht aus, um Aggression zu produzieren, Letztere wird erst dann wahrscheinlich, wenn die Eigengruppe als besonders wichtig erlebt und die positive

Identität in irgendeiner Form durch eine andere Gruppe bedroht wird.

## Wenn Gruppen asozial machen

Menschen sind in Gruppen jedoch generell eher bereit, ihre eigenen persönlichen Grenzen zu überschreiten. Gruppen erleichtern gewalttätige oder kriminelle Handlungen. Schaut man sich Gewaltexzesse bei Demonstrationen oder Fußballspielen an, ist kaum vorstellbar, dass eine einzelne Person isoliert zu einer ähnlichen Aggressivität fähig wäre. Gruppen ermöglichen eine *Deindividuierung* oder *Anonymisierung,* was wiederum nonkonformes und sogar unmoralisches Verhalten unterstützt.

Ed Diener und sein Team haben einmal Kinder dabei beobachtet, wie sie an Halloween von Tür zu Tür gingen und um Süßigkeiten bettelten. In 27 Haushalten stellten die Forscher Versuchsleiter an, die ein Bonbonglas aufstellten und die Kinder ermahnten, nur ein Bonbon zu nehmen. Sie verließen dann kurz den Raum, beobachteten die Kinder aber durch eine Wand. Kamen die Kinder in Gruppen, übertraten sie das Verbot zu 57 Prozent. Kamen sie allein, nahmen nur 21 Prozent mehr als ein Bonbon. Die Anonymisierung spielte dabei eine Rolle: Hatten in anderen Untersuchungen die Versuchsleiter nämlich die Kinder nach ihren Namen gefragt, waren sie also auch in der Gruppe nicht mehr anonym, nahmen auch hier nur noch 21 Prozent mehr als ein Bonbon.

Interessanterweise konnte die Halloween-Studie auch Auskunft über die Entwicklung oder Änderung von eigenen Werten und Verhaltensstandards geben. Es konnte nämlich beobachtet werden, dass das Verhalten des ersten Kindes aus der Gruppe eine große Rolle spielte. Hatte es mehr als ein Bonbon genommen, so taten es die anderen ihm nach. Hatte es aber brav nur ein Bonbon genommen, überschritten auch die anderen Kinder die gesetzte Grenze seltener. Das erste Kind setzte also die Norm.

## Erst David, dann Goliath – Wie Minderheiten zum Zuge kommen

Die Intergruppenforschung beschäftigt sich neben Konformitätsverhalten, das durch die Mächtigen und Mehrheiten bewirkt wird, zudem mit dem Einfluss von Minderheiten. Wenn Menschen in jedweder Situation mit dem Strom schwämmen, gäbe es keine Veränderung und keinen Fortschritt. Man kann sogar sagen, dass jede Innovation zunächst einmal durch eine Minderheit vertreten wird. Man denke an die ersten Christen, die ersten Feministinnen und die ersten Grünen.

Für die jüngere Generation wird es gar nicht begreiflich sein, dass die Grünen mit ihren ökologischen Gedanken vor 30 Jahren eine absolute Randerscheinung waren und viele Ideen, die wir heute für selbstverständlich erachten, wie Mülltrennung, Solarenergie oder artgerechte Tierhaltung, als verrückt, ideologisch und »nicht machbar« bewertet wurden. Zwar haben die Grünen selten eine riesige Mehrheit der Wähler erreicht, aber dennoch kann man den Einfluss der ökologischen Bewegung nahezu überall ausmachen. Dass Deutschland aus der Atomenergie aussteigt, wäre noch vor zehn Jahren völlig undenkbar gewesen und kann sicherlich nicht allein mit der einsamen Reaktion einer Kanzlerin auf ein Unglück in Japan erklärt werden. Vielmehr hatten die Grünen Jahre vorher das Feld dafür bestellt und setzten ihre Ideen langsam durch. Genauso wie sie in Fragen der Integration die heutige Haltung zur Flüchtlingsfrage vorbereitet haben oder die Diskussion zur Gleichstellung der Geschlechter. Dabei ist dieser Einfluss sicher nicht direkt zu beobachten oder etwa auf eine bestimmte Rede oder einen Text zurückzuführen, der im Nu die Mehrheitsmeinung geändert hätte. Stattdessen haben sich diese Ideen leise eingeschlichen.

Als ich in den 70er-Jahren mit einigen wenigen »Aktivisten« mit einer Jutetasche einkaufen ging, musste ich mich tatsächlich auf der Straße als »Brotbeutel« oder »Müsli« beschimpfen lassen. Obwohl es über 30 Jahre gebraucht hat, bis Plastiktüten nunmehr langsam verpönt sind und jetzt sogar verboten werden sollen, war es doch sinnvoll, irgendwann einmal mit einem umweltfreundlichen Verhalten zu beginnen – allerdings macht dieses Beispiel deutlich, welch langen Atem man dazu braucht. Während der letzten 30 Jahre hat es endlose Kampagnen, Hunderte von Dokumentationen und Artikeln zu dem Thema gegeben und Tausende von Demonstrationen, Diskussionen und Analysen, obwohl schon vor 30 Jahren klar war, dass die Dinger für viele Tiere und unsere Umwelt tödlich sind.

Ähnlich verhält es sich mit anderen Verhaltensweisen, die uns heute als selbstverständlich erscheinen. Noch vor wenigen Jahren bezeichneten viele Yoga als esoterischen Quatsch, fanden es Männer ehrenrührig, wenn »ihre« Frauen arbeiteten, war es undenkbar, dass ein Mann einen Kinderwagen schob, und aßen Familien keine Spaghetti Bolognese, weil das »ausländisches Zeugs« war. Auch diese Verhaltensänderungen können nicht auf eine spezielle Ansage, eine einzige bedeutende Rede oder ein Gesetz, einen Befehl, eine Person oder ein anderes äußeres Ereignis zurückgeführt werden. Minderheitenmeinungen setzen sich typischerweise schleichend durch, Veränderung – vor allem in den Köpfen der Menschen – braucht mitunter Zeit, und die Effekte sind häufig erst langfristig spürbar.

Im Übrigen ist es selten so, dass Veränderungen wörtlich, also zu 100 Prozent, wie geplant umgesetzt werden. Das Gesamtpaket der Ideale der frühen Grünen ist ja auch nicht 1:1 umgesetzt worden, sondern nur in Teilen, und es wurden natürlich auch Kompromisse gemacht.

Der Sozialpsychologe Serge Moscovici hat den Einfluss von Minderheiten genauer unter die Lupe genommen. In einem klassischen Experiment nutzte er die Anordnung von Asch (zur Erinnerung: das war die mit den unterschiedlich langen Linien) mit leichten Veränderungen. Zunächst wurden den Versuchspersonen Blautöne verschiedener Schattierung gezeigt. Die einen Probanden wurden anschließend einzeln gefragt; sie beurteilten die Dias fast alle als blau. Die anderen saßen mit fünf weiteren »Versuchsteilnehmern« zusammen, wovon zwei, also die Minderheit, die Farben konsistent als grün bezeichnete. Es zeigte sich zwar nur ein schwacher Einfluss dieser Minderheit, aber immerhin schlossen sich gut acht Prozent ihrer Meinung an. Das Interessante an diesem Experiment, das auf den ersten Blick kaum etwas anderes zu demonstrieren scheint als Aschs Linienparadigma, ist der stärkere Einfluss der Minderheitsmeinung auf eine spätere Aufgabe. Die Versuchspersonen sollten nämlich noch an einer vermeintlich anderen Studie zur Farbwahrnehmung teilnehmen. Dabei wurden ihnen Blau- und Grüntöne gezeigt, und sie sollten angeben, ob sie noch Blau oder schon Grün wahrnahmen. Hier passierte nun etwas Überraschendes: Das Grünspektrum derjenigen, die vorher dem Einfluss der Minderheit ausgesetzt waren, hatte sich in der Zwischenzeit erweitert: Sie beurteilten Farbtöne, die von anderen noch als Blau wahrgenommen wurden, schon als Grün. Es hatte also ein schleichender, unbewusster Einfluss der Minderheit stattgefunden.

Solche Phänomene kann man ebenfalls im Alltag beobachten. Biologische Produkte werden heutzutage nicht nur von Anhängern der Grünen gekauft, sondern auch von Wählern anderer Parteien – die Delikatessengeschäfte in Köln-Marienburg bieten fast nur »bio« an, und ich vermute unter der Kundschaft viele CDU-Wähler. Mir scheint, durch die öffentliche Diskussion darüber, woher unsere Produkte kommen und welche Schadstoffe sie möglicherweise enthalten, hat bei vielen über die Jahre hinweg ein Bewusstseinswandel stattgefunden, sodass ökologisches Handeln heutzutage nicht mehr als Alleinstellungsmerkmal einer bestimmten Partei empfunden wird.

Um einen Einfluss zu haben, so das Resultat von Moscovicis Forschung, müssen Minderheiten jedoch konsistent sein und ihre Meinung immer wieder konsequent vertreten. Nur wenn man hartnäckig niemals vom Standpunkt abrückt, fragen sich Gegner irgendwann einmal, warum man mit einer solchen Überzeugung seine Meinung vertritt. Irgendwann wird gewürdigt, dass der kleine Müsli sich gegen die Mächtigen oder die Mehrheit stellt, bis er schließlich Gehör findet: »Es muss doch was dran sein, sonst würden sie sich diesem Spott doch nicht über Jahre aussetzen.«[16] Wenn Mehrheitsmitglieder damit beginnen, sich systematischer mit der

Minderheitsmeinung zu befassen, also das Für und Wider genauer zu bedenken, bleibt schließlich im besten Fall etwas hängen, Moscovici spricht von *Konversion*.

Auf den ökologischen Sinneswandel bezogen, hieße dies: Während man früher, ohne viel darüber nachzudenken, annahm, ohne Atomenergie ginge uns das Licht aus, leuchtete es irgendwann ein, dass die Entwicklung alternativer Energien wirtschaftlich von Vorteil sein könnte und man damit seine Kinder vor möglichen Gefahren atomarer Altlasten bewahren könnte. Minderheiten motivieren vor allem auch dann dazu, über ihre Meinungen nachzudenken, wenn sie nicht *zu* klein sind, wenn es ihnen gelingt, schnell zu wachsen – auch dann fragen sich Beobachter, ob da nicht etwas dran sein muss –, und wenn die Argumente der Kritik standhalten. Dies wiederum ist ein wichtiger Faktor: Entbehren neue Argumente jeder Vernunftsbasis, haben sie weder Hand noch Fuß, üben sie seltener einen Einfluss aus. Es ist daher nicht verwunderlich, dass konservative Parteien vor allen Dingen Aspekte der Nahrungsmittelsicherheit von den Grünen übernommen haben – schließlich mehrten sich von allen Seiten Argumente dafür, dass Pflanzengifte gesundheitsgefährdend sind; und das wollte auch der ein oder andere CSU-Politiker seinen Kindern nicht zumuten.

Weiterhin zählt, was den Erfolg von Minderheiten bei der Einflussnahme auf die Allgemeinheit angeht, die Verpackung – das heißt: Die Minderheit sollte auf vielen, sogar unwichtigen Ebenen der Mehrheit ähneln. Interessanterweise haben es ja vor allem diejenigen Grünen geschafft, die relativ »normal« aussahen und gewöhnlich daherkamen, also solche, die, verglichen mit den ersten Grünen, gar nicht mehr grün aussehen, zum Beispiel Cem Özdemir oder Renate Künast. Mit anderen Worten: Es war für die Grünen hilfreich, die Realos zu haben, mit denen sich gesetzte Politiker der Mehrheitsparteien ohne Gesichtsverlust an den Tisch setzen konnten; und es ist ja kein Zufall, dass ein eher konservatives Mitglied der Grünen wie Winfried Kretschmann, der äußerlich genauso gut CDU-Mitglied sein könnte, so gut ankommt.

Allerdings scheinen mir die Fundis ebenso wichtig zu sein, denn die hohen extremen Standards, die sie setzten, dürften – nimmt man die Ankerheuristik aus Kapitel 10 hinzu – entscheidend dafür sein, wie groß die Veränderungen sind. Wir erinnern uns: Wenn ein hoher Standard gefordert wird (alle Atomkraftwerke müssen abgeschaltet werden), wird sich ein Kompromiss an diesem Standard orientieren und werden infolgedessen größere Veränderungen stattfinden (mehr Atomkraftwerke werden abgeschaltet), als wenn man einen niedrigeren Standard gesetzt hätte (nur diejenigen Atomkraftwerke müssen weg, die an Grenzen stehen oder älter als 20 Jahre sind).

Treten wir einmal einen Gegentest der Theorie an: Welche Minderheit hat es aufgrund nachvollziehbarer Aspekte nicht geschafft? Schauen wir uns im Vergleich einmal die Satanisten an, die in der Vermittlung ihrer Werte nicht als besonders erfolgreich bezeichnet werden können. Nach der Theorie war das vorauszusehen, denn Satanisten sehen deutlich anders aus als die meisten von uns, vertreten Werte, die kaum jemand anderer akzeptieren würde, verhalten sich diametral entgegen dem, was wir als richtig und gut erachten, sie haben kaum Argumente, die einer systematischen Analyse standhalten, und ihre Mitglieder vertreten keine konsistenten Meinungen und verlieren sich in Splittergruppen; außerdem ist die Gruppe der Satanisten nicht besonders groß und findet kaum Zulauf – alles Faktoren der Forschung zum Minderheiteneinfluss, die einen geringen Einfluss erwarten lassen.

## Von der Unmöglichkeit, einfach nur Mensch zu sein

Bleibt zum Schluss die Frage, ob es nicht gelingen kann, völlig ohne Gruppen auszukommen und stattdessen friedlich miteinander zu leben, indem wir uns alle »einfach nur als Menschen« fühlen. Schaut man sich die Forschung an, ergibt sich doch vor allem ein negatives Bild der Gruppenbildung: Intergruppenkonflikte, Gruppendruck, Diskriminierung – könnten wir dies nicht alles verhindern, indem wir Gruppenbildung vermeiden? Warum können wir nicht einfach

Individuen sein, Ländergrenzen vergessen und uns um angenehmere Dinge als um Krieg und Ressourcenkonflikte kümmern?

Die Antwort lautet, dass Gruppen natürlich unglaublich viele Vorteile haben, wie sonst wären Staatensysteme, technische und kulturelle Entwicklungen möglich gewesen? Darüber hinaus erscheint die vollständige Auflösung von Gruppenverbänden psychologisch gesehen als unmöglich. Wir haben gesehen, dass daraus unser kategoriales Denken resultiert – unser Schubladengedächtnis. Wir erkennen bestimmte Merkmale wie das Geschlecht, das Alter und die Hautfarbe, und schon aktivieren wir bestimmte, gruppenspezifische Informationen. Diesen Prozessen zuvorzukommen erscheint unmöglich.

Intergruppenforscher wie Amélie Mummendey argumentieren zudem, dass es immer Fremdgruppen geben wird. Auch »die Menschen« werden von Versuchsteilnehmern in Studien als eine Gruppe wahrgenommen, und zwar mit den bekannten Prozessen: Empfindet man sich einfach »als Mensch«, bevorzugt man Menschen vor anderen Lebewesen und überhöht das Menschliche. Dies führt mitunter zu einer stärkeren Ablehnung Tieren gegenüber. Probanden, die sich »als Menschen« fühlen, sprechen Tieren verstärkt Rechte ab.

Amélie Mummendey zeigt in ihrer *Eigengruppen-Projektions-Theorie,* dass es in Gruppen einen Prototyp gibt – also eine Vorstellung darüber, wie ein typisches Gruppenmitglied auszusehen hat –, der alle Werte repräsentiert, die eine Gruppe ausmachen sollen. Gruppenmitglieder, die von diesen Werten abweichen, werden dementsprechend behandelt. Ich erinnere mich noch daran, wie ich von *Eine-Welt-Menschen,* zu denen ich mich als 20-Jähriger stark hingezogen fühlte, wegen meiner von mir heiß geliebten Lackschuhe schief angeschaut wurde. Lackschuhe drückten eine bürgerliche Oberflächlichkeit aus, die nicht in das Wertesystem der Bewegung passte, das vor allem antikapitalistisch und antimaterialistisch geprägt war. Auch Gruppen, die behaupten, es gehe ihnen nur um »den Menschen selbst«, bestimmen, was ein typischer Mensch ist und wie er sich verhalten soll. Wenn er sich anders verhält, ist er schnell »draußen«, und schon entsteht eine »zweite Welt«.

Nach Mummendey halten sich Menschen einer Gruppe schnell für ein typisches Exemplar, den Prototyp: So wie ich bin, stelle ich mir auch die anderen Mitglieder der Gruppe vor. Ich würde demnach davon ausgehen, dass sämtliche Mitglieder der Gruppe der Bücher Lesenden irgendwie so sind wie ich – also wissbegierig, unkonventionell und freiheitsliebend. Damit werde ich vermutlich nicht ganz falschliegen. Mummendey kann jedoch auch zeigen, dass es bei größeren Gruppen (»wir Menschen«, »wir Europäer«, »wir Weltbürger«) schwieriger wird zu bestimmen, wie ein typisches Mitglied auszusehen hat, und es mehr Streit unter den Mitgliedern darüber gibt, wer denn eigentlich der Prototyp ist.

Was passiert zum Beispiel, wenn man sich einmal als Europäer statt als Deutscher fühlt? Die Forschung zeigt, dass deutsche Versuchsteilnehmer Polen schlechter bewerteten, wenn sie über sich als Europäer nachdenken sollten, als wenn sie sich als Westeuropäer sehen sollten und die Polen damit einer Fremdgruppe angehörten. Das klingt irre: Sind Polen Teil unserer Gruppe, mögen wir sie weniger, als wenn sie eine eigene Gruppe darstellen.

Mummendey würde dies so erklären: Denkt man an Europäer, denkt man automatisch, dass der *West*europäer der typische Europäer ist. Der Pole oder Osteuropäer entspricht dem Prototyp weit weniger und wird infolgedessen negativ beurteilt. Er stellt *innerhalb* des Wertesystems einen Abweichler dar und muss unter Umständen erst auf Linie gebracht werden. Anders hat er kaum eine Chance auf eine positive Bewertung.

Vor allem Mitglieder einer kleineren Gruppe, die einer größeren beitreten wollen, sollten sich dessen bewusst sein: Je stärker nämlich die kleinere Gruppe vom bestehenden Prototyp der größeren Gruppe abweicht, umso mehr wird sie innerhalb des neu geschaffenen Gruppenverbands diskriminiert. Es ist nicht verwunderlich, dass Mummendey diese Ideen kamen, schuf sie doch nach der Wende den Lehrstuhl für Sozialpsychologie an der Universität in Jena und konnte hautnah beobachten, wie die beiden deutschen Staaten um ihre Identität rangen.

Die mächtige BRD gab unmissverständlich zu verstehen, wer der typischere Vertreter der neuen Gruppe »Deutschland« sein wird. Die Ostdeutschen wurden explizit dazu aufgefordert, sich den Lebensgewohnheiten und den Werten der Westdeutschen anzupassen, und jede Abweichung von dieser Norm wurde als »rückwärtsgewandt« und »Betonkopfkommunismus« gewertet. Man durfte sich darüber lustig machen, wie sich Ostdeutsche im Urlaub benahmen, welche Namen sie hatten und wie sie redeten. Das war offene Diskriminierung *innerhalb* einer neu geschaffenen Gruppe.

Erst spät regte sich Unmut, erst spät wehrten sich die Ostdeutschen – verständlich, denn sie waren weniger mächtig und hatten natürlich auch ein Verlangen danach, ähnliche Freiheiten zu genießen und damit ähnlich wichtige Werte zu leben wie Menschen in anderen westlichen Ländern. Jedoch erkannten sie irgendwann, dass im Westen nicht alles so vorteilhaft lief und dass sie ihrerseits vieles zu bieten hatten, was aber vor allem deshalb nicht interessierte, weil sich eine mächtige Gruppe von einer weniger mächtigen nichts sagen lassen wollte. Für die BRD ging es um die Bewahrung der eigenen Werte und darüber hinaus um die Erhaltung ihres Status innerhalb der Gruppe.

Nach Jahren entwickelte sich bei einigen Ostdeutschen eine »Ostalgie« genannte Stimmung, eine Sehnsucht nach Werten von sozialem Miteinander und Zusammenhalt anstelle von Wettbewerb, die man zwischenzeitlich aufgegeben hatte und sich nun zurückwünschte. Insgesamt aber blieben größere Konflikte aus, weil sich die weniger mächtige Gruppe – vermutlich aus purer Not heraus – leicht anpasste, und doch illustriert unsere eigene jüngere Geschichte das Ringen um den von Mummendey beschworenen Prototyp: Was ist deutsch, und wer bestimmt das?

Ein solches Wertegerangel verläuft nicht immer so friedlich. Ich habe Firmen bei Fusionen beraten und konnte beobachten, wie sich die beiden Parteien anschrien, so sehr, dass ich dachte, hier könne ich gar nicht mehr helfen. Ein Fall betraf die Zusammenlegung eines niederländischen Werkes mit einem deutschen, bei der Repräsentanten beider Gruppen gleichermaßen selbstbewusst auftraten und offenbar keine der beiden Gruppen Lust darauf verspürte, die weniger mächtige zu sein. Streitpunkte waren recht banale Dinge wie Abendessenszeiten (Niederländer essen um 18 Uhr zu Abend, die Deutschen später, dadurch dachten die Deutschen, sie allein täten die Arbeit), Geselligkeit (Niederländer erwarten, dass man den Arbeitstag mit einem Bier ausklingen lässt – um 17 Uhr) und Vertraulichkeit (Deutsche halten vertrauliche Entscheidungen zurück, während in den Niederlanden die Einstellung vorherrscht, man könne sowieso nichts geheim halten).

Ich konnte helfen, indem ich solche Unterschiede an Round Tables offen zur Diskussion stellte. Dabei nutzte ich auch die Attributionstheorien: Was bedeutet es denn, wenn Niederländer früher gehen – heißt das unweigerlich, dass sie faul sind? In Diskussionen konnten die Niederländer diesem Vorwurf begegnen, indem sie zeigten, dass sie nachts und am Wochenende arbeiteten; tatsächlich befanden sie sich in einem größeren Arbeitsstress, weil sie schon ahnten, dass die Deutschen sie für faul hielten. Und so überarbeiteten sie sich, ohne es genügend zu kommunizieren, und wurden zunehmend schlechter gelaunt.

Außerdem arbeitete ich die Gemeinsamkeiten der beiden Untergruppen heraus – während des Konflikts hatte man vor allem über die Unterschiede gejammert und die vielen gemeinsamen Interessen und Firmenwerte vergessen. Das ging bei diesen beiden Gruppen sehr gut, denn kulturell unterscheiden sich niederländische und deutsche Manager nicht stark voneinander, auch wenn sie das gern von sich behaupten. Zu guter Letzt half es, sich am Tisch noch einmal explizit auf die Firmenidentität zu einigen. Dabei wurden teils sogar neue Werte entworfen, die nützlich waren, um aus dem »alten Konflikt« eine neue, motivierte Gruppe zu erschaffen, die ihre eigenen, neuen Prototypen hatte. In dieser Firma, so hatte ich den Eindruck, wurde damit nicht nur der Konflikt beseitigt, sondern auch eine moderne neue Vision einer Gruppe geschaffen, die nun tatsächlich frisch auf Erfolgskurs gehen konnte.

Ähnliche Streitigkeiten um Werte und Prototypen finden im Fall eines *Schismas* statt, wenn Gruppen sich nach einem internen Konflikt aufteilen. Auch hier entsteht ein Gerangel darum, wer die typische Gruppe ist. Die Katholiken halten sich genauso für die besseren und typischeren Christen wie die Protestanten, und die Linken halten sich für die besseren Genossen als die SPD. Ein Schisma zeigt den Misserfolg einer Einigung beziehungsweise die Motivation, eine eigene Gruppe mit eigenem Wertesystem zu schaffen. Wenn die Konflikte innerhalb der Gruppe zu groß werden, ist das ein notwendiger Schritt.

Mummendeys Theorie liefert auch eine alternative Sichtweise auf den Judenmord im Dritten Reich. Man könnte die Juden und die Deutschen ja als zwei Gruppen begreifen, die im Konflikt miteinander standen; so wird es tatsächlich häufig gesehen: als *Inter*gruppenkonflikt. Das ist aber grundlegend falsch, weil die Juden in Deutschland ja Deutsche waren. Nach Mummendey waren die Juden für die Nazis nicht als Fremdgruppe gefährlich, sondern gerade weil sie Deutsche waren und mit ihren Werten die kleinkarierten und patriotischen Werte des blonden, teils ungebildeten Ariers infrage stellten und damit seinen Selbstwert senkten. Die Juden wurden dementsprechend als subversive Bevölkerungsgruppe angesehen, die die Werte des »guten Deutschen« unterwandern würde. Das Wort »entartet« drückt dies in besonderer Weise aus: Die Juden waren demnach »aus der Art geschlagen«, heißt: vom Deutschen abgerückt, und wurden deshalb diskriminiert, vertrieben und ermordet.

Mummendeys Theorie kann auch erklären, warum dieselben Menschen, die im Urlaub die Gesänge der Muezzine romantisch finden, keine Moschee in der Nachbarschaft haben wollen. In Deutschland werden Moscheen leicht als Bedrohung eigener christlicher Werte oder als Angriff gegen die Aufklärung angesehen – auch das ist kein *Inter*-, sondern ein *Intra*gruppenkonflikt: Wiederum werden Werte *innerhalb* der Gruppe der Deutschen bedroht, die durch neue, untypische Werte der neuen Deutschen ins Wanken geraten. Findet das Geschehen im Ausland statt, wird das Verhalten als Gebaren einer Fremdgruppe interpretiert. Aus der Distanz gesehen, mag das Ganze exotisch erscheinen und wird sogar unterhaltend, zumal die eigene Identität nicht infrage gestellt wird.

Nach Mummendey ist daher auch die Idee einer *Leitkultur* problematisch, beinhaltet sie doch die Vorstellung eines Prototyps, des Faktors, der ihrer Meinung nach die beobachteten Wertestreits anfacht. Wenn es nach ihr ginge, müssten Gruppenkategorien, vor allem wenn mehrere kleine Gruppen zu einer großen zusammengefasst werden müssen, *diffus* und *durchlässig* definiert werden. So etwas wie »die deutsche Kultur basiert auf christlichen Werten« reize mehr zum Konflikt und schließe zum Beispiel türkische Immigranten aus, während der Leitsatz »Wir Deutschen sind alle verschieden und lassen verschiedene Religionen zu« die Möglichkeit gebe, viele Menschen zu integrieren und anstehende Wertewandel mit ihnen demokratisch und konfliktfrei zu diskutieren.

# 14
# Wer bin ich, und warum? – Das Selbst

Wir sind alle etwas Besonderes. Wir haben verschiedene Interessen und Abneigungen, empfinden Situationen anders als andere, haben ein Sammelsurium an eigenen Erfahrungen, Wünschen und Plänen und haben damit eine *Persönlichkeit.* Wenn man Sie fragt: »Wer sind Sie?«, würden Sie vermutlich etwas über Ihre Zugehörigkeiten zu gesellschaftlichen Gruppen oder zu Ihren vielfältigen Rollen in dieser Gesellschaft sagen, wie: »Ich bin eine alleinstehende Frau«, »Ich bin Zahnarzt« oder »Ich bin Studentin«. Oder Sie würden mit irgendwelchen Eigenschaften antworten wie: »Ich bin sozial, intelligent, ehrlich, musikalisch, aber ein wenig schüchtern.« Zudem sind unsere persönlichen Ziele Bestandteile unseres Selbstkonzepts, so etwas wie »Psychologe werden wollen«, »singen lernen« oder »die Welt ein klein wenig besser machen«. Zu guter Letzt ist auch unser *prozedurales Gedächtnis* individuell: So werden manche eher analytisch an Probleme herangehen, andere Dinge eher aufschieben, wieder andere versuchen, ihre Freunde mit in die Lösung einzubeziehen.

Es wird Sie nach der Lektüre der bisherigen Kapitel nicht wundern, dass Sie Ideen über sich, Emotionen, die Sie empfinden, und Ihre Bearbeitungs- und Denkweisen im Gedächtnis gespeichert haben. Aus dieser Perspektive betrachtet, kann man sogar sagen, dass wir die *Summe unserer Erinnerungen* sind. Alles, was wir denken, fühlen, erfahren und gehört haben, was wir tun, wollen und taten, ist in unserem Kopf abgespeichert und kann abgerufen werden.

Nun handelt es sich dabei allerdings um eine unvorstellbare Menge an Eindrücken und Informationen, wenn man sich allein einmal vorstellt, was einem in nur einer Stunde alles so passieren kann …

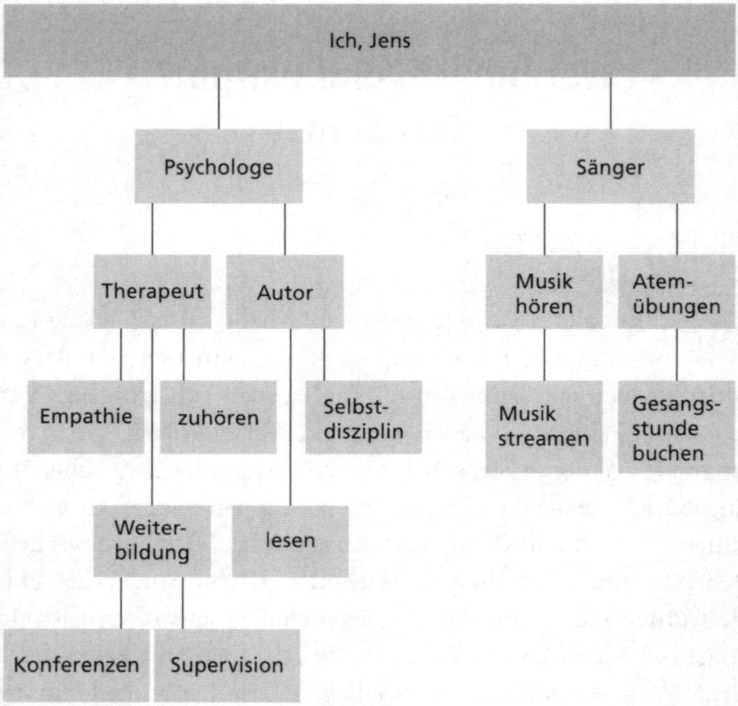


**Abb. 19 Segment aus einer Gedächtnisrepräsentation des Selbst**

wie mir auf der trivialen Zugfahrt, die ich eingangs beschrieben habe. Wertvorstellungen wie »Ich möchte nicht sexistisch sein« und »Ich möchte helfen« werden abgerufen, in der Situation infrage gestellt (etwa dadurch, dass eine Frau sich nicht helfen lassen will, weil sie sich dann diskriminiert fühlt), es finden Updates der eigenen Gewohnheiten statt, und der Beobachter lernt hinzu. Zahlreiche Selbstbeschreibungen werden jedoch auch bestätigt, wie dass ich jung und unkonventionell aussehe. Und vielleicht ergeben sich neue Fragen, die man an sich selbst richtet: »Will ich eigentlich noch jung aussehen? Und warum? Wie lange soll das noch gehen? Wann werde ich so alt sein, dass mich keiner mehr duzt?« Das Netzwerk über uns selbst ist sicherlich das größte und komplexeste, das wir im Gedächtnis abgespeichert haben; über niemanden haben wir so viel gehört, nachgedacht und erfahren wie über uns selbst.

Das Selbst kann wie ein Schema aufgefasst werden, eine Kategorie oder eine eigene (sehr große) Kommode mit Schubladen im Kopf. Es ist demnach ähnlich strukturiert wie die vielen anderen assoziativen Netzwerke in unserem Kopf. Irgendwo in unserem Gehirn ist eine Schublade zu finden, in der wir unsere Rolle als Sohn oder Tochter abgespeichert haben, mit allen Eigenschaften und Reaktionen, die dazugehören, wie »falsch verstanden werden«, »rebellisch sein« und »genervt sein«. In einer anderen Schublade, wie »Leiterin der Personalabteilung«, sind andere Assoziationen gespeichert, vielleicht »klare Ansagen machen«, »sachlich bleiben«, »Spaß haben« oder »hochgeschlossene Bluse«.

## Das Selbst als viele Teile

Weil wir verschiedene Rollen im Leben haben, können wir auch sich widersprechende Eigenschaften haben. Manche von uns sind streng zu ihren Mitarbeitern, aber lassen ihren Kindern vieles durchgehen. Einige flunkern gern und geben vielleicht an, wenn sie mit ihren Nachbarn reden, sind aber ehrlich zu ihrem Ehepartner und in anderen Situationen eher bescheiden. Aus dieser Sichtweise kann man sogar Verhaltensweisen beobachten, die einem quasi schizophren erscheinen. Da kann ein Mafiaboss nach der Folterung eines Widersachers zu Hause mit seiner Tochter spielen und der Rektor einer Hochschule die Karriere eines Mitarbeiters aus Kostengründen beenden und abends den Tanz bei einer Spendengala für Flüchtlinge eröffnen.

Unser Selbst – oder das, was wir sind – ist somit nicht immer vorhersehbar oder gleichbleibend, sondern verändert sich mit der gesellschaftlichen Rolle, die wir spielen. Es ändert sich in der Situation. Zudem lernen wir als veränderbare Wesen immer wieder dazu, unsere Einstellungen und Werte verändern sich, »es arbeitet in uns«, das heißt, kognitive Operationen in unserem Selbst schleifen Ansichten, qualifizieren sie, differenzieren sie – und wie viele kognitive Prozesse läuft dies nicht immer bewusst ab.

Wenn man diesen Prozess durchdenkt, ist es vermutlich so, dass wir bei sehr genauer Betrachtung in keiner Minute des Lebens diejenigen sind, die wir davor waren oder danach sein werden. Hatte ich mir eben noch vorgenommen abzunehmen, so beobachte ich im nächsten Moment, wie ich einen Kuchen esse, den mir mein Mann angeboten hat. Ich revidiere mein strenges Diätprogramm, indem ich mir zuspreche: »Man gönnt sich ja sonst nichts«, denke: »Einen Kuchen könnte ich auch mal wieder backen«, plane das für das Wochenende ein und grüble zudem noch über etwas anderes nach, das mein Mann gerade sagte, nämlich: »Man sollte nur noch Fair-Trade-Schokolade kaufen, denn wie die Kakaoarbeiter ausgebeutet werden, das geht gar nicht.« Ich nehme mir vor, mich darüber zu informieren, und sinniere: »Ja, verdammt, so kann es nicht weitergehen, ich sollte noch mehr darüber nachdenken, woher denn all das kommt, was ich konsumiere.«

Das Modellierbare am Selbst macht es auch offen für selbstwertdienliche Konstruktionen – aus dem riesigen Repertoire von Erinnerungen kann ich mir verschiedene Perspektiven auf mich selbst entwerfen. Ich kann zum Beispiel gut über mich denken oder schlecht. Es ist jedoch unwahrscheinlich, dass in der Kommode »Selbst« nur Erfolge oder nur Misserfolge aufbewahrt werden oder ausschließlich Ereignisse, auf die ich stolz sein kann, oder nur solche, die mir peinlich sind. Ich würde mit vielen systemischen Konstruktivisten behaupten, dass *jederzeit* fast jede Konstruktion möglich ist – und gespeichert wird. Ich kann mir *immer* sagen: »Du bist ein feiner Kerl« (weil ich viele Freunde habe, intelligent bin oder freundlich) oder »Du bist ein echter Idiot« (weil ich einem Mitarbeiter nicht geantwortet habe, ungeduldig bin oder mein Auto das zweite Mal gegen die Garagenwand gefahren habe).

Ich habe es also in der Hand, welche Schublade ich öffne, also wie ich auf mich schaue, und wir werden sehen, dass es gesund ist, das eigene Selbstbild auf den positiven Aspekten basieren zu lassen. Mehr noch: Es ist durchaus möglich, einige Ereignisse oder Eigenschaften, die in der Schublade »Looser« landeten, in die Schublade »Erfolge« zu legen. Dann zum Beispiel, wenn wir bemerken, dass unsere »spinnerten Träumereien«, die uns unsere Lehrer abgewöhnen wollten, im Beruf plötzlich als wichtige Ressource angesehen werden. Die Idee aber, dass wir ein stabiles Selbst haben, scheint gewissermaßen unsere eigene Erfindung zu sein. Deshalb nennen wir das Selbst in der Psychologie gern das *Selbstkonzept* oder das *Selbstkonstrukt.*[17]

## Konstruierte Persönlichkeit – So bist du, und so bleibst du auch!

Das Selbst eine Konstruktion? Eine solche Behauptung steht freilich in starkem Widerspruch zur landläufigen Meinung. Viele von uns würden behaupten, dass sie eine relativ stabile Persönlichkeit seien. Viele würden auch denken, dass sie die Persönlichkeit von anderen beurteilen könnten, wofür aber ein gleichbleibendes Selbst die Voraussetzung wäre. Wie sollte aber ein Alltagsleben aussehen, wenn wir andere, weil sie so veränderbar sind, gar nicht mehr einschätzen könnten? Menschen umgeben sich gern mit anderen, auf die sie sich verlassen können und deren Verhalten vorhersagbar ist; das gibt ihnen eine gewisse soziale Kontrolle und damit Sicherheit. Es ist der Stoff, aus dem Horrorfilme gemacht sind, wenn der nette Vater in *The Shining* plötzlich mit der Axt die Badezimmertür durchschlägt. Und ein Handelspartner sollte nicht nur heute fair sein, sondern auch noch in einem Jahr.

Eine Gesellschaft sollte zudem gewalttätige Menschen identifizieren und so behandeln, wie sie es verdienen. Wir wollen einen Mörder hinter Schloss und Riegel sehen, nicht nur, weil wir Buße und Reue von ihm erwarten, sondern auch, weil wir uns vor ihm schützen wollen. Auch dahinter steckt die Idee eines stabilen Selbst, denn wir befürchten, dass er aggressives Verhalten auch in Zukunft zeigen wird. Der alternative Gedanke, dass er im Gegenteil aus seiner Tat lernen könnte und daher künftig weniger als die meisten anderen von uns zu einer (weiteren) aggressiven Tat bereit ist, kommt wenigen in den Sinn. Vielleicht auch, weil er zu verstörend ist, um überhaupt gedacht zu werden, denn solche drastischen Veränderungen menschlichen Verhaltens nehmen uns die Kontrolle über unseren Alltag. Da lassen wir einen Straftäter lieber möglichst lange im Knast, zur Sicherheit.

Ähnlich, wenn auch auf den ersten Blick genau umgekehrt, verhält es sich mit Freunden. Wir haben ein positives Bild von ihnen und gehen davon aus, dass sie sich nicht großartig verändern oder sehr weit von dem wegbewegen, was wir von ihnen erwarten. Unvorhersehbares mögen wir nicht, und die anderen würden es an uns nicht mögen, wenn wir uns ständig anders verhielten. Und selbst wenn wir die Veränderbarkeit des Menschen anerkennen, ist es nicht dennoch so, dass wir uns relativ gleichbleibend verhalten? Sodass man sich auf uns verlassen kann?

Hier wird es interessant. Vielleicht sind wir ständig dabei, uns zu verändern, wissen jedoch, dass andere eine Vorhersagbarkeit erwarten, und verhalten uns deshalb möglichst konsistent – um die anderen nicht zu beunruhigen. *Selbstkonsistenz* wäre somit ein soziales Produkt! Wir präsentieren uns als Persönlichkeit, sind aber keine. Um ein Beispiel zu geben: Ihre Ankündigung an Ihre Clique, dass Sie ab heute vegan leben, wird vermutlich akzeptiert werden. Wenn Sie allerdings morgen schon wieder Lust auf ein Stück Lachs hätten und in geselliger Runde im Restaurant eine Fischplatte bestellten, würde das die anderen (zu sehr) verwirren. Es könnte dann sein, dass Sie aus diesem Grund den Lachs nicht äßen, obwohl für Sie selbst das Hin- und Herspringen überhaupt kein Problem wäre, wenn Sie einsam auf einer Insel lebten.

Therapeuten setzen dieses Motiv der Selbstkonsistenz bei Drogentherapien ein, indem sie zum Beispiel Raucher darum bitten, im Internet oder irgendwo anders öffentlich zu verkünden, dass sie von nun an keine Raucher mehr sind. Allein der Druck, konsistent zu sein und nicht wie ein »Fähnlein im Wind« dazustehen, sollte die Motivation erhöhen, das Ziel eisern zu verfolgen.

Es könnte auch sein, dass wir selbst eine Vorstellung davon haben, wie wir uns in einer bestimmten Rolle zu verhalten haben, und diese Rolle dann eine Konsistenz schafft. Nehmen wir an, ich alberte gern mit meinem Neffen herum, und wir erfänden häufig lustige Tiernamen füreinander, so würde ich dieses Verhalten, das in der einen Situation als schön und passend bewertet würde, trotzdem nicht unbedingt in meinen Arbeitsalltag integrieren, wenn ich da vor allem wegen meiner klaren Gedanken, meiner Vernunft und Seriosität geschätzt würde. In jeder Kultur entstehen bestimmte Rollenerwartungen, denen wir normalerweise im Großen und Ganzen auch genügen.

Halten wir einmal fest, dass Veränderbarkeit und Stabilität zwei Aspekte des Selbst sind. Welche Befunde gibt es dazu in der Forschung? Veränderbarkeit wird wohl an dieser Stelle schon durch die vielen Experimente illustriert, die in der Einstellungspsychologie durchgeführt wurden. In Kapitel 10 haben wir bereits erfahren, dass sowohl Stimmungen als auch Priming unsere Selbsteinschätzungen beeinflussen können. Die Frage nach der Selbstsicherheit wurde in den Experimenten von Schwarz und anderen anhand dessen beantwortet, wie leicht Versuchspersonen sechs oder zwölf Beispiele für selbstsicheres Verhalten einfielen. Genauso spielt es eine Rolle, ob Sie jemanden in einer guten oder schlechten Stimmung testen oder ob Sie ihn am Arbeitsplatz, im Supermarkt oder zu Hause befragen.

Je nach Situation wird ein bestimmtes Selbst von uns aktiviert und fallen uns vor allem diejenigen Aspekte ein, die zu diesem bestimmten Selbst gehören. In schlechter Stimmung haben wir eher Zugang zur Schublade »Misserfolge« in unserem Gedächtnis und in guter Stimmung eher zur Schublade »Erfolge«. Am Arbeitsplatz werden wir eventuell an Leistung und Expertise erinnert und suchen dann in unserem Gedächtnis danach, inwiefern wir das nötige Talent mitbringen, um diesen Standards zu genügen. Im Supermarkt hingegen werden wir an unsere Vorlieben und Kochkünste erinnert und stellen sich uns ganz andere Fragen.

Wir würden in unterschiedlichen Kontexten auch gewöhnliche Fragen über uns unterschiedlich verstehen und beantworten. Die Frage nach Selbstsicherheit würden wir, in unserem Büro stehend, interpretieren als: »Wie selbstsicher sind Sie in Ihrer Arbeit?« Zu Hause würden wir die Frage verstehen als: »Wie selbstsicher sind

Sie als Vater/Partner?«, und im Supermarkt würde uns die Frage zunächst verwundern, und wir würden sie vermutlich auf unser Entscheidungsverhalten am Regal beziehen. Je nach Situation würden wir unsere Selbstsicherheit anders einschätzen, womit auch sie kein stabiles Merkmal von uns wäre – vielmehr recht wandelbar.[18]

Wir bemerken diese Unterschiede häufig nicht: Die Situationen aktivieren bestimmte Sektionen (du als Chef, du als Kunde), und wir antworten auf dieser Basis der Voraktivierung spontan und ohne uns zu wundern. So muss uns unser multiples Selbst auch nicht verwirren, denn oftmals empfinden wir uns gar nicht als so kompliziert und gegensätzlich. Vielmehr ist unsere Plastizität – also unsere Fähigkeit, uns an verschiedene Situationen anzupassen und somit verschiedene Rollen zu erfüllen – ein evolutionärer Vorteil, wie wir schon oben gesehen haben, denn nur so können wir uns an Eis und Schnee oder Wüste, an Berg- oder Inselleben genauso anpassen wie an Macht, Augenhöhe und Ohnmacht oder an Leistungs- und Entspannungssituationen.

Wenn das Selbst eine Konstruktion ist, welche Informationen nutzen wir dann, um es aufzubauen? Lassen Sie uns an dieser Stelle noch eine Unterscheidung vornehmen, deren Elemente A und C Sie schon kennen: Neben dem *Selbstkonzept,* das Informationen darüber enthält, was und wie ich von mir denke, und damit die *kognitive* Dimension (C) darstellt (»Was bin ich, und wie denke ich über mich?«), gibt es den *Selbstwert,* der die *affektiven* Folgen (A) widerspiegelt (»Wie gut fühle ich mich mit mir als Person?«). Beide sind veränderbar, und beide sind abhängig von unterschiedlichen Faktoren in der Situation (Wetter, Raum, Musik etc.).

## Die Flexibilität sozialer Vergleiche

Generell sind Menschen bestrebt, einen positiven Selbstwert zu haben, und unsere Psyche tut alles, damit wir uns gut fühlen. *Soziale Vergleiche* sind eine Möglichkeit, sich etwas besser zu fühlen, dann nämlich, wenn man sich mit Menschen vergleicht, die weniger vorzuweisen haben als man selbst oder denen es schlechter geht. Im Prinzip hat man die Wahl: Soll ich mich zum Beispiel mit einem Professor vergleichen, der mehr publiziert hat als ich? Oder mit einem, den keiner in der Wissenschaft kennt, weil er seine Zeit lieber mit Bloggen verbringt? Sie können sich denken, dass ich mich besser fühle, wenn ich mich mit dem vergleiche, der eindeutig schlechter ist als ich.

Die Forschung zeigt, dass wir solche flexiblen Vergleichsmöglichkeiten tatsächlich dazu nutzen, unseren Selbstwert anzuheben: Wenn es uns schlecht geht, vergleichen wir uns lieber mit »denen da unten«. *Abwärtsvergleiche (downward comparisons)* werden häufig bemüht, um sich selbst besser aussehen zu lassen.

Auch das tun wir häufig unbewusst – wie ein Autopilot steuert unser psychisches System den selbstwertdienlichsten Vergleich an. Man kann dies als *Selbstregulation* bezeichnen und den Menschen als funktional wunderbar operierenden Organismus begreifen, der ein angeschlagenes Selbst schlafwandlerisch aus einem schlechten Gemütszustand herausführt. Und wir wissen ja, dass eine schlechte Stimmung und ein niedriger Selbstwert ungesund sind, körperlich wie seelisch. Daniel Gilbert nennt dies, wie weiter oben schon erwähnt, ein *psychisches Immunsystem:* Alles, was unserer Psyche schaden könnte, wird von einem gesunden Menschen umkonstruiert. Und im Vergleich zu einem Hartz-IV-Empfänger kommt uns unser Job, sei er auch zuweilen recht frustrierend, plötzlich gar nicht mehr so schlecht vor.

Solche Vergleichsprozesse führen manchmal zu paradoxen Effekten. Es gibt Befunde, dass sich die Menschen in manchen armen Ländern glücklicher fühlen als jene in reichen.[19] Dieser Unterschied kann verschiedene Gründe haben: So könnte es sein, dass die Menschen in den reichen Ländern zu sehr aufs Geld schielen, während die Menschen in den Slums ein sozialeres Leben führen. Jedoch zeigen Studien auch Unterschiede in den sozialen Vergleichen: Arme Menschen vergleichen sich demnach mit noch ärmeren, was ihren Selbstwert erhöht, während sich reiche mit noch reicheren vergleichen und dadurch schlechte Laune bekommen.

Ähnliche Phänomene kann man in vielen Alltagssituationen beobachten, zum Beispiel bei sportlichen Wettkämpfen. Wer, glauben Sie, ist bei Olympischen Spielen glücklicher: der Gewinner der Goldmedaille, der Silbermedaille oder der Bronzemedaille? Die Psychologen Victoria Medvec und Kollegen analysierten den Gesichtsausdruck auf Fotos derjenigen, die auf dem Treppchen gelandet waren. Dabei wussten sie nicht, wer welche Medaille gewonnen hatte. Es stellte sich heraus, dass, ganz klar, die Goldmedaillengewinner am meisten strahlten. Die Zweitglücklichsten waren aber die Bronzemedaillengewinner. Und die Silbermedaillengewinner strahlten am wenigsten. Nimmt man soziale Vergleichsprozesse zu Hilfe, wird der Grund dafür deutlich: Der Zweite schaut nach oben und bedauert, dass es nicht für die Goldmedaille gereicht hat, während der Dritte nach unten schaut und erleichtert ist, dass er es wenigstens aufs Treppchen geschafft hat. Es ist der Vergleich, der beim Glück und beim Selbstwertgefühl eine prominente Rolle spielt.

Man mag sich aber nun fragen, warum jemand überhaupt nach oben schaut, wenn doch Abwärtsvergleiche glücklicher machen? Der *Aufwärtsvergleich (upward comparison)* mag einem vielleicht kurzzeitig die Laune verhageln, aber er ist, wie der Sozialpsychologe Leon Festinger argumentierte, auch eine wichtige Informationsquelle. Generell beschäftigte sich Festinger mit der Frage, wie wir eigentlich wissen, wer wir sind. Auf der Suche danach, welche Informationen wir für die Selbstkonstruktion nutzen, entdeckte er den sozialen Vergleich: »Was haben wir, was die nicht haben, was haben die, was wir nicht haben, wie ist es dazu gekommen, und was kann ich tun, um möglichst so zu sein wie die anderen oder möglicherweise sogar besser?«

Aufwärts-, Abwärts- und laterale Vergleiche liefern eine Menge an unterschiedlichen Informationen. Um Informationen über sich selbst zu gewinnen, wählen Menschen gern *laterale* Vergleichsstandards, also Menschen, die ungefähr dasselbe tun, haben und können. Diese Vergleiche geben einem die Möglichkeit, ohne schlechte Gefühle zu erfahren, was man selbst noch tun oder an sich verbessern könnte.

Aufwärtsvergleiche können zwar dem Selbstwert schaden, werden aber vor allem angestrengt, wenn Menschen sich schon recht gut fühlen und optimistisch sind. Sie dienen in erster Linie der Motivation: Wenn wir die Latte höher setzen, spornen wir uns an, beim nächsten Mal noch besser zu sein und es tatsächlich bis zur Goldmedaille zu schaffen. Nach oben gerichtete Vergleiche verstärken also die Leistungsmotivation, während nach unten gerichtete mir sagen, dass ich »so schlecht gar nicht dastehe«, und damit besonders tröstend, stimmungsaufhellend und selbstwertdienlich sind.

Natürlich ist die Bewertung der Standards rein subjektiv. Was ist denn zum Beispiel ein hoher Standard im Vergleich zu mir als Wissenschaftler? Da ich amerikanisch sozialisiert bin (ich verbrachte zwei Jahre an der Columbia University, New York und kooperiere mit internationalen Kollegen), waren für mich fast immer amerikanische Wissenschaftler die Messlatte. Sie waren für die Deutschen, die weniger Zeit in die Forschung investieren und an der Entwicklung großer Theorien kaum interessiert sind, unerreichbar. Allein, dass ich es wagte, mich trotzdem an den Amerikanern zu orientieren, wurde in Deutschland als Arroganz oder Größenwahn ausgelegt, und dies tat mir letztendlich nicht gut, obwohl ich bis heute nicht verstehe, warum ich das, was ein Amerikaner kann, nicht können sollte. Die Ausrichtung an dem hohen Standard sorgte schließlich aber für eine höhere Produktivität und verschaffte mir letztlich internationales Ansehen.

Die Wahl dieses hohen Standards führe ich allerdings auf einen mir eigenen Optimismus und eine hohe Selbstwirksamkeit zurück. Ich weiß, was ich tue, merke sehr schnell, wann eine Theorie etwas taugt und wann nicht, und habe ein großes Wissen, das ich täglich mehre. Ich befürchte, dass in einem sehr selbstsicheren, selbstwirksamen Gemütszustand schnell sehr hohe, manchmal vielleicht zu hohe Standards gewählt werden, die einen Menschen zu Höhenflügen motivieren, aber ihn auch unter Druck setzen können. Neben Neid der deutschen Kollegen handelte ich mir das doppelte Arbeitspensum ein – gute Leistungen verlangen nach Wiederholungen und verpflichten einen, in internationalen Organisationen ehrenamtlich zum Beispiel als Gutachter oder Gestalter mitzuarbeiten.

Penelope Lockwood und Ziva Kunda konnten zeigen, dass Menschen ihre Standards aber auch ihren wechselnden Bedürfnissen anpassen. Am Anfang des Studiums, also dann, wenn viele Studierende noch hoch motiviert sind und sich selbst motivieren wollen, verglichen sich die amerikanischen Studierenden ihrer Studie mit sehr hohen Standards, am Ende des Studiums jedoch wählten sie niedrige. Was in der Zwischenzeit passiert war, konnte die Studie nicht zeigen, da jedoch an amerikanischen Universitäten der Unterricht – im Gegensatz zum teils unerträglichen deutschen – unterhaltsam und kompetent ist und Dozenten die Lernenden oftmals ermuntern und auch persönlich motivieren, scheint es daran zu liegen, dass die Studierenden anfangs zu optimistisch hinsichtlich der Vorstellung waren, was sie denn erreichen könnten. Im Lauf der Zeit wurden die hoch motivierenden Ideale jedoch durch Fehlschläge und Frustrationen getrübt, und es entstand ein realistisches Bild von ihren Möglichkeiten.

Erwartet man schlechtere Noten, bietet es sich an, niedrige Vergleichsstandards zu wählen, die gewährleisten, dass man sich mag. Mit einer für sie enttäuschenden Zwei im Master kann sich Klara immer noch sagen: »Das ist aber wenigstens besser als die Drei von Mandy-Sabine.« Den Optimismus der Studierenden am Anfang als naiv oder süß zu beschreiben träfe die Situation nicht, denn wir wissen, dass es funktional ist, sich anfangs hohe Ziele zu setzen. Ich berichtete in Kapitel 10 davon, dass sich ein Freund das Everest-Ziel gesetzt hatte, 50 Kilo abzunehmen, und dass er das zwar nicht erreicht hat, aber seinem Ziel durch den hohen Standard deutlich näher kam – wer weiß, ob Klara die Zwei geschafft hätte, wäre sie mit der Erwartung gestartet, »nur« mit einer Zwei den Abschluss zu schaffen.

Um einen hohen Selbstwert zu erhalten oder zu bewahren, verzerren Menschen, wie wir bereits gesehen haben, häufig auch unbewusst ihre Sicht auf die Dinge und sogar ihre Biografien. Ziel des Manövers ist, sich gut zu fühlen.[20] Letztendlich ist das ein gesundheitsförderlicher Mechanismus, und er ist noch nicht einmal so verzerrt, wie man das annehmen könnte. Schließlich enthalten die meisten Situationen gute wie nervtötende Aspekte, und man könnte somit die Aufmerksamkeit auf beides legen – im Prinzip hat man die Wahl, so wie man die Wahl hat, bei der Berichterstattung über einen Urlaubsort, an dem das Essen wunderbar, die Strandstühle aber unbequem waren, allein vom Essen zu schwärmen.

Unser psychisches Immunsystem blendet, wenn es gut funktioniert, das Negative aus und hilft uns so, uns gut zu fühlen. Es ist ein oft beobachtetes Phänomen, dass alte Menschen zurückliegende Ereignisse durch eine rosarote Brille betrachten. Die eigene Hochzeit wird mit zunehmendem Alter als rauschendes Fest erinnert. Dass wir damals mit dem Essen unzufrieden waren, die Mütter sich nicht leiden konnten und es ein wenig kalt war, so etwas wird im Lauf der Zeit vergessen, und wir erinnern stattdessen die Mitternachtssuppe, bei der der harte Kern der Freunde zusammenstand und in Erinnerungen schwelgte, und dass wir bis morgens durchtanzten. Selbst sehr negative Ereignisse sehen aus der Ferne häufig besser aus, weil wir ihnen zum Beispiel im Nachhinein einen Sinn geben. Eine berufliche Krise hat uns vielleicht einen viel interessanteren Job oder ein zufriedeneres Leben beschert, und der Tod eines geliebten Menschen hat uns gezeigt, was wichtig im Leben ist. Auch dadurch werden Ereignisse im Lauf der Zeit schöner, besser oder wenigstens erträglich.

## Dem wahren Schlechten auf der Spur

Natürlich steckt in jedem von uns nicht nur ein Märchenerzähler, sondern manchmal auch ein Kritiker oder Journalist, der der Wahrheit auf der Spur ist. William Swann nannte das Bedürfnis nach Wahrheit bezüglich des eigenen Selbst *Selbstverifikation.* Diesen Teil in uns wecken wir vor allem dann, wenn es unser Selbstwert erlaubt.

In einer Serie von Studien um die Sozialpsychologin Daphne Wiersema konnte gezeigt werden, dass Versuchspersonen unangenehme selbstbezogene Feedbacks am ehesten ertragen konnten, wenn sie sich insgesamt gut und sicher fühlten. Offenbar braucht man ein gewisses emotionales Polster, um sich selbst zu hinterfragen oder negative Rückmeldungen zu verarbeiten. Ich nutze das in der Therapie als Regel und würde niemals einen Klienten mit einer unangenehmen Wahrheit konfrontieren, wenn er nicht einen guten Tag hätte. Es käme, so zeigt ja auch die Forschung, sowieso nicht an, sondern er müsste sich dann gegen mich wehren, indem er mich abwertet oder das Ganze schnell vergisst.

Manchmal gerät das Selbstverifikationsmotiv aus der Balance und wird dysfunktional. Betroffene fühlen sich allein dann »korrekt« wahrgenommen, wenn sie kritisiert werden. Lob misstrauen sie, und hinter Komplimenten vermuten sie Schleimerei. Ein Beispiel einer Klientin, die sich partout nicht schön finden wollte:

»Sie sehen toll aus, Frau Becker!«

»Quatsch. Ich hab mich unter die Dusche geschmissen, Make-up vergessen. Hatte verschlafen, ich Idiotin.«

»Na, herzlichen Glückwunsch. Sie brauchen nicht mal Make-up! Und übrigens verschlafen auch mal Genies.«

»Was wollen Sie? Sind wir jetzt im Komplimentemodus? Wir können auch ruhig gleich anfangen zu arbeiten, wenn Sie nichts dagegen haben.«

»Sie finden tatsächlich, dass Sie nicht gut aussehen und dass Sie eine Idiotin sind, wenn Sie mal verschlafen?«

»Wenn Sie es genau wissen wollen: Ja, ich sähe gern besser aus. Ich hasse meine Beine und meine Tränensäcke und diese schlabbrige tote Katze vor meinem Bauch.«

»Ist mir noch gar nicht aufgefallen.«

»Sie haben's ja nicht so mit Frauen.«

»Nö, aber ich habe einen guten Blick für Schönheit. Ich habe auch gehört, dass Sie partout nicht zufrieden mit sich sind. Aber eines muss ich Ihnen lassen – Sie sind ziemlich erfolgreich darin, es sich schlecht gehen zu lassen.«

»Quatsch. Ich sehe so aus, wie ich aussehe. Wie eine Bäuerin vom Dorf. Eine besonders blöde Bäuerin vom Dorf. Das ist die Wahrheit.«

Frau Becker ließ sich übrigens nicht nur von mir nicht belehren – auch ihr Ehemann schenkte ihr ihrer Meinung nach Blumen lediglich »aus Mitleid« oder »weil er eben höflich ist«.

Solche Beziehungen sind häufig konfliktgeladen, und nicht selten leiden beide Partner unter der negativen Stimmung. Das (körperliche) Immunsystem leidet, psychosomatische Erkrankungen können auftreten, und eine Abwärtsspirale aus Selbsthass entsteht, wenn man sein vermeintliches Versagen vom anderen auch noch andauernd bestätigt bekommt. Einen guten Hinweis darauf, warum unser Autopilot besser auf Sieg und Positives programmiert sein sollte, geben Untersuchungen mit Menschen, die über Depressionen klagen. Sie sind viel selbstkritischer, sie erlauben sich weniger selbstwertdienliche Interpretationen von Fehlern, stehen für sie ein, bedauern sie und ziehen daraus eher pessimistische Schlüsse für die Zukunft – offensichtlich mit gesundheitsgefährdenden Folgen.[21]

### Der kritische andere

Im Alltag geschieht es nicht selten, dass andere Personen uns Feedback darüber geben, wer wir sind und sein sollten. Dieses *Looking-glass Concept* oder *Spiegelkonzept des Selbst* wurde 1902 von Charles Horton Cooley entwickelt und von Lisa McIntyre später weitergeführt. Auch dies ist eine sozialpsychologische Beobachtung: Andere erzählen uns, was wir können und was nicht, und so *werden* wir dann auch zu jemandem, der das eine kann und das andere nicht.

Vermutlich hat es jeder in seiner Kindheit mal erlebt, dass ihm ein Erwachsener vermittelte, nicht gut in einer bestimmten Aufgabe zu sein. Da wurde man als unmusikalisch bezeichnet, als ungeduldig, als zu laut etc. Solche Beurteilungen anderer müssen nicht richtig sein, können aber trotzdem unser Selbstkonzept formen. Feedbacks anderer können auch zu sich selbst erfüllenden Prophezeiungen werden, dann nämlich, wenn unsere Selbstwirksamkeit in bestimmten Bereichen durch Trainingsdefizite sinkt. Jemand, der denkt, er sei nicht musikalisch, wird sich nicht weiter mit Musik beschäftigen und es *dadurch* nicht so gut können.

Andersherum können durch positives Feedback Talente entstehen. Wenn ein Kochlehrling anfangs gelobt wird, traut er sich sicher bald mehr zu und versucht sich an herausfordernden Gerichten. Daraus kann sich eine Aufwärtsspirale an Zutrauen, hohen Erwartungen, Selbstwirksamkeit und Selbstwert entwickeln.

Leser, die solch beglückende Erfahrungen nicht gemacht haben, können beruhigt sein: Man kann im Lauf eines Lebens auch mit der Hilfe eines Coachs oder Therapeuten eine positive Sicht auf sich selbst erlernen. Schließlich gibt es keine Wahrheiten, wenn ein Glas halb leer oder halb voll ist – es kommt auf die *Perspektive* an. Und die ist erlernt und kann man ändern.

Fazit der bisher besprochenen Ansätze ist, dass wir uns unser Selbstkonzept individuell entwerfen – und es auch wieder verwerfen, wenn es uns nicht passt. Wir nutzen dafür verfügbare Informationen, und je nachdem, welches Bild daraus entsteht, tritt dabei ein positives Wunschbild zutage oder, dies allerdings selten, eine Fratze. Manchmal wird die Information von anderen geliefert und prägt uns, unabhängig davon, ob sie wahr oder falsch ist.

## Alles Charakterköpfe, Persönlichkeiten, Identitäten

Und doch, bei aller Konstruktion: Wir sind jeder etwas Einzigartiges. Das, was wir über uns im Kopf haben, unterscheidet sich von dem, was andere erlebt und abgespeichert haben. Und das, was wir abgespeichert haben, macht uns empfänglich für Informationen, die zu uns passen. Das, was uns interessiert, nehmen wir eher wahr, das, was uns schmeckt, erkennen wir auf dem Buffet eher, das, was uns angeht, verstehen wir besser und weckt unsere Aufmerksamkeit, und – Sie kennen das bereits aus Kapitel 12 – wenn sich etwas mit den eigenen Urteilen über uns deckt, erkennen wir es schneller.

Sicher ist Ihnen das *Cocktailparty-Phänomen* bekannt, das Colin Cherry in den 50er-Jahren entdeckte: Sie unterhalten sich lautstark bei einer Party mit Freunden. Von den anderen Gesprächen nehmen Sie nichts als Gebrabbel wahr, doch plötzlich hören Sie ganz hinten in der Ecke des Raumes deutlich Ihren Namen fallen. Forschung zeigt, dass Ihr Name in genau derselben Lautstärke gesprochen worden sein kann wie das gesamte Gespräch in der Ecke und es trotzdem nicht ungewöhnlich ist, dass Sie nur ihn heraushören und verstehen. Ihr Name ist ein so wichtiger Bestandteil Ihres Selbst, dass die Wahrnehmung sich darauf ausrichtet, alles herauszufiltern, was mit ihm zu tun hat. Das klingt fast ein bisschen narzisstisch, ist aber wieder einmal funktional: Wir werden so zu Experten für uns selbst und sind somit sensibilisiert für alles, was uns angeht. So, wie ein Antiquitätenhändler Experte für Wertvolles ist und schnell erkennt, ob ein Tisch antik oder ein Imitat ist, erkennen wir schnell und ohne Anstrengung, was uns nützt und was nicht.

Und wir mögen uns. Dies spiegelt sich etwa in einem kuriosen Effekt wider, den man den *Name-Letter-Effekt* nennt. Menschen bevorzugen nämlich tendenziell Orte, Produkte und andere Menschen, deren Namen mit dem eigenen Anfangsbuchstaben beginnen. Solche Effekte ergeben sich unbewusst; wären sie einem bewusst, würde man sich vermutlich dagegen wehren. In einem Experiment von Miguel Brendl und seinem Team sollten Teilnehmer Tees probieren. Die Versuchsleiter gaben den Tees Namen mit demselben und mit anderen Anfangsbuchstaben als der Vorname der jeweiligen Versuchsperson. Wäre ich ein Proband gewesen, hätte ich vielleicht einen Tee namens »Jonoki« bekommen und einen »Elioki«. Und wenn ich mich wie die meisten Versuchsteilnehmer verhalten hätte, hätte ich mehr vom Jonoki getrunken als vom Elioki. Natürlich wurde immer derselbe Tee verabreicht, weshalb der Effekt allein auf die kleine Veränderung des Anfangsbuchstabens zurückgeführt werden kann. Und natürlich war keinem der Probanden bewusst, dass der Name-Letter-Effekt getestet wurde.

Wie positiv man den ersten Buchstaben seines Namens findet, ist inzwischen sogar ein implizites Maß des eigenen Selbstwerts geworden. Studien haben herausgefunden, dass wenn der Selbstwert sinkt (zum Beispiel, weil man gerade schlecht in einem Test abgeschnitten hat), automatisch auch der Wert des Anfangsbuchstabens des Namens sinkt.[22] Das bedeutet wiederum, man müsste mich nur fragen, wie ich das J heute finde, und wenn es mir heute nicht so schön vorkäme wie gestern, wäre das Anlass zu der Vermutung, dass mir irgendetwas Selbstwertsenkendes passiert sein muss. Der Effekt treibt merkwürdige Blüten, wenn man sich Studien anschaut, die belegen, dass Menschen eher einen Beruf ergreifen, eher in Städten wohnen oder eher Menschen heiraten, deren Initialen mit den eigenen übereinstimmen.[23] Tatsächlich zeigt dieser Effekt wohl eine gesunde Eigenliebe an.

## Selbstwahrnehmung: Ich singe das, das muss ein guter Song sein

Um Informationen über sich selbst zu gewinnen, kann man sich auch schlichtweg selbst beobachten. Sie kennen das Prinzip bereits aus Kapitel 7, wo es um die Abfolge von Emotionen *(affect)*, Verhalten *(behavior)* und Kognitionen *(cognition)* ging (die James/Lange-Theorie). In manchen Theorien ist der Fall vorgesehen, dass Personen erst ein Verhalten zeigen und dann denken oder fühlen. Der Sozialpsychologe Daryl Bem hat in seiner *Selbstwahrnehmungstheorie* einen Weg beschrieben, der auf der Idee der James/Lange-Theorie basiert: Demnach können sich Menschen spontan verhalten und später daraus schließen, was sie denken oder wer sie sind.

Bem nahm sogar an, dass aus der Beobachtung des eigenen Verhaltens ein ganzes Selbstkonzept entstehen kann. Er beobachtete, dass man viele Dinge tut, weil man gar nicht anders kann. So haben Sie es sicherlich schon erlebt, dass Sie bei einem gesellschaftlichen Abendessen, bei dem man sich ganz auf die Gespräche konzentriert, das Essen in sich hineingelöffelt haben, ohne viel darüber nachzudenken. Mir geht das bei Kongressen so, wenn ich meine volle Aufmerksamkeit dem spannenden Gesprächspartner widme und hinterher oft gar nicht mehr weiß, was ich gegessen habe.

Bei einem Buffet kann es passieren, dass man sich einfach das

Gleiche auf den Teller packt wie der Gast vor einem oder das, an das man am besten herankommt, ohne sich das Kleid oder den Anzug zu versauen. Nehmen Sie an, es war Krabbensalat, und Sie stehen an einem Bistrotisch mit einem Glas Champagner und essen, während der Kollege gerade höchst unterhaltsam von seinen Projekten erzählt. Irgendwann fragt er Sie, wie der Krabbensalat schmeckt. Sie realisieren natürlich nicht, dass Sie von allem Möglichen beeinflusst wurden, sondern sagen zu sich selbst: »Ich habe mir den genommen, ich esse den – also muss ich den Salat ja mögen.« Ihre Antwort ist dann: »Der ist wirklich gut, der Krabbensalat, den kann ich nur empfehlen!« Menschen, so Bem, beobachten sich also manchmal so, *als wenn sie andere beobachteten.* Jeder andere hätte aus Ihrem Verhalten – voller Teller Krabbensalat, er isst alles auf – ja ebenso geschlossen, dass er Ihnen schmecken muss.

Daryl Bems Selbstwahrnehmungstheorie kommt manchmal zu recht erstaunlichen Hypothesen und kann einige paradoxe Befunde der Motivationsforschung erklären. Stellen Sie sich zwei Schüler vor. Beide haben eine Eins in Latein bekommen und erzählen dies strahlend ihren Vätern. Beide Väter loben ihre Söhne. Der eine Vater gibt seinem Sohn 20 Euro, der andere seinem nichts. Wenn ich Sie jetzt frage: »Welcher Junge findet Latein spannend?«, würden viele vermuten: der Knabe, der kein Geld bekommen hat, denn der schreibt die Eins auch so, ohne den Anreiz, Geld dafür zu bekommen. Nimmt man die Selbstwahrnehmungstheorie ernst, sollte der Schüler, der die gut gemeinten 20 Euro bekommen hat, daraus schließen: »Wenn ich 20 Euro bekomme, bin ich wohl nicht wirklich interessiert.« Das könnte eine fatale Schlussfolgerung bezüglich des Selbstkonzepts sein, denn letztendlich kann dadurch sein Interesse nachlassen. Zahlreiche Experimente von Edward Deci und Richard Ryan belegen solche *Korrumpierungseffekte:* Manchmal sieht man Verstärkungen wie diese als Zeichen dafür, dass man selbst nicht interessiert ist, und das Interesse lässt nach.

Dies steht aber scheinbar im Gegensatz zu Kapitel 6, in dem gezeigt wurde, dass Konditionierung mithilfe von Belohnungen durchaus hilft. Der Korrumpierungseffekt tritt jedoch vor allem dann auf, wenn jemand sowieso interessiert ist *(intrinsische Motivation)*, also keine Verstärker braucht. Ist der Schüler ein Lateinfan, kann eine Belohnung sein Interesse korrumpieren. Ist er aber nicht wirklich interessiert, helfen externe Verstärker.

Schaut man auf gesellschaftliche Phänomene, findet man teilweise Entsprechungen. Berühmten Musikern, die wirklich an der Musik hängen, scheint es Spaß zu machen, hin und wieder sogenannte Wohnzimmerkonzerte für wenig Geld zu geben. Ebenso scheinen manchmal Schauspieler, die üblicherweise Millionengagen erhalten, über Low-Budget-Produktionen ihre Motivation zurückzuerlangen – und was wir da erleben, entspricht wissenschaftlichen Befunden: Sind die Stars intrinsisch motiviert – denn warum sollten sie sonst für wenig Geld an einem Film mitwirken? –, sind ihre Leistungen besser. Oder finden Sie nicht, dass Kate Winslet, Tom Hanks oder Johnny Depp vor allem in Independent-Filmen brillieren, die keine Massenware sind? Allein im Topmanagement mit seinen Millionengehältern stellt sich die Frage: Sind die eigentlich nicht intrinsisch motiviert? Aufgrund des Korrumpierungseffekts müsste man das schließen – allerdings kann, wie wir in Kapitel 16 sehen werden, für bestimmte Menschen Geld einen Motivator darstellen, der durchaus Leistungen verbessern kann.

## Persönlichkeitstests – Du bist, was du antwortest

Habe ich bisher immer die Veränderbarkeit von Selbstkonzept und Selbstwert betont, so gehen Persönlichkeitspsychologen davon aus, dass bestimmte Persönlichkeitseigenschaften zumindest relativ stabil sind und auch messbar. Sicherlich haben Sie zum Spaß schon einmal einen Persönlichkeitstest in einer Illustrierten gemacht? Im Gegensatz zu solchen Tests haben die wissenschaftlichen häufig eine redlich gute Vorhersagekraft bezüglich zukünftigen Verhaltens und werden ständig erneuert und verbessert.

Generell sind solche Fragebögen zu empfehlen, die Verhalten in einer spezifischen Situation miterfragen und somit die lewinsche

Formel »Verhalten ist eine Funktion von Persönlichkeit (P) und Umwelt (U)« berücksichtigen. Fragen wie »Sind Sie im Umgang mit Freunden schüchtern?« und »Sind Sie im Umgang mit Fremden schüchtern?«, die sich auf bestimmte Situationen beziehen, sind in jedem Fall besser als das sehr allgemein gehaltene »Sind Sie schüchtern?«. Im Gegensatz zu den Fragebögen in Illustrierten, bei denen Sie genau wissen, was Sie ankreuzen müssen, um gut dazustehen, sind Ergebnisse in guten Tests nicht leicht zu verfälschen – obwohl dies natürlich gelingen kann, wenn Sie einiges über den Fragebogen wissen. Das ist auch ein Problem für die Wissenschaft, denn in vielen Untersuchungen werden einfach zu beschaffende Psychologie Studierende für solche Tests befragt, die sich schon relativ gut damit auskennen und deren Zweck durchschauen. Solche Studien sind daher mit Vorsicht zu genießen, denn oft beantworten die Probanden die Tests so, dass sie möglichst gut dabei aussehen.

Um dieses Problem zu umgehen, kommen mehr und mehr *implizite Testverfahren* auf den Markt, bei denen die Testperson keine Ahnung hat, was getestet wird. Wenn man zum Beispiel die sogenannte Name-Letter-Aufgabe für einen Test des Selbstwerts nutzt und Probanden fragt, wie schön sie den Anfangsbuchstaben ihres Namens finden, ist das ein recht impliziter Test. Und in Kapitel 12 habe ich den impliziten Assoziationstest zur Vorurteilsmessung besprochen, in dem Vorurteile verdeckt ermittelt werden. Auch diesen Test kann man für die Ermittlung des impliziten Selbstwerts verwenden. Meiner Einschätzung nach werden implizite Tests die üblichen Fragebögen irgendwann ablösen. Momentan werden jedoch wie eh und je eine Reihe Fragebögen verwendet, weil sie praktischer in der Anwendung sind.

Was die Inhalte der Persönlichkeitseigenschaften angeht, so haben sich fünf wichtige Persönlichkeitsfaktoren durchgesetzt, deren Ausprägungen sich einzeln und in Kombination zwischen verschiedenen Personen unterscheiden. Diese *Big Five* enthalten Eigenschaften und Attribute, die das Verhalten von Menschen in vielen Situationen beeinflussen. Mit dieser Struktur von Paul de Costa und Robert McCrae ist nicht jeder Persönlichkeitspsychologe einverstanden, aber sie ist auf jeden Fall Ausgangspunkt für viele Diskussionen und wird von einigen Kollegen in der Praxis genutzt. Die Faktoren sind Extraversion, Verträglichkeit, Gewissenhaftigkeit, Neurotizismus und Offenheit für Erfahrungen.

*Extraversion* ist eine Eigenschaft, die Ihnen attestiert wird, wenn Sie gesprächig, energiegeladen, bestimmt, gesellig und entscheidungsfreudig sind und Interesse an engen Bindungen haben. Das Gegenteil davon, *Introversion,* läge vor, wenn Sie eher ruhig, reserviert, schüchtern, zögerlich, zurückgezogen oder reflexiv wären. Fragebögen würden Ihnen dazu Aussagen wie »Ich bin nach allen Seiten offen und kontaktfreudig« und »Ich besuche gern Veranstaltungen, wo viel los ist« zur Verfügung stellen, und wenn Sie meinen, das träfe auf Sie eher oder völlig zu, würde man Sie als eher extravertierte Person bewerten.

Hohe *Verträglichkeit* würde Sie auszeichnen, wenn Sie sich als zuverlässig, freundlich, mitfühlend, bescheiden, sanftmütig und altruistisch einschätzen würden; niedrig verträglich wären Sie, wenn Sie dagegen kalt, streitsüchtig, unbarmherzig, unkooperativ, misstrauisch und zynisch daherkämen. »Friedfertigkeit ist vielleicht mein auffälligster Charakterzug« und »Ich habe einen sehr großen Bekanntenkreis« sind unter anderem Aussagen, die Sie mit »eher zutreffend« oder »völlig zutreffend« bewerten müssten, damit Sie als hoch verträgliche Person identifiziert werden würden.

*Gewissenhaftigkeit* würde Ihnen attestiert, wenn Sie verantwortungsbewusst, vorsichtig, selbstdiszipliniert, kompetent und stets gut vorbereitet sind und Regeln beachten; mangelnde Gewissenhaftigkeit würde bedeuten, dass Sie sorglos, verantwortungslos, leichtfertig und planlos sind. »Ordnung in allen Lebensbereichen ist mir wichtig« oder »Bei der Arbeit bin ich gründlich und gewissenhaft« sind Aussagen, die Sie zutreffend finden müssten, um als gewissenhaft bezeichnet werden zu können.

*Emotionale Labilität, Nervosität und Sensibilität* hätten Sie, wenn Sie häufig besorgt, labil, launenhaft, ängstlich, depressiv oder verletzlich wären. Man fasste das früher und mitunter noch heute unter *Neurotizismus* zusammen. Wenn Sie grundsätzlich stabil, ruhig, zufrieden, selbstsicher und unbefangen wären und einen entspannten Umgang mit Herausforderungen hätten, würde man eine geringe Ausprägung von Neurotizismus wahrnehmen. Wenn folgende Aussagen auf Sie zutreffen könnten: »Ich neige zu Stimmungsschwankungen« oder »Ich reagiere oft übertrieben emotional auf kleinere Vorkommnisse«, dann sind Sie, so die Logik des Fragebogens, eher neurotisch.

*Offenheit für Erfahrungen* betrifft eine Persönlichkeitseigenschaft, die man bei einem kreativen, intellektuellen, offenen Menschen vorfindet, der strenge Regeln und Autoritäten eher ablehnt; man würde ihm das absprechen, wenn er einfach, oberflächlich, unintelligent und bodenständig wäre. Typische Selbstbeschreibungen sind »Ich beschäftige mich mit moderner Kunst, Musik und Dichtung« oder »Ich liebe intensive Diskussionen über Gott und die Welt«. Wenn Sie bei solchen Sätzen »eher zutreffend« ankreuzen, sind Sie eher offen für Erfahrungen.

Zu jeder Eigenschaft würden Ihnen in einem Fragebogen sehr viele verschiedene Fragen gestellt werden. Ziel ist es, durch eine Kombination dieser Eigenschaften Vorhersagen zu treffen, wie sich ein Mensch in einer bestimmten Situation verhält. Die Idee ist also, dass jemand, der bei Aussagen wie »Ordnung in allen Lebenslagen ist mir enorm wichtig« »sehr zutreffend« ankreuzt, einen aufgeräumten Schreibtisch hat, seine Zeugnisse sofort findet, wenn jemand danach fragt, und in regelmäßigen Abständen Sicherungskopien von seiner Festplatte macht. Er wäre auch eher konservativ und würde eher CDU als Die Linke wählen und das Fremdgehen eines Kollegen, wenn es ruchbar wird, stark verurteilen.

Die individuelle Ausprägung in den fünf Haupteigenschaften[24] ist meist eine Mischung aus vererbten Anlagen und Sozialisation. Sie sind prinzipiell eigenständig, das heißt, sie basieren nicht alle auf einer wichtigen Mega-Eigenschaft; so kann der eine extravertiert und gewissenhaft, ein anderer extravertiert und gewissenlos sein. Oder jemand kann intelligent und hoch verträglich sein, während ein anderer mit demselben Ausmaß an Intelligenz wenig verträglich ist. Alle Kombinationen sind prinzipiell denkbar.

Jedoch gibt es von vielen Seiten Kritik an solchen Messinstrumenten, die nicht nur die soziale Erwünschtheit betrifft (wenige würden zugeben, dass sie moderne Kunst und Musik überhaupt nicht interessieren oder dass sie keinen Wert auf Pünktlichkeit legen), sondern auch die Treffsicherheit der Verhaltensvorhersage über alle Situationen und Erfahrungen hinweg, die ein *einzelner* Mensch macht. Es gibt natürlich auch pedantische Linke und wenig gewissenhafte Leute, die ein Fremdgehen für unmoralisch halten. Eine Angst vor Neuem, die vielleicht durch eine verängstigende Sozialisation entstanden sein kann, kann sich im Lauf des Lebens in eine Offenheit verwandeln, wenn man sich zum Beispiel einen Partner sucht, mit dem zusammen man sich entfalten kann.

In der Forschung können die Fragebögen trotzdem gebraucht werden – wenn man etwa schauen möchte, ob Materialisten eher neurotisch sind –, da man normalerweise sehr viele Teilnehmende befragt und sich Ausnahmen hier weniger bemerkbar machen können. Eine Frage ist, wie stabil die gemessenen Eigenschaften tatsächlich sind. Die vielen Experimente zur Kreativität, die ich in Kapitel 17 noch schildern werde, zeigen, dass sich das bestehende Potenzial einer Person in einer Umgebung wecken oder behindern lässt. *Offenheit für Erfahrungen* etwa ist eine Persönlichkeitseigenschaft, die Kreativität begünstigt. Diese ändert sich aber über die Lebensspanne hinweg, und selbst im hohen Lebensalter gehen die Veränderungen in alle Richtungen. Senioren stumpfen in wenig herausfordernden Heimen ab oder blühen noch einmal auf, wenn sie gefördert werden, reisen oder ein Seniorenstudium beginnen.

Darüber hinaus sträuben sich viele Wissenschaftler und Therapeuten dagegen, durch einen vielleicht einstündigen Test einem Menschen zu diagnostizieren, was er ist und kann und was nicht. Eine einmal ausgesprochene Beurteilung kann sich, wie ich ja schon mehrfach beschrieben habe, wie eine sich selbst erfüllende Prophezeiung auswirken. Manchmal kann eine verwunderliche Diagnose auch das Gegenteil bewirken: dass man das gefundene »Defizit« anpackt und verändert, sodass es nach ein paar Tagen oder Wochen nicht mehr zu entdecken ist. Beide Fälle zeigen, dass eine Diagnose, egal in welche Richtung sie ausschlägt, kein Etikett ist, das man einem Menschen aufdrückt, sondern eher eine Figur aus Knetgummi, die sich in den Händen von freiheitsliebenden Menschen immerzu verändert. Die attestierte Persönlichkeitseigenschaft ist somit alles andere als stabil.

Zudem umfassen diese Fragebögen ja vor allem Mainstreambezeichnungen oder sprachliche Konventionen. Nehmen wir die Eigenschaft »Verträglichkeit«. Üblicherweise finden wir Menschen verträglich, die freundlich sind, mitfühlend und sanftmütig. Was heißt das aber – und was heißt das wo? Ich komme aus dem schönen, sehr protestantisch geprägten Lübbecke in Ostwestfalen-Lippe, wo das Wort »überfreundlich« Menschen beschreibt, die zu viel lächeln, ja, die durch ihre Freundlichkeit als aufdringlich, impertinent und berechnend empfunden werden (»Die ist nur so freundlich, weil sie mir ihre vergammelten Äpfel verkaufen will.«). Im Raum Köln hingegen, wo ich inzwischen wohne, hätte man keine Chance mit dem sauertöpfisch-kritischen Gesichtsausdruck, der einem in Lübbecke Respekt verschafft. »Verträglich« bedeutet also schon in unterschiedlichen Regionen Deutschlands etwas anderes.

Und natürlich gibt es kulturelle und nationale Unterschiede. In Mailand kann auch jemand als bescheiden und wenig narzisstisch bezeichnet werden, der sich elegant kleidet – dort scheint man schlichtweg Spaß daran zu haben, sich gut anzuziehen. Auf Basis von Fragebögen würde man den Mailändern vermutlich aber einen hohen Narzissmus attestieren, denn sie würden der Aussage: »Ich bin am liebsten im Mittelpunkt der Aufmerksamkeit« – mit der Narzissmus unter anderem gemessen wird –, zustimmen müssen, wenn sie ehrlich sind.

Wahrscheinlich würde man das gar nicht als problematisch empfinden, hätte man doch interessante kulturelle Unterschiede identifiziert. Dies bedeutet aber, dass ich solche kulturellen Unterschiede bei der Messung in Rechnung stellen muss, bevor ich jemanden beurteile. Und das ist durchaus ein Problem, wenn man bedenkt, dass sich auch innerhalb Deutschlands Dörfler anders verhalten als Städter und Hamburger anders als Menschen aus Berlin oder München.

Und ein Bauer aus Lübbecke würde sich in der Oper anders verhalten, kleiden und bewegen als an der Melkmaschine. Die Ergebnisse von Fragebögen spiegeln solche situativen Unterschiede selten wider.

Diagnosen sind von außen aufgedrückte Zuschreibungen, die auch in der klinischen Psychologie nicht unproblematisch sind. Dort werden ja Fragebögen eingesetzt, um Störungen festzustellen, und hat eine Diagnose wie »Ihr Sohn hat ADS« (Aufmerksamkeitsdefizitstörung) oder »Sie sind depressiv« oft unerwünschte Nebeneffekte. Ich sehe es immer wieder in der Therapie, dass jeder von einem Kollegen als »depressiv« bezeichnete Klient vollkommen unterschiedlich ist und dass jedem etwas anderes hilft. Und doch kann man als Therapeut solche Zuschreibungen natürlich nicht ignorieren. Sobald aber eine Diagnose im Raum steht, besteht die Gefahr der therapeutischen Scheuklappen – ich habe es selbst erlebt, dass ich wichtige Aspekte übersehe, wenn mir eine Klientin in der ersten Stunde erzählte, ein Kollege habe bei ihr Narzissmus festgestellt. Ich schaue dann tatsächlich vor allem auf Aspekte, die für Selbstliebe, Arroganz und fehlende Empathie sprechen, und übersehe vielleicht die Ängste der Klientin, die in der Schublade »Narzissmus« nicht zu finden sind.

Der systemische Therapeut und Lehrdozent Hans Lieb schlägt vor, Diagnosen als roten Faden zu Hilfe zu nehmen, sie aber auch immer wieder aktiv zu hinterfragen: Was spricht dafür, und was spricht dagegen? Das dürfte Sie an die Methode *consider-the-opposite* erinnern, die ich oben beschrieben hatte, um wirksam gegen Vorurteile anzugehen. Diagnosen sind vergleichbar mit Stereotypen – sie fassen in einem Wort komplexe Zusammenhänge zusammen, vereinfachen, generalisieren und sind Orientierungshilfen, die man daraufhin überprüfen sollte, ob sie zutreffen oder *noch* zutreffen – außerdem sollte man bei beiden stets den Nutzen reflektieren, den man bei ihrer Anwendung hat. Was bedeutet es denn, wenn man eine junge Klientin mit ADS vor sich sitzen hat? Weiß man dann schon etwas über sie? Weiß man, woher das kommt, zum Beispiel durch ein Leistungsmotiv in der Familie, durch Mobbing in der Schule, durch Hormone in der Pubertät etc.? Ist es dann überhaupt hilfreich, ein Etikett zu haben, wenn die Betreuung von Klienten je nach individuellem Hintergrund anders ausfallen sollte?

Lieb schlägt zudem vor, dass man sich fragt, ob *beides* der Fall ist: dass die Diagnose zutrifft und es gleichzeitig nicht tut. Es wäre ja möglich, dass sie in einer Situation nützlich ist, aber nicht in einer anderen. Vielleicht beruhigt eine ADS-Diagnose die Klientin oder ihre Eltern, weil sie ja »nur« eine Störung hat, die viele Kinder haben. Oder dass sie nicht »lernbehindert« ist. Und auf der anderen Seite wissen sie, dass diese Diagnose das Problem nur grob umreißt und weder das Kind noch das Problem adäquat beschreibt.

Neben »das eine« (sie hat ADS), »das andere« (sie hat nicht ADS) und »sowohl als auch« (sie hat ADS und hat es nicht) gibt es die vierte Position: »weder noch«. Diese Position kann zum Beispiel bedeuten, dass allein durch die Frage, ob jemand eine Aufmerksamkeitsdefizitstörung hat oder nicht, etwas Wichtiges übersehen wird, was zur Sprache gekommen wäre, wenn ich diese Frage gar nicht gestellt hätte. Vielleicht wäre ich ja eher in ein spezifisches Problem der Klientin eingestiegen, wenn ich mich gar nicht um deren ADS gekümmert hätte. Da mir die Diagnose aber auf den Tisch gepfeffert wurde, kann ich mir höchstens noch in einem Gedankenspiel die Frage stellen, was ich unbefangen wohl gesehen oder bemerkt hätte.

Diese Technik, die man gemäß einer buddhistischen Logik als *Tetralemma* bezeichnet, ist nicht nur sinnvoll für Therapeuten, die Klienten mit Diagnosen beraten, sondern für jeden, der Informationen über eine andere Person gewinnen will. Auch über sich selbst. Bin ich musikalisch? Bin ich unmusikalisch? Was, wenn beides zutrifft? Was, wenn keines von beidem zutrifft? Zudem kann man eine fünfte Position hinzufügen, die allerdings nicht immer und nicht in jeder Situation Sinn ergibt: dies alles nicht. Diese, zugegeben etwas komplizierte Metaebene setzt das Problem selbst in einen neuen Rahmen und ist häufig hilfreich, um die gesamte Situation von außen zu betrachten, aus einer Adlerperspektive heraus. Ich könnte mich zum Beispiel fragen, ob es mir eigentlich zusteht, Klienten zu bewerten – und will ich tatsächlich mit Diagnosen umgehen oder nicht doch lieber mit Klienten und deren spezifischer Situation?

Tetralemma eignet sich dazu, sowohl meine Wahrnehmung als auch die des anderen zu untersuchen und zu analysieren, wie sich unsere Interaktion auf beide auswirkt. Das kann ein Fragebogen nicht, er ist immer einseitig, obwohl es sich auch dabei um Kommunikation handelt: Es werden Fragen gestellt, und jemand antwortet darauf. Es handelt sich bei dieser Kommunikation allerdings um eine recht hierarchische, denn ich als Therapeut bin der Experte, der per Fragebogen Diagnosen verteilt. Und es handelt sich um eine recht verkürzte Kommunikation. In einem normalen Gespräch würde ich ja vielleicht nachfragen: »Was meinen Sie denn, wenn Sie mit ›eher zutreffend‹ auf die Frage ›Sind Sie schüchtern‹ antworten?« Oder der Klient könnte mich fragen: »Warum fragen Sie mich das?«, oder er könnte vorschlagen: »Statt ›depressiv‹ würde ich gern das Wort ›melancholisch‹ nutzen.« In einem normalen Gespräch könnte man also die gesamte Interaktion in Richtung Augenhöhe bringen und viel mehr Informationen in kürzester Zeit gewinnen.

Insgesamt geben Persönlichkeitsfragebögen also grobe Hinweise darauf, was man möglicherweise von jemandem erwarten kann. Für die Forschung, in der häufig nicht der einzelne Mensch zählt, sondern die Identifikation allgemeiner Prozesse, wie sie bei *vielen* Menschen gefunden werden, sind sie hilfreich.

## Pfeiler der Persönlichkeit: Wollen und sollen

Gibt es die denn überhaupt, die *allgemeinen Prinzipien* menschlichen Verhaltens? Auf einer sehr abstrakten und »hohen« Repräsentationsebene kann man beispielsweise beobachten, dass Menschen generell nach Positivem streben. Sie wollen Spaß, Lust, Erfolge, ein gutes Gefühl. »Menschen streben nach positiven Endzuständen«: Dieses *hedonische Prinzip* ist Bestandteil fast aller Motivationstheorien. Endzustände sind, wie wir schon mehrfach gesehen haben, für jeden individuell anders – manche wünschen sich ein Auto, andere eine schöne Beziehung, wieder andere beides; darauf werde ich in Kapitel 16 eingehen.

Es gibt jedoch auch Unterschiede auf einem sehr allgemeinen Niveau, zum Beispiel, dass Endzustände *Ideale* oder *Pflichten* sein können. Tory Higgins beobachtete zwei Teile des Selbst: ein *Sollte-Selbst,* aus dem Pflichten entstehen, und ein *Wunsch-Selbst*, das Ideale festlegt. *Sollte* ich Mediziner werden, weil das in meiner Familie Tradition ist, oder *will* ich das gern werden, um Menschen zu helfen? *Sollte* ich meinen Freund jetzt heiraten, oder *wünsche* ich mir für uns beide ein gemeinsames Leben? *Sollte* ich dieses Buch einmal lesen, weil meine Kollegen darüber sprechen, oder *möchte* ich aus dem Buch etwas lernen? Menschen können aus einem chronischen Sollte- oder Wunschselbst heraus die unterschiedlichsten Ziele entwickeln.

Diese beiden Selbstkonzepte sind zunächst eine Folge der Erziehung, können sich aber einem Wechsel der Lebensumstände anpassen. Wir haben es in Kapitel 8 gesehen, als ich die Theorie des regulatorischen Fokus von Tory Higgins vorgestellt habe: Wenn eine Erziehung auf Strafe ausgelegt ist und das Beste, was passieren kann, das Ausbleiben der Strafe ist, entwickelt sich ein Fokus auf Sicherheiten und Verpflichtungen, der Präventionsfokus. Menschen, die mithilfe von Lob erzogen wurden, wobei die Bestrafung im Ausbleiben von Lob bestand (auch bekannt als Liebes- oder Aufmerksamkeitsentzug), entwickeln eher einen Fokus auf Selbstverwirklichung und persönlichem Wachstum (Promotionsfokus). Diese Persönlichkeitstypen sind chronisch, können sich aber je nach Situation auch sehr schnell verändern, wie wir gleich sehen werden.

Der Präventions- und der Promotionsfokus führen letztendlich zu deutlich voneinander unterscheidbaren Verhaltensweisen, wie zahlreiche Forschungsprojekte zeigen. Ich habe diese Theorie damals in New York mitentwickeln dürfen. Tory Higgins veröffentlichte sie zuerst im Jahr 1997, und das Labor, bestehend aus Nira Liberman, Ron Friedman und Lorraine Chen Idson, beschäftigte sich mit nichts anderem. Wir hatten damals nicht im Traum daran gedacht, dass daraus eine ganze Bewegung werden würde, die sich mit Selbstregulation (siehe auch das folgende Kapitel) beschäftigen und untersuchen würde, welche Konsequenzen die beiden Fokusse haben könnten.

Mittlerweile gibt es Tausende von Studien zu diesem Thema. Um nur einige Ergebnisse zu nennen: Man fand, dass Menschen im Promotionsfokus schnell und risikoreich arbeiten. Fehler spielen bei ihnen keine Rolle, sie wollen einen Gewinn nach dem anderen einstreichen, und so setzen sie sich auch gern neuen Situationen aus. Ein Nachteil dieser Fokussierung ist die mangelnde Genauigkeit. Wer keine Angst vor Fehlern hat, macht auch welche und nimmt sie, wenn sie passieren, nicht so wichtig. Im Präventionsfokus sind Menschen vorsichtiger und langsamer, wollen Fehler vermeiden. Sie nehmen keine Risiken in Kauf, nehmen jeden Fehler ernst und sind, wenn sie etwas erreicht haben, erleichtert, dass sie es »nicht nicht geschafft« haben.

Wir haben Versuchsteilnehmer Texte korrigieren lassen und gefunden, dass diejenigen im Promotionsfokus schneller fertig waren – jedoch viele Fehler übersahen, während diejenigen im Präventionsfokus fast alle Fehler fanden, aber sehr lange dafür brauchten. Ein Nachteil der Vorsicht oder Wachsamkeit im Präventionsfokus ist, dass sie keine gute Basis für Kreativität darstellt, denn Kreativität braucht Risikofreude. Ebenfalls sind Menschen im Präventionsfokus Neuem gegenüber weniger aufgeschlossen – sie mögen das Vertraute, wie ich mit Kollegen zeigen konnte.

Andere Untersuchungen zeigen, dass Menschen im Promotionsfokus eher riskante Aktienpakete kaufen als solche im Präventionsfokus, auch eher Fremde treffen wollen oder Menschen, die nicht den gängigen Konventionen entsprechen. Ist der Promotionsfokus stark ausgeprägt, suchen sie sich auch für ihr Liebesleben gern mal was Neues – nicht immer zum Vergnügen des Partners.

| Promotionsfokus<br>Fokus auf Ideale, Hoffnungen, Wünsche | Präventionsfokus<br>Fokus auf Pflicht, Verpflichtung, Verantwortung |
|---|---|
| Annäherung | Vermeidung |
| Fokus auf Gewinnen | Fokus auf Verlieren |
| Akzeptieren von Neuem | Bevorzugung von Vertrautem |
| Riskantes Verhalten | Vorsichtiges Verhalten |
| Schnell, aber ungenau | Langsam, aber genau |
| Kreatives Verhalten | Analytisches Verhalten |

**Einige Auswirkungen des regulatorischen Fokus**

Bei der Theorie handelt es sich zum einen um eine Persönlichkeitstheorie, das heißt, wir haben Fragebögen, die einen chronischen Promotions- oder Präventionsfokus erfassen können. Da Tory Higgins als Sozialpsychologe jedoch weiß, wie schnell wir unser erlerntes Verhalten von einer Situation zur nächsten verändern, schickte er mich in New York in die Bibliothek, um Kurt Lewins Feldtheorie (V = (P, U)) von 1931 auf Deutsch nachzulesen, damit wir wussten, inwieweit wir dessen Prinzipien bei der Bildung der Theorie berücksichtigen sollten.

In der Tat kann man den regulatorischen Fokus einer Person im Handumdrehen verändern. Man kann jemanden zum Beispiel in einen Promotionsfokus bringen, indem man ihn bittet, zehn Minuten lang über seine Ideale nachzudenken; dementsprechend kann man einen Präventionsfokus aktivieren, indem man jemanden über Verpflichtungen nachdenken lässt. Es ist nämlich nicht so, dass man entweder eine reine Promotionsfokus- oder eine reine Präventionsfokus-Persönlichkeit hat. Die meisten Menschen haben von beidem Anteile, wobei jeweils ein Fokus in einer Situation dominiert oder gerade zum Zuge kommt. Schutz und Wachstum, Ideale und Verpflichtungen treiben jeden von uns in irgendeiner Situation an, das heißt, wir sind für alle Situationen des Lebens vorbereitet.

Das ist der Grund, weshalb man in einer Situation einen bestimmten Aspekt des Selbst, eben entweder den Promotions- oder den Präventionsfokus, aktivieren kann. Versuchsteilnehmer, die für eine gewisse Zeit über Ideale nachdenken, verhalten sich riskanter und wollen eifrig Gewinne einfahren, was stark an Promotionsfokus erinnert. Lässt man sie hingegen über Verpflichtungen nachdenken, werden sie automatisch langsamer, genauer und meiden Risiken. Auch ein starkes negatives Feedback ist in der Lage, einen Menschen mit chronischem Promotionsfokus in einen Präventionsfokus zu katapultieren, wie Experimente zeigen konnten.

## Persönlichkeit im Kulturbeutel

War bisher von der individuellen Entwicklung einzelner Menschen die Rede oder von Einflüssen der näheren Umgebung auf ihre Psyche, so findet man in der psychologischen Literatur auch kulturelle Faktoren, die sich auf das Selbstkonzept auswirken. In den letzten 15 Jahren fand das mehrfach erwähnte Konzept von Hofstede Eingang in die Psychologie: die Unterscheidung in kollektivistische und individuelle Kulturen.

In kollektivistischen Kulturen, die man vor allem in Südeuropa, Südamerika und Asien vorfindet, wird sozialer Verantwortung ein hoher Wert zugeschrieben. Der Mensch definiert sich als Mitglied einer größeren sozialen Einheit. Diese ist auch mitverantwortlich für sein Handeln und Denken, und das Wohlergehen der Gruppe ist ihm ein Bedürfnis, für das er sich einsetzt. In individualistischen Kulturen hingegen, die eher in Westeuropa sowie Nordamerika und Kanada zu finden sind, steht das Wohl des Einzelnen über dem der Gruppe und interessiert, was *in* einem Menschen vorgeht; die Person wird stärker als unabhängig von anderen gesehen und ist verantwortlich für das, was sie tut, frei nach der Devise: »Jeder ist seines Glückes Schmied.«

Menschen in kollektivistischen Kulturen machen viele alltägliche Dinge gemeinsam und fahren berufliche Erfolge gern für ihre Gruppe ein. In individualistischen Kulturen hingegen ist man eher auf sich selbst gestellt und möchte Erfolge eher für sich selbst erreichen –

und diese im Zweifelsfall sogar für sich beanspruchen, selbst wenn einem direkt oder indirekt geholfen wurde.

Selbstbeschreibungen sind in unterschiedlichen Kulturen ebenfalls fundamental anders, wie unter anderem Eun Rhee und sein Team fanden. Fragt man jemanden aus unserer individualistischen Gesellschaft: »Wer bist du?«, wird er eher auf seine individuellen Eigenschaften verweisen: »Ich bin Hans Müller« oder »Ich bin Ingenieur«. Ein Mensch aus einer kollektivistischen Kultur wird eher antworten: »Ich bin der Sohn von Ewald Müller« oder »Ich arbeite bei Siemens«. Er wird Sätze vorzugsweise mit »wir« statt mit »ich« beginnen, denn aus der Sichtweise seiner Kultur ist der Agent nicht er selbst, sondern eine Gruppe.

Letztendlich wird das Selbstwertgefühl in kollektivistischen Kulturen auch eher vom Feedback nahestehender Gruppenmitglieder beeinflusst und der »Wert« oder Status einer Person an ihrer eingeschätzten Leistung für das Gemeinwohl festgemacht. Ein Held ist also jemand, der sich für seine Firma eingesetzt, anderen geholfen oder irgendetwas erfunden hat, das vielen dient. In individualistischen Gesellschaften dagegen erhalten Personen einen Heldenstatus, die es vom Tellerwäscher zum Millionär geschafft haben, die gegen alle Widerstände – manchmal Normen brechend – »ihr Ding« gemacht haben, womöglich zunächst gar von der Welt verkannt und verlacht wurden und erst hinterher damit Geld verdienen konnten.

Selbst auf das autobiografische Gedächtnis wirkt sich die Kultur aus, wie Qi Wang zeigen konnte. In einer Untersuchung wurden Studenten aus Taiwan und aus Amerika danach gefragt, was ihre ersten Erinnerungen waren. Das, was die Versuchsteilnehmer aufschrieben, wurde nach verschiedenen Inhalten analysiert. Dabei fiel auf, dass Amerikaner vor allem Episoden erinnerten, in denen sie das erste Mal autonom und selbstständig gewesen waren: »Ich erinnere mich daran, wie ich mir selbst die Schuhe zum ersten Mal zubinden konnte!« Die Erinnerungen in kollektivistischen Kulturen drehten sich eher um Beziehungen: »Ich erinnere mich daran, wie meine Mutter mich ständig mit meinem Cousin verglich.«

Spannend daran ist, wie sehr man sein eigenes Verhalten für normal hält – die Beispiele aus dem Kollektivismus erscheinen mir teilweise ziemlich merkwürdig. Vermutlich liegt das daran, dass ich mich vor allem Geschichten und Erfahrungen aussetze, die auf mein kulturelles Selbst passen. Nun mag man denken, dass ja in vielen Ländern amerikanische Serien oder Filme konsumiert werden, und vermuten, dass Individualismus inzwischen die Norm wäre – weltweit gesehen. Umso überraschter aber war ich, als ich erfuhr, dass 70 Prozent der Weltbevölkerung in kollektivistischen Kulturen leben. Wir Individualisten sind also die Geisterfahrer.

Auf jeden Fall müssen wir solche Unterschiede zur Kenntnis nehmen. Und natürlich sind die Befunde für Menschen relevant, die mit Personen aus anderen Kulturkreisen kommunizieren, Geschäfte betreiben oder sogar zeitweise in anderen Ländern leben. Jemand, der in Asien mit seinen Eigenleistungen prahlt und jeden Satz mit »Ich« beginnt, der auch nur versucht, beim Essengehen mit Kollegen möglichst billig davonzukommen, oder unpersönliche Standardgeschenke macht, stößt auf Unverständnis und hat weniger Erfolg im privaten wie im beruflichen Bereich.

Die Forschung zeigt auch, wie unterschiedlich Kollektivisten Verhaltensweisen bewerten, die für uns Individualisten kaum verhandelbar erscheinen. Konformität etwa, das »Schwimmen mit dem Strom«, ist in unseren individualistischen Kulturen eine Schwäche, während es in kollektivistischen als Stärke angesehen wird: Wenn dort jemand ein gutes Gespür für die vorherrschenden expliziten wie impliziten Normen hat, wird dies als günstig ausgelegt, weil es letztendlich die Werte der Gruppe würdigt und somit deren Bedeutung erhöht.

In kollektivistischen Gesellschaften ist konsequenterweise Selbstkritik häufiger zu finden. In einigen asiatischen Kulturen werden Kinder zum Ende des Schulunterrichts gebeten, ihre Vergehen und kleinen Sünden gegen die Gemeinschaft kritisch zu durchdenken und zu verlautbaren. Vermutlich würden deutsche Eltern sofort das Jugendamt, wenn nicht die Polizei einschalten, sobald so etwas hier geschehen würde. In unseren individualistischen Gesellschaften sind wir es gewohnt, dass das Selbstbild des Einzelnen gestärkt und die individuelle Entfaltung gefördert wird. Mehr noch: Manchmal gefällt uns leicht nonkonformes Verhalten und verstärken wir es sogar (»Mein Sohn ist so ein kleiner Rebell«, »Meine Tochter hat ihren eigenen Kopf«). Dementsprechend konnten Angela Lee und Jennifer Aaker bei asiatischen Versuchsteilnehmenden einen hohen Präventionsfokus feststellen, während (amerikanische) Westler einen dominanten Promotionsfokus aufwiesen.

In kollektivistischen Kulturen bringen Gruppen höhere Leistungen als in individualistischen, zum einen, weil sie Gruppenarbeit gewohnt sind, zum anderen aber auch, weil in individualistischen Gesellschaften Gruppen Anlass zu *sozialem Faulenzen* bieten, heißt: Einzelne werden zu *Trittbrettfahrern* in der Hoffnung, dass andere Gruppenmitglieder die Dinge schon erledigen werden. Zum Teil geschieht dies, weil der Einzelne bei Gruppenleistungen nicht im Rampenlicht stehen kann und weil weniger deutlich wird, welchen Anteil er an einem möglichen Gruppenerfolg hat. Wenn individuelles Lob sowieso nicht zu erwarten ist, wird ihm die Aufgabe von vornherein wenig Spaß machen, und er zieht demgegenüber Aufgaben vor, bei denen er für eine Einzelleistung belohnt wird, er also zeigen kann, was er persönlich draufhat.

Aufgrund solch wenig schmeichelhafter Befunde mag einem der Individualismus wie ein Übel vorkommen. Man kann dieses Verhalten aber auch neutral als funktional beschreiben. Wenn man, sozialisationsbedingt, vor allem individuelles Feedback gewohnt ist und wenn einen das motiviert – warum sollte man dann Energie bei Gruppenarbeiten verschwenden? Der hedonische Endzustand, nämlich dass es einem gut geht, wird genau durch Trittbrettfahren erreicht. Und warum sollte man nicht schauen, »wo man bleibt«, das heißt geschickt in Gruppenarbeiten Kraft sparen, um dann in Einzelaufgaben zu glänzen? Außerdem haben Kollektivisten ja andere Probleme, wie zum Beispiel sich für individuelle Leistungsaufgaben begeistern zu können.

Häufig wurden diese Unterschiede im Selbstkonzept allein auf Kulturen bezogen, jedoch findet man auch innerhalb von Kulturen

Unterschiede: Manche von uns sind eher kollektivistisch und andere tendenziell von Gruppen unabhängig. Es mag nicht verwundern, weil es auch zum Stereotyp passt, aber Studien, etwa die Meta-Analyse von Daphna Oyserman und Team, zeigen immer wieder, dass Frauen in westlichen Gesellschaften kollektivistischer sind als Männer. Tatsächlich hat sogar jeder von uns kollektivistische wie individualistische Selbstkonzepte, und man kann den einen oder anderen Anteil in einer Situation aktivieren. Erinnert man Menschen daran, dass sie Gruppenmitglieder oder ein Teil eines Ganzen sind, können sie sich auch dementsprechend verhalten. Wenn man zum Beispiel westliche Versuchsteilnehmer Texte lesen lässt, in denen vermehrt »wir« statt »ich« vorkommt, verhalten sie sich spontan wie kollektivistische Menschen. Sie sind dann empfänglicher für ihre Umgebung und das Feedback anderer und verhalten sich normkonformer.

Ich habe in diesem Kapitel bewusst Forschung vorgestellt, die »lebt«, die auch heutzutage noch diskutiert wird und interessante Befunde generiert. Zudem habe ich vor allem auf Unterschiede fokussiert, die sich nicht in simple Schwarz-Weiß-Kategorien einordnen lassen. Auch der regulatorische Fokus ist ein Beispiel für diese moderne Betrachtungsweise: Ein Präventionsfokus ist nicht schlechter als ein Promotionsfokus. Nützt ein Promotionsfokus bei kreativen Aufgaben oder solchen, die eine gewisse Risikobereitschaft voraussetzen, fördert ein Präventionsfokus analytisches Denken und vorsichtiges, genaues Handeln. Alles relativ und in bestimmten Situationen funktional.

# 15
# Wer steuert, wenn nicht ich? – Selbstregulation

Menschen verfolgen Ziele, sie wollen glücklich sein, sie wollen sich gut fühlen und ein schönes Leben haben – ich habe das *hedonisches Prinzip* genannt. So einfach sich das anhört, so schwierig ist es manchmal. Hindernisse auf dem Weg zur Zielerreichung sind eher die Regel als die Ausnahme, und Frustrationen bleiben uns allen nicht erspart. Wie erreicht man, was man sich vorgenommen hat? Wie übersteht man Krisenzeiten, und wie überwindet man Hindernisse? Wie geht man mit den täglichen Verführungen um, die sich im Alltag auftun? Wie managt man Stress und überwindet schlechte Stimmung? Wie wird man glücklich?

## Mit Hemmungen zum Ziel

Wie in Kapitel 9 angeklungen, helfen uns viele unbewusste Prozesse dabei, unsere Ziele zu erreichen. Ziele und die Mittel zu deren Erreichung sind im Gedächtnis abgespeichert und können unbewusst aktiviert werden – und lösen dann unmittelbar ein Verhalten aus, das uns hilft, ebendiese Ziele zu erreichen. Wollen wir ein Bild aufhängen, fällt uns ohne Mühe »Hammer« ein, und wir gehen, ohne zu zögern oder nachzudenken – wie von einem Autopiloten gesteuert –, auf die Suche nach dem Werkzeug. Haben wir uns für ein Ziel wie »Bild aufhängen« entschieden, hemmen wir alle weiteren möglichen Ziele, die eventuell auch attraktiv gewesen wären, wie »Kaffee trinken« oder »den Garten umgraben«.

Die beiden amerikanischen Psychologen James Shah und Arie Kruglanski haben diesen Hemmmechanismus unter die Lupe genommen und dabei in zahlreichen Experimenten Erstaunliches zutage gefördert: Sie baten Versuchsteilnehmer, drei sehr wichtige Ziele aufzuschreiben und ein positives Ziel, das ihnen nicht so wichtig war. Nehmen wir an, Proband Nummer 12 heißt Gustav und nennt »Fußball«, »erfolgreich im Studium sein« und »viele Freundinnen haben« als seine primären Lebensziele. Diese Ziele wurden, gemischt mit anderen, die nicht genannt worden waren, am Computerbildschirm gezeigt, und Gustav sollte per Tastendruck so schnell wie möglich entscheiden, ob es sich bei den Begriffen um eines seiner persönlichen Ziele handelte oder nicht. Der Trick war folgender: Kurz vor dem Erscheinen eines persönlichen Ziels (etwa »viele Freundinnen«) blitzte unterhalb der Wahrnehmungsschwelle ein anderes persönliches Ziel (zum Beispiel »Fußball«) auf – mit dem Ergebnis, dass sich die Reaktionszeiten erhöhten. Die pure Aktivierung eines wichtigen Ziels schien also einen *Hemmungseffekt* auf andere wichtige Ziele zu haben.

Ein solcher Mechanismus sollte uns dabei helfen, uns nicht von unseren Zielen abbringen zu lassen und sie konzentriert zu verfolgen: Immer eines nach dem anderen, ist das Motto. Natürlich können einem extrem attraktive Ziele schon einmal dazwischenkommen. So legt man gern eine Lernpause ein, wenn die Studentin, die man schon immer mal zum Bier einladen wollte, vor der Tür steht. Zudem wird es schwierig, wenn bei dem fokalen Ziel »lernen« das Handy neben einem liegt, auf dem ständig SMS aufpoppen – mit Bimmelton. Schon ein Ticket für ein Konzert am Abend, auf das man sich freut, kann einen beim Arbeiten durcheinanderbringen, wenn es über dem Schreibtisch an die Wand gepinnt ist. Es wirkt wie ein Priming, aktiviert also ständig das andere Ziel. Mit einer starken Präsenz alternativer Ziele überfordern wir unser wunderbares Gedächtnis und seine Hemmungsfähigkeiten.

Um den automatischen Konzentrationsprozessen möglichst viel Raum zu geben, muss oder kann man selbst nachhelfen. Wenn man sich nicht ablenken lassen möchte, sollte das Arbeitsumfeld frei von verführerischen Gedankentriggern sein. Aus diesem Grund sind Fotos von der Familie, von Freunden oder Hobbys im Büro keine besonders gute Idee – weil sie einen in Erinnerungen an die Freizeit schwelgen lassen und von der Arbeit ablenken. Ebenso sollte man in starken Konzentrationsphasen das Telefon und das E-Mail-Programm ausstellen, denn auch jeder Versuch, Anrufe und eingehende Nachrichten zu ignorieren, kostet Ressourcen.

Insgesamt ist es gut, Zielbereiche zu trennen: Am Arbeitsplatz sollte nichts an andere Ziele als die Arbeit erinnern, beim geselligen Mittagessen sollten Arbeitsutensilien tabu sein, und ein Schlafzimmer sollte an all die Dinge erinnern, die man im Bett tut – und nicht an Arbeit, Prüfungen, Krisen oder nervtötende Menschen. Das bedeutet natürlich auch, man sollte nicht im Bett arbeiten, denn über Konditionierungsprozesse bekommen das Bett oder gar das ganze Zimmer schnell eine negative Konnotation, und diese kann einen um den Schlaf bringen. Interventionen bei Schlafstörungen beginnen häufig damit, belastende Erinnerungsstücke aus dem Zimmer zu räumen; falls man nicht genug Platz hat, kann man mit Vorhängen oder Paravents das eine vom anderen trennen.

Das Gedächtnis befreit uns auch automatisch von Gedanken, die mit einem Ziel zusammenhängen, sobald wir dieses Ziel erreicht haben. Bluma Zeigarnik hat in den 20er-Jahren in Berlin Versuchsteilnehmer gebeten, eine Reihe von Aufgaben durchzuführen. Sie sollten Perlen auf eine Schnur ziehen, Städte aufzählen, rückwärts zählen und vieles mehr. Als die Probanden am Ende der Studie gebeten wurden, die Aufgaben zu nennen, erinnerten sie sich besser an jene, die sie nicht abgeschlossen hatten, als an jene, die sie zu Ende gebracht hatten. Man nennt diesen Effekt nach seiner Entdeckerin *Zeigarnik-Effekt*.

Wir konnten kürzlich diese Befunde mit modernen Methoden replizieren und dabei zeigen, dass solche Hemmmechanismen nach der Zielerreichung unbewusst ablaufen. Zudem fanden wir im Gedächtnis eine Mobilisierung von Ressourcen, *bevor* Probanden ihr Ziel erreicht hatten. Wir baten Versuchsteilnehmer, in einer Abfolge von Bildern eine Brille zu finden. Dies war die Bilderphase, der eine Worterkennungsphase folgte. Mit Letzterer wollten wir messen, wie stark Wörter, die mit Brille zusammenhängen, im Gedächtnis aktiviert waren. Hierzu gaben wir »Brillenwörter« am Computer zu lesen wie »lesen« und »Optiker« und Wörter, die nichts mit Brillen zu tun haben, wie »gehen« und »Bank«. Dazwischen wurden auch Nicht-Wörter geboten, etwa »pfrmpf«. Die Versuchspersonen sollten per Tastendruck entscheiden, ob es sich bei dem am Bildschirm Gezeigten um ein Wort handelt oder nicht. Je schneller man entscheiden kann, dass »lesen« oder »Optiker« Wörter sind im Unterschied zu »gehen« oder »Bank«, umso stärker ist der Gedanke »Brille« im Gedächtnis aktiviert. Wir hatten mehrere Blöcke, in denen Bilderphasen Worterkennensphasen folgten, und erst in einem späten Block wurde tatsächlich eine Brille gezeigt. Wir fanden, dass die Aktivierung brillenbezogener Wörter mit der Nähe zum Ziel anstieg: Je länger die Probanden nach der Brille suchten, umso schneller konnten sie brillenbezogene Wörter lesen, das heißt, umso stärker waren zielführende Gedächtnisspuren aktiviert.

Eine solche Mobilisierung von Ressourcen ist sicherlich sehr nützlich im alltäglichen Leben. Wenn Sie morgens Ihre Brille suchen, würden Sie demnach alles im Kopf aktivieren, was damit zu tun hat, zum Beispiel die Plätze, an denen Sie normalerweise Ihre Brille deponieren oder an denen Sie sie meistens finden. Ich würde »Badezimmerablage« stark aktivieren, weil sie da am häufigsten liegt, und, falls sie da nicht zu finden ist, »Kommode«, »Nachttisch« oder auch »Koffer« – es kommt schon mal vor, dass ich sie da vergesse. Die Aktivierung nützlicher Gedanken wird mit der Länge der Suche immer stärker: Sind anfangs nur die wahrscheinlichsten Orte aktiv, breitet sich die Aktivierung bei erfolgloser Suche auf die weniger wahrscheinlichen aus. Ich erinnere mich also dann auch an »Sofa« oder »Rucksack«, wo sie vielleicht selten liegt, aber dennoch manchmal zu finden ist. Insgesamt hilft mir die steigende Aktivierung, die Brille zu finden.

Dieser Effekt kam für uns tatsächlich unerwartet, denn eigentlich waren wir ja auf der Suche nach einem Hemmungseffekt (den wir später, wie noch erläutert wird, auch fanden), nachdem die Brille gefunden wurde. Wir replizierten die Steigerung der Aktivität im Bezug auf die Nähe zum Ziel so viele Male, dass wir nun davon ausgehen können, einen neuen, spannenden Zielpriming-Effekt unseres Gedächtnissystems gefunden zu haben. Interessanterweise stieg die Aktivierung noch mehr, wenn wir den Wert des Brillefindens (wir lobten Belohnungen aus) und die Erwartung, sie zu finden, erhöhten (also, wenn wir den Versuchspersonen sagten, dass eine Brille höchstwahrscheinlich erscheinen würde). Wie schon in Kapitel 8 angesprochen, ist unsere Motivation abhängig vom Wert eines Ziels und von der Erfolgserwartung, das Ziel tatsächlich zu erreichen. Dass dieses Prinzip auch auf unbewusste Aktivierungen im Gedächtnis zutrifft, war für uns ein spektakulärer Fund.

Der erwartete Hemmungseffekt trat ebenfalls ein: Hatten die Versuchsteilnehmer die Brille gefunden, waren Gedanken an die Brille tatsächlich gehemmt. Sie dachten dann an alles andere, nur nicht mehr an die Brille und damit verwandte Wörter. Solche Zeigarnik-Effekte sind sinnvoll: Wenn wir morgens unsere Brille gefunden haben, müssen wir nämlich auf dem Weg zur Arbeit nicht mehr daran denken. Und das Ganze läuft so automatisch ab, dass wir die positiven Auswirkungen vermutlich gar nicht merken.

Diese Befunde machen deutlich, dass das Zielgedächtnis besondere Hemmungsfunktionen hat, die andere Gedächtnissysteme nicht haben. Zum Beispiel finden wir, dass mathematisches Denken, das im prozeduralen Gedächtnis abgespeichert ist, von einer Aufgabe auf die andere überspringt – solche Prozesse, die ich weiter oben »prozedurales Priming« genannt habe, scheinen nicht stoppen zu wollen, und von Hemmung ist da keine Spur. Habe ich gerade eine Mathematikaufgabe gelöst, dann helfen mir die aktivierten mathematischen Denkprozesse, eine nächste zu lösen und die übernächste und überübernächste. Allein Ziele und damit verbundene Gedanken werden, nachdem sie erreicht sind, erst einmal gehemmt. Offenbar »erkennt« unser Autopilot, ob wir ein Ziel im Visier haben, und hemmt, nachdem wir es erreicht haben, Gedanken daran, um uns »den Kopf für neue Ziele frei zu machen«.

Dass solche Hemmungsprozesse tatsächlich befreiend sind, sehen wir, wenn sie einmal aussetzen. Dies ist bei Menschen mit depressiven Verstimmungen der Fall, die häufig selbst dann noch grübeln, wenn sie ein Ziel erreicht haben. Wenn einem das halb volle Glas ständig *halb leer* vorkommt und man sich permanent negativen Gedanken aussetzt, neigt man wohl dazu, auch nach erledigten Aufgaben noch Probleme zu sehen: Haben wir in das neue Projekt, das wir an Land gezogen haben, nicht doch zu wenig Kollegen eingebunden? Hätten wir unseren Kindern nicht schonender vom Tod des Kaninchens berichten sollen? Hätte ich die Suppe nicht doch mit Crème fraîche abrunden sollen? Sie sehen, dass solches Grübeln[25] einen zwar um Einsichten bereichern kann – man lernt dadurch unter Umständen, wie man es in der Zukunft (noch) besser machen kann –, jedoch lenkt es auch davon ab, neue, wichtige Ziele zu verfolgen.[26]

Schwierig wird es immer dann, wenn zwei Ziele oder Wünsche im Konflikt miteinander stehen, wie der heimliche Wunsch nach Kuchen und das Ziel, abzunehmen. Impulse zu unterdrücken ist genauso schwierig, wie ungewünschte Gedanken zu unterdrücken, Untersuchungen des amerikanischen Sozialpsychologen Walter Mischel zeigen entsprechend, dass man Selbstkontrolle erst erlernen muss.

## Selbstkontrolle oder Die Kunst, einem Marshmallow zu widerstehen

Für seine bahnbrechenden Experimente lud Mischel Vierjährige in ein Labor ein. Sie sollten allein in einem Zimmer 15 Minuten lang an einem Tisch sitzen bleiben, auf dem ein Marshmallow platziert war. Sie sollten es weder aufessen noch anknabbern. Es wurde ihnen ein zweiter Marshmallow als Belohnung in Aussicht gestellt, wenn ihnen die Zurückhaltung gelang. Der Versuchsleiter verließ den Raum, und die Kinder durften jederzeit eine Klingel drücken, um ihn früher zurückzuholen. In diesem Fall, so sagte man ihnen, dürften sie die Leckerei zwar essen, bekämen aber kein zweites Marshmallow. Obwohl die spätere Belohnung größer war als die unmittelbare, gelang es vielen Kindern nicht, durchzuhalten. Sie nahmen das Marshmallow in die Hand, leckten an ihm, aßen ein kleines Stückchen, drückten die Klingel – und weg war es und mit ihm die Belohnung.

Mischel verglich die Vierjährigen mit fünf Jahre alten Kindern: Nur ein Jahr älter, meisterten diese die Aufgabe. Die Erkenntnis, dass man Selbstkontrolle erst lernen muss, ist von großer Bedeutung, denn Selbstkontrolle zeichnet uns Menschen im Vergleich zu den Tieren aus, und man hätte ja auch annehmen können, dass sie angeboren ist. Wir müssen erst bestimmte Fähigkeiten erlernen, bis es uns gelingt, auf etwas zu verzichten. Und natürlich gelingt es uns nicht immer – auch im höheren Alter kostet Selbstkontrolle häufig Energie. Wir alle kennen das: Die Chips, die beim Sektempfang herumstehen, sind ruck, zuck weg, obwohl wir gerade eine Diät machen und uns geschworen hatten, auf der Party keine Kohlehydrate zu essen; die Sonne animiert uns, an den See zu gehen, anstatt über den Lehrbüchern zu hocken; und wie vielen fällt es schwer, auf die Zigaretten oder das Glas Wein am Abend zu verzichten, obwohl sie morgens noch zuversichtlich waren, dass das abends gelingen würde?

Die Forschungsgruppe von Roy Baumeister beschreibt Selbstkontrolle als vergleichbar mit einem Muskel, der bei Menschen unterschiedlich stark ausgeprägt ist, der durch Training gestärkt werden kann und bei Überbeanspruchung schlaff wird. In seinen Untersuchungen lässt er Versuchspersonen häufig zwei Aufgaben nacheinander durchführen, die beide Selbstkontrolle erfordern. Das kann so etwas sein wie einen Arm möglichst lange in Eiswasser zu halten oder Gedanken zu unterdrücken. Diese beiden Aufgaben haben eigentlich nichts miteinander gemein – das eine ist eine eher körperliche Aufgabe, bei der man Schmerz aushalten muss, und das andere eine kognitive. Jedoch wirkt sich Selbstkontrolle bei einer Aufgabe – egal welcher Art – hinderlich auf die zweite Aufgabe aus. Dementsprechend beobachtete Baumeister, dass Menschen, die vorher ihren Arm in Eiswasser legen sollten, danach schlechter ihre Gedanken unterdrücken konnten. Um die Muskelmetapher zu bemühen: Beide Aufgaben sind schwergewichtig hinsichtlich der

Selbstkontrolle und ziehen Energie. Das ist so, als hätte man erst 15-mal einen Medizinball gegen die Wand geworfen und müsste danach Liegestütze machen.

Diese Studien haben durchaus Alltagsrelevanz: Ihr Ergebnis bedeutet unter Umständen, dass ich nach einem stressigen Arbeitstag, an dem ich meinen Ärger über einen Kollegen oder meinen Frust über ein geplatztes Projekt kontrollieren musste, eher in die Chipstüte greife, obwohl ich doch eigentlich gerade eine Diät mache, als wenn ich einen schönen Tag gehabt habe. Und die Einsicht kann einen auch erleichtern – ich erinnere mich daran, wie ich meiner Hauspsychologin einmal beichtete, dass ich nach einem krisenhaften Tag bis vier Uhr morgens meine Lieblingsserie gestreamt hätte, und sie antwortete: »Jens, auch du bist ein ganz normaler Mensch.« Selbstkontrolle, so wollte sie mir wohl sagen, hat auch mal ein Ende – zu viel davon wäre unmenschlich.

Selbstkontrolle kann man auch durch andere Dinge schwächen. Alkohol etwa setzt jene kognitiven Fähigkeiten außer Kraft, die uns dabei helfen, uns selbst zu disziplinieren. Kein Wunder also, wenn Sie auf einer Party wieder mit dem Rauchen angefangen haben oder nach einer durchzechten Nacht mit Ihrem Ex im Bett gelandet sind.

Andererseits kann man, wie gesagt, Selbstkontrolle wie einen Muskel trainieren. Mark Muraven, ein Schüler Baumeisters, bat einige Probanden, eine Zeit lang bestimmte alltägliche Aktivitäten wie die Computermaus führen, Türen öffnen, Getränke eingießen und Zähne putzen mit der nicht dominanten Hand auszuführen, was bei den meisten die linke war. Das erfordert erfahrungsgemäß viel Selbstkontrolle. Tatsächlich wurde der so trainierte »Muskel Selbstkontrolle« mit der Zeit stärker, das heißt, die Versuchsteilnehmer verbrauchten bei anderen Aufgaben, wie etwa dem Unterdrücken von vorurteilsbehafteten Gedanken bei der Beschreibung einer übergewichtigen Person, weniger Energie und konnten auch andere Aufgaben besser lösen als untrainierte Probanden.

Aber heißt das nun für uns, dass der einzige Weg zur Selbstkontrolle darin liegt, sich von psychologischen Forschern in langwierigen Prozeduren trainieren zu lassen? Keine Sorge: Eine andere, durchaus im Alltag anwendbare Möglichkeit, sich ressourcensparend selbst zu kontrollieren, besteht darin, simple Prozeduren zu automatisieren, die bei der Selbstkontrolle helfen. So beobachtet man, dass Menschen, die ihr Gewicht gut halten können, routiniert Leckereien ausweichen. Sie gehen auf dem Heimweg ganz bewusst nicht an der verführerischen Konditorei vorbei oder gehen nicht in die Kantine, wenn etwas besonders Leckeres, aber Fettiges auf dem Speiseplan steht.

Die Sozialpsychologin Ayelet Fishbach hat solche automatischen Kontrollphänomene in Experimenten an der University of Chicago gezeigt. In einem davon sollten einige der Versuchsteilnehmer fitnessbezogene Wörter (wie »schlank«, »Muskeln« oder »Sportstudio«) am Computerbildschirm mithilfe eines Joysticks von sich wegdrücken und nahrungsbezogene (etwa »Schokolade«, »Kuchen« oder »Butter«) zu sich heranziehen, die anderen sollten es genau andersherum machen. Schlanke Probanden, denen ihr Gewicht wichtig war und die ihre Figur hielten, waren schneller darin, Wörter von Leckereien von sich wegzudrücken und Fitnesswörter zu sich heranzuziehen. Die übergewichtigen hingegen waren schneller im Heranziehen der Verführungen.

Dieser Effekt war insofern automatisch, als die Versuchspersonen gar nicht wussten, worum es in dem Experiment ging. Man hatte Ihnen lediglich gesagt, bei welcher Art Bilder sie den Joystick von sich wegdrücken oder zu sich heranziehen sollten. Außerdem hatten sie diese spezifische Aufgabe natürlich nicht vorher üben können. Daher liefert dieser Effekt einen Hinweis auf die Fähigkeit mancher Menschen, ihr Vermeidungsverhalten bezüglich verführerischer Reize auch auf neue Situationen zu verallgemeinern: Personen, die sich auf einem Gebiet (wie hier Essen) im Allgemeinen gut selbst kontrollieren können, können ihre Widerstandskraft offenbar so prozeduralisieren, dass es ihnen leichtfällt, in vielen anderen Situationen verführerischen Reizen zu widerstehen.

Auch wenn diese Befunde demonstrieren, dass *manche* Aspekte der Selbstkontrolle automatisiert werden können, ist es unwahrscheinlich, dass *alle* ohne Aufwand und den Verbrauch kognitiver

Ressourcen ablaufen. Generell sollten wir uns nicht darauf verlassen, dass uns unser Autopilot gegen jedwede Verführung wappnet. In den Untersuchungen von Fishbach ging es wohl um Menschen, die sehr viel Übung in der Selbstkontrolle in einem speziellen Bereich hatten. Zudem ist davon auszugehen, dass die Versuchspersonen nicht besonders gestresst oder genervt waren – es bleibt zu prüfen, ob sich in belastenden Situationen nicht auch das figurbewusste Model mal eine Tüte Gummibärchen genehmigt.

Walter Mischel gelang es, einen Zusammenhang zwischen Selbstkontrolle und Intelligenz nachzuweisen. Einige der von ihm getesteten Kinder wurden zehn Jahre später zu einem Intelligenztest eingeladen, und es zeigte sich, dass die Kinder, die den Marshmallow-Test besser bestanden hatten, intelligenter waren, besser in der Schule und ehrgeiziger. Darüber hinaus waren sie weniger aggressiv, konnten sich besser konzentrieren, waren sozial kompetenter und insgesamt weniger verhaltensauffällig. Woher diese Fähigkeiten genau kommen, ob sie vererbt oder erlernt werden, ist weitgehend ungeklärt. Es erhärten sich aber Hinweise darauf, dass Kinder aus Familien, die schon früh auf prosoziales Verhalten und Selbstkontrolle achten, Versuchungen im späteren Leben generell leichter widerstehen können.

Insbesondere der Zusammenhang zwischen Impulskontrolle und schulischem Erfolg ist bemerkenswert. Offensichtlich erfordern sehr viele Schulaufgaben neben erworbenem Wissen und angeborenen Begabungen eine hohe Selbstkontrolle. Um in einer Mathearbeit gut abzuschneiden, muss man sich schlichtweg zum Lernen motivieren, auch wenn draußen die Sonne scheint oder der Freund anruft. Solche Situationen entsprechen dem Belohnungsaufschub im Marshmallow-Experiment: Man muss zunächst verzichten, um später einen Erfolg einzufahren. Genauso ist Zurückhaltung erforderlich, wenn man provoziert wird – man muss seinen Impuls, aggressiv zu reagieren, unterdrücken und dann mühevoll eine konstruktive Lösung schaffen. Je früher man lernt, wie man Impulsen widersteht, umso erfolgreicher und sozialer wird man im späteren Leben.

Die Marshmallow-Untersuchungen waren zudem aufschlussreich hinsichtlich der Strategien, die man zu einer gelungenen Selbstkontrolle einsetzen kann. Mischel schaute sich nämlich nicht nur diejenigen Kinder an, bei denen die Selbstkontrolle misslang, sondern studierte auch die Strategien der erfolgreichen Kinder. Er beobachtete, dass einige sich ablenkten, indem sie Lieder sangen oder auf den Tisch trommelten. Andere taten etwas, das Selbstregulationsforscher auch Erwachsenen empfehlen würden: Sie versteckten den Marshmallow unter der Tischplatte. Offensichtlich sind solche Süßigkeiten vor allem in ihrer Sensorik verlockend – sie duften und sehen aus Kindersicht fantastisch aus.

Dieses Unmittelbare, Sinnliche, fast Körperliche von Verführungen macht es wohl besonders schwierig, sich zu disziplinieren. Daher bekommt man sie eher »aus dem Sinn«, wenn man sie aus dem Sichtfeld räumt. Das ist auch im Alltag so: Süßigkeiten, andere Fettmacher oder Zigaretten gehören, wenn man sie überhaupt zu Hause hat, in einen Schrank. Stehen sie offen herum, ist die Gefahr der Verführung viel größer. Man kann dieses Prinzip auch als Priming verstehen: Sucht man nach schneller Entspannung, und die Chipstüte liegt einem direkt vor der Nase, genügt ein Handgriff, und die Tüte ist offen. »Aus den Augen, aus dem Sinn« oder »Was ich nicht weiß, macht mich nicht heiß« reflektieren diesen Mechanismus – im Prinzip wissen wir also, was zu tun ist, und die Forschung belegt die Richtigkeit solcher Binsenweisheiten.

Bei der Raucherentwöhnung ist das Problem größer. Wenn man tatsächlich aufhören will, sollte man überhaupt keine Zigaretten zu Hause haben. Sobald einmal die Konzentration, die man zur Selbstkontrolle benötigt, beeinträchtigt wird – man ist im Stress, hat gerade etwas getrunken oder ist müde –, greift man zu, ohne es zu wollen.

Mischel fand in seinen Folgestudien heraus, dass die Kinder die Marshmallow-Aufgabe besser lösen konnten, wenn sie statt der echten Marshmallows Zeichnungen davon präsentiert bekamen – auch hier konnte das Sinnliche der Verführung nicht mehr greifen. Zudem half es den Kindern, wenn sie sich die Marshmallows als

Rechteck oder Kreis vorstellten, also im wahrsten Sinn des Wortes vom eigentlichen Objekt abstrahierten.[27]

Neuere Forschung identifiziert eine weitere Schwierigkeit bei der Selbstkontrolle. So scheint besonders die Tatsache fatal zu sein, dass Versuchungen im Hier und Jetzt vor einem liegen, während die hehren Ziele, wie ein Examen gut zu bestehen, schlanker zu werden oder gesünder zu leben, in der ungewissen Zukunft liegen. Während der Kuchen konkret vor mir steht, ist es ungewiss, ob ich meine Bikinifigur in einem halben Jahr tatsächlich erreiche. Die Zukunft ist recht abstrakt, und da nimmt es nicht wunder, dass Menschen wenig motiviert sind, auf das zu verzichten, was sie in jedem Fall haben können.

Man kann diesen Mechanismus austricksen, indem man sich das gewünschte Ziel in der näheren Zukunft vorstellt oder es sich sogar in die Gegenwart holt. Will man abnehmen, kann man sich ein Kleidungsstück kaufen, in das man später hineinpassen möchte. Ebenso hilft es, den Wert des hehren, weiter weg liegenden Ziels zu erhöhen und gleichzeitig den Wert der Versuchung zu mindern. Abwertungen wie »Was ist denn schon so toll an einem Stück Fett, das vor einem sitzt und sich Kuchen nennt?« oder »Wie gelb sind meine Zähne vom Rauchen und wie schlecht mein Mundgeruch!« könnten genauso funktionieren wie Aufwertungen des hehren Ziels à la: »Wie fantastisch muss sich das anfühlen, wenn ich mit meinem Gewicht zufrieden und so fit bin, dass ich mir endlich meinen Traum erfüllen und die Alpen zu Fuß überqueren kann.«

Die Motivationspsychologin Maja Storch entwickelt mit Teilnehmern ihrer Selbstmanagementtrainings sogenannte Mottoziele, abstrakte Ziele, die individuelle Werte und Vorlieben beinhalten. Sie empfiehlt, diese so positiv zu formulieren, dass kein noch so winziger Rest Negativität darin steckt, aber mindestens 70 Prozent Positivität. Solche Mottoziele kann man im Alltag verankern, indem man sich selbst immer wieder damit primt. Ich zum Beispiel habe mir ein Mottoziel gesetzt, das mit Ungebundenheit und Freiheit zusammenhängt: »Du bist dein eigener Souverän.« Für mich ein zu 80 Prozent positiver und ein zu null Prozent negativer Gedanke.

Damit ich dieses Motto nicht aus den Augen verliere, wenn ich wieder in Arbeitswut oder in Selbstzweifel abdrifte oder mich anderer Leute Meinungen nerven, habe ich mir einen Ring anfertigen lassen, der mich immer an meine Souveränität erinnert.

## Denken Sie jetzt nicht an Eisbären!

Viel schwerer ist dagegen – ein Spezialfall von Selbstkontrolle – die Unterdrückung von Gedanken. Untersuchungen von Daniel Wegner zeigen, dass Versuchsteilnehmer große Schwierigkeiten hatten, wenn sie gebeten wurden, Gedanken an Eisbären für fünf Minuten zu unterdrücken: Immerzu kamen ihnen Eisbären in den Sinn. Zudem trat nach der Unterdrückungsphase ein sogenannter *Rückschlageffekt* auf: Die Probanden dachten umso mehr an Eisbären, je mehr sie den Gedanken daran vorher verdrängt hatten. Solche Experimente konnten mit der Unterdrückung von aggressiven Gedanken, von Gedanken an traumatische Szenen, an ungeliebte Ex-Partner und Vorurteile, um nur einige zu nennen, wiederholt werden. Gerade in diesen Situationen sind Rückschlageffekte für den Alltag hoch relevant, bedeuten sie doch: Muss ich im Job meine Wut über einen Vorgesetzten zügeln, kann es zu Hause, wo ich mich generell weniger beherrschen muss, Rückschlageffekte geben, sodass ich mich dort ohne Grund aggressiv verhalte.

Wegner und sein Team erklärten den Effekt mit simplen Gedächtnisprozessen: Wenn man einen Gedanken nicht denken will, aktiviert man natürlich automatisch Gedanken im Gedächtnis, die man nicht denken will – ich sage mir also »Nicht Eisbär denken« und aktiviere damit »Eisbär«; mit anderen Worten, ich prime das zu hemmende Konzept im Gedächtnis samt seiner Assoziationen wie »Arktis«, »Alaska«, »Knut« oder »Zoo«. Nach Wegner gibt es kaum einen Ausweg aus diesem Teufelskreis. Er identifizierte nur wenige erfolgreiche Strategien, dem Effekt zu entkommen. Unter anderem zeigte er, dass Unterdrückung besser gelingt, wenn man sich einen »Ablenker« ausdenkt, also eine andere Gedächtnisspur aktiviert.

Wegner bat Versuchspersonen, immer, wenn sie an einen Eisbären denken mussten, sich stattdessen einen roten VW-Käfer vorzustellen. Dies erleichterte tatsächlich die erfolgreiche Unterdrückung und minderte den Rückschlageffekt.

Nira Liberman und ich fanden diese Effekte so spannend, dass wir eine neue Theorie entwickelten, das *Motivational Inference Model,* kurz MIMO. Es berücksichtigt, dass Menschen sich häufig fragen, was ihre mentalen Prozesse bedeuten, in diesem Fall, warum ihnen manchmal die Unterdrückung von Gedanken so schwerfällt. Wir argumentierten, dass dies Menschen dazu einlädt, sich zu denken: »Wenn der Gedanke so schwierig zu unterdrücken ist, dann will ich ihn vermutlich gern denken.« Dies könnte eine Spannung aufbauen und dazu animieren, das »Verbotene« zu denken. In Experimenten konnten wir zeigen, dass man diese von uns vermutete Spannung schlichtweg aus der Unterdrückungsphase herausnehmen muss, um Rückschlageffekten vorzubeugen. Sage ich den Versuchsteilnehmern: »Wenn dir das Unterdrücken schwerfällt, mach dir nichts draus, das ist für jeden schwierig«, dann bleiben Rückschlageffekte aus.

Es ist gedächtnistechnisch so, dass man beim Unterdrücken genau den Gedanken aktivieren muss, den man eigentlich nicht denken will – eine unmögliche Aufgabe, die mit einem selbst nichts zu tun hat – und der ja den Rückschlageffekt triggert: Wenn ich denke, die Schwierigkeit, den Gedanken zu unterdrücken, hätte mit mir persönlich etwas zu tun oder würde sogar anzeigen, wie gern ich den unterdrückten Gedanken denken möchte, dann kann das unbewusst den Wunsch auslösen, den Gedanken zu denken. Man aktiviert plötzlich im Gedächtnis das Ziel: »Denke den verbotenen Gedanken.« Und ab da laufen alle Prozesse der Zielaktivierung im Kopf ab, die schon beschrieben wurden: Ich aktiviere alles, was mit dem Ziel zu tun hat, und erst nachdem das Ziel erreicht ist, entspanne ich und hemme mit ihm verbundene Gedanken. In weiteren Experimenten fanden Nira Liberman und ich heraus, dass nach dem Ausdruck verbotener Gedanken tatsächlich Hemmungsprozesse im Gedächtnis eingeleitet wurden, das heißt, die Rückschlageffekte stoppen, wenn man dem Verbotenen (endlich) Ausdruck verliehen hat.

Wir baten Versuchspersonen, eine Geschichte über einen Türken zu schreiben. Die einen sollten dabei darauf achten, keine Vorurteile zu formulieren, die anderen durften schreiben, was sie wollten. Danach fragten wir die Probanden, ob sie bereit wären, ihre Belohnung für die Teilnahme an dem Versuch, einen Schokoriegel, für ein Flüchtlingsheim zu spenden. 94 Prozent der Leute, die ihren Vorurteilen in der Geschichte freien Lauf lassen durften, spendeten den Riegel, jedoch nur 72 Prozent derjenigen, die Vorurteile unterdrückt hatten. Unterdrückung führte also wie in Wegners Eisbär-Experimenten zum Gegenteil – so wie es der Rückschlageffekt nahelegt.

Wir hatten jedoch noch eine Versuchsbedingung: Eine dritte Gruppe sollte ebenfalls Vorurteile unterdrücken, wobei diesen Versuchspersonen gesagt wurde, dass dies für jeden schwierig wäre und somit nichts persönlich mit ihnen zu tun hätte. In dieser Gruppe blieb der Rückschlageffekt wie von uns vorhergesagt aus: *Alle* spendeten ihren Riegel. Auf der Basis von MIMO vermuten wir, dass der Rückschlageffekt (»Gib den Asylanten nichts«) eintritt, weil die Probanden die Schwierigkeit beim Unterdrücken normalerweise auf sich selbst beziehen: »Wenn es so schwer für mich ist, nicht an Vorurteile zu denken, dann möchte ich sie wohl gern denken.« Damit aktivieren sie das Ziel, das Verbotene zu denken, und handeln danach. Wenn sie allerdings die Schwierigkeit des Unterdrückens nicht auf sich selbst beziehen, sind Fehler nicht relevant, und das Gefühl, das Verbotene gern tun zu wollen, kommt gar nicht erst auf.

In anderen Experimenten, die wir in New York durchführten, baten wir weiße Versuchspersonen, nach dem Unterdrücken von Vorurteilen gegenüber Schwarzen, möglichst viele solcher Vorurteile zu nennen. Wir gaben ihnen also die Erlaubnis, das von uns vermutete Ziel, rassistisch zu denken, zu erfüllen, in der Erwartung, dass sie nun, obwohl sie ihnen freien Lauf lassen könnten, weniger Vorurteile haben würden, weil sie ja ein Ziel erfüllt hatten. Dies war tatsächlich der Fall. Es spricht also einiges für MIMO. Unsere Befunde zeigen, dass Verbote häufig zum Gegenteil führen; allerdings gibt es auch Möglichkeiten, Rückschlageffekte zu verhindern – ich muss lediglich die Spannung aus der Unterdrückung nehmen, mir also sagen, dass Gedankenunterdrückung schwierig für jeden ist. Oder ich muss das Verbot einmal in einem sozial akzeptablen Raum ausdrücken, um es loszuwerden. Vielleicht haben politisch unkorrekte Witze eine solche Funktion? Die Forschung zu MIMO hat gerade erst Fahrt aufgenommen …

## Emotionskontrolle – Wie soll das denn gehen?

Besonders schwer fällt es uns, negative Gefühle zu regulieren. Jemand, der gerade einen geliebten Menschen verloren hat, weiß, wie schwierig es ist, nicht an ihn zu denken und sich abzulenken. Aber auch schon ein schlechtes Ergebnis in einer Klausur oder ein kleiner Streit mit dem Nachbarn kann uns aus der Bahn werfen. Wünschenswert wäre es, wenn wir unseren Affekt regulieren könnten, indem wir versuchen, entweder die Intensität des negativen Gefühls zu drosseln oder die Dauer – am besten beides.

Verschiedene Strategien haben sich dabei als hilfreich erwiesen. Beispielsweise sind Ablenkungen durchaus effizient, um aus belastenden Gedankenkreisen für einen Moment herauszukommen. Die Trauerpsychologin Margaret Stroebe hat in ihrer Arbeit gezeigt, dass ein stetiger Wechsel zwischen Auseinandersetzung und Zerstreuung bei vielen Trauernden hilfreicher ist als ständige Konfrontation oder ständiges Verdrängen. Tatsächlich hatten viele Therapeuten, vor allem Verhaltenstherapeuten und Psychoanalytiker in der Tradition von Freud, lange gedacht, Verdrängen sei absolut schädlich, und man müsse Trauernde mit dem schmerzlichen Verlust konfrontieren.

Freud hatte argumentiert, dass sich Verdrängtes im Unbewussten aufstaue und sich irgendwann der Person bemächtigen würde – letztendlich könnten so Depressionen oder Panikstörungen entstehen. In der Praxis hatte diese Strategie jedoch einen entscheidenden Nachteil: Die ständige Konfrontation mit dem Tod erschöpfte Klienten so sehr, dass sie schließlich kaum noch Energie zur Bewältigung ihres Alltags hatten. Es ist einfach furchtbar kraftraubend, sich immer wieder mit schrecklichen Gedanken abzugeben, und auch tagelanges Weinen schlaucht.

Ständiges Verdrängen hat allerdings auch keinen heilenden Effekt – irgendwann, so scheint es, funktionieren Ignorieren und Ablenken nicht mehr, und die unterdrückten Gedanken kommen als Quälgeister zurück. Wohl aber wurden Erfolge mit einer Mischung aus beidem erzielt: Wenn sich Phasen des Weinens, der Konfrontation mit dem Schrecklichen und sich des Verlusts klar zu werden mit Zerstreuung, Ablenkung, entspannten und schönen Zeiten abwechselten, kamen Trauernde eher wieder auf die Beine. Es wäre demnach gut, den trauernden Vater öfter auf den Friedhof zu begleiten und ihn dort in Ruhe trauern zu lassen, ihn ab und zu aber durch einen gemeinsamen Besuch eines Fußballspiels oder eines Konzerts – oder was immer sonst dem Vater Spaß macht – abzulenken und so seine Batterien aufzuladen.

Eine andere wirksame Möglichkeit ist, einem negativen Ereignis bewusst etwas Positives abzugewinnen. Viele Trauernde können selbst in einem Verlust noch etwas Gutes entdecken, sei es, dass die Familie näher zusammenrückt, dass man wieder spiritueller wird oder dass man merkt, wie viele einem helfen. In Krisenzeiten lernt man, welche und wie viele Freunde man hat. Menschen, die bewusst auf dieses Positive fokussieren, sind sechs Monate nach dem traurigen Ereignis in einer besseren Verfassung als solche, die in ihm nichts Positives entdecken können – nicht nur, was ihre geistige, sondern auch, was ihre körperliche Gesundheit sowie ihre Immunfunktion angeht.

Ein solches Vorgehen ist nicht jedem möglich. Manchmal ist das Schicksal ein Arschloch und das Leben ungerecht, und wenn man so empfindet, braucht man Geduld und Zeit; dann sind Sprüche wie »Krise bedeutet auch Veränderung« nicht angemessen und könnten sogar als zynisch empfunden werden.

Gelingt es allerdings, schlimmen Erfahrungen einen Sinn zu geben, erleichtert das Heilungsprozesse. Tagebuchschreiben, so der amerikanische Kollege James Pennebaker, erfüllt bei vielen diese Funktion. Früher dachte man, dass Tagebuchschreiben vor allem zu einer Entladung negativer Gedanken führen würde, denn man könne dabei aggressive und tabuisierte Gedanken ausdrücken. Dies scheint aber häufig nicht der Grund für den positiven Einfluss auf die Gesundheit zu sein. Vielmehr versuchen die meisten Tagebuchschreiber, einen Sinn in einem traumatischen Ereignis zu finden – und damit tut sich letztendlich etwas Positives auf. Der Psychologe Viktor Frankl berichtete schon früher, dass er das KZ deshalb überlebte, weil er selbst darin einen Sinn entdeckte.

*Reframing* schließlich wird die Methode genannt, die Therapeuten häufig anwenden, die man aber auch selbst nutzen kann: Man versucht, einem Ereignis eine neue Bedeutung zu geben, um Emotionen besser regulieren zu können. Wenn ich erlebe, wie ein Hund vor meinen Augen ein Kaninchen reißt, kann ich mir sagen, dass es sich dabei um einen natürlichen Vorgang handelt; wenn ich entlassen werde, kann ich das als Chance für einen Neuanfang begreifen (hat es mir denn in der Firma immer gefallen?); wenn mich meine Freundin aus der gemeinsamen Wohnung wirft, mag ich dies als Lehrstunde empfinden.

Gal Sheppes von der Universität Tel Aviv verglich in seinen Studien *Reframing* mit *Ablenkung*. Er konfrontierte Versuchspersonen mit emotional belastenden Bildern oder Filmen und bat einige, sich ablenkende Gedanken einfallen zu lassen, und andere, aktiv eine neue, positive Bedeutung für das Gezeigte zu finden. Beide Techniken, Ablenkung wie Reframing, helfen in dieser Situation, sich gegen schlechte Gefühle zu wappnen. Spannend an Sheppes' Arbeiten ist jedoch, dass in dieser Situation, vor allem wenn es sich um stark belastende Filme handelte, Ablenkung besonders gut abschnitt. Sheppes konnte sogar zeigen, dass man für die Ablenkung weniger Konzentration braucht als für das erfolgreiche Reframing. Diese Befunde, ebenso wie die der Trauerpsychologin Margret Stroebe, stützen den neuen Trend, Vermeidungsverhalten positiver zu betrachten – in bestimmten Situationen hat es eine Funktion und hilft Menschen, Unangenehmes als weniger belastend zu erleben.

Ich habe im *Kleinen Krisenkiller* verschiedene Methoden der Ablenkung beschrieben, um Krisen zu bewältigen. So eignen sich Wanderungen in der Natur, kulturelle Aktivitäten (Theater, Kunst, Kino etc.), Sport, soziale Zusammenkünfte, sonstige Hobbys und Achtsamkeitstrainings als Kriseninterventionen. All dies stärkt Geist und Körper des Menschen und baut damit Ressourcen auf, die wir gut gebrauchen können, um Probleme anzugehen und Regentage zu überstehen.

Aus den vorigen Kapiteln ist eine weitere Strategie der Emotionsregulation bekannt: Menschen, denen es schlecht geht, vergleichen sich häufig mit solchen, die noch schlechter dran sind. An Brustkrebspatientinnen konnte gezeigt werden, dass dies durchaus eine effektive Strategie ist, um Licht in ein dunkles Tal zu bringen. Patientinnen, die sich durch einen abwärtsgerichteten Vergleich in bessere Stimmung versetzten, lebten länger und erlebten die Krankheitsphase als weniger traumatisch.

Ohne Frage ist es aber eine besonders erfolgreiche Strategie, das Problem, das die negativen Stimmungen verursacht, anzugehen. Nervt Sie ein Kollege? Wenn Sie die Kraft dazu haben, grübeln Sie nicht länger, jammern Sie nicht weiter am Abendbrottisch über Ihre Situation, sondern gehen Sie problemorientiert vor, sprechen Sie mit ihm, lassen Sie sich in eine andere Abteilung versetzen, oder kündigen Sie. Ein solches Vorgehen löst manchmal das Problem nicht vollständig, aber häufig folgen diesen Gedanken, Handlungen und Entscheidungen Ideen dazu, wie man es in der Zukunft besser machen könnte. Zudem gibt einem die Tatsache, etwas angepackt zu haben, ein gutes Gefühl. Man kann sich sagen: »Mehr hätte ich nicht tun können«, man hat für sich gesorgt, man fühlt sich stolz.

Vielen geht es besser, wenn sie sich in frustrierenden, deprimierenden oder stressigen Phasen mit anderen Menschen umgeben. Wenn man von schlimmen Ereignissen erzählt, wertet man sie oft automatisch um, das heißt, sie bekommen einen anderen Touch, sie werden zu einer Geschichte, bekommen manchmal im Erzählen sogar einen Sinn. In der systemischen Beratung bittet man manchmal Klienten, negative Erlebnisse aus immer unterschiedlichen Perspektiven zu erzählen – also aus der Perspektive der Mutter, des Chefs, der besten Freundin. Auch dies führt teils automatisch zu einer anderen Sinngebung und zu einer Distanzierung vom Negativen.

Das Zusammensein mit anderen ist für das »Rudeltier Mensch« schon an sich stimmungsaufhellend. Und geteiltes Leid ist halbes Leid. Andere haben auch schlimme Dinge erlebt, und so relativiert sich manchmal das eigene Schicksal, indem man es im Zusammenhang mit anderen kleinen und großen Tragödien sieht. Vielleicht haben die anderen ja auch Lösungsmöglichkeiten parat, die einem selbst noch nicht eingefallen sind, oder können konkret helfen. Manche Menschen bevorzugen jedoch gerade das Gegenteil: Wenn es ihnen schlecht geht, ziehen sie sich zurück und schließen sich lieber in ihr Kämmerlein ein. Die Forschung zeigt, dass dies bei Ärger und Aggression tatsächlich eine gute Strategie ist – so vermeidet man unschöne Konflikte.

In Partnerschaften bietet sich zudem eine gute Balance zwischen dem Teilen von Problemen und Rücksichtnahme an. Ich habe im *Kleinen Krisenkiller* darauf hingewiesen, dass es nicht immer beziehungsfördernd ist, wenn man seine schlechte Stimmung täglich und ungefragt teilt. Ich kenne aus dem Coaching Partner, die bei jedem Abendbrot ihre unangenehme Arbeitssituation wiederkäuen, in der Hoffnung, das würde helfen. So mancher denkt ja, dass es eine Beziehung ausmache, alles mit dem anderen zu teilen. Das ist *eine* Theorie zu Beziehungen, jedoch ist sie nicht allgemeingültig und vor allem nicht ohne Risiko. Krisen, Trauer, Stress, Angst – all das macht egoistisch, und dabei wird das Seelenleben des Partners oft vergessen, schließlich habe ICH ja ein Riesenproblem, und DIR geht es gut, also hör DU mir bitte zu.

Das ist für eine Woche oder einen Monat sicherlich okay und auszuhalten, aber selten länger. Nicht immer hat der andere die Energie, sich mit herunterziehen zu lassen, nicht immer hat der andere vollstes Verständnis, nicht immer kann der andere helfen und fühlt sich dann eventuell irgendwann auch nutzlos und schlecht. Vor allem Ärger kann schnell auf den anderen überspringen – daher kann es manchmal besser sein, die Dienste eines Coachs oder eines Therapeuten zu nutzen. Als außenstehender Begleiter ist er eher in der Lage, einen wertneutralen und frischen Blick auf die Lage zu werfen. Vielleicht hat er ja auch eine Lösung anzubieten, die einem Paar nicht eingefallen wäre. Manche finden es sicherlich unromantisch, aber ich bin mittlerweile der Meinung, dass die 100 Euro monatlich, die ich in meinen Coach investiere, meine Liebe zu meinem Partner stärker ausdrücken, als wenn ich ihm mit jedem Problem und jeder Sorge das Wochenende trübe.

Trauer und Traurigkeit allerdings, so zeigt Forschung, werden eher gemildert, wenn man sie teilt. Jedoch würde ich dazu raten, die Last nicht auf den Schultern eines einzigen Menschen abzuladen, sondern sie auf mehrere zu verteilen – hierbei haben sich Trauergruppen bewährt, die es inzwischen in vielen Gemeinden gibt.

Selbstregulation, so zeigen die Beispiele, heißt also keinesfalls, alles mit sich selbst auszumachen, manchmal erfordert es die Hinzunahme von anderen – der Einsatz anderer Menschen sollte allerdings klug und rücksichtsvoll erfolgen. Gelingt es Menschen, Stress und negative Ereignisse zu regulieren, sind sie auch erfolgreicher im Leben, wie schon Studien im Kindergarten zeigen.

## Jammern oder tun

Der Persönlichkeitspsychologe Julius Kuhl nannte Menschen, die sich ihren Emotionen ausgesetzt fühlen, ohne sie beeinflussen zu können, *Lageorientierte*. Sie haben häufig das Gefühl, von Emotionen überflutet zu werden, ohne dagegen etwas tun zu können, und dies lenkt sie von ihren eigentlichen Aufgaben ab. Lageorientierte Menschen zögern lange, bevor sie überhaupt etwas beginnen, und sie sind, wenn sie mit etwas begonnen haben, ständig im Konflikt mit sich, ihren Gefühlen und Entscheidungen. Außerdem denken sie störend lange über vergangene Fehler nach, was ihnen wiederum die Möglichkeit verbaut, effizient zu handeln. Man kennt das vom Sport und vom Musizieren. Hat man einen Patzer gemacht und denkt zu lange darüber nach, geschieht der nächste Fehler, weil man sich nicht auf das Gegenwärtige konzentrieren kann. Besser ist es, »nach vorn« zu denken und das, was man nicht mehr kontrollieren kann, zu vergessen.

Nach Kuhl blockieren schlechte Stimmung und Stress, in denen sich Lageorientierte häufig befinden, den Zugang zum Selbst und zu den Interessen, denen sie nachgehen möchten. So finden sich Lageorientierte häufig in Situationen wieder, in die sie eigentlich niemals hineingeraten wollten. Manchmal können sie gar nicht mehr unterscheiden, was sie selbst eigentlich wollen und was ihnen von jemand anderem auferlegt wurde – Kuhl bezeichnet das als *Alienation* oder *Entfremdung*. Irgendwann verspüren Lageorientierte eine Unlust bei allem, was sie tun, werden noch missmutiger, grübeln und fühlen sich immer schlechter. Letztendlich klagen Lageorientierte eher über psychische Probleme.

*Handlungsorientierte* dagegen sind diejenigen, die anstehende Probleme anpacken und beseitigen – was sie in eine bessere Stimmung versetzt. Sie verarbeiten Fehler schnell und effizient und grübeln nicht ewig darüber. Forschung von Miguel Kazén und Julius Kuhl zeigt zudem, dass diese Lebensweise die Wirksamkeit des Arbeitsgedächtnisses erhöht, also der Gedächtnisfunktion, die uns beim Konzentrieren hilft. Die gute Stimmung ermöglicht Handlungsorientierten außerdem einen guten Zugang zu sich selbst und zu ihren Interessen.

Kuhl vermutet, dass sich diese Persönlichkeitstypen während der Sozialisation entwickeln. Entscheidend ist, ob Eltern ihren Kindern eigene Wünsche zugestehen und ob sie auf deren emotionale Reaktionen eingehen. Emotionen sind ja die ersten kindlichen Möglichkeiten, Kontrolle über eine Situation zu gewinnen: »Ich weine, die Mutter kommt.« Ein Kontrollerleben ist für Kinder wichtig, es ist die Basis für das Gefühl, Stress und Unangenehmes in die Hand nehmen zu können. Handlungsorientierte Menschen haben zudem von Kindheit an gelernt, in schwierigen Situationen mit Hindernissen und Misserfolgen aktiv umzugehen, sie nicht zu vermeiden, sie möglichst konkret und problemorientiert anzupacken, Strategien zu entwickeln und auszutesten, die erfolgreich sind, und sich selbstwirksam zu fühlen. Das Gefühl eigenen Handelns scheint dabei zentral zu sein.

Einen Nachteil hat das im Bezug auf Beziehungen. Handlungsorientierte, die mit ihren Affekten allein gut zurechtkommen, sind weniger auf andere angewiesen, um ihre Ziele zu erreichen. Das kann dazu führen, dass sie weniger geneigt sind, soziale Beziehungen aufzubauen – besonders im Alter kann das nachteilig sein. Lageorientierte haben, so zeigt neuere Forschung, symbiotischere Beziehungen; sie brauchen ihre Partner jedoch auch, um bestehende Defizite auszugleichen. Zu guter Letzt ist das teilweise weniger autonome, angepasste Verhalten von Lageorientierten in manchen Situationen sehr gewünscht, etwa wenn es darum geht, Verpflichtungen einzugehen oder »einfach nur zu funktionieren«. Man sollte den Nutzen nicht unterschätzen, denn öfter, als man denken mag, werden solche Leute geschätzt, zum Beispiel in Fabriken, in der Dienstleistung oder beim Militär.

Ziel emotionsregulierender Strategien ist die Reduktion von Stress, Grübeln und Lustlosigkeit. Letztendlich verfolgen wir mit alledem das Ziel, ein glücklicher Mensch zu werden. Kommen wir jedoch noch einmal zurück zum regulatorischen Fokus von Tory Higgins.

Wir erinnern uns: Man kann sicherheitsorientiert sein, oder man kann seinen Lebensentwurf auf Idealvorstellungen basieren, mit dem Wunsch, sich selbst zu verwirklichen. Menschen im Promotionsfokus sind eifrig dabei, ihre Ziele zu erreichen, sie haben keine Angst vor Fehlern und schauen vor allem auf die Gewinne. Menschen im Präventionsfokus, die auf Sicherheit fokussieren und vor allem Pflichten und Verpflichtungen nachgehen, haben Angst vor Strafen und Fehlern, sind vorsichtig und gehen nicht gern Risiken ein. Ein und dieselbe Aufgabe kann aber entweder als Verpflichtung oder als Ideal gesehen werden. Nehmen wir die Hochzeit. Für manche ist sie eine Verpflichtung, für andere ein Ideal, ein Symbol für

Gemeinsamkeit und eine Möglichkeit, sich seine Lebensträume zu erfüllen. Wer ist beim Fest glücklicher?

Die Forschungsarbeiten zum regulatorischen Fokus zeigen, dass bestimmte Emotionen je nach Fokus intensiver erlebt werden. Glück empfindet man vor allem dann, wenn man wie im Promotionsfokus Ideale verfolgt und sie dann auch erreicht. Jemand, der seine Hochzeit genießt, weil er damit seinen Idealen näherkommt, der wird sich glücklich fühlen. Erreicht man jedoch erfolgreich Pflichtziele wie im Präventionsfokus, stellt sich nicht unbedingt ein Gefühl des Glücks ein, sondern man entspannt sich oder ist erleichtert, dass nichts Schlimmes eingetreten ist. Das ist bei vielen Pflichten so: Hatten Sie Angst, zu spät zu kommen, sind aber doch pünktlich, dann sind Sie nicht glücklich, sondern Sie entspannen sich und werden ruhiger. Haben Sie jedoch eine Firma gegründet, und war dies immer Ihr Wunschtraum von Freiheit, können Sie Glück verspüren.

Das Wissen um diese Forschungsergebnisse mag vor Frustrationen schützen, denn manchmal erwartet man zu viel von bestimmten Aktionen. Statte ich meiner Tante im Pflegeheim einen Besuch ab, der mehr einer Verpflichtung gleicht als einem Selbstverwirklichungsziel, sollte ich nicht erwarten, dadurch glücklich zu werden. Dies sollte man aber nicht als Nachteil ansehen, da viele Ziele im alltäglichen Leben tatsächlich Pflichtziele sind – und die sind nun einmal psychologisch nicht so strukturiert, dass uns bei ihrem Erreichen das pralle Glück entgegenstrahlt. Man sollte also Euphorie nicht bei jeder Gelegenheit suchen, sondern akzeptieren, dass manche Aktivitäten schlichtweg zufriedenstellen.

Zudem liefert die Theorie des regulatorischen Fokus Hinweise darauf, dass man in Situationen, die einen Präventionsfokus beinhalten, eher das tun sollte, was zu diesem Fokus passt. Man sollte, wenn man in schlechter Stimmung ist oder dauernd an Verpflichtungen denken muss oder an Verluste, Aufgaben durchführen, die Vorsicht und analytisches Denken erfordern. Ich zum Beispiel korrigiere in Phasen der Unsicherheit oder wenn ich schlechter Laune bin, gern Manuskripte oder mache meine Steuererklärung. Ein Präventionsfokus ist hervorragend dazu geeignet, Fehler zu finden und Sorgfalt walten zu lassen. Der Promotionsfokus, also das Gefühl von Sicherheit und guter Stimmung, erlaubt mir dagegen, sehr komplexe Aufgaben zu bewältigen und kreativ tätig zu sein – auf diesen Zusammenhang werde ich noch in Kapitel 17 eingehen.

Insgesamt ist die Idee der *Passung* zwischen Aufgabe und Fokus so gut untersucht worden, dass sich daraus ein eigener Forschungszweig entwickelt hat, den ich in meiner Habilitationsschrift *Psychologische Passung* genannt habe. Im Endeffekt kann man das Wissen darum nutzen, um optimal arbeiten zu können. Man kann dann sogar in einen *Flow* geraten, und dies nicht nur in einem Promotionsfokus, wie man vielleicht denken könnte. Auch wenn Aufgaben Sorgfalt, analytisches Denken oder starke Konzentration erfordern, kann man Flow-Erlebnisse haben. Es kommt, wie gesagt, also auf die Passung an.

Einen anderen Zugang zu dem Thema finden die deutsche Motivationsforscherin Nicola Baumann und ihr Team. Sie sagen, dass implizite und explizite Motive zueinanderpassen müssen, damit man eine Passung und Flow erleben kann, und haben das bezüglich des Machtmotivs nachgewiesen. Wie man sich denken kann, haben manche Menschen ein explizites Motiv, zu führen und andere Personen zu kontrollieren, während wiederum andere kein solches Bedürfnis haben oder aber es nicht gern zugeben, wenn man sie direkt danach fragt. Die Forscher beobachteten dementsprechend Menschen, bei denen implizite Maße auf ein hohes Machtmotiv schließen ließen, das sich explizit nicht zeigte. Als implizites Maß verwendet das Forscherteam häufig Bilder, die man unterschiedlich interpretieren kann. Wenn manche Menschen in vielen Bildern Aspekte von Macht »sehen«, wird ihnen ein implizites Machtmotiv unterstellt – dieses deckt sich nicht immer mit dem, was sie von sich sagen würden. Bei einer Deckung zwischen explizitem und implizitem Motiv geht es Menschen jedoch besser, und Aufgaben können besser und mit größerem Vergnügen bearbeitet werden.

Abschließend sei noch einmal der Blick auf die ungeheure Kraft der Selbstregulation gelenkt. Während die Forschung vor allem auf das Misslingen fokussiert, haben systemische Therapeuten, angeregt durch den großen Niklas Luhmann, mittlerweile erkannt, dass das eigentlich Erstaunliche die Fähigkeit des Menschen ist, sich selbst zu regulieren – selbst wenn ihm Schreckliches widerfahren ist. Es ist bekannt, dass von KZ-Überlebenden und auch Kriegsflüchtlingen, die Grauenvolles erleben mussten, lediglich 20 bis 30 Prozent ein Trauma davontragen. Alle anderen »funktionieren« nach einer Weile wieder! Wie das gelingt, ist ein großes Rätsel, das die Forschung eingehender untersuchen sollte als gelegentliche Patzer.

# 16 Was will ich? – Lebensziele und Glück

Das Geheimnis des Glücks liegt nicht im Besitz,
sondern im Geben.
Wer andere glücklich macht, wird glücklich.
*André Gide*

Das Glück gehört denen, die sich selbst genügen.
Denn alle äußeren Quellen des Glückes und Genusses
sind ihrer Natur nach höchst unsicher, misslich,
vergänglich und dem Zufall unterworfen.
*Arthur Schopenhauer*

Man weiß selten, was Glück ist,
aber man weiß meistens, was Glück war.
*Françoise Sagan*

Glück entsteht oft durch Aufmerksamkeit in kleinen Dingen,
Unglück oft durch Vernachlässigung kleiner Dinge.
*Wilhelm Busch*

Das Vergleichen ist das Ende des Glücks
und der Anfang der Unzufriedenheit.
*Søren Kierkegaard*

Ich sehe viele mit dem Kopf nicken. Wie wahr das doch alles ist! Doch was ist Glück psychologisch gesehen, und wie wird es erreicht?

Zunächst einmal würden viele Kollegen es als einen *Inhalt* beschreiben. Das heißt, wir haben das generelle Ziel, glücklich zu sein. Ich selbst bezeichne es als *allgemeines hedonisches Lebensziel,* das alle Aspekte des guten Gefühls und des moralisch adäquaten Lebens beinhaltet, aber ich würde es auch als *Prozess* behandeln. Ich hatte das Flow-Erlebnis schon angesprochen: Dabei sind wir ja erst auf dem Weg dahin, eine Leistung zu erbringen, und trotzdem scheinen uns zielführende Aktivitäten bereits glücklich zu machen.

## Glück – Vermessen gemessen

Viele Kollegen würden behaupten, dass das Berufsziel eines jeden Therapeuten ist, Menschen glücklich zu machen, so auch die psychologische *Glücksforschung*. Diese nimmt recht viel Raum in der Psychologie ein und bietet viele Theorien, die versuchen vorherzusagen, was Menschen glücklich macht. Tatsächlich fällt mir zu jedem der obigen Zitate mit Leichtigkeit wenigstens eine Theorie ein, die ähnliche Aussagen postuliert. Auf der anderen Seite ist die Forschung aber auch merkwürdig eingeschränkt, vor allem, weil Glück bei Untersuchungen recht banal und einseitig gemessen wird.

Glück wird häufig mit einer recht simplen Frage erfasst: »Sind Sie im Allgemeinen glücklich?« Ihnen steht dann eine Skala von 0 = Minimum bis 10 = Maximum zur Verfügung, und Sie werden gebeten, Ihre allgemeine Einschätzung und Ihre allgemeinen Gefühle anzukreuzen; oftmals werden Sie zusätzlich instruiert, Ihre momentane Stimmung dabei außer Acht zu lassen. [28] Das geschieht aus dem Grund, den ich oben schon angesprochen habe: Wenn man Menschen schlichtweg fragt, wie zufrieden sie mit ihrem Leben im Ganzen sind, beziehen sie häufig ihre momentane Befindlichkeit mit ein – und schon sind Stimmungs- und Priming-Effekten Tür und Tor geöffnet.

»Sind Sie im Allgemeinen glücklich?«

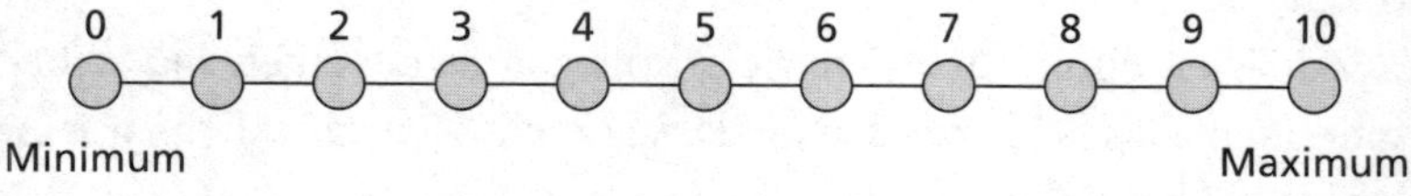

Ich habe dem Wissenschaftsbetrieb schon vorgeworfen, dass er sich zu sehr mit sich selbst beschäftigt, und die Glücksforschung taugt als Beispiel dafür, denn man darf sich durchaus fragen:

1. Erfasst die Frage eigentlich das, was Menschen unter Glück verstehen?
2. Ist die Frage überhaupt relevant, das heißt, fragen sich Menschen tatsächlich häufig so etwas wie: »Wie glücklich bin ich gerade mit meinem Leben im Ganzen?« Ist es nicht vielmehr so, dass wir kurzfristiger denken: »Was macht mich gerade froh?«, oder: »Was hat mich schon einmal froh gemacht?«, wie das Zitat von Sagan andeutet?
3. Wer kann denn solch eine komplexe Frage sinnvoll beantworten? Glücklich womit? Oder um noch weiter zu gehen: Was bedeutet das Wort »glücklich« überhaupt?

Mir persönlich kommt das Wort ein wenig antiquiert vor. Ist es im Deutschen nicht vor allem für Beziehungen oder die Familie reserviert? Manchmal benutzen wir es vielleicht im Zusammenhang mit einer allgemeinen Lebensplanung, wenn wir uns fragen, ob uns Karriere oder ein soziales Leben glücklicher macht. Damit wäre Glück vor allem in die Zukunft gerichtet und hätte mit unseren allgemeinen Zielen zu tun. Für positive Zustände im Hier und Jetzt verwenden wir eher andere Ausdrücke, wie »ich bin zufrieden«, »mir geht es gut« oder »ich bin ganz okay«. Im Forschungsjargon wären das alles Bezeichnungen für eine »weniger intensive Emotion« als Glück.

Im Englischen dagegen ist »I am happy with my job« eine recht gängige Redewendung. Auch »happiness« wird im US-Amerikanischen, wo die Glücksforschung sozusagen zu Hause ist, häufiger gebraucht als in Deutschland »Glück«. Kulturelle Unterschiede in der Intensität von Emotionsbezeichnungen sind nicht selten – und nicht jede Übersetzung ist zu 100 Prozent richtig. Als jemand, der in den USA gelebt hat, würde ich ja auch das Amerikanische »I love you«, an eine Tochter gerichtet, eher mit »Ich hab dich lieb« übersetzen und »I am happy with my job« mit »Ich bin sehr zufrieden mit meinem Job« – also: Ist die Glücksforschung nichts als eine im amerikanischen Elfenbeinturm entstandene Fachsimpelei, die irgendwie interessant klingt, aber im deutschen Sprachraum an Sinnhaftigkeit verliert und keine Aussagekraft mehr hat? Die letztendlich hohl ist?

Mitnichten. Betrachten wir Glück einfach als eine subjektiv gute Empfindung oder als das Lebensziel, ein gutes, sorgenfreies Leben zu führen, ergibt sich durchaus die Frage, welche Mittel diesem Ziel dienlich sind. Was macht uns zufrieden? Ist es Sicherheit? Eine gute Beziehung? Finanzielle Absicherung? Ein Hobby? Die Selbstverwirklichung im Job? Stellt man diese Fragen nur genügend Personen, hört man auf jede Frage schnell ein Ja. Und doch sind solche Fragen nach spezifischen Inhalten und nach bestimmten Situationen, in denen man Glück oder Zufriedenheit empfinden kann, differenzierter als die globale Frage nach der »Lebenszufriedenheit im Allgemeinen« und bilden eher das ab, was uns Menschen wirklich bewegt.

Letztendlich ist Glück immer eine individuelle Erfahrung. Die Glücksforschung kann, wie differenziert sie auch nachfragt, lediglich Auskunft darüber geben, was Menschen im Allgemeinen in bestimmten Situationen glücklich macht. Damit verstehe ich sie als Angebot, die eigenen Positionen zu überdenken und eventuell zu relativieren, nicht aber als Anleitung in dem Sinne: »Wenn du das machst, dann wirst du glücklich.«

Der Glücksforscher Ed Diener und seine Mitarbeiter beschäftigen sich seit Jahren mit der Frage, wie und warum Menschen ihr eigenes Leben positiv oder negativ bewerten. Sie definieren Glück als die Bewertung des eigenen Lebens, bestehend aus hoher Lebenszufriedenheit, dem häufigen Auftreten positiver und dem seltenen Auftreten negativer Emotionen. Was brauchen Menschen dazu, um Glück zu erleben? Jeden, so scheint's, macht etwas anderes glücklich. So war für Thomas Mann seine Arbeit an den Büchern sicherlich ein Weg zum Glück, während für manchen meiner Freunde eine gute Beziehung wichtiger ist als ein hohes Einkommen und für andere wiederum das genaue Gegenteil gilt. Hier deuten sich schon wieder gewisse Zweifel an der Methodik an — würde jemand zugeben, dass er weniger interessiert an einer Beziehung ist als am Geld oder am Job? Wäre das nicht ein Karrierehengst, mit dem wir nicht gern etwas zu tun hätten? Gibt es denn allumfassende Gesetzmäßigkeiten bei der Frage, was uns glücklich macht?

## Von der klassischen Pyramide zum lieben Geld

Der Psychologe Abraham Maslow stellte in den 40er-Jahren des vorigen Jahrhunderts seine heute noch viel zitierte »Bedürfnispyramide« vor und behauptete, dass Menschen zunächst ihre Grundbedürfnisse wie Nahrung, Schlaf und Sicherheit befriedigen müssten, bevor sie sich selbst verwirklichen könnten. »Erst kommt das Fressen, dann die Moral« wäre eine zugegebenermaßen verkürzte Version der Theorie. Andere, wie Herzberg, haben diese Grundbedürfnisse als »Hygienefaktoren« beschrieben und sie auf Betriebe und Organisationen übertragen. Demnach könne ein Arbeiter erst kreativ denken, wenn er genug zu essen habe und gute und gesunde Arbeitsverhältnisse vorfände.

Studien zeigten, dass diese Theorie im Großen und Ganzen stimmt, jedoch ist die starke Behauptung, dass Selbstverwirklichung in Armut nicht möglich sei, zu einseitig. Natürlich gibt es ein funktionierendes soziales Leben in den Slums – genauso wie Kreativität, Kunst, Moral, Religion und Gemeinschaft. Auf der anderen Seite ist aber auch klar, dass bestimmte Aspekte der Selbstverwirklichung schwieriger umzusetzen sind, wenn es an Grundlegendem fehlt. Als Musiker weiß ich, wie wichtig ein gutes Instrument ist – aus diesem Grund haben die weltbesten Violinisten oftmals schier unbezahlbare Geigen. Darauf kann man sich schlechthin am besten ausdrücken.

Die Beobachtung Maslows ist auch immer wieder wichtig für Betriebe, die glauben, die Zufriedenheit und die Leistung allein mit einem tollen Logo und einer schönen Philosophie steigern zu können – dies ist dann doch etwas zu billig. Als Student habe ich in Fabriken gearbeitet und weiß, dass eine Steigerung eines kleinen Gehalts um wenige Pfennige von großer Bedeutung sein kann. Ohne ein gutes Auskommen machen höhere Ziele wie eine schöne Firmenidentität keinen Sinn.

Ein besonders starkes Forschungsgebiet entwickelte sich aus Maslows Beobachtung, dass viele Menschen Geld und Reichtum mit Glück verbinden. Dies zeichnet materialistische Gesellschaften wie unsere aus. Damit stand die Forschungsfrage im Raum: »Macht Geld glücklich?« Die Forschung untersuchte dies meist anhand von Fragebögen, in denen entweder das Einkommen der Befragten, deren Einstellung zum Geld oder das Bruttosozialprodukt des jeweiligen Landes erhoben und mit Lebenszufriedenheit in Verbindung gebracht wurden.

Auf die Einstellungen bezogen, wurde versucht, den *Materialismus* von Probanden mit treffsicheren Skalen zu erheben und ihn zur allgemeinen Lebenszufriedenheit in Beziehung zu setzen. In der psychologischen Forschung wird Materialismus als eine Art Hingabe für oder ein Interesse am Erwerben und am Ausgeben definiert. Der prominente Konsumentenpsychologe Russel Belk definiert Materialismus als »Wichtigkeit, die man weltlichem Besitz zuschreibt«. In Fragebögen, zum Beispiel dem häufig verwendeten von Martha Richins und Scott Dawson, werden Teilnehmer gebeten zu bewerten, inwieweit bestimmte Stellungnahmen zum Konsum auf sie zutreffen, wie: »Ich wäre glücklicher, wenn ich mir mehr Dinge leisten könnte«, »Ich mag Luxus in meinem Leben« oder »Die Dinge, die ich besitze, sagen sehr viel darüber aus, wie erfolgreich ich im Leben bin«. Die Autoren postulieren drei Facetten des Materialismus, nämlich die subjektive Wichtigkeit von Besitz und Konsum, die Idee, dass Besitz und Glück zusammenhängen, und die Überzeugung, dass Besitz Erfolg anzeigt. Je stärker Probanden von diesen drei Aspekten überzeugt seien, umso materialistischer wären sie.

Mittlerweile gibt es über 250 Untersuchungen, die diesen oder ähnliche Fragebögen in Beziehung zu Stimmung, Lebenszufriedenheit und Gesundheit setzen. Die Sozialpsychologin Helga Dittmar und ihr Team haben vor Kurzem eine Meta-Analyse vorgelegt, die im Hauptergebnis zeigt, dass Materialisten weniger glücklich mit ihrem Leben sind: Je stärker man Besitz und Geld hinterherjagt, je mehr man davon überzeugt ist, dass Geld glücklich macht oder Besitz ein erfolgreiches Leben bedeutet, umso stärker sinken die Lebenszufriedenheit und die momentane Stimmung. Zudem scheint ein niedriger Selbstwert mit hohem Materialismus zusammenzuhängen, wobei nicht ganz klar ist, ob ein Fokus auf Geld den Blick auf sich selbst trübt oder ob ein niedriger Selbstwert dazu führt, dass Menschen materialistischer werden.

Für Letzteres spricht vieles, denn natürlich kann man den Selbstwert durch prestigeträchtige Accessoires anheben. Forschung zeigt tatsächlich, dass Menschen, die denken, ihnen fehle etwas, versuchen, sich mithilfe von teuren Uhren, Autos oder anderen Prestigeobjekten zu »komplettieren«. Jurastudenten, die sozusagen »nicht komplette« Juristen sind, tragen häufiger teure Uhren als »fertige« Juristen, wie Robert Wicklund und Peter Gollwitzer beobachten konnten.

Je stärker der Materialismus, desto wahrscheinlicher werden psychische Probleme. Die Forschung legt nahe, dass Materialisten eher kaufsüchtig werden und Angstzustände, Depressionen und psychosomatische Beschwerden erleben. Sie sind auch körperlich kranker: Materialisten rauchen und trinken mehr und konsumieren mehr andere Drogen – vielleicht auch dies als Mittel, um eine empfundene innere Leere auszufüllen. Wodurch entsteht dieses Gefühl, dass etwas im Leben fehlt?

Helga Dittmar liest aus den Daten, dass Materialisten häufig den Eindruck haben, ihre Ziele noch nicht erreicht zu haben. Sie nähmen eine große Diskrepanz zwischen ihrem Ist- und dem Sollzustand wahr: »Gut, ich habe mir zwar gerade die schicke Wohnung hier geleistet, aber wie weit bin ich noch vom eigenen Haus entfernt!« Sie sind mit dem, was sie haben, nicht zufrieden und werden zunehmend frustriert: »Bin ich froh, wenn ich endlich aus dieser Enge rauskomme. Aber wann wird das sein? Und wie viel muss ich dafür noch schuften?«

Ein Problem des Reichtums ist, dass man immer jemanden findet, der noch reicher ist als man selbst. Dies dürfte einen ständig größer werdenden Hunger verursachen – Besitz verlangt nach noch mehr Besitz. Mit anderen Worten: Reich fühlt man sich nie, weil man immer noch reicher sein könnte und sich mit jedem Erfolg der Standard erhöht. Damit ist das eigentliche materialistische Ziel unerreichbar. Man fühlt sich vom Leben betrogen, arm, unzufrieden.

## Macht Materialismus unglücklich, aber Geld glücklich?

Das Team um Dittmar hatte so viele Experimente zur Verfügung, dass es statistisch prüfen konnte, inwieweit die Herkunft der Versuchspersonen, das Geschlecht, das Einkommen, das Alter, die Ethnie, der sozioökonomische Hintergrund, die Nationalität oder der Beruf eine Rolle beim Zusammenhang zwischen Materialismus und Zufriedenheit spielten. Es zeigte sich, dass Materialisten aus all diesen Kategorien unterm Strich unglücklicher sind. Allerdings gab es ein paar interessante Differenzierungen: Erwachsene Materialisten sind über alle Studien hinweg noch unzufriedener als minderjährige; Frauen mit materialistischen Werten sind im Allgemeinen unglücklicher als männliche Materialisten; und Materialisten mit Berufen, in denen der Lohn weniger zentral ist als die Tätigkeit, sind unglücklicher als solche, in deren Jobs das Mehren von Besitz im Vordergrund steht.

Diese Unterschiede könnten bedeuten, dass in Kontexten, in denen Materialismus akzeptiert wird, die Jagd nach Besitz weniger problematisch ist. Schwierig wird es nur, wenn Materialismus als unfein angesehen wird wie in sozialen Berufen oder wenn man eine Frau ist. Eine Materialistin dürfte sich in einem ständigen Rollenkonflikt befinden, denn eigentlich wird ja von ihr erwartet, dass sie sich um die Familie kümmert und nicht um Geld. Natürlich können Männer ebenfalls solche Konflikte erleben, jedoch werden von Frauen schon durch das Stereotyp soziale Tätigkeiten eher erwartet als berufliche.

Bereits frühe Studien haben gezeigt, dass in Nationen, in denen Materialismus die Norm ist, eine materialistische Lebenshaltung eher zu mehr Lebenszufriedenheit führt als in solchen, wo er verpönt ist. Die Psychologen Burroughs und Rindfleisch hatten unter anderem gezeigt, dass es vor allem der *Wertekonflikt* ist, der Materialisten zu schaffen macht. Wenn jemand gern viel verdient und sich auf der Karriereleiter hocharbeitet, um sich die Villa im Grünen leisten zu können, und dieser Jemand ein gläubiger Christ ist, der sich sonntäglich anhören muss, wie wenig sinngebend – ja sogar seelenheilzerstörend – die Jagd nach Besitz von höherer Warte aus gesehen wird, erlebt er Dissonanzen, die letztendlich nicht gesund sind.

Die Studie findet daher glücklichere Materialisten in Ländern, in denen Menschen zu ihrem Materialismus stehen. In den Niederlanden etwa, einem Land, in dem schon Kinder Wirtschaft als Schulfach büffeln und das seinen nationalen Stolz auf der Handelstradition gründet – einem zwar längst vergangenen goldenen Zeitalter, aber immerhin … – und in dem zusätzlich die Religion kaum noch eine Rolle spielt, fühlen Materialisten sich sehr wohl. Ich habe sieben Jahre in den Niederlanden gelebt und fand es immer wieder sehr befremdlich, wie lustvoll dort dem Geld hinterhergejagt und wie offen mit Besitztümern geprahlt wird.

Studien von Ed Diener zeigen auch andere kulturelle Unterschiede: In Dänemark, einem Land, in dem soziale Normen wie *affektive Autonomie* hochgehalten werden, sind Materialisten recht unglücklich. Dies wird so gedeutet, dass ein hoher Fokus auf individuellen Vergnügungen und einem aufregenden Leben Materialisten nicht so guttut. Die ständige Erinnerung daran, was man (noch) nicht hat, scheint dem allgemeinen Wohlbefinden im Weg zu stehen. In einer eher kollektivistischen Gesellschaft wie Ägypten dagegen, in der solch hedonistische Werte tendenziell weniger propagiert werden, sind Materialisten zufriedener. Diese Unterschiede sind schwer zu verstehen. Einige Forscher würden behaupten, dass sich Ägypter durch das kollektive und soziale Miteinander weniger arm fühlen, das heißt, sie empfinden keine so starke Kluft zwischen einem materialistischem Ist- und Sollzustand, weil sich ihr Leben sowieso im Sozialen abspielt.

Trotz solcher feinen Unterschiede halten wir fest, dass für viele die Idee, dass Geld oder Besitz glücklich macht, der falsche Weg ist. Hatten uns das nicht schon fast sämtliche religiöse Führer vorgebetet? Haben uns nicht schon die Märchen aus der Kindheit vor Reichtum gewarnt? Und Karl Marx? Hier muss man jedoch genauer differenzieren, denn die Einstellung, dass man viel Geld braucht, um glücklich zu sein, ist unabhängig davon, ob man tatsächlich Geld hat oder nicht. Ist es so, dass reiche Menschen eine höhere Lebenszufriedenheit empfinden? Und gibt es Abstumpfungseffekte, wird Geld für Reiche irgendwann langweilig und weniger Glück bringend?

Ed Diener untersuchte mit seinem Team den Zusammenhang zwischen Glück und tatsächlichem Wohlstand bei über 800 000 Probanden aus 158 Nationen. Er kritisierte, dass klassische Studien normalerweise das Bruttoinlandsprodukt, kurz BIP, als Zeichen persönlichen Wohlstands messen, wenn sie zeigen wollen, dass Einkommen nicht glücklich mache. In seiner Studie konnte er zunächst in Übereinstimmung mit den kritisierten Studien demonstrieren, dass das BIP nicht notwendigerweise zu hoher Lebenszufriedenheit führt. Allerdings ergab sich ein gänzlich anderes Bild, wenn er das *persönliche Haushaltseinkommen* in Beziehung zur Lebenszufriedenheit setzte. Hier zeigte sich: Je mehr man am Ende des Monats in der Tasche hat, umso besser geht es einem.

Dieners Team befragte dieselben Versuchsteilnehmer über mehrere Jahre (von 2005 bis 2011) immer wieder und konnte damit auch etwas über Verläufe aussagen. Interessanterweise gab es keinen Abstumpfungseffekt: Je höher der Zuwachs des Besitzes über die Jahre war, umso zufriedener wurden die Leute. Das war durchaus eine kleine Sensation in der Forschung. Vor allem in den Wirtschaftswissenschaften hatte man lange Zeit angenommen, dass die Zufriedenheit nur bis zu einem bestimmten Plateau linear mit dem finanziellen Besitz anwächst, danach aber sollten Abstumpfungsprozesse einsetzen, bei denen der Zuwachs an Glück immer kleiner wird. Stellen Sie sich vor, Sie würden plötzlich sehr viel Geld verdienen. Dann wäre der Zuwachs auf der Glücksskala durch die erste Million zum Beispiel 2, der durch die zweite Million aber nicht noch einmal 2, sondern nur noch 1. Diener aber zeigte einen durchgängig linearen Anstieg, also: Wenn die erste Million zu zweimal mehr Glück führt, macht die zweite viermal und die dritte sechsmal so glücklich.

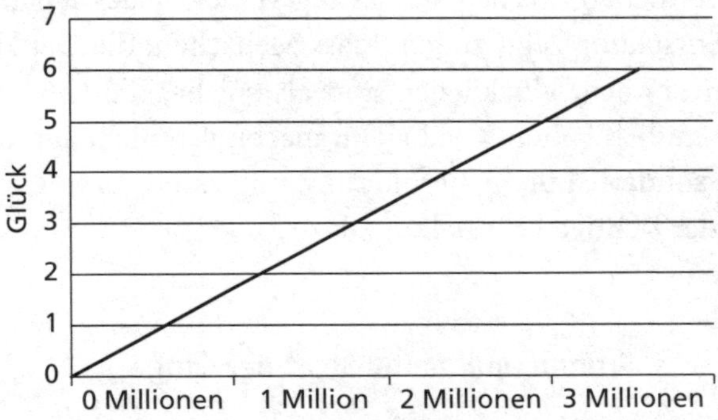


**Abb. 20 Linearer Zusammenhang zwischen Einkommen und Zufriedenheit**

Die klassischen Befunde können wohl so erklärt werden, dass der Zuwachs des BIP bei den Bürgern nicht ankam. Wir erleben das ja selbst gerade: Deutschland wird reicher und reicher, und wir normalen Bürger haben nicht gerade den Eindruck, proportional davon zu profitieren: Die Gewinne scheinen weder in unseren privaten Taschen zu landen, noch machen sie sich in den Pflegeheimen, den Krankenhäusern, den Ämtern oder in den Schulen bemerkbar. Hat man den Eindruck, nur die Reichen (oder in vielen anderen Ländern gar die Regierung) würden reicher, während man sich selbst aber nicht ebenso steigert, kommt es wohl tatsächlich irgendwann zu einem Plateau – in einem reichen Land fühlt man sich zwar nicht schlecht, aber nicht jeder Gewinn macht einen gleichermaßen zufriedener.

Derartige eher psychologische Faktoren wirkten sich auch auf den Zusammenhang zwischen Monatseinkommen und Zufriedenheit aus: Menschen, die über die Jahre stetig mehr verdienten, ging es nur dann immer besser, wenn sie dabei optimistisch in die Zukunft blickten, wenn sie sich also vorstellen konnten, dass der Zuwachs an Besitz keine Eintagsfliege war. Zudem spielte eine Rolle, was sie sich von ihrem Einkommen leisten konnten. Wenn durch gleichzeitig gestiegene Preise das Geld weniger wert wurde, blieb der Effekt auf die Zufriedenheit natürlich aus. Grundsätzlich gibt es auch Menschen, deren Anspruchsniveau sehr schnell steigt; wenn sie mehr verdienen, werden sie deswegen nicht glücklicher. Nachfolgende Forschung zeigt zudem, dass Menschen, die Dankbarkeit empfinden können, glücklicher sind als solche, die Gewinne für selbstverständlich halten. Geld allein macht also nicht automatisch glücklich, sondern nur in Verbindung mit einer gewissen Zuversicht und der richtigen Einstellung dazu.

## Fromm und meine Sicht der Dinge

Erich Fromm, der diesem Thema mit seinem Meisterwerk *Haben oder Sein. Wege in eine postmaterialistische Gesellschaft* auf äußerst prominente Weise Aufwind gegeben hat, sah den »Existenzmodus des Habens« als eine Einstellung, die ungesund, unethisch und wenig Glück verheißend sei. Für ihn stellten Haben und Sein zwei gegensätzliche Haltungen dar, die sich nicht vertragen wollen. Fromm argumentiert sowohl aus einer marxistisch-sozialistischen Perspektive als auch aus einer jüdisch-christlichen Tradition heraus. *Sein* steht nach Fromm unversöhnlich dem Haben gegenüber und sei zudem das *Gegenteil* von *Schein.* Fromms Seinsmodus beinhaltet »Lernen, Erinnern, Reden, Lesen, Wissen, Glauben und Lieben« und lässt sich durch keinerlei materielle oder erzwungene Aspekte korrumpieren. Interessanterweise umfasst sein Habenmodus nicht nur materielle Güter, sondern auch Instrumentalisierungen lebendiger Wesen. So etwas wie »Statusfreunde machen« oder »Wissen erwerben« kann mit Haben anstelle von Sein assoziiert werden, wenn man es als bloße Vereinnahmung begreift, als etwas, das einem selbst aber sonst wenige Vorteile verschafft.

Fromms Werk hat in der wissenschaftlichen Psychologie kaum noch eine Bedeutung, weil es nicht konkret genug formuliert und auch kaum empirisch belegt ist. Zudem gründet es auf der freudschen Psychoanalyse, einer Theorie, der in der Forschung keine prominente Rolle mehr zukommt. Fromm beschreibt zum Beispiel den Prozess der gierigen Inbesitznahme von Konsumgütern als »Introjektion« oder Einverleibung, ein Verhalten, das eher aus dem Säuglingsalter bekannt ist. Säuglinge nehmen ja wie selbstverständlich viele Dinge in den Mund, wohl, nach heutiger Lehrmeinung, um die Welt der Objekte um sie herum erfahren zu können. Der Tastsinn hilft ihnen in dieser Entwicklungsstufe: Alles wird betatscht, geworfen und in den Mund genommen. Die Psychoanalyse vermutete dahinter jedoch eine Tendenz der Einverleibung auf der Basis eines unbewussten Irrglaubens, dass man etwas Geschlucktes für ewig in seinen Eingeweiden behalte. Damit wäre der prototypische geldgierige Banker auf einer niedrigen Entwicklungsstufe stehen geblieben und verleibe sich, symbolisch gesprochen, wie ein Säugling Geld ein. Die Wertung bei Fromm ist klar: Das infantile Haben sei zu verteufeln und das Sein der einzig moralische Weg, der zu Glück führe.[29]

Um die Komplexität der Forschung zum Thema zu integrieren und neue Wege in dieser Forschung zu beschreiten, habe ich im Jahr 2015 eine eigene Theorie, die HABST (Having and Being Selfregulation Theory), entwickelt, die ich in meinem Buch *Was das Haben mit dem Sein macht* zusammengefasst habe. Sie beschäftigt sich nicht nur mit dem Materialismus oder dem Haben, sondern mit allen Lebenszielen, die man als *Haben-* oder *Seinsziele* bezeichnen kann.

Ziele sind, wie wir schon gesehen haben, Zustände, die sowohl veränderlich als auch unveränderlich sein können und die man entweder hat und behalten beziehungsweise bewahren will oder die man erst noch erreichen muss. Habenziele beinhalten nach HABST materielle Güter, Seinsziele hingegen sind Ziele, die zunächst einmal nichts mit materiellen Dingen zu tun haben. Wichtig, und da wurde ich manchmal missverstanden, ist, dass es nicht um einen sprachlichen Unterschied geht: *reich sein* wollen oder *viel Geld haben* wollen wären zum Beispiel beide Habenziele, egal ob sie mit »haben« oder »sein« ausgedrückt werden. Genauso wäre »meine Ruhe *haben*« ein Seinsziel, weil es nicht materiell ist. Es kann nicht angefasst oder mit anderen Sinnen erfahren werden so wie Objekte.

Natürlich kommt es für mich als Systemiker und Sozialpsychologen immer darauf an, wie jemand über etwas denkt oder wie er es konstruiert. Berufsziele wie »Master of Psychology sein« oder »Abteilungsleiter sein« können demnach sowohl Haben- als auch Seinsziele sein, denn je nach Betrachtungsweise stellten das für den einen Ziele dar, die vor allem mit materieller Sicherheit und Prestige zu tun haben, während sie für den anderen eher nicht materielle Zustände beträfen (Selbstverwirklichung, Kreativität, Kommunikation, Entfaltung, Unabhängigkeit etc.). Letztendlich beinhalten manche Ziele sogar Aspekte von beidem, dem Haben und dem Sein. In diesem Fall würde mich interessieren, was überwiegt: Das Materielle oder das Nicht-Materielle?

Zwar hängt eine Ausrichtung auf Haben oder Sein nicht zuletzt mit der Persönlichkeit zusammen, jedoch gibt es Situationen, in denen wir spontan Haben- oder Seinsaspekte stärker gewichten. Wenn wir beispielsweise unser Haus als Ort der Sicherheit, der Wärme und der Selbstentfaltung betrachten, könnte es sein, dass uns eine Wirtschaftskrise daran erinnert, dass wir mit dem Haus auch Kapital erworben haben, das wir veräußern können. Oder wenn wir in unserer Tochter eigentlich ein nicht materialistisches wunderbares Wesen sehen, könnte es unter Umständen sein, dass ein sehr wettbewerbsorientierter Kollege derart mit seiner Tochter angibt, dass auch wir die unsere kurzfristig benutzen, um unser eigenes Prestige zu heben.

Ein Beispiel:

Herr Habenschön: »Wie geht es denn Ihrer Tochter in der Schweiz?«

Herr Seinsgern: »Tanja geht es gut! Sie fühlt sich wohl dort in den Bergen. Da wollte sie immer schon hin. Es ist schön, die Kinder wachsen zu sehen. Und Ihre?«

Herr Habenschön: »Fan-tas-tisch! Annabelle hat gerade ein Start-up gegründet und kann sich jetzt schon kaum vor Kunden retten. Jetzt macht sie auf Unternehmenscoach und nimmt sage und schreibe 250 Euro pro Stunde. Tja, wer's zahlt, sage ich immer!«

Herr Seinsgern: »Tja, da müssen Sie erst mal Tanja hören. In der Schweiz, *da* verdient man erst! Für 250 würde die Tanja gar nicht erst aufstehen.«

Wie bei vielen psychologischen Zuständen spielen also stabile Persönlichkeitsmerkmale und Einflüsse der Situation (hier Herrn Habenschöns Einladung zum Wettbewerb) eine Rolle dabei, ob wir uns im Haben- oder im Seinszustand befinden.

Zudem können die beiden Zielarten mit *Habenmitteln* und *Seinsmitteln* frei kombiniert werden. Habenmittel habe ich als solche definiert, die es »über den Weg des Erwerbs oder der Verwendung materieller Güter ermöglichen, etwas zu erreichen«. Wenn man also Pinsel und Leinwand braucht, um sich auszudrücken, oder Studiengebühren bezahlen muss, um studieren zu können, dann haben wir es mit Habenmitteln zu tun. Im Allgemeinen ist es so, dass wir zunächst einmal Dinge, Räume, Lehrer und Transportmöglichkeiten benötigen, also »haben« müssen, um etwas sein oder werden zu können. Dies entspricht Maslows Argument, man müsse Grundbedürfnisse erfüllen, um sich selbst ausdrücken zu können. Durch Habenmittel können jedoch auch reine Habenziele erreicht werden. Ich kann ja versuchen, durch Investments und gutes Kalkül mehr und mehr Geld zu erwerben. Auf ein schickes Auto folgt ein noch schickeres – und die Jagd auf weitere Habenziele ist eröffnet.

Die Idee zu den Mittel-Ziel-Relationen kam mir nach der Lektüre von Heideggers *Sein und Zeit* und Sartres *Das Sein und das Nichts*, in welchen beide das Haben generell als Mittel zum Ziel konzeptualisierten. Bei Sartre zeigt das, was man erwirbt, wer man ist, zum Beispiel im Sinne einer Identität: »Ich bin, was ich habe.« Der kleine Junge, der sich ein Schalke-T-Shirt zusammenspart, zeigt genauso, wie oder wer er ist, wie seine Mutter, die sich einen schnittigen Porsche oder einen alten Fiat zulegt. Laut Heidegger stellt das Haben einen Vorhof zum Schloss des Seins dar, ist also lediglich ein generelles Hilfsmittel, um letztendlich zu sein. HABST integriert diese Ansichten und erweitert sie, denn hier ist beides möglich: Man kann haben, um zu haben, oder haben, um zu sein.

*Seinsmittel* sind solche, die es uns ohne den Einsatz materieller Güter erlauben, etwas zu erreichen. Lernen, Lieben, Kommunizieren, Teilen und Geben wären solche Mittel, die meistens ohne materiellen Einsatz auskommen. Oftmals benötigt man Seinszustände, muss also Seinsziele erreichen, wenn man etwas haben will oder sich weiter verwirklichen möchte. Ausbildungsgrade sind solche Seinszustände, die ein Mittel sein können, um gut zu verdienen. Sie dienen aber nicht nur Habenzielen oder dem Status, sondern können auch genauso dabei helfen, Seinsziele wie Selbstverwirklichung zu erreichen. Seinsmittel können also sowohl eingesetzt werden, um Seinsziele zu erreichen, als auch, um Habenziele zu erwerben: Ich kann an der Universität eine Sprache lernen (was in Deutschland ein Seinsmittel darstellt, da ich es umsonst haben kann), und dies könnte mir helfen, hinterher mehr zu verdienen (ein Habenziel). Oder ich kann die Sprache lernen, um in meinem Leben Unabhängigkeit hinsichtlich meiner Wohnorte zu erreichen (ein Seinsziel).

Aus allen Kombinationen ergeben sich vier Zustände, die ich als »Typen«[30] bezeichne, wohl wissend, dass sich diese Typen innerhalb der Situation auch schnell wieder verändern können: den Haben-Haben-Typ, den Haben-Sein-Typ, den Sein-Sein-Typ und den Sein-Haben-Typ. Die Forschung zu diesen Typen und ihren Auswirkungen ist noch im Gange, jedoch lassen sich verschiedene Vorhersagen dazu formulieren, wie die Typen denken, wie glücklich sie sind und wodurch. Im Gegensatz zu Fromm nehme ich nämlich nicht an, dass Haben uns komplett unglücklich macht, sondern ich denke, dass Menschen in recht unterschiedlichen Situationen und mit den unterschiedlichsten Zielen zufrieden sein können und dass es einem Wissenschaftler, der Glück und Wohlbefinden untersucht, nicht zusteht, anderen diesbezüglich Vorschriften zu machen.

Es gibt ja Menschen, die denken, mit einer Gesichtscreme für unter 50 Euro würden sie schrumpeln wie ein überreifer Pfirsich, und manche sind furchtbar unglücklich, wenn sie sich ein bestimmtes

Auto nicht leisten können – wenn das zu keinen Störungen führt und wenn sich Menschen solche Produkte gern leisten, ist das dem Psychologen in mir egal. Für die Privatperson Jens Förster sieht das jedoch anders aus. Der stimmt Erich Fromm zu, dass eine materialistische Orientierung diesen Planeten zerstört und deshalb auf Dauer keinesfalls der richtige Weg ist. Ich für meinen Teil lebe in einer kleinen Wohnung und setze auf Seinsziele, gutes Essen mit Freunden und Wanderungen in der Natur – ich kann dazu nur einladen, weil es mich persönlich glücklicher gemacht hat, aber ich werde es Ihnen nicht verordnen.

### Seins- und Habentypen – Wie sie ticken und was sie tun

Wir nehmen an, dass *haben, um zu haben,* kurzfristig zufrieden macht, dass jedoch die Standards mit dem Erworbenen immer weiter wachsen, was über einen längeren Zeitraum zu Stress und Verzweiflung führen kann. Der Haben-Haben-Typ hat also nie genug und kann das vermutlich durchhalten, insofern er jung und bei guter Gesundheit ist. Die Prognose sagt jedoch mit zunehmendem Alter eine steigende Burn-out-Gefahr, Depressionen und schlechte Gesundheit vorher. Den wenigsten fliegt Besitz zu, die meisten von uns müssen dafür mehr und mehr und mehr arbeiten; dies wird man immer deutlicher spüren. Ich habe einige gestresste Manager in meiner Praxis betreut, die nach einem Leben im Haben-Haben mit mir gemeinsam versuchten, Seinsziele wiederzuentdecken.

Abb. 21 Mittel-Ziel-Beziehungen

Haben-Haben führt zu sehr konkretem Denken. Eigene Forschung mit Phillip Ozimek, Stephanie Hanke und Olga Skrebec fand, dass Habenziele im Gegensatz zu Seinszielen fest umrissen und greifbar erscheinen. Ein BMW ist mit allen seinen Details sehr konkret vorstellbar, während »ein guter Vater sein« unpräzise formuliert ist, wenig klar umschrieben werden kann und daher eher vage als konkret konstruiert wird. Aus diesem Grund, so zeigt unsere Forschung weiter, scheinen Habenziele leichter zu erlangen. Vermutlich sind wir deshalb so sehr darauf aus, sie zu erreichen. Ein lustiges billiges T-Shirt, das schlecht produziert wurde, ist vermutlich ein leichter zu erreichendes Ziel und ein besserer Verstärker als ein moralisches Ziel wie »Klingel doch mal bei der alten Nachbarin und frag, was sie gebrauchen könnte«.

Haben-Haben-Typen leben, wie wir schon gesehen haben, vor allem konfliktfrei und gut in Gesellschaften, in denen Materialismus befürwortet wird. Sind alle um einen herum antimaterialistisch eingestellt, wird es schwierig, sich als Haben-Haben-Typ wohlzufühlen. Angeben kann man ja nur, wenn die anderen entsprechend neidisch reagieren und mit einem in den Wettbewerb treten.

Der *Sein-Sein-Typ*, der *ist, um zu sein,* ist vermutlich selten zu finden, denn er braucht für seinen Lebensstil eine Grundversorgung. Eine Nonne oder ein Mönch wären prototypische Sein-Sein-Typen, denn für sie spielen materielle Ziele keine Rolle, und sie können sich allein im Gebet, im Helfen, im Wirken für die Gemeinschaft etc. noch steigern. Es ist zu vermuten, dass es ihnen sehr gut geht, dass sie glücklich[31] sind, sofern sie sich selbst für dieses Leben entschieden haben, und dass sie vor allem abstrakt anstatt konkret denken. Abstraktes Denken, so unsere Forschung, führt zu kreativen Denkstilen, und so sollten sich unter Sein-Sein-Typen viele kreative Menschen finden lassen, vor allem, wenn ihnen ihre Umgebungen Gedankenfreiheit gewährleisten.

Sein-Sein-Typen werden es schwer haben, ihr Leben zu leben, wenn sie in einer materialistischen Gesellschaft andauernd mit attraktiven Konsumgütern konfrontiert werden. Vermutlich sind deshalb die meisten Klöster und Retreats abseits des täglichen Konsumterrors angesiedelt. Es ist (manchmal) eine Überlegung wert, was man so alles lassen oder aufgeben könnte – ich kann mir da vieles vorstellen und verzichte durch die Arbeit am Thema schon auf sehr viel (Auto, Uhren, Fernseher etc.) –, aber könnte ich ohne einen Computer leben, auf dem ich schreibe und viel Musik höre? Das wäre ganz schwierig, wenn nicht undenkbar …

Der Sein-Sein-Typ wird Einschränkungen aber womöglich nicht als Verzicht empfinden, sondern als Gewinn. Vermutlich können Minimalisten nur dann glücklich sein, wenn sie nicht allem nachweinen, was sie weggeben oder nicht haben. Sein-Sein und damit auch Verzicht sind im Allgemeinen Zustände auf hohem Niveau. Nur wenn ich etwas habe, kann ich auch verzichten. Jemand, der arm ist, wird zunächst einmal Habenziele entwickeln, er hat sich nicht freiwillig für ein Leben im Sein entschieden, und ihn macht das natürlich nicht froh. Wie schon angesprochen, sind diese Typen nicht im Sinn eines unveränderlichen Charakterzugs gemeint – viele von uns begeben sich ja ab und zu in einen Zustand des Wenig-Habens, wie etwa beim Campen oder wenn wir in einen Meditationskurs oder einen Chor gehen. Hier merken wir, wie erfüllend das sein kann.

Der *Haben-Sein-Typ,* der etwas erwerben muss, um letztendlich zu *sein,* wird vorübergehend unzufrieden sein, es sei denn, er hat sein Ziel immer vor Augen und hält es für erreichbar. Als Beispiel dient der Student, der sein Studium selbst finanzieren muss, der etwa an der Tankstelle arbeitet und sich dabei (noch) nicht am rechten Platz fühlt. Hat er sein Seinsziel – einen Ausbildungsgrad oder einen Job – aber erreicht, stresst er sich weniger als der Haben-Haben-Typ, denn er kann diesen Zustand genießen und will nicht gleich höher-schneller-weiter. Er gönnt sich eher eine Ruhepause, bevor er sich vielleicht doch wieder höhere Ziele steckt.

Insgesamt sollte er sein jetziges Leben, das auf das Haben abzielt, als Durststrecke empfinden, die er überwinden muss, und möglichst konkret auf die Zielerreichung hinarbeiten. Ihm hilft es, sich Jobs auszusuchen, die seinen Seinszielen am nächsten kommen, und sich möglichst zu überlegen, wie er am besten und mit dem wenigsten Frust seine Ziele erreichen kann. Er sollte seine Ansprüche an das jetzige Leben herunterschrauben, denn es ist nicht zu erwarten, dass er glücklich wird, wenn er etwas tun muss, das ihm letztendlich nicht gefällt. Zufrieden und stolz kann er aber durchaus sein.

Ähnlich ergeht es dem *Sein-Haben-Typ*. Etwas zu tun, wie lernen oder kommunizieren, um damit letztendlich Besitz zu erwerben, kann sich sehr lästig anfühlen. Ich habe einige Studierende, die gern jetzt schon viel Geld haben wollen und überhaupt keine Lust haben zu lernen (ein Seinsmittel). Ihnen kann es gar nicht schnell genug gehen, und am liebsten träumen sie davon, alles Wissen ohne Anstrengung per Nürnberger Trichter ins Gedächtnis geschüttet zu bekommen. Eine Rostlaube fahren und beim Discounter einkaufen zu müssen fühlt sich für sie häufig mies an, und daher versuchen sie alles, diese Durststrecke schnell zu überwinden. Eine Kollegin nennt diejenigen, die mit möglichst wenig Aufwand den größten Erfolg einfahren wollen, *MiniMax-Studis*.

In Anbetracht der Tatsache, dass sie tatsächlich am Sein wenig Freude haben und es daher möglichst schnell in einen Habenzustand überführen möchten, würde ich diese Strategie, nüchtern betrachtet, als funktionales Verhalten ansehen. Ob sie damit nachhaltig glücklich werden, wird die Zeit zeigen. Wahrscheinlich wandeln sie sich irgendwann zu einem Haben-Haben-Typ, dem wir ja keine rosige Prognose prophezeit haben.

Insgesamt stellt Haben natürlich ein sehr eng definiertes Ziel dar. Es ist konkret, in unserer Gesellschaft für viele prinzipiell erreichbar (nirgendwo sind Nahrungsmittel und Kleidung so billig, und nirgendwo wird so für alles andere, Gesundheit, Schulbildung etc., gesorgt) und in einer materialistischen Gesellschaft auch angesagt, weil Besitz bewundert und als Zeichen von Erfolg betrachtet wird. Schwierig wird es, wenn der Erfolg ausbleibt oder alles zusammenbricht, wie zur Zeit der letzten Wirtschaftskrise. Wie viele Spitzenmanager sprangen aus dem Fenster, endeten im Suff oder in der Depression?

Ich vermute, dass man beim Haben-Haben alles auf »ein Pferd«

setzt – und auch mit ihm stürzt, wenn es kränkelt. Die Psychologin Patricia Linville beobachtete, dass manche Menschen viele Interessen haben und manche wenige, sie bezeichnete dies als *Selbstkomplexität*. Bei geringer Selbstkomplexität – wenn die Tätigkeit, für die man sich immer und vor allem eingesetzt hat, nicht mehr erfolgreich ist – verbleibt nicht mehr viel, und dies kann zum Problem werden. Jemand, der ein guter Hobbygärtner ist oder in seiner Freizeit als Chorsänger Erfolge feiert, wird einen Misserfolg im Beruf eher verkraften als jemand, der außer dem Beruf nichts anderes hat. Linville findet durchweg positive Effekte auf die Selbstregulation, wenn Menschen mehrere Bereiche haben, in denen sie Erfolge feiern und sich wohlfühlen können.

Während Habenziele einen einzigen Fokus haben, nämlich Geld und Besitz, sind Seinsziele mannigfaltig, beinhalten sie doch all jene Zustände, bei denen Güter und Geld nicht im Vordergrund stehen, wie soziales Leben, Hobbys, Sport, Musik, Sex, Religion[32] usw. Meiner Meinung nach kann Selbstkomplexität vor allem durch Hinzunahme von Seinszielen erreicht werden, und Forschung zeigt dementsprechend, wie gesund sie für uns sind. Warum ist das so? Lassen Sie mich die Vor- und Nachteile verschiedener Seinsziele beschreiben. Dabei werde ich über Beziehungen genauso berichten wie über Freizeit- und Arbeitsgestaltung, Naturerfahrungen, Musik, Kunst, Sinnerleben, Spiritualität und Achtsamkeit.

### Seinsziel Beziehungen: Die beste Medizin für den Menschen ist der Mensch – meistens

Viele unserer Probanden geben Beziehungen, Liebe und eine Familie als Seinsziele an. Soziale Kontakte, so die Forschung, versprechen insofern ein gutes Leben, als dass sich Menschen ja bevorzugt in kleinen Gruppen aufhalten, die ihnen eine Identität geben und ihnen nicht nur in Krisenzeiten dabei helfen, ihre individuellen Ziele zu erreichen. Andere Menschen sind für uns Ressourcen; wenn sie wegbrechen, beispielsweise weil wir vor lauter Arbeit nicht mehr zur Pflege unserer sozialen Beziehungen kommen, laufen wir Gefahr, missmutig zu werden oder gar zu erkranken. Einsamkeit ist ebenfalls ein Krankmacher: Wie die Forschung zeigt, haben einsame Menschen eine deutlich geringere Lebenserwartung. Einsamkeit ist vor allem in der letzten Lebensphase ein immer größer werdendes Problem. Da wundert es nicht, dass sich immer mehr Menschen in der Lebensmitte »Alten-WGs« aufbauen, auch, um dem beklagenswerten Dasein im Altersheim mit Kartoffelbrei und Hackbraten zu entkommen. Nicht umsonst hat nun die britische Regierung eine Ministerin für Einsamkeit – eine vielleicht skurril anmutende, aber wohl adäquate Reaktion auf ein großes gesellschaftliches Thema.

Natürlich reicht es nicht, sich einfach nur unter irgendwelchen Menschen zu befinden, man blüht nur unter Gleichgesinnten auf. Die positiven Effekte von Gemeinschaften zeigen sich also vor allem dann, wenn man sich mit den Mitgliedern verbunden fühlt und ähnliche Interessen verfolgt – andernfalls können Menschen einem auch zur Hölle werden. Von Inter- und Intragruppenkonflikten war ja schon in Kapitel 13 die Rede. Daher sollte man Alleinsein von Einsamsein unterscheiden – Menschen, die bewusst allein leben, müssen nicht einsam sein, auf sie beziehen sich die negativen Effekte auch nicht.

Im günstigsten Fall jedoch geben Gruppen einem Unterstützung, heben den Selbstwert sowie die Stimmung und halten einen psychisch stabil. Viele Menschen betreiben ihre Freizeitaktivitäten wie Sport, Ausgehen oder alle möglichen Hobbys gemeinsam mit anderen Menschen. Machen solche Aktivitäten glücklich, oder sollten wir nicht stattdessen lieber unser Augenmerk auf die Arbeit legen?

### Seinsziel Freizeit: Nein zur Party – ja zur Leibesertüchtigung?

Interessanterweise scheinen Forscher zum Thema Freizeitverhalten eine ziemlich einseitige Sicht eingenommen zu haben: Während Sport als sinnvoll, gesund und hilfreich für rein alles angesehen wird, kommt das samstägliche Ausgehen mit Freunden sehr schlecht weg. Sport verringere das Übergewicht, verstärke die Disziplin und erhöhe die Motivation; nicht umsonst wird depressiven Patienten häufig Sport empfohlen, führt er doch zu einer Ausschüttung »guter« Hormone und durch das Erreichen einer »besseren« Figur und höherer Fitness meist auch zu einem höheren Selbstwert. Sport verlängert zudem das Leben, und Koordinationssportarten wie Tanzen oder Bogenschießen scheinen sogar das Risiko, an Demenz zu erkranken, zu verringern. Neuere Studien weisen allerdings auch auf Alkoholexzesse bei Sport treibenden Jugendlichen hin, womit wieder einmal klar ist: Nichts ist gut oder schlecht in der Psychologie, es kommt immer auf den Kontext an. Trifft man sich zum Bolzen, um hinterher saufen zu gehen, ist das weniger gesund.

Besonders bemerkenswert ist die häufig negative Bewertung von *Partying* in der psychologischen Literatur. Allen voran die amerikanische Forschung warnt vor den Folgen von Partying wie ungeschütztem Sex, Alkoholexzessen und Autofahrten in betrunkenem Zustand. Skandinavische Forschung zeigt dagegen die positiven Motive des Ausgehens, die uns allen bekannt sind: Wir wollen Leute, eventuell Beziehungspartner kennenlernen, wir wollen Spaß haben, vielleicht Sex, wir wollen uns entspannen und das Leben feiern. Jugendliche freuen sich schon die ganze Woche über aufs Partying: Am Montag, so Studien, ist ihre Stimmung im Keller, und zum Wochenende hin wird sie immer besser (gesetzt den Fall, sie dürfen dann losziehen).

Die verschiedenen Perspektiven auf dasselbe Thema sind bemerkenswert. Es kommt mir so vor, als ob die Schwarzseherei der amerikanischen Forschung in Bezug auf Partying auf eine Mischung aus amerikanischer Prüderie und protestantischer Arbeitsethik zurückzuführen, also kulturell gefärbt ist. Jedenfalls hat es mich immer ein wenig irritiert, wenn Kollegen in New York nach der Weihnachtsfeier noch an ihren Schreibtisch »mussten«, um ihre Artikel voranzutreiben … Der amerikanische Traum, es vom Tellerwäscher zum Millionär zu schaffen, passt nicht so recht zu der Idee des vergnüglichen Chillens oder Tanzens. Dies findet sich offenbar in den Forschungsperspektiven wieder.

### Seinsziele Musik und Kunst: Gut, doch unerforscht

Über viele Kulturen hinweg werden Musik und Kunst als Glück bringend betrachtet. Generell zeigt die Forschung eine positive Wirkung von entspannender, von subjektiv als gut empfundener Musik und Kunst auf das Wohlbefinden, was niemanden verwundern mag. Gern werden auch neurophysiologische Untersuchungen zitiert, die zeigen, dass bei guter Musik das Belohnungszentrum im Hirn aktiviert wird. Ich werde nicht viel mehr darüber schreiben, weil diese Forschung häufig wenig aussagekräftig ist und irgendwie trivial. Und dann noch nicht einmal besonders clever, denn auch Sex und ein Schokoriegel aktivieren unser Belohnungszentrum. Ist aber Kunst dasselbe wie Schokolade? Musik nichts weiter als ein positiver Verstärker? Vielleicht für Psychologen, die sich bei der Arbeit die Ohren mit Fahrstuhlmusik zusäuseln lassen oder sich einen Van-Gogh-Farbdruck ins Büro hängen.

Allerdings eignet sich Kunst nicht nur zum Wohlfühlen, sondern ist häufig auch eine Herausforderung. Schließlich geht man nicht in eine Beuys-Ausstellung oder schaut sich einen Pasolini-Film an, um sein Belohnungszentrum zu aktivieren und dort lustige Partys zu feiern, sondern um sich irritieren zu lassen oder um etwas dazuzulernen und seinen Blick zu weiten. Musikkonsum ist ebenso vielfältig. Eigene Untersuchungen mit Ron Friedman zeigen, dass Menschen – natürlich – manchmal auch Musik hören, die traurig und schmerzhaft ist, weil sie sie in der Stimmung, in der sie gerade sind, für *angemessen* halten. Zwar werden immer häufiger lustige Songs auf Beerdigungen gespielt, aber nicht wenige stört dies, weil es nicht zur Stimmung passt und diese auch selten zu heben vermag. Selbst im lustigen Rheinland empfinden es Trauernde als Überforderung, dem Willen des Verstorbenen folgend Lieder wie »Da simma dabei, dat is' prima« zu schmettern, während gerade der Sarg hinuntergelassen wird. Manchmal möchte man einfach weinen.

Die Rezeption von Kunst und Musik als Herausforderung (statt als Belohnung) und zur bewussten Unterstützung einer traurigen Stimmung wurden bisher wenig untersucht.

Kunst oder Musik zu schaffen kann ebenfalls ein Seinsziel darstellen, sofern es nicht zum Zweck des Profits eingesetzt wird. Natürlich kann man Seinsziele häufig nicht völlig ohne materiellen Aufwand erreichen, kosten gute Instrumente doch oft viel Geld, genauso wie hochwertige Farben, Stoffe oder andere Materialien, die man vielleicht braucht.[33] Ich erinnere mich noch daran, wie verzweifelt ich als Student der Opernmusik war, als ein Satz Noten für ein Musical über 100 Mark kostete und mir – trotz vieler Studentenjobs – nicht mehr als 800 Mark zur Verfügung standen. Dieses Habenmittel musste ich aber besitzen, um eine Prüfung zu bestehen, die mir das weitere Studium erlaubte.[34]

Simone de Beauvoir provozierte schon früh mit ihrer Behauptung, dass selbst eine Identität nicht ohne Habenmittel zu formen sei: »Wer nichts hat, der nichts ist«, konstatierte sie und forderte vor allem für das Alter eine gute Versorgung, damit diejenigen, die unsere Gesellschaft aufgebaut haben, im Altenheim nicht ihre Identität verlören. Verfügt man über adäquate Mittel, kann die Selbstverwirklichung durch Kunst und Musik gelingen und erlaubt das Erleben von Glückszuständen.

### Seinsziel Natur: Draußen sein macht gesund und glücklich

Beruhigenderweise muss man nicht immer produzieren, man kann auch schlichtweg genießen und glücklich werden. Die positiven Auswirkungen von Freizeitaktivitäten in der Natur sind gut belegt, und damit ist nicht nur die bessere Luft oder die Aktivität in der Natur gemeint, sondern einfach das Gefühl, zu Hause zu sein – evolutionspsychologisch gesprochen: sich dort aufzuhalten, wo wir einmal hergekommen sind. Dabei, so zeigt die Forschung von Teams um Rachel Kaplan und Richard Ryan sowie anderen, bevorzugen Menschen wohl Savannenlandschaften, wo sie ausreichend viel sehen, sich aber in den locker platzierten Büschen und Wäldchen gut schützen und verstecken können.

Zeichen für eine angeborene Naturliebe glauben Forscher auch darin zu entdecken, dass die Farbe Grün bei uns unmittelbar Wohlbefinden aufkommen lässt, mit positiven Effekten etwa auf die Kreativität, wie Andrew Elliot und Team immer wieder zeigen. Zum Beispiel werden Menschen kreativer, wenn eine Aufgabe auf einem grünen statt auf einem weißen Blatt Papier steht – ein unbewusster Effekt, wie sich herausstellte..

Außerdem kann man beobachten, dass viele von uns versuchen, sich die Natur ins Haus zu holen. Wirkt da vielleicht ein intuitives Wissen um die positiven Effekte? Die Farbe Grün in all ihren Versionen ist beim Innendesign der Wohnung nicht unbeliebt, und während wir uns einerseits durch Haus- und Wohnungsbau vor der Natur schützen, bezahlen wir andererseits deutlich mehr für ein Zimmer mit Blick ins Grüne und holen uns Zimmerpflanzen, Bilder von Bäumen, Blumen und Landschaften und Tiere ins Haus.

Ich habe mehrere Male die gesundheitsförderliche Wirkung von Wanderungen in meinen Büchern beschrieben – ausführlich im *Kleinen Krisenkiller.* Vor allem in Krisenzeiten ist es gut, am Busen von Mutter Natur zur Ruhe zu kommen. Wandern ist ein relativ einfaches und preiswertes Mittel der Stressreduktion, und immer häufiger setzen Coachs und Therapeuten Wanderungen in der Therapie ein, um die Stimmung von Klienten aufzuhellen und um kreative Problemlöseprozesse anzuregen.

### Seinsziel Arbeit: Schöner Schuften

Freizeit und Familienleben werden häufig antithetisch zur Arbeit gesehen, wobei der Fokus der Forschung, wie oftmals in der Psychologie, auf dem Pflichthaften und Negativen liegt, das man zu ertragen hat und unter dem man leiden sollte: Mobbing, Burn-out, mangelnde Kommunikation, Trittbrettfahrer, Konflikte, »schwierige« Mitarbeiter und Führungsschwächen sind Hauptthemen. Dabei wird übersehen, dass Arbeit glücklich machen kann, vor allem wenn man sie sich selbst ausgesucht hat und wenn damit viele Seins- anstelle von allein Habenaspekten verbunden sind.

Forschung zur bereits erwähnten *Selbstbestimmungstheorie* zeigt, dass eine intrinsische Motivation zur Arbeit die beste Voraussetzung ist, dass ein Beruf Energie gibt, statt sie zu nehmen, und wenn man sich dazu noch selbst verwirklichen und in einem guten Team mitspielen kann, erlebt man nicht selten Glücksgefühle. Insofern sind Arbeit und Freizeit nicht immer schwarz-weiß oder als Konflikt (modern ausgedrückt: *family-work-conflict*) zu verstehen, im Gegenteil: Eine gut gelaunte Teamleiterin, der es in ihrer Firma bestens geht, wird mehr Verständnis für den nölenden Sohn aufbringen als eine, die ihre Arbeit hasst.

Die Leipziger Professorin für Arbeitsmedizin Steffi Riedel-Heller identifizierte sechs Faktoren, welche die Arbeit positiv beeinflussen. So müsse Anerkennung erlebt, genügend Handlungsspielraum gegeben und ein Gemeinschaftsgefühl geschaffen werden, und es müsse Gerechtigkeit herrschen, die Arbeitsbelastung dürfe nicht zu hoch sein, und es sollten gemeinsame Werte gelebt werden. Arbeit gibt den meisten Menschen in unserer Gesellschaft auch einen Sinn im Leben. Aufschlussreich fand ich Untersuchungen, unter anderem von Liliana und Rainer Winkelmann, in denen arbeitslose Menschen mit in Arbeit stehenden Menschen verglichen wurden, denen derselbe monatliche Geldbetrag zur Verfügung stand: Interessanterweise waren Letztere glücklicher. Im Licht dieser Forschung erscheinen Figuren wie »Florida-Rolf«[35] als Ausnahmeerscheinungen oder sind schlichtweg Legende.

Es wundert sicherlich auch niemanden, dass Arbeit einer Demenz vorbeugen kann.[36] Jemand, der geistig fit bleibt und anderen helfen kann, empfindet Lebensfreude und kann sich weiterhin in einer Aufwärtsspirale der guten Stimmung befinden. Über die letzten Jahre hinweg scheint der Unterschied zwischen befriedigenden und unerträglichen Berufen jedoch angewachsen zu sein, und so werden bei Letzteren immer weniger positive Effekte gefunden. Wenn man für einen Hungerlohn und mit Zeitvertrag den ganzen Tag im Akkord schwere Pakete austrägt, ist das nicht unbedingt befriedigend.

Ich sitze gerade im Terminal des Frankfurter Flughafens auf dem Sprung zu einer Tagung von Unternehmenscoachs, die mehr über Vorurteile in Betrieben erfahren wollen, und bin voller Vorfreude auf den Workshop, das schöne Hotel in Mailand und das Abendessen mit den Leuten, die mich eingeladen haben. Mit großem Spaß tippe ich wartend an meinem Buch. Neben mir räumt jemand die Mülleimer aus. Ich lächle ihn an, und dann erzählt er mir, dass er sich im Flughafen für seinen Stundenlohn keinen Kaffee mit einem Brötchen leisten könne. Flughafenpreise eben, an denen irgendjemand verdiene.

»Müssen Sie denn auch am Sonntag arbeiten?«

»Ja, natürlich.«

»Tut mir leid.«

»Geht schon, such is life.«

Die Zahl dieser Billiglöhner steigt, und so müssen wir natürlich im Auge behalten, über welche Motive wir sprechen, wenn wir über »die Arbeit« sprechen: Handelt es sich um puren Broterwerb oder um Selbstverwirklichung? Zwischen beiden ist ein tiefer Graben, den ich als Mensch bejammere und hasse – da kann ich nur dankbar dafür sein, dass ich auf der »richtigen« Seite des Grabens gelandet bin, warum auch immer. Und hoffen, dass die Politik das regeln wird oder sich langsam Protestbewegungen entwickeln.

### Seinsziel Dankbarkeit: Dank dem Dankbarsein

Ich habe bereits erwähnt, dass Dankbarkeit eine Eigenschaft ist, die sich günstig auf das Wohlbefinden von Menschen auswirkt. Warum aber sind manche von uns dankbarer als andere? Nach der Meinung einiger Psychologen gründet Dankbarkeit auf sicheren Bindungserfahrungen während der Kindheit. Kinder, deren Gefühle ernst genommen wurden und die in der Familie einen sicheren Hafen hatten, entwickeln eher Gefühle von Dankbarkeit.

Dankbarkeit ist auch ein Teil von Achtsamkeit und kann erlernt werden, jedoch fällt dies besonders Materialisten, Zynikern und Narzissten schwer, wie jüngste Forschung von Rebecca Solom und Team zeigt. Diese Persönlichkeitseigenschaften stellten Barrieren dar, zu akzeptieren, dass wir vieles im Leben gar nicht verdient haben.[37] Allein der Gedanke daran, was passiert wäre, hätte uns der Storch nur 5000 Kilometer weiter südlich abgeworfen, wo die

Hauptbeschäftigungen das Finden von Wasserstellen und das Aushalten von Kriegen sind, öffnet die Tür zu einer anderen Konstruktion der Wirklichkeit. Dankbarkeit hebt die Lebenszufriedenheit im Allgemeinen und in vielen spezifischen Situationen, wie die Forschung von Phillip Watkins immer wieder zeigt. Danken wir doch an dieser Stelle für einen Moment einmal der Dankbarkeit.

#### Seinsziel Sinnerleben: Und plötzlich macht alles Sinn

Sinnerleben, einen Sinn für sich im Leben zu finden, ist ebenfalls ein Faktor, der mit dem Lebensglück zusammenhängt. Michael Steger hat sich auf dieses Thema spezialisiert und in zahlreichen Studien gefunden, dass diejenigen Menschen glücklicher und zufriedener sind, die einen Sinn im Leben gefunden haben. Sinnerleben ist freilich für jeden von uns etwas anderes. Für den einen hat sein Leben Sinn, weil er religiös ist, die andere sieht den Sinn in der Karriere, der Dritte in der Gründung einer Familie.

Nach Steger ist es zunächst einmal egal, worin der Sinn gefunden wird – habe man ihn für sich bestimmt, dann führe allein das Sinnerleben zu einer positiven Stimmung, die sich im Leben bemerkbar mache. Allerdings beobachtet er auch, dass besonders viele Menschen Sinn mit sozialem Miteinander verbinden – oder dem, was Maslow in seinen letzten Jahren an die Spitze seiner Pyramide gesetzt hatte: Transzendenz. Maslow meinte damit die Fähigkeit, über den eigenen Tellerrand hinauszuschauen, anderen zu helfen oder sogar einen Beruf zu ergreifen, in dem man für andere nützlich sein kann.

Sinnerleben scheint vor allem in Krisenzeiten seine Stärke zu zeigen. Es wirkt wie ein Puffer, wenn einem etwas Schreckliches passiert. Sogar der eigene herannahende Tod oder der Tod enger Angehöriger wird besser verarbeitet, wenn man irgendeinen Sinn darin findet, wie Studien von Crystal Park zeigen. Dabei ist es nicht so, dass man einen tatsächlichen, objektiven Sinn findet – tatsächlich gibt es den vermutlich in vielen Situationen nicht. Wichtig ist es, sich vorstellen zu können, welchen Sinn etwas ergeben oder haben *könnte.* Manchmal gelingt es, eine Krise als Lernerfahrung oder Herausforderung zu betrachten. Und wenn es gelingt, aus einem Skandal, einer Mobbingerfahrung, einem Shitstorm oder einer Scheidung etwas herauszuziehen, was im späteren Leben hilft, wird daraus ein Lernmoment, eine Lehrstunde. Dieser Gedanke ist vermutlich erleichternd, ganz im Gegensatz zu der ebenfalls objektiv kaum haltbaren Katastrophentheorie, dass das Leben einen persönlich bestrafen wollte oder sich der liebe Gott (wieder einmal!) gegen einen stellte.

### Seinsziele Religion und Spiritualität: Von guten Geistern nicht verlassen

Religion und Spiritualität sind ebenfalls Seinsziele, die sich oftmals positiv auf die Selbstregulation auswirken. In Meta-Analysen zeigten Kenneth Pargament und Gene Ano, dass intrinsisch religiöse Menschen im Durchschnitt eine höhere Lebenszufriedenheit angeben als nicht religiöse. Intrinsisch religiös sind Menschen, die aus sich heraus glauben, die im Glauben spirituell wachsen wollen und dabei ausschließlich spirituelle Interessen haben. Extrinsisch Religiöse – Menschen, die zum Glauben gezwungen wurden oder die hoffen, von außerreligiösen Aspekten zu profitieren (weil sie auf der Suche nach einem »anständigen« Lebenspartner sind, weil es gut für ihr Business oder ihr Standing im Dorf ist etc.) – sind dagegen nicht zufriedener als Ungläubige. Als Gründe für die positiven Auswirkungen von Religion auf das Wohlbefinden können Sinnerleben und ein Gemeinschaftsgefühl ins Feld geführt werden; allerdings betonen Michael McCullough und Brian Willoughby einen ebenso wichtigen, weniger naheliegenden Faktor – die Selbstkontrolle.

Selbstkontrolle kann man, wie bereits angesprochen, üben, und Religiöse scheinen da meist besonders gut im Training zu sein, weil sie ständig auf bestimmte Dinge verzichten müssen. Unmäßiges Saufen, Rauchen, andere Drogen oder fettes Essen und Müßiggang sind in den meisten Religionen verpönt, und auch eheliche Treueschwüre können häufig nur dann eingehalten werden, wenn man sich aktiv zurückhält. Ayelet Fishbach, Ron Friedman und Arie Kruglanski haben gezeigt, dass Selbstkontrolle bei religiösen Menschen sogar automatisiert ist. Wurden ihnen in Experimenten Versuchungen am Computer dargeboten, wie Drogen oder außerehelicher Sex, aktivierten sie im Gedächtnis spontan und unbewusst hilfreiche Assoziationen wie »Bibel«, »Gott« oder »Paradies«, die sie an ihre (höheren) Werte erinnerten. Dies hilft religiösen Menschen offenbar spontan dabei zu widerstehen, letztendlich mit positiven Effekten auf die Gesundheit.

Vielen, die die Kirche verlassen haben, mag das sonderbar vorkommen, erscheint die Kirche doch häufig als erzkonservativ, restriktiv und ausschließend. Zweifellos werden Frauen und viele soziale Minderheiten in den Kirchen diskriminiert, und das widerspricht modernen Werten von Toleranz und Wachstum. Auch dieser Aspekt wurde untersucht, und es ist keine Frage, dass Religionen wenig förderliche Gruppenkonflikte produzieren. Schließlich ist es eines ihrer Merkmale, die eigenen Mitglieder für bessere Wesen zu halten, ja oftmals sollen diejenigen, die nicht dazugehören, gar in der Hölle schmoren.

Wie viele Kriege und Terroranschläge wurden und werden im Namen der Religionen angezettelt. Wie viel Leid erlitten die Ausgestoßenen. In der christlichen Kirche landeten Selbstmörder auf Äckern vor den Toren der Stadt, wird Geschiedenen bis heute das Abendmahl verweigert, was eine teils unerträgliche gesellschaftliche Ächtung bedeutet. Im Namen anderer Religionen werden Homosexuelle noch heutzutage von Türmen geworfen und Ehebrecherinnen gesteinigt. Diese Gewalt spiegelt die Macht der Religionen wider, eine schier unbändige Macht im Sinne von Kraft und Zerstörung, die auf dem Prinzip beruht: Ich bin auserwählt, und du bist sündig.

Kritiker haben mir vorgeworfen, dass ich in meinen Büchern die Religion instrumentalisiere, weil ich undogmatisch an sie heranginge und sie quasi lediglich als Mittel zur Erreichung guter und schlechter Ziele sehe. Das tue ich als Wissenschaftler tatsächlich, denn den spirituellen und dogmatischen Kern kann ich in dieser professionellen Rolle nicht ergründen. Als Wissenschaftler versuche ich, nüchtern zu betrachten, was dieses Phänomen bewirkt. Und dies ist – wie so oft – sowohl Gutes als auch Böses. Im Sinne der Selbstregulation sind Religionen Mittel zur Erreichung des ultimativen Ziels, der Zufriedenheit und der Erlösung, und wie andere profane Mittel kann ich es für oder gegen die Menschen oder mich selbst benutzen. Ähnlich einem Messer, mit dem ich Brot teilen kann oder meinem Feind die Kehle durchschneiden.

Allerdings sei mir als Mensch und in evangelischer Tradition gebildetem Gläubigen gestattet, die Kirchen dafür zu kritisieren, dass sie sich zu sehr mit sich selbst beschäftigen, mit ihren Dogmen und Regeln und Verboten. Ich verstehe den Menschen als freiheitsliebendes Wesen, dem die Chance, ein spirituelles Selbst zu entwickeln, von verkrusteten Strukturen verstellt wird. Die Haltung der Religionen schränkt uns ein, bevormundet uns und verwehrt uns den Zugang zu geistlichen Energiequellen, statt ihn zu erleichtern. Aus diesem Grund verlassen viele die Kirchen, »bauen« sich eine eigene Religion zusammen, bekennen offen, dass sie an einen Gott glauben – oder an eine Göttin oder eine außermenschliche Kraft –, suchen aber lieber in Meditationen, Chören und persönlichen Gebeten Halt, oder in der Natur, die sie sich ohne einen Gott nicht vorstellen können. Kirche aber spielt dabei keine Rolle mehr.

Diese neuen Aspekte geistlichen Handelns werden unter dem Konzept »Spiritualität« zusammengefasst, und auch aus dieser Quelle, so Forschung, nähren sich Menschen mit sehr positiven Effekten für ihre geistige und körperliche Gesundheit und die Lebenszufriedenheit. So manche bevorzugen inzwischen unter anderem asiatische Religionen oder nutzen deren Meditationstechniken, um Transzendenz zu erfahren oder ihr spirituelles Selbst zu ergründen.

### Seinsziel Achtsamkeit: Ein guter Trend

Achtsamkeit ist eine solche, recht populäre Meditationstechnik, die inzwischen viele Menschen nutzen, manche als Teil einer spirituellen Übung oder um gesund zu bleiben, andere als Beginn einer umfassenden Bewusstseinsänderung. Auch sie kann als Seinsmittel betrachtet werden, denn nach dem Erlernen von Grundmethoden ist ein achtsamer Zustand immer wieder abrufbar, ohne dass irgendwelche materiellen Ressourcen dafür nötig wären.

In der westlichen Welt wurde Achtsamkeit durch die Arbeit von Jon Kabat-Zinn, einem amerikanischen Arzt, bekannt, der beim persönlichen Meditieren viele positive Effekte auf sein eigenes Leben entdeckte. Achtsamkeit definierte er als absichtsvolle Lenkung der Aufmerksamkeit auf den gegenwärtigen Augenblick, mit einer akzeptierenden und nicht wertenden Wahrnehmung des »Hier und Jetzt«.

Die Psychologen Bishop und Kollegen entwickelten eine integrative wissenschaftliche Definition und gehen von zwei Hauptkomponenten aus. Demnach ist im Zustand der Achtsamkeit eine individuelle Aufmerksamkeitsregulation zu beobachten, während der Kognitionen, Emotionen und sensorische Empfindungen ohne Wertung wahrgenommen werden. Das eigene körperliche oder mentale Geschehen wird unmittelbar erfahren, und man denkt weder darüber nach, warum es so auftritt, noch, was die Folgen sein könnten. Darüber hinaus beinhaltet Achtsamkeit eine besondere Orientierung hin zu Offenheit, Neugier und Akzeptanz gegenüber aktuellem Erleben. Eine Folge von achtsamen Zuständen ist unter anderem, dass man Erfahrungen, Gedanken und Emotionen als vorübergehende Erscheinungen betrachtet statt als feste, stabile Größen.

In Achtsamkeitstrainings werden Teilnehmer zum Beispiel dazu aufgefordert, eine Woche lang Tätigkeiten bewusst zu tun, etwa während des Essens nicht nebenher zu telefonieren, fernzusehen, sich zu unterhalten etc., und, um diesen Eindruck zu verstärken, alles mit der nicht dominanten Hand auszuführen. Erwünscht ist, den Zustand im Hier und Jetzt besonnen zu betrachten und ihn bewusst zu empfinden, statt gehetzt darüber hinwegzusehen oder mit den Gedanken in die Zukunft oder die Vergangenheit abzuwandern.

Der Zustand der Achtsamkeit ist wunschlos, weil Wünsche normalerweise in die Zukunft konstruiert werden. Im Hier und Jetzt ist man stattdessen offen für Entdeckungen. Während der Achtlose – etwa im Zug – wild in den Computer tippend an blühenden Wiesen vorbeifährt und sich Sorgen darüber macht, wie sein Text wohl ankommen mag, schaut der Achtsame aus dem Fenster, empfindet die Geschwindigkeit, erlebt, wie sich Farben durch die Schnelligkeit verziehen, entdeckt Tiere in den Wiesen oder schmeckt noch den Nachhall seines Sandwiches im Mund. Danach schreibt er.

Im Zustand der Achtsamkeit entdecken wir Unterschiede, die uns beim flüchtigen Streifen nicht aufgefallen wären. Der achtlose Wanderer nimmt »Blumen« am Wegesrand wahr, wenn überhaupt, der Achtsame dagegen entdeckt die Vielfalt, die Einzigartigkeit in jedem Wesen und Objekt. Üblicherweise wird dann selbst das Belanglose und potenziell Negative als schön empfunden. Gerade achtsam, kann ich hier auf dem Flughafen das wilde »Gefahre« auf dem Asphalt als faszinierend und schön empfinden: Wie alles ineinandergreift und funktioniert, und wie die Leute es schaffen, die Koffer zuzuordnen und alle Flieger genügend zu betanken. Früher – eher unachtsam – hätte ich Angst vor Verspätungen gehabt und davor, dass mein Gepäck nicht ankommt oder dass ich abstürze, womöglich. Oder ich wäre nachtragend gewesen, weil mir die Bodenstewardess das erhoffte Upgrade nicht gegeben hat. Im Hier und Jetzt angekommen, sehe ich zunächst einmal, was alles funktioniert, dass ich hier bequem bei angenehmen Temperaturen sitze, nicht zu spät gekommen bin und an einem Text schreibe. Und ich empfinde den Kaffee, den sich die Reinigungskraft nicht leisten kann, als etwas Kostbares.

Achtsamkeit findet über die Therapieschulen hinweg Anwendung, und viele Betriebe bieten entsprechende Trainings zur Gesundheitsförderung und zur Motivation der Mitarbeiter an. Kirk Brown fasste die Forschung zusammen und zeigte, dass Achtsamkeit die körperliche wie mentale Gesundheit genauso steigert wie das Wohlbefinden. Außerdem stärkt sie das Immunsystem, verringert das Stressempfinden und fördert die Kreativität.

Andrea Führer, Elke Rohmann und ich haben vor Kurzem zudem gezeigt, dass die Beziehungszufriedenheit im Zustand der

Achtsamkeit zunimmt. Dies sollte deshalb so sein, weil Beziehungspartner naturgemäß auch Krisen und Konflikte erleben – jeder macht einmal Fehler, verletzt den anderen oder gerät mit ihm in einen Disput. Es kommt dann allerdings darauf an, wie solche Auseinandersetzungen und Fehler verstanden werden, beispielsweise, ob jemand aufkommende Emotionen als nachhaltig interpretiert oder gar als Zeichen dafür, dass etwas mit dem Partner generell nicht stimmt, oder aber als ein durch die Situation entstandenes und flüchtiges Ereignis, das nicht unbedingt einen Makel des Partners signalisiert. Zudem kann natürlich jedes Fehlverhalten unterschiedlich verstanden werden: Hat mein Partner vergessen, den Müll hinunterzutragen, kann ich das entweder auf einen stabilen und allgemeinen Makel in seinem Charakter zurückführen (»Er ist immer so nachlässig.«) oder auf einen flüchtigen Grund, der sich verändernde Einflüsse mit einbezieht (»Vielleicht war er heute müde oder genervt von der Arbeit.«).

In einem Experiment gaben wir Studierenden Geschichten zu lesen, in denen ein Partner beim Fremdgehen erwischt wurde – mit dem besten Freund beziehungsweise der besten Freundin. Sie sollten sich in die Geschichte hineinversetzen und sich vorstellen, der Betrogene zu sein. Das löst normalerweise eine schlechte Stimmung aus, die jedoch in der achtsamen Versuchsgruppe weniger stark sein sollte. Dies war in der Studie tatsächlich der Fall. Zudem konnten wir zeigen, dass die Versuchsteilnehmer eine wohlwollendere Interpretation gegenüber negativen Verhaltensweisen des Partners zeigten, wenn sie vorher ein kurzes Achtsamkeitstraining durchlaufen hatten; dies und die bessere Stimmung waren Gründe für die als höher empfundene Zufriedenheit mit der Beziehung. Erstaunlich war die Kürze des Trainings, denn Andrea Führer bat die Versuchspersonen lediglich, während des Lesens der Geschichten alle Gedanken und Gefühle zuzulassen, statt sie zu unterdrücken, und sich vorzustellen, dass Emotionen nichts als Konstrukte des eigenen Geistes seien, die normalerweise schnell wechseln. Dieses »bisschen Achtsamkeit« reichte schon aus, um einen nachsichtigen Blick auf die Situation zu werfen.

Die Studie zeigt exemplarisch, wie Achtsamkeit zu einer besseren Selbstregulation in Bezug auf Beziehungen führt. Selbst Konflikte werden im Kontext gesehen, die Stimmung hellt sich auf, und damit erscheinen Partner und Beziehung in einem besseren Licht.[38] Die Beziehungsforschung findet viele positive Auswirkungen auf Beziehungen und die eigene Selbstregulation bei Menschen, die schon an einigen Achtsamkeitstrainings teilgenommen haben.

Insgesamt zeigen neuropsychologische Untersuchungen, dass emotionale Reaktionen auf bedrohliche Reize bei achtsamen Menschen schnell im präfrontalen Kortex weiterverarbeitet werden, der es einem prinzipiell ermöglicht, Negatives kognitiv anders einzuordnen. Ich habe in meinem Buch *Was das Haben mit dem Sein macht* beschrieben, wie ein negativer Reiz, wenn kognitiv uminterpretiert, plötzlich weniger Angst erzeugt. Seitdem ich immer achtsamer wurde, gelingt es mir schneller zu verstehen, dass Spinnen, vor denen ich vorher Angst hatte, nützliche, scheue und faszinierende Tiere sind, und mittlerweile kann ich mit einer Spinne im Zimmer ruhig einschlafen. Auf das Thema *Haben und Sein* bezogen, sind achtsame Menschen mit dem, was sie haben, eher zufrieden und sehen in älteren Objekten eher Vor- als Nachteile. Da erscheint der Nudeltopf, den man von der Oma geerbt hat, mit all seinen Dellen und Macken als schöner als der neue, seelenlose Thermomix, den »man haben muss, weil ihn alle haben«.

### Seinsziele als das Gegenteil von Nehmen: Teilen, Spenden, Helfen

Spannend sind Seinsziele, die Habenzielen diametral entgegengesetzt sind, wie *Teilen, Spenden, Helfen.* Ökonomen und wirtschaftspsychologisch interessierte Kollegen, die den Menschen als Homo oeconomicus sehen, würden bezweifeln, dass solche Seinsziele jemanden glücklich machen könnten, denn Kosten-Nutzen-Modelle des Lebens sind vor allem auf Profit aus: Mehr ist mehr. Warum sollte also ausgerechnet Geben glücklich machen? Bei näherem Hinsehen wird natürlich schnell klar, dass prosoziale Handlungen für die Akteure stimmungsverbessernd sein können, wobei das Gefühl besser als »Stolz« bezeichnet werden sollte: Verzichtet man auf etwas oder unternimmt eine dem Eigennutz widerstrebende Anstrengung, empfindet man wohl eher Stolz als Glück.

Forschung kann belegen, dass es manchmal besser für die eigene Stimmung ist, etwas abzugeben, als es zu behalten. Lara Aknin und ihr internationales Kollegenteam konnten in 136 Ländern einen solchen stimmungsverbessernden Effekt bei Spendern aufzeigen. Interessant war, dass diese Wirkung in armen wie in reichen Ländern von gleicher Stärke war, es sich also nicht um einen Effekt handelte, der nur bei Menschen eintrat, die sowieso genug haben. Shigehiro Oishi und Kollegen konnten weiterhin zeigen, dass Menschen, die ein Ehrenamt ausüben, glücklicher sind als solche, die vor allem in den Bereichen Einkommen, Ausbildung und Politik besonders erfolgreich waren. Zeit zu spenden ist also ebenfalls ein Glücksspender – und auch dies über alle sozialen Schichten hinweg.

Moderne Theorien zum Altruismus gehen davon aus, dass man oft etwas zurückerwartet, wenn man schenkt: ein Danke, eine gute Stimmung oder sogar ganz konkret, dass das Geschenk in der Zukunft in irgendeiner Form zurückgegeben wird. In manchen Studien konnte jedoch festgestellt werden, dass ein Dank oder ein anderer direkter Verstärker desjenigen, dem geholfen wurde, nicht notwendig ist, um altruistisches Verhalten auszulösen. So durften in einem Experiment Versuchsteilnehmer für Kinder im Krankenhaus oder für sich selbst einkaufen gehen. Wie in anderen Studien waren diejenigen Probanden glücklicher, die anderen halfen – und dies selbst dann, wenn sie ihre Einkäufe im Labor abgeben mussten, also gar nicht erwarten konnten, die Kinder zu Gesicht zu bekommen.

Ein Dankeschön von Kinderlippen war somit nicht der Grund für das Verhalten. Wahrscheinlich waren verinnerlichte Standards, zu helfen, der Auslöser für die Stimmungsverbesserung. Schließlich sind nicht nur in religiösen Gemeinschaften prosoziale Normen der Caritas verankert, sie gehören zu unserer Zivilisation, ja, zu unseren Grund- und Menschenrechten. Deshalb sehen sich derzeit auch viele Deutsche in der Pflicht, Flüchtlingen zu helfen – das tun Menschen einfach, wenn es anderen Menschen schlecht geht, beziehungsweise »sollten sie tun, wenn sie zur Gemeinschaft der Menschen dazugehören«.[39] Nichthelfen würde demnach ein schlechtes Gewissen verursachen, das es zu vermeiden gilt.

Vor dem Hintergrund dieser Forschungsergebnisse ist es schwer zu beurteilen, ob es tatsächlich rein uneigennütziges Helfen gibt – ich werde darauf in Kapitel 20 noch weiter eingehen. Den Beschenkten wird es allerdings egal sein, warum jemand hilft – sie werden es in jedem Fall zu ihrem Glück brauchen können.

All diese Befunde liefern natürlich lediglich Hinweise darauf, welche Ziele wirklich glücklich machen. Selten gibt es Studien, die Haben- und Seinsziele gegeneinander antreten lassen, um zu testen, was wirklich »besser« ist: Haben oder Sein? Unser Modell lädt aber dazu ein, solche Forschungsfragen anzugehen. Was ist denn besser: ein einsamer Spaziergang in der Natur, Sport mit anderen oder mit dem besten Freund shoppen gehen? Geld spenden, ehrenamtlich tätig sein oder ein Schmuckstück kaufen?

Lebensziele sind sehr individuell, aber ich denke, dass die meisten von uns mehr von Seins- als von Habenzielen profitieren. Vor allem wir reichen Deutschen würden nicht durch noch mehr Besitz glücklicher, sondern durch Dankbarkeit und ein breiter aufgestelltes soziales Leben. Meine Sekretärin Içiar ist Spanierin, und wie sie beobachte ich immer wieder, dass alte Menschen in spanischen Dörfern auf dem Marktplatz stehen und schwatzen, sich im Café die Zeitung teilen, miteinander Kaffee trinken, während die Enkel um sie herumtoben. Içiar meint, dass die deutschen Pflegeheime zehnmal besser wären als die spanischen, hygienischer, technisch besser ausgestattet, mit größeren, komfortablen Räumen. Aber würde sie gern in Deutschland alt werden? Nein. Niemals.

Insgesamt zeigte meine Analyse von 2015[40], dass fast alle Seinsziele (jedenfalls die, die ich hier aufgelistet habe) menschliche Grundbedürfnisse befriedigen können. Gefühle wie *Sicherheit* herstellen, eine eigene *Identität* schaffen, *Spaß* bewirken, *sich selbst verwirklichen*, *Zugehörigkeit*, *Kontrolle*, *sozialer Vergleich* und *Stimulierung* kann man durch Seinsziele und -mittel genauso erreichen wie durch Habenmittel und Habenziele. So kann ein Mensch mit einem schicken Porsche Spaß haben, seine Neugierde befriedigen, sich sicherer fühlen, anderen zeigen, dass er wichtiger ist als sie, ein Gefühl von Kontrolle über sein Leben gewinnen, allein weil er das Gefährt kontrolliert, und er kann durch den Porsche Freunde gewinnen. Diese Bedürfnisse können sich aber genauso durch einen Waldlauf mehrmals die Woche befriedigen lassen oder durch das aktive Mitwirken in einer religiösen Gemeinschaft.

Allein Lebenssinn und Transzendenz werden einem nicht mithilfe von Habenzuständen gelingen. Transzendenz, das Über-sich-Hinauswachsen, das Maslow als höchstes Ziel des Menschen auf seine Bedürfnispyramide setzte, bezeichnet das Streben nach Höherem, um sich als Teil eines größeren Ganzen zu fühlen, wobei man zum Beispiel Dienste für die Allgemeinheit leistet oder sich für soziale Gerechtigkeit einsetzt. Das geht vor allem im Spirituellen und im sozialen Handeln.

Wenn man davon einmal absieht, zeigt sich letztendlich, dass man mit dem Haben nicht kreuzunglücklich sein muss. Kurzfristig gesehen kann es einem Freude bereiten, ein schönes Kleid zu kaufen. Es kann den Selbstwert steigern, und man kann damit zeigen, wer man ist und was man möchte. Längerfristig allerdings scheinen Seinszustände – soziale Ereignisse, spirituelle Erfahrungen, Natur, Kunst und Geben – glücklicher zu machen als Haben.

Einen Kompromiss bieten Güter, die man gemeinsam mit anderen verbraucht. Hier zeigt Forschung von Leaf van Boven und Thomas Gilovich, dass Menschen zufriedener sind, wenn sie ihr Geld in soziale Ereignisse wie gemeinsame Abendessen, Partys, Sport- oder Musikveranstaltungen, Opern-, Zoo- und Museumsbesuche oder Urlaube stecken als in Güter, die man irgendwo hinstellt, um damit einen gewissen Status zu erwerben. Der Vorteil von Erlebnisgütern ist, dass sie allein in der Erinnerung bestehen bleiben, und da werden sie ja sogar immer schöner. Die meisten Objekte, die man kauft, werden hingegen immer unansehnlicher, werden unmodern oder funktionieren nicht mehr und verlieren also mit der Zeit an Wert. Wie sagt es der Skandalrapper Alligatoah so schön:

*»Bei so billigem Zeug ist es nicht nötig, meinen Kram zu schleppen*
*Nach meinem Picknick mit Fritteusen und Massagesesseln*
*Man kann mich durch die Spur von leeren Plastikhüllen orten*
*Sie führt zum Mediamarkt, ich kaufe den Müll von morgen*
*Und lass ihn liegen ...«*

HABST sagt zudem, dass Objekte dann glücklich machen, wenn sie zu weiteren höheren Zielen wie der Selbstverwirklichung eingesetzt werden. Dazu gehören übrigens auch Lehrgänge und Fortbildungen, die uns in Deutschland ja wie in einem Supermarkt zur Verfügung stehen. Ich habe vor Kurzem an einer Akademie in Köln eine Synchronsprecherausbildung absolviert und wieder einmal erlebt, wie schön es sein kann, etwas einfach so zum Spaß zu machen, und wie leicht man dann interessante Menschen kennenlernt. Ein pensionierter Kollege macht gerade eine Schreinerlehre und unterrichtet derweil den Schreiner in Psychologie – solche Ideen regen mich an, die Fülle des Lebens dankbar wahrzunehmen.

Allerdings sind die Erkenntnisse psychologischer Forschung häufig auf gebildete, wohlhabende »Stichproben« beschränkt. Arme Menschen kamen lange Zeit fast überhaupt nicht vor, und so war es fast ein bisschen peinlich, als man recht spät entdeckte, dass die Gleichung »Materialismus macht unglücklich« auf Arme nicht zutrifft. Ihnen geht es besser, wenn sie sich auf das Haben konzentrieren, und das ist ja letztendlich auch funktional.

Allerdings sollten wir nicht vergessen, dass wir durch unseren Materialismus die Erde zerstören. Inzwischen gibt es ein ganzes Heer von Kollegen, die versuchen, Menschen zu ökologischem und nachhaltigem Verhalten zu führen. Die *ökologische Psychologie* hat, basierend auf den Motivationsgesetzen (siehe Kapitel 8), sehr gute Ansätze entwickelt, wie Menschen motiviert werden können, von unnützen Käufen, Stromverbrauchen, Reisen (besonders Flügen) abzusehen oder weniger Fleisch zu essen. Allerdings können wir hier quasi »live« beobachten, wie wenig sie fruchten. »Die Wirtschaft« spielt die Gefahren der globalen Erwärmung natürlich herunter (kennen wir aus der Dissonanzreduktion), die Verbraucher mögen nicht verzichten (kennen wir aus der Konditionierungsforschung und der Selbstkontrolle) und erklären unethischen Verbrauch mit allen möglichen altbekannten Entschuldigungen (»Man gönnt sich ja sonst nix«, »Wenn ich auf die Tüte verzichte, werden die Meere nicht gerettet« oder »Die Politik soll das regeln, was soll der kleine Mann denn schon tun?«).

Die Tatsache, dass der Planet kaum noch zu retten ist, zeigt die Grenzen unserer Disziplin: Tatsächlich kann die Psychologie die Massen nicht verzaubern, so effektiv sie auch in der Face-to-Face-Interaktion oder in der Therapie sein kann. Marcel Hunecke hat in seiner Forschung herausgestellt, dass ökologische Interventionen und faire Produkte auch »cool« sein müssen (motivationspsychologisch gesprochen: einen hohen hedonischen Wert haben müssen), damit sie von den Massen angenommen werden. Ein schlecht genähter Jutesack wird eine cool aussehende Tasche vom KaDeWe nicht schlagen können, egal wie ökologisch korrekt er ist. Und ein saurer Biowein wird den herkömmlichen »gespritzten« nicht ersetzen, nur weil »bio« draufsteht. Jedoch ist völlig klar, dass wir sehr viel weniger konsumieren *müssen,* um unsere Lebensgrundlage, die Erde, nicht weiter zu gefährden. Wir werden sehen, ob die intelligenteste Spezies des Planeten das hinbekommt.

# 17
# Was kann ich? – Intelligenz und Kreativität

Intelligenz und Kreativität bezeichnen nicht nur in der Wissenschaft wichtige Eigenschaften unserer Spezies. Tatsächlich basiert unser Wohlstand in Deutschland immer weniger auf der Produktion von Gütern oder der Gewinnung von Ressourcen, sondern zu einem beträchtlichen Teil auf der Entwicklung von Innovationen und intelligenten Ideen.

Zudem helfen uns kreatives Problemlösen und Intelligenz im Alltag. Was machen wir, wenn wir uns nachts in den Finger schneiden und kein Pflaster finden? Vermutlich werden wir auf viele Ideen kommen, Ideen, die wir vorher noch nie hatten. Vielleicht kommt uns in den Sinn, ein altes, sauberes Hemd zu zerreißen, einen Streifen Stoff um die Wunde zu wickeln und mit Tesafilm zu fixieren. Oder wir schneiden den Daumen eines Gummihandschuhs ab, stülpen ihn über den mit einer Papierserviette umwickelten Finger und befestigen das Ganze mit einem Gummiring.

Manche Ideen werden besser, manche schlechter funktionieren, aber allein die Tatsache, dass wir ein solches Problem mit großer Wahrscheinlichkeit irgendwie lösen werden, ist ein kleines Wunder. Die meisten anderen Tiere müssten bei solchen Schwierigkeiten auf ein gutes Immunsystem und einen glimpflichen Verlauf hoffen. Ganz zu schweigen davon, dass noch kein anderes Tier so etwas Nützliches und Lebensrettendes wie ein Pflaster erfunden hat, ist insgesamt die Änderung einer gedanklichen Routine bei anderen Tieren in sehr viel geringerem Maß möglich. Es gibt Studien, die zeigen, dass Vögel in der Lage sind, Äste zu verwenden, um Insekten aus einer Flasche zu locken. Dies ist aber schon eine Sensation im Tierreich und bedeutet nicht, dass die Stöcke nun auch zum Beispiel als Waffe gegen Feinde oder zum Aufspießen von Beute eingesetzt würden.

Menschen lösen anstehende Alltagsprobleme normalerweise, auch wenn es manchmal etwas dauert und es manchen von uns schneller gelingt als anderen. Wir scheinen sogar Spaß daran zu haben, Ideen weiterzuentwickeln und zu verbessern, sie abzuwandeln und Dinge und Objekte schöner zu gestalten.

Kreativität und Intelligenz bemerken wir nicht nur im Handwerklichen, sondern auch im sozialen Miteinander, dann, wenn wir Konflikte lösen müssen oder andere von unserer Meinung überzeugen wollen. Ich brauche sie auch als Therapeut, wenn ich merke, dass eine Methode, die bei vielen Klienten funktioniert, bei einem nicht nützlich ist. In wenigen Sekunden habe ich mich auf die Situation eingestellt und wende etwas anderes an oder denke mir etwas Neues aus. Was aber ist Intelligenz, und was ist Kreativität?

## Intelligenz ist das, was ein Intelligenztest misst?

Es ist erstaunlich, wie oft in unserer Gesellschaft Intelligenz in irgendeiner Form gemessen wird. Nehmen wir die Schulnoten, die den Zweck verfolgen, eine Form von allgemeiner Intelligenz zu messen. Sie wären wertlos, wenn sie nicht eine Vorhersage ermöglichten, ob jemandem beispielsweise ein Studium wie Jura oder Medizin zuzutrauen ist. Und schon fallen einem die vielen Schulabbrecher ein, die später als Genies bezeichnet wurden. Nobelpreisträger wie Gerhart Hauptmann, Thomas Mann und Hermann Hesse mussten Ehrenrunden drehen, und selbst Albert Einstein flog einmal vom Gymnasium. Und im Silicon Valley werden 17-jährige Schulabbrecher wie Erik Finman Millionär. Allerdings belegt Forschung den Zusammenhang zwischen Schulnoten und späterem Studienerfolg im Allgemeinen – Ausnahmen bestätigen wie immer die Regel.[41]

Was aber ist Intelligenz? Da es Hunderte verschiedene Definitionen gibt, einigten sich 52 renommierte Forscher darauf, Intelligenz zu definieren als »eine sehr allgemeine geistige Fähigkeit, die unter anderem die Eignung zum schlussfolgernden Denken, zum Planen, zum Problemlösen, zum abstrakten Denken, zum Verstehen komplexer Ideen, zum raschen Auffassen und zum Lernen aus Erfahrung mit einschließt«[42]. Das ist sehr umfassend, weshalb ja auch Intelligenztests, die üblicherweise alle in dieser Definition vorkommenden Komponenten abtesten, allesamt sehr lang sind.

Das Testen von Leistung brachten übrigens englische Militärs im 19. Jahrhundert aus China mit, wo Beamte schon seit rund 4000 Jahren in regelmäßigen Abständen hinsichtlich ihrer mentalen Leistungen überprüft und dementsprechend eingesetzt wurden. Francis Galton, ein Cousin Charles Darwins, wollte Intelligenz systematisch messen, um zu verstehen, warum sich Menschen hinsichtlich ihrer geistigen Fähigkeiten und ihres Erfolgs im Leben voneinander unterscheiden. Er vermutete, dass Intelligenz genetisch festgelegt ist und dass die Mehrheit der Menschen eine mittlere Intelligenz aufweist, während nur einige wenige nach oben oder unten abweichen.

Sein Zeitgenosse Alfred Binet verstand Intelligenz dagegen als eine Fähigkeit, die veränderbar, sozialisierbar und dennoch messbar ist. Er entdeckte das sogenannte *Intelligenzalter* des Kindes, was bedeutet, dass geistige Leistungen in einem bestimmten Alter einen bestimmten mentalen Standard erreichen. Ein Vier- oder Sechsjähriger kann demnach durchaus ein Intelligenzalter von fünf haben. Interessanterweise sah Binet voraus, dass IQ-Tests zur Stigmatisierung verwendet werden könnten, und warnte davor. Auch heute noch würde jeder Intelligenzforscher vor sich selbst erfüllenden Prophezeiungen warnen: Wenn jemand einmal als »dumm« getestet wurde, besteht die Gefahr, dass Erzieher ihn auch so behandeln und die Intelligenzleistung immer mehr abnimmt. Dennoch erschien der amerikanischen Regierung am Anfang des 20. Jahrhunderts die Messung von Intelligenz nützlich, denn die zahlreichen Immigranten aus aller Herren Länder, die zu der Zeit ins Land strömten, sollten möglichst schnell und treffsicher bezüglich ihrer Tauglichkeit für das Militär eingeschätzt werden. Daher wurde in Nordamerika

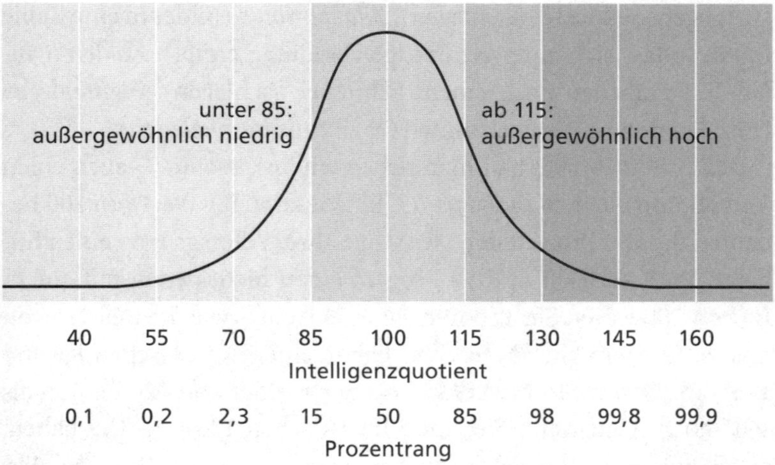


**Abb. 22 Normalverteilung IQ**

die Intelligenzforschung besonders unterstützt und weiterentwickelt. Ironischerweise gab vor allem der Erste Weltkrieg der Intelligenzdiagnostik einen gewaltigen Schub – man brauchte damals eine Menge intelligentes Kanonenfutter und wollte zudem wissen, wer für eine höhere Laufbahn geeignet wäre.

Lewis Terman von der Universität Stanford übernahm die Ideen des Franzosen Binet und entwickelte die berühmte *Stanford-Binet-Intelligenzskala* für Kinder. Er ersetzte das Intelligenzalter durch einen objektiveren Wert, der auf alle Altersgruppen angewandt werden konnte. Der Stanford-Binet-Test wurde über das Jahrhundert hinweg immer weiter verbessert, war jedoch sehr auf verbale Fähigkeiten fixiert, und nicht all unser Erfolg beruht darauf.

David Wechsler entwarf schließlich einen Test für Erwachsene, der die *verbale* und die *Handlungsintelligenz* voneinander unterscheiden kann. Die deutsche Version heißt *Hamburg-Wechsler-Intelligenztest für Erwachsene* und wurde zunächst als *HAWIE* abgekürzt. Nach mehreren Revisionen heißt er nun *WAIS-IV* und umfasst zehn Untertests, darunter *Gemeinsamkeiten finden* (etwa zwischen Flugzeugen und U-Booten), *Wortschatz-Test* (zum Beispiel: Was heißt »kooperieren«?), *rechnerisches Denken* (Dreisatz etc.), *Mosaik-Test* (vorgegebene Muster nachlegen), *Bilder ordnen* (Bilder in eine Reihe legen, sodass sich eine vernünftige Handlung ergibt), *Zahlen-Symbol-Test* (Tabellen nach einem Schlüssel nachlegen), *Figurenlegen* (Puzzleteile zu einem bekannten Objekt zusammenlegen).

Als Testergebnis erhält man neben einem *Gesamt-IQ* auch einen *Verbal-* und einen *Handlungs-IQ*. Ein Gesamt-IQ-Wert von 100 bedeutet, dass 50 Prozent der Menschen Ihrer Altersgruppe einen höheren Wert erzielen und 50 Prozent einen niedrigeren; mit einem IQ von 100 wären Sie also normal intelligent – wie die meisten von uns. 68 Prozent aller Menschen haben einen IQ zwischen 85 und 115; ein IQ von 110 bis 119 gilt als hoch, einer von 120 bis 129 als sehr hoch. Und wenn Sie einen IQ zwischen 130 und 159 haben, gelten Sie als »hochbegabt« (das sind allerdings nur 2,2 Prozent aller Menschen). Viele bezweifeln, dass der Test für Menschen ab einem IQ von 145 noch eine ausreichende Testgüte hat; für sehr hochbegabte Menschen müssen deshalb andere Tests verwendet werden. Auch deutet ein Wert unter 40 eher darauf hin, dass der Test nicht verstanden wurde – nicht selten sind Sprachschwierigkeiten schuld an sehr niedrigen Testergebnissen. Mit 60 bis 90 Minuten Bearbeitungszeit ist die Messung auch recht anstrengend, und so kommen andere Faktoren mit ins Spiel, die die Ergebnisse beeinflussen können, wie Ausdauer, Konzentration und Tagesform.

Insgesamt hat sich der Test aber als recht aussagekräftig herausgestellt, und die Schwankungsbreite ist im akzeptablen Rahmen – sie beträgt 10, das heißt, wenn Sie in einem Test ein Ergebnis von 110 erhalten haben, könnte Ihr tatsächlicher IQ zwischen 100 und 120 liegen. »Akzeptabel« bedeutet aber nicht »perfekt«, denn ein IQ von 111 könnte bedeuten, dass man sich entweder als »normal«, als »hoch« oder gar »sehr hoch« intelligent bezeichnen kann. Auch die Retest-Genauigkeit kann im Einzelfall enttäuschen. Obwohl sie im Allgemeinen als gut eingeschätzt wird, so beobachtet man doch immer wieder merkwürdige Differenzen: Eine Testleserin verriet mir, dass sie dreimal getestet wurde und die Werte 118, 132 und 146 erhielt.

Es gibt sicherlich keinen Moment in der Geschichte des Tests, in dem er nicht immer wieder Kritik einstecken musste und Erweiterungen erfuhr. Einige bezweifelten, dass dieser Test tatsächlich all das misst, was wir gemeinhin unter Intelligenz fassen würden. Wenn ich ein Kind hätte, würde ich ein schlechtes Ergebnis daher nicht ernst nehmen, sondern mich fragen, welche Talente mein Kind hat, die der Test nicht misst. Andere, wie Arthur Jensen, vertraten die Ansicht, der Test sei zwar gut, aber zu lang, da doch vor allem nur eine einzige, allgemeine Fähigkeit gemessen werde: der *G-Faktor,* also diejenige kognitive Fähigkeit, die sowohl mathematischen als auch verbalen Fähigkeiten zugrunde liegt. Wieder andere wie Raymond Cattell wiesen darauf hin, dass Wissen, also das, was man schon im Gedächtnis gespeichert hat und das zum Beispiel beim Lösen von geografischen Fragen hilft, von *fluider Intelligenz* – der Fähigkeit, *neue* Probleme *ohne Vorwissen* zu lösen – unterschieden werden müsse. Vor allem Menschen aus anderen Ländern hätten in einem Test, der nicht nur kulturell spezifisches Faktenwissen testet, sondern das allgemeine Lernpotenzial, bessere Chancen.

Migrantenkinder etwa erhalten niedrigere Testwerte, weil sie mit manchen Inhalten der deutschen Tests wenig oder keine Erfahrung haben. So berichtet eine Bochumer Forschergruppe um Axel Schölmerich, dass Kinder türkischer Einwanderer bei einem Gedächtnistest versagten, bei dem sie die Bilderkombination »Hund Auto Mohrrübe« erinnern sollten. Es stellte sich heraus, dass die Kinder selten Mohrrüben mit Grün gesehen hatten und daher rätselten, ob es sich bei der Möhre um eine Blume oder um ein Gemüse handelte. Das lenkte sie ab, sodass sie sich die anderen Bilder auch nicht merken konnten. Um Testergebnisse vergleichbar zu machen, hätte man den deutschen Kindern einen Granatapfel oder eine Aubergine zum Erinnern geben müssen. Auch ganze Wissensbereiche sind bei Kindern aus unterschiedlichen Kulturen mal mehr, mal weniger ausgebildet. So sind türkische Kinder deutschen Kindern beispielsweise im Wissen um den menschlichen Körper unterlegen. Ein Versagen in solchen Teilaufgaben zeigt dann jedoch keine generell verminderte Intelligenz an, sondern eine unterschiedlich gute Ausbildung in bestimmten Wissensdomänen.

Zudem stellte sich heraus, dass das Beantworten von Fragen, so wie im Test vorgesehen, von deutschen Eltern im Allgemeinen besser einstudiert wird als von türkischen. Die Deutschen lesen schon früh mit ihren Kindern Kinderbücher und befragen die Kleinen dabei spielerisch. Das gleicht oftmals der Prozedur des Fragenbeantwortens in einem Intelligenztest, und wenn man darin ein wenig mehr Übung hat, gelingt das Lösen aller denkbaren Fragen-Antwort-Aufgaben besser. Dies spiegelt aber nicht unbedingt ein allgemeines Lernpotenzial wider, sondern lediglich den Grad der Erfahrung, den man in der häuslichen Umgebung erworben hat – mit anderen Worten abgespeichertes *prozedurales Wissen, wie* man am besten Fragen beantwortet.

Will man faire, vergleichbare Ergebnisse erzielen, die allein das Intelligenzpotenzial anzeigen, sollte man vor allem Aufgaben entwickeln, die zuverlässig fluide Intelligenz widerspiegeln. Ein Wissensdefizit kann man bei hohem Intelligenzpotenzial ja später kompensieren. Ich habe viele Studierende begleitet, die in ihrer Kindheit aus aller Herren Länder zu uns gezogen sind und – nach starken Anfangsschwierigkeiten – ein besseres Abitur machten als hier Geborene. Ich habe es auch nicht nur einmal erlebt, dass sie besser Deutsch schreiben konnten! Wissen kann man schneller aufbauen als ein niedriges Potenzial.

Studien zeigen dementsprechend, dass benachteiligte Gruppen, wie Migranten, viel stärker von Intelligenztrainings profitieren. Das spricht wiederum dafür, dass in jedem Fall Teile von Intelligenz erlernt werden können. Es bedeutet auch, dass viele Testergebnisse das anzeigen, was *in einer Situation vorhanden ist.* Sprich, ein niedriger IQ zeigt nicht unbedingt ein chronisches Unvermögen an – es hängt eher von der Qualität der Schule oder Förderungsmaßnahmen ab, ob er so niedrig bleibt.

Mehr und mehr fordern Psychologen deshalb, dass kulturelle Unterschiede stärker mit einbezogen werden müssten. Dies betrifft nicht nur bestimmte Wissensgebiete, sondern auch bestimmte Fähigkeiten. Während bei uns das, was der Test misst, nämlich mentale Fähigkeiten, relevant für den Erfolg im Leben sei, so sei in anderen

Kulturen wichtiger, wie gut jemand tanze oder singe oder wie gut sich jemand sozial anpassen könne. Vor allem kollektivistische Kulturen, für die ja ein funktionierendes Gruppenleben viel wichtiger ist als für die eher individualistisch geprägten westlichen, legen auf die Fähigkeit, sich unterzuordnen, gesellschaftliche Normen zu befolgen und die Emotionen anderer zu verstehen, großen Wert. In diesen Ländern bestimmt also eine weniger kognitive Art von Intelligenz wesentlich den beruflichen und gesellschaftlichen Erfolg, und daher würde ein westlicher IQ-Test wenig taugen, um eine Vorhersage für das tatsächliche Vorwärtskommen im Leben zu liefern.

## Intelligenz hat viele Gesichter

Howard Gardner hat durch Kulturvergleiche neun verschiedene Intelligenzbereiche identifiziert, die in verschiedenen Kulturen unterschiedlich wertgeschätzt werden. Dazu gehören Musikalität (wie sensibel man gegenüber Rhythmus und Ton ist), interpersonale Intelligenz (wie gut man mit anderen klarkommt), intrapersonale Intelligenz (was ich über mich selbst und meine eigenen Motive weiß), Naturintelligenz (was ich über die natürlichen Prozesse um mich herum verstehe), kinästhetische Intelligenz (wie sie zum Tanzen oder beim Umgang mit Objekten wie beim Segeln oder Jagen wichtig ist) und existenzielle Intelligenz (das Durchdenken grundlegender Fragen der Existenz). Räumliche, verbale und mathematisch-logische Intelligenzen kämen in anderen Kulturen zwar ebenfalls vor, aber seien nicht zentraler als die anderen. Gardner bemerkte, dass Menschen bestimmter Naturvölker erstaunlich geschickt mit ihren Füßen Boote lenken können und sogar erspüren, wann sich unter ihnen Fische befinden – und wer würde widersprechen, dass diese Form von Intelligenz in der Kultur dieser Menschen wichtiger und zentraler ist als mathematische Regelmäßigkeiten oder verbale Spitzfindigkeiten.

Vor allem die *emotionale Intelligenz* – und damit einhergehend der *EQ* – fand in den letzten Jahren immer mehr Bedeutung. Daniel

Goleman schrieb 1995 seinen weltweiten Bestseller *Emotionale Intelligenz* und forderte uns dazu auf, das Konzept Intelligenz noch einmal zu erweitern. Vielen Lesern, denen kaltes Wissen als Lebensideal nicht auszureichen schien, kam das zur damaligen Zeit sehr gelegen. Die emotionale Intelligenz umfasst Aspekte wie *Emotionsregulation* (Kontrolle über Emotionen haben), *Emotionswahrnehmung bei anderen*, die Fähigkeit, *Emotionen bei Überlegungen mit einzubeziehen*, und *Emotionsverständnis.*

Sogenannte EQ-Tests sind noch nicht ausgereift, aber es scheint schon jetzt klar zu sein, dass der EQ etwas anderes ist als der IQ und beide unabhängig voneinander zum Erfolg im Leben beitragen, wie Dana Josephs und Kollegen fanden – jedenfalls in unseren westlichen Gesellschaften, wo diese Tests evaluiert werden. Vermutlich ist das Interesse am EQ auch Veränderungen von sozialen Normen in unserer modernen Welt geschuldet. Heutzutage will niemand mehr einen hochintelligenten Kollegen an seiner Seite, der einen beim geselligen Zusammensein durch unvorsichtige Witze beleidigt, und niemand möchte einen unsensiblen Lehrer, der nicht begreift, warum ein Kind weint. Eine gewisse Sensibilität und Fähigkeit zur Empathie werden heutzutage von jedem erwartet.

Wie zu erwarten, haben Frauen in EQ-Tests bisher häufig bessere Ergebnisse. Zudem scheint EQ mit einer guten Selbstkenntnis zusammenzuhängen, mit einer hohen Selbstwirksamkeit (dem Vertrauen, in bestimmten Aufgaben erfolgreich zu sein, siehe oben), Extraversion[43] und einer emotionalen Stabilität. Die nächsten Jahre werden zeigen, ob es sich dabei um genetisch bedingte Eigenschaften handelt oder ob die gefundenen Unterschiede zwischen Personen gesellschaftliche Ursachen haben.

Ich vermute Letzteres, denn als Therapeut habe ich erleben können, wie man die Neugierde auf Selbsterkenntnis, den Selbstwert und die Zuversicht von Klienten fördern kann – und somit ihre emotionale Intelligenz. In allen Menschen schlummern solche Potenziale, die man gemeinsam mit ihnen entdecken und wecken kann. Mir scheinen Coachings, in denen Menschen mehr über sich erfahren, in denen sie ihre Sensibilität und ihr Mitgefühl stärken, im

Übrigen nicht nur sinnvoll, um den beruflichen Erfolg zu verbessern. Emotionale Intelligenz hilft auch, achtsamer und wertschätzender mit sich selbst umzugehen und letztlich gesünder zu leben. Die Unternehmensberaterin Gudrun Happich sagt dazu: Nur wer sich selbst kennt, kann glücklich und erfolgreich sein.

Insgesamt illustriert der Trend, den EQ zu berücksichtigen, wiederum die kulturelle Dimension von Intelligenzmessung. Es ist beileibe nicht in Stein gemeißelt, was Intelligenz ist oder welche Facetten Erfolg im Leben vorhersagen. Gesellschaftliche Veränderungen bringen nicht selten andere Akzentuierungen von verschiedenen Leistungen mit sich, und ihre Wertigkeit ist immer kulturell verhandelbar.

Zu guter Letzt sei noch Robert Sternbergs *triarchische Theorie* der Intelligenz genannt, die neben den üblichen Komponenten die *praktische Intelligenz* beinhaltet, also das, was wir gern unter Bauernschläue oder Cleverness verstehen und Sternberg *kontextuelle Intelligenz* nennt: die Fähigkeit, Alltagssituationen gut zu erfassen und zu koordinieren, sich an neue Situationen oder Kontexte anzupassen sowie unerwartete Hindernisse, die im Alltag auftauchen, zu beseitigen, ohne dass man auf gelernte Routinen zurückgreifen kann.

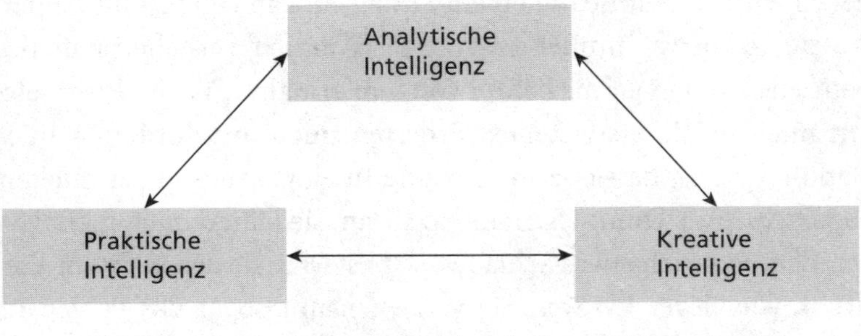


**Abb. 23 Sternbergs triarchische Theorie der Intelligenz (1985)**

Manche Menschen mit niedrigem allgemeinen IQ haben eine hohe kontextuelle Intelligenz und kommen damit gut durchs Leben. Bismarck etwa soll nicht besonders intelligent gewesen sein, habe aber durch seine praktische Herangehensweise eine Bündnispolitik geschaffen, die man sich bis dahin so nicht hatte vorstellen können.

## Intelligenztests auf dem Prüfstand

Die vielen kritischen Betrachtungen sollten nicht dazu verleiten, Intelligenztests die Vorhersagekraft rigoros abzusprechen. Manchmal bieten sie auch Chancen. Lehrer haben durch sie zum Beispiel die Möglichkeit, Kinder, deren Intelligenz nicht von einem akademischen Elternhaus entdeckt wird, frühzeitig zu fördern. Viele Studien von Bildungswissenschaftlern zeigen, wie sehr Kinder aus sozial schwachen Familien in der Schule benachteiligt werden – eine allgemein anerkannte Intelligenzmessung, bedachtsam eingesetzt, könnte Vorurteilen entgegenwirken.

Ich selbst habe als Kind eine positive Stigmatisierung durch einen IQ-Test erfahren. In meiner Grundschule wurde nämlich damals ein solcher Test durchgeführt, und es schien mir, dass das Ergebnis mein Leben stark beeinflusst hat. Aus einem finanziell weniger bevorzugten Haushalt stammend – mein Vater war Kriegswaise, meine Mutter Flüchtling –, war mir qua Geburt keine Priorisierung seitens der Lehrer vergönnt. Nach dem IQ-Test änderte sich das jedoch schlagartig. Meine Mutter wurde zum Rektor zitiert und erhielt Anweisungen, wie man mit einem solch begabten Kind umzugehen hätte. Er wurde mit einem Schlag ein Fan von mir und unterstützte mich, wo immer er konnte: War ich verhaltensauffällig, wurden statt meiner die Lehrer von ihm ermahnt. Viele Lehrer setzten mich in die erste Reihe, förderten mich und forderten mich ständig heraus, da sie ja in mir eine Intelligenzbestie vermuteten. Sagte ich etwas Dummes, nahmen sie an, sie hätten mich nicht verstanden, sagte ich etwas Schlaues, so bestärkte sie das in ihrem Vorurteil, wie clever ich war. Sie verziehen mir sogar das Fehlen im Sportunterricht (»Der Junge liest Kafka, was soll der seine Zeit verbolzen.«). Die Schule machte mir Spaß, es lief alles gut für mich, ich war selbstwirksam und hatte ein großes Vertrauen in meine Fähigkeiten.

Aus sicherem Abstand betrachtet, kann es durchaus so gewesen sein, dass ich zum Testzeitpunkt schlichtweg gut drauf war oder dass mich meine Eltern, die mit mir viel lasen und spielten, gut auf den IQ-Test vorbereitet hatten. In jedem Fall hatte man mir unverhofft eine Chance gegeben, die ich ohne IQ-Test wahrscheinlich nicht gehabt hätte.

Forschung von Robert Rosenthal bestätigt solche *self-fulfilling prophecies* – man braucht Lehrern nur glaubhaft zu vermitteln, dass bestimmte Schüler intelligenter sind als andere, schon steigen deren Noten im nächsten Jahr. Dabei entstehen offensichtlich echte Unterschiede, das heißt, die Noten werden nicht blind und ohne Grund heraufgesetzt, sondern die Lehrer fördern diese Kinder, sodass sie tatsächlich besser werden. Ein Mechanismus, der identifiziert wurde, ist die Herausforderung: Schlauen Kindern traut man demnach schwierige Aufgaben eher zu. Sie werden also leicht *über*fordert, woraus sie eine hohe Wertschätzung und ein hohes Vertrauen in die eigenen Fähigkeiten erschließen. Sie bemühen sich, strengen sich an, haben Erfolge, die Selbstwirksamkeit steigt, mit ihr die Kompetenzen und die intrinsische Motivation. So nimmt es schließlich nicht wunder, dass daraus tatsächlich gute Noten resultieren.

Auf der anderen Seite können niedrige IQs natürlich die entgegengesetzte Wirkung haben. Für dumm gehaltene Kinder werden unterfordert, sie verlieren die Lust und können irgendwann nur noch schlecht motiviert werden. In unserer Klassenstruktur mit ca. 30 Schülern können sich Lehrer nicht um jeden kümmern. Und als Dozent kann ich es nur zu gut verstehen, wenn sich Lehrende vor allem mit den »Intelligenten« abgeben. Motivierte Menschen mit guter Auffassungsgabe zu unterrichten macht einfach mehr Spaß. Viele empfehlen eine mehrfache Testung, um Tagesschwankungen auszugleichen, verbunden mit der Aufklärung, was so ein Test bedeutet. Wie gesagt, kann ein Mensch auch mit nicht ganz so hohem IQ glücklich und erfolgreich sein.

Hochbegabt zu sein ist auch nicht nur von Vorteil. Nicht wenige »Intelligenzbestien« berichten, wie sie gemobbt, isoliert und diskriminiert werden. Oftmals können sie sich auch nicht verständlich machen und laufen Gefahr, mit all ihrem Wissen buchstäblich vor die Wand zu laufen. In der Psychologie etwa verzweifeln hochbegabte Statistiker immer wieder, wenn sie den normal begabten

Praktikern erklären müssen, warum deren herkömmliche Analysen nicht günstig sind. Und zu allem Unglück entwickeln Hochbegabte häufig ein sehr ausgeprägtes Gefühl für Gerechtigkeit – eine ungesunde Kombination in Anbetracht fortwährenden Mobbings, manchmal gar Selbstmordmaterial. Dies sollte jedoch nicht darüber hinwegtäuschen, dass Intelligenz eine fantastische Basis bietet, sich selbst zu verwirklichen und die Hürden des Alltags zu nehmen. Wie alles hat auch Intelligenz Licht- und Schattenseiten.

## Kreativität – Gedanken sprengen!

Neben der Intelligenz haben wir Menschen eine andere herausragende Eigenschaft. Wir sind ausgesprochen neugierige Lebewesen und enorm kreativ. Wir erfinden Flugzeuge, Espressomaschinen, neue Organisationen und Staatsformen und gute Wege, um Konflikte zu lösen. Wir komponieren Sinfonien, erforschen die Welt und denken uns fantastische Geschichten aus.

Kreativität ist die Fähigkeit, etwas Einzigartiges und gleichzeitig Funktionelles zu erfinden, so lautet eine der Definitionen – die längst nicht von allen geteilt wird. In meiner Definition von *Alltagskreativität* braucht nicht etwas Einzigartiges oder gar Geniales erfunden zu werden, sondern reicht es aus, dass Menschen ein Problem in einer Weise lösen, in der sie es zuvor nicht gelöst haben.[44]

Nehmen wir an, Mina will Ananasrotkohl kochen und muss feststellen, dass die Ananas von innen schimmelt. Was tun? Nehmen wir an, ihre Partnerin Corinne, die Mina beeindrucken will, mag vor allem die süßliche Komponente am Kohl. Mina macht sich daher auf die Suche nach anderem Obst, sucht nach Äpfeln, Birnen, Orangen – davon ist aber leider nichts zu Hause. Da fällt ihr Trockenobst ein. Nach einigem Suchen findet sie aber nur im Müsli ein paar zerhackte Aprikosen und verwirft auch diese Idee. Schließlich kommt sie auf Marmelade, die sie im Kühlschrank hat. Das könnte schmecken, denkt sie, wenn man den Rotkohl damit karamellisiert. Stolz auf sich und die Idee, schiebt sie den fertigen Rotkohl, auf den sie Orangenmarmelade gestrichen hat, in den Ofen und bräunt die Marmelade zu einer Kruste. Corinne ist begeistert und voller Lob für »ihre« Köchin, die man mit gutem Recht »kreativ« nennen kann.

Der Grad der Kreativität wird häufig mit ihrer »Radikalität« beschrieben. Viele werden Minas Idee für kreativ halten, vor allem solche, die überhaupt nicht kochen können. Für andere ist die Idee wiederum nicht radikal genug – schließlich macht man inzwischen aus Rotkohl Speiseeis oder püriert ihn und serviert ihn als Suppe mit Nocken von der Lupine. Radikal wäre, wenn man es schaffte, aus Rotkohl ein Mittel gegen Krebs zu erzeugen.

In der obigen Definition war auch von Funktionalität die Rede, und auch hier scheiden sich die Geister: Es gibt durchaus Forscher, die diesen Aspekt als notwendiges Kriterium ablehnen. Vieles in der Kunst zum Beispiel erfüllt keine Funktion, kann nicht verwendet oder angewendet werden, oder ist flüchtig und dennoch in den Augen vieler Betrachter kreativ. Gerade im 20. Jahrhundert haben in der Kunst völlig neue Ideen Platz gefunden, wie die von Niki de Saint Phalle, auf ihre Bilder zu schießen, oder die von Gerhard Richter, die Farbenauswahl für das Fenster im Kölner Dom einem Computer (oder Gott?) zu überlassen.

Bei der Bewertung der Kreativität drängt sich noch stärker als bei der Intelligenz die Frage nach subjektiven und kulturellen Unterschieden auf. Vor Beuys Fettwanne haben Hunderte gestanden und gemurmelt: »Was soll das? Das kann ich auch.« Kreativität ist ein soziales Produkt und nicht unbedingt objektivierbar. Aus diesem Grund fordern einige Forscher, unter anderem die Kreativitätsforscherin Teresa Amabile, dass Kreativität von möglichst vielen Experten beurteilt werden sollte – dies entspräche einer *konsensuellen Definition.* Sie ist weitaus schwieriger umzusetzen als eine *objektivierbare,* wie man sie bei Intelligenz in Form von Tests zuwege bringen kann, bei denen Probanden feststehende Fragen mit festgelegten Lösungen beantworten müssen. Kreativität passe nicht in ein Bewertungsschema aus richtiger und falscher Lösung; eine besonders kreative Lösung wäre ja gerade eine, die der Testentwickler gar nicht vorhersehen kann.

Um dennoch die Kreativität einer Person zu ermitteln und untersuchen zu können, wurden – man kann das als Kompromiss sehen – Aufgaben entwickelt, die gut durchführbar sind und Expertenratings mit einbeziehen, wie die »Ziegelstein-Aufgabe«. Dabei sollen Sie innerhalb von vier Minuten tunlichst viele Verwendungsmöglichkeiten für einen Ziegelstein finden und aufschreiben. Haben Sie Lust, das auszuprobieren? Dann mal los: Stellen Sie die Uhr, und erfinden Sie Verwendungsmöglichkeiten für einen Ziegelstein – möglichst viele, möglichst kreativ und praktikabel.

**Aufgabe: Schreiben Sie bitte auf, welche Verwendungsmöglichkeiten es für einen Ziegelstein alles gibt. Schreiben Sie bitte keine gewöhnlichen Lösungen auf, sondern nur kreative, ungewöhnliche. Bitte schreiben Sie nichts auf, was absolut nicht mit einem Ziegelstein zu machen ist. Sie haben 4 Minuten Zeit.**

**Auswertung:**
**Produktivität:** Wie viele Ideen produziert wurden
**Einzigartigkeit:** Wie viele Lösungen generiert wurden, die keine andere Testperson abgegeben hat
**Ungewöhnlichkeit:** Wie viel Prozent der anderen Testpersonen ähnliche Lösungen abgegeben haben

Dieser »Test« fängt die Komponenten der obigen Definition – Einzigartigkeit und Funktionalität beziehungsweise Anwendbarkeit – ein. Demnach würde »Ich setze mich auf den Stein und fliege davon« durchfallen. Anhand Ihrer Notizen werten Experten aus, wie viele Ideen Sie hatten *(Produktivität),* wie viele davon ausgefallen sind (*Ungewöhnlichkeit;* Ideen, die so oder ähnlich nur zum Beispiel fünf Prozent der anderen Testpersonen in der Stichprobe hatten) oder gar beispiellos *(Einzigartigkeit).* Manchmal werden die Lösungen auch schlichtweg von verschiedenen unabhängigen Experten auf einer Skala von 1 (= wenig kreativ) bis 9 (= sehr kreativ) bewertet.

Ich habe Dutzende Experimente mit dieser Aufgabe durchgeführt und bin immer wieder erstaunt, wie groß letztendlich die

Übereinstimmung ist, was natürlich vor allem dann geschieht, wenn die Bewerter aus einem ähnlichen kulturellen Kontext kommen. Normalerweise würden Experten eine Lösung wie »Ich baue mir ein Schloss aus Ziegelsteinen« als weniger kreativ bewerten als »Ich verwende ihn als Stiftehalter«; eine Lösung wie »Ich zermahle ihn und benutze ihn als Karnevalsschminke« oder »Ich trage ihn mit mir herum, um zu zeigen, dass ich nichts bin als ›just another brick in the wall‹« wird dagegen von vielen als besonders kreativ bewertet. Manche lassen Versuchsteilnehmer auch originelle Titel für Cartoons finden oder Aliens malen, die in dieser Form noch nicht beschrieben oder gemalt wurden. Ich habe häufig Probanden einen Cartoon mit einem schlafenden Hund vorgelegt, und auch hier konnten Experten leicht entscheiden, wie kreativ die Lösungen waren: »Ich bereite mich auf die Anti-Castro-Demo vor« wurde als viel kreativer bewertet als »Herrchen kommt gleich«.

Interessanterweise hängen Intelligenzquotient und Kreativität nur in Maßen voneinander ab. Bis zu einem IQ von 120, so die Forschung der Kreativitätsgurus Frank Barron und J. P. Guilford, korrelieren Kreativität und Intelligenz stark miteinander, das heißt: je intelligenter, umso kreativer. Ab 120 wird dieser Zusammenhang schwächer. Man könnte daraus schließen, dass bis zu einem gewissen Grad Intelligenz Kreativität erst ermöglicht, dass aber jemand mit einem IQ von 140 nicht sehr viel kreativer sein muss als einer mit einem IQ von 130. Allerdings gibt es für diese sogenannte Schwellentheorie auch Gegenevidenz: In manchen Studien hängen Intelligenz und Kreativität nicht zusammen, in anderen Studien hängen sie auch bei Hochbegabten noch zusammen. Kyung Kim hat vor Kurzem eine Meta-Analyse durchgeführt und stellt fest: Fasst man alle Studien zusammen, so gibt es kaum Zusammenhänge zwischen Kreativität und Intelligenz – beide sind also unterschiedliche Fähigkeiten.

Ähnlich verhält es sich mit dem Vorwissen. Manchmal hat man den Eindruck, dass Vorwissen kreatives Denken nur behindert. Dem ist aber nur teils so. Sicherlich fällt Architekten bei der Frage, was man mit einem Ziegelstein alles anstellen könnte, vor allem

»Häuser bauen« ein, weil die Assoziation »Ziegelstein = Häuser« bei ihnen natürlich stark im Gedächtnis verankert ist. Dies könnte ihre Kreativität behindern. Allerdings stellen Architekten mit Ziegelsteinen häufig ganz verrückte Dinge an, verändern etwa die Form und bauen Monumente, die einem Laien niemals in den Sinn kommen könnten – vor allem unter der Auflage, dass sie funktionieren und nicht beim leisesten Hauch einstürzen sollten. Geniale Leistungen in der Architektur wären ohne fundiertes Vorwissen nicht möglich. Wichtig ist zunächst also der Erwerb einer gewissen Expertise, das Erlernen des Handwerks, um sich in einer späteren Phase davon wieder lösen zu können. Natürlich konnten Komponisten wie Arnold Schönberg und Philip Glass im klassischen Sinn komponieren, bevor sie mit allen Regeln brachen, die die Kompositionslehre von ihnen forderte. Natürlich konnte Picasso klassisch malen und zeichnen, wie Werke aus seiner Jugend beweisen. Nur irgendwann haben diese Genies aus der Pflicht eine Kür gemacht.

Forschung unter anderem von Robert Weisberg zeigt, dass großen Entwicklungen üblicherweise eine harte Zeit des Trainings und der Ausbildung vorangegangen ist. Die romantische Idee, dass ein unwissendes Kind die kreativsten Ideen liefert, gilt als widerlegt. Allerdings ist auch dies nur ein Teil der Wahrheit. Expertenrunden profitieren von der Unterschiedlichkeit der Spezialisierungen der Teilnehmer, was ja nichts anderes bedeutet, als dass jemand aus einem eher fremden Bereich plötzlich einen »spinnerten« oder »abwegigen« Vorschlag macht, der vielleicht anfangs belächelt wird, weil unpraktikabel, aber unter Umständen eine Anregung gibt, einem Problem einmal anders zu begegnen.

## Freaks als Ressource

In Team-Supervisionen kann man eine Methode einsetzen, die man *Freak-Supervision* nennt und die von solchen verrückten »Laien«-Ideen profitiert. Ich hatte einmal eine Viererrunde Führungskräfte, die über ihren Umgang mit Mitarbeitern reden wollten; es gab einige Probleme, die sie »nicht in den Griff« bekämen. Ich bat sie, einen unter ihnen zum »Klienten« zu bestimmen, der uns sein Problem schildern sollte; doch bevor er das tat, befragte ich die übrigen drei, welche Hobbys sie hatten, und ließ sie diese kurz schildern. Einer nannte Geige spielen, ein anderer gab sich als Weinliebhaber zu erkennen, und der Dritte werkelte gern in seinem Schrebergarten.

Dann schilderte der »Klient« sein Problem: Er hatte dieses Jahr überhaupt keine Lust, die Weihnachtsfeier wieder von der Sekretärin gestalten zu lassen. Sie suche immer ein billiges Restaurant aus, erfände ordinäre, demütigende Spiele, die keinem so richtig Spaß machten, und wäre auf der anderen Seite zu Tode beleidigt, wenn man ihr in ihre Planungen in irgendeiner Form hineinredete. Nun bat ich die anderen drei, das Problem aus ihrer »Hobby-Perspektive« zu beschreiben: An welches Problem erinnerte es sie, und wie würden sie es angehen?

Der Geiger sagte: »Also, ich spiele immer allein, daher kommt mir kein Problem mit einer anderen Person in den Sinn. Aber wenn ich große Schwierigkeiten mit einer Stelle habe, übe ich halt so lange, bis mir die Phrase aus den Ohren heraushängt. Und dann ist natürlich auch der Ausdruck wichtig, damit ich mit mir zufrieden bin.«

Der Weinliebhaber meinte: »Ich weiß nicht, bei Wein hat halt jeder einen anderen Geschmack, und wenn ich anderen erzähle, was für ein Gesöff sie da trinken, dringe ich eh nicht durch. Mir fällt jetzt auch spontan ein, dass manchmal roter Wein nicht auf Anhieb schmeckt. Dann lass ich ihn eine Stunde an der Luft stehen, und plötzlich schmeckt er fantastisch. Das wird dir vermutlich nicht weiterhelfen, sorry.«

Und der Schrebergärtner sagte: »Ich hatte eine Nachbarin, die mich zu Tode nervte, weil sie ständig behauptete, ich hätte nur 40 Prozent Nutzgarten. In unserer Kolonie muss man auf 60 Prozent Gemüse und so anbauen. Irgendwann habe ich einfach keinen Unterschied mehr zwischen Blumen- und Gemüsebeeten gemacht und pflanzte alles durcheinander. Das sah toll aus und brachte sie so aus dem Konzept, dass sie aufhörte zu meckern.«

Der »Klient« sollte nun überlegen, was von diesen Geschichten ihn ansprach, und geriet tatsächlich in einen sehr hilfreichen kreativen Prozess: »Klar kann ich damit was anfangen. Jeder hat ja seinen eigenen Geschmack, das ist nicht nur beim Wein so, und ich habe gerade gedacht: Ich weiß eigentlich gar nicht, wie die anderen diese Weihnachtsfeiern finden. Ich glaube nur immer, die finden die bescheuert. Ich werde jetzt einfach mal die wichtigsten Leute befragen und erst dann was unternehmen, wenn sich mein Eindruck im Stimmungsbild bestätigt. Die Idee mit der Konfusion im Schrebergarten finde ich auch gut. Vielleicht kann man ja die Organisation aufteilen. Einer kümmert sich um das Restaurant, der andere verhandelt die Speisefolge, einer, und zwar ein Vernünftiger, organisiert die Spiele … Obwohl ich vermute, dass die das nicht mit sich machen lässt – aber ich kann es ja mal versuchen. Die Weihnachtsfeier ist immer ihr Highlight des Jahres, obwohl sie jedes Mal stöhnt, wie viel Arbeit das ist.

Ich merke auch gerade, dass ich nicht geübt bin, ihr Kontra zu geben; das ist mir fast peinlich, das hier vor euch einzugestehen. Schließlich bin ich der Boss und sie die Sekretärin. Aber sie ist schon fast 40 Jahre dabei und ich erst fünf – sie ist hoch respektiert, mit allen ihren Schwächen. Daher sollte ich mir gut überlegen, was ich sage und wie. Das gefiel mir mit der Geige: einfach viel üben, und das Gefühl – oder sagtest du, der Ausdruck? – muss stimmen. Ihr muss klar sein, wie sehr ich ihre Arbeit wertschätze und dass ich ihre Vorweihnachtszeit« – er malte Gänsefüßchen in die Luft – »›entstressen‹ will, indem ich ihr andere an die Seite stelle. Also, ich meine, ich muss es einfach so ausdrücken, dass sie sich nicht angegriffen fühlt.«

Der Ausgang solcher Freak-Supervisionen ist immer wieder überraschend. Ich habe es selten gesehen, dass Klienten aus den zunächst wie hingeworfen erscheinenden Lösungen nichts machen konnten. Im Gegenteil, die Methode erlaubt es, festgefahrene Gedanken zu verflüssigen, was eine Basis für Erneuerungsprozesse sein kann. Man sortiert sich neu, entwirft neue Wege und bekommt auch Lust, sie zu beschreiten. Man kann es als Gegenteil von Priming betrachten, bei dem, wie wir gesehen haben, eine bestimmte gedankliche Schublade geöffnet wird. Beispiel Rotkohl: Salz, Pfeffer, Zwiebeln. Aktiviere ich nun damit absolut nicht zusammenhängende Netzwerke wie etwa »Zucker, Obst, karamellisieren«, sucht das Gedächtnis nach Verknüpfungen, die es so noch nicht gespeichert hat. Im übertragenen Sinn schaut man »über den Tellerrand hinweg« – ein Prozess, der Kreativität begünstigt, wie wir noch sehen werden. Man könnte jetzt argumentieren: Ist doch trivial, mehr ist immer mehr, kann nicht schaden, wenn man mehrere Leute auf ein Problem schauen lässt, oder?

## Zu viele Köche verderben die Kreativität

Tatsächlich sind Gruppen nicht immer besser bei der Erfindung von Innovationen. Zwar liefert *Brainstorming* meist mehr Ideen, aber es gibt durchaus auch störende Prozesse, wie Michael Diehl und Wolfgang Stroebe gezeigt haben. Zum einen sind dafür *Trittbrettfahrereffekte* verantwortlich – mancher Teilnehmende lässt in Gruppen die anderen arbeiten und bemüht sich gar nicht erst. Ein anderer Hemmschuh ist die *Schüchternheit* oder *persönliche Selbsteinschätzung.* Äußert ein anderer eine richtig tolle Idee, traut man sich oft gar nicht mehr, die eigene zu nennen – auch wenn die vielleicht sogar nützlicher sein könnte. Hinzu kommt die *Produktionsblockierung.* Jeder, der schon einmal an einem Brainstorming teilgenommen hat, kennt das: Man hat eine gute Lösung auf der Zunge, aber da spricht gerade das Alphamännchen, schwelgt in seiner tollen Idee und hört nicht auf zu labern – und schon hat man die eigene Idee vergessen.

Folgende Empfehlungen kann man daraus ableiten: Jedes Gruppenmitglied sollte zunächst allein nach Ideen suchen und alles, was ihm einfällt, aufschreiben. Danach trägt ein jeder seine Einfälle vor, auch diejenigen, die er vielleicht selbst nicht gut findet. Dies beugt falscher Selbsteinschätzung vor. Als Leiter einer Brainstorming-Gruppe sollte man sehr streng sein, wenn Gruppenmitglieder

Lösungen kommentieren. Beim Brainstorming gilt: nicht kichern, nicht bewerten, alles ist zunächst einmal respektabel und gut und sollte eine Chance bekommen. Erst wenn alles vorgestellt wurde, sollte man bewerten und auswählen.

## Zufallsprodukte

Es gibt auch noch einen anderen Grund, alle Lösungsvorschläge vorzutragen: Kreative Ideen entstehen recht zufällig, und dem Zufall kann nachgeholfen werden, indem man *viele* Ideen produziert. Forschung von Dean Simonton fand, dass diejenigen Wissenschaftler, die eine geniale Lösung entwarfen, generell viele Ideen hatten; darunter manchmal sogar ziemlichen Mist. Simonton sieht es ganz nüchtern: Je mehr Ideen ich produziere, umso wahrscheinlicher ist einmal eine geniale darunter. Jeder Popkomponist weiß das – Qualität entsteht (auch aus) Quantität. Als Wissenschaftler habe ich das ebenfalls erfahren. Ich habe sicherlich zehn Theorien entworfen, aber hatte dabei kein Gefühl dafür, wie treffsicher sie waren oder welche davon am bekanntesten werden würde. Manchmal spielt auch der Zeitpunkt eine entscheidende Rolle: Unsere Kreativitätstheorie entwarfen Ron Friedman und ich gerade zu dem Zeitpunkt, als andere an Embodiment und Stimmungen interessiert waren – mehr dazu später.

## Genie und Wahnsinn

In vielen Alltagsvorstellungen spukt die Idee herum, dass Wahnsinn und Genie nah beieinanderlägen. Obwohl sie auf den ersten Blick logisch erscheint – vor allem Manie spricht man »den Künstlern« häufig zu –, hält diese These einer wissenschaftlichen Prüfung nicht stand. Ein Faktor, warum diese Idee so weit verbreitet ist, ist vermutlich, dass uns die verrückten oder tragisch geendeten Künstler eher einfallen. Ihre Biografie erscheint uns häufig spannender, und so hinterlassen sie einen stärkeren Eindruck auf uns als die harten, disziplinierten und eher langweiligen »Arbeiter«. Aber sind sie wirklich besser? War Klaus Kinski, den viele für verrückt hielten, ein besserer Schauspieler als der brav seine Rollen studierende Alec Guinness oder die ziemlich entspannt wirkende Meryl Streep? Picasso galt als relativ ausgeglichener Zeitgenosse, genauso wie der häufig als Spießer bezeichnete Thomas Mann – sind deren Werke etwa schlechter als die von Charles Bukowski, Salvador Dalí oder Sylvia Plath, die manche für psychisch krank halten?

Auch wenn man sich die kreativen Phasen einer einzelnen Person einmal genauer anschaut, wie es Robert Weisberg beim Komponisten Robert Schumann getan hat, ergeben sich kaum Zusammenhänge zwischen kreativer Qualität und Manie. Klinische Psychologen haben Schumann posthum eine »bipolare affektive Störung« unterstellt – heißt, bei ihm wechselten sich Phasen manischer Erregtheit und emotionalen Überschwangs mit Phasen der Depression ab. Weisberg stellt fest, dass Schumann zwar, was zu erwarten war, in den manischen Phasen mehr komponierte, schaut man sich aber die Qualität dieser Kompositionen an, so sind sie nach Expertenmeinung nicht hochwertiger als die Stücke, die Schumann in depressiven oder unproblematischen Phasen komponierte. Zudem ist davon auszugehen, dass selbst Künstler, denen es im Allgemeinen schlecht geht, ihre Werke eher in Phasen verfassen, in denen es ihnen relativ gut geht. Bukowski schrieb nicht, wenn er furchtbar deprimiert oder betrunken war. Albert Rosenberg, ein Experte auf dem Forschungsgebiet der Künstlerkreativität, schloss daraus trocken, dass man nicht leiden müsse, um Großes zu schaffen.

Leidvolle Phasen und Krisen liefern sicherlich interessanteres Material als ein vollkommen ausgeglichenes Leben,[45] der Künstler wird diesen Stoff jedoch häufig in einer relativ »gesunden« Phase künstlerisch verarbeiten, denn Kunst benötigt zumeist kognitive Ressourcen, die einem in Krisenzeiten nicht immer ausreichend zur Verfügung stehen.[46]

Interessant ist die Betrachtung, dass Menschen in manischen Phasen mehr ausprobieren; mögliche Fehler erscheinen ihnen dann wohl nicht so wichtig zu sein. Eine erhöhte Risikobereitschaft, so argumentieren viele Psychologen, ist durchaus wichtig für Innovationsprozesse, denn neue Entwicklungen bergen immer das Risiko des Unerprobten. Wie wurde da Vinci für seine Zeichnungen von Flugapparaten belächelt und Picasso für seine »entstellten« Gesichter. Schönberg handelte sich bei der Uraufführung eines seiner Streichquartette zahlreiche Ohrfeigen ein. Und manch ein Wissenschaftler, wie Kopernikus mit seiner Idee, dass die Erde sich um die Sonne dreht und nicht umgekehrt, riskierte buchstäblich sein Leben. Wer Ungewöhnliches erfindet und vertritt, muss risikofreudig sein und gewappnet gegen Spott, Skepsis und Anfeindungen (das ist übrigens in der heutigen Wissenschaftswelt nicht anders). Nicht überraschend sind daher Befunde der Meta-Analyse von Gregory Feist, die zeigen, dass Offenheit für Erfahrungen, Gewissenhaftigkeit, Selbstakzeptanz und Impulsivität Persönlichkeitseigenschaften sind, die man bei kreativen Menschen häufig vorfindet. Zudem findet er eine erhöhte Feindseligkeit bei Kreativen – vermutlich ein Schutzschild gegen Feedbacks oder Attacken, mit denen sie rechnen müssen.

## Inspirierende Umgebungen

Es scheint also ein gewisser Mut nützlich zu sein, gewürzt mit einer Portion Durchsetzungsfähigkeit und natürlich Neugier, um kreativ wirken zu können – alles Dinge, die üblicherweise als Persönlichkeitsfaktoren verstanden werden.

Jedoch können auch Situationen unsere Kreativität wecken. In manchen Arbeitsumgebungen kommen uns die besten Einfälle, während sich in anderen lediglich Sorgen auftürmen. In den 70er- und 80er-Jahren fand die Emotionspsychologin Alice Isen und ihre Forschergruppe einen Einfluss positiver Stimmung auf die Kreativität: Versuchspersonen mit guter Laune lösten Kreativitätsaufgaben wie zum Beispiel die Ziegelstein-Aufgabe besser als solche, die in einer neutralen oder schlechten Stimmung waren. Stimmungen wiederum werden leicht in Situationen ausgelöst. Eine gute, fröhliche Musik erhöht unmittelbar die Stimmung, während eine enervierende sie verschlechtert, und wir freuen uns, wenn wir kleine Geschenke erhalten, und sind geknickt, wenn uns jemand tadelt.

Vermutlich puffert gute Laune die Verunsicherung ab, die uns bei Kreativitätsaufgaben überkommen kann: Kreative Aufgaben sind häufig sehr schwammig, und man weiß nicht, wohin die Reise geht. Sage ich Ihnen: »Entwerfen Sie ein kreatives Outfit für Karneval«, wissen Sie meistens gar nicht, wie Sie das machen sollen und was »ein kreatives Outfit« eigentlich sein soll. Genauso verunsichert wird ein Entwickler von Handys sein, dem sein Chef sagt: »Jetzt entwirf doch mal die neue Generation Handys – die Generation *nach* den Smartphones«, oder eine Klavierstudentin, deren Aufgabe es ist, »eine innovative Improvisation« für die Kompositionsklasse zu schreiben. Eine gute Stimmung könnte das mulmige Gefühl aus Unsicherheit und Überforderung vielleicht lindern, und dies würde wiederum Mut machen, die kreative Aufgabe anzugehen. Gute Stimmung könnte auch die Risikobereitschaft erhöhen, die zum Entdecken von Innovationen nun einmal gebraucht wird.

Basierend auf dieser Forschung, starteten Ron Friedman und ich an der New Yorker Columbia University vor vielen Jahren ein umfangreiches Forschungsprojekt zur *Sozialpsychologie der Kreativität.* Wir nahmen an, dass jede Umgebung, die als sicher und gut empfunden wird, kreatives Denken begünstigt: Man kann sich erlauben, mal einen Fehler zu machen, und kann die Umgebung explorieren, ohne überall Gefahren zu sehen, und so auch einmal Neues ausprobieren. Ein Beispiel habe ich schon beschrieben: Ein Labyrinth, in dem eine Maus vor einer Eule gerettet werden sollte, hatte unterschwellig Gedanken an Unsicherheit aktiviert und so die Kreativität der Probanden gehemmt, während eines, in dem die Maus zu einem Stück Käse geführt wurde, die Kreativität förderte.

Der zweite Teil unserer Theorie betrifft die Bewusstheit des Prozesses. Demnach muss ein Stimmungswechsel weder bewusst wahrgenommen werden, noch muss eine intensive Stimmung empfunden werden, damit sie sich auf die Kreativität auswirkt. Unbewusste

Reize von Sicherheit würden genügen, um Menschen zu einem kreativen Denkstil zu animieren.

Nun soll das nicht bedeuten, dass wir in unsicheren Umgebungen mit dem Denken aufhören, es ändert sich nur die Art und Weise. Wir fokussieren dann eher auf das Problem, wir scheuen Risiken, da die Lage ohnehin bereits ungünstig erscheint, und über den Tellerrand schauen wir auch nicht, sondern versuchen, gezielt und mit erprobten Strategien das Problem zu lösen, um es nicht noch schlimmer werden zu lassen. Unsicherheit hat, wie wir auch in manchen Studien zeigen können, demnach einen förderlichen Einfluss auf analytisches Denken.

Was wir sicher aus der Stimmungsliteratur wissen, ist, dass Menschen in unsicheren Situationen ihre Wahrnehmung verengen: Sie sehen sprichwörtlich den Wald vor lauter Bäumen nicht. Dies ist bei chronisch Ängstlichen so, aber auch bei Menschen, die sich nur leicht unsicher fühlen. Die bereits eingeführte *Broaden-and-Build-Theorie* von Barbara Fredrickson sagt solche Effekte vorher und geht davon aus, dass im Gegensatz dazu Menschen, die Liebe, Freude, Interesse oder Zufriedenheit erleben, ihre Umwelt erkunden wollen und dazu ihre Wahrnehmung öffnen. Ihnen stünde damit ein größeres Gedanken- und Handlungsrepertoire zur Verfügung. Fredrickson konnte zeigen, dass Menschen bei Freude spontan die Gesamtgestalt einer Figur (den Wald) begreifen, während sie in neutraler Stimmung eher auf die Details (die Bäume) schauen und das Gesamte nicht gut wahrnehmen.

Unsere ebenfalls bereits beschriebene GLOMO$^{sys}$-Theorie nimmt nun an, dass eine globale Wahrnehmung die Aktivierung entfernter Assoziationen im Gedächtnis auslöst. »Weit sehen« übersetzt sich direkt in »weites Denken«, während eine »enge Wahrnehmung« auch ein sehr »enges Denken« bewirkt. Das konnten Ron Friedman, Ayelet Fishbach, Lioba Werth und ich zeigen, indem wir in einer Studie amerikanische Studierende baten, auf Landkarten zu schauen, die einzelne amerikanische Bundesstaaten zeigten. Die eine Hälfte der Versuchspersonen sollte die Landkarte im Ganzen erfassen, die andere auf Details achten. Danach erhielten alle die Aufgabe, für bestimmte Kategorien das jeweils untypischste Objekt zu nennen. In der Kategorie »Vögel« wäre zum Beispiel »Spatz« recht typisch, »Ente« schon weniger und ein »Strauß« noch weniger; in der Kategorie »Fortbewegungsmittel« wären »Fuß« oder »Flugzeug« untypischer als »Bus« oder »Auto«. Tatsächlich fielen den Versuchspersonen untypischere Exemplare ein, wenn sie vorher auf das Ganze der Karte geschaut hatten statt auf Details. Dies zeigt, dass breite Wahrnehmung und breites Denken durchaus zusammenhängen. Insgesamt belegen solche Befunde die weitergehende These, dass Kreativität kontextabhängig ist und nicht nur durch die Persönlichkeit des Menschen bestimmt wird.

In einem weiteren Schritt testeten wir die Breite der Theorie, indem wir bei Probanden auf den unterschiedlichsten Wegen Gedanken oder subtile Empfindungen an sichere oder unsichere Umgebungen aktivierten. Beate Seibt und ich ließen Versuchspersonen zum Beispiel wissen, dass sie in anstehenden Aufgaben aller Voraussicht nach nicht gut abschneiden würden. Sie waren dann tatsächlich weniger kreativ im Vergleich zu einer Gruppe, die eine Erfolgserwartung hatte.

Aber auch körperliche Signale können unbewusst unsere Kreativität beeinflussen. In einer Reihe von Experimenten zum Embodiment konnten Ron Friedman und ich zeigen, dass die Probanden kreativer wurden, wenn sie eine »positive« Armhaltung eingenommen hatten (also den Arm beugten statt streckten; siehe hierzu Kapitel 7). Diese Forschung war uns und vielen anderen Anlass, auf die Suche nach Situationen zu gehen, die als sicher und als unsicher empfunden werden können und somit Kreativität beeinflussen sollten.

Die Farbe Rot ist in unserer Kultur mit Gefahr verbunden, Blau dagegen mit Sicherheit. Dementsprechend fanden Ravi Mehta und Rui Zhu, dass Kreativitätsaufgaben besser gelöst wurden, wenn sie auf blauem als wenn sie auf rotem Papier gedruckt waren. Blau stimmte die Probanden spontan risikofreudig und aktivierte ein breites Denken, während Rot sich wie ein kognitiver Hemmschuh auf die Innovationsbereitschaft auswirkte. Ebenso waren Menschen kreativer, die in Experimenten (unter anderem von Pamela Smith) an Situationen erinnert wurden, in denen sie Macht über andere hatten, als solche, die an Situationen erinnert wurden, in denen sie selbst eher machtlos anderen ausgesetzt waren. Und Menschen, denen das Gefühl gegeben wurde, sie gehörten zu einer Mehrheit, waren kreativer als solche, denen suggeriert wurde, sie wären Mitglied einer Minderheit.

Solche Prozesse verlaufen automatisch, das heißt, die Versuchspersonen müssen sich des Einflusses der Signale nicht bewusst sein. In unseren Versuchen hatten, wie unsere anschließende Befragung ergab, die Teilnehmer nicht einmal den Schimmer einer Ahnung, welchen Signalen sie ausgesetzt waren, geschweige denn, dass sie sich bewusst sicher oder unsicher fühlten.

Umgekehrt profitierten Versuchspersonen in unseren Untersuchungen bei der Lösung von Logikaufgaben von negativen Körperhaltungen, Misserfolgserwartungen und anderen subtilen Erinnerungen an eher unsichere Situationen. Vermutlich ist die durch Unsicherheit automatisch verengte Sichtweise und das damit verbundene Schauen auf Details beim Lösen solcher Aufgaben hilfreich. Man könnte also sagen: Die Art der Umgebung, der Erinnerungen, der Erwartungen etc. führt automatisch zu Denkweisen, die unterschiedliche Aufgaben begünstigen oder hemmen.

Wenn ich mich sicher fühle, nehme ich also die Umwelt im Ganzen wahr, was sich auf die Breite der Kategorien in meinem Gedächtnis auswirkt, was wiederum kreatives Denken erleichtert. Aufgrund dieses Modells haben wir im Rahmen von GLOMO$^{sys}$ angenommen, dass Distanzierung einen positiven Effekt auf die Kreativität haben sollte. Das ist wie in einem Museum: Wenn Sie dicht vor einem Gemälde stehen, sehen Sie Details; um aber das Bild im Ganzen wahrnehmen zu können, müssen Sie ein paar Schritte zurücktreten.

## Aus der Ferne betrachtet kreativ

Nira Liberman und Kollegen testeten unsere Vorhersagen bei sechsbis neunjährigen Kindern, die Kreativitätsaufgaben lösen mussten, nachdem ihnen eine Serie von Dias gezeigt worden war: entweder von der Galaxie über den Globus hin zu ihrem Land, zu ihrer Straße und zu ihrem Schreibtisch oder das Ganze in umgekehrter Reihenfolge. Und tatsächlich: Wenn die Distanz immer größer wurde, so wie in der umgekehrten Reihenfolge, stiegen die Kreativitätsleistungen.

Nira Liberman und Yacoov Trope nehmen in ihrer berühmten *Construal Level*-Theorie zudem an, dass Distanzierung auch mit Abstraktheit zusammenhängt. Denken wir an unsere Ferien in einem Jahr, denken wir an das schöne Gefühl der Freiheit, vielleicht einen Strand, Berge oder das Meer – alles sehr abstrakt. Denken wir über denselben Urlaub nach, als ob er morgen stattfände, wird es automatisch sehr konkret: Habe ich meinen Pass? Wo ist die Salbe gegen Mückenstiche? Wie komme ich zum Flughafen? Liberman, Trope und ihr Team zeigen, dass Menschen sofort abstrakt (nach-)denken, wenn man sie an große zeitliche, räumliche oder soziale Distanzen erinnert. Denke ich an Rugbytrainer (sozial entfernt, weil ich keinen kenne), denke ich abstrakt, genauso, wenn ich an einen Kongress in zwei Jahren (zeitlich entfernt) oder an Tasmanien denke (räumlich entfernt). Konkret wird es, wenn ich an meine beste Freundin denke (sozial nah), an jemanden, den ich morgen treffe (zeitlich nah) oder der neben mir sitzt (räumlich nah).

Wir haben aufgrund dieser Annahmen in weiteren Experimenten getestet, ob Menschen kreativer werden, wenn sie spontan an eine weit entfernte Situation denken, und auch diese These belegen können: Menschen, die wir baten, über ihr Leben in einem Jahr nachzudenken, wurden kreativer als jene, die über ihr Leben morgen nachdenken sollten. Interessant ist, dass man in verschiedenen systemischen Therapien Patienten manchmal solche Zeitreisen machen lässt. Wenn eine Klientin in einer Krise steckt, bittet man sie, darüber nachzudenken, wie sie die Sache wohl in einem Jahr sehen werde. Das hat normalerweise einen stimmungsaufhellenden Effekt, weil die meisten zumindest erahnen, dass die Krise dann überstanden sein wird. Zudem könnte diese Zeitreise aus den gerade genannten Gründen aber auch dazu führen, dass ihr eher Lösungen für ihre Probleme einfallen. Das ist in der Tat der Fall, wie meine Doktorandin Janina Marguc zeigen konnte. In unseren gemeinsamen Studien lösten Menschen Alltagsprobleme besser, wenn sie aus der Distanz darauf schauten, wenn sie abstrakt darüber nachdachten und die Welt eher global wahrnahmen.

Die Distanzierung als Technik der Kreativitätsförderung wird nicht nur in Experimenten nachgewiesen – *Heureka-* oder *Aha-Momente* treten, wie schon weiter oben berichtet, häufig spontan und unerwartet in Situationen ein, in denen man nicht an das Problem denkt oder sich weit entfernt vom Arbeitsplatz befindet. Isaac Newton fiel sein Gesetz der Schwerkraft unter dem Apfelbaum ein, als er sich von seiner Arbeit entspannte und ihm dabei ein Apfel auf den Kopf fiel, und viele Menschen berichten von guten Einfällen unter der Dusche oder beim Spazierengehen. Ich selbst habe die besten Ideen beim Wandern, wenn ich mich mit meinem Partner über etwas ganz anderes als meine Arbeit unterhalte. Distanzierung, so illustrieren diese Geschichten, erlaubt neben der Entspannung eine weite Sichtweise auf das Problem und die unbewusste Entwicklung neuer Gedanken.

## Innovation – Das Aushalten von Neuem

Etwas erfinden ist etwas anderes, als etwas Neues zu akzeptieren. Wir haben es doch alle schon erlebt, dass wir bei einem neuen Produkt, einer neuen Entwicklung oder neuen Ideen zurückhaltend oder gar sehr abweisend reagiert haben. Zu Anfang war es absolut verpönt, Autos mit Automatikschaltung zu fahren, obwohl man die Vorteile kannte. Handys fand man zunächst lächerlich, und Fitnessstudios waren so etwas wie Idiotentreffs, wo man sich nur den Rücken kaputt machte. Ich erinnere mich, dass ich in den frühen

80er-Jahren an einer Demo unter anderem gegen Computer teilnahm – die Maschinen kamen damals gerade flächendeckend auf den Markt, und wir waren skeptisch, was die Dinger wohl alles mit unserem Geist und der Bildung anstellen würden. Heute bin ich mit meinem Laptop quasi verwachsen und könnte mir ein Leben ohne gar nicht mehr vorstellen.

Man nennt die Angst vor dem Neuen auch *Neophobie,* und viele, wie Robert Bornstein, nehmen dafür einen funktionalen Grund an und bemühen evolutionsbiologische Theorien. Menschen hätten früher schnell erkennen müssen, was ihnen gefährlich werden könnte, und sich nach der einfachen Faustregel ausgerichtet: »Was dir nicht vertraut vorkommt, kann gefährlich sein.« Diesen wichtigen Mechanismus hätten wir heute noch verinnerlicht. Robert Zajonc dachte sich eine Versuchsanordnung aus, um Neophobie im Labor zu beweisen. Er präsentierte in Experimenten amerikanischen Versuchsteilnehmern chinesische Schriftzeichen, und zwar den einen 20-mal und machte sie somit mit den zunächst fremden Zeichen vertraut, den anderen nur je ein einziges Mal. Üblicherweise führt die häufige Darbietung eines Reizes zu einem Vertrautheitsgefühl, und das war auch hier der Fall: Die Probanden mochten die vertraut gemachten Zeichen deutlich lieber.

Zajonc nannte das Phänomen *Mere Exposure Effect.* Neues, und vor allem radikale Innovationen können zunächst einmal nicht von einem Gefühl der Vertrautheit profitieren und lösen stattdessen Angst oder zumindest Zweifel aus. Momentan werden wir zum Beispiel Zeuge einer lebhaften Diskussion über Roboter. Wie immer ist die wohl nicht aufzuhaltende Entwicklung von Sorgen geprägt. Vor allem in Pflegeheimen werden sie Pfleger und Pflegerinnen beim Heben unterstützen – ein klarer Vorteil für deren Rücken. Bei Neuem sehen wir aber fast automatisch viele mögliche Nachteile – wer will denn schon in einem von Robotern bevölkerten Pflegeheim seine letzten Jahre verbringen, und wie ist das, wenn die uns irgendwann intelligenzmäßig überholen und gar kontrollieren? Gerade wird im Netz diskutiert, was wohl passiert, wenn Hacker in die Software eines Sex- oder Haushaltsroboters eindringen und ihn aufs

Töten programmieren. Risiken neuer Entwicklungen sind selten von der Hand zu weisen, es handelt sich ja – wie bei allen Innovationen – um Unerprobtes, und nur die Zukunft kann zeigen, wie gefährlich die Neuheiten wirklich sind und was getan werden kann, um Schlimmes zu verhindern.

Die Unsicherheit entsteht auch dadurch, dass sich längst nicht alle Innovationen durchsetzen. Bestimmte Erfindungen sind sogar tatsächlich gefährlich oder schädlich – denken wir nur an Atomkraftwerke und Atomwaffen, denken wir an soziale Experimente wie Diktatur oder den Kommunismus, denken wir an die Hartz-IV-Reformen.

Neophobie ist aber keine *Störung,* die wir ständig bekämpfen müssten. Zwar wissen wir bei radikalen Neuerungen selten, ob der Nutzen die Kosten überwiegt, aber ein Gefühl der Sicherheit, so konnten wir in Experimenten zeigen, lindert die Skepsis.

Für die von mir betreute Doktorarbeit von Marleen Gillebaart wurden Versuchsteilnehmern wie bei Robert Zajonc chinesische Schriftzeichen oft oder selten präsentiert – mit der Änderung, dass sie mal vor rotem und mal vor blauem Hintergrund zu sehen waren. Wie oben beschrieben, wird Blau mit Sicherheit assoziiert, während Rot Gefahr bedeutet. Marleen Gillebaart fand, dass Probanden selten gezeigte Schriftzeichen viel weniger mochten als häufig gezeigte – sie konnte also den Mere-Exposure-Effekt wiederholen – und dass die Neophobie stärker wurde, wenn die Zeichen vor einem roten Hintergrund präsentiert wurden, während in der Versuchsgruppe, die die Zeichen vor blauem Hintergrund sah, der Mere-Exposure-Effekt vollkommen verschwand. Offensichtlich nahm das Blau die Unsicherheit und verstärkte ein anderes Motiv: Neugierde.

Robert Zajoncs Theorie kommt an ihre Grenzen, wenn wir verstehen wollen, warum Menschen in vielen Situationen das Ungewohnte bevorzugen. Denken wir an Süßigkeiten. Da sind wir doch geradezu wild auf Neues. Oder denken wir an die riesigen Schlangen vor Handygeschäften, wenn das neue Smartphone angeboten wird. Liegt es vielleicht daran, dass die gar nicht so neu erscheinen? Sicherlich spielt die Radikalität der Innovation eine Rolle – die gerösteten Jungbienen im Delikatessengeschäft bei mir um die Ecke landen regelmäßig wegen Ablauf des Verfallsdatums im 50-Prozent-Korb. Aber sind wir nicht manchmal eher neu-*gierig?*

In einer neuen Theorie, der NOVECAT *(NOVElty CAtegorization-Theory*), nehmen wir an, dass beides – Neophobie und Neugierde – den Menschen ausmacht, dass jedoch persönliche Faktoren wie auch Faktoren der Situation darüber entscheiden, ob wir gerade Lust auf Neues haben oder Angst davor. Ein eher ängstlicher und konservativer Mensch oder jemand im Präventionsfokus wird wahrscheinlich eher beim Bewährten bleiben, während jemand, der generell neugierig oder im Promotionsfokus ist, sich für Innovationen interessiert. Für Menschen im Promotionsfokus sind Aspekte der Sicherheit zweitrangig, sie wollen möglichst viel erleben und erforschen. Wobei die beiden Fokusse ja nicht nur Persönlichkeitsfaktoren sind, sondern auch von der Situation abhängig, und es gibt Situationen, die uns signalisieren: Hier ist alles sicher und in Ordnung, da kannst du ruhigen Gewissens mal etwas ausprobieren!

In solch einem Fall sind vermutlich viele – auch Menschen mit einem recht stabilen Präventionsfokus – eher bereit, Neues zu versuchen. Bei neuen Handys zum Beispiel geben einige Aspekte uns das Gefühl der Sicherheit: Die Marken schaffen Vertrauen, insgesamt haben Menschen beim Handykauf bisher wohl wenig Enttäuschungen erlebt, und zudem beruhigen uns die Werbung und die immer zeitgleich erscheinenden Kritiken in Zeitschriften, dass wir das beste Handy der Welt kaufen. Der Kauf eines neuen Handys ist zudem sozial akzeptiert, sind sie doch für viele zum Statussymbol geworden. Alle diese Aspekte wiegen uns in Sicherheit und motivieren uns, das neue Modell zu kaufen. Zudem sind viele Produkte nicht wirklich radikal innovativ, sondern orientieren sich an den Vorläufermodellen – da ist mal die Kamera besser oder das Betriebssystem, aber von wirklichen Neuerungen wie einer eingebauten Bräunungsfunktion, einem integrierten Bartschneider oder einem Robotertherapeuten für Phasen der Depressionen sehen die Hersteller aus den genannten Gründen ab.

Die Gefahr, nach dem Kauf nachhaltig schlechte Laune zu haben, wird bei vielen von uns zusätzlich durch die Tatsache reduziert, dass wir uns als reiche Konsumenten Fehlkäufe leisten können. Die neue Schokolade mit Gojibeeren schmeißen wir wenig reumütig weg, wenn sie uns nicht schmeckt, und die orange Gazebluse hängt noch drei Jahre im Schrank, bevor wir sie zu einem Oxfam bringen. Alle diese Aspekte können erklären, warum wir beim Kaufen Neuem gegenüber eher aufgeschlossen sind – es fühlt sich insgesamt wie eine sichere Situation an.

Nichtsdestotrotz ist es wichtig, Menschen in vielen anderen Situationen Sicherheit zu geben, wenn man möchte, dass sie neue Wege gehen. Das gilt für Kinder, deren Familie in eine neue Stadt umzieht, genauso wie für Mitarbeiter, deren Betriebe prozedurale Neuigkeiten einführen (bitte keine Briefe mehr auf Papier, bitte keine PowerPoint-Präsentationen mehr, bitte halten Sie in Zukunft den Schreibtisch selbst sauber, etc. …), oder für Kunden, wenn Produktentwickler ihre wirklich innovativen Erfindungen an den Mann bringen wollen.

NOVECAT weist zudem auf einen anderen Mechanismus, der Menschen neugieriger macht: die Wahrnehmungsbreite. Wir ließen Versuchspersonen entweder auf Details oder auf die Gesamterscheinung von Grafiken schauen und befragten sie danach, wie schön sie unbekannte oder bekannte Schriftzeichen fanden. Hatten sie auf das Gesamtbild geschaut, waren sie neugieriger, als wenn sie auf Details geschaut hatten. NOVECAT zufolge geschieht dies, weil breitere Kategorien eine Integration neuer Objekte eher zulassen und sie so weniger neu erscheinen. Wenn ich das erste Mal ein Instrument sehe, das es so noch nicht gegeben hat (etwa eines, das elektrische Impulse von Pflanzen hörbar macht und verfremdet), passt es sicherlich nicht in eine enge Kategorie wie »Streich-«, »Tasten-« oder »Schlaginstrument«. Habe ich aber die große Kategorie »Musikinstrumente« geöffnet, dann passt es mit einer größeren Wahrscheinlichkeit hinein und erscheint dem, was dort schon abgespeichert ist, ähnlich und somit weniger neu.

| **Enge Kategorie** | | **Breite Kategorie** |
|---|---|---|
| | bewirkt durch | |
| schlechte Stimmung | | gute Stimmung |
| Unsicherheit | | Sicherheit |
| lokale Wahrnehmung | | globale Wahrnehmung |
| Nähe | | Distanz |
| Präventionsfokus | | Promotionsfokus |
| | führt zu | |
| Akzeptanz von Neuem | | Bevorzugung von Vertrautem |
| kreativen Lösungen | | analytischen Lösungen |
| Wahrnehmung von Unterschieden | | Wahrnehmung von Gemeinsamkeiten |

**Die NOVECAT-Theorie nach Förster, Marguc & Gillebart (2010)**

NOVECAT muss noch weiter untersucht werden, ich halte sie aber für eine meiner besten und nützlichsten Theorien: Wie würde die Welt aussehen, wenn wir mutiger und offener denken könnten? Könnten wir Probleme wie die Klimaerwärmung oder die Ernährung der Weltbevölkerung eher lösen, wenn wir unsere Wahrnehmung erweitern und uns damit neuen Ideen öffnen? Könnten wir mit NOVECAT neue Ideen zur Konfliktlösung generieren oder dank ihr sogar Konflikte verhindern?

# 18
# Wer mit wem, und warum? – Beziehungen

Neuere Forschung befragte Menschen nach dem Sinn des Lebens. Während früher viele Religion, Glauben und Spiritualität angaben, ist es heute zumeist das soziale Leben: Familie, eine Beziehung, Freunde, Bekannte, Kollegen oder die Mitglieder im Verein, im Chor, einem Klub …

Für die meisten von uns ist es wichtig, in einer Beziehung zu leben. Wir wollen unsere Gedanken mit einem besonderen Menschen teilen, wir wollen mit einer bestimmten Person mehr zu tun haben als mit jedem anderen. Und viele wollen eine Familie gründen; für manche ist das gar das wichtigste Ziel im Leben.

In modernen Zeiten ist es aber gar nicht mehr so einfach, Familie zu definieren. Wer gehört (psychologisch, nicht juristisch gesprochen) dazu, wenn man nicht heiratet oder in einer Patchworkfamilie lebt? Man fährt vermutlich mit einer weiten Definition gut, die wie eine Werbung in diesen Zeiten sagt: »Familie ist, wer dazugehört.« Auch der Begriff »Freunde« hat sich verändert: In jüngeren Zeiten sind das nicht unbedingt Menschen, die man aus dem realen Leben kennt, sondern oft auch welche, die man nur beim Chatten im Internet, zum Beispiel bei Facebook, »trifft«. Und die Menge solcher Freunde ist enorm: In einer von mir betreuten Doktorarbeit von Phillip Ozimek gaben Studierende im Schnitt 311 Facebook-Freunde an.

Beziehungen sind nicht für jeden gleich wichtig. Manche von uns wollen sich nicht so stark binden und bevorzugen eher lockere Affären. Andere wiederum berichten von grundsätzlichen Schwierigkeiten, einen Partner fürs Leben zu finden, und bleiben notgedrungen allein – Einsamkeit ist ebenfalls ein wachsendes Problem in unseren westlichen Gesellschaften. Insgesamt kann man aber beobachten, dass Menschen im Vergleich zu vielen anderen Spezies gern feste Bindungen eingehen und zu den Rudeltieren gehören, die in Verbänden ihr Leben leben. Was aber ist eine Beziehung?

Viele von uns sehen Sex als Merkmal, das eine »Beziehung« von einer »Freundschaft« unterscheidet. Mit anderen Worten: Eine Beziehung ist eine Freundschaft plus Sex. Dieser Sex wird auch ungern mit anderen geteilt: Zwar gibt es mannigfaltige Beziehungskonzepte, aber die soziale Norm scheint noch stets die Monogamie zu sein. Kann man deshalb vielleicht sogar schließen, dass Liebe und Sex unweigerlich zusammengehören, so wie es viele Evolutionspsychologen und auch der Begründer der Psychoanalyse Sigmund Freud sehen würden?

Verkürzt dargestellt, ist für beide Theorien die Liebe eine Romantisierung des sexuellen Verlangens oder Triebes: Als intelligente und selbstkontrollierte Säugetiere würden wir unsere Instinkte im Zaum halten und sie mit einem einzigen Menschen teilen (oder versuchen es zumindest). Die Monogamie oder vielmehr »bis dass der Tod euch scheidet« sei ein Zustand, den wir selbst geschaffen hätten, weil er es uns ermöglichte, stabile Kulturen und Zivilisationen aufzubauen und unser Überleben arbeitsteilig zu sichern (er jagt, sie zieht die Kinder groß). Meiner Meinung nach kann das sogar die moderne Patchworksituation gut erklären: Wenn Stabilität und Sicherheit die Gründe waren, warum frühere Generationen die lebenslange Ehe hochgehalten haben, wird sie in unseren reichen Zeiten, in denen wir Stabilität auch anders organisieren können (durch Kitas, leichte Transporte zwischen Partnern etc.), weniger bedeutend und können wir es uns erlauben, unseren sexuellen Interessen mehr Raum zu geben.

Tatsächlich ist die Veränderbarkeit des Konzepts »Beziehung« zwischen Kulturen und Generationen ein starkes Argument gegen die normativen Ansichten Freuds und Darwins. Die Scheidungsrate ist in westlichen Ländern hoch und in den letzten Jahren deutlich gestiegen, und glaubt man Sexreports, ist die Monogamie für viele Männer sowieso nur eine vage Erinnerung an einen Standard, den sie kaum einhalten. Zunehmend haben auch Frauen Affären und besuchen einschlägige Klubs, in denen sie ihre sexuellen Vorlieben ausleben.

Trotz der vielen individuellen Unterschiede, die für Menschen Beziehungen ausmachen, studieren Beziehungspsychologen Gemeinsamkeiten und Gesetzmäßigkeiten von funktionalen und dysfunktionalen Beziehungen. Wie gehen Menschen mit schlechten und guten Erfahrungen um? Wie erleben sie Trennung und Scheidung? Schauen wir uns die verschiedenen Stadien vom Kennenlernen über den Beginn einer Beziehung, die Konsolidierung und das Ende einmal aus einer psychologischen Perspektive an.

## Kennenlernen – Selektion à la Darwin?

Wir haben bereits in Kapitel 11 gesehen, welche Merkmale bei der Personenbeurteilung von Belang sind. Auch bei der Partnerwahl spielen diese Faktoren eine entscheidende Rolle: So ist uns die körperliche Attraktivität eines Partners wichtig und bevorzugen wir Menschen, die uns ähnlich vorkommen. Verhaltensmuster, Bewegungen, stimmliche Charakteristika, Blicke, die wir von Verwandten und positiven Figuren unseres bisherigen Lebens her kennen, finden wir (teilweise unbewusst) attraktiv. Darüber hinaus sind uns gemeinsame Werte und Interessen wichtig – Ähnlichkeit schafft Vertrautheit, und wenn uns etwas vertraut vorkommt, fühlen wir uns geborgen und aufgehoben. Insofern spielt der *Mere-Exposure-Effekt* (siehe Kapitel 17) auch bei der Partnerwahl eine Rolle.

Weitere unbewusste Effekte bei der Partnerwahl rühren von sozialen Normen her: Die Frage, ob Freunde und Freundinnen einen Partner nett finden (könnten), ist für viele ein wichtiges Kriterium. Von Gruppennormen hängt es auch ab, ob Menschen zum Beispiel einen Partner mit einem anderen ethnischen Hintergrund überhaupt attraktiv finden. So manche multikulturelle Beziehung übersteht die ersten Wochen der Verliebtheit nicht, wenn die Freunde Rassisten sind, und manche haben schon im Vorhinein, beim Kennenlernen, ethnische Filter aktiviert.[47]

Ein weiterer, ebenfalls nicht immer bewusster Faktor sei der Geldbeutel des Partners, so der Psychologe David Buss, der in kulturübergreifenden Studien zeigte, dass Frauen Partner vorziehen, die einen gewissen Status haben und finanzielle Sicherheit versprechen, während für Männer der finanzielle Wohlstand der Partnerin weniger eine Rolle spielt – sie ziehen eher jüngere und attraktivere Frauen vor. Dazu gleich noch mehr.

Buss ist einer der Hauptvertreter der Evolutionspsychologie, die gerade in der Beziehungsforschung eine große Rolle spielt. Da Frauen bedeutend mehr Aufwand und Kosten bei der Aufzucht haben, sollten sie wählerischer als Männer sein. Der eigentliche Zeugungsakt dauert nur wenige Sekunden, aber Frauen haben danach neun Monate Schwangerschaft mit Rückenschmerzen, Übelkeitsanfällen, Ängsten etc. vor sich. Und damit ist es ja noch nicht getan, das Kind muss auch großgezogen werden. Für Frauen sei es daher – aus evolutionspsychologischer Sicht – von Bedeutung, ob der Partner sie und das Kind während dieser Zeit schützen und ernähren kann.

Männer dagegen seien daran interessiert, ihre Gene weiterzugeben – Richard Dawkins spricht vom »egoistischen Gen«, das nichts anderes im Sinn habe, als sich zu reproduzieren. Deshalb würden sie auch junge Frauen bevorzugen: Diese seien schlichtweg fruchtbarer und zielführender für das selbstvergessene Gen. Auch die Attraktivität der Frau könne als Zeichen ihrer Vitalität und Gesundheit gedeutet werden. Das »egoistische Gen« erkläre zudem, warum Männer üblicherweise mehr Sex haben und eher fremdgehen: Werden die Gene auf mehrere Partner verteilt, steigt die Chance, dass sie überleben.

In verschiedenen Studien konnten Buss und seine Kollegen einige Hypothesen belegen. Die der amerikanischen Psychologen Russell Clark und Elaine Hatfield sei hier genannt: Attraktive männliche und weibliche Versuchsleiter gingen auf den Campus einer Universität und fragten Studierende des jeweils anderen Geschlechts unverwandt, ob sie Lust hätten, mit ihnen ins Bett zu gehen. Während keine einzige der Studentinnen einwilligte, sagten 70 Prozent der männlichen Studenten zu.

Diese Studie gilt unter anderen als starker Beleg für das stärkere sexuelle Verlangen von Männern.

Die Evolutionspsychologie hat einen großen Einfluss auf die Psychologie menschlicher Beziehungen, ist aber durchaus umstritten. Kritiker nehmen die Befunde zwar zur Kenntnis, erklären sie aber eher mit sozialen statt genetischen oder biologischen Prozessen: In einer Gesellschaft, in der wie hierzulande das Kinderkriegen damit bestraft wird, dass eine Mutter Erwerbsausfälle hat, muss das Loch in der Haushaltskasse zwangsläufig durch den Partner gestopft werden. Man könnte sich jedoch auch eine Gesellschaft vorstellen, in der Geburten institutionell belohnt und finanzielle Gesichtspunkte für Frauen weniger eine Rolle spielen würden – es wäre abzuwarten, ob Frauen bei der Partnerwahl dann noch Interesse am Geldbeutel potenzieller Partner hätten.

Zudem gerieten kürzlich die Hauptpfeiler der evolutionspsychologischen Argumentation – die letztlich alle menschlichen Bedürfnisse und Verhaltensweisen auf den Willen gründet, seine Gene weiterzugeben – durch neue Studien kräftig ins Wanken. Ich fasse hier die brillante Kritik von Terri Conley und Kollegen zusammen. In Buss' Studien zum sozialen Status des Partners wurde zum Beispiel lediglich die Einstellung per Fragebogen gemessen. Das ist zwar das typische Vorgehen bei Forschung zu diesem Thema, aber natürlich kann die Wirklichkeit unter Umständen anders aussehen. Es könnte ja sein, dass die Männer nur nicht zugeben wollten, dass ihnen Geld ebenso wichtig war.

Paul Eastwick und Eli Finkel untersuchten das wirkliche Verhalten auf clevere Art und Weise: Sie luden Versuchsteilnehmer zu einem echten Speeddating ein, um zu schauen, mit wem sie anschließend in ein Restaurant oder nach Hause gingen. Interessanterweise fanden sie in dieser wirklichkeitsnahen Versuchsanordnung keine Geschlechtsunterschiede: Sowohl Frauen als auch Männern war das Einkommen egal, was zählte, war vor allem die Attraktivität.

Schaut man sich an, mit wem Leute liiert sind, ergibt sich dasselbe Bild: Letztendlich spielt Status für Frauen im wirklichen Leben keine große Rolle, Attraktivität aber sehr wohl. Es scheint, dass viele

Teilnehmerinnen in den früheren Untersuchungen mit ihren Antworten einen Wunschpartner skizzierten, der aufgrund des geringeren Status der Frau *idealerweise* jemand sein sollte, der das Geld (her)einbringt.

Gute Beziehungsforschung kann mit einigen Überraschungen aufwarten: So ist der Sexualtrieb bei Frauen nicht so niedrig wie gemeinhin angenommen. Wenn gefragt, wie viele Sexpartner sie sich im Leben ab jetzt wünschen, geben Männer wie erwartet eine höhere Zahl an als Frauen. Interessanterweise heben sich die Geschlechtsunterschiede jedoch auf, wenn man Probanden an einen angeblichen Lügendetektor anschließt. Das spricht dafür, dass die Beantwortung solcher Fragen auf gesellschaftlichen Normen beruht. Während es sich für Frauen offenbar immer noch nicht schickt, sexuelle Wünsche zu äußern, geben Männer gern mehr an, als sie eigentlich wollen.

Schaut man genauer hin, wollen in den meisten Studien Frauen wie Männer eigentlich nur einen Sexualpartner im Leben haben. Vor allem wenn sie gerade mit jemandem zusammen sind, haben sie kaum das Bedürfnis, nach links oder rechts zu schauen. Es scheint, dass die hohen Zahlen bei Männern in manchen Untersuchungen verzerrt sind, weil einige wenige Probanden enorm hohe Zahlen angaben. Zudem scheinen manche Männer sich zu schämen, zu niedrige Zahlen anzugeben; offenbar befürchten sie, dass sie dann nicht als »richtiger Mann« wahrgenommen werden.

Auch das Stereotyp, dass Männer mehr an Sex denken als Frauen, muss relativiert werden. In Studien von Terri Conley und Kollegen wurden Versuchsteilnehmern Beeper mitgegeben und gebeten, immer dann, wenn das Gerät zufällig piepte, aufzuschreiben, woran sie gerade dachten. Dabei kam heraus, dass Männer tatsächlich häufiger an Sex denken als Frauen. Schaut man sich die gesammelten Daten jedoch genauer an, sieht man, dass Männer auch häufiger an Essen und Schlafen denken, also generell mehr an Dinge, die ihre persönlichen Bedürfnisse reflektieren. Terri Conley und Kollegen schließen daraus, dass sich Männer aufgrund ihrer Erziehung zur Unabhängigkeit mit allen möglichen egoistischen Bedürfnissen stärker auseinandersetzen als Frauen. Dazu zählt auch Sex – er sticht aber aus der Vielfalt anderer egoistischer Bedürfnisse nicht heraus.

Zudem wurde die oben erwähnte Campusstudie nachgestellt, um zu sehen, *warum* Frauen nicht so einfach mit attraktiven vermeintlichen Kommilitonen ins Bett gehen. Conley und Kollegen fanden, dass Frauen, bevor sie Ja zu spontanem Sex sagen, mit sozialen Rollenerwartungen ringen: Sie haben schlichtweg Angst, dass der »Kommilitone« damit prahlen würde, sie so schnell »herumgekriegt« zu haben, und sie letztendlich als Schlampe[48] am Pranger stünden. In Folgestudien zeigte sich, dass mehr Frauen sich auf einen One-Night-Stand einließen, wenn ihnen glaubhaft versichert worden war, dass niemand davon erfahren würde. So uninteressiert an Sex, wie die Ursprungsstudie glauben machte, sind Frauen also nicht.

Zudem scheinen Frauen genauer abzuwägen, ob der potenzielle Sexualpartner sie befriedigen kann – und das trauen sie nicht vielen Männern zu. Wenn dieser Check jedoch positiv ausfällt, sagen Frauen gern einmal Ja zu einem sexuellen Abenteuer. Auch dieser Befund zeigt, dass Frauen generell Lust auf Sex haben, nur eben nicht mit jedem. Soziale Normen und gehobene Ansprüche halten sie manchmal davon ab, dies zuzugeben oder zuzugreifen.

Die neueren Studien liefern allesamt Gegenbeweise für die evolutionsbiologischen Ansätze. Unsere Sexualität ist nicht allein durch die Biologie oder mithilfe von Genen zu erklären, die sich mehr oder weniger egoistisch durchsetzen wollen, sondern hängt stark mit gesellschaftlichen Erwartungen zusammen. Deutlicher wird uns dies vielleicht, wenn wir in Kulturen schauen, in denen Frauen das Recht auf eine selbstbestimmte Sexualität vollends abgesprochen wird.

Allerdings sind wir uns der eigenen Beschränkungen nicht immer bewusst. Es ist auf jeden Fall verwunderlich, dass sich Frauen wie Männer in unseren »modernen« Zeiten immer noch durch soziale Normen beeinflussen lassen – und dies selbst dann, wenn sie nur einen Fragebogen zum Sexverhalten ausfüllen sollen. Auf der anderen Seite sollte man die Funktion sozialer Normen nicht zu negativ bewerten, denn neutral betrachtet, regeln sie unser Miteinander und liefern uns Richtlinien, wie wir uns in bestimmten Situationen verhalten sollen. Wenn wir uns diese Spielregeln vergegenwärtigen, können wir uns entweder daran halten oder sie bewusst brechen.

Ich habe vor allem bei meinen jungen Klientinnen und Klienten das Gefühl, dass sie sich viele Freiheiten nehmen und die unterschiedlichsten Vorstellungen von Sexualität ausprobieren – das geht von polyamourösen Beziehungen und Aktivitäten in Swingerklubs bis zur absoluten Enthaltsamkeit, weil man für sich festgestellt hat, dass einem Sex überhaupt keinen Spaß macht. Zwar gehen die 20-Jährigen für ihre Vorstellung von Sex und Liebe nicht mehr auf die Straße, wie dies in den 60ern der Fall war, aber sie scheinen sich doch recht selbstbestimmt das herauszusuchen, was zu ihnen passt – auch jenseits bestehender Vorstellungen und Restriktionen.

## Verliebt sein und lieben – Was ist das?

Handelt es sich beim Verliebtsein nicht einzig und allein um Sex? Mitnichten. Befragungen haben ergeben, dass Menschen mit Verliebtsein neben sexueller Leidenschaft und Verlangen nicht nur Zuneigung verbinden, sondern im Allgemeinen auch Intimität, die Ehrlichkeit und Verständnis beinhaltet und eine gewisse Verbindlichkeit. Man fühlt eine besondere Hingabe zu einer Person und ist bereit, Opfer zu bringen.

Liebe, so haben Kai Epstude, Amina Özelsel und ich vor Kurzem festgestellt, beinhaltet zusätzlich die Vorstellung von unendlichem Bestehen, eine Sehnsucht, die wir *foreverness* nannten. Viele Verliebte und Liebende teilen den innigen Wunsch nach Ewigkeit: bis dass der Tod uns scheidet. Wir finden in unseren Untersuchungen dementsprechend, dass Männer wie Frauen, Alte wie Junge, wenn sie sich eine Situation ausdenken sollen, in der sie Liebe spüren, sich häufig Ereignisse vorstellen, die in der Ferne liegen, also beispielsweise Szenen, in denen sie und ihr Partner als sehr alte Leute auf einer Bank sitzen. Dieses Ideal ist angesichts wachsender Scheidungsraten vielleicht uneinholbar, aber bleibt doch ein Wunsch, wenn man sich verliebt.

Ein weiterer Aspekt ist das Gefühl, mit dem anderen zu wachsen – oder wie es die Liebesforscher Arthur und Elaine Aron in ihrer *Selbsterweiterungstheorie* beschreiben: zu expandieren. Zu den eigenen Interessen kommen die des anderen hinzu, die Selbstwirksamkeit steigt, weil man zusammen häufig besser Ziele erreicht als allein, man traut sich mehr zu und startet Projekte, an die man sich vorher nicht gewagt hätte. Das somit erweiterte Selbst ist erfolgreicher und gesünder – in guten wie in schlechten Zeiten.

Ich erinnere mich daran, wie mich mein Mann zu einer schwierigen Kommission begleitete, wie er mich dorthin fuhr, wie er mit im Saal saß, wie er hinterher mit mir über Fehlurteile fluchte und über Siege jubelte. Ich denke nicht, dass ich diese Situationen so gut gemeistert hätte, wäre er nicht dabei gewesen und hätte mir nicht das Gefühl gegeben, dass ich wertvoll bin, dass die Gegner mir weit unterlegen sind und ich überzeugender bin. Zudem konnte ich mich, weil er mir alle möglichen Alltagspflichten abgenommen hatte, auf meine Sache konzentrieren – ich hatte den Kopf frei, was meine Chancen auf einen Erfolg erhöhte.

Selbsterweiterung war hier sogar körperlich: War ich zu niedergeschlagen, um den Einkauf zu regeln, tat er es. Letztendlich kam ich deshalb gesund aus der Sache heraus, weil er unerschütterlich darauf achtete, dass es mir gut ging, dass ich gut schlafen konnte und regelmäßig aß, weil er mich zum Arzt schickte und am Wochenende mit mir zum Wandern ging. Eine mentale Selbsterweiterung war zudem deutlich spürbar durch die neuen Perspektiven und Ideen, die er für das Problem entwickelte. So lernte ich ihn in der Krise sogar mehr lieben – eine mich um vieles erweiternde Einsicht.

Aber nicht nur Krisen meistert man besser zusammen. Auch die Interessen erweiterten sich in den 24 Jahren unserer Beziehung und entwickelten sich gemeinsam. Er entdeckte die Oper für sich, ich das politische Kabarett, wir fanden gemeinsam das Kochen und das Wandern als Ressource. All dies taugt als Illustration für Selbstexpansion: Beide Partner erweiterten, nüchtern gesprochen, ihr Repertoire und ihre Ressourcen, verwirklichten ihre Ziele und schufen eine Gemeinschaft, die wirksamer ist als eine Einzelperson.

Natürlich kennen wir auch Beispiele dafür, dass sich Partner in Beziehungen eher einschränken. Die Literatur der letzten Jahrhunderte zeigt solche Einschränkungen vor allem für Frauen, denen man lieber ein Leben ohne Partner gewünscht hätte: Fontanes Effi Briest mag als Beispiel genauso taugen wie die Figuren von Elfriede Jelinek, Sibylle Berg oder Alice Munro.

Dabei verändert sich das, was wir unter Liebe in Beziehungen verstehen, ständig. Wir finden gerade in unserer jüngeren Geschichte starke Akzentverschiebungen: In der heutigen deutschen Gesellschaft etwa ist die Selbstverwirklichung der Partner in einer Beziehung ein überaus wichtiges Ziel, das auch auf die Qualität oder die Bewertung einer Partnerschaft einen starken Einfluss hat. Wir wollen mit dem Partner die *eigenen* Ziele erreichen. Unterstützt er uns dabei nicht, sind wir enttäuscht.

Dies war nicht immer so: Bis vor noch nicht allzu langer Zeit waren Hochzeiten häufig Zweck- und Gütergemeinschaften. Man verheiratete sich oder wurde verheiratet mit Partnern, die vor allem finanzielle Sicherheit und den Fortbestand der Familie gewährleisteten. Selbstverwirklichung, aber auch sexuelle Befriedigung und die »wahre« Liebe fand man(n) oft nicht in der Ehe, sondern außer Haus oder, in der Bourgeoisie, mit dem Dienstpersonal. Dies, so möchte man meinen, müsse doch zu viel Unzufriedenheit geführt haben, zu einem Leben, das vor allem frau nicht *leben* durfte, es scheint aber, dass sich Menschen an ihre jeweilige Situation anpassten und mehr oder weniger schlecht damit lebten. Auch wenn uns das unvorstellbar erscheint, so stoßen fundamentale Behauptungen über die Liebe im Sinne von »Liebe ist …« allzu schnell an ihre Grenzen.

In kollektivistischen Gesellschaften spielt auch heutzutage noch die Liebe eine weitaus geringere Rolle als in westlichen Gesellschaften. Das führt dazu, dass wir Deutschen (aber auch die Norweger, Franzosen oder Amerikaner) viel höhere Ansprüche an einen Partner haben als Menschen aus Indien, Südamerika oder China. Wenn das Ich im Mittelpunkt steht und sich in der Liebe selbst verwirklichen oder erfüllen will, sollte der Partner möglichst die eigene Zielerreichung unterstützen. Bei uns geht es also um das *Ich im Bezug zum anderen.* In kollektivistischen Gesellschaften ist es vielmehr entscheidend, ob sich der potenzielle Partner mit seinen Werten, Interessen und seinem Verhalten in die Gemeinschaft der Familie einpassen kann. 50 Prozent einer Stichprobe in Indien würden eine Person heiraten, die den familiären Werten und Vorstellungen entspricht, auch wenn sie nicht in sie verliebt wären. In den USA hingegen würden in einem solchen Fall nur knappe vier Prozent aller Befragten eine Beziehung eingehen. Die psychologische Forschung hat sich bisher vor allem auf die westlichen, also independenten Kulturen konzentriert, daher sind viele Forschungsergebnisse mit Vorsicht zu betrachten. Zudem liegen vor allem Studien zu heterosexuellen Paaren vor – auch dies eine deutliche Einschränkung.

## Welche Liebe ist denn eigentlich normal?

Es ist natürlich trotzdem aufschlussreich, Gemeinsamkeiten und Gesetzmäßigkeiten innerhalb dieser Gesellschaften zu ergründen, denn viele wollen wissen, was eine glückliche Beziehung ausmacht und was (statistisch gesehen) normal und was unnormal ist. Ist es normal, wenn wir in Zeiten erster Verliebtheit Schmetterlinge im Bauch und jeden Tag Sex haben, keine Sekunde allein sein wollen und uns schlichtweg verrückt machen? Und warum lässt diese Verrücktheit irgendwann nach? Ist das bei allen so?

Beziehungspsychologen entdeckten interessante Prozesse im Verlauf von Partnerschaften. Der Anfang einer Beziehung ist tatsächlich bei vielen von Leidenschaft geprägt: Nie gehen Paare häufiger miteinander ins Bett. Dabei werden im Gehirn Bereiche aktiviert, die stark an ein Belohnungssystem gekoppelt sind, während diejenigen für das kritische, analytische Denken weitgehend ausgeschaltet werden. Bestimmte Hormone werden vermehrt ausgeschüttet, vor allem das Sexualhormon Testosteron (bei Männern und bei Frauen), das zu Schwindelgefühlen und starker Aufregung führen kann.

Der starke Drang nach Sex, so die Forschung, prominent vertreten durch Lisa Diamond, lässt bei Frauen spätestens nach einem Jahr nach. Dann übernehmen andere Hormone, wie Dopamin, wenn man romantisch verliebt ist, und Oxytocin, wenn eine Bindung entsteht. Dieser Wechsel der Hormone begleitet das, was von den meisten Partnern als verstörend erlebt wird: Irgendwann läuft nur noch wenig im Bett.

Zsa Zsa Gabors Ausspruch: »Ich weiß nichts über Sex, ich war ja dauernd verheiratet«, spiegelt diese Erfahrung wider. Allerdings schien sie es gelassen zu sehen und intuitiv zu wissen, dass sie kein Einzelschicksal darstellt. Doch nicht bei allen schwindet die Leidenschaft notwendigerweise: In Befragungen aus dem Labor des Forscherpaars Arthur und Elaine Aron konnte sie bei einigen Paaren auch noch nach 30 Jahren beobachtet werden. Wieder einmal gibt es keine Regel, die auf alle zutrifft.

Viele empfinden weiterhin Liebe, wenn die Beziehung nach der anfänglich stürmischen Phase in ruhigere Gewässer steuert. Andere Aspekte treten dann in den Vordergrund und werden ebenfalls als sehr befriedigend erlebt, wie das Wachsen gemeinsamer Interessen und Werte oder die Möglichkeit, sich mit einem starken Partner im Rücken selbst zu verwirklichen. Zudem sehen es viele als Lebensziel an, eine Familie zu gründen, dies gemeinsam zu planen und Kindern einen sicheren Hafen zu bieten. Hans-Werner Bierhoff und Martina Schmohr konnten in einer Langzeitstudie mit deutschen Paaren die Entwicklung über die Zeit von einer leidenschaftlichen hin zu einer kameradschaftlichen Liebe beobachten.

Tatsächlich gleichen unsere Gefühle in langfristigen Beziehungen, so auch die Beziehungspsychologin Lisa Diamond, eher denen, die wir Freunden gegenüber empfinden. Schließlich kann man auch seine Freunde lieben, ohne leidenschaftlichen Sex miteinander zu haben, und sind Freundschaften ebenfalls von *foreverness* geprägt: Auch sie sollen nie enden. Diamond kann dies sogar in Hirnstudien aufzeigen: In langfristigen Liebesbeziehungen aktivieren Gedanken an den geliebten Partner oder die Partnerin dieselben Muster im Gehirn, wie wenn man an gute Freunde denkt, und nicht etwa die Sexualzentren wie bei frisch Verliebten.

In unseren westlichen Kulturen testen Paare normalerweise für längere Zeit die Beziehungstauglichkeit des Partners. In der Forschung sieht man, dass viele nach etwa einem Jahr dazu übergehen, eine langfristige, tragfähige Bindung miteinander aufzubauen. Dazu sind einige Menschen mehr in der Lage als andere.

## Wer sich bindet, und wer sich scheut

In den letzten Jahren hat sich die Forschung vor allem auf *Bindungsstile* konzentriert. Diese seien, so hat es John Bowlby in seiner berühmten *Bindungstheorie* formuliert, von der Qualität der Eltern-Kind-Beziehung während der eigenen Kindheit abhängig, und Forschung konnte diese Grundannahme weitgehend bestätigen. Demnach erleben Kinder schon früh, ob Eltern ihre Gefühle berücksichtigen und ob sie eine Bindung zu ihnen herstellen können. Schon Babys senden Signale aus, wie Lächeln und Schreien, die sie beantwortet haben wollen. Später krabbeln sie hinter einem Elternteil her, kraxeln an Beinen hoch, schreien, lachen und juchzen und wollen wahrgenommen werden. Durch anfangs nonverbale Kommunikation wird eine erste Bindung geschaffen, die dem Baby ein Gefühl der Sicherheit gibt, das das basale Bedürfnis nach Zugehörigkeit befriedigt.

Bei Erwachsenen resultieren je nach frühkindlicher Sozialisation drei verschiedene Stile: Menschen mit einem *sicheren Bindungsstil* haben kein Problem damit, von anderen abhängig zu sein, und sie haben weder allzu große Angst, verlassen zu werden, noch davor, dass ihnen jemand zu nahe kommt. In ihrer Kindheit wurden ihre Gefühle ernst genommen statt ignoriert, auf nonverbale Signale wurde prompt und angemessen geantwortet, und es fand ein enger körperlicher Kontakt statt. Mehr als 50 Prozent[49] der Testpersonen in vielen internationalen Untersuchungen (in Deutschland auch in Studien des Forscherpaars Hans-Werner Bierhoff und Elke Rohmann) haben einen solchen sicheren Bindungsstil, der sie dazu befähigt, langfristige Beziehungen aufzubauen und zu erhalten.

Einen *unsicher-vermeidenden Bindungsstil*[50] haben typischerweise 25 Prozent der Befragten. In ihrer Erziehung hat wenig Körperkontakt stattgefunden, und ihre Bedürfnisse wurden tendenziell ignoriert. Älter geworden, fühlen sich dergestalt Sozialisierte nicht besonders wohl, wenn andere in ihrer Nähe sind oder ihnen zu nahe kommen. Sie finden es schwierig, sich anderen vollends anzuvertrauen und sich zu erlauben, vom anderen abhängig zu sein. Sie haben oft das Gefühl, dass der Liebespartner zu intim ist, dass er sozusagen »zu weit geht«. Menschen mit vermeidendem Beziehungsstil haben eine weniger gute Prognose für eine langfristige romantische Beziehung. Sie empfinden auch mehr Stress, wenn ein Baby ins Haus steht, und haben darüber hinaus später keine besonders enge Beziehung zu ihren Kindern.

Ähnlich problematisch für eine andauernde Beziehung ist der *unsicher-ambivalente Bindungsstil.* Er entsteht, wenn Eltern wenig konsistent agieren: Mal kümmern sie sich, mal lassen sie das Kind schreien, mal sind sie gar aggressiv – das Kind lernt also keine sicheren Wenn-dann-Relationen. Betroffene verlieben sich schnell und heftig und leben in ständiger Sorge, dass der Partner sie nicht richtig liebt und nicht wirklich bei ihnen bleiben will. Sie denken, dass andere zögern, ihnen nahe zu sein, und befürchten, dass sie selbst zu viel Nähe erwarten und damit andere abschrecken. Diese Menschen, ungefähr 20 Prozent, haben häufig Selbstwertprobleme, erleben Beziehungen als eine Achterbahnfahrt zwischen himmelhoch jauchzend und zu Tode betrübt, verhalten sich recht besitzergreifend und sind insgesamt nicht besonders zufrieden mit ihrem Partner.

| **Bindungsstil** | **Entstehung: Erziehungsberechtigte haben …** | **Auswirkungen auf eigene Paarbeziehung:** |
|---|---|---|
| **Sicher** (50 % aller Testpersonen) | … Gefühle ernst genommen statt ignoriert, auf nonverbale Signale prompt und angemessen geantwortet, und es fand ein enger körperlicher Kontakt statt. | Haben kein Problem damit, von anderen abhängig zu sein, und haben weder allzu große Angst, verlassen zu werden, noch davor, dass ihnen jemand zu nahe kommt. |
| **Unsicher-vermeidend** (25 % aller Testpersonen) | … tendenziell Bedürfnisse ignoriert, und in ihrer Erziehung hat wenig Körperkontakt stattgefunden, verhalten sich teils ablehnend. | Unwohlsein bei zu viel Nähe, Schwierigkeit, sich anderen vollends anzuvertrauen und sich zu erlauben, vom anderen abhängig zu sein. Das Gefühl, dass der Liebespartner intimer ist, als ihnen lieb ist. Schlechte Prognose für eine langfristige romantische Bindung. Sie empfinden auch mehr Stress, wenn ein Baby ins Haus steht, keine besonders enge Beziehung zu ihren eigenen Kindern. |
| **Unsicher-ambivalent** (20 % aller Testpersonen) | … zeigt eine generell unempfängliche und distanzierte Art, ist nicht berechenbar. Durch die inkonstante Verfügbarkeit wissen die Kinder nicht, was sie erwarten sollen. Häufig hören sie Drohungen, verlassen zu werden. | Verlieben sich schnell und heftig und leben in ständiger Sorge, dass der Partner sie nicht richtig liebt. Denken, dass sie selbst zu viel Nähe erwarten und damit andere Menschen abschrecken. Häufig Selbstwertprobleme, erleben Beziehungen häufig als eine Achterbahnfahrt, verhalten sich recht besitzergreifend und sind insgesamt nicht besonders zufrieden mit ihrem Partner. |

**Bindungstheorie nach Bowlby (2008)**

Obwohl die ersten Lebensjahre die wichtigste Phase in der Prägung des Bindungsstils sind, ergeben neuere Studien, dass sich der Bindungsstil später durchaus verändern kann, zum Beispiel, weil man in einer Beziehung große Sicherheit erfährt oder, als Negativbeispiel, starke Zurückweisung erlebt hat. Die Beziehungspsychologin Geraldine Downey und ihre Kollegen können zeigen, dass Menschen, die einmal sehr schlechte Erfahrungen mit einem Partner gemacht haben – sei es, dass dieser ohne ersichtlichen Grund die Beziehung beendet hat oder dass sie Formen gewalttätiger Zurückweisungen erfuhren –, in der nächsten Beziehung sensibel für jegliche kleine Evidenz werden, die auf eine Abwertung oder Ablehnung hinweist. Downey nennt dies *rejection sensitivity* (im Deutschen holpriger *Zurückweisungsempfindlichkeit*).

Aus Angst vor Zurückweisung reagieren Betroffene verständlicherweise häufig mit Eifersucht und werden aus der erlebten Hilflosigkeit heraus mitunter sogar aggressiv. Allerdings muss auch diese Empfindlichkeit nicht ein ganzes Leben anhalten, sondern kann durch gute Erfahrungen mit einem Folgepartner gelindert werden. Es ist zwar nicht einfach, eine einmal verletzte Seele davon zu überzeugen, dass sie nichts zu befürchten hat, aber oft kann, vor allem, wenn durch einen Coach begleitet, Vertrauen langsam neu aufgebaut werden, sodass Vergangenes in den Hintergrund tritt.

## Ineinanderfließen

Eine Beziehung wird, wenigstens in westlichen Gesellschaften, als eine feste Einheit angesehen. Arthur und Elaine Aron haben diese Metapher in eine Beziehungsskala einfließen lassen, mit der man relativ gut vorhersagen kann, wie lange Menschen zusammenbleiben.

Sie sehen hier zwei völlig voneinander unabhängige Selbstkonzepte an einem Ende der Skala und ein immer stärkeres Ineinanderfließen am anderen Ende, wo eine größere Überschneidung sichtbar wird, als Raum übrig bleibt für ein unabhängiges Selbst. Forschung

**Bitte markieren Sie die Alternative, die Ihre Beziehung am besten beschreibt.**

**Self = Ich Other = der Andere**

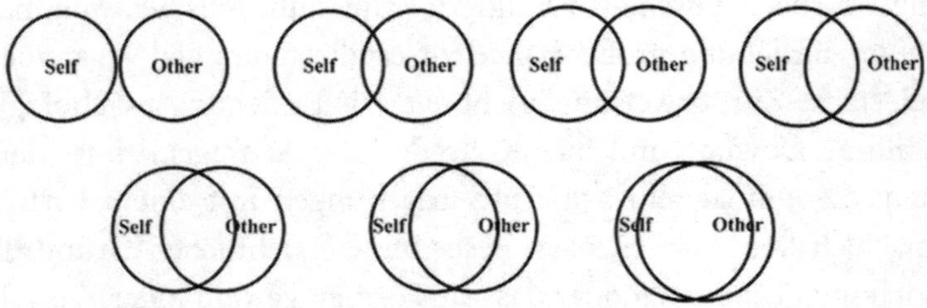


**Abb. 24 Beziehungsskala nach Aron & Aron (1986)**

der Arons zeigt, dass Beziehungen länger halten, je mehr Überschneidung die Partner schon am Anfang einer Beziehung sehen, und bestätigt die These, dass subjektiv empfundene Ähnlichkeit zum Partner eine wichtige Rolle spielt, wie auch der Wille, sich auf eine Abhängigkeit oder ein Ineinanderfließen einzulassen.

Wie nahe oder symbiotisch eine Beziehung sein muss, um erfüllend zu sein, liegt natürlich im Auge des Betrachters. Bei meinen Klienten mit Beziehungsproblemen entdecke ich die unterschiedlichsten Konzepte: Manche können sich gar nicht vorstellen, in unterschiedlichen Städten und Wohnungen zu leben, andere wiederum betrachten gerade eine solche Distanz als Erfolgsrezept ihrer Ehe. Bei den einen sind die Freundeskreise unterschiedlich, während bei den anderen nach ein paar Jahren »meine Freunde auch deine Freunde« sind. Viele können es sich gar nicht vorstellen, dass ihr Partner allein in den Urlaub fährt, während einige das auf der Habenseite ihrer Beziehung verbuchen.

Die Frage »Nähe oder Distanz?« ist so individuell, dass ich als Therapeut die Forschung lediglich als Stütze nutzen kann. Allerdings habe ich wohl beobachtet, dass die Frage »Was machen Sie denn so in der Freizeit zusammen?« häufig mehr Informationen liefert als »Wann hatten Sie das letzte Mal Sex miteinander?«. Wenn Menschen gemeinsame Hobbys verfolgen, gemeinsame Ziele haben und die für sie wichtigsten Einstellungen und Meinungen teilen, ist die Beziehung häufig tragfähiger. Zudem kann ich als Therapeut gemeinsame Interessen neu herausfinden, wenn ein Paar meint, bei ihm sei »die Luft raus«. Als Folge davon läuft es dann auch oft im Bett besser und bewahrheitet die Hypothese, dass für Sex in längeren Beziehungen Intimität ein wichtiger Faktor ist und nicht unbedingt eine Schönheits-OP.

Bei all dieser Forschung sollten wir berücksichtigen, dass für viele Forscher die Länge einer Beziehung der wichtigste Indikator für die Qualität ist. Auch dabei empfinde ich Bauchschmerzen. Zwar wünschen sich viele Menschen eine lebenslange Beziehung, aber manche gehen von vornherein davon aus, dass sie mehrere Beziehungen haben werden, und sie leben damit ganz gut. Zudem berichten etliche Klienten von beendeten Beziehungen, die für sie wertvoll, manchmal gar »Meilensteine« waren und in die sie trotzdem nicht zurückwollen – somit ist es für mich fragwürdig, die Länge als Hauptkriterium für eine gute Beziehung zu nehmen.

## Return on Investment – Wirtschaftliche Modelle der Liebe

Eine genauere Untersuchung der psychologischen Prozesse, die bei der Aufrechterhaltung von Beziehungen eine Rolle spielen, zeigt, dass *Kosten-Nutzen-Rechnungen* eine hohe Relevanz haben. Die Beziehungspsychologin Caryl Rusbult und ihre Kollegen vertreten ein simples und oft als unromantisch empfundenes *Investmentmodell.* In diesem theoretischen Rahmen werden das Engagement und die Hingabe in einer Beziehung im Wesentlichen durch ein gerechtes Geben und Nehmen bestimmt. Man will etwas, zum Beispiel Liebe und Intimität, und weiß, dass man dafür auch etwas geben muss. Dieses Modell ist natürlich auch für Freundschaften und vor allem Arbeitsbeziehungen relevant, wobei hier eine Kosten-Nutzen-Analyse vielleicht eher einleuchtet, weil diese Beziehungen weniger romantisch wahrgenommen werden. Wer in einer solchen Beziehung zu viel gibt (oder auch nur den Eindruck hat), ist schnell auf dem Absprung.

Wie bei allen marktwirtschaftlichen Erwägungen ist jedem daran gelegen, mit niedrigem Einsatz maximalen Gewinn einzufahren. Bekommt man nicht den *Return,* den man erwartet, schaut man sich nach Alternativen um, die eventuell einen besseren Deal bieten. In die Kosten-Nutzen-Analyse zur Frage »Bleiben oder gehen« fließen neben »investierten Gefühlen« gemeinsam erworbene Güter (also materielle Dinge), aber auch gemeinsame Kinder und Freunde ein, in die man ja schließlich ebenfalls investiert hat: Zeit, Energie, Entbehrungen etc. Mit dem Investment in die jetzige Beziehung steigen die Ansprüche an die Alternative und werden die Kosten einer Trennung höher. Dieses recht kalt anmutende wirtschaftliche Modell kann sehr gut erklären, warum manche Leute in – von außen betrachtet – dysfunktionalen Beziehungen leben: Sie haben erstens schon so viel investiert und sehen zweitens offenbar keine besseren Alternativen.

Eine wichtige Methode zum Beziehungsglück, die man aus dieser Theorie ziehen kann, ist die *Verhandlung.* Wie mit einem Geschäftspartner sollten Beziehungspartner miteinander verhandeln, damit beide zu ihrem Recht kommen.

Hier ein Beispiel, wie man das Modell anwenden kann: Mich wunderte, dass eine Klientin bei ihrem Freund blieb, der sie häufig betrog, tagelang wegblieb, ohne ihr zu sagen, wo er sich aufhielt, und der sie im Suff akut und sehr böse beleidigt hatte. Also bat ich sie, mir einmal all das zusammenzurechnen, was er auf ihrem Habenkonto hatte.

Da war die Vertrautheit mit ihm: Sie kannten sich schon zehn Jahre, und sie hatte ihm bereits vieles verziehen. Da war die Vertrautheit mit der Situation: Ihre Eltern führten eine ähnliche Beziehung, und meine Klientin hatte von ihrer Mutter alle möglichen Strategien gelernt, damit umzugehen. Es würde eine große Umstellung bedeuten, plötzlich in einer Beziehung zu leben, in der ganz andere Probleme auftauchen, die sie weniger gut angehen könnte. Da war ihr niedriger Selbstwert: Sie fand sich hässlich und konnte sich nicht vorstellen, dass jemand an ihr interessiert sein könnte. Da war die finanzielle Sicherheit: Er zahlte ihr Studium, und ihn aufzugeben würde sie vor ein riesiges Geldproblem stellen. Da war die Attraktivität des Partners: Er sah nach ihren Aussagen aus »wie ein Supermodel«, und alle (nicht eingeweihten) Freundinnen beneideten sie um ihn, den »Sixpack im Lotto«.

Die Analyse machte – aus ihrer Perspektive – plötzlich Sinn: Sie hatte viel investiert, da draußen gab es für sie keine besseren Alternativen, es wäre für sie ein enormes Risiko, sich auf den Markt zu begeben. Da sie kreuzunglücklich zu mir gekommen war und ihn doch nicht verlassen wollte, besprachen wir gemeinsam, wie man bestimmte Probleme konkret so angehen könnte, dass sie einen weniger hohen Einsatz von Energie erforderten (zum Beispiel, wie kommt man als Studentin möglichst leicht an Geld?), diskutierten ihre Werte (wie wichtig war es ihr persönlich, dass ihr Partner reich und attraktiv ist? Und wie wichtig war es ihr, unversehrt zu bleiben?), und wir arbeiteten an ihrem Selbstwert – was einfach war, denn vor mir saß eine schöne, intelligente Frau, die einen verzerrten Blick auf sich selbst angenommen hatte. Zudem besprachen wir, wie sie verhandeln könnte: Was müsste sie unter den gegebenen Umständen bekommen, um froh zu werden?

Einige Therapiestunden später zählte sie mir die Forderungen auf: Wenn er tagelang wegblieb, wollte sie wenigstens wissen, wo er war, und es sollte sich ein Wellnesswochenende oder ein größeres Event (Theater-, Opernbesuch etc.) für beide anschließen. Wenn er sich herausnahm, fremdzugehen, wollte sie dasselbe Recht. Und: Er sollte sie offiziell als Hausangestellte und Sekretärin einstellen und bezahlen (sie machte ihm die Steuer).

Das Investmentmodell trägt eine gewisse Härte in sich, und ich verwende es nur sehr, sehr selten in Paartherapien, aber bei diesem Paar funktionierte es: Es lief plötzlich für die beiden! Er fand sie sogar »scharf« – wie sie so mit ihm dealte. Sie kamen mehr und mehr ins Gespräch und verbrachten ein gutes Jahr miteinander. Dann aber trennten sie sich, weil sie erkannt hatte, dass »andere Mütter auch schöne Söhne hatten« – plötzlich fand sie sich auch gar nicht mehr unattraktiv. Das Investment in eine Veränderung schien ihr von da an wohl nicht mehr so hoch zu sein.

Mir fällt auf, dass glückliche Paare automatisch – wenngleich weniger nüchtern, eher mit einem Augenzwinkern – miteinander »verhandeln«. Das ist nichts Unromantisches, sondern schafft häufig eine gute Ehehygiene. Nehmen wir als Beispiel das Pendeln: Der eine will in eine neue Stadt ziehen, weil er da bessere Jobaussichten hat, der andere möchte das aber nicht, weil er Freunde verlieren würde. Diskussionen dieser Art tauchen häufig in Paartherapiesitzungen auf, denn hier geht es meist um die Werte »Familie« oder »Job«.

In einem konkreten Fall wollte sie in eine andere Stadt ziehen, und er gab schließlich nach, obwohl es aufgrund der Entfernung wöchentliches Pendeln bedeutete. Das Nachgeben wurde ihm erleichtert, weil sie versprach, an drei der vier Wochenenden zu ihm zu kommen und dann auf keinen Fall zu arbeiten (auch keine E-Mails zu schreiben!). In einem anderen, ähnlichen Fall war der Deal noch witziger: Da war er mit einem Wohnungswechsel einverstanden, als sie ihm erlaubte, sich den Sportwagen zu kaufen, den er sich so lange gewünscht hatte. Und schon fällt mir ein, dass auch ich und mein Mann in solchen Situationen häufig verhandeln: Er wollte damals zum Beispiel nicht, dass ich in die Niederlande ging, und so überlegten wir gemeinsam, wie wir die Situation lösen konnten. Schließlich finanzierte ich ihm einen exklusiven Sprachkurs, damit er am Wochenende mit meinen zukünftigen Bekannten kommunizieren konnte, und verpflichtete mich, an den Wochenenden der Freunde wegen häufiger in Köln als in Amsterdam zu sein.

Manche Paare legen solche Deals sogar schriftlich in Verträgen nieder, weil ihnen das hilft, über Details ins Gespräch zu kommen, die sonst unter den Tisch fallen würden. Selten würde man ein solches Papier im Fall eines Falles hervorholen und dem Partner unter die Nase reiben; dazu wurde diese Technik nicht erfunden. Es fällt jedoch auf, dass nach dem Verfassen eines solchen Vertrags Ruhe einkehrt. Ich vermute, dass dieses eher spielerische Ritual deshalb therapeutisch wirkt, weil so die Anerkennung und die Wertschätzung der Interessen des jeweils anderen »auf dem Tisch« liegen. »Vertrag« kommt von »sich vertragen«, und eine schriftliche Form versinnbildlicht die ernste Auseinandersetzung mit dem Partner oder den ernsten Willen, die Interessen des anderen mit seinen eigenen zu vereinen. So gesehen, müssen Kosten-Nutzen-Erwägungen eine Liebe nicht entzaubern, sondern können sie sogar stützen. In der Psychologie gibt es aber auch viele Gegenentwürfe solcher Modelle – dazu gleich mehr.

Interessanterweise rückt in den letzten Jahren der Forschung ein weiterer Faktor, der langfristige Beziehungen gewährleistet, in den Vordergrund: die Versöhnlichkeit. Sie wurde von Caryl Rusbult eingehend untersucht. Versöhnlichkeit steht im Gegensatz zu festen Regeln und strikten Konsequenzen und erlaubt es, dem anderen zu vergeben. Irren ist menschlich, Fehltritte passieren, niemand ist ein Engel – wenn dies beide Partner begriffen haben und dem anderen hie und da verzeihen können, ist die Prognose gut. Zudem betonen Partnertherapeuten wie Uri Weinblatt, wie wichtig Entschuldigungen nach Fehltritten und Fehlern sind. Zugegeben, »sorry seems to be the hardest word«, aber Weinblatt zeigt, dass ehrlich gemeinte Entschuldigungen Schamgefühle in Beziehungen und damit Stress und Konflikte reduzieren. Er rät, sich lieber einmal mehr als weniger zu entschuldigen – das zeige, wie sehr man bereit ist zu geben.

## Erich Fromm und »Die Kunst des Liebens«

Erich Fromm hat in seiner *Kunst des Liebens* darauf verwiesen, dass der Materialismus in unserer Gesellschaft die Liebe vergiftet. Partner würden zu Objekten, wirkliche Beziehungen würden nicht gelebt, vielen ginge es nur darum, *geliebt zu werden,* wobei die Liebe doch erst dann entstünde, wenn man selbst in der Lage sei zu lieben. »Wenn ich einen Menschen wahrhaft liebe, so liebe ich alle Menschen, so liebe ich die Welt, so liebe ich das Leben. Wenn ich zu einem anderen sagen kann: ›Ich liebe dich‹, muss ich auch sagen können: ›Ich liebe in dir auch alle anderen, ich liebe durch dich die ganze Welt, ich liebe in dir auch mich selbst.‹«

Liebe ist demnach eine Lebensaufgabe für jeden Einzelnen von uns, sie müsse erlernt werden, und dies könne nur im aktiven Tun geschehen. Lieben könne man nur, wenn man sich intensiv mit dem anderen und mit sich beschäftigt und mit der Liebe an sich. Um zu lieben, brauche man Disziplin, Geduld und Konzentration, alles Eigenschaften, die dem modernen, eher hastig agierenden Menschen in der Industriegesellschaft fehlten. Fromm schlägt deshalb unter anderem Meditation vor, denn nur in der Ruhe könne die Liebe zu anderen und zu der Welt erfahren werden.

Dabei grenzt er bestimmte Erscheinungsformen von der *reifen Liebe* ab. Für ihn bedeutet Mutterliebe die bedingungslose Liebe: »Ich werde geliebt, weil ich bin«, während die väterliche Liebe an Bedingungen geknüpft sei: »Ich werde geliebt, weil ich mich richtig verhalte.« Viele verhafteten in ihrem Leben in einer kindlichen, infantilen Liebe, in der man Liebe nur dann spürt, wenn man geliebt wird. Die reife Liebe jedoch erführe der, der selbst lieben kann und nicht aus reiner Bedürftigkeit die Akte der Zuneigung des anderen konsumiert. Dabei sei es wichtig, dass die Partner sich auf Augenhöhe begegnen. Abgöttisches Lieben, bei dem man den Partner auf einen unerreichbaren Sockel hebt, sei genauso infantil wie eine Partnerwahl nach Kriterien wie Attraktivität, Prestige oder Reichtum.

Während diese Liebeskonzeption in der wissenschaftlichen Literatur kaum angesehen ist, lassen sich doch etliche Aspekte in der Therapie anwenden. So beginnt bei vielen die Paartherapie damit, auf den eigenen Selbstwert zu schauen: Wie denke ich über mich, und was brauche ich? Warum verlange ich vom Partner, dass er mir etwas gibt, was eigentlich nur ich selbst mir geben kann? Wieso fordere ich von ihm Liebesbeweise, wo ich doch selbst nicht gern gebe? Was hat der Partner damit zu tun, dass ich mich selbst nicht mag?

Ich erlebe im Therapiealltag immer wieder, wie hilfreich solche Fragen sind, allerdings erfordern sie eine intensive Auseinandersetzung mit der Liebe. Und Zeit. Solche Fragen kann man nicht zwischen Fitnessstudio und E-Mails beantworten, und Fromms allgemeine Beobachtung, dass wir (zu) wenig Zeit in unsere Beziehungen investieren, trifft auf nicht gerade wenige zu. Und viele bereuen es später, zu wenig achtsam gewesen zu sein.

## Ich mal dich mir schön

Fromms humanistische Theorie ist im Wesen konstruktivistisch, das heißt, man hat selbst entscheidenden Anteil an der Wahrnehmung des Partners. Der Partner ist nicht faul und uninteressiert, sondern wir nehmen ihn gerade so wahr. Wenn wir trotz Enttäuschungen noch mit ihm zusammen sind, hat dies nichts mit ihm zu tun, sondern mit uns, unseren Nöten, unserem Selbstwert, unserer Geschichte etc.

Wir können uns demnach dafür entscheiden, worauf wir unsere Aufmerksamkeit richten: auf die vielen positiven Facetten des Partners oder den Streit gestern. Und wir können an uns selbst arbeiten. Für Fromm ist Letzteres der Weg zum Glück – nur wer bei sich selbst ist, kann lieben und wird geliebt.

In den Anfangsphasen des Verliebtseins haben wir meist eine rosarote Brille auf und sehen den Partner in einem schmeichelhaften Licht. Bei manchen dauern diese »Verzerrungen« ein Leben lang. Ich hatte bereits angesprochen, dass eine Überschätzung der eigenen Fähigkeiten und ein leicht aufgeblasener Selbstwert gesund sind, denn Menschen, die ihre Fähigkeiten recht realistisch einschätzen, leiden nicht selten unter depressiven Verstimmungen. Ein ähnliches Prinzip wirkt bei Paaren. Es hilft Beziehungspartnern, zufrieden und gesund zu leben, wenn sie einen positiven Blick auf den jeweils anderen haben und ihn sogar für ein wenig besser halten, als er tatsächlich ist.

Forschung von Sandra Murray, John Holmes und Dale Griffin zeigt dementsprechend, dass Menschen in befriedigenden Beziehungen den Partner positiver beurteilen, als dieser selbst von sich oder als andere von ihm denken. Zudem stabilisieren solche positiven Illusionen Beziehungen und motivieren die Partner dazu, nicht beim ersten kleinen Problem davonzulaufen. Studien von Sandra Murray und Kollegen zeigen darüber hinaus, dass solche überzogen wirkenden Bewertungen auch eine andere Wirklichkeit im Sinne sich selbst erfüllender Prophezeiungen bewirken: Tatsächlich verbessern sich Leistungen von Partnern in Beziehungen, wenn der eine die Fähigkeiten des anderen überschätzt: Denkt jemand gut über mich, spornt mich das an!

Langzeituntersuchungen zeigen, dass sich so mancher nach einem Jahr Beziehung jobmäßig verbessert hat, wenn sein Partner der Meinung ist, er habe etwas Besseres verdient. Und wenn eine Freundin Ihnen ihren neuen »attraktiven« Lover vorstellt und Sie zunächst denken: »Wo ist der denn attraktiv?«, kann es gut sein, dass er ein paar Monate später tatsächlich mehr aus sich macht. Vielleicht hat er ja Spaß daran, dem Bild zu entsprechen, und geht öfter zum Friseur, riskiert etwas beim Klamottenkauf, legt insgesamt mehr Wert auf sich. Sogar intellektuelle Fähigkeiten können sich verbessern, wenn der Beziehungspartner einen in dieser Hinsicht für großartig hält. Dieser Effekt, dass ein Partner einem hilft, das eigene Idealselbst zu verwirklichen, ging als *Michelangelo-Effekt* in die Psychologie ein.

Natürlich lernen wir mit der Zeit auch störende Verhaltensweisen unseres Partners kennen. Dazu gehören unterschiedliche Vorstellungen von Sauberkeit und Ordentlichkeit (die berühmte nicht zugeschraubte Zahnpastatube), seine Verschwendungssucht, ihre Unpünktlichkeit etc. Eigenschaften, die einem am Anfang nicht aufgefallen waren, gehen einem irgendwann auf den Geist, und nicht jedem gelingt es, das lässig zu betrachten.

Einige Wissenschaftler wie Lisa Neff und Benjamin Karney stellen sich eine Partnerschaft als ein Gedächtnisnetzwerk vor, in dem man selbst und der Partner repräsentiert sind. Im Lauf einer Beziehung kommen zu einem zunächst sehr globalen positiven Bild immer mehr Details hinzu – positive wie negative. Häufen sich negative Aspekte, kann dies der Punkt sein, an dem manche ihre Beziehung überdenken und sie sogar abbrechen. In den Netzwerken langfristiger und zufriedener Beziehungspartner sieht man, dass beide Aspekte integriert werden. Dabei findet auf Detailebene ein Update statt, bei dem die unliebsamen Einzelheiten nicht unbedingt vergessen oder herausgefiltert werden, die übergeordnete globale, stark positive Repräsentation vom Partner aber jedenfalls erhalten bleibt. Dies hilft, negativen Details einen anderen Touch zu geben.

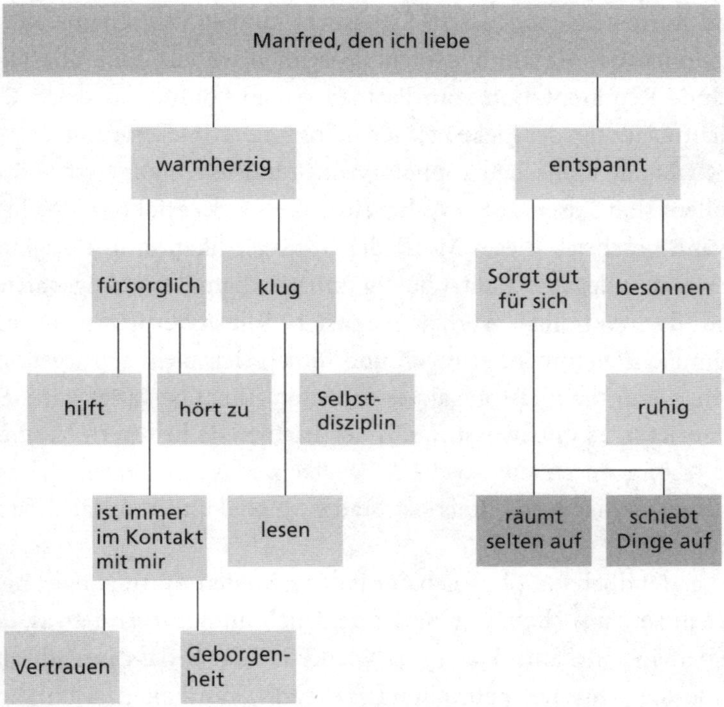


**Abb. 25 Segment aus einer Gedächtnisrepräsentation des Liebespartners nach Neff & Karney (2002)**

Die Entdeckung, dass dem Partner beim Einparken jedes Talent fehlt, wird demnach wohl abgespeichert, aber romantisiert (»Ich finde das süß!«). Oder die Wichtigkeit eines Aspekts wird heruntergespielt: »Er fährt fürchterlich, aber dafür ist er ein Frauenversteher!«

Ich habe schon oft darüber berichtet, wie eine Voreinstellung die Interpretation von Verhaltensweisen beeinflussen kann. Allerdings ändert sich die Beurteilung normalerweise, wenn massenhaft erwartungsdiskrepante Details hinzukommen. Einen umjubelten Fußballspieler, der mehr und mehr Fehler macht, wird man irgendwann entlassen, und jegliche neue Information über seine Fehler wird das einst positive Gesamtbild ins Negative wenden. Die Liebe allerdings erlaubt ein Nebeneinander positiver und negativer Aspekte. Neff und Karney zeigen, dass in Liebesbeziehungen diskrepante Informationen das Gesamtbild nicht so schnell trüben. Eine überkuppelnde Repräsentation vom Partner – man könnte das einen Gedächtnisknoten der Liebe nennen – dominiert das Gesamturteil.

Nicht alle Menschen können positive Illusionen gut ertragen, sie wollen stattdessen die »Wahrheit« über sich erfahren. William Swann beschrieb dieses Motiv der Selbstverifikation in Beziehungen und findet als Resultat häufig unbefriedigte Beziehungspartner und dysfunktionale Verhaltensmuster. Selbstüberprüfer können Schmeicheleien nicht ertragen und fühlen sich nicht ernst genommen, wenn ihr meist negatives Selbstbild nicht bestätigt wird. Sie honorieren es unbewusst, wenn der Partner sie kritisiert. Vermutlich schließen sie aus solchem Feedback, dass der Partner ihnen Aufmerksamkeit gewidmet hat, statt sie global und oberflächlich zu bewerten.

Letztendlich gewöhnt sich der Partner an den Auftrag, nach dem Negativen zu suchen, und findet natürlich immer irgendetwas, das er bemängeln kann. Das führt wiederum dazu, dass irgendwann beide die schlechte Beurteilung für wahrhaftig halten. Man kann sich leicht vorstellen, wie durch ein solches Paarverhalten Teufelskreise entstehen. Swann zeigt, dass am Ende sogar die Depression stehen kann. Häufig steigt derjenige, der das Negative des anderen ständig bestätigen soll, aus, denn ein Partner, der ständig nachfragt, ob er denn wirklich geliebt wird, und dann auch noch hören will, wie minderwertig er eigentlich ist, kann auf die Nerven fallen.

Man kann aus dieser Forschung insgesamt den Schluss ziehen, dass Partner auf die Suche nach entweder dem Negativen oder dem Positiven gehen – beides führt zu Verzerrungen. Sicherlich ist es so, dass man den Partner nie voll und ganz kennenlernt, man kann lediglich versuchen, ihm näherzukommen. Unter dieser Annahme scheint die rosa Brille in jedem Fall die bessere Alternative zu sein. Dagegen scheinen eine negative Sicht auf sich selbst und Selbstverifikationsmotive sowohl für einen selbst als auch für eine Beziehung wenig nützlich zu sein. Hier winkt Fromm von Weitem und ruft uns zu: Beziehungsarbeit ist erst einmal Arbeit an dir selbst!

## Lieben mit Stil

Hans-Werner Bierhoff und Elke Rohmann sind in ihrer Forschung einem Ansatz nachgegangen, der die vielen Ausdrucksformen der Liebe berücksichtigt: den Liebesstilen von John Lee.

**Romantische Liebe (Eros):** Verliebtheit steht im Vordergrund. Die geliebte Person erscheint einem als sexy und löst physiologische Erregung aus. Man will dem anderen möglichst oft nahe sein. Man möchte dem Partner viel von sich selbst mitteilen und viel von ihm erfahren.
**Besitzergreifende Liebe (Mania):** Eine Steigerung der romantischen Liebe. Sexualität und Leidenschaft spielen eine wichtige Rolle. Der Partner wird zum absoluten Lebensmittelpunkt. Die geliebte Person erscheint vollkommen, und man kann sich nicht vorstellen, ohne sie zu leben. Eifersucht wird erlebt.
**Freundschaftliche Liebe (Storge):** Über gemeinsame Interessen und Freizeitaktivitäten in einer Bekanntschaft baut sich allmählich eine Verbindung auf. Sexuelle Anziehung entwickelt sich später. Die Beziehung ist durch Toleranz, Vertrauen und Respekt gekennzeichnet.
**Spielerische Liebe (Ludus):** Sexuelle Freiheit und Ungebundenheit. Keine feste Verbindung mit Verpflichtungen, sondern Spaß und Abwechslung stehen im Vordergrund.
**Pragmatische Liebe (Pragma):** Vernunftgründe spielen die Hauptrolle (z. B. Kinderwunsch, größere Wohnung etc.). Haben eine Reihe von Eigenschaften vor Augen, die ihr zukünftiger Partner besitzen sollte. Wenn sie den Partner finden, der darauf passt, wird er gewählt. Gefühle spielen hier keine so große Rolle.
**Altruistische Liebe (Agape):** Das Wohl der geliebten Person steht über dem eigenen Wohlergehen. Hilfsbereitschaft bis hin zur Opferbereitschaft zeichnen die Beziehung aus.

Sie können individuell und kulturell unterschiedlich sein: Die *leidenschaftliche* oder *romantische Liebe (Eros)* ist die unmittelbare Anziehung, die mit sexueller Erregung zu tun hat; die *besitzergreifende Liebe (Mania)* pocht auf Exklusivität der Beziehung und kann in Eifersucht und Obsession münden; in der *freundschaftlichen Liebe (Storge)* spielen eher gemeinsame Interessen und Aktivitäten eine Rolle als sexuelle Aktivitäten; *spielerische Liebe (Ludus)* beschreibt den Wunsch nach einer leichten Art der Liebe, die das Vergnügen sucht, einschließlich der Suche nach sexuellen Abenteuern; *die pragmatische Liebe (Pragma)* kennzeichnet Paare, die sich aufgrund eher praktischer (etwa materieller oder sozialer) Erwägungen gefunden haben; *die altruistische Liebe (Agape)* stellt das Wohl des Partners über das eigene und betont Opferbereitschaft.

Forschung zeigt, dass sich bei vielen, vor allem bei Frauen, die romantische und die besitzergreifende Liebe einerseits und die spielerische Liebe andererseits widersprechen. Bei Männern dagegen wird häufig ein Zusammenhang deutlich. Zufrieden mit ihrer Beziehung zeigten sich vor allem jene, die romantische und altruistische Aspekte in ihrer Beziehung sahen. Den Partner attraktiv zu finden und gleichzeitig ab und zu Opfer zu bringen wurde als positiv empfunden. Spielerische Liebe funktioniert bei vielen Paaren nicht, wobei die Forschung dazu allerdings häufig schon 20 Jahre alt ist und ich den Eindruck habe, dass bei jungen Klienten Eifersucht eine weniger wichtige Rolle spielt.

In diesem Zusammenhang interessierten sich Forscher vor allem für kulturelle Unterschiede und entdeckten, dass die romantische Liebe in den USA wichtiger ist als in Russland, in Russland die spielerische Liebe wiederum wichtiger als in den USA und Japan und dass für Japaner Eros am unwichtigsten ist. Elke Rohmann, Andrea Führer und Hans-Werner Bierhoff testeten kürzlich Deutsche, in Russland lebende Russen, Bosnier und Rumänen sowie russische und türkische Migranten in Deutschland. Sie fanden, dass bei allen die romantische und die altruistische Liebe sehr wichtig für die Beziehungszufriedenheit waren, die freundschaftliche Liebe zwar ebenfalls, aber deutlich weniger, und dass die besitzergreifende Liebe ihr eher abträglich ist. Die spielerische Liebe trübte die Beziehungszufriedenheit bei Deutschen, Rumänen und türkischen Migranten – jedoch nicht bei den Russen.

Auf der Basis weitergehender Literatur argumentieren die Autoren, dass Untreue in russischen Partnerschaften wesentlich häufiger verbreitet ist und sich dadurch der potenzielle Schrecken für die Beziehung deutlich abschwächt. Allerdings zeigte sich in manchen Studien, dass Frauen in Russland bei der Partnerwahl pragmatischer als etwa deutsche Frauen vorgehen, weil die Erhöhung ihres sozialen Status und ihrer wirtschaftlichen Sicherheit durch eine Ehe bei ihnen besonders im Vordergrund zu stehen scheint.

Wir sehen hier also Unterschiede bei Liebesstilen, bedingt durch gesellschaftliche Normen. Die Befunde reflektieren auch die Veränderbarkeit von Konventionen, obwohl wir diese oftmals so verinnerlicht haben, dass wir gar nicht anders lieben können. Wenn es uns etwas ausmacht, dass der Partner fremdgeht, nutzt es uns nichts, dass andere Kulturen oder Generationen das vielleicht anders sehen – es trifft uns in dem Moment. Tatsache aber ist, dass es auch anders sein *könnte,* wenn wir andere Abmachungen träfen oder wenn wir lernten, dass unsere hohen Ansprüche selten erreicht werden.

Viele der konstruktivistischen Ansätze legen nahe, dass man selbst etwas tun kann, um eine befriedigende Beziehung zu führen. Schon Hape Kerkeling sagte als Beziehungsexpertin Evje von Dampen: »Liebe ist Arbeit, Arbeit, Arbeit …«[51] Was sollten wir also tun?

Im Jahr 1997 stellten Jeff Adams und Warren Jones in den USA die Faktoren zusammen, die Beziehungspartner bei der Stange halten; darunter waren der persönliche Einsatz und die Hingabe, die jemand für die Beziehung zeigt, die moralische (häufig religiös motivierte) Festlegung auf eine Person und mangelnde Alternativen. Heute, gerade mal 20 Jahre später, wirkt das recht vorsintflutlich. Ein Student fasste das in einem Referat einmal so zusammen: »Eine Beziehung hat vor allem dann Bestand, wenn man sich nur noch darauf konzentriert und alles andere um sich vergisst, wenn man in einem Dorf lebt, in dem alle so hässlich sind, dass man niemals in Versuchung kommt, und wenn man sich morgens und abends beim Kirchgang geißelt.«

Solche Untersuchungen sind methodisch in Ordnung und somit nicht zu kritisieren, aber sie spiegeln wider, wie schnell sich die Zeit und unsere Lebensumstände verändern und wie wenig manchmal Untersuchungsbefunde auf deutsche oder allgemein auf heutige Verhältnisse übertragbar sind. Es ist fraglich, ob eine monogame Beziehung »um jeden Preis« noch ein attraktives Lebensziel für einen westlich geprägten Menschen ist. Die Alternative, allein zu leben, wird in unserer Zeit immer positiver bewertet – zumindest im Vergleich dazu, lebenslang in einer dysfunktionalen Beziehung auszuharren.

## Liebe, Sex und Denken

Neben den unterschiedlichen Gedächtnis- und Aufmerksamkeitsprozessen auf inhaltlicher Ebene setzt die Liebe auch spezielle Gedächtnisprozeduren in Gang. So konnten, wie bereits gesagt, Amina Özelsel, Kai Epstude und ich zeigen, dass Gedanken in die Ferne schweifen, sobald man an die Liebe denkt – wir haben das *foreverness* genannt. Im vorherigen Kapitel habe ich zudem davon berichtet, dass Distanz zu einer breiteren Wahrnehmung führt und diese kreative Prozesse begünstigt.

In Experimenten ließen wir Versuchspersonen über die Liebe nachdenken und entdeckten tatsächlich eine gestiegene Kreativität – dafür waren sie in Logikaufgaben, bei denen eine breite Aktivierung von Gedanken eher hinderlich ist, schlechter als die Vergleichsgruppe. Wir fanden auch, dass sie ihren Partner automatisch undifferenzierter wahrnahmen. Wir gaben unseren Probanden einen Fragebogen, in dem wir verschiedene Eigenschaften des Partners abfragten, zum Beispiel, ob er fleißig, gut aussehend oder intelligent ist. Diejenigen, die an Liebe dachten, kreuzten durchwegs hohe oder zumindest mittlere Werte an, während die anderen eher Unterschiede machten: Sie sahen, dass ihr Partner zwar intelligent ist, aber nicht so ordentlich, das heißt, für sie waren nicht alle Urteilsdimensionen gleich.

Wir verglichen die Ergebnisse mit einer weiteren Versuchsgruppe, und zwar mit einer, die an Sex erinnert wurde. Um einen Unterschied zwischen Liebe und Sex zu machen, sollten sich einige an einen romantischen Spaziergang erinnern, bei dem sie verliebt waren, und andere an Sex, ohne dass Liebe im Spiel war. Wir vermuteten, dass Sex im Gegensatz zu Liebe eher mit dem Hier und Jetzt assoziiert ist. Sex sollte automatisch eine Suche nach Details auslösen und somit die Wahrnehmung verengen. Das wiederum sollte – so paradox es klingt – analytisches Denken befördern, Kreativität behindern und eher zu einer Suche nach Unterschieden führen. Dies war tatsächlich der Fall: Hatten Versuchsteilnehmer eine Zeit lang über Sex nachgedacht, versagten sie in kreativen Aufgaben, schlugen aber die Probanden, die an Liebe gedacht hatten, in analytischen Logikaufgaben. Auch beurteilten sie die Eigenschaften ihres Partners differenzierter.

Noch erstaunter waren wir, als sich eine weitergehende Hypothese bestätigte: Diese Aufmerksamkeitsrichtungen zeigten sich nämlich auch, wenn Objekte, die nichts mit Liebe oder Sex zu tun haben, etwa ein Stuhl aus einem Katalog, nach Design, Praktikabilität, Struktur, Schönheit etc. bewertet werden sollten. Probanden, die an Sex gedacht hatten, beurteilten den Stuhl differenzierter als jene, die an Liebe gedacht hatten. Wenn Letztere den Stuhl schön fanden, beurteilten sie ihn in allem hoch, und umgekehrt. Damit war es uns gelungen, zu zeigen, dass Liebe und Sex Denkprozesse auslösen, die sich auf alle möglichen Beurteilungen und Verhaltensweisen auswirken.

Unsere Studien widerlegen auch eine These der Evolutionsbiologen. Es ist Alltagswissen, dass die Liebe die Kunst zum Erblühen bringt. Was wären die Literatur, die Kunst und die Musik ohne die Liebe. Evolutionsbiologen erklären die Tatsache, dass Liebe Männer kreativ macht, kurz gesagt, damit, dass sie Frauen damit imponieren wollen, um sie ins Bett zu kriegen. Ähnlich der Amsel, die, wenn paarungsbereit, besonders schön singt. »Ins Bett kriegen« heißt aber Sex, nicht Liebe. Und wie wir gerade gesehen haben, lässt die Liebe Menschen kreativer werden, nicht der Sex. Außerdem fanden wir die Effekte nicht nur bei den Männern, den angeblichen Troubadouren, sondern in gleicher Stärke bei den Frauen.

Schaut man sich die Studien in einer Zusammenfassung an, ergibt sich beim Zusammenhang zwischen Sex und Liebe ein verwirrendes Bild: Psychologisch gesehen sind sie bezüglich vieler Prozesse sehr verschieden, wobei unsere gesellschaftliche Norm ja fordert, Tisch *und* Bett mit demselben Menschen zu teilen. Widersprechen unsere sozialen Normen also dem, wie wir Menschen, psychologisch gesehen, gebaut sind? Die Idee, lebenslang mit jemandem zusammen zu sein, ohne (viel) Sex zu haben, scheint vielen von uns genauso unattraktiv, wie ohne lebenslange Beziehung ständig mit wechselnden Partnern Sex zu haben.

Da die Vorstellung von Beziehungen sich fortwährend ändert, kann man gespannt darauf sein, wie sich zukünftige Generationen aus der Klemme helfen. Interessanterweise weisen viele männliche homosexuelle Paare Beziehungsmuster auf, die den Wunsch nach Sex mit anderen und eine gleichzeitig stabile Primärbeziehung vereinen. Thomas Symalla und Holger Walther zeigen in ihrem Buch zum Thema, dass in homosexuellen Beziehungen häufiger »außerehelicher« Geschlechtsverkehr erlaubt ist und kein großes Problem darstellt. Sie sehen zudem auch auf anderen Ebenen eine größere Unabhängigkeit, die beziehungsfördernd ist. So legen homosexuelle Paare ihre Konten erst nach ca. 20 Jahren zusammen – Heterosexuelle tun dies sehr viel früher. Allerdings sind homosexuelle Beziehungen im Allgemeinen von kürzerer Dauer: Nimmt man Zeitdauer als Qualitätskriterium, zeigt dies Grenzen einer »offeneren« Beziehungsform auf. Allerdings bewerten Homosexuelle ihre Partnerschaften als hochwertig – ihnen scheint es damit gut zu gehen.

## Das bittere Ende

Schaut man sich die Gründe für Trennungen an, entsprechen sie dem schon Gesagten: Man glaubt, dass eine Beendigung der Beziehung die einzige Lösung ist, wieder glücklich zu werden; man hat Alternativen; man hat das Gefühl, dass die Beziehung sowieso nicht mehr lange halten wird, und ist nicht mehr bereit, einen Einsatz zu bringen.

Trennungen nimmt kaum einer auf die leichte Schulter, sie nagen am Selbstwert und stehlen einem auch oft die Selbstwirksamkeit. Wer hat nicht schon eine Freundin getröstet, für die nach der Scheidung die Erde stillstand, oder mit einem Freund Nächte durchgesoffen, weil der meinte, er fände nie wieder eine Partnerin. Verantwortungslose Partner können sogar Traumata bei den Verlassenen auslösen, die tief greifend sein und eine Therapie erfordern können. Per SMS Schluss machen, »nur mal schnell Zigaretten holen« oder eine völlig überraschende Trennung können das Leben des Partners nachhaltig zur Hölle machen.

Insgesamt zeigt Forschung jedoch, dass Menschen die Dauer und die Intensität von Trauerphasen nach Trennungen überschätzen. Auch deshalb verharren manche zu lange in Beziehungen, die ihnen nicht guttun. Allerdings funktioniert unser psychisches Immunsystem – sofern intakt – auch bei Trennungen erstaunlich gut: Man wertet den Ex ab und fragt sich, wie es eigentlich dazu kommen konnte, dass man mit einem so abscheulichen Menschen zusammen war. Man redet sich die Entscheidungsfehler bei der damaligen Partnerwahl schön (»Gut, damals war ich einfach noch nicht so weit!«) oder verzeiht sich selbst die schmerzliche Erfahrung, die man zur »Lernphase« umwidmet (»Es kann nur besser werden«). Da menschliche Selbstregulation jedoch häufig im Unbewussten wirkt, rätseln Psychologen, wie genau gesunde Menschen so schnell mit schrecklichen Ereignissen zurechtkommen.

Einen Mechanismus konnte Daniel Gilbert identifizieren. Er beobachtete, dass Menschen recht schlecht in der Vorhersage von emotionalen Ereignissen sind: Grundsätzlich scheinen sie sie zu überschätzen. In Gilberts Studien wurden glückliche Beziehungspartner gefragt, wie sie sich zwei Monate nach einer Trennung fühlen würden. Natürlich gaben alle einen sehr niedrigen Stimmungswert an. Den Menschen hingegen, die tatsächlich zwei Monate vorher eine Trennung durchgemacht hatten, ging es erstaunlicherweise recht gut. Es ging ihnen sogar genauso gut wie denen, die in einer glücklichen Beziehung waren und sich keine Trennung vorstellen sollten.

Gilbert erkannte, dass wir vor allem negative zukünftige Ereignisse überschätzen. Vermutlich tun wir dies, um gewappnet zu sein, wenn sie schließlich eintreten. Nehmen wir an, wir leben in einem tornadogefährdeten Gebiet und stellen uns vor, was im Fall des Falles so alles passieren kann: Unser Haus wird zertrümmert, die Familie unter Schutt begraben, wir sind emotional und finanziell am Ende. Dann zieht tatsächlich ein Tornado über die Stadt und fegt unser Dach weg. Alles andere ist in Ordnung. Gott sei Dank! Im Vergleich zu dem Schrecklichen, das wir uns vorgestellt haben, kann man mit einem demolierten Dach leben.

Psychisch sind wir mit einem solchen hohen Anker (siehe Kapitel 10) gewappnet. Egal wie unwahrscheinlich ein Totaleinschlag im Gegensatz zu einem eher glimpflichen Verlauf ist und wie hirnrissig unsere Sorgen waren: Wir atmen auf, empfinden das, was passiert ist, als weniger schlimm, und es geht uns den Umständen entsprechend erstaunlich gut. Zudem haben die Horrorszenarien dafür gesorgt, dass wir eine Versicherung abgeschlossen, etwas Geld (für ein Dach reicht es) auf die Seite gelegt und unsere Kinder rechtzeitig in den teuren Bunker gebracht haben.

Ähnlich ist es bei Trennungen: Wir bereiten uns auf das Ungeheuerliche, kaum zu Ertragende vor – das sich dann gar nicht als so fürchterlich herausstellt. Ein Teil der schnellen Erholung erklärt sich durch die Tatsache, dass wir unsere Stärke und unsere Ressourcen unterschätzt haben. Sind wir mit einer Trennung konfrontiert, bewältigen wir sie viel besser, als wir gemeinhin glaubten – das entspannt uns und macht uns auch ein wenig stolz: Wie gut wir doch schlimme Erlebnisse wegstecken können! Emotionsregulation durch Dramatisierung funktioniert natürlich nur, wenn wir uns dessen nicht bewusst sind: Zweifle ich etwa von vornherein an einem Horrorszenario, kann es beim Eintreffen der Trennung nicht als Kontrast lindernd wirken.

Eine Lehre kann man dennoch aus dieser Forschung ziehen, wenn man sich einmal in einer dysfunktionalen Beziehung wiederfinden sollte, sich aber nicht traut, sie abzubrechen: Sich zu trennen ist letztendlich nicht so schlimm, wie man denkt. Man wird schon nicht mit der Rotweinflasche vor dem Bahnhof enden …

# 19
# »Verstehe ich das richtig?« – Kommunikation

Ich bin nebenbei Opernsänger. Als ich Professor Kurt Rapf während einer seiner berüchtigten Tiroler Meisterklassen einmal bat, mir zu verraten, was das Wichtigste beim Duettsingen sei, antwortete er lapidar: »Schauen S' der Partnerin aufs Maul.« Das habe ich mir gemerkt.

Es ist schwierig zu erklären, wie Tiere sich in Gruppen organisieren, wir Menschen jedenfalls nutzen dafür vornehmlich die Sprache. Sie hilft uns, unsere eigenen Ziele und die unserer Gruppe zu erreichen. Sie ist das Hauptmittel, um Beziehungen zu schaffen und zu erhalten – wie würden wir sonst Kontakte knüpfen und pflegen, und dies selbst über große Distanzen hinweg?

Liebesbeziehungen, Freundschaften und auch Geschäftsbeziehungen entstehen durch verbale Kommunikation, entwickeln sich durch sie und werden durch sie gefördert, wobei natürlich auch nonverbale Signale eine große Rolle spielen. Der große Niklas Luhmann, der zwar kein Psychologe war, die Psychotherapie aber so nachhaltig beeinflusst hat wie kaum ein Wissenschaftler des 20. Jahrhunderts, behauptet sogar, dass soziale Systeme allein aus Kommunikation bestünden. In einer weniger provokanten Weise ausgedrückt: Beziehungen erhielten sich allein durch Kommunikation und stürben, wenn nicht mehr kommuniziert würde. Genauso wie ein Körper stirbt, wenn in ihm keine Informationen mehr von Zelle zu Zelle übertragen werden. Zu Luhmann aber später.

Schaut man nach Definitionen für ein solch umfassendes Konzept, wird man schnell enttäuscht. Selbst im *Handbuch der Sozialpsychologie und Kommunikationspsychologie* wird das Wort eher vage definiert. Ich traue mich, aus den gegebenen Umschreibungen der Kollegen Folgendes herauszufiltern: Kommunikation wird klassischerweise als *Austausch von Informationen oder Nachrichten* beschrieben und kann virtuell (am Telefon, per E-Mail etc.) oder live, also von Angesicht zu Angesicht, stattfinden. Jede Kommunikation ist auch eine *Interaktion* – alle Begegnungen zwischen Menschen sind Interaktionen –, eine Interaktion ist aber nicht unbedingt eine Kommunikation (so die Kollegen). Anders formuliert: Eine Interaktion ist eine soziale Wechselwirkung zwischen zwei oder mehr Individuen, Kommunikation ist das Verhalten, das Mitteilungs-, Darstellungs- und Ausdruckscharakter besitzt. Im Alltag ist der Unterschied schwierig zu erkennen und häufig wohl auch nicht relevant.

Sprache ist ein Symbolsystem, das sich ständig verändert und durch meist recht lockere Regeln organisiert ist. Es ist verwunderlich, dass sie trotz dieser Flexibilität ein gewisses Verständnis ermöglicht. So ist das von Schülern geäußerte »Bin Schulhof« zwar ein Regelbruch, aber es weiß jeder, was gemeint ist. Und wenn ein Sechsjähriger im Zug meint: »Ey, ich geh mal eben zu den Bitches dahinten«, ist klar, dass er kein frühreifer Zuhälter ist, sondern ein Knabe, der sich einen für das Alter nicht untypischen provozierenden Slang angeeignet hat, den wir vielleicht so noch nicht vernommen haben.

Ob Sprache sich allein auf Wörter beziehen muss, wird unterschiedlich gesehen. Viele würden auch nonverbale Kommunikation als Sprache bezeichnen (Körper*sprache*). Ein Nicken, ein Schulterzucken, ein Klatschen, ein Augenrollen repräsentieren ebenfalls Symbole, die etwas vermitteln. Genauso kann man per Emojis *kommunizieren,* durch Objekte (ich trage Jutetaschen = ich bin ein umweltbewusster Mensch) oder das Arrangement in einer Situation (ich sitze oben = ich bin mächtig).

Kommunikation ist nicht nur sinnvoll, nützlich und wirksam, sondern kann auch Übles anrichten. Nicht selten verstehen wir etwas falsch oder missverstehen wir uns; Wörter können beleidigen, Auseinandersetzungen und sogar Kriege auslösen. Manchmal sind Worte wie Bomben, in jedem Fall geben sie aber häufig Rätsel auf. Aber fangen wir zunächst einmal leidenschaftslos an.

Schaut man von außen auf eine Kommunikation, so hat es den Anschein, als gebe es immer einen *Sender* und einen *Empfänger.* Eine Unterteilung in diese beiden Einheiten findet sich in den meisten Kommunikationsmodellen. Ein Sender sagt etwas wie »Bauch einziehen, wenn ich dich fotografiere«, und der Empfänger gibt dem einen Sinn. Das Beispiel illustriert ein gewisses Konfliktpotenzial, denn in unserer Gesellschaft, in der das Schönheitsideal möglichst dünne Gerippe sind, könnte das ankommen als: »Na, du bist aber dick«, oder gar: »Iss mal weniger!« Dies könnte beim Empfänger eine wiederum verbale Reaktion hervorrufen – »Schau auf deinen eigenen Bauch!« – und die Beziehung der beiden verschlechtern.

Die *Absicht* (Was will jemand sagen?) und der *Effekt* (Wie kommt das beim anderen an?) sind im Kommunikationsprozess wichtig. Dabei gibt es, genauso wie einvernehmliches Verstehen, immer mal Missverständnisse – es kann ja durchaus sein, dass der Sender in diesem Fall lediglich gewährleisten wollte, dass der Empfänger mit dem Foto zufrieden ist; genauso ist es möglich, dass der Empfänger das auch so versteht. Beim Verständnis sprechen wir immer von Wahrscheinlichkeiten – es gibt demnach streng genommen keine »richtige« Kommunikation. Niklas Luhmann weist mit Recht darauf hin, dass man niemals wissen kann, wie eine Nachricht tatsächlich verstanden wird. In unserem Beispiel könnte die Reaktion des Empfängers von der Tagesform abhängen – wir sind ja nicht immer gleich empfindlich – oder von dem, was vorher geschehen ist, von der Beziehung der beiden (frotzeln sie sich gern?) oder davon, wie überzeugt der Empfänger davon ist, überhaupt ein Gewichtsproblem zu haben.

Bazon Brock (1986) bezeichnete Kommunikation gar als *Lebenskunst:* Wir würfen Informationen in den Raum, wie kleine Zettel mit Wörtern darauf, und hoffen, dass das Gegenüber das Gesagte so aufnimmt, wie wir es gemeint haben – dazu müsste er die Zettelchen allerdings kreativ zusammensetzen wie ein Künstler. Das erfordere immer eine Risikonahme: Eine 100-prozentige Kontrolle darüber, dass das, was wir senden, so aufgefasst wird, wie wir es gemeint haben, hätten wir nie.

## Worte – Nichts als Worte?

Die berühmte und in vielen Kommunikationsbüchern bemühte *Lasswell-Formel*, die viele als Kernmodell der guten Kommunikation annehmen, beschreibt daher leider doch nur ein Gerüst. Lasswell beschreibt den Prozess folgendermaßen:

**Wer (Sender)**
**sagt was (Nachricht)**
**zu wem (Empfänger)**
**womit (Zeichensignal)**
**durch welches Medium (Kanal)**
**mit welcher Absicht (Intention)**
**und mit welchem Effekt (Reaktion des Empfängers).**

Mithilfe dieser Formel lassen sich viele Gespräche analysieren. Nehmen wir an, eine Verkäuferin (Sender) in einem hippen Laden duzt mich (Empfänger): »Hallo, wenn ich dir weiterhelfen kann, sagste Bescheid, nicht?« – das wäre ein verbales Zeichensignal und ein verbaler Kanal; sie nutzt ihre Stimme im Face-to-face-Kontakt. Vermutlich möchte sie mich in gute Stimmung bringen, damit meine Kaufbereitschaft steigt – das könnte eine Intention sein. In diesem Fall war die Reaktion des Empfängers wohl für die Verkäuferin unerwartet: Ich musste spontan darüber nachdenken, wie lange ich denn noch geduzt werde, und verließ, zunehmend schlecht gelaunt, den Laden, ohne Gruß. Wie man sieht, ist es einfach, Gespräche in die Lasswell-Schubladen einzusortieren.

Eigentlich sollte die Formel auch dabei helfen, Ratschläge für die »ideale Kommunikation« abzuleiten. Dies ist aber deutlich schwieriger als die simple Beschreibung von Gesprächen. So kann man in einer bestimmten Situation nicht immer »das beste Zeichensignal« empfehlen oder kann die Absicht des Senders so deutlich erkannt werden, wie Lasswell wohl annahm. In unserem Beispiel ist die Verkäuferin ja mit ihrer Absicht gescheitert, mich zum Kauf zu ermuntern. Aber kann man ihr etwa einen Fehler vorwerfen? Vermutlich wollte sie nur nett sein, oder sie wurde vom Besitzer instruiert, alle Kunden zu duzen. Vermutlich empfinden manche Kunden das Duzen als schmeichelhaft, und sie konnte ja auch nicht wissen, dass ich an dem Tag viel über mein Altern nachdachte. Man hätte ihr auch keinen anderen Zeichenkanal vorschlagen können, um den Griesgram in mir zum T-Shirt-Kauf zu bewegen – was hätte sie denn machen sollen, einen Handstand? Oder sich in Unterwäsche präsentieren, wie es in manchen amerikanischen Ketten bereits üblich ist?

Selbst wenn man jemanden jahrelang kennt, weiß man selten, welche Absicht er gerade mit den einfachsten Sätzen verfolgt. Wenn meine Mutter sagt: »Schön, dass du mal wieder anrufst!«, kann das heißen: »Ich freue mich, dass du dich meldest« oder »Du hättest aber auch mal früher anrufen können«. Es kann auch einfach nur eine nichtssagende Formel sein, bei der sie gar nichts empfindet – sagt sie das nicht eigentlich neuerdings zu jedem, so wie »Guten Tag«? Selbst nach 52 Jahren mit dieser Mutter habe ich keine Chance, zu wissen, wie sie das gerade meint, genauso wenig, wie sie wissen kann, warum ich ihr so viel von meiner Arbeit erzähle. Soll das etwa eine Rechtfertigung dafür sein, dass ich sie so selten besuche, oder will ich sie an meinem Leben teilhaben lassen?

Hinweise zur Klärung könnten nonverbale Signale geben, etwa der Ton meiner Mutter oder wie sie das »schön« betont. Auch der Rhythmus ist aufschlussreich, und ein möglicher Seufzer oder ein Brummen würden ebenfalls helfen, Klarheit zu gewinnen. Verschleiert wird dieser sowieso niemals besonders rationale hochkomplexe Prozess noch durch mich selbst an diesem Tag in dieser Situation. Habe ich gerade ein schlechtes Gewissen, weil ich so selten anrufe, oder habe ich keinen Grund dazu, weil ich gestern erst bei ihr war? Denke ich aus irgendeinem Grund, dass sie mich besonders mag oder nicht mag? Habe ich kurz vorher an ein schönes Kindheitserlebnis gedacht oder an ein weniger schönes? Hört sie sich gerade dumpf an, weil ich die gestrige Nacht im Klub neben den Boxen gestanden habe? Auch wenn sie selbst zu 100 Prozent weiß, was sie mit dem Satz beabsichtigt hat, kann sie nicht davon ausgehen, dass ich das entsprechend decodiere.

In einem klassischen Sender-Empfänger-Modell von Shannon und Weaver, das aus den 40er-Jahren stammt, aber immer noch gelehrt wird, werden solche Prozesse als »Störungen« bezeichnet, jedoch sind diese Unsicherheiten Teil einer *jeden* Kommunikation. Es handelt sich dabei immer um Konstruktionsprozesse in dem Sinne, als dass ich etwas sage, von dem ich *hoffe,* dass es so wie gemeint beim anderen ankommt, und in dem Sinne, dass der Empfänger dem einen *Sinn* gibt, indem er das, was er da hört und sieht und empfindet, aufgrund aller Informationen, die ihm gerade zur Verfügung stehen, zusammensetzt.

Bei Paaren, die sich streiten, fällt mir häufig auf, dass sie die Tatsache, dass Konstruktionsprozesse immer wacklig, das heißt nie eindeutig sind, nicht verstehen oder gerade nicht präsent haben und deshalb Auseinandersetzungen manchmal eskalieren.

Teodor-Kevin: »Du hast doch gestern klar und deutlich gesagt, ich mache nix im Haushalt.«

Mandy: »Habe ich nicht. Ich habe lediglich gesagt, du sollst die Küche aufräumen.«

Teodor-Kevin: »Aber du hast damit gemeint, dass ich mich nicht für die Beziehung einsetze. Immer machst du mir Druck.«

Mandy: »Stimmt doch gar nicht. Es ging mir allein um die Küche. Ich meinte: Räum die Küche auf. Nicht mehr und nicht weniger.«

Streng genommen würde ich eine solche Kommunikation nicht als gestört bezeichnen, obwohl die beiden offenbar aneinander vorbeireden. Ihnen ist lediglich nicht bewusst, dass man Gesagtes unterschiedlich auffassen kann, ohne dass sie dabei böse Absichten haben müssten. Wenn Mandy klar wäre, dass Teodor-Kevin das Gesagte durchaus so auffassen konnte, egal was sie zu sagen beabsichtigte, und er ihr die Chance geben würde zu erklären, dass sie es nicht so allgemein meinte, wie er denkt, dann wäre der Möglichkeit, dass Ruhe einkehrt, wenigstens wieder Raum gegeben.

Hier mal ein Vorschlag:

Teodor-Kevin: »Du hast doch gestern deutlich gesagt, ich mache nix im Haushalt.«

Mandy: »Habe ich nicht. Ich habe lediglich gesagt, du sollst die Küche aufräumen.«

Teodor-Kevin: »Aber du hast damit gemeint, dass ich mich nicht für die Beziehung einsetze. Immer machst du mir Druck.«

Mandy: »Hm, ist ja interessant, dass man das so auffassen kann. Woran, meinst du, liegt das?«

Keine Ahnung, ob die beiden danach nicht doch das Geschirr zertrümmern, aber häufig ist ein solches *Reden über das Reden* und Verstehen deeskalierend. Das Zauberwort, so viele Kommunikationsforscher wie unter anderem Gregory Bateson, sei daher die *Metakommunikation,* eben das Reden über die Kommunikation: Wie reden wir gerade miteinander? Wie kommt das, was du sagst, bei mir an? Paare, die sich in Metakommunikation geübt haben, streiten sich weniger.

Metakommunikation ist gerade bei nonverbalen Anzeichen sinnvoll: Kratzt du dich gerade am Kopf, oder zeigst du mir einen Vogel? Was bedeutet es, dass du dabei die Augen rollst? Wollen wir uns wirklich weiter streiten, während du so böse guckst? Metakommunikation ermöglicht, Verschiedenstes anzusprechen: Nicht-Verstandenes, wie ich die Situation aufnehme, unsere Redeweise und unsere Beziehung zueinander. Damit gebe ich dem anderen die Chance, darauf einzugehen: »Habe ich tatsächlich die Augen gerollt, das wollte ich gar nicht.« Oder: »Ich kann gerade nicht anders als böse gucken – ich bin dir tatsächlich ungut.« Metakommunikation stellt das Gespräch selbst zur Diskussion und bringt Licht ins Dunkel.

Zudem ist es sinnvoll, dem anderen nicht gleich Übles zu unterstellen. Da der Kommunikationsprozess nie eindeutig ist, habe ich im Zweifelsfall immer die Wahl, gute oder schlechte Absichten anzunehmen. Kann sein, dass Mandy gar nicht gemeint hat, dass Teodor-Kevin sich immer einen faulen Lenz macht, kann aber auch sein, dass sie es genau so gemeint hat. Die Entscheidung allerdings, das zum Problem zu machen, liegt allein bei Teodor-Kevin. Auf der

*Sachebene* hat Mandy ja tatsächlich nichts anderes gesagt, als dass er die Küche aufräumen soll – alles, was danach dadurch entstanden ist, hat damit zu tun, was Teodor-Kevin daraus gemacht hat, beziehungsweise mit der *Beziehungsebene.*

## Ohrensausen: Beziehung und Sachaspekt

Der Kommunikationspsychologe Paul Watzlawick unterschied maßgebend den *Inhalts-* vom *Beziehungsaspekt* der Nachricht. Häufig fiele es Menschen schwer, den Unterschied zu entschlüsseln. Das mütterliche »Schön, dass du anrufst!« ist ein gutes Beispiel. Auf der Inhalts- oder Sachebene sagt meine Mutter lediglich, dass sie es schön findet, dass ich das Gespräch mit ihr über Telefon gesucht habe. Auf der Beziehungsebene könnten alle oben angesprochenen Möglichkeiten zutreffen.

Besonders wenn Beziehungen gestört seien, so Watzlawick, würden Kommunikationspartner die Inhaltsebene vernachlässigen und vieles als Angriff verstehen. Da kann ein »Du siehst heute aber toll aus« als »Das sagt er mir nur, weil er was von mir will« verstanden werden und ein »Danke, das ist aber eine praktische Hose!« als »Na, ›praktisch‹ ist ja wohl diplomatisch ausgedrückt für ›hässlich‹«. Auch ein niedriger Selbstwert kann dazu führen, dass man den Inhalt nicht ernst nimmt. So kann ein Kompliment bedeuten: »Eigentlich findet er mich hässlich, aber er will mich halt aufmuntern!« In Therapien empfinde ich es manchmal als nützlich, die Inhaltsebene in den Vordergrund zu stellen.

Vor Kurzem kam Frau Brökenkämper zu mir, die meinte, die Einladung ihrer Tochter zur Hochzeit müsse auf jeden Fall das Gegenteil bedeuten: Sie solle der Hochzeit fernbleiben. Die Beziehung zwischen den beiden war sehr schwierig, und die Klientin meinte: »Einer Mutter schickt man keine schriftliche Einladung, und wenn man das tut, dann will man sie eigentlich nicht dabeihaben.« Natürlich wäre in einem solchen Fall ein klärendes Gespräch immer die Methode der Wahl, anders kann man so etwas nicht auflösen, aber da sie das nicht wollte, legte ich nahe, dass ihre Interpretation mehr mit ihr als mit ihrer Tochter zu tun hatte, denn auf der Sachebene hieß es eindeutig: »Ich lade dich herzlich ein.« Wenn man nicht nachfragt, sollte man es fairerweise so annehmen, wie es gesagt wurde – sonst ist man allein verantwortlich für alles Folgende.

Menschen mit dysfunktionalen Beziehungen sind oftmals Hellseher (»Aber ich weiß genau, wenn ich zur Hochzeit erscheine, ist noch nicht mal ein Stuhl für mich reserviert!«) oder Besserwisser (»Ich kenne meine Tochter, die macht das immer so: Die provoziert mich durch Freundlichkeit.«). Manchmal sind sie selbst ernannte Koryphäen des Unbewussten (»Und selbst wenn sie behauptet, dass sie mich mag, dann spüre ich doch genau, dass das Gegenteil der Fall ist.«) oder gar die Einsteins der Küchenpsychologie (»Und ich weiß auch, woher das kommt: Das hat ihr mein gottverdammter Ex, ihr sauberer Vater, in den Kopf gesetzt.«). Im Prinzip hat die Klientin die Inhaltsebene völlig verlassen, ohne diese zu prüfen, und sich selbst eine unglückliche Situation samt mieser Stimmung konstruiert.

Anderes Beispiel: Ich entscheide mich dafür, die Themen eines Seminars durch die Studierenden bestimmen zu lassen. Und ich bin stolz darauf, dass ich mir das leisten kann, denn wie Sie hier sehen, kann ich nach 25 Jahren Lehre aus einem umfangreichen Wissensschatz schöpfen. Als mir am Ende des Seminars Studierende Feedback geben, loben alle die Veranstaltung. Nur einer sagt, er hätte das Seminar zwar sehr gemocht, sich aber mehr Struktur gewünscht. Für einen Moment bin ich sauer: Das sollte doch gerade das Besondere an dem Seminar sein! Schließlich bildet hier ein Erwachsener Erwachsene aus, die genau wissen sollten, was sie interessiert. Struktur hat gefehlt? Verdammt, kann man denn nicht mal was Neues machen in diesem verstaubten System?

Dann aber sehe ich: Interessant, dass das bei mir so ankommen kann. Der Student ist ja kein Dummkopf, sondern sagte nur, wie die Neuerung auf ihn gewirkt hatte. Er sagte es zudem freundlich. Hatte meine Wut wirklich etwas mit ihm zu tun oder eher mit mir oder mit der Beziehung zu diesem Studenten, der mich schon häufig herausgefordert hatte? Interessant auch meine Reaktion: Ich hatte ja zum Feedback eingeladen, und auf der Sachebene hat der Student nicht gesagt, dass das Seminar Mist war, sondern mir ehrliches Feedback gegeben und nur diesen einen Punkt, die fehlende Struktur, moniert. Schlussendlich war die Bemerkung auch sachlich nicht abwegig – ich hatte mich ja sogar bewusst dafür entschieden, die Struktur an die Studierenden abzugeben.

Statt zu einer tollpatschigen Selbstverteidigung anzusetzen, kam ich auf die Sachebene zurück, bedankte mich bei ihm für das ehrliche Feedback, und wir diskutierten, wie man in diesem neuen Format Struktur einführen könnte. Solch souveränes Verhalten gelingt mir natürlich nicht immer, obwohl ich mich schon lange mit diesen Dingen beschäftige. Das Beispiel machte mir selbst wieder deutlich, wie schwierig eine alltägliche Kommunikation sein kann.

Nützlich ist die Unterscheidung in Sach- und Beziehungsaspekte allemal. Sich zu fragen: »Was hat er denn wirklich gesagt?« und »Was habe ich daraus gemacht?«, ist vor allem in heiklen Situationen hilfreich.

## Was stört mich, und was hat das mit dem anderen zu tun?

In der Therapie ist die Frage »Was ist mein Anteil an einem Eindruck« eine der wichtigsten. Bei Erstgesprächen mit Klienten kommt es hin und wieder vor, dass ein Therapeut sich an etwas stört, ohne spontan sagen zu können, was genau es ist. Gerade am Anfang einer Interaktion aber hat die Personenwahrnehmung vor allem mit einem selbst zu tun – das ist nur logisch, denn wir haben noch kaum Informationen über unser Gegenüber.

Oftmals stört man sich an etwas, weil es einen an einen Menschen erinnert, mit dem man schlechte Erfahrungen gemacht hat. Die Stimme einer Klientin erinnert an eine nervige Mitschülerin oder die Frisur eines Klienten an einen Onkel, den man nicht ausstehen kann. Freud hätte das *Projektionen* genannt. Solche Ähnlichkeiten können einem, wenn man sie nicht einzuordnen weiß, schon einmal die Sicht auf die eigentliche Person vernebeln. In der systemischen Therapieausbildung wird dieser Einordnungsprozess geübt, weil man davon ausgeht, dass negative Wahrnehmungen den Therapieprozess stören könnten, und es wurden verschiedene Techniken einzig zu diesem Zweck entwickelt.

Die berühmte Therapeutin Virginia Satir erfand die *Schattenübung*, in der man körperliche Regungen, die ein fremdes Gegenüber auslöst, zunächst einmal *erfühlt* und dann erst einordnet. So könnte man sich fragen: An wen erinnert mich der Fremde? Wo spüre ich das und warum? Erst wenn man das geklärt hat, kann man die Schatten auflösen, die das eigene Ich mit all seinen Erfahrungen auf den anderen legt.

## Wenn du denkst, du denkst, dann denkst du nur, du denkst …

Konstruktionsprozesse über den anderen oder vielmehr uns beide – oder mit anderen Worten: Was ich denke, was unsere Beziehung ausmacht – entscheiden ebenfalls darüber, wie ich mit dem anderen umgehe, wie ich ihm etwas sage und wie ich mich dabei bewege oder klinge.

Ich bemerke, dass viele Leute sich mir gegenüber anders verhalten, wenn sie erfahren, dass ich Professor bin. Nicht nur die Themenwahl (Oper statt Justin Bieber, Buchmesse statt Computergames) ändert sich dann, sie drücken sich auch gepflegter aus, benutzen häufiger den Konjunktiv und Höflichkeitsfloskeln, nehmen sich eher zurück, machen sich körperlich oft kleiner und wollen mich durch gewitzte oder komplizierte Wortwendungen beeindrucken. Die Stimme wird leiser, bei manchen prononcierter. Das wiederum ruft bei mir bestimmte Reaktionen hervor: Üblicherweise werde ich dann flapsiger, um meinem Gegenüber die Scheu zu nehmen, werde ebenfalls kleiner, um auf Augenhöhe zu kommen, lächle und versuche, nett zu sein. Unweigerlich ergibt sich eine ganz andere Kommunikation, und es ist schwer zu sagen, was zuerst da war und wer hier eigentlich Sender oder Empfänger ist. Hat der andere damit angefangen, als er sich so unterwürfig präsentierte? Oder war ich das, indem ich eine Unterwürfigkeit reininterpretierte, die in diesem speziellen Fall andere gar nicht beobachten würden?

Der Kommunikationspsychologe Paul Watzlawick führte den Begriff der »Interpunktion« ein, was nichts anderes bedeutet, als dass Kommunikation ein Fluss von Informationen ist, gar kreisförmig, in dem man nicht bestimmen könne, welcher der Beteiligten eigentlich angefangen hat, bei dem aber jeder einzelne Kommunikationspartner an jeder Stelle Startpunkte markieren kann. Das Setzen einer Interpunktion hat vor allem mit der eigenen Wahrnehmung zu tun und nicht mit dem Gegenüber und ist wiederum nur ein Konstruktionsprozess.

Nehmen wir an, mein Mann begleitet mich auf eine Party von Kollegen, und ich sage ihm danach: »Du warst aber still.« Er reagiert direkt beleidigt: »Ja, was waren denn das auch für Leute, es ging um Kopierer, Sekretärinnen und Forschungsgeld. Und keiner von denen liest Literatur. Voll spannend, echt.« Der gesamte Interaktionsprozess kann nach Watzlawick an unterschiedlichen Stellen Interpunktionen erfahren. Ich könnte sagen: »Ja, du findest die halt immer so beschränkt, weil sie so stolz auf ihre Projekte sind. Finde dich doch damit ab und erzähl denen von deinem interessanteren Leben.« In dem Fall hätte ich eine Interpunktion *vor* das Treffen gesetzt: Ich hätte den Grund für alles in die Vergangenheit verlegt, insofern, als dass ich seine Voreinstellung und seine vielleicht unrealistische Erwartung, mit Wissenschaftlern über relevante intellektuelle Themen sprechen zu können, für die missglückte[52] Interaktion verantwortlich mache.

Er dagegen würde die Interpunktion viel später setzen: »Also, ich kam da mit einem großen Wohlwollen rein, weil es ja neue Kollegen waren. Aber dann haben die diese strunzermüdenden Themen von diesen Millionen Forschungsgeldern, die sie wieder mal gekriegt haben für Projekte, die sie einem nicht erklären können, und dann prahlen sie mit Preisen, die keinen Menschen wirklich interessieren … Als dieser Professor Kwon anfing, war es für mich vorbei …« Für meinen Mann ist die Interaktion erst *während des Abends* schiefgelaufen, in dem Moment, wo Kollege Kwon alles andere um sich vergaß.

Man kennt das unterschiedliche Setzen von Interpunktionen häufig von Paaren: Nelson sagt, Larissa habe ihn auf die Palme gebracht, während Larissa die Interpunktion nach vorn verlegt und behauptet, Nelson hätte ihr ja auch einen guten Grund dazu gegeben, weil er sie, als er heimkam, nicht einmal begrüßt hätte – woran er sich natürlich nicht erinnern kann und worauf er die Interpunktion noch einmal vorverlegt: »An Donnerstagen bist du ja auch immer ungenießbar, warum sollte ich dich da freundlich begrüßen?«

Eine wichtige Einsicht ist, dass Interpunktionssetzung häufig selbstwertdienlich stattfindet – es gibt de facto selten einen Anfang oder ein Ende. Nelson wie Larissa haben vermutlich beide »irgendwo recht«, und doch sehen es beide anders. Selbst wenn ein sehr markantes einschneidendes Ereignis auftritt, gelingt es Menschen, Interpunktionen so zu setzen, dass ihr eigenes Verhalten gerechtfertigt erscheint. Nehmen wir an, Larissa geht fremd, Nelson merkt das, und ab da verschlechtert sich die Partnerschaft. Ist Larissa jetzt eindeutig schuld? Vermutlich würde sie behaupten, dass schon *vor* dem Fehltritt einiges im Argen lag, sie sich beispielsweise nicht mehr angenommen, attraktiv, begehrenswert gefühlt hat – eine Interpunktion, die sie sicherlich erleichtern wird, und wir (und meistens auch Larissa) können schlecht entscheiden, ob das »wahr« ist oder »falsch«. Es ist aber ihre Wahrnehmung in dem Moment, wo sie angegriffen wird oder sich schuldig fühlt.

Interpunktionen sind nicht gut und nicht böse – wir nutzen sie schlichtweg, um einen Anfang, einen Grund, eine Ursache für ein Verhalten, ein Gespräch, ein Gefühl in diesem kreisrunden Prozess der Kommunikation und Interaktion auszumachen. Und manchmal nutzen wir sie zur Verteidigung, wie Kinder im Sandkasten, die rufen: »Nein, du hast angefangen, du!«

## Das fünfte Axiom

Häufig habe ich Gespräche skizziert, in denen jemand nicht reagiert: Bei meiner Zugfahrt zu Beginn des Buchs zum Beispiel reagiere ich nicht, als Zugreisende sich, nach Zustimmung geifernd, über die Verspätung der Bahn echauffieren. Mein Mann hat auf der Party der Kollegen ebenfalls keinen Mucks getan, und ich habe verbal nicht auf das Duzen der Verkäuferin reagiert. Trotzdem wurde jedes Mal Information an den anderen übermittelt. Dieses Phänomen lässt sich durch ein von Watzlawick aufgestelltes Axiom begreifen: Man kann nicht nicht kommunizieren.

Ich habe im Zug klar signalisieren wollen: »Das Thema ist mir zu doof!«, genauso wie das Schweigen meines Mannes bei den Kollegen einschüchternd (»O Mann, der weiß so viel, und ich kann nur über meine Arbeit sprechen«), arrogant (»Was bildet der sich ein?«) oder dumm (»Hat der denn nichts zu erzählen?«) wirken kann. Der Verkäuferin habe ich ebenfalls vermittelt, dass etwas nicht stimmte, obwohl sie vermutlich keine Ahnung hat, was mich verprellte. Das bedeutet, dass im Prinzip beim Nicht-Kommunizieren dieselben Mechanismen greifen wie beim Kommunizieren: Man fragt sich nach der Absicht, interpretiert die fehlende Gesprächsbereitschaft, und Missverständnisse sind genauso wenig auszuschließen. Jeder Erziehende weiß, wie sehr ein Nicht-Beachten bei Kindern als Strafe ankommt (siehe auch Kapitel 6).

## Ohrensausen reloaded

Der wahrscheinlich prominenteste deutsche Kommunikationspsychologe, Friedemann Schulz von Thun, ergänzte den *Inhaltsaspekt* (worüber der Sender informiert) und den *Beziehungsaspekt* (wie Sender und Empfänger zueinander stehen) durch die zwei Aspekte *Appell* und *Selbstoffenbarung*. Der Appell der Nachricht beinhaltet eine Erwartung des Senders, was der Empfänger tun sollte. »Schön, dass du anrufst« könnte den Appell beinhalten, öfter anzurufen. Die

Selbstoffenbarung dagegen betrifft Information darüber, was der Sender über sich selbst vermitteln möchte. Meine Mutter könnte mit diesem Gesprächsbeginn gemeint haben: »Mir geht es gut, jetzt wo ich dich höre«, oder auch: »Hey, ich fühle mich einsam.«

Die vier Kommunikationsaspekte Inhalt, Beziehung, Appell und Selbstoffenbarung können, so Schulz von Thun, auch beim Empfänger unterschiedlich stark zum Verständnis von Nachrichten genutzt werden. Er spricht anschaulich von Ohren: dem *Sachohr,* dem *Beziehungsohr,* dem *Selbstoffenbarungsohr* und dem *Appellohr,* auf dem etwas gehört werden kann. Jeder Mensch habe alle vier Ohren, es kann allerdings zu einseitigen Empfangsgewohnheiten kommen, dann zum Beispiel, wenn das Sachohr eines Beziehungspartners taub ist und er alles auf dem Beziehungs- oder auf dem Appellohr hört.

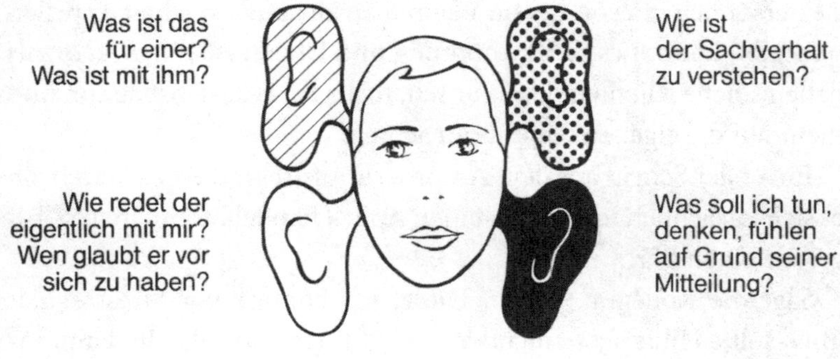


**Abb. 26 Die vier Ohren; Schulz von Thun (1981)**

Fiete: »Mann! Der Kühlschrank ist leer wie ein schwarzes Loch!«

Kalle: »Ja, du Alien, keine Panik. Ich mache das heute Nachmittag und geh Lidl. Hör auf zu nerven.«

Offensichtlich war Kalles Appellohr hier besonders gespitzt. Er verstand Fietes Beobachtung als: »Du bist dran mit einkaufen!« Kann sein, dass Fiete seine Appelle häufig so indirekt ausspricht, Tatsache ist aber, dass Kalles Wahrnehmung des Satzes als Appell zunächst einmal eine eigene Konstruktion ist.

Natürlich ist ein gutes Appellohr nicht schlecht, denn Nachrichten enthalten nun einmal häufig Appellaspekte, und oft werden Appelle subtil ausgedrückt. Wenn eine Mutter im Kinderzimmer ihre Arme in die Hüften stemmt und ruft: »Hier sieht's ja aus wie bei Hempels unterm Sofa!«, heißt das für die Kinder: »Aufräumen, sonst gibt's Stress!« Indirekte Appelle sind durchaus Teil unserer Kommunikation; nicht immer sagen wir offen »Hilf mir, bitte« oder »Bitte tu das«. Menschen, die allerdings ein zu großes Appellohr haben, laufen Gefahr, viel zu häufig Appelle zu hören und ihre eigenen Bedürfnisse aus den Augen zu verlieren. Ständig aufzuspringen, wenn jemand etwas sagt, bedeutet Energieaufwand, ständige Aktion, Stress.

Bekannt ist mir das aus der Praxis vor allem von Menschen aus helfenden Berufen, die zum Beispiel ein »Hilde, am Wochenende bin ich allein, und die Patienten stapeln sich im Flur« als Hilferuf an sie persönlich interpretieren. Wenn man zu häufig solchen Appellen nachgibt, kommt es zu Erschöpfung und Unzufriedenheit. Oftmals haben solche Klienten den Wunsch, mehr für sich selbst zu tun und mehr auf die eigenen Gefühle zu achten.

Ein erster Schritt aus dem Anforderungsstress ist es, zu klären, ob es sich tatsächlich immer um einen Appell handelt, wenn man selbst gerade einen hört.

Sagt die Kollegin: »Puuh, Hilde, ich komme vor Stress schier um«, sollte Hilde sie schlichtweg direkt fragen: »Willst du damit sagen, Gitta, dass ich am Sonntag kommen soll?« Dann ist der Ball bei Gitta, die ja vielleicht tatsächlich auf diese Weise fragen wollte, ob Hilde ihren Sonntag opfert. Wiederholt sie diese weitgehende Bitte jedoch auch direkt? Vielleicht ja, aber dann würde wenigstens im Gegensatz zu vorher eine offene Verhandlung beginnen, deren Ende nicht so gewiss ist wie das übliche »Gitta, ich komme«. Direkt darauf angesprochen, wird Gitta vermutlich auch ein offenes Nein eher akzeptieren, vor allem wenn solche Spielchen häufiger gespielt werden. Schließlich kann man auf einen klar geäußerten Wunsch hin nicht immer erwarten, dass er erfüllt wird. Selbst Feen erfüllen nur eine begrenzte Anzahl von Wünschen!

Nächstes Beispiel, zwei Heilpraktikerinnen:

Sieglinde: »Gesine, ich bin total erleichtert. Jetzt habe ich grad einmal vor einem Monat die Praxis eröffnet und schon Dutzende auf der Warteliste!«

Gesine: »Boah, echt, Sieglinde. Warum gibst du nur immer so an. Das ist echt bald nicht mehr auszuhalten.«

Hier hat Gesine wohl gedacht, Sieglinde wollte ihr vor allem etwas von sich erzählen, nämlich, wie toll sie ist, wobei Gesines Selbstoffenbarungsohr die Inhaltsebene, dass Sieglinde einfach nur erleichtert ist, dass sie so schnell Erfolg hat (was sie anscheinend nicht erwartet hatte), schlichtweg ausblendet.

Ein ausgeprägtes Selbstoffenbarungsohr beim Gegenüber wird häufig als nervtötend empfunden und hinterlässt den Eindruck, man würde ständig diagnostiziert, was als übergriffig oder gar unverschämt empfunden werden kann. Ich erinnere mich, als mich ein Kollege im Fahrstuhl einmal auf meine roten Schuhe ansprach: »Na, da wollen Sie aber mal wieder zeigen, wie kreativ Sie sind, was?« Da zog ich ihn am Selbstoffenbarungsohr und fragte zurück: »Und Sie wollen mir zeigen, dass Aldi nun auch Klamotten verkauft?« – was unsere Beziehung nicht sonderlich verbesserte.[53]

Es ist allerdings hilfreich, ans Selbstoffenbarungsohr zu erinnern, wenn Menschen ein zu ausgeprägtes Beziehungsohr haben. Wenn ich zum Beispiel wie Frau Brökenkämper denke, dass alles, was meine Tochter sagt – selbst die Einladung zur Hochzeit –, allein bedeuten kann, dass sie mich nicht liebt, dann wäre es für sie unter Umständen nützlich, ihr Selbstoffenbarungsohr zu spitzen, denn schließlich sagt eine Einladung ja auch häufig, dass man sich auf etwas freut oder stolz ist. Diese gute Stimmung (und übrigens auch ihre eigene) vermiest Frau Brökenkämper, wenn sie ihrer Tochter dauernd Böses unterstellt.

Der Senderseite wird im Allgemeinen empfohlen, sich in gut dosierter Weise häufiger selbst zu offenbaren – dann weiß der Empfänger, woran er ist. Galt es noch vor einigen Jahren bei der Arbeit als normal, wenig von sich preiszugeben (weil man sich sonst angeblich zu »angreifbar« machte), wird es heutzutage von Psychologenseite empfohlen, durchaus über die eigene Befindlichkeit Auskunft zu geben. Ein Chef, der es nicht anspricht, wenn er um seine Mutter trauert oder wegen seiner Scheidung gerade durch den Wind ist, wirkt wie ein lebloser Zombie und gibt seinen Angestellten nur unnötige Rätsel auf. Maschinen will niemand mehr auf Chefsesseln sehen. Zudem bedeutet Geheimhaltung immer einen psychischen Kraftaufwand, wie Julia Lane und Daniel Wegner zeigen konnten. Dauernd aufpassen zu müssen, das, was einem im Kopf herumgeht, nicht zu verraten, lenkt vom eigentlichen Geschäft ab und mindert die Leistung.

Allerdings sollte man diese Art der Kommunikation etwas üben. Geht es um schlechte Gefühle, die eventuell durch andere mit verursacht wurden, gilt es, aus der eigenen Perspektive zu reden. Also: »Ich bin etwas frustriert darüber, dass wir den Auftrag nicht bekommen haben« ist besser als: »So ein Mist!«, oder gar: »Du bist schuld, dass wir den Auftrag nicht reingefahren haben!« Im ersten Fall könnten sich konstruktive Gespräche über die Gründe ergeben, im zweiten und dritten wird sich der Angesprochene nur verteidigen – was meist niemanden weiterbringt.

Man sollte auch nicht denken, dass ein ausgeprägtes Sachohr immer ideal ist. Nachrichten übermitteln nun einmal häufig alle vier Aspekte, und wenn jemand dauernd Beziehungsbotschaften überhört oder sich keine Gedanken darüber macht, was der andere von einem hält, kann das zu Konflikten führen. Wie fast alle Kommunikationspsychologen empfiehlt Schulz von Thun, Beziehungsstörungen den Vorrang zu geben und zu versuchen, sie durch Metakommunikation zu klären. »Hast du das so gemeint, wie ich das sehe?«, ist eine gute Frage, bevor man sauer wird. »Hast du gemeint, ich setze mich nicht für die Beziehung ein?« – »Hast du damit gemeint, ich soll einkaufen gehen?« – »Hast du mit der Einladung eine Ausladung gemeint?«[54]

Dann könnte man erklären, wie man auf die Idee gekommen ist, das so zu interpretieren: »Ich habe nämlich den Eindruck, dass du nicht nur die Küche meinst, weil du mich in letzter Zeit dauernd kritisierst.« Oder: »Ich habe manchmal den Eindruck, ich soll reagieren, wenn du etwas feststellst. Sag mir doch bitte nächstes Mal direkt, wenn ich was machen soll, wie zum Beispiel einkaufen.« Oder: »Ich glaube manchmal, dass wir uns nicht mehr verstehen. Selbst wenn du was Nettes sagst, vermute ich dahinter eine Abwertung.« Wichtig wäre, immer bei sich selbst zu bleiben, also seine Empfindungen in Ich-Form mitzuteilen – Sätze mit »man« gilt es tunlichst zu vermeiden. Also: »Wenn jemand auf einen leeren Kühlschrank verweist, dann habe ich schnell das Gefühl, ich sollte einkaufen gehen.« Und nicht: »Wenn jemand auf einen leeren Kühlschrank verweist, dann hat man doch schnell das Gefühl, man sollte einkaufen gehen.«

Wenn die eigenen Gefühle und das, was ich persönlich aus den Worten des anderen herausgehört habe, »auf dem Tisch« liegen, können Konflikte bearbeitet werden. Anders bleiben eigene Interpretationen im Prinzip nichts als erfundene Geschichten, und Unausgesprochenes bietet nur Nahrung für weitere Missverständnisse und Unwohlsein. Ich erteile manchmal meinen jüngeren Klienten eine »Man-Diät«. Bei 20-Jährigen ist die Meidung von »ich« gerade im Trend. »Herr Förster, man fühlt sich eben manchmal so einsam« oder »Man will eben einfach eine Eins haben« sind nur dann informativ, wenn man für alle sprechen möchte oder gar allgemein menschliche Gesetze kommunizieren will. Zudem spüren wir bei »man« weniger, ob das unser Problem ist oder das der anderen, also eine Erwartung. Es ist meist treffender, wenn wir über uns persönlich sprechen. Über mehr können wir sowieso selten etwas sagen.

In Kommunikationstrainings habe ich durchaus von den »vier Ohren« Schulz von Thuns Gebrauch gemacht, denn das Modell ist nicht nur leicht verständlich, sondern führt auch häufig zu Aha-Effekten. Häufig werden Teilnehmern Hörgewohnheiten bewusst, und neue Sensibilitäten können recht schnell erlernt werden. Rückfragen zu stellen, Metakommunikation oder bestimmte Strategien der Überzeugung können genauso trainiert werden wie ein besserer Zugang zu dem, was ich will und eigentlich sagen will. Für die Wissenschaft ist das Modell weniger relevant; so gibt es zum Beispiel keine Fragebögen zur Ermittlung der vier Empfindlichkeiten und wenig Forschung hinsichtlich der Wirksamkeit des Ansatzes.

### Wie sag ich's meinem Kinde?

Sachinformationen sollten vor allem *kurz* und *prägnant* formuliert sein, damit sie ankommen. Sie sollten das Gegenüber *stimulieren*, das heißt möglichst interessant, bildhaft und mit Beispielen ausgeschmückt sein. *Wichtiges sollte deutlich hervorgehoben werden* durch stimmliche Mittel, Mimik, Gestik, Fettschreibung, Unterstreichung, Wiederholung oder anderes – es ist nämlich ein wenig egozentrisch, anzunehmen, dass der andere dasselbe interessant oder wichtig findet, was man selbst als so spannend wahrnimmt. Es sollte eine *Struktur* vorhanden sein, sprich, die Argumente sollten der Logik folgend geordnet werden.

So simpel und nachvollziehbar das klingt, so selten erlebt man eine solche Kommunikation im Alltag. Es bieten sich daher Kommunikations- oder Rhetoriktrainings an, in denen diese Fähigkeiten eingeübt werden.

Beziehungsnachrichten sollten in keinem sozialen Kontext fehlen, schließlich sind wir Rudeltiere daran interessiert, was der andere von uns hält und wie er zu uns steht: Mag er mich? Sind wir ein Team oder zwei unabhängige Köpfe? Sind wir auf gleicher Augenhöhe, oder ist er wichtiger? Etc. Viel zu selten wird Lob ausgesprochen. Wenn alles läuft, sagt man nichts, wenn etwas nicht läuft, werden die anderen in den Senkel gestellt. In vielen deutschen Firmen und auch in vielen Familien werden Feedback und Kritik daher, wenn sie überhaupt geäußert werden, als *negative Kommentare* verstanden.

Auch positive Beziehungsbotschaften müssen viele erst üben. Ich habe mich mehr als einmal gefragt, warum sie uns nicht leichter über die Lippen gehen, wo wir sie doch selbst gern hören. Manche fühlen sich damit sogar deutlich unwohl. Wissen sie etwa nicht, wie man Lob kommuniziert?

Positives Feedback sollte möglichst konkret sein. Es reicht auf der Weihnachtsfeier nicht aus zu sagen, dass die Sekretärin »sich wie immer durch große Kompetenz ausgezeichnet hat«. Das ist viel zu vage, um von ihr angenommen werden zu können, und ein Adverb wie »immer« kann als Abwertung einer Anstrengung verstanden werden. Damit das Feedback glaubwürdig wird, sollte man Beispiele geben wie: »Als der Kongress viel zu groß wurde und alles kollabierte, sprang Rita ein und klärte alles, bevor die Teilnehmer das Chaos überhaupt bemerkten.« Besonders Angehörige von Minderheiten denken bei vagem, diffusem und abstraktem Feedback häufig: »Der lobt mich doch nur aus Mitleid«, oder: »Der lobt mich doch nur, weil er denkt, er muss das jetzt tun.« Konkretes Feedback ist gegen solche Interpretationen immun und kommt damit eher an.[55]

Ebenfalls wichtig: Situationen, die einzig und allein für positives Feedback bestimmt sind, sollte man nicht mit Negativem kontaminieren. Ein Kollege verteilte auf Weihnachtsfeiern gern witzig gemeinte Geschenke, die zur gleichen Zeit als Tadel ankommen sollten und ihre Wirkung nicht verfehlten. Da bekam einer ein Kissen, wenn er dem Chef als zu faul erschien, ein anderer erhielt einen Wecker, wenn er ab und zu zu spät kam, und eine Mitarbeiterin Vitamintabletten, weil sie wegen ihres kränklichen Sohnes drei Wochen lang gefehlt hatte. Wie man sich denken kann, stieß das einigen sauer auf. Der Chef hatte seinen Ruf als »Sadist« weg, und er wurde als Führungspersönlichkeit letztlich kaum respektiert.

Negatives Feedback sollte ebenfalls konkret sein, und es sollte auf die Aufgabe zielen und nicht auf die Persönlichkeit des Gegenübers. »Du bist immer so unordentlich, deshalb haben wir die Deadline nicht geschafft«, kommt weniger an als: »Am letzten Tag haben wir dann fast eine Stunde nach der Akte gesucht, die bei dir im falschen Regal stand. Dadurch haben wir wichtige Zeit verloren.« Noch besser ist die *Sandwichtechnik,* bei der man mit etwas Positivem anfängt, dann die negative Kritik äußert, um schließlich mit einem positiven Ausblick zu enden: »Ich mag Ihre Kreativität, wirklich.

Ohne Sie und Ihre guten Ideen wären wir nicht da, wo wir sind. Ich erinnere mich noch an Ihre Vorschläge zur Gestaltung der Website – damit haben Sie uns sehr geholfen. Bei diesem Projekt allerdings lief einiges schief. Am letzten Tag haben wir dann fast eine Stunde nach der Akte gesucht, die bei Ihnen im falschen Regal stand. Dadurch haben wir wichtige Zeit verloren. Ich will Sie hier nicht abkanzeln, darum geht es mir nicht. Ich denke, dass Sie das in den Griff kriegen. Ich setze auf Sie!«

Das positive Element sollte natürlich nachvollziehbar sein und relevant. Jemand, der beginnt mit: »Ich mag Ihr Kleid, Frau Rose, aber die Jahresbilanz ist vollkommen unakzeptabel«, wird nicht eher durchdringen, weil Aussehen in diesem Fall nichts zur Sache tut und die Technik deutlich als Manipulationsversuch wahrgenommen wird. Allerdings sollte man sich fragen, warum man bei bestimmten Menschen bisher wenig positive Aspekte erkannt hat – liegt es wirklich an denen?

Um Bloßstellungen zu vermeiden, sollte negatives Feedback besser im Einzelgespräch stattfinden. Dies alles tut man natürlich unter anderem, um eine gute Arbeitsatmosphäre zu schaffen; die Vorgehensweisen dienen aber vor allem dazu, dass das Feedback auch ankommt, es die Leute motiviert und sich die Leistungen steigern.

## Bewusster und unbewusster Einfluss

Auch für die Kommunikationsforschung sind *Zwei-Prozess-Modelle* relevant, in denen zwischen unbewusster und bewusster Verarbeitung unterschieden wird. Richard Petty und John Cacioppo entwickelten ein *Zwei-Prozess-Modell der Kommunikation,* das die Wahrscheinlichkeit einer elaborierten Verarbeitung von Information vorhersagt.

**Zentrale Route der Verarbeitung:** Intensive Auseinandersetzung mit der Information; Nachdenken, Hinterfragen. Fakten wird hier gebührend Aufmerksamkeit geschenkt.

- Wenn die Motivation hoch ist, tiefer zu verarbeiten
- Wenn kognitive Fähigkeiten, Intelligenz oder Expertenwissen auf einem Gebiet vorhanden sind
- Wenn man die Nachricht konzentriert aufnehmen kann (kein Stress, keine Ablenkung, viel Zeit, etc.)

**Periphere Route der Verarbeitung:** Es wird eher auf oberflächliche Merkmale des Senders geachtet, z.B. Expertenstatus, Glaubwürdigkeit, Kompetenz, Sympathie etc.

- Wenn die Motivation gering ist, tiefer zu verarbeiten
- Wenn kognitive Fähigkeiten, Intelligenz oder Expertenwissen auf einem Gebiet fehlen
- Wenn man die Nachricht unter Stress oder Ablenkung oder Zeitmangel aufnimmt

Demnach gebe es eine *zentrale Route* der Verarbeitung, bei der sich Menschen mit einer Information intensiv auseinandersetzen, über sie nachdenken und sie unter Umständen hinterfragen. Fakten wird hier gebührend Aufmerksamkeit geschenkt. Zudem existiere eine *periphere Route* der Verarbeitung, bei der Menschen eher auf oberflächliche Merkmale des Senders achten, zum Beispiel auf seinen Expertenstatus oder seine Glaubwürdigkeit, auf äußere Signale von Kompetenz oder Sympathie.

Die periphere Route greift vor allem dann, wenn die Motivation, tiefer zu verarbeiten, gering ist, wenn kognitive Fähigkeiten, Intelligenz oder Expertenwissen auf einem Gebiet fehlen oder wenn man die Nachricht unter Stress oder Ablenkung aufnimmt. Wenn ich einen Krimi für meinen Mann kaufen will, von Krimis aber keine Ahnung habe, gehe ich in einen meiner Vorstellung nach »richtigen, seriösen Buchladen« mit Buchhändlern, die Strickwesten und Cordhosen tragen, und würde sofort zuschnappen, wenn sie mir etwas anpreisen. Oder ich würde zugreifen, wenn auf der Buchrückseite stünde, dass ein berühmter Kritiker das Buch in den Himmel gelobt hat, oder wenn es in irgendeiner Bestsellerliste erscheint. Oder würde auf so etwas Irrelevantes hereinfallen wie das Cover.

Wie oben bereits besprochen, sind solche Heuristiken nützlich, um schnell und ohne viel Wissen zu einer Entscheidung zu kommen, auch wenn die periphere Route sicherlich fehleranfällig ist.

Spannend sind auch bestimmte Persönlichkeitsmerkmale, wie das *Bedürfnis nach Abschluss* – oder, wie es sein Entdecker Arie Kruglanski nennt, *need for closure* –, die die Wahrscheinlichkeit für tiefe oder flache Verarbeitung beeinflussen. Menschen mit einem hohen Bedürfnis nach Abschluss wollen *möglichst bald* zu einer Entscheidung kommen, während andere eher die *beste* Entscheidung treffen wollen. Erstere fallen auf oberflächliche Merkmale eher herein; sie würde ein Wein-Rating wie »97 von 100 Punkten«, das am Hals der Flasche baumelt, wohl zum Kauf verleiten. Das entspräche einer Nutzung der peripheren Route. Tatsächlich schießen Wein-Ranking-Firmen wie Pilze aus dem Boden, fast jeder Discounter hat inzwischen ein eigenes, und somit ist das Ganze genauso Schmu wie der angebliche Zahnarzt in der Fernsehwerbung, der seiner Familie nur die eine Zahncreme geben würde.

Menschen mit niedrigem Abschlussbedürfnis würden da eher nachhaken, zum Beispiel nach seriösen Testergebnissen suchen und somit die zentrale Route beschreiten. An diesem Beispiel wird deutlich, dass die zentrale Route nicht immer zu einer der besten Lösungen führt. Abgesehen davon, dass kaum jemand die Zeit hat, sich über jedes Konsumgut eine erschöpfend objektive Meinung zu bilden, sind seriöse Informationen oft gar nicht zugänglich, verzerrt, oder man kann die Quelle nicht richtig einschätzen. Die Zeiten, in denen man auf zwei bis drei seriöse Ranking-Institutionen bauen konnte, sind vorbei.[56] Stattdessen gibt es eine ganze Bewertungsindustrie, und man hat als Rezipient begriffen, dass viele Feedbacks, Beurteilungen und Kritiken von zweifelhaften Quellen stammen. Jeder gibt heute im Netz seinen Senf ab, viele Bewertungen sind erkauft, und damit kann man im Dschungel dieser Pseudokritiken die zentrale, so vernünftig ausschauende Route häufig kaum wählen.

Sämtliche Zwei-Faktoren-Modelle scheitern, wenn sie uns weismachen wollen, sie hätten Patentrezepte für die *besten* Entscheidungen. Tatsächlich können sie für viele alltägliche Situationen kaum Vorhersagen treffen. Und was heißt schon »vernünftig«, wenn es doch oft um Geschmacksfragen geht? Ich hatte Kollegen aus der Entscheidungsforschung, die nur noch bei Discountern kauften, weil sie meinten, Tests fänden ja doch meist heraus, dass die Produkte dort billiger und nicht schlechter wären als Markenprodukte.

Das mag auf einer Ebene der Betrachtung den Geizhals in uns freuen, auf der anderen Seite kann man sich fragen, ob man die seelenlosen Discounter unterstützen sollte und somit dazu beitragen will, dass die Architektur und das soziale Leben unserer Innenstädte verkümmern. Außerdem kann einem persönlich das Markenprodukt besser schmecken, egal, was die Testinstitute sagen. Oder es kann einem wichtig sein, wie gut Mitarbeiter behandelt werden oder wie ökologisch die Produkte sind.

In dem Fall, dass man eine vorgefertigte, feste Meinung von etwas hat, können Beeinflussungsversuche, selbst wenn sie auf seriöser Information fußen, sogar paradox wirken: Nehmen wir an, Sie stehen auf eine bestimmte Sorte Markengummibären und erfahren aus einem Heft der Stiftung Warentest, dass diese Gummibären überteuert seien und eigentlich, so würden Blindtests zeigen, schlechter als die viel billigeren vom Discounter. Würde Sie das motivieren, ab da nur noch Discounterbärchen zu kaufen? Die meisten von uns würden eher versuchen, das Testergebnis zu ignorieren, zu hinterfragen oder es zu vergessen (siehe Dissonanzreduktion in Kapitel 10). Dieser *Prior-Belief-* oder *Voreinstellungseffekt* ist hinlänglich bekannt, und man mag hier ein Zitat von Einstein bemühen: »Es ist leichter, ein Atom zu spalten, als ein Vorurteil zu zerstören.« Wobei es sich bei Geschmacksfragen, was Konsumgüter angeht, um Vorurteile handelt, die lediglich dem eigenen Geldbeutel wehtun – ansonsten hält sich der Schaden in Grenzen.

Ich nutze diese Modelle zur einfachen Illustration des Alltagsphänomens, dass wir manchmal mehr Informationen sammeln und manchmal weniger und uns in letzterem Fall von oberflächlichen Merkmalen verleiten lassen. Das bedeutet aber nicht, dass die Oberfläche *eigentlich* unwichtig ist, denn oftmals schauen Menschen auf das Äußere – weil sie das wollen oder weil sie nichts anderes in Erfahrung bringen können.

Bei Bewerbungen zum Beispiel sollte man durchaus Wert auf Äußerlichkeiten wie gute Fotos und ein gepflegtes Erscheinungsbild legen. Hier hat sich – vor allem, aber nicht nur – in der Generation der 20- bis 30-Jährigen meiner Meinung nach eine Lässigkeit eingeschlichen, die nicht immer verstanden wird. Mein Mann ist Sozialpädagoge und bewarb sich mit einem Foto, auf dem er unangezweifelt gut aussah – allerdings trug er seinen Lieblingshoody in Türkis. Nach dem zweiten Bewerbungsgespräch rief ihn ein Mitglied der Kommission an: »Also, mal ganz ehrlich. Sie sind unglaublich kompetent und freundlich, aber ich konnte Sie einfach nicht durchbringen, weil Sie dieses Foto mitgeschickt hatten. Und dann kommen Sie zum Gespräch in Turnschuhen! Selbst unter Sozialarbeitern ist das ein No-Go.« Noch in derselben Woche ging er in Hemd und Anzug zum Fotografen.

Klar, es mag unvernünftig, gar spießig oder blöd erscheinen, wenn Personalentscheidungen auf der Grundlage der Kleidung getroffen werden, aber da dem so ist, wäre es zu kostspielig, sich dem Spielchen zu verweigern – oder man sollte sich konsequenterweise für einen Beruf entscheiden, in dem solche Dinge überhaupt keine Rolle spielen. Weiß man um Regeln, dann ist man frei, sich nach ihnen zu richten oder nicht.

## Schutzimpfungen und Verbote

Neben den allgemein bekannten Mitteln des *Impression-Managements* (sei freundlich, bescheiden, attraktiv, wirke kompetent etc.) zeigt Forschung mitunter überraschende Überzeugungstechniken. William McGuire und Demetrios Papageorgis schlugen in ihrer *Impftheorie* vor, dass Meinungen stabiler blieben, wenn man sie ab und zu leicht mit Gegenargumenten impfe, damit sie dagegen resistent würden. Das kann man sich so vorstellen: Nehmen wir an, ich wäre seit Jahren der Meinung, dass Fruchtsäfte mich fit halten und gegen Erkältungen immunisieren. Nun ist das nicht unangefochten, seit Langem schon gibt es Berichte, dass die Vitamine in Säften viel zu schnell durch den Körper rauschen, um aufgenommen werden zu können, und dabei auch noch den Magen übersäuern. Außerdem sind sie Kalorienträger.

Will ein Saftfabrikant nun, dass ich weiterhin Saft trinke, würde er diese Gegenargumente nicht fern von mir halten, sondern mir Informationen an die Hand geben, die gegen die Kritik sprechen und mich so »impfen«. Er könnte behaupten, dass man so und so viele Orangen essen müsste, um auf den Vitamingehalt einer Flasche Saft zu kommen.[57] Und ich selbst würde ebenfalls eher bei meinem Saft bleiben, wenn ich mir weitere Argumente gegen die Kritik zurechtlege wie: Ich habe zu wenig Zeit, mir Obst zuzubereiten, da ist es immer noch besser, Saft zu trinken, als beispielsweise Tabletten zu schlucken. Man kann sich auch immer zur Ausnahme machen: Ja, bei manchen wird der Magen sauer, aber bei mir ist das nicht der Fall.

In der Auseinandersetzung mit Gegenargumenten kann man sich ein ganzes Arsenal an Argumenten zulegen, mit dem man die eigene Meinung im Fall eines Angriffs verteidigen kann. Sollte sich etwa bei einer Familienfeier der Bruder aufschwingen und einen Antisaftvortrag halten, wäre ich gut gegen seine Attacke geimpft und gut vorbereitet zu parieren.

Zudem sind Einflussnahmen erfolgreicher, wenn man dem Gegenüber die Freiheit der Entscheidung lässt. Menschen sind freiheitsliebende Wesen, und wenn man sie einengt, reagieren sie »reaktant«, wie Jack Brehm es nannte, das heißt »trotzig«. Aufforderungen wie »Das musst du kaufen!«, »Die darfst du nicht wählen« oder gar »Das Buch ist verboten« kitzeln in uns den Freiheitsdrang und motivieren uns nicht selten zu rebellieren. Es klingt paradox: Aber gerade die Tatsache, dass »man« eine rechtspopulistische Partei nicht wählen darf, macht sie interessant für manche von uns.

Ein anderes Beispiel: Produzenten von Horrorfilmen wissen, dass eine Jugendschutzauflage den Verkauf fördert: Wenn ein Film erst ab 18 freigegeben ist, *muss* er ja hinreichend schockierend sein –

eine Jugendfreigabe würde eher dafür sprechen, dass die Autoren das Genre nicht richtig beherrschen. Ich erinnere mich noch daran, dass ich als Pubertierender zum Fassbinderfan wurde, gerade weil die *Bild* damals gegen *Berlin Alexanderplatz* als Schmuddelwerk wetterte[58] und meine Eltern mir daraufhin verboten, den Mehrteiler zu sehen. Verbote, auch wenn sie manchmal nötig erscheinen, schränken die Freiheit eines Menschen ein und können das Gegenteil bewirken.

Dagegen brauchen Menschen Erklärungen, wenn ihnen etwas weggenommen wird oder wenn sie um etwas gebeten werden. Untersuchungen in Unternehmen haben ergeben, dass Arbeiter weniger unzufrieden mit Gehaltskürzungen sind, wenn ihnen erklärt wird, warum sie nötig sind, und wenn ihnen gebührender Respekt und Bedauern entgegengebracht werden. Und in einer Untersuchung von Jerald Greenberg aus dem Jahr 1990 konnte gezeigt werden, dass Materialklau in Fabriken anstieg, wenn einschneidende Maßnahmen nicht fair oder gar nicht kommuniziert wurden.[59]

## Das Konkrete am Abstrakten

Die Psychologie der Sprache ist, vermutlich weil unsere Methoden wenig Möglichkeiten zulassen, Komplexität zu erfassen, stiefmütterlich behandelt worden. Wobei es einige Ausnahmen gibt. Die Psychologen Klaus Fiedler, Anne Maass und Gün Semin haben sich damit beschäftigt, auf welchem Abstraktionsniveau Menschen Nachrichten austauschen.

Als *konkret* werden dabei *beschreibende Handlungsverben* bezeichnet wie in dem Satz: »Guido *streichelt* den Hamster.« Das ist auch das, was man vermutlich als Beobachter sieht, alles andere wäre schon Interpretation, etwa: »Guido *liebkost* den Hamster.« Deshalb heißt Letzteres auch *interpretierendes Handlungsverb* – es ist abstrakter als das beschreibende. Psychologisch gesprochen, ist eine subjektive Schlussfolgerung erfolgt, die konkret nicht richtig sein muss. Es kann ja sein, dass Guido Polizist ist und Spuren von

Kokain am Hamster ausfindig machen will, indem er über ihn streicht. Wichtiger noch: Wenn man den Satz isoliert hört, kann man sich die Situation nicht unbedingt konkret vorstellen: »Liebkosen« ist eine breitere Kategorie als »streicheln«, weil es alle möglichen Handlungen beinhalten kann, wie den Hamster schaukeln, kitzeln oder küssen.

»Guido *liebt* den Hamster« wäre noch weitgehender und abstrakter, denn selbst wenn man einen Hamster mal hie und da liebkost, muss man ihn ja nicht lieben. Zudem beinhaltet »lieben« noch mehr mögliche Handlungen als »liebkosen«. Lieben könnte bedeuten, dass Guido häufig an den Hamster denkt, ihm häufig Schnecken fängt oder vielleicht in seinem neuen Blog Gedichte über ihn postet – alles Dinge, die in der sprachlichen Kategorie »liebkosen« nicht enthalten sind. »Lieben« wäre nach dem Modell ein *Zustandsverb.* Die allgemeinste, breiteste und abstrakteste linguistische Kategorie wäre das *Adjektiv* »Guido ist *tierlieb*«. Darunter kann man sich Guido mit Pferden genauso vorstellen wie mit einem Hamster oder einem Axolotl – man kann ihn sich sogar als jemanden vorstellen, der keine Tiere hat, sondern sich für irgendwelche aktiv einsetzt oder sich vegan ernährt.

Natürlich wurde diese Theorie nicht erfunden, um Beziehungen zwischen Mensch und Nagern zu beschreiben, sondern um Vorhersagen darüber zu machen, wie wir die Welt konstruieren. Ein Klient, der in mein Coaching kommt und meint, er wäre psychisch krank (Adjektiv), geht implizit davon aus, dass sein Problem schwierig zu bearbeiten ist. Er *ist* ja seiner Meinung nach krank. Da Therapie immer eine Veränderung bedeutet, wäre diese Konstruktion für ihn ein Hindernis. Daher versuche ich wie viele systemische Therapeuten, solche Adjektive zu de-konstruieren, indem ich auf eine konkretere Handlungsebene komme, die bearbeitbar wird.

Herr Xanten: »Herr Förster, ich habe, was das Studieren angeht, Prokrastination.«

JF: »Das klingt ja wie eine Krankheit.«

HX: »Ja, das behindert mich total. Das ist krank.«

JF: »Was machen Sie denn genau, wenn Sie prokrastinieren, Herr Xanten?«

HX: »Ich zocke oder schaue mir Soaps an. Oder ich denke nach. Meditiere. Und dann sind da immer Leute, die meine Hilfe brauchen, und wenn die mich anrufen, helfe ich eben – ich werde ständig gerufen, wenn was ist. Ich kann auch mein Phone nicht ausstellen.«

Ich habe mit meiner Frage die Prokrastination (= »Aufschieberitis«) konkret auf die Handlungsebene heruntergebrochen. Nun können Herr Xanten und ich anfangen, uns zu überlegen, wie man das ihn belastende Verhalten angeht, zum Beispiel, ob er nicht zu anderen Zeiten zocken und Soaps schauen kann oder warum er nicht Nein sagen kann. Ich könnte mir mit ihm Strategien überlegen, wie er sich bei seinen Freunden, ohne zu helfen, beliebt machen kann, oder Entschuldigungen ausdenken für den Fall, dass ihn Freunde beschimpfen, wäre das Handy mal ausgestellt. Diese Möglichkeiten hätte ich als Therapeut kaum, wenn Herr Xanten sich weiterhin für krank hielte oder davon überzeugt wäre, dass er verrückt ist, denn wenn man sich für gestört hält, beinhaltet das auch oft die Idee der Unabänderlichkeit.

| Abstraktion | Positiv | Negativ |
|---|---|---|
| Deskriptives Handlungsverb | Viele Amerikaner grüßen mich mit einem Lächeln und fragen danach, wie es mir geht | Viele Amerikaner gehen nicht zur Wahl |
| Interpretatives Handlungsverb | Viele Amerikaner grüßen freundlich | Viele Amerikaner vernachlässigen ihr Recht auf freie Wahlen |
| Zustandsverb | Viele Amerikaner mögen andere Leute | Vielen Amerikanern sind Wahlen gleichgültig |
| Adjektiv | Viele Amerikaner sind freundliche Menschen | Viele Amerikaner sind unpolitisch |

**Linguistisches Kategorienmodell nach Semin & Fiedler (1991)**

Das *Linguistische Kategorienmodell* wurde meines Wissens noch nicht im therapeutischen Kontext überprüft, wohl aber im Intergruppenkontext: Es wäre zum Beispiel selbstwertdienlich, dass Erfolge der eigenen Gruppe eher als abstrakt und damit stabil und fortdauernd interpretiert würden, während Misserfolge eher konkret konstruiert würden, denn nur in diesem Fall könnte man sie schnell verändern oder vergessen. Also: Wenn ich Schalke-Fan bin, würde ich nach einem Sieg gegen Dortmund sagen: »Wir sind spitze« (Adjektiv), statt »Wir haben den Elfmeter sauber reingemacht« (deskriptives Handlungsverb). Wenn Schalke verliert, würde ich dagegen nicht leichtfertig sagen: »Wir sind abgefuckt« (Adjektiv), sondern stattdessen konkreter: »Wir haben den Elfmeter nicht reingemacht.« Auf Letzteres könnte schnell ein »Shit happens« folgen, das heißt, ich mache instabile Faktoren für den Rückschlag verantwortlich, was mir hilft, gut über meinen Verein und damit mich zu denken – und ich habe die Hoffnung, dass dieses »kleine« konkrete Problem das nächste Mal nicht wieder auftritt.

Erfolge und Misserfolge der Fremdgruppe werden natürlich umgekehrt ausgedrückt. Die gegnerischen Verlierer sind grottenschlecht (Adjektiv), was ja auch bedeutet, dass sie es nicht nur bei diesem Spiel waren. Erfolge sind dagegen eher auf konkrete Ausnahmen zurückzuführen: »Die haben den Elfmeter eben reingekriegt« bedeutet, dass sich so etwas nicht unbedingt wiederholen muss. Wer das nicht glaubt, darf sich gern mal in eine Fankurve stellen und »Glück gehabt!« ausrufen, wenn die eigene Mannschaft ein Tor erzielt. Das ist mir mal passiert, als ein Ball des FC Köln »reinging«, der es eigentlich nicht verdient gehabt hätte. »Glück gehabt?«, schrie da ein Fan vor mir, der völlig in Rot-Weiß gekleidet war. »Glück gehabt? Das war *Können,* du blinde Nuss, du!«

Anne Maass und Kollegen konnten diese Effekte im oberitalienischen Ferrara zeigen, in dem alljährlich Stadtteile bei hart umkämpften Pferderennen gegeneinander antreten. Versuchspersonen sollten aus vier Beschreibungen jeweils diejenige auswählen, die am besten auf ein Bild der Eigen- und eines der Fremdgruppe zutraf. In den vier Beschreibungen waren die vier linguistischen Kategorien verwirklicht, und es zeigte sich, dass abstraktere Beschreibungen für Erfolge der Eigen- und Misserfolge der Fremdgruppe gewählt wurden, während konkrete Beschreibungen für Misserfolge der Eigen- und Erfolge der Fremdgruppe ausgesucht wurden. Die Autorinnen konnten zudem belegen, dass dies zur Aufrechterhaltung von Stereotypen (siehe Kapitel 12) führt – schließlich erscheinen ja so »die anderen« unveränderbar schlecht, während »wir« stabil erfolgreich und gut sind. Dieses Modell zeigt also, wie Wirklichkeiten durch Sprache geschaffen werden. Man muss nicht etwas Falsches behaupten, um sich gut zu fühlen oder andere abzuwerten – allein, *wie man übereinander spricht,* kann Verzerrungen bewirken.

In der Paartherapie übt man deshalb manchmal, wie man Dinge so ausdrücken kann, dass sie nicht unveränderlich klingen. Wörter wie »immer«, »andauernd«, »niemals«, »alles«, »nichts«, »selbstverständlich«, »normal« oder »nicht normal« sollte man, so unter anderem der prominente Paartherapeut Martin Koschorke, aus seinem Beziehungsvokabular streichen. Sie leiten nicht nur häufig Lügen ein, sondern stellen den Partner als ein stabiles System dar, das sich sowieso nicht verändern kann. Also, statt: »Nie denkst du an mich!«, »Das ist doch nicht normal, wie unordentlich du bist« oder »Immer hast du keine Lust, wenn ich in die Kneipe will« ist es wohl richtiger und beziehungsschonender, zu sagen: »Ich habe manchmal das Gefühl, allein zu sein – denkst du an mich?«, oder: »Ich befürchte, dass du Kneipen nicht so gern magst – oder gibt es einen anderen Grund, warum du nicht oft mitkommst?«

## Kommunikation – richtig ist das falsche Wort

Vermutlich hat Sie während des ganzen Kapitels ein gewisses Unbehagen beschlichen, denn auf der einen Seite ist es klar, dass Kommunikation kreisförmig ist, auf der anderen Seite »kleben« die meisten Kommunikationsmodelle an einer Reihenfolge: Ein Sender überbringt ein Informationsbündel. Das impliziert, dass er die Kommunikation in Gang setzt und der Empfänger, recht passiv, eine Nachricht aufnimmt. Als ob er ein Paket in Empfang nimmt, aus dem dann auch noch genau das ausgepackt wird, was überreicht werden sollte. Ob aber der Empfänger das Paket überhaupt annimmt, hängt, so die meisten Modelle, wiederum vom Sender ab, zum Beispiel davon, wie er es »verpackt« hat – ist es glaubhaft, attraktiv, abstrakt oder konkret genug etc. Irgendwie ist eine solche Vorgehensweise zur Analyse von Gesprächen eine naheliegende Idee – sie erinnert an Analysen im Deutschunterricht, wo man Theaterdialoge ähnlich zerlegt hat. Aber erfasst das tatsächlich den Kommunikationsprozess?

Am Ende dieses Kapitels versuche ich nun, eine Alternative des Soziologen und Gesellschaftsanalytikers Niklas Luhmann vorzuschlagen, die nicht einfach zu verdauen ist, aber meiner Meinung nach die Sache besser trifft. Wem diese Analyse zu kompliziert erscheint, der kann die nächsten Seiten überblättern – mir jedoch hat dieser Ansatz, der noch wenig empirisch überprüft wurde, die Augen geöffnet. Da Luhmann viele Begriffe neu einführt und entwickelt und deren Erklärung vom Thema ablenken würde, werde ich mit eigenen Worten und einfachen Beispielen versuchen, Sie in Kürze mit seinem Modell vertraut zu machen.[60]

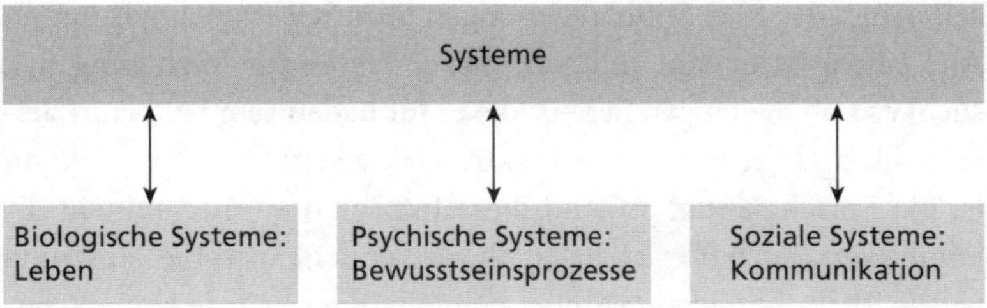


**Abb. 27 Systeme nach Luhmann (2001)**

Luhmann geht davon aus, dass sich Systeme schlichtweg selbst erhalten wollen. Es gibt für ihn ein *biologisches System* (meinen Körper), ein *psychisches System* (meine Psyche oder meine Identität Jens Förster) und ein *soziales System* (wie meine Beziehung, meine Familie oder die Fakultät an der Universität). Um sich selbst zu erhalten, *lebt* das biologische System, das psychische *nimmt wahr, denkt, fühlt und ist aufmerksam,* und das soziale *kommuniziert.* Kommunikation geschieht nur in sozialen Systemen, Sprache dagegen gibt es sowohl im psychischen als auch im sozialen System.

Diese Systeme seien im Lauf der Evolution entstanden, und die Evolution habe vor allem ausdifferenziert. So gab es immer spezialisiertere Zellen im biologischen System und immer mehr Kommunikationsformen und Medien in sozialen Systemen. Während in anderen Kommunikationsmodellen das Ziel jeder Kommunikation Verständnis, erfolgreiche Einflussnahme oder Konsens ist, gehören für Luhmann Dissens oder Ablehnung unwillkürlich dazu. Da die Evolution ausdifferenziert, sei auch die Kommunikation dazu da, auszudifferenzieren, also Ja zu etwas zu sagen oder Nein. Das ist etwas, was es in der »Welt da draußen« übrigens nicht gibt, da gibt es nur ein Ja: Da hat ein Vogel unbestreitbar etwas auf mein Tablet fallen gelassen, und dafür gibt es kein Nein.

Bei Luhmann gibt es nicht Sender oder Empfänger, sondern Alter und Ego. Alter und Ego sind zwei soziale Positionen einer Person – als Ego erlebt die Person Kommunikation, und als Alter handelt sie durch Kommunikation. Nehmen wir an, Paul kann Theos Hund nicht leiden und möchte, dass er ihn zu Hause lässt. Paul aktiviert sein Alter, das zwei Differenzierungen oder Selektionen vornimmt: Aus einem Meer von Informationen, das es zur Verfügung hat, sucht es sich diejenigen heraus, die es für bedeutsam hält; zum Beispiel: »Der Harras ist aber sehr aktiv.« Die zweite wichtige Selektion ist die Entscheidung, ob Paul diese Information Theo mitteilt. Er könnte sie ja auch für sich behalten, weil er denkt, so eine Äußerung würde Theo ihm eventuell übel nehmen; dann würde keine Kommunikation entstehen. Kommunikation entsteht erst dann, wenn Alter den Satz äußert *und* Theos Ego ihn als Mitteilung aufnimmt. Theos Ego könnte sich denken: »Ach, der sagt viel, wenn der Tag lang ist.« Das wäre auch keine Kommunikation. Fasst Theo es aber so auf: »Wahrscheinlich ist Paul von Harras genervt und will nicht mehr, dass ich ihn mitnehme«, hat er das als Mitteilung verstanden, und Kommunikation entsteht. Er könnte Paul auch vollkommen missverstehen – »Wahrscheinlich findet Paul Harras cool, so aktiv, wie er ist, und möchte mit ihm Bällchen werfen.« Trotzdem wäre eine Kommunikation entstanden, denn Theos Ego versteht Pauls Äußerung als Mitteilung. Es hätte auch sein können, dass Paul diesen Satz gar nicht als Mitteilung gemeint hat, sondern ihn im Halbschlaf vor sich hingebrummelt hat. Theos Ego kann das aber trotzdem als Mitteilung (miss-)verstehen und empört erwidern: »Willst du damit sagen, dass ich Harras zum Teufel jagen soll?« Auch dann wäre eine Kommunikation entstanden, wobei es nicht darauf ankommt, ob er Paul falsch verstanden hat oder nicht.

Das ist anders als in den üblichen Modellen, wo das Hauptgewicht auf dem aktiven Sender (wie sage ich was durch welchen Kanal) liegt, der eine Nachricht an den passiven Empfänger weitergibt und den er von etwas überzeugen will. Zudem ist in diesem Modell klar, dass alle beide für die Kommunikation unerlässlich sind: Ego kann etwas als Mitteilung verstehen oder nicht, und bevor Ego überhaupt starten kann, muss Alter Selektionen vorgenommen haben.

Zudem bezweifelt Luhmann, dass es sich bei einer Information um eine Art Paket handelt, das beim Empfänger abgegeben wird – er macht sich gar darüber lustig: »Das trifft schon deshalb nicht zu, weil der Absender nichts weggibt, in dem Sinne, dass er es selbst verliert. Die gesamte Metaphorik des Besitzens, Habens, Gebens und Erhaltens, die gesamte Dingmetaphorik ist ungeeignet für ein Verständnis von Kommunikation.« Ego ist derjenige, der bestimmt, ob etwas überhaupt Kommunikation ist. Wenn er etwas nicht als Mitteilung versteht, findet keine Kommunikation statt – er nimmt Alter aber nichts weg.

Ego ist auch klar, dass Alter die zwei Selektionsprozesse nutzte, ihm ist klar, dass Alter immer Tausende von Informationen zur Verfügung stehen und dass es sich überlegt hat, was davon es auswählen und was es ihm mitteilen wollte. Das produziert natürlich Unsicherheiten oder, wie Luhmann sagt, *Irritationsmöglichkeiten:* Warum hat Paul mir das gesagt? Warum so und nicht anders? Warum hat er mir nichts anderes gesagt? Was ist der Grund für die Mitteilung?

Warum sagt er es mir jetzt und hier? Hat er das eigentlich richtig und genau und objektiv beobachtet? Hat er etwas Wesentliches übersehen, falsch gesehen, falsch interpretiert? Ist ihm zu trauen? Was sagt er nicht, was verschweigt er? Will er mich beeinflussen?

Ego hat viel zu tun, um Sinn aus dem Gegebenen zu machen, es muss genau beobachten und differenzieren, und damit ist Kommunikation auch Beobachtung und das genaue Unterscheidenkönnen zwischen der Information und der Mitteilung. Der Sender sitzt also nicht mehr auf dem Chefsessel, denn Kommunikation ist, wie gesagt, nur möglich, wenn Alter zwei Selektionsprozesse durchläuft *und* Ego etwas als Mitteilung auffasst.

Dies sieht auf den ersten Blick wie ein pessimistischer Blick auf die Frage des Verständnisses zwischen beiden aus, ist es aber nicht. Nach Luhmann ist es nur natürlich, dass Unsicherheit bei Kommunikation entsteht, Kommunikation ist ohne Nebel und Zweifel gar nicht möglich. Für ein perfektes Verständnis müsste ich ja in das Bewusstsein des anderen eindringen können, also in sein psychisches System. Dies ist aber – Gott sei Dank – unmöglich: Wie gruselig wäre es, wenn jemand leicht und vollständig in mein Bewusstsein hineinsteigen könnte? Genauso wenig, wie jemand in mein biologisches System eindringen kann (er kann nicht einfach auf meiner Blutbahn surfen), genauso wenig kann ein soziales System, das aus Kommunikation besteht, in das Bewusstsein eindringen. Kommunikation ist unsicher, und das ist auch gut so.

Völlig beliebig ist die Wahl der Information und der Mitteilung jedoch nicht – natürlich wägt Alter ab, wie und was es Ego sagt, damit das ihn möglicherweise auch versteht. Und dazu nutzt es gängige Regeln, die Sprache, und alles, was Sinn machen könnte, wenn es kommunizieren will. Es bleibt dennoch in allen sozialen Systemen ein Zweifel, dem man nicht beikommen kann.

Für Luhmann ist die Sprache der Grund dafür, warum wir lügen, denn hier haben wir die Entscheidung zwischen Konsens, dem Ja, oder einem Dissens, dem Nein. Ein Nein produziert aber häufig einen Konflikt, und deshalb lügen wir manchmal lieber, um ihm aus dem Weg zu gehen. Hat Ego den Verdacht, es wurde angelogen (nehmen wir an, Pauls Alter hätte einmal gesagt: »Harras ist ein tolles Tier!«, und wurde dabei beobachtet, wie er ihn quälte), sind alle Versuche, Aufrichtigkeit sprachlich zu demonstrieren, für Luhmann eher kontraproduktiv – denn Theos Ego wird sich immer fragen, ob Pauls Alter irrt, etwas falsch verstanden hat, ihm etwas verschweigt oder ihn sogar manipuliert. Sätze zu beginnen mit »Und es ist wirklich so« oder »Du wirst es nicht glauben, aber …« sind also klägliche Versuche, eine Sicherheit herzustellen, die es schlichtweg nicht gibt, weil wir nicht in Herz und Hirn des anderen blicken können – aus diesem Grunde würde auch niemand einer Zeitung glauben, dass sie überparteilich ist, nur weil das auf der Titelseite steht.

Für die Analyse von Massenkommunikation ist die Analyse Luhmanns extrem nützlich, denn hier sind ja die Selektionsprozesse beispielsweise den Redaktionen bewusst und Teil des alltäglichen Geschäfts (»Was gibt es heute an interessanten Informationen?« = *Selektion der Information* – und »Was senden wir heute Abend davon?« = *Selektion der Mitteilung).* Zudem wird Ego, also der Zuschauer, verstehen, dass diese Selektionsprozesse vorangegangen sind, und das Gesendete kritisch aufnehmen. Luhmann erkennt aber, dass auch die kritische Aufnahme ein Gewinn sein kann: Egal, ob mir das, was ich da lese, passt oder nicht, ich habe in jedem Fall etwas dazugelernt. Mein Nachbar Horst kann der Meinung sein, dass in der *Zeit* nichts über die AfD stünde, und wenn, nichts Gutes. Wenn er einen kritischen Artikel über die AfD gelesen hätte, hätte er aber selbst dann etwas gelernt, wenn er danach Hass-Mails gegen *Die Zeit* im Internet gepostet hätte. Die Doppelbödigkeit der Nachricht »Ich habe etwas gelernt, aber ist das richtig?« produziert Sicherheit und Unsicherheit zur gleichen Zeit.

Der dreiteilige Prozess zwischen Alter und Ego, den ich gerade beschrieben habe, führt zu *Anschlussakten,* in denen Kommunikation weiterlebt, indem Theos Ego das Sinnangebot von Pauls Alter annimmt – oder nicht. Und weil Kommunikation Unsicherheiten produziert, geht es immer weiter. Kommunikation hält sich am Leben, indem immer weiter kommuniziert wird. Wenn nicht mehr kommuniziert wird, stirbt auch das jeweilige soziale System, und da Systeme sich am Leben halten wollen, wird kommuniziert, um zu kommunizieren.

In unserem Beispiel könnte Theos Ego das Sinnangebot wie folgt annehmen: »Nein, Harras ist nicht aktiv. Du machst ihn nur immer nervös.« Oder: »Ja, Harras ist aktiv, darum mag ich ihn ja so.« Auch hier geschehen Missverständnisse, auch hier werden Nachfragen gestellt – egal, all das würde die Kommunikation in Gang halten. Theos Ego hat also zunächst erkannt, dass es sich um eine Mitteilung handelt, das wäre Kommunikation, und damit die Kommunikation aktiv bleibt, muss Theos Ego entscheiden, ob er den Sinnvorschlag aufnimmt, und aktiviert dann sein Alter, um eine neue Einheit zu beginnen. Mit anderen Worten, wie Pauls Alter vorher sucht sich Theo nun aus der angebotenen Information etwas aus, was er an Paul kommuniziert.

Anderes Beispiel: Nehmen wir an, mein Kollege habe im *Goldenen Blatt* gelesen, dass Prinz George auf eine ganz normale Schule geht. Wenn er mir das auf der Semestereröffnung mitteilt, hat er aus einer Tausendzahl an Informationen, die er zur Verfügung hat, diese herausgesucht und versucht, mir das mitzuteilen. Vorher hat er selbst daraus Sinn gemacht, hatte also sein Ego aktiviert, nun präsentiert er mir als Alter die Information und wartet auf meine Reaktion. Ich sage dann vermutlich verdutzt: »Wie spannend.« Und habe damit gelogen, denn einen Kollegen will man nicht dafür kritisieren, dass er fragwürdige Zeitschriften mit langweiligen Themen liest. Ziel der Kommunikation ist nicht die tatsächliche Übereinstimmung, sondern dass es Anschlussakte gibt.

Besonders die Massenkommunikation kümmert sich aktiv um Anschlussakte. Wenn eine Zeitung einmal ein Thema gefunden hat, beispielsweise die angeblich betrügerischen Taten eines Bundespräsidenten, dann hofft sie, dass es zahlreiche weitere News gibt und somit das Thema nicht zum Erliegen kommt. Hat er also angeblich ein Auto in betrügerischer Absicht zu einem viel zu günstigen Kredit von einem windigen Unternehmer bekommen, dann ist die Nachricht, dass er sich sogar ein Dreirad für seine Kinder hat schenken lassen, ein Anschlussakt, der den Fortgang der Kommunikation – und der Zeitung – sichert.

»Sinn machen« bedeutet nicht, dass es einen wirklichen Sinn gebe, den man einfach nur erkennen müsste. Die Frage, ob Harras wirklich ein aktives Tier ist, kann nicht entschieden werden (es wird immer andere geben, für die auch der aktivste Hund ruhig ist). Dass etwas Sinn *hat,* ist für den Konstruktivisten Luhmann undenkbar und eine »ontologische Falle«, in die zu treten man vermeiden müsse. »Sinn machen« entsteht, wie bei ihm fast alles, daraus, dass *Unterschiede* gemacht werden.

Ego weiß ja, dass andere Möglichkeiten, Sinn zu konstituieren, durchaus möglich sind, das heißt, er hat seine Wahl für einen Sinn getroffen, indem er die anderen Möglichkeiten ausgeschlossen und nicht berücksichtigt hat – auch das eine Ausdifferenzierung. Es kann sein, dass Pauls Alter meinte, dass Harras zu aktiv ist; kann sein, dass er es nicht gemeint hat (habe ich vielleicht die Ironie übersehen?); kann sein, dass er damit meinte: »Schaff den Hund ab« oder »Ich finde das gut«. Einen Sinn zu geben geschieht immer in dem Bewusstsein, dass ein anderer Sinn möglich wäre. Ego wird auch die Mitteilung selbst differenziert betrachten. So wird Theos Ego die Unterscheidung nicht entgangen sein, dass Pauls Alter von »Harras« und nicht von einem »Köter« gesprochen hat oder davon, dass er »zu« aktiv ist.

Nach Luhmann gibt es immer unendliche Variationen, etwas als sinnvoll zu erachten, weil es schier unendliche Unterscheidungsmöglichkeiten gibt. Dennoch enthielten Sinnzuweisungen immer drei fundamentale Sinndimensionen. Da ist die *Sachdimension* – hier wird entschieden, um welches Thema es gerade geht: »Geht es darum, dass Paul mir sagen will, dass Harras nervt, oder will er mir einfach eine Beobachtung mitteilen?«

Zudem wird auf der *Zeitdimension* entschieden, ob das Gesagte oder Beobachtete in der Vergangenheit oder der Zukunft stattfindet: »Hat Paul das bei Harras beobachtet, und wenn, wann? Oder befürchtet er, dass Harras weiter so aktiv sein wird, und wenn ja, was bedeutet das für mich als Harras' Herrchen in der Zukunft?«

Als Drittes wird auf der *Sozialdimension* geschaut, wie sich Ego und Alter voneinander unterscheiden oder wie andere dazu stehen würden: »Das meinst du, Paul, ich aber nicht«, oder: »Das haben wir also beide schon beobachtet«, oder: »Meine Mutter würde sagen: ›Aktiv? Ich hatte mal einen Weimaraner, *das* ist ein aktiver Hund gewesen!‹«

Luhmann hat den systemischen Therapieansätzen eine theoretische Untermauerung und viel Auftrieb gegeben und dabei indirekt die Therapieformen in Deutschland revolutioniert. Denn natürlich nimmt der Therapeut Differenzierungsarbeiten wahr: Er kann verschiedene Sichtweisen auf etwas anbieten, was der Klient ihm mitteilt. Er kann die Diagnose des Vorgängers annehmen oder ablehnen, er kann dem Klienten nahelegen, dass seine Sinnfindung für sein Problem nur eine von vielen ist, damit er andere Lösungen suchen kann, und er kann danach differenzieren, ob der Klient bestimmte Äußerungen oder nicht-sprachliche Signale als Mitteilungen gemeint hat oder nicht.

Wenn mir also ein 85-Jähriger, noch fit wirkender Klient sagt: »Ich bin nichts mehr wert«, dann kann eine Differenzierung bedeuten, dass ich frage, wer das denn von ihm sagen würde und wer nicht, wann das zutrifft und wann nicht oder ob das auf die nahe Vergangenheit und die Zukunft zutrifft. Damit würde ich seine Annahme, er sei immer und überall nichts wert, destabilisieren – und schon ist Raum, sein Problem anzugehen. Man verflüssigt also das Feste.[61] Um das Beispiel von vorhin weiterzuführen:

Herr Xanten: »Herr Förster, ich habe, was das Studieren angeht, Prokrastination.«

JF: »Das klingt ja wie eine Krankheit.«

HX: »Ja, das behindert mich total. Das ist krank.«

JF: »Was machen Sie denn genau, wenn Sie prokrastinieren, Herr Xanten?«

HX: »Ich zocke oder schaue mir Soaps an. Oder ich denke nach. Meditiere. Und dann sind da immer Leute, die meine Hilfe brauchen, und wenn die mich immer anrufen, helfe ich eben – ich werde ständig gerufen, wenn was ist. Ich kann auch mein Phone nicht ausstellen.«

JF: »Nehmen wir einmal an, Sie hätten keine Prokrastination, wie würde sich das Leben dann für Sie anfühlen?«

HX: »Vermutlich hätte ich dann eine Depression. Ich bin oft müde und lustlos und antriebslos. Hm, irgendwie sind das ja dieselben Symptome wie bei Prokrastination, oder?«

JF: »Und warum nennen Sie das, was Sie gerade haben, Prokrastination und nicht Depression?«

HX: »Weil ich vielleicht das Ganze nicht so hoch hängen will.«

JF: »Und wenn es keines von beidem wäre, keine Depression und keine Prokrastination?«

HX: »Hm, ich glaube, ich habe einfach das falsche Studium ausgewählt.«

JF: »Das ist ja etwas, was Sie ändern können … Was ist denn eigentlich gut an diesem Prokrastinieren?«

HX: »Gut? Na, für mich nichts. Für meine Freunde schon. Die haben immer einen, der springt.«

JF: »Und das ist nicht gut für Sie?«

HX: »Doch, ja. Ich hab schon viele Freunde. Die mögen mich.«

JF: »Würden die Sie nicht mögen, wenn Sie sagen: Ich lerne gerade, ich ruf zurück?«

HX: »Hm.«

JF: »Wie geht es Ihnen jetzt?«

HX: »Als ob ich plötzlich Luft kriege.« *(seufzt)*

JF: »Und ist das gut oder schlecht? Sie haben gerade geseufzt, oder?«

HX: »Gut! Ich atme durch!«

Hier geschieht in kürzester Zeit eine Ausdifferenzierung und Infragestellung gegebener Tatsachen, die Herrn Xanten die Möglichkeit gibt, anders an das Problem heranzugehen. Tatsächlich wechselte er im Lauf des Coachings sein Studium und fühlte sich danach wohler. Feste Sinngebungen, wie hier die Zuordnung zu einer Störungskategorie, hatten ihm bisher nicht weitergeholfen, daher war es sinnvoll, nach etwas anderem zu suchen. Ob es tatsächlich das falsche Studium war, das Herrn Xanten so antriebslos machte, ist dabei nicht klar, denn es gibt keinen objektiven Sinn (da stimme ich Luhmann zu) für eine so komplexe soziale Ausgangslage.

Wir haben das Problem aber anders differenziert, haben ihm subjektiv einen neuen Sinn gegeben und sind zu einer Lösung gekommen, auf die er vorher vielleicht nicht (so schnell) gekommen wäre. Nützlich war es, hier vom Krankheitsbegriff abzusehen: »Was mir geholfen hat, war, dass ich nicht krank bin – daran hätte ich ja nix ändern können. Aber ich habe ja mein Leben immer in der Hand, das wurde mir klar.«

Zudem war es hilfreich für Herrn Xanten zu erkennen, dass seine Störung Vorteile für manche Menschen seines sozialen Systems hatte, und so konnten wir gemeinsam darüber nachdenken, wie er sich die Sympathie sichern konnte, ohne seine eigenen Ziele aus den Augen zu verlieren. Luhmanns Gedanken aufgreifend, will ein bestehendes System gern weiterbestehen und überleben, und es wehrt sich gegen Veränderungen. Wenn einer die Helferrolle in einem System hat, lässt man sie ihn nicht einfach ohne Murren ablegen. Hier haben wir uns einiges zusammen überlegt, was ihm half, sich zu verändern, ohne aus seiner Clique zu fliegen.

Luhmann stellt übrigens auch fest, dass nicht-sprachliche Mitteilungen häufig noch mehr Unsicherheit produzieren als sprachliche. Bei nicht-sprachlicher Kommunikation kann man zum Beispiel häufig behaupten, man habe gar nichts mitteilen wollen. Systemische Therapeuten sprechen körperliche Veränderungen deshalb häufig an. Bei Herrn Xanten war mir zum Beispiel nicht klar, ob er mir mit dem Seufzer am Ende etwas sagen wollte – bei Unsicherheit frage ich gern nach.

Sosehr Luhmann die Therapie in den letzten Jahren geprägt hat, so wenig empirische Untersuchungen gibt es zu seiner Kommunikationstheorie. Die Alter-Ego-Einheit lässt sich schlichtweg nicht so einfach in Einzelteile zerlegen wie im ursprünglichen Ansatz, wo ich die Eigenschaften des Senders getrennt von denen des Empfängers untersuchen konnte. Ich befürchte, zur Untersuchung so komplexer, realer Kommunikationsprozesse müssen ganz neue Methoden erfunden werden. Davor aber haben Kollegen und Kolleginnen meiner Meinung nach noch immer viel zu viel Respekt, denn man fährt am sichersten, indem man Vorhandenes bestätigt oder es ein wenig ausdifferenziert. Anreize für die Erfindung neuer Konzepte fehlen in Deutschland gänzlich und sind auch international schwerlich zu finden. Daher wird es noch eine Zeit dauern, bis sich ein heller, mutiger Kopf traut, die empirische Kommunikationspsychologie aufzuwirbeln …

# 20
# Der Mensch ist des Menschen Feind und Freund – Aggression und Hilfeverhalten

Menschliches Zusammenleben bringt Freud und Leid. Werfen wir daher zum Ende dieses Buchs einen Blick auf Aggression – oder *antisoziales Verhalten* – und auf Hilfe- beziehungsweise *prosoziales Verhalten*.

Auf der einen Seite stehen die schockierenden Berichte von Massakern, die Menschen an anderen verüben. Gerade in den letzten Jahren, so kommt es uns vor, hat sich die Zahl der Terroranschläge massiv erhöht. Manche von uns fürchten sich und meiden inzwischen große Zusammenkünfte wie Weihnachtsmärkte oder Karnevalsumzüge. Schlägt man die Zeitung auf oder klickt sich durch die Nachrichten, hat man an manchen Tagen den Eindruck, Mord und Totschlag wären an der Tagesordnung. Mit einer Kombination aus Ekel, Gruseln und Unglauben konsumieren wir die täglichen *Bad News,* um dann, meist abends, durch die vielen Serien, Krimis und Thriller zu zappen, die unseren Eindruck verstärken mögen, wie schlecht die Menschen doch sind.

Diese Beispiele markieren aber nur den schrecklichsten Endpunkt der Dimension Gewalt und Aggression, während andere Formen uns im Alltag vermutlich eher begegnen. Gewalt in Beziehungen, Einbrüche in der Nachbarschaft, Shitstorms im Internet, Mobbing in der Schule und am Arbeitsplatz sowie eine Verrohung der Sprache, in der Kinder Mädchen »Huren« und Jungen »Hurensöhne« nennen, beschäftigen uns im Alltag konkret, und wir versuchen zu verstehen, warum Menschen gemein werden und andere drangsalieren.

Es ist von einer zunehmenden Verrohung der Menschen die Rede, und manche fürchten sich gar davor, dass es noch schlimmer kommen könnte. Die Folgen von Gewalt sind neben körperlichen Verletzungen oder Verlust des Lebens Depressionen, Burn-out, Panikattacken und posttraumatische Störungen, um nur einige zu nennen. Wir haben in Kapitel 12 gesehen, dass schon relativ »milde« Formen von Aggression wie die soziale Ausgrenzung Schmerzzentren im Gehirn aktivieren können – weshalb wir als Gesellschaft hier bereits einschreiten müssen.

Auf der anderen Seite beobachte ich bei meinen Studierenden auch einen Trend hin zum Sanften, auch bei den Männern. Zwar glaube ich schon wie Plato vor Tausenden Jahren, dass Studierende kein Benehmen mehr haben, kommen sie doch häufig, ohne anzuklopfen, in mein Büro und grüßen in E-Mails nur noch mit einem »Hi«, um dann rüpelig fortzufahren: »… wo kann ich denn meine Note erfahren?«, aber da, so nervtötend es manchmal ist, gebricht es nur an Benehmen. Davon abgesehen, erlebe ich derzeit die 20- bis 25-jährigen Jungs – die Gruppe, von der laut Forschung mehr Aggression ausgeht als von Frauen – als gutmütig und sehr sozial. Viele essen vegan, planen in ihr Leben schon einen Vaterschaftsurlaub ein, und manchmal habe ich bis zu 20 Studierende bei mir im Labor, die mir vollkommen unentgeltlich bei meiner Forschung helfen wollen. Die meisten dieser jungen Leute halte ich für vollkommen unfähig, etwas Böses zu tun.

Natürlich lesen wir aber kaum etwas von diesen »guten« Entwicklungen (tatsächlich ist die Zahl der Straftaten seit Jahren rückläufig), faszinierender erscheinen uns Mobbing, Intrigen, Mord und Totschlag zu sein.[62] Um die *fear of crime,* die Angst, selbst Opfer eines Gewaltverbrechens zu werden und sich deswegen aus dem sozialen Leben zurückzuziehen, drehen sich inzwischen viele Studien, die kurz zusammengefasst werden können: Sie ist meistens unbegründet, denn Opfer eines solchen Verbrechens zu werden ist immer noch viel unwahrscheinlicher, als bei einem Autounfall ums Leben zu kommen; man sollte demnach lieber das Auto abschaffen und stattdessen öfter abends weggehen. Und diese Furcht tut Menschen nicht gut, wenn sie sich chronifiziert. Forschung zeigt einen Zusammenhang zwischen *fear of crime* und psychischen sowie gesundheitlichen Problemen. Angst stresst.[63]

Demgegenüber betonen manche Psychologen die faszinierende Fähigkeit des Menschen zu prosozialem Verhalten. Warum wenden wir eigentlich Zeit und eventuell sogar Geld für andere auf, manchmal sogar für völlig Fremde? Es gibt kein anderes Tier, das prosoziale Verhaltensweisen in dem Ausmaß zeigt. Viele Tiere kümmern sich rührend um ihren Nachwuchs und die Sippe, aber welche Tiere formen schon Sozialstaaten, in denen auch die Schwächeren versorgt werden – und dies auf Kosten der anderen? Welche Tiere nehmen völlig Fremde auf? Manche von uns riskieren gar ihr Leben für andere – ist *das* nicht bemerkenswert und sensationell? Und beobachten wir soziales Verhalten im Alltag nicht öfter als Aggression?

## Im Wesen böse, zum Guten erzogen?

Einige Kollegen sehen Aggression als Überbleibsel aus frühen Entwicklungsstufen an, als ein angeborenes impulsgetriebenes Verhalten, das in die Gene eingemeißelt ist. Das gegenseitige Helfen betrachten sie, auch stammesgeschichtlich gesehen, eher als eine späte kulturelle Errungenschaft, weil es eine Überwindung oder Beherrschung aggressiver Instinkte voraussetze. Dafür spricht, dass Menschen, wenn sie abgelenkt sind, übermüdet oder betrunken, eher Aggression zeigen, als wenn sie ihre Sinne beisammenhaben.

Zudem deutet vieles auf Sozialisationsfaktoren – immer wieder werden die angeblich Gewalt befürwortenden Medien kritisiert. Tatsächlich ist Gewalt in den Medien omnipräsent. Wir lesen weniger von Helden, Helfern und guten Menschen als von den Schlechten, Bösen. In fast 80 Prozent aller Sendungen des deutschen Fernsehens ist Gewalt präsent – mit ca. vier Akten schwerster Gewalt pro Stunde müssen wir rechnen, wenn wir wahllos die Glotze einschalten. In den USA hat Untersuchungen zufolge ein Durchschnittsschüler nach Abschluss der Highschool etwa 32 000 Morde, 40 000 versuchte Morde und 200 000 Gewalttaten im Fernsehen gesehen. In 58 Prozent tut die Gewalt den Opfern nicht weh, und in 73 Prozent kommt der Täter ungestraft davon.

Sie haben nun schon so viel gelernt, dass Sie allein aus diesen Fakten Ihre Schlüsse ziehen können: Wendete man etwa Lerntheorien an, folgte daraus, dass das irgendwo hängen bleibt und zu Gewalt führt. Ist dem aber tatsächlich so?

## Definitorisches Intermezzo

Bevor ich Forschung zu dem Thema vorstelle, lassen Sie mich zunächst einmal *Aggression* definieren. Im Gegensatz zu anderen spitzfindigen Kämpfen um Wörter in der Wissenschaft ist das nämlich recht aufschlussreich, und es erhitzt gern die Gemüter. Für viele Kollegen wird Aggression nicht allein anhand der *Konsequenzen* einer Tat bestimmt, sondern spielt die *Absicht des Täters* eine entscheidende Rolle. Ein Kind, das aus Versehen auf einen Käfer tritt (die Konsequenz), könne nicht als aggressiv bezeichnet werden; eine Absicht zu schädigen müsse vorhanden sein, wolle man von Aggression sprechen. Dies spiegelt sich auch in der Rechtsprechung wider: Das Strafmaß ist davon abhängig, ob jemand einen anderen töten wollte oder ob es aus Versehen oder beiläufig passierte.

Auch hier müssten aufmerksame Leserinnen und Leser bereits die Stirn in Falten legen, denn aggressive Ziele könnten ja, wie andere auch, automatisch aktiviert werden. Aber ist das dann keine Aggression? Tatsächlich kann man in Priming-Experimenten von Craig Anderson beobachten, dass das einfache Einblenden von Waffen am Computer aggressives Verhalten bewirkt. Wir wissen aber, dass auch Priming-Effekte ausgehebelt werden können, wenn man sich genug Zeit zum Nachdenken gibt und wenn man darüber Bescheid weiß. Könnte man also unter Umständen verlangen, dass Menschen lernen, »sich am Riemen zu reißen« und sich mit ihren Aggressionen auseinanderzusetzen, um diese in jedweden Situationen einzudämmen? Schön wär's, denke ich und erinnere an Erich

Fromm, der uns ermahnte, dass selbst das Lieben erlernt werden muss. So einleuchtend das klingt, so wenig hat diese Einsicht dazu geführt, dass »Lieben« zum Unterrichtsfach in den Schulen wurde. Genauso wenig wie »Gewaltprävention«.

Damit ergibt sich aus der neueren Forschung zu unbewusster Zielaktivierung eine Grauzone: Man könnte tatsächlich aktiv dafür sorgen, dass weniger Gewalt im eigenen Langzeitgedächtnis abgespeichert wird, indem man zum Beispiel keine gewalttätigen Medien konsumiert; wenn Aggression sich aber einmal in uns festgesetzt hat, kann sie, via Priming-Logik, auch unbewusst ausgelöst werden.

Außerdem wäre der obigen Definition nach keine Aggression, weil kein Schädigungsziel vorhanden, wenn ein Doktor einem Patienten den Arm bricht, damit ein alter Bruch besser zusammenwächst. Doch was, wenn Ihnen jemand den Arm bricht, damit er Ihre Handtasche besser klauen kann? Vermutlich will nicht jeder Dieb Passanten einen Arm brechen, er nimmt es jedoch in Kauf. Lateralschäden einer anderen schädigenden Handlung würden wir aber ebenfalls als Aggression bezeichnen. In diesem Sinne wäre auch ein fahrlässiges Kind aggressiv, das auf dem Ameisenhaufen herumtrampelt, obwohl wir ihm gesagt haben, dass es das nicht tun soll: Das Kind handelt wider besseres Wissen gegen moralisch vernünftige Standards.

Weiterhin spielen Freiwilligkeit, Legitimation und eigene Verantwortung eine Rolle: Krieg etwa legitimiert die Tötung von Feinden. Viele würden einen Soldaten, der im Krieg einen Feind erschießt, für weniger verantwortlich halten als einen Bürger, der aus dem Nichts heraus einen Passanten niedersticht. Jedoch höre ich hier einige rufen: »Natürlich ist der Soldat verantwortlich, er hätte ja auch Bäcker werden können!« Hier schleichen sich politische Ansichten in die Debatte, und »Aggression« wird plötzlich zur klaren Ansichtssache. Psychologisch betrachtet, müsste man sich die Frage stellen, was »eigene Verantwortung« in diesem Zusammenhang eigentlich bedeutet: Vielleicht ist der junge Mann ja Soldat geworden, weil er sonst wenig Karrierechancen hatte?

Bezieht man die Sozialisation eines potenziellen Täters mit ein, stellt sich die Frage, inwiefern jemand für begangene Gewalttaten überhaupt *voll* verantwortlich ist: Gab es für ihn eine Chance, seine Probleme anders zu lösen? Hat er das irgendwo lernen können? Gibt es in der Gesellschaft, in der er lebt, funktionierende Normen gegen Gewalt, die ihn hätten abhalten können? Gab ihm das Elternhaus genügend Ressourcen, sein Leben ohne unethisches Handeln zu organisieren? Hat ihn irgendwann jemand so gedemütigt, gemobbt, misshandelt, dass ihm in Konfliktsituationen die Sicherungen durchbrennen? Eine psychologische Definition sollte immer auch eine Idee der Entstehungsgeschichte mit umfassen – und da wird es schwierig, da man sich in der Forschung nicht einig darüber ist, wie Aggression entsteht, das heißt, welche Faktoren tatsächlich immer eine Rolle spielen. Wie wir noch sehen werden, gibt es zahlreiche Einflüsse, die bei manchen Menschen stärker sind als bei anderen.

Aggression kann kaltblütig sein. Das wäre der Fall, wenn jemand plant, einen anderen Menschen niederzuschlagen, damit er an dessen Geld kommt. Oder sie kann durch einen Affekt verursacht sein, dann, wenn eine Frau böse wird, weil ihr Mann sie mit der Erzrivalin betrogen hat. Letzteres zeigt den häufigsten Nährboden von Gewalt, wenn man Kriminalstatistiken heranzieht: Tatsächlich geschehen die meisten Gewalttaten im Affekt und unter Beziehungspartnern oder Bekannten.

Affekt ist vor Gericht schwer nachzuweisen (letztendlich kann ja jeder von sich behaupten, er sei »sehr erregt« gewesen, als er zustach), ist aber, wenn nachvollziehbar, strafmindernd. Es scheint so zu sein, dass wir uns, einmal gekränkt oder angegriffen oder verletzt, weniger im Griff haben (können). Integriert in die Zwei-Prozess-Modelle, die Sie schon kennen, bedeutet dies, dass eine Handlung im Affekt auf spontanen, wenig bewussten Prozessen beruht, in denen kaum alternative Handlungsalternativen berücksichtigt werden.

Diese definitorische Tour de Force hat große Entsprechungen vor Gericht, wenn Richter herauszufinden versuchen, was der Täter auf gut Deutsch »dafürkann«, wenn er etwas Antisoziales getan hat. Tatsächlich hat die sozialpsychologische Forschung zur Aggression nachweislich die Rechtsprechung in den USA der 50er- und 60er-Jahre beeinflusst – und natürlich auch die unsere.

Zu guter Letzt sei betont, dass neben solchen an Handlungen ausgerichteten Definitionen in einigen Religionen schon allein aggressive Gedanken sündig sind. Während es dem Rechtssystem egal ist, was jemand denkt, werden manche von ihrem Gott bereits für unrechte Gedanken bestraft. Tatsächlich scheint es übrigens so zu sein, dass recht viele Menschen Mordgedanken haben: Es macht aber einen Unterschied, ob sie diese Fantasien ausleben – und das tun Gott sei Dank die wenigsten von uns – oder nicht. Der Unterschied zwischen Kognition und Verhalten (siehe Teil II) wird in diesem Fall extrem relevant und ändert sich je nach Sichtweise.

Mittlerweile sind auch die Folgen von selbst harmlos erscheinenden verbalen Formen von Gewalt bekannt – eine Faust ist nicht immer notwendig, um Leid zu verursachen; Mobbing, Shitstorms und Beleidigungen haben in der letzten Zeit einige Teenager in den Tod getrieben. Die Unterscheidung zwischen verbaler und tätlicher Aggression ist zudem wichtig, wenn man Geschlechtsunterschiede näher betrachtet. Hieß es früher, Frauen seien weniger aggressiv, so wissen wir heute, dass dies zwar auf körperliche Gewalt zutrifft, Frauen dafür häufiger verbale Aggression nutzen, um zu ihren Zielen zu kommen, wie Kaj Björkvist immer wieder zeigt.

Problematisch finde ich an all diesen Definitionen, dass sie allein auf den Täter fokussieren. Opfer können mehr oder weniger unter Mobbingattacken, Beleidigungen oder körperlicher Gewalt leiden. Warum also haben sie bei der Bewertung aggressiver Handlungen eigentlich kaum etwas zu sagen? Es ist doch ein Unterschied, ob ein Mobbingopfer einen Angriff gut verkraften kann oder ein Magengeschwür entwickelt oder gar vor den Zug springt. Erste Recherchen unter Rechtsexperten ergaben, dass sich diese Haltung ändert: So habe die Schwere des Verbrechens für das Opfer mehr und mehr Gewicht. In der Psychologie habe ich einen solch wichtigen Wandel noch nicht beobachten können.

Halten wir fest: Es gibt keine eindeutige, unproblematische Definition von Aggression, sondern wir haben es hier mit einem sehr komplexen Begriff zu tun, der sich dynamisch verändert. Dies auch je nach Theorie, zu denen ich gleich komme.[64]

Hilfeleistung oder prosoziales Verhalten teilt viele Parallelen zur Aggression bezüglich der definitorischen Merkmale, handelt es sich hier doch um ein »freiwilliges Verhalten mit der Absicht, einem anderen etwas Gutes zu tun«. Wird man zum Helfen gezwungen, oder ist es Teil eines Berufs oder einer Rolle, sprechen wir kaum von einer Hilfeleistung – der gute Service einer Krankenschwester oder eines Portiers wird eher als selbstverständlich hingenommen: Ist halt ihr Job! Auch hier ist der Fokus auf dem Akteur. Ob einer Person geholfen wird, hängt aber auch davon ab, wie das Verhalten von ihr selbst bewertet wird. Nicht nur Alte und Behinderte klagen manchmal über übereifrige Helfer, die ihrer Meinung nach eher bevormunden als helfen.

Darüber hinaus spielt es für viele Psychologen eine wichtige Rolle, *warum* jemand hilft. Tut er es aus Altruismus oder reiner Empathie, weil er mit anderen mitfühlt? Oder tut er es aus einem Geltungsbedürfnis heraus, weil er weiß, dass in unserer Gesellschaft Helfen einen guten Eindruck macht? Kein Zweifel: Bei Prominenten wirkt sich »ein bisschen Charity« oft positiv auf die Karriere aus, und manche Retter scheinen es zu genießen, wenn sie »in den Nachrichten kommen«. Diese feine psychologische Unterscheidung wird einem Betroffenen vermutlich ziemlich egal sein: Ob er nun Hilfe aus altruistischen oder aus egoistischen Gründen erhält, Hauptsache, es wird ihm geholfen. Und ob überhaupt ein selbstloses Helfen stattfindet, ist Gegenstand der Forschung.[65]

## Helle und dunkle Quellen menschlichen Verhaltens

Was sind die Quellen für pro- oder antisoziales Verhalten? Beide Verhaltensweisen, so Evolutionspsychologen, dienen der Erhaltung der Art. Auf der einen Seite hilft Aggression, die Sippe zu verteidigen und Nahrungskonkurrenten auszuschalten. Zwillingsforschung zeigt, dass aggressives Verhalten teils vererbt wird. Zudem wird Aggression mit Testosteron in Zusammenhang gebracht, einem Hormon, das bei verschiedenen Menschen in unterschiedlichen Lebensphasen in unterschiedlicher Konzentration vorkommt. Die Tatsache, dass die meisten Verbrechen von Männern zwischen 15 und 23 Jahren verübt werden, wird oftmals in Zusammenhang mit dem extrem erhöhten Testosteron in dieser Gruppe gebracht. Jedoch ist diese Verknüpfung nicht so deutlich und direkt, wie man einmal angenommen hatte. Allan Mazur schließt aus Hormonmessungen bei jungen Männern, dass Testosteron mit einem hohen Dominanzverhalten einhergeht. Dieses wiederum erhöht die Gewaltbereitschaft, wenn in einem Wettbewerb der soziale Status einer Person infrage gestellt wird. Testosteron spielt also vor allem in Situationen, in denen man Angst um seinen Status hat, eine Rolle, in anderen, wenn man zum Beispiel einfach durch jemanden genervt wird, dagegen weniger.

Prosoziales Verhalten wie das Teilen der Nahrung oder das Pflegen bei Krankheit sichert ebenfalls das Überleben der Sippe. Eine Basis für Hilfeverhalten ist Empathie, das Mitgefühl – wir Menschen empfinden das Leid anderer, als ob es unseres wäre, und dies ist ein Grund dafür, warum wir helfen. Und wenn unser Leid nicht erkannt wird, haben wir aufgrund unserer kommunikativen Fähigkeiten die Möglichkeit, andere wissen zu lassen, dass wir sie benötigen. Zu guter Letzt können wir Normen der Hilfeleistung entwickeln und kommunizieren.

Übereinstimmend mit solchen evolutionspsychologischen Betrachtungen, die zum Beispiel Elliott Sober und David Wilson anstellten, zeigt Forschung, dass Menschen eher Verwandten helfen als Fremden und eher Menschen, die ihnen ähnlich sind, und dass sie, wenn sie Fremden helfen, solche auswählen, die insgesamt ein höheres Reproduktionspotenzial haben, also reicheren und jüngeren Menschen. Vor allem bei Lebensgefahr, so konnten Beobachtungen zeigen, wird Frauen jenseits der Wechseljahre weniger geholfen als jüngeren. Pro- wie antisoziales Verhalten zeigt sich kulturübergreifend und in fast allen gesellschaftlichen Gruppierungen. Es äußert sich aber auf unterschiedliche Weise.

Allerdings greifen auch bei diesen Unterschieden Lerntheorien und soziale Normen und spielen Verstärkung und Bestrafung eine Rolle. So wird körperliche Aggression bei Jungen weniger stark bestraft und gilt als angemessenere Reaktion auf Frustration und Provokation als bei Mädchen – daher rühren viele Geschlechtsunterschiede. Die Medien beeinflussen uns ebenfalls: Wenn die meisten aggressiven Handlungen in Filmen ungestraft bleiben, hält man Aggression natürlich nicht für unangemessen; und auch in Filmen geht die Gewalt vor allem von Männern aus, was bedeutet, dass es als okay angesehen wird, wenn ein Mann einmal ausrastet (»Ist halt ein Junge!«).

Wie in anderen Kapiteln angeklungen, imitieren Kinder häufig das Verhalten von Erwachsenen, wobei in der frühen Kindheit die Eltern einen größeren Einfluss haben als andere Erwachsene. Sind die Eltern gewalttätig, sind es auch häufiger die Kinder. Forschung zeigt, dass die wahrgenommene Ähnlichkeit des Modells (des Vorbilds) eine Rolle spielt sowie die Tatsache, ob das Verhalten des Vorbilds belohnt wird, also zum Ziel führt oder nicht. Solche Effekte hat Albert Bandura in seiner Lerntheorie der Aggression immer wieder vorhergesagt. In der Pubertät wird der Einfluss der Eltern schwächer und der der Freunde oder Peers immer stärker.

Vor allem Gangs mit ihren aggressiven Normen haben sich als Quelle gewalttätigen Verhaltens herausgestellt. Es scheint eine einfache Regel zu sein, dass wenn Pubertierende in die falsche Gruppe geraten, sie zu unerhörten Grausamkeiten fähig sind. Umso beruhigender ist es, dass diese Cliquen ab einem bestimmten Alter keine große Rolle mehr spielen oder sich die Lebensziele der Heranwachsenden automatisch verändern, wie Thomas Dishion zeigt. Die Rate derjenigen, die nach einer Phase jugendlicher Kriminalität kriminell bleiben, ist gering (fünf bis 20 Prozent) – was sicherlich nicht nur an unserem Strafvollzug liegt, der eher unzureichend, weil häufig überfordert ist, sondern schlichtweg an sich verändernden Lebenszielen (Familie, Job, Kinder, Sinnsuche), wenn man die

20 überschritten hat. Mit den neuen Interessen ändern sich die Freunde, ändern sich die Normen.

Auch Hilfeverhalten lernen wir. Nicht jeder bietet einem alten Menschen seinen Sitzplatz in der Straßenbahn an, und nicht jeder leiht seinem Bruder Geld, wenn der es nötig hat. Eine Identität als »jemand, der hilft« wird über Sozialisationsprozesse vermittelt, bei denen die Eltern über klare Verhaltensanweisungen und »Modellstehen« eine entscheidende Rolle spielen. Sind die Eltern hilfsbereit, können sich Kinder herausbilden, für die uneigennütziges Helfen zur Identität gehört oder der Selbstwert durch Helfen stark erhöht wird, weil sie eine soziale Norm einhalten, die sie gelernt und verinnerlicht haben. Und sogar die Medien können Hilfeverhalten verstärken: Kinder, die häufig Filme oder Serien mit freundlichen Modellen gesehen hatten – wie *Flipper* oder *Lassie*[66] –, halfen mehr, wie empirische Studien von Joyce Sprafkin zeigen.

Alice Eagly und Maureen Crowley finden keine Geschlechtsunterschiede, wenn sie die Tätigkeiten genauer untersuchen, bei denen Männer und Frauen helfen. Hier spielen stereotype Kompetenzbereiche eine Rolle. Männer helfen mehr bei technischen Problemen oder wenn körperliche Kraft erforderlich ist und Frauen mehr, wenn es um emotionale Unterstützung oder Tätigkeiten im Haushalt geht. Es wäre ja auch blödsinnig, mit zwei linken Händen zu helfen, und man kann, auf die Spitze getrieben, durch Helfen sogar schaden. In den USA können Menschen, die fehlerhafte Erste Hilfe leisten, sogar belangt werden, was einen davon abhalten kann, einzuschreiten, wenn Not am Mann ist.

Im gesellschaftlichen Zusammenhang haben wir Gesetze und soziale Normen, die Aggression einschränken und Hilfeverhalten einfordern – daraus ergeben sich kulturelle Unterschiede: In *Kulturen der Ehre (cultures of honor)* und *Machokulturen* wird, so Richard Nisbett, Gewalt eher als ein legitimes Mittel betrachtet, auf Provokation, Gewalt oder die Bedrohung materieller Güter zu reagieren. Uns Deutsche verstören Berichte aus Amerika, wo Hausbesitzer Menschen erschießen, die ungefragt ihren Grund und Boden betreten, selbst wenn diese friedliche Motive hatten, und genauso geraten wir in Wut, wenn wir hören, dass ein Vater seine Tochter erschießt, nur weil die sich seiner Meinung nach unsittlich verhalten hätte – in machistischen Kulturen können Mitglieder solche Verhaltensweisen eher nachvollziehen und begrüßen sie manchmal sogar. Generell findet man häufiger Verbrechen in Kulturen, in denen kriminelles Handeln nicht angemessen bestraft wird oder Menschen es »cool« finden, wenn eine Privatperson sich »wehrt«. Ebenso wird Korruption kulturell unterschiedlich bestraft.

Auch innerhalb von Kulturen werden bestimmte Vergehen mal mehr, mal weniger bestraft, in Deutschland zum Beispiel Steuerhinterziehung. Wird Steuerhinterziehung aber zum Kavaliersdelikt, findet man ein solches Vergehen häufiger. Lerntheoretiker würden argumentieren, dass uns einige Banker in die Bankenkrise getrieben haben und dies vermutlich auch wieder tun würden, weil ihrer Gier keine Grenzen aufgezeigt wurden. Asoziales Verhalten wird in manchen Berufen, vor allem solchen, die profitgesteuert sind, nicht ausreichend bestraft.

Hilfeverhalten sehen wir in manchen Kulturen ebenfalls häufiger als in anderen und wird dementsprechend unterschiedlich bewertet, wie Moghaddam und Kollegen zusammenfassen. Wie zu erwarten ist, helfen Menschen in kollektivistischen Kulturen einander häufiger als in westlichen, individualistischen. Aus einem Verantwortungsgefühl heraus (das teils einen religiösen Ursprung hat) wird Helfen in asiatischen Kulturen als zentrale soziale Aufgabe gesehen, bei der man sich bewähren kann, während Hilfeleistung in individualistischen Kulturen eher bei den zentralen Tätigkeiten stört, die hier vor allem belohnt werden: Man hilft, nachdem man eben noch die Mails gecheckt hat. Für viele kollektivistische Menschen ist es schändlich, dass wir unsere Eltern in Pflegeheime »stecken«, allerdings haben in individualistischen Gesellschaften Arbeitgeber oder Freunde auch wenig Verständnis dafür, wenn man sich wegen familiärer Hilfe zurückzieht. Als ich meinen Vater im Hospiz bis zum Tod begleitete, beklagten sich Kollegen an der Universität darüber, »wie lange das denn noch gehen solle« …

### Kosten/Nutzen von Helfen und Aggression

Im Allgemeinen stellen Menschen Kosten-Nutzen-Analysen auf, und so fragen sie sich auch, ob sich in einer bestimmten Situation aggressives Verhalten lohnt. Ist der Nutzen hoch, und sind gleichzeitig die Kosten gering, sind Menschen eher aggressiv.

Dasselbe trifft auf Hilfeverhalten zu, wie Jane Piliavin zeigt. Hier bestimmen soziale Normen den Wert beziehungsweise den Nutzen, der mit den Kosten schließlich verrechnet wird. Mögliche Nutzen sind neben der Tatsache, dass man jemandem aus einer ungünstigen oder gefährlichen Lage herausgeholfen hat, das Gefühl, ein Problem gelöst zu haben und damit selbstwirksam zu sein – und nicht zuletzt die positive Bewertung anderer. In vielen Kulturen ist unterlassene Hilfeleistung mit Kosten verbunden, die sich sowohl in strafrechtlichen als auch in sozialen Konsequenzen ausdrücken können. Nicht selten werden Menschen, die nicht geholfen und damit einen Schaden verursacht haben, gesellschaftlich geächtet oder machen sich selbst Vorwürfe, die auf verinnerlichten gesellschaftlichen Standards basieren.

Diesen Schuldgefühlen wirken Menschen gern durch Täter-Opfer-Umkehr *(blaming the victim)* entgegen, suchen die Schuld also beim Opfer. Dieses Phänomen illustriert einen psychologischen Schutzmechanismus, der den erniedrigten Selbstwert wieder erhöhen kann und die Unterlassung legitimiert. In einigen Fällen, wo vor den Augen anderer eine Frau vergewaltigt wurde und niemand einschritt, rechtfertigten sich die Umstehenden damit, dass die Frau sich provozierend verhalten hätte oder aufreizend angezogen gewesen wäre oder dass sie den Eindruck gehabt hätten, es ginge um den Streit zwischen zwei Asozialen. Und schon ist die Schuld wegkonstruiert. Vergewaltigungsmythen wie »Die ist ja selbst schuld« sind, wie Gerd Bohner und Kollegen zeigen, auch in Deutschland vorzufinden und werden dazu genutzt, um unterlassene Hilfeleistung zu rechtfertigen oder Täter zu entlasten.

Es gibt einige Theorien, die dem Menschen rein altruistisches Verhalten aberkennen und Hilfeverhalten allein Normen und einer positiven gesellschaftlichen Verstärkung zuschreiben. Helfen geschieht demnach also aus eher egoistischen Motiven – mir soll es gut gehen, darum helfe ich. Wie bei allen Handlungen ist es aber auch bei Hilfeleistung durchaus sinnvoll, die möglichen Kosten mit zu berücksichtigen. Bringt man sich selbst in Lebensgefahr, oder gefährdet man die eigene Gesundheit, können die Kosten den erwarteten Nutzen übersteigen. Andere, weniger starke Kostenfaktoren sind so etwas wie Zeit- und Energieverlust, Angst oder auch Ekel. Experimente aus Jane Piliavins Labor zeigen, dass Menschen weniger geholfen wird, wenn ihnen Blut aus dem Mund rinnt, als wenn sie in genau derselben Position daliegen und ihr Gesicht »sauber« ist. Und wenn Menschen es eilig haben, helfen sie Passanten, die stürzen oder auf der Straße liegen und offensichtlich Hilfe brauchen, seltener.

Generell gilt in unserer Kultur das Gebot der Nächstenliebe: Wir sollen denen helfen, die Hilfe benötigen – Kranken, Kindern, Alten und solchen, die »ohne Schuld« in eine Misere hineingerutscht sind. Gesellschaftliche Normen regeln auch das Weitere: Wem wir einmal geholfen haben, der sei uns verpflichtet, wenn wir selbst einmal Hilfe benötigten. Diese Erwartungshaltung, die selbst allerlei Hilfeleistungen in Gang setzt, nennt Robert Trivers »reziproken Altruismus«. Menschen »vom Stamme Nimm«, also solche, die nur nehmen und nichts geben, haben gesellschaftliche Sanktionen zu erwarten.

Sowohl antisoziale wie auch prosoziale Verhaltensweisen sind von Gefühlen begleitet beziehungsweise werden durch Gefühle ausgelöst. Ist es beim aggressiven Verhalten Wut, Zorn, Frustration, ist es beim prosozialen Verhalten Mitgefühl, aber auch das negative Gefühl, das entsteht, wenn wir jemand anderen leiden sehen. In dem klassischen Erregungs-Kosten-Nutzen-Modell von Jane und Irving Piliavin finden die eben besprochenen Kosten-Nutzen-Erwägungen erst dann statt, wenn wir durch das Leiden eines anderen erregt wurden und daraufhin bestrebt sind, diesen unangenehmen Erregungszustand durch Hilfeleistung zu verbessern. Stimmungsverbesserung durch Hilfeleistung darf man beruhigt zu den egoistischen Motiven rechnen – aber wie gesagt, einem Opfer wird es letztendlich egal sein, Hauptsache, man hilft überhaupt.

## Helfen aus Mitgefühl

Manche Forscher wehren sich gegen diese unromantische Sicht. Daniel Batson behauptet, es gebe sehr wohl die empathische Hilfe, bei der Kosten-Nutzen-Erwägungen keinerlei Rolle spielen und Menschen allein aus dem Motiv helfen, das Leiden anderer zu verringern. Man kann ein solches Motiv schlecht von egoistischen unterscheiden, denn auch jemand, der aus Empathie hilft, fühlt sich danach natürlich besser – dies ist also immer ein Verstärker. Allerdings gibt es einen feinen Unterschied: Hilft man aus eher egoistischen Motiven, weil man eine Norm erfüllen will, dann ist der Erfolg eines Hilfeverhaltens weniger entscheidend als die Tatsache, dass man überhaupt geholfen hat. Jemandem, der aus altruistischen Motiven handelt, reicht das jedoch nicht. Er ist nur dann zufrieden, wenn die Hilfe erfolgreich war.

Batson und Joy Weeks testeten dies in einer Untersuchung, in der sie die Empathie der Probanden als Persönlichkeitseigenschaft mithilfe von Fragebögen maßen. Empathische Menschen, so fanden sie, stellten tatsächlich weniger Kosten-Nutzen-Rechnungen an: Sie halfen auch dann, wenn der Nutzen gering ausfiel, und es machte ihnen etwas aus, wenn die Hilfe keinen Erfolg hatte. Menschen mit wenig Empathie halfen, weil sie es als ihre Pflicht ansehen. Ihnen liegt der Erfolg des Hilfeverhaltens dabei nicht so am Herzen. Es gibt demnach also *beides:* egoistische und empathische Hilfe.

Empathie kann, so einige Forscher, sowohl eine biologische Basis haben als auch erlernt werden. Entwicklungspsychologen wie Heidi Wayment erklären Unterschiede in der Empathie in erster Linie mit unterschiedlichen Reaktionen der Eltern auf die Kinder. Wenn vor allem in Belastungssituationen Eltern die Emotionen ihrer Kinder nicht ernst nehmen oder sogar ausweichend reagieren, können die Kinder infolge dieser Gefühlskälte der Eltern weniger Empathie entwickeln. Allerdings ist anzunehmen, dass in jedem von uns ein Funke Empathie schlummert, denn andere Experimente zeigen, dass man sie in fast jedem wachrufen kann. Die simple Instruktion, sich in eine andere Person hineinzuversetzen, führt zu einem Anstieg sowohl der Empathie als auch der Hilfsbereitschaft.

Um nachhaltig Empathie zu erlernen, muss man sich allerdings umfangreichere Methoden ausdenken, die die Gesamtgestalt des Menschen mit berücksichtigen. Manfred Nussbaum und ich entwickelten ein umfangreiches Training zur Weckung von Empathie, zum Beispiel gegenüber Mitarbeitern, Schülern oder Minoritäten, indem wir vor allem körperliche Methoden einbezogen, die wir aus dem Embodiment abgeleitet haben. So lassen wir Teilnehmer sich auf Fußstapfen aus Pappe stellen, die diejenigen symbolisieren, in die sie sich hineinversetzen sollen (siehe Kapitel 7), oder bitten sie, um sich besser in Flüchtlinge einzufühlen, so zu gehen, so zu sprechen, so eine Speisekarte zu lesen und einen Kellner heranzuwinken wie ein Flüchtling, der gerade in Deutschland angekommen ist.

Forschung von Melvin Witmer zeigt zudem, dass möglichst realistische, präzise und fühlbare Information die konkrete Wahrnehmung einer leidenden Person verstärkt und Empathie weckt. Abstrakte Informationen, beispielsweise über die Armut in der Dritten Welt oder Naturkatastrophen, sind dagegen weniger dazu geeignet, Empathie auszulösen – eine Einsicht, die Spendensammler meist intuitiv berücksichtigen, manchmal so exzessiv, dass man die Fotos von leidenden Kindern schon nicht mehr ertragen kann und Kontrasteffekte eintreten. Allerdings haben wir gesehen, dass nicht nur aus Empathie geholfen wird – Menschen an ihre Pflicht zu erinnern, für Arme zu spenden, wie es die Pfarrer jeden Sonntag tun, ist daher eine wirksame Strategie, Menschen zum Helfen zu bewegen.[67]

## Hedonistisches Helfen

Ich habe es oben schon kurz angesprochen: Manchmal helfen wir einfach nur, um uns wieder besser zu fühlen – was natürlich ein egoistisches Motiv ist. Trauer, Schrecken, Unruhe, Angst, Schuld: All das kann man potenziell verändern, wenn man hilft.

Forschung um die Psychologin Gloria Manucia und Kollegen zeigt, dass Menschen in schlechter Stimmung helfen, wenn sie denken, das könne ihre Stimmung heben. In einem Experiment sollten Versuchspersonen sich an neutrale, freudige oder traurige Ereignisse erinnern. Danach wurde ihnen ein Medikament – natürlich ein Placebo – gegeben. Einigen wurde gesagt, das Medikament führe zu Mundtrockenheit, den anderen, es friere die derzeitige Stimmung ein. Danach bat der Versuchsleiter alle Teilnehmer, bei einer Blutspende-Telefonaktion mitzuhelfen. Sie sollten so viele Telefonate mit Blutspendern führen, wie ihnen möglich wäre. Tatsächlich halfen von den Probanden, die in schlechter Stimmung waren, weil sie sich zuvor an traurige Ereignisse erinnert hatten, diejenigen eher, die meinten, das Medikament führe zu Mundtrockenheit, als jene, die glaubten, das Medikament würde ihre Emotionen, somit ihre schlechte Stimmung, einfrieren. Dies entsprach der Hypothese, dass Menschen in negativer Stimmung vor allem dann helfen, wenn sie hoffen, dadurch ihre Stimmung verbessern zu können.

Allerdings zeigt Forschung zu Stimmung und Hilfeverhalten auch manchmal einen Anstieg von prosozialem Handeln in positiver Stimmung. Zur Erklärung dieser Zusammenhänge wird häufig die *Stimmungserhaltungshypothese* von Alice Isen bemüht. Sie besagt, dass Menschen in guter Stimmung eher helfen als Menschen in neutraler Stimmung, weil sie nicht Gefahr laufen wollen, durch ein schlechtes Gewissen ihre gute Laune zu verlieren – allerdings nur, wenn die Hilfeleistung nicht zu anstrengend ist. Also, wenn Sie in positiver Stimmung sind, würden Sie bei kleinen, simplen Aufgaben helfen, die wenig aufwendig sind – so könnten Sie ihre Stimmung halten oder sogar noch verbessern, indem sie Stolz empfinden und zum kleinen Helden werden. Erforderte die Hilfeleistung jedoch den Einsatz Ihrer Energie, Zeit oder Kraft, oder sind Ekel und Angst beteiligt, würden Sie, so die Hypothese, in guter Stimmung lieber wegschauen – Sie wollen ja Ihre gute Laune nicht gefährden.

## Gewalt und Emotionen

Emotionen begleiten natürlich auch Aggression. Neben Ärger, Zorn, Wut, verletztem Ehrgefühl oder Stolz und Frustration, die durch einen Provokateur ausgelöst werden, spielt eine allgemein schlechte Stimmung eine Rolle bei der Auslösung von Gewalt. Die Wahrscheinlichkeit von Aggression steigt bereits bei allgemein hoher Erregung, die schon durch so etwas wie Sport ausgelöst werden kann, und auch bei Hitze und Lärm liegen die Nerven blank und werden aggressive Handlungen wahrscheinlicher, wie Kriminalstatistiken in Städten wie New York zeigen.

Wenn man einmal in sehr heißen Städten gelebt hat, kann man das unmittelbar nachvollziehen. Als wir in New York lebten, hatten wir im Sommer manchmal durchgehend schwüle 40 Grad. Wenn ich dann in der Subway angerempelt wurde, rutschten mir nicht nur einmal Schimpfwörter heraus, die ich sonst nur denke – und mit mir waren auch die Dienstleister, wie Schaffner, Taxifahrer und Polizisten, die draußen arbeiten mussten, unerträglich. Vor allem Nachthitze, so genau können ausgewertete Kriminalstatistiken von Brad Bushmann und Team zeigen, steigert Gewalt in Städten. Wenn man Angst vor Verbrechen hat, sollte man also speziell in solchen Nächten Spaziergänge um drei Uhr morgens in der Bronx eher meiden …

Soziale Zurückweisung ist ebenfalls ein Brunnen für Aggressionen. Viele Amokläufer werden als »Einzelgänger« beschrieben. So auch David S., der 2016 in München neun Menschen erschossen hatte. Der 18-Jährige ist laut Bericht der Ermittler über Jahre »hinweg gemobbt« worden, weil er ein Bein nachzog und seine »Singsangstimme« die Mitschüler genervt hat. Ein einsamer Einzelgänger, der sich hinterher symbolisch an Menschen gerächt haben soll, die den Tätern ähnlich sahen. Wir haben oben bereits gesehen, dass der Ausschluss aus einer Gemeinschaft als Schmerz empfunden wird, der offenbar für manche eine Rache zu rechtfertigen scheint.

Psychologisch auffällig ist die Sinnlosigkeit solcher Racheakte, sind sie doch keinesfalls zielführend in dem Sinne, dass sie das Problem – die soziale Ausgrenzung – aus dem Weg schaffen; Aggression führt ja, wie alle wissen, normalerweise zu noch mehr Ausgrenzung. Hier müssen wir von einem Teufelskreis sprechen, einer Spirale der Gewalt, die von starken negativen Gefühlen in Fahrt gehalten wird. Ein Ausgeschlossener erleidet Qualen, rächt sich daraufhin und wird nun mit gutem Grund erst recht ausgeschlossen. Aus dieser Perspektive heraus wundert es dann nicht mehr, dass sich viele Amokläufer letztendlich selbst richten oder erschießen lassen.

Soziale Ausgrenzung trifft auch unser Selbstwertgefühl, da wir ja zu anderen Menschen dazugehören wollen und daraus unseren sozialen Selbstwert beziehen. Der Zusammenhang zwischen Selbstwert und Aggression ist jedoch insofern schwierig, als Studien zeigen, dass nicht nur ein sehr niedriger, sondern ebenso ein übersteigerter Selbstwert zu Aggression führt. Es sieht so aus, als ob Aggression vor allem dann auftritt, wenn jemand davon ausgeht, dass ihm sehr viel mehr zusteht, als ihm geboten wird, er also eine große Diskrepanz erlebt zwischen dem, was er erwartet, und dem, was er bekommt.

Erich Fromm entdeckte schon in den 30er-Jahren in einer Erhebung unter deutschen Arbeitern dieses merkwürdige Paradoxon aus Unterlegenheit (»Mir geht es schlecht, und daran sind die Juden schuld«) und Überlegenheit (»Ich bin als Arier viel besser als die Juden«). Das Schwanken zwischen hohem und niedrigem Selbstwert – oder mit anderen Worten: ein unstabiler, erschütterlicher Selbstwert – sei die Nahrung für Gewalt, schloss später Roy Baumeister.

## Der Boxsack als Legende?

Neben dem persönlichen Angriff führt Frustration zu Aggression. Frustration wird erfahren, wenn einen jemand bei der Zielerreichung blockiert. Wenn Sie vor der Ampel stehen, und der Fahrer vor Ihnen bleibt bei Grün stehen, erleben Sie genauso Frustration, wie wenn ein Mitarbeiter die von Ihnen gesetzte Deadline nicht eingehalten hat und Sie Konsequenzen vom Auftraggeber erwarten. Je mehr und je öfter man frustriert werde, desto stärker würde die Aggression, behaupteten die Psychologen John Dollard und Neal Miller in ihrem bereits 1939 entwickelten *Frustrations-Aggressions-Modell.* Manche Kollegen benutzen die Metapher eines Dampfkessels zur Veranschaulichung: Je mehr Druck sich in einem System aufbaut, umso eher die Gefahr der Explosion.

Wenn sich solche Modelle auch als zu einfach herausstellten (nicht jeder Frustrierte explodiert, und es gibt keinen zwingenden Zusammenhang zwischen jedweder Frustration und Aggression), bleibt die Frage, wie man gelegentlichen Frust abbauen kann? Kann Sport helfen, wie viele denken, und sind vor allem aggressive Sportarten wie Boxen dazu geeignet, unsere aggressiven Tendenzen zu bändigen? Solche Ideen finden sich in den *Katharsistheorien* wieder, zu denen Freuds Theorie der Aggression genauso zählt wie die von Konrad Lorenz.

Lorenz' Theorie ist ein typisches Dampfkesselmodell. Ein Ventil für den Druck könnte, so Lorenz, Sport sein oder auch die *Aggressionsverschiebung:* die Ausübung von Aggression an einem Objekt, das nichts damit zu tun hat, aber leichter zu erreichen oder mit weniger Kosten gequält werden kann. Wir sprechen dann gewöhnlich davon, dass jemand »seine Aggression an jemand anderem auslässt«. Ich persönlich kenne nicht nur einen, der denkt, im Sportstudio würde er seine Aggressionen los, und manche Eltern rechtfertigen die gewaltsamen Videogames ihrer Kinder damit, dass die Kids da Druck ablassen würden – in einem sozial akzeptierten Rahmen ohne Konsequenzen für das wirkliche Leben.

Sind diese Ideen auch sehr präsent, so ist die tatsächliche Wirksamkeit von Katharsis stark umstritten. Experimente vor allem um das Team von Brad Bushman zeigen im Gegenteil, dass verärgerte Versuchsteilnehmer gegen einen Sandsack boxen zu lassen, deren Aggression erhöht statt verringert. Diese aggressiven Sportarten aktivierten im Gedächtnis vor allem aggressive Gedankennetzwerke einschließlich gewalttätiger Strategien der Konfliktlösung – und was aktiviert (oder geprimt) ist, hat einen Einfluss auf das Verhalten, wie wir gesehen haben (siehe Kapitel 6).

In seiner von mir betreuten Doktorarbeit konnte Markus Denzler jedoch eine Ausnahme von der Regel zeigen: Wenn die aggressive Handlung einen *spezifischen Zweck* erfüllt, zum Beispiel den Aggressor schädigen soll, können tatsächlich Katharsiseffekte beobachtet werden. Das kennen Sie schon vom Zeigarnik-Effekt: Hat man ein spezifisches Ziel erreicht, wird alles Verhalten gehemmt, das mit diesem Ziel zu tun hatte.

Markus Denzler instruierte Versuchsteilnehmer, sich ein Szenario auszumalen, in dem der beste Freund ein Verhältnis mit der Freundin hat. In der einen Gruppe sollten sich die Probanden danach vorstellen, dass sie Rache nehmen konnten, indem sie den Freund schlugen und beschimpften, in einer zweiten Gruppe, dass es zu einem vernünftigen Gespräch kam, an dessen Ende dem Freund mitgeteilt wurde, dass der Kontakt abgebrochen werde. Denzler vermutete, dass in beiden Fällen die Aggression nach der Zielerfüllung abnehmen sollte, denn beide Strategien, die gewalttätige wie die friedfertige, führen ja dazu, dass man sein Ziel – Genugtuung – erreicht. In einer dritten Gruppe sollten sich die Probanden vorstellen, dass sie sich zwar rächen wollten, es aber nicht dazu kam. In dieser Gruppe sollte nach der Priming-Logik, die Denzlers Modell zugrunde liegt, die Aggressionsbereitschaft am höchsten sein, da die aggressiven Gedanken im Gedächtnis aktiv bleiben und weiteres Verhalten beeinflussen.

Tatsächlich stieg in dieser Versuchsgruppe die Aggression am meisten und sank bei denjenigen, die sich vorgestellt hatten, wie sie aktiv Rache nehmen – so wie von Denzler angenommen. Hat man also ein spezifisches Ziel erreicht, ist weiteres aggressives Verhalten zunächst einmal weniger wahrscheinlich – man beschäftigt sich fortan mit anderen Dingen. Am meisten sank die Aggressionsbereitschaft jedoch, wenn das Ziel mit einem konstruktiven Gespräch erreicht wurde. Offensichtlich verringern konstruktive und friedfertige Strategien weitere Gewaltbereitschaft und erreicht man damit auf soziale Weise sein übergeordnetes Ziel, Gerechtigkeit wiederherzustellen.

Auch Ballergames haben wir in Studien schon getestet. Markus Denzler, Michael Häfner und ich ließen Versuchsteilnehmer im Labor gewalttätige Computergames spielen und baten eine Gruppe, sich vorzustellen, dass sie dadurch ihre aggressiven Impulse loswürden. Eine andere spielte einfach drauflos. Es zeigte sich, dass diejenigen, die das Ziel hatten, Aggression zu reduzieren, dies auch tatsächlich schafften – so konnten sie nach dem Spiel beispielsweise schlechter aggressionsbezogene Wörter lesen als vorher oder als diejenigen Versuchspersonen, die das Spiel ohne Zielvorgabe gespielt hatten. Auch hier konnten wir also kathartische Effekte beobachten – zumindest bei jenen, die mit der kathartischen Idee »Ich tue das, damit ich Aggressionen loswerde« ins Spiel gingen. Es ist unwahrscheinlich, dass diese Effekte vollkommen bewusst ablaufen – das Lesen aggressionsbezogener Wörter lief bei allen Probanden im Millisekundenbereich ab, den man nicht willentlich kontrollieren kann.

Insgesamt zeigen die Studien ein differenziertes Bild: Wir würden auf keinen Fall behaupten, dass Gewalt in Medien immer zu Katharsis führt, im Gegenteil: Häufig führt Gewalt zu Gewalt. Unter bestimmten Umständen aber, zum Beispiel wenn ich mir Gewalt anschaue oder aggressive Games spiele, um Gewalt zu reduzieren, kann dies Aggressionen tatsächlich reduzieren. Wir haben allerdings bisher nur kurzfristige Effekte beobachtet. Es ist also denkbar, dass massive Auseinandersetzung mit Gewalt sich im Gedächtnis niederschlägt und dazu führt, dass in spontan auftretenden Konfliktsituationen zukünftig vor allem aggressive Strategien zur Lösung aktiviert werden. Hier ist mehr Forschung nötig.

## Grenzen der Aggressionsforschung

Allerdings hat die experimentelle Forschung zum Aggressionsverhalten ein nicht zu unterschätzendes Problem: die sogenannte externe Validität, was bedeutet, dass wir im Labor nicht stark aggressives Verhalten testen können. Sicherlich haben Sie schon einmal von den berühmten Experimenten von Stanley Milgram gehört. Dabei wurden Versuchspersonen (»Lehrer« genannt) gebeten, einen »Schüler« (der in Wirklichkeit Schauspieler war) mit Stromschlägen zu bestrafen, wenn er bei einer Aufgabe Fehler machte. Die Stärke der Stromschläge stieg von Fehler zu Fehler, und Milgram wollte herausfinden, wie weit eine »normale« Versuchsperson gehen würde. Der Schauspieler gab sein Bestes, schluchzte und schrie, wenn die vermeintlichen Stromstöße kamen, und man kann auf Videomitschnitten sehen, wie sehr die Probanden schwitzten und litten, während sie gehorsam den »Schüler« bestraften. Milgrams Untersuchungen gelten als bahnbrechend für die Erforschung des Gehorsams, denn tatsächlich waren viel mehr Versuchspersonen als erwartet dazu bereit, lebensgefährliche Schocks zu geben, nur weil ein Versuchsleiter das angeordnet hatte.

Keine Bange, solche Experimente werden heute nicht mehr durchgeführt; sie dürfen auch gar nicht mehr stattfinden, denn hierbei wurden Versuchspersonen nicht nur belogen, sondern in eine Situation gebracht, die sie seelisch extrem belasten könnte – man kann sich vorstellen, welche Gewissensbisse wohl manche noch Tage nach der Studie geplagt haben. Ethikkommissionen setzen dieser Art Forschung heutzutage klare Grenzen, auch wenn Milgrams Studien extrem »sexy« für viele Forscher sind und Erstaunliches zutage förderten. So fand man in Varianten der Studien, dass die Autorität des Versuchsleiters und des Instituts entscheidende Faktoren für Gehorsam waren: Die Bereitschaft zu strafen stieg, wenn die Versuchsleiter weiße Kittel trugen und das Labor durch seine Ausstattung Kompetenz ausstrahlte.

Wir Deutschen haben von diesem Experiment übrigens insofern profitiert, als Milgram ursprünglich das besondere Gehorsamsbedürfnis der Deutschen testen wollte, aber seine Versuchsanordnung erst einmal in amerikanischen Labors vortestete. Bei diesen »Vortests« fand er zu seiner großen Überraschung die These von Hannah Arendt bestätigt, dass man nicht deutsch sein muss, um zu Gewalt fähig zu sein. Man muss auch nicht verrückt oder gestört sein; der »Normalität des Bösen« kann fast jeder erliegen, wenn die Situation auf Autorität aufgebaut ist – so legen es jedenfalls die Studien nahe.[68]

Um heutzutage Aggression überhaupt messen zu können, müssen wir uns immer wieder neue Maße für aggressives Verhalten ausdenken, wie beispielsweise die Bildauswahl, die Thomas Mussweiler und ich erfunden haben. Wir geben Versuchspersonen 30 Bilder, je zehn mit positiven Objekten (Hundewelpen, Katzen, Torten etc.), mit neutralen (Regenschirme, Wassergläser, Stühle etc.) und negativen (Hundeleichen, verdreckte Klos, Schlangenbisse etc.). Sie sollen zehn davon für eine andere Person auswählen. Wir zählen hinterher, wie viele eklige Bilder darunter sind – je mehr, umso aggressiver der Proband.

**neutral** **positiv** **negativ**

**Abb. 28 Messung von aggressivem Verhalten nach Mussweiler & Förster (2000)**

Eklige Bilder für jemand anderes auszusuchen ist ohne Zweifel ein aggressiver Akt, sogar die aggressive Absicht, dem anderen zu schaden, ist hier zu erkennen und experimentell abgebildet, aber natürlich nicht zu vergleichen mit alltäglicher Gewalt oder mit jener, die wir uns durch Medien zu Gemüte führen. Am nächsten kommen dem Langzeitstudien zur Medienwirkung, wie sie Rowell Huesmann durchgeführt hat. Er beobachtete Kinder über einen größeren Zeitraum und erhob ihren Konsum von gewalttätigen Medien während der Kindheit und ihre kriminellen Delikte sowie ihr aggressives Verhalten als Erwachsene. Seine auch methodisch beeindruckenden Studien finden immer wieder einen Zusammenhang: Je mehr Gewalt man als Kind gesehen hat, umso gewalttätiger wird man später. Da lohnt es sich also, als Eltern den Konsum zu beobachten und einzuschränken.

Als Gutachter der Freiwilligen Selbstkontrolle Fernsehen kann ich dazu nur raten, denn ich habe mir vor der Gutachtertätigkeit gar keinen Begriff gemacht, was inzwischen sendefähig ist (wenn auch erst nachts). Da werden in Zombie- und Vampirformaten Menschen über Badewannen geschächtet, an Fleischerhaken in Schlachthöfen lebend aufgespießt und reihenweise Köpfe abgetrennt oder wühlen sich ekelhafte Wesen durch die Eingeweide, während die Sterbenden minutenlang schreien. Alles nicht nur Albtraummaterial, sondern auch geeignet, Gewalt als Mittel der Selbstregulation im Kopf des Kindes abzuspeichern. Huesmann findet allerdings, dass die *Realitätsnähe von Filmen* und die *mögliche Identifikation mit den gewalttätigen Protagonisten* entscheidende Faktoren sind, warum Kinder durch Medien aggressiv werden.

Letztendlich können gewalttätige Bilder zu einer bewussten Gewaltbefürwortung führen oder durch Speicherung aggressiver Konfliktlösestrategien später unbewusste Prozesse auslösen. Wenn man beleidigt wird und im Gedächtnis sucht, was man jetzt machen sollte, und findet im Speicherraum vor allem »Wehr dich, schlag zurück«, wird man das tun, wenn man entsprechend gestresst ist.

Bemerkenswert ist auch die bereits erwähnte Tatsache, dass die bloße Wahrnehmung von Waffen aggressives Verhalten im Gedächtnis aktiviert. Studien zeigen, dass Waffen die Bereitschaft für Beschimpfungen, Ausgrenzungen und unfaires Verhalten verstärken. In Experimenten kann man Waffen oder Bilder von Waffen offen zeigen, aber auch nur am Computer für Millisekunden unterhalb der Wahrnehmungsschwelle einblitzen lassen – und schon steigt automatisch die Wahrscheinlichkeit, Konflikte aggressiv zu lösen, wie Alexander Todorov und John Bargh in einer Analyse zeigen.

Diese Effekte zeigen wieder einmal, wie sehr uns die Umgebung prägt. Waffengesetze sind daher keine Kinkerlitzchen. Man kann, wie in manchen Städten in den USA, einen generellen Rückgang von Verbrechen beobachten, nachdem dort Waffenverbote eingeführt wurden. Verbietet man Schusswaffen, sinken erstaunlicherweise nicht nur die Verbrechen, die mit Schusswaffen begangen werden, sondern nimmt auch der Gebrauch anderer, weiterhin verfügbarer Waffen – Messer, Baseballschläger, Flaschen, Steine etc. – ab. Es scheint also so zu sein, dass Waffen im Haus uns an Gewalt *im Allgemeinen* erinnern, also das gesamte Netzwerk aggressiver Handlungen aktivieren und damit gewalttätige Konfliktlösung insgesamt wahrscheinlicher machen.

## Sex und Gewalt – Gemeinsamkeiten und Unterschiede bei Männern und Frauen

Auch andere Situationen erinnern Menschen automatisch an Aggression. Thomas Mussweiler und mir gelang es, unbewusste Assoziationen zwischen Sex und Gewalt nachzuweisen. Wir baten Versuchsteilnehmer, Wortpuzzles zu lösen, bei denen »zufällig« einige Wörter sexuell konnotiert waren, wie »feucht«, »Haut«, »spüren« oder »schwitzen«. Die Wörter waren also nicht deutlich pornografisch, und das Wort Sex tauchte überhaupt nicht auf. Diese Sex-Priming-Gruppe wurde mit einer Gruppe verglichen, in deren Worträtsel keine sexuell konnotierten Wörter auftauchten. Danach sollten alle Versuchsteilnehmer Wörter am Computer lesen, wobei angeblich die Geschwindigkeit gemessen wurde, mit der sie entschieden, ob es sich dabei um Wörter der deutschen Sprache handelte. Einige Wörter hatten mit Aggression zu tun, beispielsweise »Gewalt«, »Hass«, »brutal« und »Angriff«.

Wir fanden, dass Männer wie Frauen aggressionsbezogene Wörter eher erkennen konnten, wenn sie vorher an Sex gedacht hatten. Wir vermuteten jedoch, dass dies unterschiedliche Gründe hätte: Während Frauen sich durch eine solche Assoziation eher schützen, indem in sexuellen Situationen ihre Sensibilität für das Erkennen potenzieller Gefahr steigt, zeigen Männer womöglich tatsächlich eine höhere Tendenz, sich aggressiver zu verhalten. In einer anderen Studie ließen wir unsere Versuchsteilnehmer daher nach einem Sex-Priming eine mehrdeutige Situation beurteilen. Tatsächlich bewerteten die Frauen diese Situation als aggressiver als solche, die vorher nicht geprimt worden waren. Zudem bewerteten sie nur mehrdeutiges Verhalten von *Männern* als aggressiver, nicht aber, wenn eine Frau sich leicht aggressiv verhielt. Mit anderen Worten: Werden Frauen auch nur subtil an eine sexuelle Situation erinnert, nehmen sie aggressive Tendenzen bei Männern stärker wahr.

Bei Männern hatte das Sex-Priming hier keinen Effekt, das heißt, ihre *Wahrnehmung* von Männern und Frauen hinsichtlich Gewalt und Aggression wurde nicht beeinflusst. Anders aber waren die Effekte auf das *eigene Verhalten*. Wir baten in einem weiteren Experiment Männer wie Frauen, Bilder für andere Versuchsteilnehmer aus einer großen Sammlung von Fotos herauszusuchen, wie eben beschrieben. Wir fanden, dass Männer nach einem Sex-Priming anderen eher fiese Fotos wie Hundeleichen und dreckige Toiletten zumuteten, als Männer, die mit neutralen Wörtern geprimt worden waren. Bei Frauen trat dieser Effekt nicht auf. Es scheint also so zu sein, dass Männer bei Gedanken an Sex tendenziell gewalttätiger werden. Warum dies so ist, ob es sich dabei zum Beispiel um ein Erbe der Evolution handelt, insofern als Männer zur Erhaltung der Gene irgendwann einmal in der Menschheitsgeschichte aggressives Verhalten zeigen »mussten«, um sich fortpflanzen zu können, ist nicht geklärt.

Ich bevorzuge es, solche Assoziationen »Wenn Sex, dann aggressiv« mit Sozialisationsprozessen zu erklären, denn sexuelle Vergehen werden, so scheint mir, doch häufig als Kavaliersdelikte abgetan und immer noch zu selten und wenn, dann zu milde bestraft. In einer EU-Studie vom Jahr 2012 gaben 20 bis 30 Prozent der deutschen Probandinnen an, schon einmal häusliche Gewalt erlebt zu haben – die ist zwar nicht immer, aber doch häufig sexuell konnotiert –, was zeigt, dass Gewalt für Frauen im Alltag tatsächlich kein unbekanntes Phänomen ist. Die rezente #metoo-Debatte zeigt zudem, wie häufig sexuelle Gewalt in bestimmten Berufen vorkommt und wie wenig sie geahndet wurde. All das bedeutet, dass Männer häufiger Gewalt gegenüber Frauen ausüben, als man vielleicht annehmen könnte, und dass die Sex-Aggressions-Assoziation für Frauen dem Schutz dient, potenziell gefährliche Situationen zu erkennen und somit zu vermeiden.

Statt also für den Sex-Aggressions-Link Evolutionsbiologen zu bemühen, ist es höchste Zeit, dass wir dieses Problem als Gesellschaft ernster nehmen, denn wir wissen ja aus den vorigen Kapiteln, dass man dysfunktionale Assoziationen ändern kann. Sinnvoll wären hier eine bessere Aufklärung über Sex, einschließlich der Vermittlung von lustvollen gewaltfreien Sextechniken, eine Steigerung der Empathie und härtere Bestrafungen von häuslicher und sexueller Gewalt, damit sie irgendwann nicht mehr stattfindet.

## Helfen – Wie geht das?

Die Erinnerung an prosoziale Normen und Strategien hat dementsprechend auch eine positive Wirkung auf das Hilfeverhalten von Menschen. Diese Idee hatten die Kölner Verkehrsbetriebe wohl, als sie an ihren Haltestellen auf Plakaten mit prominenten Kölnern daran erinnerten, dass »Kölner in der Not helfen«. Solche Plakate dürften eine Wirkung haben, wie Untersuchungen zur Aktivierung sozialer Normen zeigen. Denn erschreckenderweise helfen Menschen ja nicht immer.

Wir alle haben von Fällen gehört, wo Umstehende nicht eingriffen, obwohl doch allen klar war, dass ein Verbrechen geschah. In den USA begann die Forschung zu diesem Phänomen, dem *Bystander-Effekt,* nachdem Kitty Genovese vor den Augen zahlreicher

Nachbarn niedergestochen wurde und verblutete. Warum ist das so? Warum helfen Menschen häufig nicht?

Einige Gründe haben wir bereits gehört, so sind manchmal Hilfeleistungen mit Kosten verbunden. Zu diesen Kosten gehört auch die Peinlichkeit, einzuschreiten, wenn eigentlich keine Hilfe nötig ist. Braucht eine alte Frau, die nachts in einem Hauseingang liegt, Hilfe oder nicht? Rufen wir die Polizei, wenn in der Nachbarschaft ein Vater brüllt und kurz darauf ein Kind? Und wenn auf dem Bahnsteig ein Paar aufeinander einschlägt, sollten wir da dazwischengehen, ist das wirklich unser Business? Und wie war das an dem Pendeltag, wo die arme Jacqueline von ihrer Mutter verbal grob angegangen wurde? Tatsache ist, dass wir in mehrdeutigen Situationen wie diesen häufig nicht einschreiten.

Lassen Sie mich den Ablauf dieser Ignoranz einmal etwas genauer beschreiben. Wie jedes andere beginnt auch prosoziales Verhalten bei der Wahrnehmung. Und oftmals laufen wir mit Scheuklappen durch die Gegend und verkennen Situationen, in denen Hilfe nötig ist. Besonders in der Stadt, in der wir ständiger Reizüberflutung ausgesetzt sind, blenden wir all das aus, was uns von unseren Zielen abhält, und dazu gehören auch schreiende Menschen oder stöhnende Obdachlose. Der Zeitdruck kommt hinzu: Sind wir gehetzt, sehen wir weniger, auch weniger Leid – unter Stress ist unser Arbeitsgedächtnis vollauf damit beschäftigt, uns erfolgreich durch den Dschungel der Großstadt zu führen.

Daher ist es für jemanden, der Hilfe benötigt, wichtig, so gut wie möglich auf sich aufmerksam zu machen. Dass er gesehen wird, ist noch nicht ausreichend, damit andere sein Problem als Notfall begreifen. Er muss deutlich sagen, dass er Hilfe nötig hat und warum. Besonders wenn viele Zeugen vor Ort sind, muss er eindeutige Signale geben, denn paradoxerweise wird weniger eingeschritten, je mehr Leute herumstehen. Wir nennen dies *pluralistische Ignoranz* – es bedeutet nichts weiter, als dass Sie, wenn Sie nicht wissen, ob jemand Hilfe braucht, schauen, was die anderen machen. Reagiert keiner, schließen Sie daraus, dass keine Hilfe nötig ist. Blöderweise macht das aber jeder so.

Stehen Sie beispielsweise in der Nähe zu einer Vergewaltigung auf einem Bahnsteig, und es ist aus der Entfernung nicht ganz deutlich, was passiert, dann zögern Sie natürlich zunächst und schauen vielleicht einmal um sich, wie die anderen reagieren. Wenn die anderen auch alle nicht einschreiten, schließen Sie mit einer gewissen Wahrscheinlichkeit daraus, dass nichts als ein Ehestreit vorliegt.

Die Sozialpsychologen John Latané und Bibb Darley haben berühmte Experimente zur pluralistischen Ignoranz gemacht, indem sie Rauch durch den Türschlitz eines Warteraums für Versuchsteilnehmer wabern ließen. In den Fällen, in denen eine Person allein im Raum saß, wurden 75 Prozent aktiv, und 50 Prozent riefen bereits nach einer Minute um Hilfe. Waren zwei weitere Personen im Raum, meldeten nur 38 Prozent der Probanden einen Notfall – und dies erst nach vier Minuten. Wenn die beiden anderen überwiegend passiv reagierten, wurden gar nur zehn Prozent aller Probanden aktiv. Wir richten uns also in potenziell gefährlichen Situationen an den anderen aus, und das kann fatal sein – wenn keiner etwas tut und alle daraus schließen, dass keine Hilfe nötig ist, passiert auch nichts zur Rettung. Sind Sie in einer brenzligen Situation, sollten Sie also konkret sagen, was vorliegt – ein Raub, eine Vergewaltigung, eine Belästigung etc. –, um diese Ignoranz zu durchbrechen.

Haben Umstehende einen Notfall erkannt, und sind es ihrer viele, kommt es häufig zu einer *Verantwortungsdiffusion.* Das heißt, keiner fühlt sich verantwortlich. Üblicherweise springen nicht alle Sonnenbadenden ins Wasser, wenn dort jemand um Hilfe schreit. Je mehr Leute potenziell helfen könnten, umso weniger hilft der Einzelne. Man erlebt das in überfüllten Chatrooms im alltäglichen Leben. Sendet man eine Hilfe-Mail an alle mit der Frage, wie man Fotos hochlädt, meldet sich keiner, obwohl angeblich 200 Leute im Chatroom sind. Studien von P.M. Markey zeigen, dass eher geholfen wird, wenn nur einer im Chatroom ist oder wenn jemand direkt angesprochen wird. Dann nämlich wird die Verantwortungsdiffusion durchbrochen, dann ist de facto jemand verantwortlich. Manchmal allerdings hebt die schiere Menge von Anwesenden im Chatroom die Verantwortungsdiffusion auf. So fanden Robert Eckhoff, Sven Voelpel und ich kürzlich, dass in Chatrooms mit 10 000 Anwesenden schnell geholfen wird – sicher weil bei dieser großen Menge die Wahrscheinlichkeit steigt, dass jemand mit Herz am Computer sitzt. Um es kurz zu machen: Wenn Sie alle diese Hilfeleistungen hemmenden Faktoren ausschalten wollen, müssen Sie in einer Situation so konkret wie möglich werden: »Ich brauche Hilfe, dieser Mann attackiert mich! Sie mit dem grauen Hut, helfen Sie mir, bitte!«

Erklärt man sich für verantwortlich, und ist man willens zu helfen, ist es damit jedoch noch nicht getan. Dann stellt sich die Frage nach der Selbstwirksamkeit, also der Erwartung, ob man das nötige Wissen hat, um gut helfen zu können. Ist die Erwartung gering, ist es wahrscheinlicher, dass man Hilfe holt – ist sie hoch, schreitet man eher selbst ein. Dies spricht für Erste-Hilfe-Kurse. Um ehrlich zu sein, bemerke ich gerade, dass ich vergessen habe, wie eine Herzdruckmassage funktioniert – wenn sie gebraucht würde, würde ich sicherlich nicht als Erster einschreiten, sondern auf die anderen hoffen.

# Schluss – Jeder sieht es anders, und keiner weiß, warum

Ja, soll ich mich denn selbst verarschen?«

Herr Hof ist ein Stück hochgeschnellt und krallt seine Hände um die Stuhllehnen, wohl um sich am Aufspringen zu hindern. So sauer habe ich selten einen Klienten erlebt. Herr Hof ist davon überzeugt, dass sich alle gegen ihn verschworen haben, seine Mutter, die seinen Vater verließ, seine Freundin, die ihn betrogen hat – alles schlechte Menschen für ihn. Zudem hält er sich selbst für »lebensuntauglich«, »nicht gut genug« und einen, »der es immer nur abkriegt« und auf dem »alle immer nur rumhacken«. Er hat mir nun über zwei Sitzungen ausführlich berichtet, wie ihn das Leben benachteiligt hat, wie sehr ihn das vom Studieren abgehalten hat und wie schlimm sein Magen darauf reagiert.

Ich dagegen habe ihm gerade seine Talente aufgezählt. Tatsächlich hatte er nur Einsen im Mathematikstudium, hat einen Job als wissenschaftliche Hilfskraft, eine eigene Wohnung und ein ziemlich großes Auto. Zudem hat er mir erzählt, dass er einen besten Freund hat, mit dem er Pferde stehlen kann, und dass sein Vater »einfach klasse« ist.

Er ist zudem ziemlich direkt in seinen Gefühlen (wie man gerade sehen konnte), er hat (sonst) eine geschliffene Ausdrucksweise und sieht gut aus – die nächste Freundin wird bald ins Haus stehen, wenn Sie mich fragen …

Herr Hof und ich haben unterschiedliche Konstruktionen, was seine Situation anbetrifft.

»Ja, soll ich mich denn selbst verarschen? Sie erzählen mir, ich wäre ein Superkerl, mit Talenten und Ressourcen, jetzt, wo ich Ihnen erzählt habe, wie übel sich alles gegen mich richtet? Ist das jetzt eine Gehirnwäsche oder was? Ich bin am Arsch! Ich bin eine ganz, ganz kleine miese Wurst.«

Herr Hof spuckt fast, ich rücke mit dem Stuhl nach hinten. Schaue ihm in die Augen, sodass er sich beruhigt und hinsetzt.

»Sie lügen, Herr Hof!«

Er schaut verdattert.

»Sie lügen sich selbst an.«

Irgendwie scheint ihn das zu beeindrucken. Er fährt sich mit den Händen durchs Gesicht.

In der Therapie nutze ich die Einsicht, dass man alles auch anders sehen kann, um Klienten aufzubauen und um ihnen ihre Problemlösefähigkeit zurückzugeben. Tatsächlich kann man fast alles positiv oder negativ sehen. Es ist ja nicht ungewöhnlich, dass man sich selbst mies und minderwertig fühlt, das geht den meisten von uns manchmal so. Aber der negative Blick auf uns selbst ist nur eine von vielen Sichtweisen. In den miesen Situationen hat man lediglich seine guten Seiten vergessen oder nicht auf dem Schirm.

Wenn es einem Menschen nachhaltig schlecht geht, kann ein Therapeut die vergessenen positiven Aspekte anbieten oder sogar plump in den Raum stellen: »Hier sind deine Talente! Mach was draus!« Natürlich kann er das auf die unterschiedlichsten Weisen tun. Die Holzhammermethode »Sie lügen sich an« nutze ich dann, wenn mildere Erinnerungen an die Ressourcen nicht fruchten.

Bei Herrn Hof hatte ich damit letztendlich einen großen Erfolg. Nach der Sitzung, die er zunächst wutschnaubend verließ, ging er mit sich ins Gericht und fing an, seine Stärken zu sehen, die anstehenden Probleme zu lösen und an sich selbst zu arbeiten. Vor Kurzem schrieb er mir: »Lieber Herr Förster, ich bin wieder verliebt. Sie haben damals an mich geglaubt. Ich habe aufgehört, mich anzulügen, wie Sie mir damals ziemlich unverschämt, aber zu Recht sagten. Diese Sicht auf die Ressourcen, die Sie immer propagieren, wirkt. Das ist ja sogar mathematisch gesehen so: Es gibt immer eine Restwahrscheinlichkeit, dass das, was man von sich denkt, falsch ist. Ich bin jedenfalls viel zufriedener als vorher. Es geht mir gut.«

Das ist gelebter Konstruktivismus. Natürlich kann ich mir sagen:

»Ich bin 53, und die Falten lassen sich nicht mehr verbergen. Um meinen Waschbrettbauch legt sich langsam eine tote Katze, und sie wächst, wenn ich meine Kalorienzufuhr nicht ständig im Blick habe – was mich wie die Hölle nervt. Und wenn ich zurückschaue auf mein Leben, frage ich mich: Was habe ich denn schon geleistet?« Ich kann mir jedoch genauso gut sagen: »Ich bin 53, gesund, habe einen super Ruhepuls, eine tolle Beziehung, liebe Freunde, lebe in einem der reichsten und sichersten Länder der Welt, lerne immer noch dazu, und mir fehlt es an nichts.«

Tatsächlich ist keines davon Lüge, keines davon Wahrheit. Man kann sich entscheiden, was man wie sehen will – das ist alles. Wenn ich verstanden habe, dass ich mehrere, teils sich widersprechende Teile in mir habe, dann habe ich die Wahl: Ich kann es mir gut gehen lassen oder schlecht. Ich kann den Teil in mir, der zweifelt, vergrößern oder den Teil, der zuversichtlich ist. Und ich kann auch die Konstruktionen des anderen im Kontext verstehen. Wenn ein Kollege meint, ich wollte mit meinen roten Schuhen wohl provozieren, dann kann ich mir sagen: »Interessant! So kann man das also auch bewerten.« Und wenn mein Mann sauer ist, weil ich vergessen habe, die Zahnseide aus dem Waschbecken zu nehmen, kann ich zu der Einsicht gelangen: »Das kann man so sehen – mich stört es nicht, aber wenn es ihn stört, passe ich in Zukunft eben auf.« Dann fällt mir auch die von ihm erwartete Entschuldigung leicht, und die Spannung ist gelöst. Und wenn er seine Zeitungen überall herumliegen lässt, kann ich mir entweder einreden, das zeige seine geringe Wertschätzung mir gegenüber, oder, er sei müde und brauche ein wenig Entspannung.

Natürlich verbauen einem manchmal Emotionen oder die eigene Motivation diese Flexibilität. Wenn ich gerade sehr schlecht drauf bin, muss mir jemand dabei helfen, dass ich wieder erkennen kann, dass mein Selbst aus verschiedenen Teilen besteht und mein Blick auf die Ressourcen in mir gerade verschleiert ist. Oder: Wenn ich mich an jemandem rächen will, verengt sich meine Wahrnehmung so sehr, dass mein Fokus auf das Lächerliche, Jämmerliche, Verachtenswürdige im anderen gerichtet ist.

Auch kulturelle Hemmnisse gibt es. Mir fällt auf, dass wir Deutschen das halb volle Glas gern als halb leer ansehen und dass wir, jedenfalls im Straßenbild und in der alltäglichen Kommunikation, häufig mürrisch und schlecht gestimmt sind. Unter all den Griesgramen und Miesepetern wirkt man schnell überheblich, wenn man sich über einen Erfolg freut oder sich selbst gar Talente zuspricht. Wie hört sich das denn an, wenn man beim Essen mit Freunden erzählt, dass man hochbegabt sei und glücklich und sich nicht über das schlechte Wetter ärgere. »I am so proud …« oder »I am so happy …«, was man in den USA recht häufig hört, erscheint uns Deutschen oft übertrieben und gekünstelt.

Es könnte sein, dass uns unser Hang zum Negativen das Erleben von schönen Zuständen erschwert. Sicherlich gibt es viel zu beklagen in diesem Land, aber die sozialen Vergleiche mit anderen müssten uns eigentlich dankbar stimmen, oder? Konstruktionen wie: »Ich bin dankbar, dass ich hier lebe und nicht in Aleppo«, sind hilfreiche Mittel der Stimmungsregulation, wie wir bereits gesehen haben. Und bei allem subjektiv Konstruierbarem haftet diesen Vergleichen irgendwie gar etwas Objektives an, denn wie viele Regionen außerhalb Deutschlands fallen einem ein, in denen man leben möchte? Und wie viele, in denen man auf keinen Fall leben möchte? Stelle ich solche Vergleiche an, geht es mir tatsächlich saugut, und ich nehme den Dauerregen und die Griesgrame gern in Kauf. Ich könnte mir ja auch überlegen, mir gute Regenkleidung zu besorgen und die anderen mal anzulächeln. Vielleicht lächeln sie ja zurück? Erinnern wir uns: Verhalten ist immer eine Funktion von Person und Umwelt …

Gute Laune ist Übungssache, und wir Deutschen haben das Wohlsein schlichtweg verlernt. Die Flexibilität in der Betrachtung ist ein achtsamer Prozess, während dessen wir begreifen, dass etwaige negative Gefühle nur vorübergehend sind. Dass ein Wechsel in eine gute Stimmung in jedem Fall ansteht. Dass alles im ständigen Fluss ist.

Schwierig wird es freilich, wenn wir Krisen erleben – da gibt es häufig nichts schönzureden. Und doch zeigt sich, dass man sie zu etwas Nützlichem konstruieren kann. Man kann sie als Lernerfahrung begreifen, als Aufgabe, als Herausforderung oder als Täler in einem ständigen Wechsel des Lebens, das für jeden aus Höhen und Tiefen besteht. Wenn Menschen Fürchterliches durchstehen mussten, weiß ich als Therapeut, dass es zu viel verlangt ist, darin etwas Schönes zu sehen. Wenn es einem jedoch gelingt, dem Ganzen Sinn zu geben, hilft das, nach vorn zu denken und den Rest des Lebens zu gestalten. Als ich eine Krebserkrankung hatte, dachte ich im ersten Moment: »Und wenn du jetzt stirbst, ist es nicht schlimm. Du hattest ein so schönes Leben, bist über 50 geworden und wirst in diesem Land bis zum Ende gut versorgt werden.« Der Krebs ging. Ein Freund, ebenfalls Therapeut, meinte: »Da hast du dir den Krebs wegkonstruiert.« So einfach geht das natürlich nicht, aber die positive Sichtweise hat sicherlich mein Immunsystem gestärkt – und das konnte nicht schaden.

Man könnte sich natürlich sagen: »Gut gelaunt sind nur die Blöden« – oder verlieren wir etwa nicht unsere Kritikfähigkeit, wenn wir uns die rosarote Brille aufsetzen? Vermutlich ist da etwas Wahres dran. Es kann sein, so die vorigen Kapitel, dass wir gut gelaunt Fehler eher übersehen; es kann sein, dass wir dann zum Arbeiten weniger Lust haben (aber wer sagt das eigentlich?); und es kann sein, dass wir uns überrumpeln lassen, von Werbefritzen, politischen Verführern und Heiratsschwindlern. Dem habe ich zu entgegnen, dass das Leben natürlich nicht schwarz oder weiß ist und dass wir Deutschen sowieso immer genügend Gelegenheiten finden werden, überall irgendeinen Dreck zu entdecken.

Allerdings: Wer dann mit dem Dreck auch noch spielt, der macht sich notgedrungen dreckig. Diese Weisheit meiner Therapeutin Roswitha Schüttensack durchleuchtet viele dunkle Ecken unseres Alltags. Müssen wir uns anhören, wenn jemand schlecht über uns denkt? Müssen wir jede Kritik an uns tief verarbeiten, vor allem wenn sie von Menschen stammt, die uns bisher wenig weitergebracht haben? Müssen wir mit einstimmen, wenn der Nachbar über die neuen Mieter herzieht? Müssen wir »am Stammtisch« mit Bekannten über »all die Idioten, die es in der Welt gibt«, schimpfen?

Machen wir uns damit mit ihnen nicht etwa gemein? Wer mit Dreck spielt, macht sich dreckig.

Zumal diejenigen, die jammern, meckern oder kritisieren, meist recht passiv bleiben – Lösungen produzieren sie selten. Fragen Sie doch einmal »den Stammtisch«, was er denn mit »den Flüchtlingen« anstellen würde. Er will sie im seltensten Fall an der Grenze erschießen lassen.[69] Er wird auch nicht ernsthaft empfehlen, sie »dahin zurückzuschicken, wo sie herkommen«, wenn man ihm aufzeigt, was sie dort zu erwarten haben. »Der Stammtisch« besteht nicht aus Unmenschen. Aber diese Menschen haben bei all ihrem Meckern auch keine alternative Lösung für ein großes humanitäres Problem, und damit ist das Gerede nichts als selbstregulatorischer Unsinn.

Man kann ab und zu mal jammern, um Menschen näherzukommen (»Hast du auch Rücken?« – »Ja, ich auch.« – »Was ein Elend ist doch das Alter!« – »Das sachste gut!«), oder man kann, wie Niklas Luhmann sagt, kommunizieren, um zu kommunizieren – aber danach sollte man in der Lage sein, die Probleme gemeinsam anzugehen. Wir haben allerdings gesehen, dass positive Stimmung kreative Problemlösung fördert, während der Miesepeter in uns innovatives Denken blockiert. Es ist also ein Missverständnis, dass im positiven Gemütszustand kein komplexes Denken möglich wäre – im Gegenteil.

Vergleiche ich die amerikanische mit der deutschen psychologischen Forschung, ist klar, dass die Amerikaner, die eher bekannt für Risikofreude und eine positive Lebenseinstellung sind, federführend sind. Geschätzte 90 Prozent der deutschen Forscher testen amerikanische Theorien, und weit mehr als 90 Prozent präsentieren während ihres Lebens keine eigene umfangreiche psychologische Theorie. Stattdessen kritisieren sie andere und gehen davon aus, dass dies irgendwen interessiert (tut es nicht, denn häufig erfolgt die Kritik in Deutsch auf deutschen Kongressen). Die kreativen Geister sind daher längst in die USA ausgewandert.

Was die Deutschen jedoch wie kaum eine andere Nation können, ist alltagsnahe Hypothesen entwickeln und sie sorgfältig testen.

Kaum jemand formuliert Fragen für Befragungen so akribisch und beschäftigt sich mit technischen Details so umfangreich wie deutsche Psychologen. Das Problem ist die Halbwertzeit des Hypothesentestens; selbst wenn sie sich bewahrheiten, haben sie selten Bestand. So hat sich die These, dass Bewerbungen mit Fotos männlich aussehender Bewerberinnen für Führungsrollen chancenreicher sind, durchaus in einigen Studien bestätigen lassen – jedoch findet man in anderen Studien schnell Evidenz für das Gegenteil. Es kommt halt darauf an, ob es sich bei der Stelle um die Leitung eines Kindergartens oder einer Autofabrik handelt. Solche Forschungsprojekte, die mal das eine und mal das andere Ergebnis produzieren, sind wenig hilfreich – ihnen fehlt eine Theorie, die die Unterschiede erklärt, und man hat daraus nicht mehr gelernt, als dass das Leben komplex ist und Forschung verwirrend.

Nichtsdestotrotz habe ich versucht, in diesem Buch möglichst viele deutsche Kollegen zu zitieren, vor allem, wenn sie Forschung aus den USA an deutschen Versuchspersonen wiederholt haben und ich daher davon ausgehen kann, dass die Befunde in Deutschland replizierbar sind. Auch diese Manie, alte Ergebnisse zu replizieren, ist kein kreatives Vorgehen, aber zumindest nicht unnütz. Wie schon besprochen, führt schlechte Stimmung nicht zu Starre oder Stillstand, sondern fördert analytisches Denken, hilft bei Ordnungsaufgaben und beim Erfüllen von Pflichten. Vielleicht aber könnte die deutsche Forschung von einer positiveren Grundeinstellung profitieren, die stattdessen Risiken erlaubt und somit Kreativität beflügelt.

Wie gesagt, die schlimmen Momente und Tage schlechter Stimmung bleiben keinem erspart. Davon haben wir in jedem Fall genug, um unsere Kritikfähigkeit zu schulen, unseren Zynismus und unser analytisches Denken. Fehler zu finden, die komplexe Welt engmaschig zu betrachten und vor allem die Störungen auseinanderzunehmen ist an Regentagen keine schlechte Idee. So wird kein Tag verschwendet, wenn wir dem Künstler in uns an schönen Tagen im Atelier freien Lauf lassen, den Kritiker dagegen bei Kälte und Wind wecken, ihn zum Fehlersuchen verdonnern oder ihm andere leichte Aufgaben geben, die er miesepetrig erledigen kann, wie seinen Schuppen aufräumen oder die Steuererklärung machen.

Die Forschung zeigt auch, dass wir neben der Selbstoptimierung dringend Pausen brauchen. Nichtstun. Zeit für uns. In der Ruhe fallen uns Ideen zu, die uns, verkrampft am Schreibtisch oder in der Krisenbesprechung am Elternabend, nicht kommen.

Zeit brauchen wir auch zum Entscheiden. Im Gegensatz zu vielen Kollegen würde ich das intuitive oder spontane Handeln keinesfalls als Störung bezeichnen und in jeder Situation das vernünftige, reflektierte Denken befürworten. Die von mir berichtete Forschung zeigt, dass beide Denkweisen, das langsame wie das schnelle Denken, Vor- und Nachteile haben. Es mag Entscheidungspsychologen aufregen, wenn ich, müde von der Arbeit in einem Restaurant sitzend, von einer Kellnerin mit der Ankermethode zu einem überteuerten Wein verführt werde. Aber manchmal bezahle ich ohne Murren die vielleicht zwei Euro mehr, die das Produkt nicht wert ist. Ich bin dann der Kellnerin nicht einmal böse, wenn ich das im Nachhinein bemerke.

Tatsächlich will ich gar nicht immer die beste Entscheidung fällen – das Leben ist mir einfach zu kostbar, als dass ich in meine Entscheidungsoptimierung wer weiß wie viel Energie und Zeit stecke. Ich nehme auch an, dass niemand so entschleunigt leben kann, dass er ständig alles vernünftig abwägen könnte. Wir haben viel zu tun in diesem Leben – unsere Kinder, unsere Arbeit treiben uns –, da haben wir zu umfangreichen Denkprozessen nicht immer Zeit oder Lust. Wir müssen manchmal zocken.

Und doch täte uns manchmal ein bisschen mehr Zeit für Entscheidungen gut. Eine kleine Sekunde reicht mir häufig, um mich von der Fleischtheke zum Gemüsestand zu geleiten oder wenigstens das teurere Biofleisch zu kaufen. Ein paar Sekunden Zeit – und ich habe nicht mehr »lecker« auf dem Schirm, sondern sehe die Tiere in ihrem Elend. Ich habe auch nur, wenn ich entspannt bin, dieses Gefühl von Dankbarkeit, das mein Leben erleichtert. Wenn ich die Muße habe, im Hier und Jetzt zu sein, und bemerke, wie warm es im Winter in meiner Wohnung ist oder wie blau der Himmel im

Sommer. Genuss braucht Zeit und Ruhe statt Betriebsamkeit und Aktion. Im Lärm, in der Hetze empfinde ich häufig wenig.

Manchmal aber brauchen wir auch den Lärm. Manchmal brauchen wir Disco, Stress und sogar Konflikte. Manchmal sollten wir den Streit nicht scheuen, vor allem wenn es um die Basis für all das Gute, für das friedliche und sichere menschliche Miteinander geht. Die Tatsache, dass Deutschland wieder eine rassistische Partei im Bundestag hat, sollte uns genauso aufwühlen wie das Kriegsgerassel eines Donald Trump oder Kim Yong Un.

In der jüngeren Generation macht sich ein Pessimismus breit – viele haben den Eindruck, an diesen »großen« Problemen der Welt nichts ändern zu können. Das ist genauso wenig hilfreich wie zu behaupten, man wäre dumm und hässlich. Klar, die Lage erscheint hoffnungslos. Die Weltbevölkerung wächst, der Klimawandel tut langsam, aber sicher weh, die Prognosen sind düster wie in den Dystopien *The Walking Dead, Die Tribute von Panem* oder *The Day After Tomorrow.* Ich kann das Gefühl der Hilflosigkeit nachvollziehen: Manchmal fühlt man sich wie eine Schmeißfliege im Weltgeschehen und weiß nicht, was das alles hier soll. Man fühlt sich überrollt von den Wahnsinnigen und Mächtigen dieser Welt.

Gestatten Sie mir, dass ich das nur als eine Konstruktion bezeichne. Sie hat auch Vorteile, denn wenn es mir gelingt, nicht allzu sehr und nicht nachhaltig in Depressionen zu verfallen, so erlaubt mir dieses Gefühl der Kontrolllosigkeit entspannte Phasen auf dem Sofa – wenn ich eh nichts tun kann, dann kann ich genauso gut zu Hause Tee trinken und Serien schauen. Ich denke aber, Mahatma und Indira Gandhi, Albert Einstein, Albert Schweitzer, Malala Yousafzai, Diane Fossey und die vielen anderen Revoluzzer und Weltverbesserer hatten eine andere Konstruktion.

Wir könnten sie ebenfalls haben. Da ich für den Jugendschutz Filme beurteile, weiß ich, was Jugendliche heutzutage schauen, und ich könnte mir denken, dass die vielen jugendaffinen Dystopien auch ein Grund sind, warum sich manche dem Trübsinn hingeben. Viele Serien und Sendungen erzählen uns, wie überwacht, ohnmächtig und hilflos wir im Angesicht drohender Katastrophen sind, und die Gefahr, dass solche düsteren Szenarien auf das wirkliche Leben übertragen werden, ist nicht zu unterschätzen. Eine vornehmliche Lebensaufgabe von Pubertierenden ist es, sich von den Fäden, Gängelbändern oder gar Ketten der Eltern zu befreien. Dabei scheitern sie nur allzu oft.

Dystopien schildern symbolhaft das Innenleben eines Pubertierenden, und sie sind deshalb wohl so attraktiv für sie. Klimaforscher ließen uns aber gerade wissen, dass die jetzt 20-Jährigen die letzte Generation seien, die den Klimawandel noch stoppen könnte. Das bedeutet – wenn wir etwas *tun,* dann *geht auch noch was.* Revolutionen geschehen nicht, sie werden gemacht.

Insofern bleibt mir an dieser Stelle nur der Wunsch an Sie, das Beste aus Ihrem Leben zu machen. Wenn Sie Lust dazu haben, übernehmen Sie die Verantwortung für Ihre Gefühle! Sie haben dieses eine Leben, und es will von Ihnen auf Ihre Weise gelebt werden!

# Anhang

# Danksagung

Mein Dank geht an Margit Ketterle und Jürgen Bolz von der Verlagsgruppe Droemer Knaur, die mich so hervorragend betreut haben. Als der erste Entwurf des Buches doppelt so lang wie abgemacht war, wurde die kleine Krise zur Herausforderung und endete in der kreativen Entscheidung, einen »Director's Cut« als E-Book herauszugeben – neben der vorliegenden gedruckten Fassung, die man auch ohne starken Bizeps noch stemmen kann. Danke für diese wunderbare Wertschätzung und das tolle Alltagsbeispiel für creative thinking!

Sabine Wünsch hat sich auch bei diesem, längsten meiner Bücher als hervorragende Lektorin mit einem enormen Gedächtnis und hohem Einfallsreichtum, unter anderem auch bei den Überschriften, erwiesen.

Zahlreiche exzellente Korrekturleser haben die ersten Versionen gelesen. Dafür und für die lebhaften Diskussionen möchte ich mich bei Lily Blaschke, Kateryna Burtniak, Maurice Hönscher, Daniel Kloß, Sarah Kritzler, Jessica Lang, Olga Skrebec und Lara Stuberg herzlich bedanken.

Prof. Dr. Frank G. Hirschmann und Manon Grashorn haben mich immer wieder ermutigt, das Beste aus verrückten Situationen zu machen. Ich bin Euch unendlich dankbar für die Unterstützung.

Ein herzlicher Dank geht an meine Kollegen an der Ruhr-Universität Bochum, vor allem an PD Dr. Elke Rohmann, Prof. Dr. Hans-Werner Bierhoff, Dr. Andrea Führer, Stephanie Hanke und Phillip Ozimek, für ihre vielen Denkanstöße. Içiar Martinez hatte immer ein offenes Ohr und mir mit ihrem hervorragenden Sekretariat den Rücken freigehalten.

Das IF Weinheim, Institut für systemische Ausbildung und Entwicklung, bestellte den Boden dafür, mich selbst neu zu erfinden. Das Buch wurde durch die hervorragende Ausbildung zunehmend heller und konstruktivistischer – ich habe mich mehr getraut als sonst. Mein Dank geht an Hagen Böser, Angelika Pannen-Burchartz, Bettina Grote, Andreas Klink, Karin Nöcker, Hans Lieb, Martina Pestinger, Stephan Theiling und Claudia Terrahé Hecking. Ich bin sehr dankbar, und ich fühle mich geehrt, nun selbst als Lehrtherapeut am IFW arbeiten zu dürfen.

Meine Konzepte geschliffen haben die »Cracks«, meine *creative peer group* am IFW. Wir sind gemeinsam durch alle Winkel unseres Inneren gewandert, haben gelacht, geweint und gefeiert und sind daran gewachsen. Caroline Schilling, Beate Stock, Jan Scheibe und Dirk Meyer sei stellvertretend für alle gedankt!

Roswitha Schüttensack motiviert mich immer wieder, das Gute in der Welt zu entdecken und mich zu stärken – vielen lieben Dank!

Zu guter Letzt sei meiner Familie und allen meinen Freunden und Kollegen gedankt, die mich immer wieder herausfordern, ermuntern und an mich glauben.

Mein lieber Manfred – nun haben wir unser Leben auch noch durch ein gemeinsames Institut bereichert. Und es funktioniert! Was für ein Leben!

# Literatur

Ein umfangreiches Literaturverzeichnis finden Sie unter

https://www.systemisch-positive-praxis-koeln.de/veroeffentlichungen/buecher/

# Anmerkungen

## Einleitung –
## Ins pralle Leben

1 Wenn ich Beispiele aus dem Alltag gebe oder Dialoge meiner Therapiesitzungen mit Ihnen teile und dabei über bestimmte Personen spreche, so ändere ich zum Schutz der Privatsphäre der Beteiligten Namen, Orte und andere Details, sodass kein Rückschluss auf die Personen möglich ist.

## Teil I
## Psychologie –
## Was ist das eigentlich?

1 Er erhielt den Wirtschaftsnobelpreis, einen Nobelpreis in Psychologie gibt es nicht.

2 Die Frage ist ja sowieso, wer eigentlich entscheidet, ob manche Menschen betreut werden müssen. Getrieben vom positiven Denken der letzten Jahrzehnte, machen sich auch Klinische Psychologen viele Gedanken über die Vorteile bestimmter chronischer Störungen. Besonders populär wurden die vielen neu entdeckten Fähigkeiten von Menschen mit Autismusstörungen, die ihnen erlauben, in bestimmten Branchen »wie normale Menschen« zu arbeiten – oder sogar besser. Auch dies weicht die Grenzen zwischen normal und pathologisch auf – man könnte ja fast sagen, wie gut, dass sie *nicht* normal sind.

3 … die man im Englischen übrigens treffend und nicht übersetzbar *nature-nurture-debate* nennt.

4 Lewin beobachtete als Soldat im Ersten Weltkrieg, wie eine eigentlich schöne Landschaft durch die Umstände zu einem grausigen Schlachtfeld wurde. Als er in Friedenszeiten in die Gegend zurückkam, erkannte er kaum etwas wieder. Sein Blick war durch die Umstände »Krieg« oder »Frieden« gelenkt worden. Das Feld, womit nicht nur die Natur um ihn herum zu verstehen ist, sondern alles um ihn herum,

also auch die damalige Politik und die Konstruktion »Jetzt ist Krieg«, hatte seine Wahrnehmung verändert.

5 Aus der psychologischen Forschung sind mir keine erhöhten Angstwerte bei Deutschen bekannt. Vielleicht handelt es sich also um ein Vorurteil.

6 In der letzten Zeit gab es eine große Diskussion, ob sich Ergebnisse in der Psychologie gut replizieren lassen, das heißt, ob jemand in einem anderen Labor dieselben Ergebnisse erzielt, wenn er sich an die Beschreibung des Experiments hält – was, für manche ernüchternd, nicht immer der Fall ist. Dies ist sicherlich teils auf kulturelle und generationale Unterschiede zurückzuführen. Oftmals, so scheint mir, sind die Replikationen aber auch nicht genau genug. Auch zum Replizieren braucht man eine Expertise. Und ich sehe das so: Wenn ich eine Theorie belegen will, brauche ich eigentlich nur ein paar Studien, die zeigen, dass die Vorhersagen zutreffen, und nehme in Kauf, dass sich die Ergebnisse vielleicht nicht in jedem Labor nachstellen lassen. Und gehe dann auf die spannende Suche nach dem Warum: Was ist denn am anderen Labor psychologisch so anders, dass etwas Unterschiedliches herauskommt? Hier wird es für mich als Sozialpsychologen interessant.

## Teil II
## Die Grundpfeiler der Psychologie: Denken, Fühlen, Verhalten

1 Wenn Sie an diesen abstrakten Themen weniger interessiert sind, können Sie Teil II auch überschlagen. Das Buch ist sowohl als Zusammenfassung der Psychologie des Alltagslebens gedacht als auch als Nachschlagewerk zu bestimmten Themen, über die man sich einen Überblick verschaffen will.

2 Es ist noch unbekannt, ob überhaupt etwas je vergessen werden kann, aber die aktuelle Forschung geht davon aus, dass unser Gedächtnis sehr weit zurückreicht, sodass einmal gelernte Prozesse mehr oder weniger immer im Langzeitgedächtnis vorhanden sind. Das wäre auch bei »Demenzkranken« so, und sie hätten damit ein Problem, Vorhandenes abzurufen.

3 Für viele ist der Begriff »negative Verstärkung« verwirrend, weil er

nach »Bestrafung« klingt. Gemeint ist jedoch, dass bei Auftreten eines Verhaltens ein negativer Verstärker entfällt.

4 Die Kontrollgruppe in Experimenten ist normalerweise diejenige, in der nichts manipuliert wird. Sie soll ein Verhalten widerspiegeln, das »normalerweise« – ohne Einfluss von außen – gezeigt würde.

5 Inzwischen wissen wir, dass Multitasking eigentlich gar nicht möglich ist. Wir können tatsächlich nicht zwei Dinge parallel denken; Multitasking erleben wir, weil wir mithilfe des Kurzzeitgedächtnisses sehr schnell zwischen zwei Themen wechseln, das erscheint uns dann wie »zwei Dinge auf einmal tun«.

6 Das Zungenspitzen- oder TOT-Phänomen (TOT steht für »tip of the tongue«).

7 Noch stärker wird der Effekt, wenn man beim Lernen und Abrufen etwas tut, was man sonst nie tut, etwa einen Mangokaugummi kauen. Die spezielle Verknüpfung ist eine super Gedächtnishilfe. Beim Lernen zu rauchen ist dagegen eine schlechte Idee, weil man selten in Prüfungsräumen rauchen darf …

8 Allein in Ostwestfalen-Lippe, wo ich herkomme, bezeichnet man Leute, die viel lächeln, als »überfreundlich« und traut ihnen zu, ihre Schwiegermutter zu verkaufen.

9 Positronen-Emissions-Tomografie (PET).

10 Julius Caesar war sich bewusst, dass es nach einer Überschreitung des Flusses Rubikon, was einer Kriegserklärung an Rom gleichkäme, kein Zurück mehr gäbe. Bei der Überquerung soll er die berühmten Worte »Alea iacta est« (»Der Würfel ist geworfen«) gesagt haben. Im Deutschen beschreiben wir einen solchen Prozess auch häufig als »Stein, der ins Rollen kam« und nicht mehr aufzuhalten ist.

11 Nira Liberman und ich haben diese Effekte in mehreren Arbeiten zusammengefasst und das Konzept des Zielprimings genau spezifiziert – Interessierte seien auf den Literaturanhang unter https://www.systemisch-positive-praxis-koeln.de/veroeffentlichungen/buecher/ verwiesen.

12 Diese Ausführungen sollen keinesfalls eine Rechtfertigung für die vielen Fälle sein, in denen Schwarze in den USA erschossen werden, selbst wenn sie keine Waffe bei sich tragen. Im Gegenteil. Aufgrund unserer Analyse kann man sagen, dass Polizisten, die weglaufende Schwarze erschießen, die offensichtlich unbewaffnet sind, dies nicht im Affekt getan haben können. Genauso wenig aber kann man be-

haupten, dass ein Polizist, der einen Schwarzen innerhalb von wenigen Sekunden erschossen hat, weil der gerade in seine Hosentasche gegriffen hat, eine bewusste Tötungsabsicht gehabt hat. Hier kann die Assoziation »Schwarzer = gefährlich«, die auch viele Nichtrassisten gespeichert haben, automatisch zu einer Reaktion geführt haben, mit der sich der Polizist schützen wollte.

## Teil III
## Alltagspsychologie – Themen, Bereiche und Problemfelder

1 Falls Sie Raucher in unseren Zeiten beobachtet haben, entdecken Sie viele schicke Plastikschachteln zur Aufbewahrung, die man früher seltener sah – da zeigte man, ob man ein Camel- oder ein Marlboro-Typ war. Auch diese Schachteln zeigen eine Möglichkeit der Dissonanzreduktion: Verhindert man damit doch das ständige Priming durch die Ekelbildchen und Warnungen auf den Packungen. Auch die Industrie kennt das Phänomen und wurde erfinderisch.

2 Natürlich funktioniert das auch in die andere Richtung: Was, wenn der freundliche Zeitschriftenverkäufer an der Tür nicht so nett ist, wie ich immer dachte?

3 In den 70ern, in denen die Studie in den USA durchgeführt wurde, war das ein gewöhnlicher Name und weckte keine Assoziationen an Comicfiguren oder fragwürdige Präsidenten.

4 Denjenigen, die tiefer in das Thema einsteigen wollen, empfehle ich mein Buch *Kleine Einführung in das Schubladendenken.*

5 Ja, es hat tatsächlich Untersuchungen gegeben, die das getestet haben, weil auch Wissenschaftler am Anfang bis weit über die Mitte des letzten Jahrhunderts hinaus im Zuge bestimmter Rassenideologien Weiße für die überlegene Rasse hielten.

6 http://www.presserat.de/presserat/.

7 Wagner, U. (2016). Sozialpolitische Empfehlungen an Gesellschaft und Politik zum Umgang mit Geflüchteten in Deutschland. In: systhema 30 (3): 223–232.

8 Schon eine durchschnittlich gute Matheschülerin in Shanghai erreicht mittlerweile auf der PISA-Skala 610 Punkte. Das ist mehr als der durchschnittliche Junge in allen anderen Ländern und genauso viel

wie der durchschnittliche Junge in Shanghai. Früher schnitten die Mädchen viel schlechter ab, wie heute noch in vielen Ländern.

9 Die Website https://implicit.harvard.edu/implicit/takeatest.html bietet IATs zu unterschiedlichsten Themen.

10 Da Diskriminierung in einigen Organisationen und Ländern inzwischen hart bestraft wird und Rassismus und Sexismus im Arbeitsalltag stören, würden gern immer mehr Firmen wissen, wie sie schon bei den Bewerbungen Rassisten und Sexisten aussortieren können. Die Verwendung des IAT in diesem Zusammenhang ist jedoch aus ethischen Gründen nicht erlaubt, unter anderem auch deshalb, weil er im Einzelfall nicht treffsicher oder valide genug ist.

11 Eine Freundin, die gern die Serie *The Walking Dead* (eine Zombie-Apokalypse) schaut, meinte: »Wenn ein neuer schwarzer Charakter eingeführt wird, sagen wir meist schon: ›Den sollte man nicht zu sehr mögen, er stirbt eh bald.‹«

12 Zum Schrecken der deutschen Autoindustrie ist das Auto für die Generation der 20- bis 30-Jährigen kein Statussymbol mehr wie in all den Jahrzehnten davor.

13 In der systemischen Theorie nennt man so etwas Erwartungs-Erwartungen. Also: Wenn ich denke, mein Partner erwartet, dass ich ihm zum Geburtstag etwas schenke, obwohl ich ihn gar nicht gefragt habe, ob er das tatsächlich von mir erwartet.

14 Um dem Leser, der diese Art Serien nicht kennt, einen Einblick zu geben: In einer Folge von *The Walking Dead* wurde die Ermordung eines Menschen mithilfe eines mit Stacheldraht umwickelten Baseballschlägers gezeigt. Die Tötung dauerte Minuten an, und man konnte dabei zusehen, wie sich das Fleisch vom Knochen löste und der Mensch qualvoll starb.

15 Ich höre Proteste. Ja, sicher gibt es auch FC-Bayern-Fans in Kiel, und meine Brüder waren im schönen Ostwestfalen damals Schalke-Fans. Solche Zugehörigkeiten richten sich häufig nach der Prominenz oder dem Erfolg einzelner Vereine aus. Zudem findet man »externe« Fans eher in Gegenden mit schwachen oder gar keinen Vereinen.

16 Von ähnlichen Attributionsprozessen war schon einmal in Kapitel 11 die Rede, wo Versuchspersonen von der Anstrengung, die sie in eine Aufgabe investierten, ableiteten: »Das muss mir wohl besonders gut gefallen.« Hier beobachten wir nun einen ähnlichen Prozess: Wir sehen, dass jemand etwas tut, ohne dafür belohnt zu werden, und dass er

nicht aufgibt, und wir schließen daraus: »Da muss ja was dran sein.« Es wird die meisten Leserinnen und Leser nicht stören, dass wir heutzutage weniger Plastiktüten kaufen, jedoch sind solche Entwicklungen nicht für die Grünen reserviert. Ähnliche Prozesse könnten dazu führen, dass uns in ein paar Jahren die Forderungen rechtspopulistischer Parteien weniger ungewöhnlich vorkommen als heute.

17 In diesem Kapitel fasse ich in Teilen meine Analyse des Selbst zusammen, die man en détail in meinem Buch *Unser Autopilot* nachlesen kann. Ich bin aber nicht der Einzige, der eine solche konstruktivistische Sicht vertritt. Prominente Wissenschaftler der Szene sind Erving Goffman mit seinem Buch *Wir alle spielen Theater* oder Heinz von Foerster.

18 Auf solche Kontexteffekte haben auch Fritz Strack und Norbert Schwarz immer wieder im Hinblick auf Meinungsumfragen hingewiesen. Es macht einen Unterschied, ob ich die Frage »Wie häufig fahren Sie schwarz?« in einer Kirche, einer Bank oder an einer Bushaltestelle stelle. Und es macht auch einen Unterschied, ob ich vorher die Frage gestellt habe: »Wie ehrlich sind Sie im Allgemeinen?«, oder: »Wie abenteuerlustig sind Sie im Allgemeinen?«

19 Zu der Frage, ob Geld glücklich macht, komme ich später zurück. Hier beziehe ich mich auf Studien wie die von Worcester, der zeigt, dass Menschen im armen Bangladesh glücklicher sind als Menschen in vielen reichen Nationen.

20 Für diese Forschung zu *selbstdienlichen Verzerrungen (self serving biases)* sind Dale Miller und Michael Ross bekannt geworden.

21 Als systemischer Therapeut muss ich mich immer wieder überwinden, von »Depressiven« zu schreiben. Tatsächlich ist jeder Mensch anders, und tatsächlich sind Menschen, die häufig grübeln oder melancholisch sind, für mich nicht krank, sondern haben ihr Augenmerk auf andere Dinge gelegt. Wir sehen ja, dass es für bestimmte Aufgaben durchaus funktional sein kann, weniger »gut drauf« zu sein. Man wird dann häufig genauer, kritischer und hinterfragt das Verhalten anderer. Nur wenn Menschen an dieser schlechten Stimmung arbeiten möchten, arbeite ich mit ihnen daran, und ich würde diese »gute« Seite der Selbstverifikation niemals »wegtherapieren«. Ich würde eher versuchen, zusammen mit dem Klienten, diesen Anteil zu verkleinern und auf bestimmte Situationen zu begrenzen, damit zwischendurch mehr Licht in die Psyche gelangen kann.

22 Sander Koole und Brett Pelham haben Maße des impliziten Selbstwerts zusammengefasst.

23 Eine Studie zur Berufswahl von Frederik Ansel und Wouter Duyck kann über 500 000 Versuchspersonen aufweisen, sodass der Effekt wohl nicht einfach zufällig zustande gekommen ist.

24 Manche, wie der Intelligenztest HPI-K, fügen noch Risiko- und Kampfbereitschaft hinzu: abenteuerlustig, erfolgsorientiert, zupackend, wagemutig sein und eine kämpferische Lebenseinstellung sprächen für eine hohe Risiko- und Kampfbereitschaft, schwache Willensausprägung, mangelnde Härte, wenig mutig und vorsichtig sein für eine geringe.

25 Oben habe ich den Fachbegriff kontrafaktisches Denken dafür eingeführt, wenn jemand denkt: »Ach, hätte ich doch.« Grübeln bedeutet darüber hinausgehend, dass man lange nicht zu einem Schluss kommt und einen die Gedanken quälen.

26 In der Klinischen Psychologie gibt es Studien, die einen Zusammenhang zwischen Perfektionismus und Depression finden – allerdings handelt es sich hierbei wohl um einen allgemeineren Mechanismus: Wenn man hohe Ansprüche hat und einem Aufgaben wichtig sind, will man sie auch besonders gut erledigen – klar, dass man enttäuscht ist, wenn einem das nicht gelingt. Zudem kann es sein, dass man sich bei bestimmten Aufgaben unrealistisch hohe Standards setzt; auch in diesem Fall ist Enttäuschung vorprogrammiert.

27 Walter Mischel fasste vor Kurzem seine Ergebnisse in dem populärwissenschaftlichen Buch *Der Marshmallow-Test* zusammen.

28 Es gibt natürlich recht viele Fragebögen und auch umfangreichere mit den unterschiedlichsten Fragen, aber dieser hier von Abdel-Khalek ist recht gebräuchlich.

29 Natürlich ist das verkürzt dargestellt, und natürlich wird es treue Frommianer verrückt machen, dass ich dieses bedeutende Werk so kurz streife, aber es ist nun einmal so, dass die Theorie im Kern nicht besonders komplex und dies auch ihr Problem ist. Fromm war, und das ist ihm nicht vorzuwerfen, nicht besonders an empirischen Studien interessiert, jedenfalls kann man nicht erkennen, dass er sich viel darum bemüht oder besonders eifrig in wissenschaftlichen sozialpsychologischen Journals veröffentlicht hätte. Ihm ging es um die Veränderung menschlichen Verhaltens, darum, diese Welt zu retten, und das macht ihn meiner Meinung nach zu einem exzellenten Autor und Mo-

ralisten, dessen Werk jeder kennen sollte. In diesem Sinne war er unglaublich erfolgreich, denn es gibt wohl kaum einen Abiturienten, der *Haben oder Sein* nicht wenigstens in der Hand gehabt hätte. Auf wissenschaftlichen Tagungen habe ich – in 25 Jahren lebhafter Konferenztätigkeit – seinen Namen allerdings niemals gehört. Ich widme diesem großartigen Menschen aber gerade ein eigenes Buch und hoffe, mit einer umfangreicheren Analyse und Würdigung die Kritiker zu besänftigen.

30 Für die Wissenschaftler: Ich nenne sie allein zur besseren Kommunikation »Typen«, aber eigentlich sind es »states«, also psychische Zustände, die sowohl in der Persönlichkeit begründet sein als auch in der Situation entstehen können.

31 Ja, ich glaube, auf sie trifft dieses Wort tatsächlich zu.

32 Prinzipiell kann man sich natürlich auch auf ein einziges Seinsziel fokussieren. Der Computernerd mag hier als Beispiel ebenso dienen wie eine Meditationsschülerin, die wochenlang nichts anderes tut, als für sich zu meditieren. Generell sind Seinsziele aber komplexer als Habenziele.

33 Mancher mag sich fragen, ob nicht so etwas wie ein Instrument oder Farben eher Ziele sind, in dem Sinne, dass jemand spart oder Geld besorgt, um sich so etwas leisten zu können. Das ist nicht falsch, denn Ziele können als Subziele wiederum Mittel für höhere Ziele sein. Man muss einen Hammer kaufen (Habenziel), um damit (Habenmittel) ein Bild aufzuhängen. Ziele und Mittel sind im Gedächtnis in Hierarchien angelegt, wo bestimmte Ziele schnell als Subziele beziehungsweise Mittel für weitere Ziele dienen können.

34 Die Noten in der Bücherei waren geklaut worden. Es passiert nicht selten, dass Studierende aus Verzweiflung die Leistung anderer Mitstreiter durch Stehlen von Material sabotieren. Auch sie wissen, wie wichtig Habenmittel zur Erreichung von Seinszielen sein können …

35 Ein Sozialhilfeempfänger, der in den 90er-Jahren in manchen Zeitschriften als Sozialschmarotzer beschrieben wurde, weil er angeblich in Florida seine Sozialhilfe in Saus und Braus verprasste.

36 Es ist schade, dass es in Deutschland selten möglich ist, über das gesetzliche Rentenalter hinaus zu arbeiten. So musste ein international berühmter Kollege gegen seinen Willen in den Ruhestand gehen – mit 65 und topfit! In den USA hätte er sicherlich noch jahrelang in Teilzeit an seiner Universität arbeiten dürfen. Um dem Abstellgleis zu entge-

hen, hat er sich selbstständig gemacht und eine zweite Karriere begonnen …

37 Eine auch bei mir beliebte Intervention bei unzufriedenen Klienten, die immerzu jammern, ist, sie mit folgenden Sätzen zu provozieren: »Was steht Ihnen denn zu? Und was steht mir denn zu? Gar nichts!«

38 Interessierten Lesern empfehle ich Andrea Führers Doktorarbeit.

39 Dabei ist das Pro-Kopf-Spendenaufkommen ziemlich mau. So war selbst 2004, im Jahr des grauenhaften Tsunamis, der auf die eigentlich gefühlsduseligen Weihnachtstage fiel, das Spendenverhalten der Deutschen eher beschämend: 670 Euro pro Kopf *(dw*, 16. 11. 2013) – in anderen, teils ärmeren Ländern spendeten die Menschen um ein Dreifaches mehr.

40 *Was das Haben mit dem Sein macht*, bei Droemer Knaur, München 2015.

41 Roth und andere finden in einer Meta-Analyse von 2015 mit über 100 000 Versuchspersonen einen bemerkenswert hohen Zusammenhang.

42 Gottfredson, L. S. (1997): »Mainstream science on intelligence: An editorial with 52 signatories, history, and bibliography«, in: Intelligence, 24(1), S. 13–23. S. 13.

43 Zur Erinnerung: Extravertiert sind Sie, wenn Sie gesprächig, energiegeladen, bestimmt, gesellig und entscheidungsfreudig sind und Interesse an engen Bindungen haben.

44 Diese Ansicht wird auch von anderen, wie etwa Theresa Amabile, vertreten, die betonte, dass, psychologisch betrachtet, allein der *kreative Prozess* wichtig ist, nicht das *Produkt.* Wenn jemand, ohne jemals ein Rad gesehen zu haben, das Rad erfände, wäre er kreativ – obwohl es das Rad schon gibt.

45 Natürlich gibt es genügend Ausnahmen von der Regel. So ist der Erfolg von Karl Ove Knausgård darauf zurückzuführen, dass er das »normale Leben« in beklemmender Aufrichtigkeit beschreibt. Schaut man sich die Bestsellerlisten an, findet man dort jedoch eher Thriller, Krimis und andere Bücher, in denen es um dramatische, tragische oder besondere Ereignisse geht.

46 Ich erlebe das gerade live, während ich dieses Buch schreibe. Hunderte Manuskriptseiten im Kopf zu haben, während man sie in mehreren Durchgängen gegen Ende hin immer wieder poliert, ist kognitiv eine Herausforderung. Habe ich das, was ich nun sagen will, nicht vielleicht

schon auf Seite 20 gesagt? Funktioniert die Entwicklung der Gedanken von Kapitel 1 über 4 und 8 auch so? Allein diese Gedächtnisleistungen könnte ich, so befürchte ich, mit einer starken kognitiven Beeinträchtigung nicht erbringen. Beim Schreiben von Romanen sind solche kognitiven Erfordernisse sicherlich noch um einiges komplexer.

47 Selten finde ich so viele offen rassistische Bemerkungen wie auf Dating-Portalen. »No Asians please« oder »I prefer White« scheinen sich selbst Menschen zu erlauben, die Ähnliches in einem anderen Zusammenhang niemals sagen würden. Ich habe einige User angeschrieben und auf ihre Erklärungen gewartet. Oft setzte es Beleidigungen, häufiger wurde mein Profil geblockt, und selten kam eine gute Antwort. Jemand schrieb mir einmal: »Weißt du, Sex ist immer ungerecht, und warum sollte ich eine Asiatin treffen, wenn ich doch sowieso nicht mit ihr schlafen will.« Dieser Pragmatismus könnte ein Grund für das Verhalten sein. Allerdings *bleibt* das Verhalten Diskriminierung, die wehtun kann.

48 Sprachlich interessant ist, dass der Sexualtrieb von Frauen häufig mit Schimpfwörtern wie diesem hier bewertet wird, während es kaum Entsprechungen für Männer gibt. Im Gegenteil: Bezeichnungen wie »Schwerenöter«, »Casanova«, »Playboy«, »Herzensbrecher« oder »Schürzenjäger« klingen harmlos bis wohlwollend. Dies spiegelt auf Sprachebene gesellschaftliche Normen für ein und dieselbe Sache, Sex, wider.

49 Ich erlebe es immer wieder, dass Menschen erstaunt über die hohe Zahl bindungssicherer Partner sind. Viele erinnern sich an Zeiten, in denen sie wenig Kontakt mit den Eltern hatten, zum Beispiel in der Pubertät, die oft von Ablösungsprozessen und Konflikten begleitet wird. Nach Bowlby sind es aber vor allem die ersten Jahre, die entscheidend sind, und da sind Eltern meist erfolgreicher darin, eine Bindung zu ihrem Kind herzustellen, als in späteren Phasen der Kindheit.

50 Der vermeidende Bindungsstil wurde später noch einmal in »ängstlich« und »abweisend« unterteilt, wobei Ängstlich-Vermeidende sich ihrer Bindungsbedürfnisse bewusst sind, diese aber aus Angst vor einer Abweisung nicht zeigen, während Abweisend-Vermeidende das Bedürfnis nach Bindung verdrängen.

51 www.youtube.com/watch?v=O9x2oDFrzbM.

52 Interessant übrigens, dass er mein »Du warst aber still« gleich als Kritik wahrgenommen hat. Ich hätte ja auch einfach nur besorgt sein kön-

nen, dass ihm unwohl war. Seine Entscheidung aber, es als Kritik zu verstehen, lenkte das Gespräch in diese Bahn. So würde *ich* das zumindest sehen. Er dagegen würde sagen: »Du willst, dass ich mich aktiv an Small Talk beteilige, daher ist das Kritik an mir.«

53 Der aufmerksame Leser wird festgestellt haben, dass ich seine Nachricht auf dem Beziehungsohr gehört habe. Hier wird aber auch die Grenze des Vier-Ohren-Ansatzes deutlich. Brauchte ich nicht noch ein fünftes Ohr, das besonders empfindlich für negative Nachrichten ist? Kritiker bemängeln manchmal die willkürliche Wahl der »Ohren«. Für mich persönlich handelt es sich bei dem Modell aber nicht um eine Theorie, sondern eher um eine Checkliste, die in der therapeutischen Praxis manchmal durchaus hilfreich sein kann.

54 Zugegeben, bei Frau Brökenkämpers Beziehung mit ihrer Tochter könnte auch diese Frage als Angriff verstanden werden (»Ja, Mutter, wenn ich jemanden einlade, meine ich damit immer ›Scher dich zum Teufel‹. Ich bin halt deine Tochter!«). Hier reicht eine Frage vermutlich nicht aus. Ins Gespräch über die Art des Umgangs miteinander zu kommen ist aber auch in diesem Fall nützlich.

55 Es mag etwas altmodisch erscheinen, aber ich empfehle bei wichtigen Bewertungssituationen wie Mitarbeitergesprächen und Festreden eine schriftliche Vorbereitung. Viel zu schnell vergisst man wichtige Aspekte, wenn man das spontan und in freier Rede erledigen will.

56 Wobei man hier anmerken muss, dass einige Dienstleister und Hersteller auch schon früher Bewertungsorganisationen kritisiert haben. Gerüchte von Schmiergeldern und persönlichen Geschmacksverzerrungen hat es zum Beispiel während der gesamten Geschichte der Restaurantkritiker gegeben.

57 Gewitzt war auch die Idee der Industrie, auf die Kritik der Magenübersäuerung mit einer neuen Produktlinie, den »sanften Säften«, zu reagieren.

58 »Eine Orgie von dummen Redensarten, dazwischen Fassbinders Schmuddel-Sex«, eine »Orgie von Gewalt, Perversion und Blasphemie«, »entnervende Pissoir-Atmosphäre«, »Bettszenen mit sado-masochistischem Einschlag«, kurz: »die teuerste und verheerendste Pleite« des deutschen Fernsehens, so schrieb damals die *Bild* (www.spiegel.de/spiegel/print/d-14325448.html).

59 Materialdiebstahl gilt als »Rache des kleinen Mannes« und wird häufig als Kavaliersdelikt gesehen. Allerdings verursacht der Radiergummi-

und Klopapierklau in der Wirtschaft Millionenschaden. Und übrigens klauen auch Aufsichtsräte Toilettenpapier, wenn sie richtig sauer sind …

60 Luhmann-Fans mögen mir meine kühne Übersetzung verzeihen und dies gnädig als Kommunikationsversuch werten. Menschen neugierig zu machen ist der Zweck dieser Textpassage. Und des ganzen Buches.

61 Zur Vervollständigung: Manchmal festigt man auch das Flüssige, zum Beispiel, wenn ein Klient zwischen den Themen so hin- und herschwimmt, dass man kein Land mehr sieht.

62 Deutsche scheinen übrigens besonders an diesen Themen interessiert, denn nirgendwo sonst werden so viele Krimis gelesen und geschaut wie in Deutschland.

63 Und Angst führt zu unvernünftigen Entscheidungen: Statistisch gesehen, ist es viel sicherer, in der Nähe eines Gefängnisses zu wohnen, da Kriminelle in der Regel keine Verbrechen in unmittelbarer Nähe einer Vollzugsanstalt begehen (sie wollen lieber weit davon weg sein). Nichtsdestotrotz gibt es heftige Protestaktionen bei jedem Maßregelbau, und die Anwohner fühlen sich sehr unsicher, wenn sie solch eine Institution in der Nähe wissen.

64 Ich könnte jetzt hier noch weitermachen und beklagen, dass in den Definitionen kein Platz ist für meiner Meinung nach hoch aggressives Verhalten wie das Abholzen der Regenwälder, das Abstreiten des Klimawandels, die Massentierhaltung, falsche Kundenberatungen der Banken, Fälschereien, Kungeleien und Preisabsprachen in der Pharmaindustrie, Priorisierung von reichen Leuten im Gesundheitswesen etc. Diese Phänomene werden in anderen Zusammenhängen als Formen »unethischen« oder »egoistischen« Verhaltens untersucht, selten aber als aggressiv bewertet.

65 Dass geholfen wird, ist auch nicht bei jeder Spendengala der Fall. Ein Freund von mir hat jüngst in Luxemburg zu einer Spendengala eingeladen. Das geschätzte Kapital der internationalen Gäste lag bei mehreren Milliarden Euro. Vier Wochen nach dem rauschenden Fest befanden sich gerade mal 75 Euro auf dem Spendenkonto.

66 Für die Jüngeren, die die Kindersendungen nicht kennen: Flipper war ein Delfin, der gern Ertrinkende rettete, und Lassie ein Collie, der in fast jeder Folge sein Herrchen aus Erdlöchern, Fallen etc. retten musste, weil Timmy süß, aber grenzwertig schusselig war.

67 In meinem Buch *Was das Haben mit dem Sein macht* berichtete ich

darüber, wie wenig die Deutschen im Gegensatz zu anderen Nationalitäten spenden. Ich erhielt einige E-Mails von Menschen, die mir berichteten, dass sie daraufhin gespendet hätten – aus lauter schlechtem Gewissen.

68 Interessanterweise wurde zufällig eine deutsche Versuchsperson mitgetestet. Diese soll jedoch zu einem sehr frühen Zeitpunkt ihre Teilnahme beendet haben, weil sie sich an das Dritte Reich erinnert fühlte. Leider hält sich immer noch das Stereotyp, dass wir Deutschen gern buckeln und gehorchen. Nicht nur einmal habe ich in Amsterdam mitbekommen, wie sich Kollegen darüber lustig machten, dass wir Deutschen bei Grün an der Ampel stehen bleiben. Umgekehrt kamen mir natürlich die Holländer viel angepasster und unfreier vor. Aber wie wir ja wissen, ist es »einfacher, ein Atom zu spalten, als ein Vorurteil zu zerstören«.

69 Wenn auch vereinzelt Politiker dies wünschen, wie etwa Beatrix von Storch. Ein Facebook-Nutzer fragte: »Wollt Ihr etwa Frauen mit Kindern an der grünen Wiese den Zutritt mit Waffengewalt verhindern?« Von Storch antwortete: »Ja.« (http://www.faz.net/aktuell/politik/fluechtlingskrise/beatrix-von-storch-afd-vizechefin-will-polizei-sogar-auf-kinder-schiessen-lassen-14044186.html) – was sie hinterher mit Bedauern zurücknahm (http://www.spiegel.de/politik/deutschland/afd-beatrix-von-storch-schliesst-waffeneinsatz-gegen-kinder-nicht-aus-a-1074933.html).

# Bildnachweis

Seite 60: akg-images / Science Source

Seite 80: Shutterstock: Dan Kosmayer, Denis Pepin, kurhan, Marcos Mesa Sam Wordley, WAYHOME studio, Marcos Mesa Sam Wordley (von links oben nach rechts unten)

Seite 85: Archiv des Autors wie in Friedman, R. & Förster, J. (2000). The effects of approach and avoidance motor actions on the elements of creative insight. Journal of Personality and Social Psychology, 79, 477–492

Seite 113: Business plus / Shuitterstock.com (Foto)

Seite 390: Aron, A., Aron, E. N., & Smollan, D. (1992). Inclusion of other in the self scale and the structure of interpersonal closeness. Journal of personality and social psychology, 63(4), 596

Seite 423: Schulz von Thun, Friedemann: Miteinander reden 1 – Störungen und Klärungen. Allgemeine Psychologie der Kommunikation. Rowohlt, Reinbek 1981

Seite 475: Shutterstock: ajt, Sigma S, Lesterman (von links nach rechts)

Alle anderen Illustrationen: Le-Tex Publishing Services nach den angegebenen Quellen